Goumegou / Guthmüller (Hrsg.)
—
Traumwissen und Traumpoetik

Traumwissen und Traumpoetik

Onirische Schreibweisen
von der literarischen Moderne bis zur Gegenwart

Herausgegeben von

Susanne Goumegou
Marie Guthmüller

Königshausen & Neumann

Redaktionelle Mitarbeit: Ulrike Heidemeier

Bibliografische Information der Deutschen Nationalbibliothek

Die Deutsche Nationalbibliothek verzeichnet diese Publikation in der Deutschen Nationalbibliografie; detaillierte bibliografische Daten sind im Internet über http://dnb.d-nb.de abrufbar.

© Verlag Königshausen & Neumann GmbH, Würzburg 2011
Gedruckt auf säurefreiem, alterungsbeständigem Papier
Umschlag: skh-softics / coverart
Bindung: Zinn – Die Buchbinder GmbH, Kleinlüder
Alle Rechte vorbehalten
Dieses Werk, einschließlich aller seiner Teile, ist urheberrechtlich geschützt.
Jede Verwertung außerhalb der engen Grenzen des Urheberrechtsgesetzes ist
ohne Zustimmung des Verlages unzulässig und strafbar. Das gilt insbesondere
für Vervielfältigungen, Übersetzungen, Mikroverfilmungen und die Einspeicherung
und Verarbeitung in elektronischen Systemen.
Printed in Germany
ISBN 978-3-8260-4346-8
www.koenigshausen-neumann.de
www.buchhandel.de
www.buchkatalog.de

Inhaltsverzeichnis

SUSANNE GOUMEGOU UND MARIE GUTHMÜLLER
Traumwissen und Traumpoetik: Zur Einführung 7

I. TRAUMPOETIK AM BEGINN DER LITERARISCHEN MODERNE

CHRISTINA JOHANNA BISCHOFF
‚Rêves hiéroglyphiques et surnaturels'.
Zur Poetik des Traums in den Prosagedichten Baudelaires 21

INGA BAUMANN
‚Rêve' und ‚rêverie'. Zwei Typen der lyrischen Imagination
am Beispiel einiger *Illuminations* Arthur Rimbauds 43

DAGMAR STÖFERLE
Dämonen, Halluzinationen und der Traum der Erkenntnis.
Flauberts *Tentation de saint Antoine* 67

DIETRICH SCHOLLER
Rom in Weiß. Stadt und Traum in Gabriele D'Annunzios Roman *Il piacere* 85

II. TRAUMWISSEN UND TRAUMPOETIK JENSEITS VON FREUD

JACQUELINE CARROY
‚Récits de rêves' zwischen Wissenschaft und Literatur
im Frankreich des 19. Jahrhunderts 105

MARIE GUTHMÜLLER
Con gli occhi chiusi – zu einer Ästhetik des Traums
in der italienischen Moderne 121

HANS-WALTER SCHMIDT-HANNISA
„Die Plazenta der Bilder". Träume in den Tagebüchern Ernst Jüngers 139

HELMUT PFEIFFER
Traum und Tagtraum: Henri Michaux.
Über eine Geburt der Poetik aus der Traumkritik 157

REMO CESERANI
Calvinos sichtbare Träume 179

III. TRAUMHAFTIGKEIT IM ZEICHEN KAFKAS UND DER SURREALISTEN

SUSANNE GOUMEGOU
Surrealistisch oder kafkaesk? Zur Traumpoetik Roger Caillois'
und dem Problem literarischer Traumhaftigkeit im 20. Jahrhundert 195

SUSANNE KAUL
Traumkomik. Zu Kafka und Polanski 227

CHRISTIANE SOLTE-GRESSER
„Alptraum mit Aufschub".
Ansätze zur Analyse literarischer Traumerzählungen 239

SLAVEN WAELTI
Traum und Simulakrum. Pierre Klossowski als ‚souffleur des rêves' 263

IV. TRAUM, WIRKLICHKEIT UND SCHRIFT

ANNIKA NICKENIG
„Arrach[é] au rêve de la vie". Häftlingsträume und Lagertrauma
in literarischen Texten über die Shoah (Levi, Antelme, Semprun) 285

BARBARA KUHN
„essere reale al di fuori del reale". Traumpoetik und ‚Wirklichkeit'
im Werk Antonio Tabucchis 301

BRIGITTE HEYMANN
Traum – Szene – Schrift. Zur Poetik des Traums bei Hélène Cixous 327

Susanne Goumegou und Marie Guthmüller

Traumwissen und Traumpoetik: Zur Einführung

Die enge Verflechtung von Traumwissen und Poetik charakterisiert, so die Annahme dieses Bandes, die Literatur der Moderne von ihren Anfängen über ihre postmodernen Spielarten bis in die Gegenwart. An Texten von Charles Baudelaire bis Hélène Cixous, von Gabriele d'Annunzio bis Antonio Tabucchi, vom frühen Franz Kafka bis zum späten Ernst Jünger lassen sich Poetiken ablesen, die den Traum und seine Mechanismen zum Modell literarischen Schreibens machen.

Voraussetzung dafür ist die Etablierung des Traums als ästhetische Kategorie um 1800.[1] Die deutsche Romantik macht sich das Diktum vom Traum als „unwillkürlicher Dichtung" zu Eigen und richtet ihr Augenmerk auf die Affinität von Traum und Literatur. Bei Baudelaire, mit dem hier der Beginn der literarischen Moderne angesetzt werden soll, wird der Traumdiskurs, der sich um die Mitte des 19. Jahrhunderts in Frankreich im medizinischen Register artikuliert und die Verwandtschaft des Traums mit der Halluzination betont, zum Dispositiv einer Poetik der Negativität. Die Erzählprosa der italienischen Moderne entwickelt mit Federigo Tozzi eine Ästhetik, die sich an Traumkonzepten der französischen und angelsächsischen Psychophysiologie des ausgehenden 19. Jahrhunderts orientiert. Im 20. Jahrhundert scheint die Freud'sche Psychoanalyse neben dem philosophischen und psychologischen auch den literarischen Traumdiskurs zu monopolisieren, macht sie doch durch die rhetorisch fundierten Verfahren der Traumarbeit unmittelbare Angebote für eine Umsetzung ihres Traumbegriffs in eine Traumpoetik. Dennoch sind die Traumpoetiken der Moderne, wie die Beiträge dieses Bandes zeigen, auch im fortschreitenden 20. Jahrhundert keineswegs primär an Freud orientiert. Immer wieder wird auf alternative Traumkonzepte zurückgegriffen, und keineswegs bildet *Die Traumdeutung*, die ihrerseits einen bestimmten historischen Ort in der Entwicklung des Traumwissens hat, den alleinigen Ausgangspunkt moderner Traumpoetik.

In den letzten Jahren ist der Traum zu einem paradigmatischen Forschungsgegenstand sowohl der literarischen Anthropologie als auch der ‚literature and sciences'-Forschung erklärt worden. Man hat ihn als „ideales Objekt" bezeichnet, an dem sich eine „Fallstudie zum Verhältnis von Wissen und Literatur"[2]

---

[1] Vgl. Hans-Walter Schmidt-Hannisa: „,Der Träumer vollendet sich im Dichter'. Die ästhetische Emanzipation der Traumaufzeichnung", in: *Hundert Jahre „Die Traumdeutung". Kulturwissenschaftliche Perspektiven in der Traumforschung*, hg. v. Burkhard Schnepel. Köln: Köppe, 2001, S. 83–106.

[2] Manfred Engel: „Traumtheorie und literarische Träume im 18. Jahrhundert. Eine Fallstudie zum Verhältnis von Wissen und Literatur", in: *Scientia Poetica* 2 (1998), S. 97–128.

durchführen oder sich „das jeweils sinnstiftende Zusammenwirken von Poesie und Wissen beispielhaft aufzeigen lässt"[3]. Denn literarische Texte, die sich auf den Traum beziehen, scheinen immer auch ihre eigene Existenzbedingung zu reflektieren und in diesem Sinne ‚Modellfälle' einer ‚literarischen Anthropologie'[4] darzustellen. Gemeinsam ist diesen Ansätzen die Annahme, dass literarische Traumtexte, also Texte, die Träume erzählen oder die im Modus der ‚Traumhaftigkeit' operieren, nicht nur das Traumwissen ihrer Zeit *abbilden*, sondern an der Hervorbringung dieses Wissens auch selbst beteiligt sind. In der Tat scheint sich die historisch wandelbare Phänomenologie und Strukturenlehre des Traums jeweils im Dialog zwischen dem Traumwissen der Psycho(physio)logie, der Philosophie, der Psychoanalyse und der Literatur herauszubilden.

Auch der vorliegende Band beleuchtet die historische Wandelbarkeit des Traumbegriffs und rückt den Dialog von Literatur- und Wissensgeschichte in den Fokus der Aufmerksamkeit. Unter besonderer Betonung der poetologischen Dimension stellt er die Frage, wie und auf der Grundlage welchen Wissens die literarische Moderne Formen onirischen Schreibens entwickelt. Das Augenmerk liegt vor allem auf nichtfreudianischen Traumkonzeptionen unterschiedlicher Provenienz, die in der Forschung bislang nur eine untergeordnete Rolle gespielt haben. Sigmund Freuds *Traumdeutung* soll dabei ihre hohe Relevanz für literarische Auseinandersetzungen mit dem Traum im 20. und 21. Jahrhundert nicht abgesprochen werden – vielmehr geht es darum, den weiteren Kontext sichtbar zu machen, innerhalb dessen sie verortet werden kann.

* * *

Literatur- und wissenschaftshistorisch lassen sich aus unserer Sicht drei für die enge Verflechtung von Traumwissen und Poetik entscheidende Entwicklungen ausmachen, die in der Aufklärung ihren Ausgang nehmen und die Ausbildung moderner Traumpoetiken im 19. Jahrhundert erst ermöglicht haben:

1. Die Psychologisierung des Traums

Während „Defizittheorien des Traums", die diesen als Produkt sinnentleerter Gehirntätigkeit begreifen, und Traumtheorien, die im Traum übernatürliche Botschaften sehen, seit der Antike verbreitet sind, entsteht der Typus psychologischer Traumtheorien, die den Träumen einen in der Seele des Menschen liegenden Sinn zuschreiben, erst seit dem späten 18. Jahrhundert, zunächst im Zei-

---

[3] Peter-André Alt: *Der Schlaf der Vernunft. Literatur und Traum in der Kulturgeschichte der Neuzeit*. München: Beck, 2002, S. 9.
[4] Martina Wagner-Egelhaaf: „Traum – Text – Kultur. Zur literarischen Anthropologie des Traumes", in: *Poststrukturalismus. Herausforderung an die Literaturwissenschaft*, hg. v. Gerhard Neumann. Stuttgart/Weimar: Metzler, 1997, S. 123–144, hier: S. 128.

chen der ‚Erfahrungsseelenkunde' in Deutschland.[5] Dabei geht die Annahme, Träume transportierten Botschaften, die aus einer außerhalb des Bewusstseins des Träumers liegenden seelischen Region stammen, mit ersten Konzeptionalisierungen eines Un(ter)bewussten einher. In Frankreich wird die Vorstellung eines nur organisch konditionierten Traums erst um die Jahrhundertmitte vom Konzept eines ‚rêve psychologique' abgelöst. Da dieses zunächst im Rahmen der psychopathologisch orientierten Traumforschung entsteht, gilt die Deutung eines Trauminhalts lange als irrelevant. Der Traum wird aus vermögenspsychologischer Sicht als ein der Kontrolle von Willen und Aufmerksamkeit entzogener Automatismus von Erinnerung und Imagination begriffen und in der Zusammenschau mit der Halluzination pathologisiert. Durch den Vergleich mit dem Drogenrausch wird ein entsprechender Zustand aber auch experimentell erzeugbar und so zum Vorläufer eines ästhetisch nutzbaren ‚dérèglement des sens'. Im 19. Jahrhundert kann der Traum so zu einem Instrument der Reflexion über die Funktionsweisen von Geist und Psyche werden, es entsteht die Möglichkeit, ihn als Teil des dem Menschen unverfügbaren Wissens über sich selbst zu deuten. Das eröffnet nicht nur in psychologischer und philosophischer, sondern auch in ästhetischer Hinsicht neue Wege.

2. Die Aufwertung der Imagination in der Dichtungstheorie

Gegenläufig zur Pathologisierung der Imagination in der Medizin erfolgt in Dichtung und Ästhetik seit etwa 1800 eine Aufwertung dieses Vermögens. In ihrer Folge kann der Traum, zunächst in der deutschen Romantik, zu einem gegenüber der Realität privilegierten Modell von Dichtung werden. In Frankreich manifestiert sich mit Baudelaire, der die Imagination zur ‚reine des facultés' erhebt, ein klarer Bruch mit mimetischer, an der Nachahmung von Wirklichkeit orientierter Kunst. In Auseinandersetzung mit der realistischen Malerei entwickelt er eine Ästhetik, in der die Imagination zum Prinzip künstlerischen Schaffens erklärt wird. Damit wendet sich Baudelaire explizit gegen die Schule des Realismus in Kunst und Literatur und setzt an die Stelle der abzubildenden ‚réalité' die Wahrnehmungen, Erinnerungen und Imaginationen des Künstlers. Gerade das Flüchtige, Fragmentarische und Komposite wird damit zur Grundlage dichterischen Schaffens wie auch zum ästhetischen Ideal.

3. Die Kultur der empirischen Traumaufzeichnung

In den sich seit Ende des 18. Jahrhunderts begründenden Seelenwissenschaften wird sowohl mit introspektiven als auch mit experimentellen Methoden versucht, möglichst exakte Traumaufzeichnungen zu erhalten. Nach wegweisenden Anfängen im Umfeld des *Magazins zur Erfahrungsseelenkunde* setzt die psycho-

---

[5] Zu einer vergleichbaren Unterteilung von Traumtheorien in drei Typen vgl. Manfred Engel: „Kulturgeschichte/n? Ein Modellentwurf am Beispiel der Kultur- und Literaturgeschichte des Traumes", in: *KulturPoetik* 10 (2010), S. 153–176, hier: S. 158–160.

logisch-psychiatrische Erforschung onirischer Phänomene mit der Gründung der *Annales médico-psychologiques* 1843 in Frankreich ein. Die Psychiater, die hier publizieren, interessieren sich für die Verwandtschaft von Traum und Wahnzuständen, sie zeichnen die Träume ihrer Patienten auf, um sie mit pathologischen Halluzinationen zu vergleichen. Mit den ersten dort publizierten Artikeln von Alfred Maury, die wenig später in sein Epoche machendes Werk *Le sommeil et les rêves* (1861) münden, in dem die hypnagoge Halluzination eine zentrale Rolle spielt, sind die Anfänge der modernen Traumforschung benannt.[6] Aus der Niederschrift eigener Träume und Halluzinationen entwickelt sich zum einen eine wissenschaftliche Praxis, die die Traumaufzeichnung zur Basis ihrer Untersuchungen macht, zum anderen wird es in den gebildeten Schichten beliebt, ein ‚nocturnal' zu führen und sich in geselligen Zirkeln über eigene Träume auszutauschen.[7] Die Entwicklung der neuen literarischen Traumästhetik scheint unmittelbar auf die Kultur der Traumaufzeichnung zurückzugehen: Gérard de Nerval und Baudelaire fangen, wie zuvor schon Georg Christoph Lichtenberg, Jean Paul und Clemens Brentano, in den fünfziger Jahren an, ihre Träume aufzuschreiben. Bei Nerval bilden sie, ästhetisch überformt, die Basis seiner Erzählung *Aurélia* (1855), von Baudelaire sind, ähnlich wie von Arthur Rimbaud, Skizzen zu Prosagedichten erhalten, die auf Traumaufzeichnungen beruhen: Der in der unvollendeten Form die ‚rêverie' privilegierende *Spleen de Paris* (1869) sollte auch eine Abteilung *Onéirocritie* enthalten, die allerdings nur ansatzweise ausgeführt wurde.[8]

Die Psychologisierung des Traums, die Aufwertung der Imagination in der Dichtungstheorie und die sich seit Ende des 18. Jahrhunderts ausbildende Kultur der empirischen Traumaufzeichnung tragen also zur Entstehung einer neuen Traumästhetik in der zweiten Hälfte des 19. Jahrhunderts nachhaltig bei. Diese bildet sich offensichtlich zunächst in Textformen aus, die eine hohe Affinität zur Traumaufzeichnung aufweisen: in autobiographisch geprägten Erzählungen von Träumen bei Nerval oder in den Prosagedichten von Baudelaire und Rimbaud, mit deren Untersuchung dieser Band einsetzt. Dabei leitet sich der Traumbegriff der Literaten, wie schon an Nervals Erzählung *Aurélia* sichtbar wird, nicht nur

---

[6] Zur Person, zur beruflichen Laufbahn und zum Werk Alfred Maurys vgl. *Alfred Maury, érudit et rêveur. Les sciences de l'homme au milieu du 19ᵉ siècle*, hg. v. Jacqueline Carroy und Nathalie Richard. Rennes: PUR, 2007.

[7] Zur ‚Traumkultur' in der zweiten Hälfte des 19. Jahrhunderts in Frankreich vgl. Jacqueline Carroy: „Dreaming Scientists and Scientific Dreamers: Freud as a Reader of French Dream Literature", in: *Science in Context* 19 (2006), S. 15–35, hier: S. 18 f.

[8] Zum erst posthum veröffentlichten *Spleen de Paris* ist eine Liste mit Projekten erhalten, die eine Abteilung *Onéirocritie* enthält (Charles Baudelaire: *Œuvres complètes*, Bd. I, hg. v. Claude Pichois. Paris: Gallimard, 1975–76, S. 365–373). Von Rimbaud existiert ein autobiographisch anmutender Entwurf mit dem Titel *Les Déserts de l'amour*, der kurze dem Prosagedicht nahestehen Abschnitte enthält, die im Vorwort als ‚rêves' angekündigt werden (vgl.: *Œuvres complètes*, hg. v. Antoine Adam. Paris: Gallimard, 1972, S. 159–161).

von den Träumen des Schlafs her: Nerval weitet ihn – gerade gegen die Pathologisierung des Traums durch die Mediziner – auf verwandte Zustände wie Halluzination und Vision aus.[9] Und während Baudelaire unter „rêves naturels" auch durch Drogen induzierte Bewusstseinszustände versteht, unterzieht Rimbaud die romantische ‚rêverie' einer Transformation zur „hallucination simple".[10] Damit sind die traumähnlichen Zustände benannt, die die Ausarbeitung moderner Traumpoetiken noch bis ins 20. und 21. Jahrhundert maßgeblich prägen.

Während Träume literarischer Figuren sowie das Vorgehen, ideologisch problematische Sachverhalte als Traum darzustellen, seit der Antike bekannt sind, stellen *onirische Schreibweisen*, so unser Ausgangspunkt, ein spezifisches Phänomen der literarischen Moderne dar.[11] Sie lassen sich als Versuch charakterisieren, Eigenschaften des Traums oder verwandter Phänomene in den Textstrukturen nachzubilden und ästhetisch fruchtbar zu machen. Auch wenn solche Schreibweisen in Abhängigkeit vom zugrunde liegenden Traumbegriff stark variieren können, lassen sich einige modernetypische Spielarten benennen: So arbeiten die Texte mit den raumzeitlichen Inkongruenzen des Traums und setzen auf der Darstellungsebene plötzliche Brüche, Assoziativität, Verschiebungen und Verdichtungen ein. Häufig gehen in diesem Sinne ‚traumhafte' Schreibweisen mit der Entwicklung einer anti-mimetischen Ästhetik einher: Sie geben dem Innenleben der Protagonisten viel Raum und lassen dabei die Abgrenzungen zwischen Wahrnehmungs-, Erinnerungs- und Imaginationsprozessen innerfiktional unscharf werden. Häufig tragen die Verfahren onirischer Schreibweisen dazu bei, die Referenzfunktion der Sprache in Frage zu stellen.

* * *

Der vorliegende Band geht der Verflechtung von Traumwissen und Poetik in vier Blöcken nach, die jeweils zentrale Themenfelder der vielschichtigen Entwicklungen in Lyrik und Prosa von der Mitte des 19. bis zum Anfang des 21. Jahrhunderts in den Blick nehmen. Die Spannbreite der behandelten Texte umfasst Prosagedichte, Tagebuchaufzeichnungen und den kontextlosen ‚récit de rêve', der zunächst am Ende des 19. Jahrhunderts im wissenschaftlichen Kontext der *Revue philosophique* auftritt, bevor ihn die Schwabinger „Kosmiker"[12] und die

---

[9] Vgl. dazu Michel Jeanneret: „La Folie est un rêve: Nerval et le docteur Moreau de Tours", in: *Romantisme* 27 (1980), S. 59–75 und Susanne Goumegou: *Traumtext und Traumdiskurs. Nerval, Breton, Leiris.* München: Fink 2007, S. 129–180.

[10] Rimbaud: *OC*, S. 108.

[11] Vgl. ähnlich auch Manfred Engel: „Literatur- und Kulturgeschichte des Traumes", in: *Dream Images in German, Austrian and Swiss literature and culture*, hg. v. Hanna Castein und Rüdiger Görner. München: Iudicium, 2002, S. 13–31, hier: S. 26 f.

[12] Friedrich Huch ist der erste, der mit seinem Buch *Träume* (Berlin: Fischer, 1904) eine als Literatur ausgewiesene Veröffentlichung von Traumaufzeichnungen in deutscher Sprache vorlegt. Vgl. dazu Hans-Walter Schmidt-Hannisa: „Zwischen Wissenschaft und Literatur. Zur Genealogie des Traumprotokolls", in: *Das Protokoll. Kulturelle Funktionen einer Text-*

französischen Surrealisten zu einer literarischen Gattung machen.[13] Weiter reicht sie über Traumerzählungen innerhalb von Romanen, autobiographischen oder essayistischen Texten bis hin zu solchen Erzählungen, die Traumstrukturen auf den ganzen Text ausweiten und somit generell als ‚traumhaft' zu verstehen sind. Hinzu kommen poetologische Schriften, wissenschaftliche Abhandlungen oder der Traumkritik gewidmete Essays. Sie alle werfen Fragen auf nach der Modellierung des Traumbegriffs bzw. des Gegensatzes von Traum und Realität, nach dem Status des Traums im Text sowie nach dem Verhältnis von Traum, Subjekt und Schrift. Ausgespart bleibt hier das Theater, für das die Bedeutung des Traums im 20. Jahrhundert unbestritten ist (man denke nur an die Stücke August Strindbergs, Arthur Schnitzlers, Luigi Pirandellos und Antonin Artauds), das jedoch – ebenso wie der Film – durch den Einsatz nonverbaler Codes über ganz andere Möglichkeiten der Illusionsbildung verfügt und Fragen aufwirft, die den hier skizzierten Rahmen überschreiten würden.

Die Beiträge des *ersten Teils*, ‚Traumpoetik am Beginn der literarischen Moderne', untersuchen den Zusammenhang von Traumwissen und Traumpoetik in der zweiten Hälfte des 19. Jahrhunderts. Parallel zu den Anfängen der autobiographisch gestalteten Traumerzählung bei Nerval privilegieren auch Baudelaire und Arthur Rimbaud mit der neu entstehenden Gattung der ‚poèmes en prose' eine Textform, die dem Traumbericht relativ nahe steht.[14] Wie CHRISTINA BISCHOFF und INGA BAUMANN nachzeichnen, erlaubt die poetische Aneignung von Traum und ‚rêverie' die Sondierung eines liminalen Raums, der Welt und Selbst, Bewusstes und Unbewusstes vermittelt, bzw. die halluzinatorische Projektion einer träumerischen Innenschau in die Außenwelt. Während Baudelaire in seinen kunstkritischen und poetologischen Schriften den Traum im Anschluss an zeitgenössische Imaginationstheorien zum entzogenen Ursprung des modernen Subjekts und damit auch zum Modell einer Dichtung unter den Bedingungen der Moderne erklärt, privilegiert er in seinen Prosagedichten die ‚rêverie', die im Gegensatz zum Traum nicht nach einer retrospektiven Erzählung, sondern nach der im Präsens erfolgenden Evokation verlangt. Die einzelnen *Illuminations* Rimbauds hingegen lassen sich sowohl als Träume als auch als Träumereien lesen, sie spielen mit eben dieser fundamentalen Ambivalenz, der gerade das Prosagedicht mit seiner Durchdringung von narrativen und figurativen Elementen den nötigen Spielraum bietet.

---

sorte, hg. v. Hans-Walter Schmidt-Hannisa und Michael Niehaus. Frankfurt a.M. u.a.: Peter Lang, 2005, S. 135–164.

[13] Vgl. Goumegou: *Traumtext und Traumdiskurs*, S. 280–313.

[14] Diese Affinität zeigt sich, mehr noch als bei Baudelaire und Rimbaud, deren Transpositionen eigener Träume ins Prosagedicht Skizzen bleiben, im 20. Jahrhundert. Autoren wie Paul Eluard oder Michel Leiris arbeiten ihre Traumaufzeichnungen zu Prosagedichten aus – und Marguerite Yourcenar muss erfahren, dass ihre als getreue ‚récits de rêves' gedachten Texte in *Les songes et les sorts* (1938) von den Lesern für Prosagedichte gehalten werden.

Traumwissen und Traumpoetik: Zur Einführung

DAGMAR STÖFERLES Beitrag zeigt, dass der Traum – wie schon in Nervals *Aurélia*, aber quasi invers – auch bei Flaubert als Äquivalent für die Halluzination dient, beide Autoren also auf den psychopathologischen Traumdiskurs der *Annales médico-psychologiques* reagieren. Im Gegensatz zu Nerval, der der Pathologisierung des Traums durch die Psychopathologen den Rückgriff auf metaphysische Konzepte entgegenstellt, gibt Flaubert das Konzept des Dämonischen, das in der Erstfassung noch mit dem Begriff des Traums zusammengedacht ist, im Verlauf der drei Fassungen der im Modus des Onirischen verfassten *Tentation de saint Antoine* auf und setzt die Halluzination an dessen Stelle. Letztlich imaginiert er, und damit wendet er das zuvor Pathologisierte dann doch wieder in den Bereich des Wissens, eine dualistisch-gnostische Erkenntnisform, die auf dem Halluzinatorischen beruht.

In ganz anderer, in ihrer Realitätsüberschreitung aber schließlich doch ähnlicher Art und Weise ist das Verhältnis von Realem und Imaginärem in Gabriele d'Annunzios *Il piacere* angelegt. DIETRICH SCHOLLER kann zeigen, wie sich in diesem Rom-Roman des Dekadentismus eine reale, eine imaginäre und eine allegorische Textstadt überlagern. Mittels traumartiger Modalisierungen entpuppt sich Rom als in symbolistischer Ästhetik ausgestaltete Stadt des Imaginären, wobei im Modus der Traumvision die Überschreitung von Realität und Imagination hin zu einer Heil stiftenden Zukunftsvision aufscheint.

Der *zweite Teil* des Bandes, ‚Traumwissen und Traumpoetik jenseits von Freud', der die Zeit vom späten 19. bis weit ins 20. Jahrhundert in den Blick nimmt, enthält Aufsätze, in denen das Entstehen von Traumpoetiken dezidiert vom zugrunde liegenden philosophischen, psychophysiologischen und tiefenpsychologischen Traumwissen hergeleitet wird. Eröffnet wird dieser Teil von JACQUELINE CARROY, die anhand einer Debatte, die 1894 und 1895 in der *Revue philosophique* über die beste Methode der Traumaufzeichnung geführt wird, nachzeichnet, wie Dichter und Traumforscher daran arbeiten, Formen des ‚récit de rêve' zu entwickeln. Ausgehend von dieser paradigmatischen Kontroverse fragt sie nach dem Wissens- und Wahrheitsanspruch, der in der Diskussion um wissenschaftliche und literarische Träume verhandelt wird.

Freuds *Traumdeutung* ist, wie hier deutlich wird, um 1900 keinesfalls der einzige Schauplatz, auf dem wissenschaftliche und literarische Verfahren zur Erforschung des Traums in Auseinandersetzung treten. Auch in den folgenden Beiträgen zu Traumwissen und (Traum-)Poetik dominieren Ansätze, die nicht von der im 20. Jahrhundert zum kulturellen Paradigma avancierenden Freud'schen Psychoanalyse ausgehen. MARIE GUTHMÜLLER, HANS-WALTER SCHMIDT-HANNISA und HELMUT PFEIFFER zeigen, wie Federigo Tozzi, Ernst Jünger und Henri Michaux sich an nichtfreudianisch geprägten Traumtheorien wie der französischen Psychophysiologie des späten 19. Jahrhunderts, der Tiefenpsychologie Carl Gustav Jungs und der Lebensphilosophie Ludwig Klages' oder den Experimenten John Mourly Volds orientieren, um in Anlehnung daran und in teilweise dezidierter Freud-Kritik eigene Traumbegriffe und daraus auch Traumpoetiken zu entwickeln. Während Tozzi in *Con gli occhi chiusi* (1919) in Unkenntnis der Schriften Freuds eine an psychophysiologischen Traumkonzepten des späten 19. Jahrhunderts orientierte Ästhetik entwirft, die später dazu führt, dass vom „freudianischen Charakter" seiner Werke gesprochen wird, unterstellt Jünger dem Traum ein begriffloses, symbolhaftes Erkenntnispotential, in dem auch das vermeintlich Individuelle, das der Traum zeigt, als Verbildlichung übergreifender Zusammenhänge eines emphatisch-metaphysisch verstandenen ‚Lebens' erscheint.

Michaux setzt sich in seinen im Umfeld des Surrealismus entstandenen Schriften zum Traum zunächst mit der Leibreiztheorie auseinander, kritisiert aber auch die psychoanalytische Logik eines Doppelsinns von manifestem und latentem Trauminhalt. In *Façons d'endormi, façons d'éveillé* (1969) macht er zur Basis seiner Poetik nicht den aus seiner Sicht schematisch und repetitiv verfahrenden Traum, sondern, wie vor ihm schon Baudelaire und Rimbaud, den ludisch angelegten Tagtraum. Dabei betont er, dass erst die Arretierung der autopoietischen Kontinuität und der Einsatz von Strategien des Machens und Herstellens die Überführung in Kunst ermöglichten. REMO CESERANIS Beitrag schließlich zeigt, dass auch Italo Calvino, trotz aller Wertschätzung, die er Freud entgegenbringt, die ohnehin raren Träume in seinen Romanen und Erzählungen kaum nach psychoanalytisch lesbaren Prinzipien gestaltet und ihnen wie Michaux die Tiefendimension verweigert. In seinen späten Werken entwickelt Calvino eine postmoderne Ästhetik der Kombinatorik und des Filigranen, die zwar an die Geflechtmetaphorik aus der *Traumdeutung* anschließt, die Vorstellung von einem ‚Nabel des Traums' jedoch ignoriert.

Der *dritte Teil* des Bandes, ‚Traumhaftigkeit im Zeichen Kafkas und der Surrealisten', widmet sich zwei konträren Traumpoetiken der Moderne, die im 20. Jahrhundert zu zentralen literarischen Paradigmen werden: der Erzählprosa Franz Kafkas und den Traumtexten des französischen Surrealismus, die ihren Traumbegriff stärker aus der Psychophysiologie des 19. Jahrhunderts als aus Freuds Psychoanalyse ableiten. Kafka und die Surrealisten bilden die beiden Pole, von denen zahlreiche literarische wie künstlerische Ästhetiken des 20. Jahrhunderts ausgehen, um Modelle von Traumhaftigkeit zu entwerfen.

Einleitend wirft SUSANNE GOUMEGOU einen kritischen Blick auf das keineswegs selbstevidente Konzept literarischer Traumhaftigkeit und entwickelt in Auseinandersetzung mit Roger Callois' *L'incertitude qui vient des rêves* (1956) Kriterien zur Beschreibung der narratologischen und wirkungsästhetischen Dimension der von Caillois verworfenen surrealistischen ‚récits de rêves' sowie der von ihm zum Modell onirischen Schreibens erhobenen Romane Kafkas. SUSANNE KAUL hebt den oft übersehenen Aspekt der Komik in Kafkas Schreiben hervor und zeigt, wie sich in *Der Proceß* das Traumhafte mit dem Komischen in der Denk- und Sprachfigur des Paradoxen überschneidet. Die daraus resultierende ‚Traumkomik' wird ihren Analysen zufolge vor allem durch das Abweichen von der ‚doxa' erzielt, d.h. durch abstruse Begebenheiten und narrative Inkohärenzen, die textintern als selbstverständlich inszeniert werden. Mit einer solchen Traumkomik, so ihr Schluss, arbeitet auch Roman Polanskis Film *Le Locataire* von 1976.

CHRISTIANE SOLTE-GRESSER entwickelt anhand der Analyse dreier Erzählungen aus den 1940er Jahren (von Dino Buzzati, Madeleine Bourdouxhe und Paola Masino), die sie auf der Folie von Kafkas *Der Landarzt* liest, systematische Ansätze zu einer Poetik des Traumerzählens. Auf der semantischen Ebene bilden – neben traumtypischen Motiven – die raumzeitlichen Strukturen sowie die Figurenkonstellation die Analysekategorien. Was die ästhetischen Verfahren angeht, so stehen verschiedene Strategien der Umkehrung, die Materialität der Zeichen und die selbstreflexive Dimension der Texte im Mittelpunkt. SLAVEN WAELTI lässt seinen Beitrag mit den Zweifeln der Surrealisten hinsichtlich des epistemologischen Status erzählter Träume beginnen und untersucht im Folgenden die Traumästhetik Pierre Klossowskis, der die Freud'sche Dreiteilung der Psyche durch den Dualismus zwischen einem ‚alltäglichen Zeichenkode' und einem ‚Grund' (als Ort der Triebe und der radikalen Insignifikanz) ersetzt und in den traumhaft gestalteten *Les lois de l'hospitalité* (1965) nach Wegen sucht, diese als vorsemiotisch angenommene Intensität des Traums zur Grundlage seiner Poetik zu machen.

Der *vierte und letzte Teil*, ‚Traum, Wirklichkeit und Schrift', schließlich ist dem Verhältnis von Traum und Realität, Halluzination, Erinnerung und Schrift gewidmet; nicht zufällig spielen dabei autobiographische Texte eine tragende Rolle. ANNIKA NICKENIG zeigt, dass der Traum bei Primo Levi, Robert Antelme und Jorge Semprun nicht nur ein Motiv ist, mit dem die traumatische Vergangenheit der Shoah zur Sprache gebracht wird: Er wird auch zum Ausgangspunkt für eine Reflexion über die Möglichkeiten narrativer Wiedergabe der Lagererfahrung. Das Aufbrechen der Grenze zwischen Realität und Vorstellung, Vergangenheit und Gegenwart wird über die Darstellung von Träumen geleistet, die Aporie des Sprechens über die Lager in Fragen ihrer Verschriftung verhandelt.

BARBARA KUHN analysiert den Konnex von Traum und Schreiben sowie die dünnen Grenzen zwischen Traum, traumartigen Phänomenen und Realität bei Tabucchi, dessen Prosa sich in unterschiedlichen Spielarten von fingierten Traumerzählungen bis hin zu onirischem Schreiben und als Delirien oder Halluzinationen konzipierten Texten bewegt. Im Zentrum steht der zeitgenössische Roman *Tristano muore. Una vita* (2006), ein fiktiver Lebensbericht, der in (auto-)biographischer Manier zeigt, wie im Angesicht des Todes die Grenzen zwischen Erinnerung, Traum, Delirium und Halluzination unscharf werden und die gängige Opposition von Traum und Wirklichkeit destabilisieren. BRIGITTE HEYMANN zeichnet nach, wie auch Hélène Cixous in ihren jüngsten Texten (*Les rêveries de la femme sauvage*, 2000; *Rêve, je te dis*, 2003; *Hyperrêve*, 2006) die

Spannbreite von kontextlosen ‚récits de rêves' über Traumerzählungen innerhalb autobiographischer Texte bis hin zur Transformation der Rousseau'schen ‚rêverie' nutzt, um das Verhältnis von Traum, Schrift und Subjekt sowie die Verschränkung von Traum, Erinnerung und Fiktion in verschiedenen Varianten zu ergründen. Abermals wird deutlich, wie der Einbezug des Traums es ermöglicht, poetologische Fragen mit der Identitätssuche des schreibenden und sich erinnernden Ich zu verbinden.

* * *

Die Beiträge dieses Band gehen auf eine Sektion des XXXI. Deutschen Romanistentags in Bonn zurück, in der TeilnehmerInnen aus Italien, Frankreich, Deutschland, der Schweiz und Irland versammelt waren. Dass der inhaltliche Fokus auf die Verflechtung von Traumwissen und Poetik in der französischen, italienischen und deutschen Literatur gerichtet ist und die Entwicklungen in anderen Ländern nur streift, ist nicht nur der Ausrichtung des Romanistentags geschuldet, der 2009 für eine philologisch ausgerichtete europäische Kulturwissenschaft plädierte und den Blick dabei insbesondere auf den Wissenstransfer zwischen den romanischen Ländern und Deutschland gerichtet sehen wollte, sondern folgt auch der literatur- und wissenschaftsgeschichtlichen Logik des Untersuchungsgegenstands.

Denn die poetische Auseinandersetzung mit dem Traum entwickelt sich in der Tat in einem engen Dialog gerade zwischen der deutschen, französischen und italienischen Literatur. Bekanntlich ist die Dichtung Nervals und Baudelaires nicht ohne die deutsche Romantik denkbar, orientiert sich die italienische Literatur am Ende des 19. Jahrhunderts stark an französischen Vorbildern, bevor dann die italienische Moderne mit Autoren wie Pirandello, Tozzi und Italo Svevo ihrerseits in die Nachbarländer wirkt. Und auch die wissenschaftliche Traumforschung in Deutschland, Frankreich und Italien ist von der Mitte des 19. bis ins 20. Jahrhundert eng miteinander verzahnt: Das wird nicht nur an der Freud'schen Rezeption der europaweit führenden französischen Psychophysiologie sichtbar, auch die Arbeiten des italienischen Psychiaters und Neurophysiologen Sante de Sanctis greifen auf in Frankreich entstandenes Wissen zurück, wobei sie, anders als diejenigen Freuds, gerade die somatischen und von der Degenerationstheorie beeinflussten Ansätze stark machen. Und die jeweils zeitversetzte, dafür aber umso intensivere Rezeption der Freud'schen Psychoanalyse in der französischen und italienischen Psychologie zeugt ebenfalls von dieser engen Verflechtung.

Künftige Untersuchungen zum Verhältnis von Traumwissen und Poetik sollten sich aber keineswegs auf den Dialog zwischen diesen drei Ländern beschränken. Wir wollen mit unserem Band vielmehr Anstöße für Forschungen geben, die auch andere europäische Literaturen mit einbeziehen. Was die wissenschaftliche Traumforschung angeht, so bieten etwa die angelsächsische Psychophysiologie und die psychophysiologischen Experimentalwissenschaften in Russland weite Forschungsfelder. Bezogen auf die englischsprachige Literatur des frühen 20. Jahrhunderts, z.B. auf James Joyce oder Virginia Woolf, aber auch auf die russische Literatur, auf Erzählungen und Romane Nikolaj Gogols und Fjodor Dostojewskis, scheint uns die Frage nach Traumpoetiken der Moderne lohnenswert. Weiterhin würde das hier nur in einem Beitrag gestreifte Verhältnis von literarischer und filmischer Traumdarstellung ebenso weitere Berücksichtigung verdienen wie, das wurde oben schon angedeutet, das Theater. Und wir wollen auch keinesfalls beanspruchen, mit diesem Band alles zu Traumwissen und Traumpoetik in der Lyrik und Prosa Frankreichs, Italiens und Deutschlands gesagt zu haben. So sind etwa Paul Valéry, Italo Svevo und Rainer Maria Rilke große Traumautoren, bei denen die Untersuchung ihres Traumwissens in Zusammenhang mit ihrer Poetik noch einer eingehenderen Behandlung harrt.

Bibliographie

Alt, Peter-André: *Der Schlaf der Vernunft. Literatur und Traum in der Kulturgeschichte der Neuzeit*. München: C.H. Beck, 2002.

Baudelaire, Charles: *Œuvres complètes*, hg. v. Claude Pichois. 2 Bde. Paris: Gallimard, 1975–76.

Carroy, Jacqueline: „Dreaming Scientists and Scientific Dreamers: Freud as a Reader of French Dream Literature", in: *Science in Context* 19 (2006), S. 15–35.

—; Richard, Nathalie (Hg.): *Alfred Maury, érudit et rêveur. Les sciences de l'homme au milieu du 19e siècle*. Rennes: PUR, 2007.

Engel, Manfred: „Traumtheorie und literarische Träume im 18. Jahrhundert. Eine Fallstudie zum Verhältnis von Wissen und Literatur", in: *Scientia Poetica* 2 (1998), S. 97–128.

— „Literatur- und Kulturgeschichte des Traumes", in: *Dream Images in German, Austrian and Swiss literature and culture*, hg. v. Hanna Castein und Rüdiger Görner. München: Iudicium, 2002, S. 13–31.

— „Kulturgeschichte/n? Ein Modellentwurf am Beispiel der Kultur- und Literaturgeschichte des Traumes", in: *KulturPoetik* 10, 2 (2010), S. 153–176.

Goumegou, Susanne: *Traumtext und Traumdiskurs. Nerval, Breton, Leiris*. München: Fink 2007.

Jeanneret, Michel: „La Folie est un rêve: Nerval et le docteur Moreau de Tours", in: *Romantisme* 27 (1980), S. 59–75.

Nerval, Gérard de: *Aurélia ou Le rêve et la vie* [1855], in: ders.: *Œuvres complètes*, Bd. III, hg. v. Jean Guillaume und Claude Pichois. Paris: Gallimard, 1993, S. 693–746.

Rimbaud, Arthur: *Œuvres complètes*, hg. v. Antoine Adam. Paris: Gallimard, 1972.

Schmidt-Hannisa, Hans-Walter: „'Der Träumer vollendet sich im Dichter'. Die ästhetische Emanzipation der Traumaufzeichnung", in: *Hundert Jahre „Die Traumdeutung". Kulturwissenschaftliche Perspektiven in der Traumforschung*, hg. v. Burkhard Schnepel. Köln: Köppe, 2001, S. 83–106.

— „Zwischen Wissenschaft und Literatur. Zur Genealogie des Traumprotokolls", in: *Das Protokoll. Kulturelle Funktionen einer Textsorte*, hg. v. Hans-Walter Schmidt-Hannisa und Michael Niehaus. Frankfurt a.M. u.a.: Peter Lang, 2005, S. 135–164.

Wagner-Egelhaaf, Martina: „Traum – Text – Kultur. Zur literarischen Anthropologie des Traumes", in: *Poststrukturalismus. Herausforderung an die Literaturwissenschaft*, hg. v. Gerhard Neumann. Stuttgart, Weimar: Metzler, 1997, S. 123–144.

I. TRAUMPOETIK AM BEGINN DER LITERARISCHEN MODERNE

Christina Johanna Bischoff (Paderborn)

‚Rêves hiéroglyphiques et surnaturels'.
Zur Poetik des Traums in den Prosagedichten Baudelaires

Im *Salon de 1846*, einer der frühesten kunstkritischen Schriften Charles Baudelaires, profiliert dieser eine Kunst des Traums und der ‚féerie', wie sie im Norden praktiziert würde, gegen eine ‚positive', ja ‚brutale' mimetische Kunst des Südens: „Le romantisme est fils du Nord [...]; les rêves et les féeries sont enfants de la brume [...]. Le Midi est brutal et positif [...]; le Nord souffrant et inquiet se console avec l'imagination [...]."[1] Baudelaires Hinweis auf ein schöpferisches Moment des Traums greift auf den Topos einer spezifischen ‚imagination septentrionale' zurück,[2] um eine nördlich-onirische Kunst zum Paradigma des Romantischen und mithin des Modernen – denn „Qui dit romantisme dit art moderne"[3] – zu erheben. Der Traum erscheint als Figur eines aus mimetischen Ansprüchen entbundenen Kunstwerks: ‚Brume' steht für eine entzogene Welt, die im onirischen Kunstwerk nurmehr ex negativo evoziert werden kann; die Bilder des Traums aber codieren, abseits inhaltlicher Bestimmungen, zweierlei: zum einem ‚souffrance', Leiden an der Absenz, zum anderen ‚inquiétude', ein Begehren nach deren Aufhebung. Baudelaire profiliert den Traum als verfehlte Repräsentation, die eine im mimetisch-südlichen Kunstwerk qua Repräsentation supplementierte Differenz von Welt und Bewusstsein indiziert.

Bereits in dieser frühen Schrift werden Ansätze einer Poetik des Traums sichtbar, die diesen, freilich zunächst noch oppositiv zu mimetischer ‚repraesentatio', zu einer zentralen produktions- und rezeptionsästhetischen Kategorie erhebt. Im Zuge einer fortschreitenden Abkehr von mimetischen Kunstauffassungen avanciert der Traum in Baudelaires Schriften der Folgezeit indes zur Möglichkeitsbedingung von Kunst schlechthin. Das durch ihn indizierte differentielle Moment rückt nun zugunsten der Perspektivierung einer als Sinnbildung aufgefassten schöpferischen Tätigkeit in den Hintergrund. „Un bon tableau, fidèle et égal au rêve qui l'a enfanté, doit être produit comme un monde":[4] Beiläufig bescheinigt Baudelaire dem Kunstwerk einen imaginativ-onirischen Ursprung, um es sodann als Zeichen dieser ‚idée génératrice' zu profilieren:

> Dans une pareille méthode, qui est essentiellement logique, tous les personnages, leur disposition relative, le paysage ou l'intérieur qui leur sert de

---

[1] Charles Baudelaire: *Salon de 1846*, in: ders.: *Curiosités esthétiques, L'art romantique et autres œuvres critiques*, hg. v. Henri Lemaitre. Paris: Garnier, 1962, S. 97–200, hier: S. 104.
[2] Vgl. besonders Mme de Staël, die in *De la littérature* als prominente Verfechterin dieses Typus der ‚imaginatio' in Erscheinung trat.
[3] Baudelaire: *Salon de 1846*, S. 103.
[4] Charles Baudelaire: *Salon de 1859*, in: ders.: *Curiosités esthétiques*, S. 305–396, hier: S. 327.

> fond ou d'horizon, leurs vêtements, tout enfin doit servir à illuminer l'idée génératrice et porter encore sa couleur originelle, sa livrée pour ainsi dire. Comme un rêve est placé dans une atmosphère qui lui est propre, de même une conception, devenue composition, a besoin de se mouvoir dans un milieu coloré qui lui soit particulier.⁵

Indem das Kunstwerk zeichenhaft einsteht für eine ‚idée génératrice', gewährt es zugleich deren Lesbarkeit. Es wird zum Supplement nicht mehr der Welt, sondern einer künstlerischen Innerlichkeit, die sich im Kunstwerk dem Blick des Betrachters offenbart – hierin wiederum dem Traum vergleichbar, dem Baudelaire ebenfalls eine solche Lesbarkeit bescheinigt. Dass auch diese Form der Supplementarität ‚souffrance' und ‚inquiétude' angesichts des unvermeidlichen Verlusts an die ‚repraesentatio' begründet, bedarf keiner näheren Erläuterung; Baudelaire selbst hebt gelegentlich die daraus resultierende melancholische Verfasstheit moderner Kunst hervor. Seine kunsttheoretischen Reflexionen sind indes durch den Versuch gekennzeichnet, den im Zitat entworfenen Typus der Supplementarität zum Konzept einer autogenen, sinn-schöpferischen Tätigkeit zu wenden. In diesem Kontext erweist sich der Traum als *ein* Dispositiv zur ‚De-Supplementierung' des Kunstwerks. Eine berühmte Passage in *Les paradis artificiels* führt dies mit der Scheidung eines ‚rêve surnaturel' vom ‚rêve naturel' exemplarisch vor:

> Les rêves des hommes sont de deux classes. Les uns, pleins de sa vie ordinaire, de ses préoccupations, de ses désirs, de ses vices, se combinent d'une façon plus ou moins bizarre avec les objets entrevus dans la journée, qui se sont indiscrètement fixés sur la vaste toile de la mémoire. Voilà le rêve naturel; il est l'homme lui-même. Mais l'autre espèce de rêve! le rêve absurde, imprévu, sans rapport ni connexion avec le caractère, la vie et les passions du dormeur! ce rêve, que j'appellerai hiéroglyphique, représente évidemment le côté surnaturel de la vie, et c'est justement parce qu'il est absurde que les anciens l'ont cru divin. Comme il est inexplicable par les causes naturelles, ils lui ont attribué une cause extérieure à l'homme [...].⁶

Der ‚rêve naturel' ist pervertierte Repräsentation. ‚Préoccupations', ‚désirs', ‚vices' sind am Werk, wenn er ein verzerrtes Abbild der „objets entrevus de la journée" entwirft, um auf diese Wiese zum Zeichen seines Schöpfers – „il est l'homme lui-même" – zu avancieren. Der hier entworfene Traumtypus knüpft an den wissenschaftlichen Traumdiskurs der beginnenden Moderne an. Der ‚rêve naturel' ist eine Reaktivierung von Tagesresten, die – hier bewegt Baudelaire sich im konzeptuellen Rahmen eines postaufklärerischen Unbewussten –⁷ in der spe-

---

5 Ebd.
6 Charles Baudelaire: *Les paradis artificiels*, in: ders.: Œuvres complètes, Bd. I, hg. v. Claude Pichois. Paris: Gallimard, 1975, S. 399–441, hier: S. 408–409.
7 Vgl. zu einer anhand des Paradigmas des Traums entwickelten spezifisch aufklärerischen Konzeption des Unbewussten Manfred Engel: „Traumtheorie und literarische Träume im

zifischen Perspektivierung durch den Träumer Aufschluss geben über die Abgründe seines Begehrens und seiner Leidenschaften.

Schwieriger stellen sich die Verhältnisse beim ‚rêve surnaturel' dar. Dem aufklärerisch sanktionierten ‚rêve naturel' diametral entgegengesetzt, lässt er sich gleichwohl nicht mit den von ihm aufgerufenen voraufklärerischen Konzepten göttlich oder teuflisch inspirierter Träume verrechnen. Einer einfachen Lesbarkeit verweigert er sich, wenngleich er als ‚rêve hiéroglyphique' die Verheißung eines verborgenen Sinnes enthält und als ‚rêve surnaturel' zum Paradigma künstlerischer Tätigkeit im Zeichen des ‚surnaturalisme' wird. Der ‚rêve surnaturel' ist, so die These dieses Beitrags, Reflex eines umfassenden Versuchs, den zeichenhaften Charakter künstlerischer Schöpfung in einer Weise zu denken, die eine mimetische Supplementarität ausschließt, ohne dabei aber die Einheit des Werks preiszugeben. Im Folgenden soll dies anhand der Analyse einiger Prosagedichte gezeigt werden. Da die hier betrachteten Texte Baudelaires weniger durch den Wunsch motiviert sind, authentische Träume wiederzugeben, als vielmehr durch den Versuch, aus dem anthropologischen Imaginarium des Traums, wie es das 19. Jahrhundert hervorbrachte, ein poetologisches Modell der Lyrik unter den Bedingungen der Moderne zu gewinnen, sind den Analysen einige historisch-systematische Überlegungen zum anthropologischen Status des Traums voranzustellen.[8]

1. Traumdiskurse der Jahrhundertwende

Das 18. Jahrhundert fasst den Traum gemäß einem seit den Anfängen seiner Theoretisierung gültigen Topos[9] als Produkt einer entfesselten Einbildungskraft. Er ist, wie anthropologische Schriften bis in die Moderne hinein betonen, ein Freiraum der Phantasie, die im Schlaf unabhängig vom Wirken der ‚ratio' tätig wird: „Les objets des *rêves* sont visiblement des jeux de l'imagination",[10] heißt es

---

18. Jahrhundert. Eine Fallstudie zum Verhältnis von Wissen und Literatur", in: *Scientia poetica* 2 (1998), S. 97–128.

[8] Eine ausführliche Analyse der Reflexionen über den Traum in Baudelaires poetologischen und kunsttheoretischen Schriften ist nicht Gegenstand dieses Beitrags. Vgl. hierzu Susanne Goumegou: *Traumtext und Traumdiskurs. Nerval, Breton, Leiris*. München: Fink, 2007, S. 211–212. Grundlegendes zum Traum bei Baudelaire findet sich auch in Jean Starobinski: „Rêve et immortalité chez Baudelaire", in: „*Le sommeil*". *Corps écrit* 7 (1983), S. 45–56. Die dort herausgearbeitete Relationierung der Traumkonzeptionen Baudelaires mit der Antithese ‚idéal'/‚gouffre' wird hier implizit aufgegriffen, die widersprüchlichen Gesten der ‚vindicatio' und der ‚abiectio' des Traums werden als Reflexe einer in den Aporien subjektiver Wirklichkeitsrepräsentation gründenden Poetik aufgefasst.

[9] Vgl. Aristoteles: *De anima* III, 3, 428a; 429a; *De insomniis*, 459a; 462a.

[10] Art. „Rêve", in: *Encyclopédie, ou Dictionnaire raisonné des sciences, des arts et des métiers*, Bd. XIV, hg. v. Denis Diderot und Jean Le Rond d'Alembert. Neufchastel, 1765 (Reprint Stuttgart/Bad Cannstatt: Frommann, 1967), S. 223.

etwa in der *Encyclopédie*, und ähnlich bei Kant: „Im Schlaf [...] ein unwillkürliches Spiel seiner Einbildungen zu sein, heißt träumen."[11] Gerade in diesem Zustand lässt sich die Phantasie denn auch – ungestört durch die Tätigkeit der Sinne und der Vernunft – quasi in Reinform beobachten: Der Traum ist nichtintentional und selbstreferentiell, wenngleich er als Produkt des imaginativen Prinzips zugleich dessen Figur ist.

Als Abkömmling der ‚imaginatio' thematisiert der Traum, wie diese, die Schnittstelle von Körper und Geist.[12] Wie auch immer man das Anthropologicum ‚Traum' fassen möchte: Der diskursivierte Traum will Rede über eine unvordenkliche Alterität sein, die jedoch im Augenblick des Sprechens jeweils schon auf das Eigene als dessen Anderes zurückgespiegelt wurde. Stets ist der Traum daher, wie Martina Wagner-Egelhaaf zu Recht hervorhebt, Reflexionsfigur anthropologischer Symbolisierungsleistungen unter den Bedingungen der Liminalität.[13] Jedem Traumbericht ist daher ein Index der Differenz eingeschrieben.

Das spezifische Interesse des literarischen Traums liegt zweifelsohne in diesem differentiellen Status begründet. Als Figur der Differenz modelliert er, der Imagination vergleichbar, Alterität. Hinweise auf den änigmatischen Charakter des Traums und Versuche, das Unlesbare seiner Zeichen bald als Wirken des Göttlichen, bald als Körper-Zeichen zu deuten, zeugen von der Schwierigkeit, aber auch von der Notwendigkeit, diese Alterität mit den Prämissen der Repräsentation zu verrechnen. Dabei wird die metaphysische Reduktion der Alterität des Traums zum Anlass, stets von Neuem dessen Symbolisierungsleistungen hervorzuheben.[14] So erscheint der Traum als ein komplexes Zeichen mal des

---

[11] Immanuel Kant: *Anthropologie in pragmatischer Hinsicht*, hg. v. Wolfgang Becker. Stuttgart: Reclam, 1983, S. 88.

[12] Eine ausführliche Begründung würde den Rahmen dieser Studie sprengen; vgl. daher Verf.: *In der Zeichenwelt. Zu Baudelaires Poetik der imaginatio*. Frankfurt a.M.: Lang, 2009, S. 16–151.

[13] Vgl. Martina Wagner-Egelhaaf: „Traum – Text – Kultur. Zur literarischen Anthropologie des Traums", in: *Poststrukturalismus. Herausforderung an die Literaturwissenschaft*, hg. v. Gerhard Neumann. Stuttgart/Weimar: Metzler, 1997, S. 123–144, hier: S. 127–128.

[14] Vgl. zu vormodernen Traumkonzepten den aufschlussreichen Überblick in Gabriele Vickermann: „Die Erschreibung des Unbewussten. Charles Nodiers *Smarra* zwischen Traumtheorie und Poetik", in: *Ästhetische Erfindung der Moderne? Perspektiven und Modelle 1750–1850*, hg. v. Britta Herrmann und Barbara Thums. Würzburg: Königshausen & Neumann, 2003, S. 195–215, hier: S. 195–206; weiterhin Aleida Assmann: „Traum-Hieroglyphen von der Renaissance bis zur Romantik", in: *Die Wahrheit der Träume*, hg. v. Gaetano Benedetti und Erik Hornung. München: Fink, 1997, S. 119–144; Lester G. Crocker: „L'analyse des rêves au XVIIIe siècle", in: *Studies on Voltaire and the Eighteenth Century* 23 (1963), S. 271–310; Engel: „Traumtheorie und literarische Träume"; Robert J. Morrissey: *La rêverie jusqu'à Rousseau. Recherches sur un topos littéraire*. Lexington, 1984; Thomas Rahn: „Traum und Gedächtnis. Memoriale Affizierungspotentiale und Ordnungsgrade der Traumgenera in der Frühen Neuzeit", in: *Ars memorativa. Zur kulturgeschichtli-*

Geistigen, mal des Körperlichen: Manifestation eines ihn hervorbringenden Subjekts – Gott, der Teufel, der Körper des Träumenden gelten als solche ‚Traumschöpfer'; Bezeichnung der Zukunft oder des körperlichen Zustands des Träumers; Bedeutung im Hinblick auf das Schicksal oder die Krankheit des Träumers.[15]

Wenngleich die Tendenz zur metaphysischen Reduktion der im Traum codierten Alterität epochenübergreifend nachzuvollziehen ist, so ist die konkrete Ausgestaltung doch in hohem Maße abhängig vom Wissen der jeweiligen Epoche. Die epistemologischen Bedingungen, unter denen der Traumdiskurs in der beginnenden Moderne steht, sind daher in der gebotenen Kürze in Erinnerung zu rufen. Um 1800 erfahren die Theorien des Traums einen tiefgreifenden Wandel.[16] Die epistemologischen Neuorientierungen im Zeichen der beginnenden Moderne affizieren auch den Traum, der im Kontext der Herausbildung einer im Sinne Foucaults ‚modernen' Subjektivität eine sowohl anthropologische wie poetologische Aufwertung erfährt. Als empirisch-transzendentale Dublette erblickt das moderne Subjekt, folgt man Foucault, in der Diskurslandschaft des beginnenden 19. Jahrhunderts das Licht der Welt,[17] als ein Wesen, das den dynamischen, selbstreferentiellen Charakter seines Bewusstseins als eine mortalistisch gegründete Zeitlichkeit deutet,[18] den eigenen Ursprung indessen in die Opazität des epistemisch nicht Erschließbaren relegiert.[19] Subjektive Selbstauslegungen, die um den Versuch kreisen, sowohl die dynamische Selbstreferentialität als auch die daraus resultierende Opazität des Ursprungs diskursiv zu bewältigen,[20] nehmen, folgt man Foucault, einen geradezu obsessiven Charakter an: „[...] toute la pensée moderne est traversée par la loi de penser l'impensé".[21] Bedenkt man, dass der Ursprung eines als dynamisch konzipierten Bewusstseins

---

chen Bedeutung der Gedächtniskunst 1400–1750, hg. v. Jörg Jochen Berns und Wolfgang Neuber. Tübingen: Niemeyer, 1993, S. 331–350.

[15] Die hier vorgeschlagenen Aspekte orientieren sich an den von Deleuze in *Logique du sens* in Erinnerung gerufenen Dimensionen des Zeichens (Gilles Deleuze: *Logique du sens*. Paris: Minuit, 1969, S. 22–35).

[16] Vgl. Klaus Dirscherl: „Traumrhetorik von Jean Paul bis Lautréamont", in: *Romantik. Aufbruch zur Moderne*, hg. v. Karl Maurer und Winfried Wehle. München: Fink, 1991, S. 129–172; Assmann: „Traum-Hieroglyphen", S. 126–132; Peter-André Alt: „Der Text der Imagination. Modelle des Traums in der Literatur um 1800", in: *Ordnungen des Imaginären. Theorien der Imagination in funktionsgeschichtlicher Sicht*, hg. v. Rudolf Behrens. Hamburg: Meiner, 2002, S. 141–163, hier: S. 146–152; Manfred Engel: „Naturphilosophisches Wissen und romantische Literatur – am Beispiel von Traumtheorie und Traumdichtung der Romantik", in: *Wissen in Literatur im 19. Jahrhundert*, hg. v. Lutz Danneberg und Friedrich Vollhardt. Tübingen: Niemeyer, 2002, S. 65–89; Goumegou: *Traumtext und Traumdiskurs*, S. 57–81.

[17] Vgl. Michel Foucault: *Les mots et les choses*. Paris: Gallimard, 1966, S. 329.

[18] Vgl. besonders das Kapitel „L'analytique de la finitude", ebd., S. 323–329.

[19] Vgl. besonders das Kapitel „Le recul et le retour de l'origine", ebd., S. 339–346.

[20] Vgl. besonders das Kapitel „L'homme et ses doubles", ebd., S. 314–354.

[21] Ebd., S. 338.

sich dem Denken in dem Maße entzieht, wie dieses sich ihm annähert, dass jede Form der diskursiven Erschließung daher notwendigerweise als nachträglich zu betrachten ist, so lässt sich diese Obsession zwanglos als beginnende Modellierung sprachlicher Supplementarität ansprechen.

Analoges gilt für die Konzeptualisierung der Sprache: „Au début du XIXe siècle, [les mots] ont retrouvé leur vieille, leur énigmatique épaisseur".[22] Quasi ko-evolutiv zur diskursiven Erschließung subjektiver Selbstreferentialität erfolgt eine Erschließung sprachlicher Selbstreferentialität, die ihren Höhepunkt in der Poetik Mallarmés findet: „A cette question nietzschéenne: qui parle? Mallarmé répond [...] en disant que ce qui parle, c'est en sa solitude [...] le mot lui-même".[23]

Dass die Literatur im 19. Jahrhundert zu einer bevorzugten Projektionsfläche der Ambivalenzen moderner Subjektivität avanciert, wurde in Forschungsbeiträgen der letzten Jahre vielfach belegt.[24] Auch die „Traumeuphorie"[25] in der Literatur des 19. Jahrhunderts ist dem Projekt geschuldet, das Undarstellbare des modernen Subjekts darzustellen. Gerade der Traum, der an der Schnittstelle von Körper und Geist, Innen und Außen, Universalität und Individualität[26] situiert ist, verspricht, die „fundamentale Asymmetrie des modernen Ursprungsdenkens"[27] adäquat zu reproduzieren. So ist seine von den Romantikern vollzogene

---

[22] Ebd., S. 315.
[23] Vgl. ebd., S. 314–318. Die in *Les mots et les choses* gelegentlich spürbare Tendenz, das Denken auf die Sprache zurückzuführen (vgl. besonders das Kapitel „Le retour du langage", S. 314–318), erscheint im hier untersuchten Kontext als eine unzulässige Vereinfachung, die die Selbstreferentialität des subjektiven Bewusstseins mit der der Sprache identifiziert, somit die Differenz zwischen anthropologischer und poetologischer Negativität verwischt und die spezifischen Wechselwirkungen zwischen den beiden Bereichen im 19. Jahrhundert vernachlässigt.
[24] Vgl. etwa für die Lyrik Michael Backes: *Die Figuren der romantischen Vision. Victor Hugo als Paradigma*. Tübingen: Narr, 1994; Johannes Hauck: *Typen des französischen Prosagedichts. Zum Zusammenhang von moderner Poetik und Erfahrung*. Tübingen: Narr, 1994; Hermann Doetsch: *Flüchtigkeit. Archäologie einer modernen Ästhetik bei Baudelaire und Proust*. Tübingen: Narr, 2004; Verf.: *In der Zeichenwelt*; für die Fantastik Christian Wehr: *Imaginierte Wirklichkeit. Untersuchungen zum „récit phantastique" von Nodier bis Maupassant*. Tübingen: Narr, 1997. Vgl. auch Rudolf Behrens' Aufsatz zu Strategien der Verräumlichung in literarischen Texten der Jahrhundertwende, auf die im Folgenden noch zurückzukommen sein wird: Rudolf Behrens: „Räumliche Dimensionen imaginativer Subjektkonstitution um 1800 (Rousseau, Senancour, Chateaubriand)", in: *Räume der Romantik*, hg. v. Inka Mülder-Bach und Gerhard Neumann. Würzburg: Königshausen & Neumann, 2007, S. 27–63.
[25] Dirscherl: „Traumrhetorik", S. 131.
[26] Vgl. Heraklits bekanntes Diktum, dass wache Menschen eine Welt teilten, Träumende sich hingegen ihrer eigenen Welt zuwendeten: „Τοῖς ἐγρηγορόσιν ἕνα καὶ κοινὸν κόσμον εἶναι, (τῶν δὲ κοιμωμένων ἕκαστον εἰς ἴδιον ἀποστρέφεσθαι)" (Heraklit: *Fragmente*, hg. v. Bruno Snell. Darmstadt: Wissenschaftliche Buchgesellschaft, 1995, 28 [B 89]).
[27] „L'asymétrie fondamentale qui caractérise la pensée moderne de l'origine" (Foucault: *Les mots et les choses*, S. 344).

Rückführung auf „eine geheimnisvolle Mischung aus unbekannten Energien der Kreativität, Menschheitsgedächtnis, Erbsünde und religiöser Transzendenz"[28] unschwer als eine Figur des „déjà commencé"[29] zu erkennen, als Figur der Entzogenheit, vor deren Hintergrund das moderne Subjekt seinen Ursprung zu konzipieren hat. Wenn dabei der Sündenfall ein Denkmodell für die Ursprünge des Subjekts im Rahmen einer Epistemologie, die auf dem Primat einer zeitlichen Faktur des menschlichen Bewusstseins aufruht, liefert, so steht demgegenüber die Modellierung religiöser Transzendenz – romantische Texte bemühen genuin mystische Motive wie Gottes-, Unendlichkeits- und Ewigkeitsvisionen und die damit verbundene ‚cognitio Dei'[30] – für das Streben nach Totalisierung vor dem Hintergrund einer irreduziblen und als irreduzibel gewussten Alterität des Ursprungs. So ist denn auch die Intensität, die den Traumbildern im 19. Jahrhundert topisch zugeschrieben wird, liest man sie als ein spätes Erbe des mystischen Motivs der Blendung angesichts des Göttlichen, die paradoxe Figur einer Transzendenz, die in der Immanenz sichtbar wird, mithin, bezogen auf das Subjekt, die Figur eines Sichtbarwerdens des epistemologisch Opaken.[31]

Den anthropologischen Hintergrund dieser Denkfiguren erhellen die *Lettres sur l'imagination* von Jacques Henri Meister, anhand derer sich das Gesagte paradigmatisch veranschaulichen lässt.[32] Vor dem Hintergrund gängiger zeitgenössischer Imaginationstheorien umreißen die Briefe die Konturen eines neuen, der empirisch-transzendentalen Duplizität des Menschen verpflichteten Imaginationskonzepts. Im Zuge dessen erweist sich auch der Traum als ein Anthropo-

---

[28] Assmann: „Traum-Hieroglyphen", S. 126–127.
[29] Foucault: *Les mots et les choses*, S. 341.
[30] Vgl. nur *La pente de la rêverie* von Victor Hugo und *Aurélia* von Nerval; zu den topischen Hinweisen auf die Gegenwart des Heiligen, auf Wahrheit, Unmittelbarkeit und Authentizität des Traums Goumegou: *Traumtext und Traumdiskurs*, S. 59–81.
[31] Literarische Träume sind daher funktional analog zu dem von Rudolf Behrens analysierten romantischen Raumtypus. Die von ihm untersuchten Texte optieren für eine räumliche Reduktion der paradoxen Duplizität des modernen Subjekts, womit sie eine zukunftsträchtige Erosion ‚klassischer' Raumkonzepte einleiten: „Diese Erosion [sc. des Raumes] vollzieht sich sicherlich eher auf tentative als auf dezidert konzeptuell gestützte Weise, aber dennoch so, dass sie mit der für das endende 18. Jahrhundert folgenreichsten Neukonzeption des Raumes, derjenigen durch Kant 1787 in der Kritik der reinen Vernunft, tendenziell konvergiert" (Behrens: „Räumliche Dimensionen imaginativer Subjektkonstitution", S. 36).
[32] Jakob Heinrich Meister: *Lettres sur l'imagination*. London: Bell, 1799. Das den Briefen zugrunde liegende Imaginationskonzept wurde von Rudolf Behrens untersucht; vgl. ders.: „‚Sens intérieur' und meditierende Theoriesuche. Jacob-Heinrich Meisters *Lettres sur l'imagination* (1794/99)", in: *Festschrift für Hans-Jürgen Schings*, hg. v. Peter-André Alt, Alexander Košenina, Hartmut Reinhardt und Wolfgang Riedel. Würzburg: Königshausen & Neumann, 2002, S. 149–165; vg. auch Verf.: *In der Zeichenwelt*, S. 110–115. Vgl. allgemein zu Jacques Henri Meister die Studie von Maria Moog-Grünewald: *Jakob Heinrich Meister und die „Correspondance littéraire"*. Berlin/New York: De Gruyter, 1989.

logicum ersten Ranges „We are such stuff as dreams are made on":[33] Das dem dritten Brief vorangestellte Shakespeare-Zitat entwirft den Traum als Paradigma menschlicher Existenz.

Meister, obzwar eklektisch im Hinblick auf anthropologische Positionen,[34] vertritt einen gemäßigten Sensualismus. Die meisten Vorstellungen, so heißt es in den *Lettres*, beziehen wir aus unseren Sinnen, wenngleich einige wenige Vorstellungen – ‚être', ‚vertu', aber auch ‚combinaison'[35] – keine Entsprechung in der äußeren Welt haben: „A quelle perception de nos sens extérieurs rapporter le sentiment intime de notre être?",[36] fragt er, um aus der Unmöglichkeit einer Zuordnung zu Wahrnehmungen der äußeren Welt die Existenz eines von den Wahrnehmungen unabhängigen inneren ‚principe vital' abzuleiten. Offensichtlich ist dieses Prinzip, das Meister alsbald mit ‚imaginatio' gleichsetzt, als eine selbst schon imaginäre Auffüllung einer epistemischen Leerstelle zu lesen. Es soll Aufschluss über das dem Denken Entzogene geben: seinen eigenen Ursprung nämlich an der Schnittstelle von äußerer Wirklichkeit und subjektiver Innerlichkeit. Der Beginn des zweiten Briefs, in dem Meister die Unmöglichkeit beklagt, die Ursprünge des Menschen aufzufinden, liest sich wie eine Paraphrase von *Les mots et les choses*:

> La nature [...] semble avoir voulu se jouer de l'orgueil et des efforts de l'esprit humain, lorsqu'en nous donnant la faculté d'appercevoir un grand nombre d'objets fort éloignés, en apparence, de notre portée, elle nous refuse en même-tems le moyen de connoître, avec quelque certitude, ce qui, par les rapports les plus intimes, paroissoit devoir le moins échapper à nos recherches. Notre mémoire embrasse l'histoire du monde; elle saisit la pensée des hommes qui vécurent trente ou quarante siècles avant nous, et la retient; d'un œil rapide, elle parcourt les causes de la grandeur d'un empire, et celles de sa chûte. Mais [...] n'ignorons-nous pas toujours, comment la plus simple combinaison semble porter tout-à-coup la lumière dans notre entendement, ou le replonger aussitôt dans la nuit la plus obscure?[37]

‚Principe vital'[38], ‚faculté pensante'[39], ‚sens intérieur'[40], ‚force'[41] und schließlich ‚imagination' sind die Bezeichnungen, die Meister für diesen schlechthin nicht erfassbaren Ursprung des Denkens erwägt – in einer signifikanten begrifflichen

---

[33] Meister: *Lettres*, S. 26.
[34] Vgl. zu Meisters Quellen: Behrens: „‚Sens intérieur' und meditierende Theoriesuche".
[35] Meister: *Lettres*, S. 34.
[36] Ebd., S. 34.
[37] Ebd., S. 14 f.
[38] Ebd., S. 18.
[39] Ebd., S. 15.
[40] Ebd., S. 18.
[41] Ebd., S. 23.

Unschärfe, die wohl als unmittelbarer Reflex einer diskursiven Unerschlossenheit des bearbeiteten Gegenstandes selbst gelten muss.

Wenn sich der gesuchte Ursprung des Denkens diesem entzieht, so manifestiert er sich doch in spezifischen Seelenzuständen:

> Je crois [...] que rien ne seroit plus propre à répandre un jour tout nouveau sur les procédés habituels de notre faculté pensante, que de l'observer tour-à-tour dans trois états forts différens, l'état de veille, l'état de sommeil, et cet état mitoyen entre la veille et le sommeil, où les sens extérieurs se trouvent plutôt dans le calme et dans l'inaction que dans un véritable engourdissement, où l'activité du sens intérieur est comme isolée, où l'on peut douter en quelque sorte si l'on rêve ou si l'on médite. Cet état suit ou précède communément le repos du sommeil; il est aussi quelquefois le résultat d'une méditation très prolongée sur le même objet, sur la même idée, plus particulièrement encore dans les silences de la nature, dans l'obscurité des forêts, au milieu des ombres de la nuit.[42]

Der ‚état mitoyen' ist die räumliche Projektion einer epistemischen Leerstelle.[43] Er modelliert eine Konvergenz von Wachen und Traum: ein Erfahrbarwerden des Traums im Moment seines Verschwindens, das als Figuration einer Präsenz des Transzendenten in der Immanenz zugleich die Darstellung des Undarstellbaren verspricht. Es kann nicht erstaunen, dass eben dieser Zustand Einsicht in ein esoterisches Wissen verspricht. Eine ‚intuition' nämlich, die Meister als eine spontane, aus dem gegebenen Wissen nicht ableitbare, prädiskursive Einsichtnahme fasst, ist gerade im ‚état mitoyen' möglich. Ein im zweiten Brief zu findendes Lob der Intuition, das vorausweist auf Baudelaires berühmte Passage zur ‚reine des facultés' im *Salon de 1859*, gesteht dieser die Schaffung des Neuen zu:

> Je suis persuadé que les dévots, les amans, les prophètes, les illuminés, les Swedenborgistes doivent aux illusions, dont cette manière d'être nous rend susceptibles, toutes les merveilles de leurs pressentimens, de leurs visions, de leurs prophéties; leurs entretiens avec les intelligences célestes; leurs voyages dans les cieux et dans les enfers; en un mot toutes les extravagances et toute la superstition de leurs contagieuses rêveries. Mais je ne craindrai pas de dire aussi, que, c'est peut-être dans cette même situation, que les hommes de génie ont conçu les beautés les plus originales de leurs ouvrages; que le géomètre a trouvé la solution du problème qui l'a embarrassé le plus long-tems; le métaphysicien, le premier apperçu du plus ingénieux de ses systèmes; un poëte, le beau vers qui le fuyoit; un musicien, le plus expressif et le plus brillant de ses motifs; l'homme d'état, la ressource déci-

---

[42] Ebd., S. 19 f.
[43] Als Indiz für die diskursive Verfasstheit des ‚état mitoyen' mag die Tatsache gelten, dass Pascal die Möglichkeit eines solchen liminalen Raumes noch dezidiert verneint: „Toute notre vie est partagée entre deux états essentiellement différens l'un de l'autre, dont l'un est la vérité & la réalité, tandis que l'autre n'est que mensonge et illusion." (Blaise Pascal: *Pensées*, in: ders.: *Œuvres complètes*, Bd. II, hg. v. Michel Le Guern. Paris: Gallimard, 2000, S. 541–1082, hier: S. 814).

> sive que toutes les lumières de son expérience n'avoient pu découvrir encore à la pénible attention de ses calculs; un général d'armée, ce coup-d'œil vaste et rapide, qui fixe le sort d'une bataille, et garantit la victoire."[44]

Die Intuition, so Meister, vollzieht sich als Unterwerfung des Geistes unter die Macht des Bildes. In einer in der Aufklärung undenkbaren Weise avanciert damit ein bislang als pathologisch geltender Zustand zum Paradigma menschlicher Erkenntnis: „[...] une seule impression, une seule image semble s'arrêter quelquefois très-long-tems devant notre pensée, et la tenir comme assiégée; alors notre entendement n'agit plus que par intuition."[45]

Insofern die Intuition Erkenntnis ausgehend von einer ‚impression' bzw. einer ‚image' ist, ist sie – gemäß der Prämisse, dass dem in der Vorstellung gespeicherten Bild eine stärkere Präsenz eigne als den im Gedächtnis gespeicherten Worten – Intensitätserfahrung.[46] Die imaginative Erfahrung erhält damit einen ästhetischen Eigenwert, den Meister insbesondere in künstlerischen Hervorbringungen ausfindig macht; zugleich eröffnen die Bilder, wie er nicht ansteht zu erwähnen, die Möglichkeit einer subjektiven Selbstvergewisserung quasi ‚via imaginationis': „Toute notre existence morale n'est qu'une succession continuelle de sensations et de souvenirs, d'idées et d'impressions".[47]

Meisters *Lettres* unternehmen den Versuch, den Ursprung des subjektiven Bewusstseins als Präsenz des Transzendenten in der Immanenz zu erfassen: als ein performatives Prinzip des menschlichen Bewusstseins, das sich diesem entzieht und zugleich präsentiert. Der Traum empfiehlt sich daher in besonderer Weise zur Sondierung subjektiver Tiefe.[48] Dass im Kontext von Meisters Über-

---

[44] Meister: *Lettres*, S. 21–22; vgl. Baudelaire: *Salon de 1859*, S. 321.
[45] Meister: *Lettres*, S. 20. Die Subversion bestehender Hierarchisierungen führt indes auch bei Meister nicht zur Konzeption einer absoluten Erkenntnishoheit der ‚imaginatio'; vgl. dazu die Anmerkungen zur Führung der ‚imaginatio' durch das Subjekt im neunten Brief, die vom Fortbestand klassisch-aufklärerischer ‚abiectio imaginationis' zeugen („Je suis loin de penser, mon cher Hypolite, qu'il faille abandonner l'imagination à ses propres caprices, ou la livrer uniquement aux faveurs de la nature et du hasard. Mais j'ose soutenir que de toutes nos facultés, c'est celle qui demande les soins les plus délicats, qu'il faut l'attirer plutôt que la conduire, la séduire plutôt que la diriger, la diriger sans qu'elle s'en doute, et préparer le chemin qu'elle est tentée de suivre, sans tâcher même de la déterminer à le prendre, lorsqu'elle n'y paroit pas disposée par son propre choix"; ebd., S. 102).
[46] „Une image a [...] plus de consistance qu'une simple idée. C'est la vapeur qui s'élève, se condense et se colore" (ebd., S. 49); vgl. auch die Überlegungen zur Intensität des Bildes eines geliebten Menschen (S. 65), zur Intensität von Bildern des Theaters und zu den Vorzügen der Bildverwendung zu pädagogischen Zwecken (S. 158–166).
[47] Zu diesem für das 19. Jahrhundert charakteristischen Modus der imaginativen Selbstvergewisserung vgl. Behrens: „‚Sens intérieur' und meditierende Theoriesuche", S. 154.
[48] „Si nous connoissions mieux la théorie des songes, peut-être nous resteroit-il assez peu de choses à découvrir sur le développement naturel et spontané de nos sentiments et de nos idées; car rien ne ressemble davantage à la nature de nos rêves. On a donc eu raison de dire que la plupart des hommes étoient de vrais somnambules, errans sur les bords d'un abîme,

legungen indes der ‚état mitoyen' eine zentrale Rolle zur Explorierung des Unbewussten spielt, zeugt vom Bewusstsein der Aporien dieses Unterfangens. Der ‚état mitoyen' deutet ‚Tiefe' als ‚Liminalität', ist mithin als diskursives Konstrukt Reflex der letztlich ungeklärten Frage nach dem Zusammenspiel des subjektiven Bewusstseins und einer dem Subjekt entzogenen, autogenen Tätigkeit der Bildgestaltung. An anderer Stelle drängt sich diese erneut auf:

> Aux yeux de quelques métaphysiciens, la nature entière n'est que le développement continuel d'une force éternelle dont les émanations particulières naissent, s'accroissent et s'évanouissent dans les limites d'un tems donné. Ces philosophes osent n'attribuer à la divinité que le pouvoir d'arrêter et de circonscrire le progrès de cette force, qu'ils regardent comme un résultat nécessaire du premier mouvement imprimé par la nature même des choses. Sans examiner ici toutes les raisons de la vraisemblance ou de l'autorité de ce système, j'y trouve l'image la plus auguste et la plus vraie de l'espèce de pouvoir que l'homme peut exercer sur lui-même. Nous ne saurions nous donner les forces que la nature et le sort nous refusent; mais notre intelligence, notre volonté guidée par elle, semblent souvent chargées du travail de les étendre et de les développer.[49]

Meister erwägt Subjektwerdung als eine Interaktion spontaner Schöpfung und Differenzierung, präziser: als Dialektik von imaginativer Entfaltung und willentlicher Selbstbeschränkung, die im Subjekt als paradoxer Einheit von Identität und Alterität konvergiert. Sein Denk-Bild zeugt davon, dass die Alterität des Ursprungs offenbar nicht anders denn als Paradox eines sich selbst beschränkenden schöpferischen Prinzips gedacht werden kann.

2. „Le rêve, qui sépare et décompose, crée la *nouveauté*."[50] Zu Baudelaires Traumpoetik

Der Traum als Dispositiv zur Sondierung subjektiver Tiefe, die räumliche Modellierung der Aporien dieses Eintauchens ins Unbewusste und insbesondere die Denkfigur einer Selbst-Setzung von Differenz als Möglichkeitsbedingung subjektiver Selbstvergewisserung und künstlerischer Schöpfung prägen literarische Texte seit der Jahrhundertwende und finden sich zumal in Baudelaires Traum-Gedichten variantenreich wieder. Baudelaires poetische Traumentwürfe rekurrieren auf anthropologische Topoi, wie sie durch die epistemologischen Umbrüche des beginnenden 19. Jahrhunderts möglich wurden: Der Traum als Figuration eines sich entziehenden Ursprungs, einer in der Immanenz erfahrbar

---

et qu'il seroit, par-là même, fort dangereux de vouloir les réveiller trop brusquement" (Meister: *Lettres*, S. 34–35).
[49] Ebd., S. 122–123.
[50] Charles Baudelaire: „A Alphonse de Calonne, mi-mars 1860", in: ders.: *Correspondance* Bd. II, hg. v. Claude Pichois. Paris: Gallimard, 1973, S. 15.

werdenden Transzendenz und einer die Figuren des Subjekts gründenden Zeitlichkeit sind Denkfiguren, die seine Lyrik aufgreift und poetologisch ausdeutet. Der differentielle Charakter des Traums, seine Entbindung aus Referenzbezügen machen diesen zum kardinalen Dispositiv für die Modellierung einer Poetik der Negativität, die die Paradoxie einer immanent erfahrbar werdenden Transzendenz offen hält, um aus ihr heraus die Möglichkeiten einer Poetik der Welterschließung zu erwägen. Poetische Aneignungen des Traums und der ‚rêverie' erweisen sich dabei als Sondierungen eines liminalen Raums, der die trennend-verbindende Vermittlung von Außen und Innen, Welt und Selbst, Bewusstem und Unbewusstem modelliert.

Weshalb Baudelaire den Traum zwar in poetologischen und poetischen Schriften als imaginativ-imaginären Ursprung beschwört, diesen aber nicht zum Dispositiv eines onirischen Schreibens wendet,[51] zeigt das Prosagedicht Le ‚Confiteor' de l'artiste. Obwohl das Gedicht zweifellos in die Reihe derjenigen Gedichte gehört, die einer ‚écriture onirique' Rimbaud'scher Prägung besonders nahe kommen, enthält es die poetologische Begründung für die Unmöglichkeit, ein solches Schreiben im poetischen Raum widerspruchsfrei zu realisieren: Le ‚Confiteor' entwirft einerseits die subjektive Selbstüberschreitung auf ein Anderes qua Traum, andererseits aber auch die Unhintergehbarkeit einer Grenzsetzung, welche Identität und Alterität scheidet, für eine subjektive Selbstaffirmation und mithin für die poetische Schöpfung.

> Le *Confiteor* de l'artiste
>
> Que les fins de journées d'automne sont pénétrantes! Ah! pénétrantes jusqu'à la douleur! car il est de certaines sensations délicieuses dont le vague n'exclut pas l'intensité; et il n'est pas de pointe plus acérée que celle de l'Infini.
> Grand délice que celui de noyer son regard dans l'immensité du ciel et de la mer! Solitude, silence, incomparable chasteté de l'azur! une petite voile frissonnante à l'horizon, et qui par sa petitesse et son isolement imite mon irrémédiable existence, mélodie monotone de la houle, toutes ces choses pensent par moi, ou je pense par elles (car dans la grandeur de la rêverie, le *moi* se perd vite!); elles pensent, dis-je, mais musicalement et pittoresquement, sans arguties, sans syllogismes, sans déductions.
> Toutefois, ces pensées, qu'elles sortent de moi ou s'élancent des choses, deviennent bientôt trop intenses. L'énergie dans la volupté crée un malaise et une souffrance positive. Mes nerfs trop tendus ne donnent plus que des vibrations criardes et douloureuses.
> Et maintenant la profondeur du ciel me consterne; sa limpidité m'exaspère. L'insensibilité de la mer, l'immuabilité du spectacle, me révoltent ... Ah! faut-il éternellement souffrir, ou fuir éternellement le beau? Nature, enchanteresse sans pitié, rivale toujours victorieuse, laisse-moi! Cesse de ten-

---

[51] Vgl. zu den Dispositiven einer onirischen ‚écriture' Goumegou: *Traumtext und Traumdiskurs*, S. 17 und S. 52 (mit weiteren Literaturhinweisen).

ter mes désirs et mon orgueil! L'étude du beau est un duel où l'artiste crie de frayeur avant d'être vaincu.⁵²

Le ‚Confiteor' de l'artiste gibt sich als ‚rêverie'. Im topischen Kontext der Meereskontemplation situiert sich ein Subjekt, das zum Beobachter der Hervorbringungen seiner ‚imaginatio' wird. Diese affizieren das Subjekt bis hin zur Selbstpreisgabe; was allerdings ihr Gegenstand ist – so es diesen denn gibt – bleibt absichtsvoll unbestimmt.

Indem das Gedicht die Transgression des Subjekts auf eine durch die ‚rêverie' codierte Alterität exponiert, inszeniert es die Bedingungen subjektiver Sinnkonstitution im Zeichen der Moderne. „Ces pensées [...] sortent de moi ou s'élancent des choses": Im Zwischenraum von Selbst und Welt entstehen ‚pensées' als selbstreferentielle, semantisch unbestimmte Gebilde, deren ungeklärter – subjekt- oder weltseitiger – Ursprung den negativen Grund subjektiver Ordnungen indiziert. Raum- und Zeitkonstruktionen stehen im Dienst der Modellierung dieser Negativität: ‚Soir' und ‚automne' perspektivieren die Sinnkonstitution als Funktion eines dem ‚état mitoyen' Meisters vergleichbaren Schwellenmoments, der das unvordenkliche Zusammenspiel von Imaginärem und subjektivem Bewusstsein meint. Analog dazu erfolgt eine Dekonstruktion räumlicher Oppositionen: Wird die Tiefe des Meeres dem Himmel zugeschrieben, so verlieren Meer und Himmel ihre Unterscheidbarkeit; sie erweisen sich als Figuren des doppelten Ursprungs, der zum paradoxen Grund der Symbolisierungsleistung avanciert. Die Gedanken indes, die „musicalement et pittoresquement" Gestalt annehmen, zeugen von einem gelungenen Schöpfungsakt, der zeitliche Sukzession und räumliche Simultaneität, semiotisch gewendet: Performanz und Repräsentation – codiert in Musik und Bild – zu idealer Vermittlung bringt.

Dass die Schöpfung mit einer ‚Abdankung' des autonomen Subjekts verbunden ist, unterstreicht der Text zweifach („dans la grandeur de la rêverie, le moi se perd vite"; „toutes ces choses pensent par moi, ou je pense par elles"). Alterität drängt sich dem Subjekt als präsemiotische Intensität auf⁵³ und führt gleichsam autogen das Ende der ‚rêverie' herbei. Meer und Himmel, zu Beginn noch der Hintergrund einer euphorisierenden Sinnerfahrung, werden nun zu stummen Zeugen einer Differenz von Selbst und Welt: „[...] la profondeur du ciel me consterne [...]. L'insensibilité de la mer [...] me révolte". Betrachtet man

---

52 Charles Baudelaire: *Le Confiteor de l'artiste*, in: ders.: OC I, S. 278–279. Das Gedicht wurde häufiger Gegenstand der Interpretation; vgl. etwa Karin Westerwelle: „Zeit und Schock: Baudelaires 'Confiteor des Artisten'", in *Merkur* 47 (1993), S. 667–682; Doetsch: *Flüchtigkeit*, S. 203–239. Die vorliegende Analyse fasst die Ergebnisse einer ausführlicheren Interpretation der Verfasserin zusammen und perspektiviert sie im Hinblick auf die Thematik der ‚rêverie'; vgl. Verf.: *In der Zeichenwelt*, S. 339–352.

53 „Que les fins de journées d'automne sont pénétrantes!"; „le vague n'exclut pas l'intensité"; „il n'est pas de pointe plus acérée que celle de l'Infini"; „ces pensées [...] deviennent bientôt trop intenses"; „elles pensent, [...] mais musicalement et pittoresquement, sans arguties, sans syllogismes, sans déductions".

das Gedicht als Modellierung poetologischer Grundannahmen Baudelaires, so drängt sich die Frage nach der Funktion dieses abrupten Endes im poetologischen Kontext auf. Ähnlich wie Meisters *Lettres* scheint das Gedicht die Emergenz der Ordnungen des Sinnes nicht als eine bloße selbstreferentielle Dynamik konzipieren zu wollen, sondern als eine Selbst-Einschreibung von Differenz, die eine onirische Ungeschiedenheit von Selbst und Welt beendet und damit die Voraussetzung für die Konstituierung distinkter Sinn-Figuren schafft. Für diese Lektüre spricht, dass der Schmerz, der das Gedicht beschließt, bereits dem Beginn angesonnen wird: „les vibrations criardes et douloureuses" sind das Echo von „pénétrantes jusqu'à la douleur", wie auch der Schrei zu Ende des Gedichts den Schrei zu Beginn wiederholt. Diese Ineinanderblendung von Anfang und Ende perspektiviert die Einschreibung von Differenz, die das Gedicht beschließt, als Bedingung für das Einsetzen poetischer Rede: Der Anfang des Gedichts ist nur um den Preis eines Endes der ‚rêverie' zu haben.

Man kann in diesem Gedicht den späten Beleg der von Behrens formulierten These sehen, dass der Übergang zur modernen Episteme sich zunächst über eine Rekonzeptualisierung des Raumes vollzogen habe. Die Besonderheit des Textes gegenüber den Texten der Jahrhundertwende besteht nun darin, dass er den Konnex zwischen einer räumlich und einer zeitlich fundierten ‚imaginatio' aufzeigt: Ein im Sinne Behrens' romantischer – d.h. als Apriori konzipierter und imaginativ besetzt gedachter Raum – wird zur Anschauungsform der Zeit, die als subjektkonstitutive Tiefenmacht in Erscheinung tritt. Profiliert wird damit ein Zusammenhang, den Baudelaires Lyrik in immer neuen Varianten modelliert: Sinnschöpfung und Tod, ‚imaginatio' und Zeit, Semiose und Differenz erweisen sich als zwei Seiten eines und desselben schöpferisch-zerstörerischen Prinzips. Die Möglichkeitsbedingung für die Subjektkonstitution liegt dabei nicht in der symbiotischen Beziehung zur Außenwelt, sondern in der Abgrenzung von dieser. Erst die Setzung einer Differenz erlaubt die Schöpfung von Figuren des Sinnes – und damit *auch* von Figuren des Subjekts. Dies bedeutet indes, dass die imaginative Identität von Subjekt und Objekt in der ‚rêverie' nicht Gegenstand des Gedichts sein kann. Der Traum, den Baudelaire in einem Brief an Asselineau als „un langage quasi hiéroglyphique dont je n'ai pas la clef"[54] bezeichnete – dessen Sinn ebenso offenkundig wie entzogen ist –, ist bei Baudelaire das schlechthin nicht Sagbare. Wenn er gleichwohl nicht müde wird, in seinen poetischen und poetologischen Texten gerade den Traum als Ort der poetischen Schöpfung aufzurufen, so darum, weil der Traum die Modellierung eben jenes Paradoxons erlaubt, welches den Traumdiskurs der Moderne prägt: die primäre Ungeschiedenheit von Identität und Alterität als nicht-ursprünglichen Ursprung einer dynamischen Bewusstseinskonstitution.

---

[54] Charles Baudelaire: *A Charles Asselineau*, 13 mars 1856, in: ders.: *Correspondance*, Bd. I, hg. v. Claude Pichois. Paris: Gallimard 1966, S. 338.

Auch das Prosagedicht *La chambre double* gibt sich als Bericht einer ‚rêverie'. Über die Semantik des Traums inszeniert sich das lyrische Ich als eine imaginativ konstituierte Subjektivität, an deren Ursprung in einer verfehlten subjektiven Wirklichkeitsrepräsentation eingangs Trauer und Begehren erinnern:

> Une chambre qui ressemble à une rêverie, une chambre véritablement *spirituelle*, où l'atmosphère stagnante est légèrement teintée de rose et de bleu.
> L'âme y prend un bain de paresse, aromatisé par le regret et le désir. – C'est quelque chose de crépusculaire, de bleuâtre et de rosâtre; un rêve de volupté pendant une éclipse.
> Les meubles ont des formes allongées, prostrées, alanguies. Les meubles ont l'air de rêver; on les dirait doués d'une vie somnambulique, comme le végétal et le minéral. Les étoffes parlent une langue muette, comme les fleurs, comme les ciels, comme les soleils couchants.[55]

Anders als die semantisch leere ‚rêverie' in *Le ‚Confiteor'* ist der Traum in *La chambre double* detailliert ausgeführt. Das Zimmer, das selbst bereits der ‚rêverie' ähnelt, mithin als deren figurative Verräumlichung gelten darf, ist ein ‚rêve de volupté', dessen Elemente freilich qualitativ und quantitativ absichtsvoll unterbestimmt bleiben. „*Quelque chose* de crépusculaire, de bleuâtre et de rosâtre"; „*légèrement* teintée de rose et de bleu", „une senteur *infinitésimale*", „une *très légère* humidité" (Herv. Verf.) sind Umschreibungen einer sinnlich nur in Spuren erfahrbaren onirischen Alterität, die im übrigen zu ihrer textuellen Evokation der Metapher und des Vergleichs zu bedürfen scheint. Die evozierte ‚volupté' überträgt sich dabei auf die „meubles [...] allongées, prostrées, alanguies", die ihrerseits zu träumen scheinen. Dass diese eine ‚langue muette' sprechen, nähert sie den ‚choses' in *Le ‚Confiteor'* an und weist auf eine onirische Symbiose von Subjekt und Objekt hin. Aus ihr geht eine geheimnisvolle ‚souveraine des rêves' als Verdichtung des träumerischen Sinnbegehrens und zugleich als dessen Figur hervor, als Verkörperung der ‚imaginatio' und zugleich als Ergebnis ihres Wirkens:

> La mousseline pleut abondamment devant les fenêtres et devant le lit; elle s'épanche en cascades neigeuses. Sur ce lit est couchée l'Idole, la souveraine des rêves. Mais comment est-elle ici? Qui l'a amenée? quel pouvoir magique l'a installée sur ce trône de rêverie et de volupté? Qu'importe? la voilà! je la reconnais. Voilà bien ces yeux dont la flamme traverse le crépuscule; ces subtiles et terribles *mirettes*, que je reconnais à leur effrayante malice! Elles attirent, elles subjuguent, elles dévorent le regard de l'imprudent qui les contemple.[56]

---

[55] Charles Baudelaire: *La chambre double*, in: ders.: OC I, S. 280–282. Auch im Hinblick auf das vorliegende Gedicht ist auf Überlegungen in Verf.: *In der Zeichenwelt* hinzuweisen; hier: S. 276–277.
[56] Baudelaire: *La chambre double*, S. 280.

Die Unzugänglichkeit ihres Ursprungs wird durch die Frage nach der Herkunft der ‚souveraine' eigens hervorgehoben; mit dem Motiv des Augenraubs thematisiert der Text erneut den drohenden Selbstverlust, den die Hingabe an das Phantasma mit sich bringt.

Das Gedicht endet, ähnlich wie Le ‚Confiteor', mit einer Distanznahme, die das Subjekt vom imaginativen Entwurf scheidet. Anders als dort aber ist diese Distanznahme – zumindest auf den ersten Blick – nicht autogen erzeugt. ‚Brutal' wird vielmehr das Ich durch ein Klopfen an der Tür aus seinen Träumen geweckt. Wo Le ‚Confiteor' das Ende des Traums als Beginn schöpferischer Tätigkeit konzipiert, entwirft La chambre double in plastischer Anschaulichkeit den ‚horreur' einer der Außenwelt zugeschriebenen Zeitlichkeit. Dass indes auch hier eine Geburt der Zeit aus dem Imaginären vorliegt, unterstreicht der Text unauffällig, wenn er die vordergründig klare Opposition von „souveraine des rêves" und dem eindringenden „temps [...] en souverain" dekonstruiert: Auf eine imaginative Verfasstheit auch der Zeit weist die Bezeichnung ‚spectre' hin; dem „minute par minute, seconde par seconde" entsprechen im zweiten Teil des Gedichts die „secondes [...] fortement et solennellement accentuées"; und die „vie suprême" der onirischen Erfahrung findet eine Entsprechung in „Je suis la Vie, l'insupportable, l'implacable Vie!"[57] Gerade der onirische Innenraum soll Züge der Zeitlichkeit tragen; umgekehrt verheißt gerade die Zeit, wie die ‚imaginatio', das Neue: „Il n'y a qu'une Seconde dans la vie humaine qui ait mission d'annoncer une *bonne nouvelle*, la bonne nouvelle qui cause à chacun une inexplicable peur".[58] La chambre double inszeniert den Versuch eines Ausschlusses der Zeit aus dem imaginativen Entwurf und dessen Scheitern. Die Herrschaft der ‚souveraine des rêves' und der Zeit werden als Effekte einer und derselben Macht des Imaginären sichtbar, die eine selbstreferentielle Sinnentfaltung mit der autogenen Einschreibung einer Differenz zur Hervorbringung des subjektiven Sinnentwurfs verbindet.

„Il est un pays superbe, un pays de Cocagne, dit-on, que je rêve de visiter avec une vieille amie"[59]: Anders als die bislang betrachteten ‚rêveries' scheint *L'invitation au voyage* den Bericht eines Traums anzukündigen. Irritierend ist allenfalls der Umstand, dass der Bericht im Präsens angekündigt wird; ein Traumbericht hingegen setzt eine Distanznahme des Sprechers gegenüber seinem Traum nachgerade voraus. In *L'invitation au voyage* ist eine Präsenz des Traumes intendiert, ja sogar, bezieht man das anfängliche ‚Il est' in die Überlegungen ein, dessen Sein. Der Traum, von dem hier die Rede ist, ist keineswegs die singuläre Hervorbringung eines individuellen Bewusstseins; er ist vielmehr vor aller Erschließung durch das Subjekt schon vorhanden. Und nicht als konstruktives, sondern als

---

[57] Alle Zitate ebd., S. 282.
[58] Ebd.
[59] Baudelaire: *L'invitation au voyage*, in: ders.: OC I, S. 301–303, hier: S. 301.

rezeptives Subjekt konstituiert sich denn auch das lyrische Ich angesichts dieses schieren Vorhandenseins.

Ein besonderes Augenmerk muss dem Einschub „un pays de Cocagne, dit-on" gelten. Ist der Traum unhintergehbar gegeben, so ist er doch dem Subjekt nicht unmittelbar greifbar. Er wird vielmehr zunächst perspektiviert als ein durch die Stimme des Kollektivs angeeigneter, kulturell codierter Gedächtnisraum. Dies impliziert dessen Degradierung: Die Vertikalität des ‚superben' Landes wird auf die Horizontale eines volkstümlichen Schlaraffenlandes projiziert.[60] Nun erst tritt das lyrische Ich als Träumender in Erscheinung; sein Traum ist eingebettet in eine vorgängige diskursive Erschließung durch das kollektive ‚on'. Betrachtet man die damit einhergehende Degradierung als Immanentisierung des Transzendenten, so wäre diese die Voraussetzung dafür, dass das ‚pays superbe' zum individuell besuch- und begehbaren Raum wird.

Einer dekonstruktivistisch orientierten Lektüre gäbe das anfängliche unpersönliche ‚il' Anlass zu einer Reihe reizvoller Spekulationen. Am Beginn des Gedichts steht ein leerer, weil referenz- und bedeutungsloser Signifikant, der erst nachträglich durch „un pays superbe" semantisch gefüllt wird. Ohne die Detailfreudigkeit Derrida'scher Incipit-Lektüren bemühen zu wollen oder zu können, bleibt doch festzuhalten, dass der Beginn des Gedichts dessen Supplementarität thematisiert. Supplementären Charakter hat indes, dies ist ebenfalls hervorzuheben, auch der Abschluss des ersten Satzes. „[A]vec une vieille amie" schert aus der gradualen Ordnung ‚Sein – Kulturelle Diskursivierung – Individuelle Erschließung' („il est" – „dit-on" – „je rêve") aus. Zugleich erlaubt die Infinitivkonstruktion, das supplementäre „avec une vieille amie" in ein Verhältnis der Komplementarität zu „Il est un pays superbe" zu stellen: Der Traum des Subjekts gilt dem ‚pays superbe' ebenso wie der ‚vieille amie'. Unterstrichen wird diese Komplementarität durch die klaren Symmetrieverhältnisse, die das Sein des Landes, genauer aber: ‚Il', der ‚vieille amie' oppositiv zuordnen. ‚Il' und ‚vieille amie', die in diesem ersten Satz der Vermittlung durch kollektive und individuelle Diskurse bedürfen, in einen gemeinsamen Raum zu überführen, ist das implizite Telos dieses Gedichtes.

Betrachtet man ‚il' als leeren Signifikanten, so drängt sich die Frage auf, ob ‚vieille amie' ihrerseits als Signifikat zu lesen wäre, der erste Satz mithin das Begehren nach einer gelingenden Semiose perspektivierte. Die *Petits poèmes en prose* leisten in der Tat einer solchen Lektüre Vorschub, bedenkt man, dass auch andernorts, nämlich in *La chambre double*, von einer „vieille et terrible amie"[61] die Rede ist. Als solche wird dort das Laudanumfläschchen angesprochen, Stimulans par excellence der ‚imaginatio' und im Gedicht die metonymische Figur derselben. Zusammenzuführen wären im Raum des Gedichts mithin ‚il' und ‚elle',

---

[60] Die hier verwendete Terminologie verdankt sich natürlich Bachtins Rabelais-Studie; vgl. Michail Bachtin: *Rabelais und seine Welt. Volkskultur und Gegenkultur*, übers. v. Gabriele Leupold, hg. v. Renate Lachmann. Frankfurt a.M.: Suhrkamp, 1995.
[61] Baudelaire: *La chambre double*, S. 281.

‚ratio' und ‚imaginatio', oder: Signifikant und Signifikat, oder: Beschränkung und Wucherung des Sinnes, oder auch: Universalität der kollektiv geteilten Wirklichkeit und Singularität des individuellen Wirklichkeitsentwurfs. In diesen vielfältigen Varianten lässt sich Meisters Denkbild einer notwendigen Beschränkung des imaginativen Prinzips ausmachen, wenngleich dieses bei Baudelaire, wie es zunächst scheint, nicht mehr als eine autogene Selbstüberschreitung der ‚imaginatio', sondern als Dualismus zweier Prinzipien der Sinnkonstitution perspektiviert ist. Freilich wird das Ende des Gedichts eben diesen Dualismus aufheben, wenn, wie noch näher zu erläutern ist, ‚je', ‚tu' und ‚pays' in einer einzigen schöpferischen Bewegung zusammenfallen.

> Pays singulier, noyé dans les brumes de notre Nord, et qu'on pourrait appeler l'Orient de l'Occident, la Chine de l'Europe, tant la chaude et capricieuse fantaisie s'y est donné carrière, tant elle l'a patiemment et opiniâtrement illustré de ses savantes et délicates végétations. [...] Tu connais cette maladie fiévreuse qui s'empare de nous dans les froides misères, cette nostalgie du pays qu'on ignore, cette angoisse de la curiosité?[62]

Der fortschreitenden Lektüre erweist sich der „pays superbe" als eine komplexe Modellierung von Alterität. „Pays singulier", eine variierende Wiederaufnahme von „pays superbe", unterstreicht die Singularität und damit die diskursive Uneinholbarkeit des Landes. „*Noyé* dans les brumes de *notre* Nord" (Herv. Verf.), „Orient de l'Occident", „la Chine de l'Europe" perspektivieren es als ein Anderes des Eigenen: als eine dem Identischen einverleibte Alterität, die diesem gleichsam a priori ein differentielles Moment einschreibt, damit selbst aber als ein absolutes, auf die bloße Opposition zum Identischen nicht reduzibles Anderes in Erscheinung treten kann. Wird diesem Land zu Beginn emphatisch Sein zugesprochen, so erweist sich nun die Phantasie als eigentliche Baumeisterin. Das Land wird indessen in der Folge zum „pays qu'on ignore" werden, zu einer imaginativ aufzufüllenden Leerstelle, als deren Ursprung einmal mehr Trauer und Begehren – figuriert in „maladie fiévreuse", „nostalgie de l'inconnu" und „angoisse de la curiosité" – benannt werden.

Die Auffüllung dieser Leerstelle nun erfolgt auffälligerweise über die Häufung von Konstruktionen des Typs Subjekt + Kopula ‚SEIN' + Prädikativ.

> La chaude et capricieuse fantaisie *s'y est donné* carrière [...].
> Un vrai pays de Cocagne, où tout *est* beau, riche, tranquille, honnête; où le luxe a plaisir à se mirer dans l'ordre; où la vie *est* grasse et douce à respirer; d'où le désordre, la turbulence et l'imprévu *sont* exclus; où le bonheur *est* marié au silence; où la cuisine elle-même *est* poétique, grasse et excitante à la fois [...].[63] (Herv. Verf.)

---

[62] Baudelaire: *L'invitation au voyage*, S. 301.
[63] Ebd., S. 301.

Die Eröffnungskonstruktion – „Il est un pays" – wird hier aufgegriffen und in vielfachen Variationen, mit einer Tendenz zur Proliferation auf Subjekt- wie auf Prädikativseite („beau, riche, tranquille, honnête"; „le désordre, la turbulence et l'imprévu" etc.), semantisch aufgefüllt. Die Geburt des Landes aus dem Imaginären ist zugleich ‚mise en abyme' einer Semiose, zu deren ‚mise en scène' der Text-Raum avanciert.

Die textuell inszenierte Deixis am Phantasma bleibt indes auffallend abstrakt. Mit ‚tout', ‚le luxe', ‚la vie', ‚le désordre [...]', ‚le bonheur' vollzieht der Text gerade *keine* konkrete inhaltliche Ausgestaltung des ‚il'. So wird der anfänglich gesetzte leere Signifikant zwar semantisch gefüllt, doch die fehlende Konkretheit des Evozierten beerbt quasi noch dessen Leere, führt sie disseminiert mit sich und eröffnet damit Gestaltungsspielräume für eine leserseitig zu situierende ‚imaginatio'.

Das Gedicht kann im Rahmen dieses Beitrags nicht erschöpfend interpretiert werden. Hinzuweisen ist aber auf die Analogisierung des Landes mit einem ‚cher ange' („où tout vous ressemble, mon cher ange"[64]), die Auftakt einer Reihe weiterer Vergleiche ist. Variation einiger weniger syntaktischer Muster,[65] Proliferation und Analogisierung sind die Erzeugungsformeln dieses Gedichts. Sie inszenieren die poetische Rede als eine Bewegung der ‚rêverie', die ihren Gegenstand in immer neuen Gesten zunehmender Intensität beschwört, niemals aber zu konkreter Präsenz bringt.[66] Das ersehnte Land bleibt im Nebel versunken. Präsent ist allenfalls ein subjektives Bewusstsein, das durch die denkerische Bewältigung des abwesenden Seins zu prekärer Identität gelangt. So ist denn auch das an zentraler Stelle beschworene Paradoxon einer „symphonie muette"[67], die zugleich ein für die Augen bestimmtes „tableau"[68] ist, ‚mise en abyme' weniger des Landes denn eines dynamischen, selbstreferentiellen Imaginären, das sich, Zeitlichkeit der Musik und Räumlichkeit des Bildes vereinend, zu stetig wandelnden Gestalten verdichtet.

Das Gedicht kulminiert in einer ‚mise en abyme' der ‚rêverie'. Ein letzter Rückgriff auf die Eröffnungsformel ‚Il est ...' dient zur Identifizierung des Landes mit dem lyrischen Du, mithin, betrachtet man das lyrische Du als Figuration der ‚vieille amie', zur Einlösung der eingangs projektierten Zusammenführung von ‚il' und ‚amie'. In einer Figur, die Peter Szondi treffend als enharmonische Verwechslung bezeichnet,[69] erfasst der Gestus der Identifizierung auch die

---

[64] Ebd., S. 301 f.
[65] Neben ‚Il est' respektive ‚Là, X est Y' oder ‚où X est Y' insbesondere ‚C'est là que'.
[66] Die Klage über die Unüberwindbarkeit der Grenze von Traum und Wirklichkeit gegen Ende des Gedichts ruft dies in Erinnerung; vgl. S. 303.
[67] Ebd., S. 302.
[68] Ebd., S. 302.
[69] Peter Szondi: „Durch die Enge geführt. Versuch über die Verständlichkeit des modernen Gedichts", in: ders.: *Schriften*, Bd. II, hg. v. Jean Bollack. Frankfurt a.M.: Suhrkamp, 1978, S. 345–389, hier: S. 363.

Gedanken des lyrischen Ich, die eine lineare Lektüre der folgenden Passage erst ex post als solche erkennen, zunächst aber der Frau zuordnen wird:

> Ces trésors, ces meubles, ce luxe, cet ordre, ces parfums, ces fleurs miraculeuses, *c'est toi*. C'*est encore toi*, ces grands fleuves et ces canaux tranquilles. Ces énormes navires qu'ils charrient, tout chargés de richesses, et d'où montent les chants monotones de la manœuvre, *ce sont mes pensées* qui dorment ou qui roulent sur ton sein. Tu les conduis doucement vers la mer qui est l'infini, tout en réfléchissant les profondeurs du ciel dans la limpidité de ta belle âme; – et quand, fatigués par la houle et gorgés des produits de l'Orient, ils rentrent au port natal, ce sont encore mes pensées enrichies qui reviennent de l'Infini vers toi.[70] (Herv. Verf.)

Mit äußerster Raffinesse greift der Text die anfängliche Konstruktion mit dem semantisch leeren ‚il' auf, um nunmehr die Gedanken in ein Verhältnis der Supplementarität zum anaphorischen ‚ce' zu zwingen: „ce sont mes pensées" – das Land wird den Gedanken assimiliert. Diese ihrerseits erfahren in Gestalt der Schiffe eine figurative Verräumlichung, die letztlich den leeren Signifikanten ummünzt zum universalen Transportmittel exquisiter exotischer Luxusgüter und nicht minder signifikanter, weil Temporalität indizierender „chants monotones de la manœuvre". Entworfen wird eine sinn-schöpferische Tätigkeit aus dem Imaginären, das, disseminiert in „Ces trésors, ces meubles, ce luxe, cet ordre, ces parfums, ces fleurs miraculeuses", „ces grands fleuves et ces canaux tranquilles", gleichwohl als ‚Du' den potentiell anarchisch und atelisch fließenden Gedanken ein Zentrum gibt; das als Ursprung des Denkens – „pays natal" – zugleich dessen Effekt ist – nämlich eben jenes Luxusgut, das die Gedankenschiffe aus den grenzenlosen Weiten des Geistes importieren.

Der Traum ist in Baudelaires Prosadichtung Dispositiv zur Modellierung einer Poetik der Negativität, die die Figuren des Sinnes in einem referentiell unhintergehbaren Zusammenspiel von Performanz und Repräsentation zu gründen sucht. Er erlaubt es, eine auf Subjekt und Welt irreduzible Dimension des Sinnes zu modellieren, die – dies darf wohl als die äußerste, noch in heutiger Lyrik nicht obsolet gewordene Grenze angesprochen werden, die die Gedankenschiffe der Baudelaire'schen Poetologie erreichten – als Effekt des Imaginären perspektivieren, was das beginnende 19. Jahrhundert als Ursprung des Subjekts setzte.

---

[70] Baudelaire: *L'invitation au voyage*, S. 303.

Bibliographie

Alt, Peter-André: „Der Text der Imagination. Modelle des Traums in der Literatur um 1800", in: *Ordnungen des Imaginären. Theorien der Imagination in funktionsgeschichtlicher Sicht*, hg. v. Rudolf Behrens. Hamburg: Meiner, 2002, S. 141–163.

Art. „Rêve", in: *Encyclopédie, ou Dictionnaire raisonné des sciences, des arts et des métiers*, Bd. XIV, hg. v. Denis Diderot und Jean Le Rond d'Alembert. Neufchastel, 1765 (Reprint Stuttgart/Bad Cannstatt: Frommann, 1967), S. 223.

Assmann, Aleida: „Traum-Hieroglyphen von der Renaissance bis zur Romantik", in: *Die Wahrheit der Träume*, hg. v. Gaetano Benedetti und Erik Hornung. München: Fink, 1997, S. 119–144.

Bachtin, Michail: *Rabelais und seine Welt. Volkskultur und Gegenkultur*, übers. v. Gabriele Leupold, hg. v. Renate Lachmann. Frankfurt a.M.: Suhrkamp, 1995.

Backes, Michael: *Die Figuren der romantischen Vision. Victor Hugo als Paradigma*. Tübingen: Narr, 1994.

Baudelaire, Charles: *Curiosités esthétiques, L'art romantique et autres œuvres critiques*, hg. v. Henri Lemaitre. Paris: Garnier, 1962.

— *Correspondance*, 2 Bde., hg. v. Claude Pichois. Paris: Gallimard 1966–1973.

— *Œuvres complètes*, Bd. I, hg. v. Claude Pichois. Paris: Gallimard, 1975.

Behrens, Rudolf: „,Sens intérieur' und meditierende Theoriesuche. Jacob-Heinrich Meisters *Lettres sur l'imagination* (1794/99)", in: *Festschrift für Hans-Jürgen Schings*, hg. v. Peter-André Alt, Alexander Košenina, Hartmut Reinhardt und Wolfgang Riedel. Würzburg: Königshausen & Neumann, 2002, S. 149–165.

— „Räumliche Dimensionen imaginativer Subjektkonstitution um 1800 (Rousseau, Senancour, Chateaubriand)", in: *Räume der Romantik*, hg. v. Inka Mülder-Bach und Gerhard Neumann. Würzburg: Königshausen & Neumann, 2007, S. 27–63.

Bischoff, Christina Johanna: *In der Zeichenwelt. Zu Baudelaires Poetik der imaginatio*. Frankfurt a.M.: Lang, 2009.

Crocker, Lester G.: „L'analyse des rêves au XVIIIe siècle", in: *Studies on Voltaire and the Eighteenth Century* 23 (1963), S. 271–310.

Deleuze, Gilles: *Logique du sens*. Paris: Minuit, 1969.

Dirscherl, Klaus: „Traumrhetorik von Jean Paul bis Lautréamont", in: *Romantik. Aufbruch zur Moderne*, hg. v. Karl Maurer und Winfried Wehle. München: Fink, 1991, S. 129–172.

Doetsch, Hermann: *Flüchtigkeit. Archäologie einer modernen Ästhetik bei Baudelaire und Proust*. Tübingen: Narr, 2004.

Engel, Manfred: „Traumtheorie und literarische Träume im 18. Jahrhundert. Eine Fallstudie zum Verhältnis von Wissen und Literatur", in: *Scientia poetica* 2 (1998), S. 97–128.

— „Naturphilosophisches Wissen und romantische Literatur – am Beispiel von Traumtheorie und Traumdichtung der Romantik", in: *Wissen in Literatur im 19. Jahrhundert*, hg. v. Lutz Danneberg und Friedrich Vollhardt. Tübingen: Niemeyer, 2002, S. 65–89.

Foucault, Michel: *Les mots et les choses*. Paris: Gallimard, 1966.

Goumegou, Susanne: *Traumtext und Traumdiskurs. Nerval, Breton, Leiris*. München: Fink, 2007.

Hauck, Johannes: *Typen des französischen Prosagedichts. Zum Zusammenhang von moderner Poetik und Erfahrung*. Tübingen: Narr, 1994.

Heraklit: *Fragmente*, hg. v. Bruno Snell. Darmstadt: Wissenschaftliche Buchgesellschaft, 1995.

Kant, Immanuel: *Anthropologie in pragmatischer Hinsicht*, hg. v. Wolfgang Becker. Stuttgart: Reclam, 1983.

Meister, Jakob Heinrich: *Lettres sur l'imagination*. London: Bell, 1799.

Moog-Grünewald, Maria: *Jakob Heinrich Meister und die „Correspondance littéraire"*. Berlin/New York: De Gruyter, 1989.

Morrissey, Robert J.: *La rêverie jusqu'à Rousseau. Recherches sur un topos littéraire*. Lexington, 1984.

Pascal, Blaise: *Pensées*, in: ders.: *Œuvres complètes*, Bd. II, hg. v. Michel Le Guern. Paris: Gallimard, 2000, S. 541–1082.

Rahn, Thomas: „Traum und Gedächtnis. Memoriale Affizierungspotentiale und Ordnungsgrade der Traumgenera in der Frühen Neuzeit", in: *Ars memorativa. Zur kulturgeschichtlichen Bedeutung der Gedächtniskunst 1400–1750*, hg. v. Jörg Jochen Berns und Wolfgang Neuber. Tübingen: Niemeyer, 1993, S. 331–350.

Starobinski, Jean: „Rêve et immortalité chez Baudelaire", in: *„Le sommeil"*. *Corps écrit* 7 (1983), S. 45–56.

Szondi, Peter: „Durch die Enge geführt. Versuch über die Verständlichkeit des modernen Gedichts", in: ders.: *Schriften*, Bd. II, hg. v. Jean Bollack. Frankfurt a.M.: Suhrkamp, 1978, S. 345–389.

Vickermann, Gabriele: „Die Erschreibung des Unbewussten. Charles Nodiers *Smarra* zwischen Traumtheorie und Poetik", in: *Ästhetische Erfindung der Moderne? Perspektiven und Modelle 1750–1850*, hg. v. Britta Herrmann und Barbara Thums. Würzburg: Königshausen & Neumann, 2003, S. 195–215.

Wagner-Egelhaaf, Martina: „Traum – Text – Kultur. Zur literarischen Anthropologie des Traums", in: *Poststrukturalismus. Herausforderung an die Literaturwissenschaft*, hg. v. Gerhard Neumann. Stuttgart/Weimar: Metzler, 1997, S. 123–144.

Wehr, Christian: *Imaginierte Wirklichkeit. Untersuchungen zum „récit phantastique" von Nodier bis Maupassant*. Tübingen: Narr, 1997.

Westerwelle, Karin: „Zeit und Schock: Baudelaires ‚Confiteor des Artisten'", in *Merkur* 47 (1993), S. 667–682.

Inga Baumann (Tübingen)

‚Rêve' und ‚rêverie'. Zwei Typen der lyrischen Imagination am Beispiel einiger *Illuminations* Arthur Rimbauds

Sowohl dem Traumwissen des 19. Jahrhunderts als noch den Prämissen des Surrealismus entspricht die Auffassung vom Traum als Produkt der Einbildungskraft. Dass es jedoch markante Unterschiede innerhalb der verschiedenen Manifestationen des Imaginären gibt, von denen der Traum nur *eine* Spielart darstellt, haben nicht erst die Surrealisten durch ihre Differenzierung zwischen Schlaf- und Wachträumen festgestellt. So findet sich diese Unterscheidung zwar nicht in aller Explizitheit in poetologischen Texten französischer Romantiker; eine Vielzahl von romantischen Gedichten, die entweder die Bezeichnung ‚rêve' oder ‚rêverie' im Titel führen, zeugt jedoch von einer in der poetischen Praxis wirksamen impliziten Unterscheidung zwischen dem im Schlaf empfangenen Traum, dem ‚rêve', und der luziden Träumerei, der ‚rêverie'. Bei diesen Begrifflichkeiten handelt es sich nun – so meine These – nicht nur um eine Unterscheidung im Hinblick auf die Entstehung des Trauminhalts und im Hinblick auf den Bewusstheitsgrad des imaginativen Prozesses, sondern diese können zudem verschiedene Verfahren der *Vertextung* von Traumerfahrung bezeichnen. Im Folgenden sollen der ‚rêve' und die ‚rêverie' zunächst begriffsgeschichtlich definiert werden. In einem zweiten Schritt sollen dann die für die lyrische Inszenierung dieser beiden Formen der Imagination typischen sprachlichen Verfahren in einem synthetischen Überblick vorgestellt werden.[1] Zunächst wird diese Typologie anhand zweier Gedichte Baudelaires illustriert. Im Weiteren werden dann die *Illuminations* Arthur Rimbauds einer genaueren Analyse unterzogen, wobei ihre phantastisch-wunderbaren Evokationen auf ihren möglichen Status als ‚récits de rêves' oder ‚rêveries' hin befragt werden.

1. ‚Rêve' und ‚rêverie' – eine erste begriffsgeschichtliche Unterscheidung

Die französischen Begriffe ‚rêve' und ‚rêverie' stammen beide vom Verb ‚rêver' ab. Noch im 16. Jahrhundert bezeichnet ‚rêver' ein eher abstraktes „laisser aller

---

[1] Grundlage dieses Überblicks bilden die Analysen repräsentativer ‚rêve'- und ‚rêverie'-Gedichte von der Romantik bis zum Surrealismus, die ich im Rahmen meiner Dissertation vorgenommen habe (siehe Verf.: *Räume der rêverie. Stimmungslandschaft und* paysage imaginaire *in der französischen Lyrik von der Romantik bis zum Surrealismus*. Tübingen: Narr 2011).

sa pensée au hasard sur des choses vagues";² die Tendenz des Träumens „vers l'idée abstraite" setzt sich noch in einer der modernen Bedeutungen des Verbs fort: „réfléchir à qqch.", „méditer profondement" und „songer".³ Im weiteren Verlauf der Wortgeschichte bildet ‚rêver' dann jedoch eine neue, immer dominanter werdende Bedeutung aus: Statt eines nur abstrakten ‚méditer' wird ‚rêver' im 17. Jahrhundert immer stärker an das Verb ‚imaginer' angenähert und bezeichnet schließlich eine mit konkreten Bildern einhergehende Vorstellungstätigkeit. Zum einen bedeutet das bildliche ‚rêver' „voir en songe pendant le sommeil" bzw. „faire des rêves en dormant"⁴ und zum anderen „se représenter comme réalité (ce que l'on désire ardemment)" und „laisser aller son esprit sur ce qui n'a aucun rapport avec la réalité présente"⁵; letztere Definition wird seit Ende des 18. Jahrhunderts zudem als „rêver éveillé" und „voir comme dans un rêve"⁶ vom ‚rêver en dormant' abgesetzt. Ende des 18. Jahrhunderts finden diese beiden Varianten des ‚rêver' in den derivierten Substantiven ‚rêve' und ‚rêverie' ihre endgültige Spezifizierung. ‚Rêve' bezeichnet schließlich die eigentliche onirische Bildproduktion, d.h. die (unkontrollierbare) Vorstellungstätigkeit des Gehirns während des Schlafes,⁷ wohingegen die ‚rêverie' dem entspricht, was Sigmund Freud zu Beginn des 20. Jahrhunderts ‚Tag-' bzw. ‚Wachtraum' (frz. „rêve diurne" bzw. „rêve éveillé"⁸) nennen wird. Für die modernen Bedeutungen von ‚rêve' und ‚rêverie' kann also vereinfachend festgestellt werden, dass sich der Traum und die Träumerei durch verschiedene Bewusstseinsgrade voneinander unterscheiden: Die Vorstellungstätigkeit des (Schlaf-)Traums ist insofern eine unbewusste, als der Träumer im Schlaf bewusst*los* ist; hingegen ist die Träumerei in einem Zwischenbereich zwischen vollem Bewusstsein und einer teilweisen ‚Bewusstlosigkeit' angesiedelt. Doch selbst wenn sich die ‚rêverie' einem höchstmöglich unbewussten ‚laisser-aller de la pensée' annähert, so wird sie im Vergleich zum eigentlichen ‚rêve', zum Schlaftraum, immer noch einen distinktiven Bewusstseinsgrad bewahren. Eine ‚rêverie' muss zwar nicht, kann jedoch bewusst gesteuert werden: Der Tagträumer hat prinzipiell die Möglichkeit, einzugreifen und die Richtung oder den Gegenstand der Träumerei zu ändern – ganz im Gegensatz zum Schlaftraum, dessen Launen der Träumer den meisten modernen Traumtheorien zufolge hilflos ausgeliefert ist. Dies wird besonders dann offensichtlich, wenn es sich bei dem ‚rêve' um einen Albtraum handelt: Das träumende Subjekt ist insofern das Opfer seines eigenen Traums, als es sich dem Schreckensszenario des Albtraums nicht entziehen kann; selbst das Entrinnen

---

[2] *Dictionnaire historique de langue française*, Bd. II, hg. v. Alain Rey. Paris: Robert, 1992, s.v. ‚rêver', S. 1797b.
[3] Ebd.
[4] Ebd.
[5] Ebd.
[6] Ebd.
[7] Vgl. ebd.
[8] Ebd.

durch ein Erwachen aus dem Traum kann nicht bewusst entschieden werden. So wie der schlechte Traum nicht willentlich beendet werden kann, kann aber auch der angenehme Traum, der sprichwörtliche ‚beau rêve', nicht willentlich fortgesetzt, d.h. künstlich heraus gezögert werden. In der Regel erwacht man unfreiwillig aus einem Schlaftraum. Hingegen ist die Träumerei in den meisten Fällen eine gedankliche Evasion, die der Träumer mehr oder weniger bewusst sucht: Sie stellt insofern „une sorte de rêve dirigé"[9] dar, als das träumende Subjekt den Inhalt der ‚rêverie' seinen Bedürfnissen und Vorlieben gemäß gestalten kann.

2. ‚Récit de rêve' und ‚sorcellerie évocatoire' – die lyrische Inszenierung von Träumen und Träumereien in der französischen Lyrik von der Romantik bis zum Surrealismus

Im Anschluss an diese begriffsgeschichtliche Unterscheidung von ‚rêve' und ‚rêverie' sollen uns nun die literarischen bzw. – noch spezifischer – die lyrischen Inszenierungen von Träumen und Träumereien interessieren. Die Betrachtung der sprachlichen Gestaltung von ‚rêve' und ‚rêverie' in der französischen Lyrik seit der Romantik ermöglicht die Rekonstruktion einer regelrechten Linguistik des Traums und der Träumerei. So lassen sich nämlich sowohl in der (binnen-)pragmatischen als auch in der syntagmatischen und semantischen Dimension der analysierten Gedichte für die jeweilige Kategorie charakteristische Muster feststellen.

Betrachten wir zunächst die pragmatische Ebene: Aufgrund der Tatsache, dass ein Traum naturgemäß erst nach dem Erwachen wiedergegeben werden kann, werden die meisten ‚rêves' auch in den Texten der französischen Lyriker des 19. Jahrhunderts in den Tempora der Nachzeitigkeit erzählt. Die typische temporale Deixis des lyrischen Traums ist somit der Vergangenheitsbezug. Hingegen tendiert die Vertextung der ‚rêverie' zum Gegenwartsbezug: Eine Träumerei wird üblicherweise nicht nachträglich wiedergegeben, sondern vielmehr im Gestus der Gleichzeitigkeit in ihrer Entstehung und schließlich in ihrer sinnlichen Manifestation gezeigt. Die (lyrische) Wiedergabe eines Traums hat meistens einen narrativen Charakter, seltener einen deskriptiven. Der surrealistische Begriff des ‚récit de rêve' trägt somit den Gesetzmäßigkeiten des Traums in angemessener Weise Rechnung (und dies nicht nur in seiner narrativen, sondern auch in seiner lyrischen Ausprägung).[10] Da poetisch inszenierte Reverien übli-

---

[9] Michel Martinez: ‚Les Fleurs du Mal', Baudelaire. Paris: Bertrand-Lacoste, 2000, S. 25.
[10] Allerdings muss einschränkend angemerkt werden, dass die durch die Surrealisten neu eingeführte Gattung des ‚récit de rêve', also des Traumberichts im Sinne eines Traumprotokolls, dieser in der Lyrik zu beobachtenden Tendenz insofern widerspricht, als die Träume hier überwiegend im Präsens nacherzählt werden. Diese Eigenheit des Traumprotokolls lässt sich eventuell dadurch erklären, dass dieses ja von Beginn an in den Dienst der Erforschung des Unbewussten gestellt wurde: Die durch das Präsens ausgedrückte Gegenwär-

cherweise keine komplexen Handlungen umfassen, sondern sich vielmehr auf einzelne Dinge, Personen, Zeiten und Räume richten, haben sie keinen erzählenden, sondern vielmehr einen beschreibenden bzw. suggestiv-evozierenden Charakter.[11]

Was die syntagmatische Makrostruktur der lyrischen Gestaltung von ‚rêverie' und ‚rêve' angeht, fällt sofort auf, dass die Darstellung der Träumerei eine sehr viel komplexere Organisation erfährt. Während der typische ‚récit de rêve' in einer einfachen Nacherzählung von Traumhandlungen besteht (vgl. z.B. Albert Samains *Visions* oder Paul Verlaines *Cauchemar*), zerfällt die Inszenierung einer Tagträumerei in der Regel in verschiedene Phasen, die weniger erzählt als vielmehr mittels einer subtilen – wie es Baudelaire nannte – „sorcellerie évocatoire"[12] heraufbeschworen werden: Zunächst wird eine Realsituation, meistens der Ort, an dem sich der Träumer befindet, geschildert. Diese in der Romantik ausführlichere, im Symbolismus hochgradig skizzenhaft-suggestive Eingangssequenz umfasst in der Regel die äußeren Umstände (Ort und Zeit) sowie den Ausdruck der dem träumenden Subjekt inneren Bedingungen der ‚rêverie'. Beispielsweise hat sich der typische romantische Tagträumer, etwa bei René de Chateaubriand, in ein „exil champêtre"[13] zurückgezogen und beschreibt die ihn umgebende Naturlandschaft; in Baudelaires *Fleurs du Mal* findet man hingegen eine Reihe von Träumereien innerhalb der Großstadt (siehe z.B. *Spleen* IV und *Les sept vieillards*); der Symbolist Verlaine inszeniert Reverien sowohl in der Natur (*Soleils couchants*), in der Großstadt (*Croquis parisien*) als auch in verschmutzten Industriegebieten (*Charleroi*). Die Evokation einer als real ausgewiesenen Ausgangssituation ist insofern entscheidend für die im Gedicht modellierte ‚rêverie', als sie eines konkreten Auslösers, eines „déclic",[14] bedarf. Wie Chateaubriands René stellvertretend für die romantische Generation feststellt, kann der Auslöser noch so gering sein, solange er nur den Anstoß zur gedanklichen Abschweifung des romantischen Subjekts gibt:

---

tigkeit schafft eine Illusion der Unmittelbarkeit, die das Traumprotokoll für die Analyse tauglicher erscheinen lässt, als wenn durch Tempora der Vergangenheit eine Distanz zwischen Traum- und Wach-Ich – also zwischen erlebendem und erzählendem Ich – offengelegt würde.

[11] Natürlich gibt es auch eine Reihe von Ausnahmen von dieser (binnenpragmatischen) Regel: So findet sich beispielsweise in Victor Hugos *La Pente de la rêverie* eine Träumerei dargestellt, die nicht im Präsens beschworen, sondern vielmehr nachträglich geschildert wird; ein Gedicht, in dem die Handlungen eines (Schlaf-)Traums entgegen der Regel im Präsens berichtet werden, ist *Vigilance* von André Breton.

[12] Charles Baudelaire: *Fusées* XI (*Journaux intimes*), in: ders.: *Œuvres complètes*, Bd. I, hg. v. Claude Pichois. Paris: Gallimard, 1975, S. 658–660, hier: S. 658.

[13] René de Chateaubriand: *René*, in: ders.: *Œuvres romanesques et voyages*, Bd. I, hg. v. Maurice Regard. Paris: Gallimard, 1969, S. 101–146, hier: S. 128.

[14] Uwe Dethloff: „Aspects et fonctions du paysage lamartinien: l'exemple du *Vallon*", in: *Literarische Landschaft. Naturauffassung und Naturbeschreibung zwischen 1750 und 1830*, hg. v. Uwe Dethloff. St. Ingbert: Röhrig, 1995, S. 149–158, hier: S. 153.

> Qu'il fallait peu de chose à ma rêverie! une feuille séchée que le vent chassait devant moi, une cabane dont la fumée s'élevait dans la cime dépouillée des arbres, la mousse qui tremblait au souffle du nord sur le tronc d'un chêne, une roche écartée, un étang désert où le jonc flétri murmurait! Le clocher solitaire s'élevant au loin dans la vallée, a souvent attiré mes regards; souvent j'ai suivi des yeux les oiseaux de passage qui volaient au-dessus de ma tête. Je me figurais les bords ignorés, les climats lointains où ils se rendent; j'aurais voulu être sur leurs ailes.[15]

Wie schon erwähnt, werden normalerweise nicht nur solche äußeren Umstände der Träumerei geschildert, sondern der Sprecher verleiht in der Regel auch seinen Gefühlen Ausdruck. Diese sind den äußeren Auslösern oft hierarchisch übergeordnet, denn eine gewisse Stimmung, z.B. großes Leid, dem man imaginativ entfliehen möchte, gibt sehr häufig erst Anlass dazu, gezielt nach einem ‚déclic de la rêverie' zu suchen (so in *L'Isolement* und *Le Vallon* von Lamartine). Den Gegenstand der Träumerei bedingt der jeweilige Bewusstseinszustand des imaginierenden Subjekts insofern, als dieser sich in der geträumten Situation entweder fortsetzen[16] oder auch mit dieser kontrastieren kann.[17]

Im Anschluss an die (mal ausführlichere, mal suggestivere) Evokation der Auslösesituation folgt in der Regel die Darstellung des einsetzenden Imaginationsprozesses; nicht selten fallen in diesem Zusammenhang Formulierungen wie ‚je rêve' oder ‚je vois' (im Sinne eines ‚inneren Sehens') und eine imaginäre Szenerie beginnt, langsam Konturen anzunehmen. Der real wahrgenommene Auslöser setzt den Prozess der Imagination in Gang und das sich öffnende ‚innere Auge' der Einbildungskraft beginnt den (äußeren) Gesichtssinn abzulösen. Dabei kann entweder das tatsächliche Sehen vollständig durch die imaginative Innenschau ersetzt werden oder aber – und dies ist der häufigere Fall – die Vorstellungsinhalte werden halluzinativ in die real wahrgenommene Umwelt projiziert, so dass sich reale und imaginäre Anteile überlagern, so z.B. in Victor Hugos *Rêverie*, in der das Auftauchen einer nur in der Imagination des Sprechers existierenden märchenhaften „ville mauresque"[18] aus der spätherbstlichen Nebellandschaft, die sich vor dem Träumenden ausbreitet, evoziert wird. Das Besondere an der aus einer ‚rêverie' hervorgegangenen Szenerie ist, dass diese üblicherweise den Auslöser der Imaginationstätigkeit und/oder sogar die gesamte

---

[15] Chateaubriand: *René*, S. 129f. Aufgrund der Tatsache, dass die Imaginationstätigkeit der ‚rêverie' üblicherweise eines auslösenden Moments innerhalb einer als real ausgewiesenen Situation bedarf, kann diese als ‚Auslösesituation' bezeichnet werden.

[16] Als repräsentative Beispiele der französischen Lyrik wären Baudelaires *Spleen* IV und *Parfum exotique* zu nennen: Während im erstgenannten Gedicht die depressive Stimmung des Sprechers die Träumerei bestimmt, setzt sich in der exotischen Träumerei des zweiten die erotisch-ekstatische Stimmung der realen Alkoven-Situation fort.

[17] Siehe z.B. Lamartines *Isolement*, in dem die Glückseligkeit des vorgestellten Jenseits mit der Traurigkeit der Auslösesituation kontrastiert wird.

[18] Victor Hugo: *Rêverie* (*Les Orientales* XXXVI), in: ders.: *Œuvres poétiques*, Bd. I: *Avant l'Exil 1802–1851*, hg. v. Pierre Albouy. Paris: Gallimard, 1964, S. 679, hier: v. 10.

reale Auslösesituation in die Traumsituation integriert bzw. latent fortsetzt. In welcher Form das genau geschieht, soll uns im Folgenden im Rahmen der Ausführungen zur Rhetorik der Träumerei genauer interessieren.

In selteneren Fällen schließen sich an die Evokation des imaginären Gegenstands noch Ausführungen zu der Situation nach Abbruch der ‚rêverie' an; beispielsweise konstatiert das lyrische Ich in Lamartines *Isolement*, nachdem die Jenseitsvision verblasst ist, dass es lebensmüde dem für ihn sinnentleerten Diesseits verhaftet bleibt. Doch die Schilderung der Rückkehr aus der Träumerei in die Realität, der der Sprecher zuvor imaginativ entflohen war, ist eine Phase, die bei der lyrischen Inszenierung einer ‚rêverie' nicht immer zur Darstellung kommt. Konstitutiv ist allerdings die Evokation der Auslösesituation, des einsetzenden Imaginationsprozesses und des imaginierten Gegenstands selbst. Im Gegenzug wird der ‚récit de rêve', die Nacherzählung eines Nachttraums, wie schon eingangs angedeutet, in der Regel sehr viel weniger komplex gestaltet: Der typische Traumbericht schließt die Schilderung eines ‚Vor-dem-Traum' nicht mit ein. Wenn auf die Realität außerhalb der Traumwelt Bezug genommen wird, dann eher auf das ‚Danach', d.h. auf die Wahrnehmung und die damit einhergehenden Gefühle des Träumers nach dem Aufwachen (im Falle des ‚beau rêve' üblicherweise Desillusionierung, im Fall des ‚cauchemar' Erleichterung). Selbst die Surrealisten, die doch die Ansicht vertreten, dass es ein Kontinuum zwischen Träumen und Wachen gäbe,[19] schließen weder in ihren narrativen noch in ihren lyrischen ‚récits de rêves' die Schilderung vorheriger Wachsituationen, die den Trauminhalt beeinflusst haben könnten, mit ein. Der Traum wird somit als abgeschlossenes, d.h. als von der wachen Existenz des Träumers mehr oder weniger unabhängiges Universum mit eigenen Gesetzen und einer eigenen Logik dargestellt.

Die beschriebenen Gesetzmäßigkeiten, die inneren und äußeren Bedingungen von ‚rêve' und ‚rêverie' schlagen sich schließlich auch in einer spezifischen Rhetorik der jeweiligen ‚Textgattung' nieder: Angesichts der Tatsache, dass die Lyrik traditionell die Gattung ist, in der eine besonders große Dichte von rhetorischen Figuren festzustellen ist, ist es umso auffälliger, dass die meisten Autoren bei den in Gedichtform dargebotenen Traumberichten kaum auf die semantischen Figuren, die Tropen,[20] zurückgreifen, sich also nicht einer bildlichen,

---

[19] Vgl. André Breton: *Manifeste du surréalisme* (1924), in: ders.: *Œuvres complètes*, Bd. I, hg. v. Marguerite Bonnet. Paris: Gallimard, 1988, S. 311–346, hier: S. 317f.

[20] Ich greife hier die im Strukturalismus übliche Differenzierung der rhetorischen Figuren auf, der zufolge man zwischen pragmatischen (z.B. die Apostrophe), syntagmatischen (Schemata, z.B. Parallelismus, Hyperbaton, Inversion etc.) und semantischen Figuren (Tropen/Gedankenfiguren wie z.B. die Metapher und die Personifikation) unterscheiden kann. Für die unterschiedliche Vertextung von ‚rêve' und ‚rêverie' ist vor allem der Einsatz von Tropen, d.h. von den überwiegend auf der semantischen Ebene operierenden rhetorischen Figuren aufschlussreich. Was die pragmatischen Figuren angeht, kann zudem die Eigenheit der ‚rêverie' beobachtet werden, dass diese oft mittels Apostrophen eingeleitet wird (vgl. z.B. Hugos *Rêverie* und Baudelaires *Chevelure*).

sondern vielmehr einer betont wörtlichen Sprache, d.h. einer im Literalsinn zu verstehenden Sprache, bedienen. Im Gegenzug scheint eine figurative Sprache, der Rekurs auf explizite Vergleiche, Metaphern und Personifikationen, für die verbale Abbildung der für die ‚rêverie‘ konstitutiven Vorstellungstätigkeit besonders geeignet zu sein, denn diese wird normalerweise als Analogiestiftung zwischen der Auslöse- und der Traumsituation dargestellt. Beispielsweise wird in Hugos bereits erwähntem Text *Rêverie* das imaginäre Auftauchen der Maurenstadt aus der realen Herbstlandschaft mittels einer Metaphorik des (frühlingshaften) Erblühens evoziert: „Quelque ville mauresque, éclatante, inouïe,/ [Surgit, là-bas], comme la fusée en gerbe épanouie" (11f.). Die Pflanzenmetaphorik, mit der die „ville mauresque" umschrieben wird, setzt die welke Vegetation der herbstlichen Reallandschaft fort, modifiziert diese jedoch insofern, als der herbstliche Verfall in frühlingshaftes Sprießen überführt wird. Das typische rhetorische Verfahren, mit dem die Vorstellungstätigkeit einer ‚rêverie‘ verbalisiert wird, besteht also in der metaphorischen Überformung der Auslösesituation. Dabei entsprechen die Elemente der Reallandschaft dem Bildempfänger (dem ‚verbum proprium‘) und die diese überlagernden geträumten Elemente dem Bildspender (dem ‚verbum improprium‘) der Metapher. Ist die ‚sorcellerie évocatoire de la rêverie‘ im Gedicht besonders gelungen, so ist die Realsituation noch hinter der Traumsituation zu erahnen.

Zwei berühmte Beispiele sollen nun zur weiteren Illustration der gerade skizzierten Typologie herangezogen werden: zum einen Baudelaires *Rêve parisien*, der – wie schon der Titel verrät – die Kategorie des Traums repräsentiert, und zum anderen *La Chevelure* desselben Autors als Beispiel für eine willentliche Träumerei. Betrachten wir zunächst einige für die Binnenpragmatik aufschlussreiche Verse des *Rêve parisien*:[21]

I

De ce terrible paysage,
Tel que jamais mortel n'en vit,
Ce matin encore l'image,
Vague et lointaine, me ravit.

Le sommeil est plein de miracles!
[...]   (1–5)

II

En rouvrant mes yeux pleins de flamme
J'ai vu l'horreur de mon taudis,
Et senti, rentrant dans mon âme,
La pointe des soucis maudits;

---

[21]   Charles Baudelaire: *Rêve parisien* (*Les Fleurs du Mal* CII), in: ders.: *OC* I, S. 101–103.

> La pendule aux accents funèbres
> Sonnait brutalement midi,
> Et le ciel versait des ténèbres
> Sur le triste monde engourdi. (53–60)

Rêve parisien erzählt rückblickend einen (Schlaf-)Traum; die charakteristische Vergangenheitsperspektive ist durch Formen im ‚passé composé', ‚passé simple' und ‚imparfait' („me ravit"; „J'ai vu"; „C'étaient", 14) determiniert. Zu Beginn des Textes weist der Sprecher die geschilderte Phantasielandschaft eindeutig als Produkt eines Schlaftraums aus: „Le sommeil est plein de miracles!" Dem unfreiwilligen Aufwachen aus dem Traum und der angesichts des „horreur de [s]on taudis" empfundenen Enttäuschung sind zwei gesonderte Strophen am Ende des Gedichts gewidmet (vgl. 53–60). Hingegen wird die in *La Chevelure* beschriebene imaginäre Reise zu einer exotischen Insel im Präsens und Futur geschildert:[22]

> Ô toison, moutonnant jusque sur l'encolure!
> Ô boucles! Ô parfum chargé de nonchaloir!
> Extase! Pour peupler ce soir l'alcôve obscure
> Des souvenirs dormant dans cette chevelure,
> Je la veux agiter dans l'air comme un mouchoir!
>
> La langoureuse Asie et la brûlante Afrique,
> Tout un monde lointain, absent, presque défunt,
> Vit dans tes profondeurs, forêt aromatique!
> Comme d'autres esprits voguent sur la musique,
> Le mien, ô mon amour! nage sur ton parfum.
>
> J'irai là-bas [...]   (1–11)

Beide Texte weisen somit die für die jeweilige Kategorie charakteristische Binnenpragmatik auf. Dass es sich bei der in *La Chevelure* abgebildeten ‚rêverie' darüber hinaus um eine willentlich herbeigeführte Träumerei handelt, lässt der Sprecher vor allem anhand des verwendeten Verbs ‚vouloir' („Je la veux agiter ..."), der Apostrophen und Imperative („Fortes tresses, soyez la houle ...", 13) sowie anhand der voluntativ zu verstehenden Futur-Formen („J'irai là-bas où ...") unmissverständlich erkennen. Im Gegenzug betont das Verb ‚ravir' in *Rêve parisien* das Ausgeliefertsein an den Schlaftraum.[23]

---

[22] Charles Baudelaire: *La Chevelure* (*Les Fleurs du Mal* XXIII), in: ders.: OC I, S. 26–27.

[23] Diesem Ausgeliefertsein widersprechend betont der Sprecher jedoch direkt im Anschluss die Allmacht seiner Schöpferkraft, die er angeblich bewusst eingesetzt habe: „Par un caprice singulier,/ J'avais banni de ces spectacles/ Le végétal irrégulier,// [...]/ Je savourais dans mon tableau/ L'enivrante monotonie/ Du métal, du marbre et de l'eau" (6–12). Während man die Wendung ‚par un caprice' noch als Hinweis auf eine nicht kontrollierbare (weil launenhafte) Vorstellungstätigkeit deuten könnte, lässt sich die Betonung des eigenen Willens in der zehnten Strophe nicht als nur scheinbarer Widerspruch auflösen: „Je faisais, à ma volonté,/ Sous un tunnel de pierreries/ Passer un océan dompté" (38–40). Auch die Betonung des (statischen) Tableau-Charakters sowie die Selbstzuschreibungen „peintre

Was nun die syntagmatische und rhetorische Dimension des in *Rêve parisien* entworfenen Schlaf- und des in *La Chevelure* evozierten Wachtraums angeht, so bestätigt sich in beiden Fällen die oben aufgestellte Hypothese: zum einen, dass die lyrische Wiedergabe des ‚rêve' in einer reinen Aufzählung von Traumbildern und -handlungen besteht und dass sich dieser Traumbericht einer dominant wörtlichen Sprache bedient; zum anderen, dass die ‚rêverie' vorzugsweise in ihrer Entstehung gezeigt und dass die Dynamik der Vorstellungstätigkeit mittels metaphorischer ‚sorcellerie évocatoire' in die dichterische Sprache übersetzt wird. Man beachte die überwiegend aufzählende Beschreibung des Trauminhalts in *Rêve parisien*:

> Babel d'escaliers et d'arcades,
> C'était un palais infini,
> Plein de bassins et de cascades
> Tombant dans l'or mat ou bruni;
>
> Et des cataractes pesantes,
> Comme des rideaux de cristal,
> Se suspendaient, éblouissantes,
> A des murailles de métal.
>
> Non d'arbres, mais de colonnades
> Les étangs dormants s'entouraient,
> Où de gigantesques naïades,
> Comme des femmes, se miraient.
>
> Des nappes d'eau s'épanchaient, bleues,
> Entre des quais roses et verts,
> Pendant des millions de lieues,
> Vers les confins de l'univers;
>
> [...] (13–28)

Auch wenn die Evokation durch das ‚merveilleux du rêve' durchaus einen poetischen Duktus hat und auch wenn die eine oder andere Personifikation, der eine oder andere Vergleich zum Einsatz kommen, so dominiert hier doch die wörtliche Beschreibung über die metaphorische Evokation: Unter der urbanen Traumlandschaft ist nicht ein reales Substrat zu vermuten, das hier einfach metaphorisch ins Irreale überführt wurde, sondern vielmehr scheint es sich bei der

---

fier de mon génie" (9) und „Architecte des mes féeries" (37) deuten eigentlich eher auf einen luziden Wach- als auf einen empfangenen Schlaftraum hin. Letztendlich kann man die Verse „Ce matin encore l'image,/ Vague et lointaine, me ravit" (3f.) allerdings so deuten, dass der „terrible paysage" (1) zwar des Nachts geträumt wurde, der Sprecher den Trauminhalt jedoch nach dem Erwachen nicht einfach abstrakt erinnert, sondern sich diesen im Laufe des Vormittags in einer willentlichen ‚rêverie' wieder konkret vergegenwärtigt hat. Mit anderen Worten: Im *Rêve parisien* wird eine Träumerei geschildert, deren Gegenstand ein vergangener Schlaftraum ist. Die Tatsache, dass der Trauminhalt bewusst wiederholt wird, ermöglicht das künstlerische Eingreifen des sich als „peintre fier de [s]on génie" verstehenden Sprechers.

Szenerie um eine genuin imaginäre Schöpfung zu handeln, auf die mittels einer überwiegend wörtlichen Sprache referiert wird. In diesem Sinne handelt es sich bei den evozierten kostbaren Materialien der Landschaft auch nicht einfach nur um parnassische Rarefizierungen (verstanden als metaphorische Aufwertungen eines an sich alltäglich-schnöden Materials), sondern die evozierten Dinge bestehen substantiell aus erlesenen Edelsteinen und -metallen, die als solche lediglich benannt werden. Im Gegensatz dazu führt uns *La Chevelure* metaphorisch die imaginative Verwandlung einer lockigen Haarmähne in die Wellen eines Ozeans vor Augen. Geführt vom exotischen Duft der Geliebten, der weiter unten als „des senteurs confondues/ De l'huile de coco, du musc et du goudron" (29f.) spezifiziert wird, vermag der Geist des Sprechers eine metaphorische ‚chevelure-océan' zu überqueren, um schließlich an die Gestade einer vorgestellten tropischen Insel zu gelangen:

> La langoureuse Asie et la brûlante Afrique,
> Tout un monde lointain, absent, presque défunt,
> Vit dans tes profondeurs, forêt aromatique!
> Comme d'autres esprits voguent sur la musique,
> Le mien, ô mon amour! nage sur ton parfum.
>
> J'irai là-bas où l'arbre et l'homme, pleins de sève,
> Se pâment longuement sous l'ardeur des climats;
> Fortes tresses, soyez la houle qui m'enlève!
> Tu contiens, mer d'ébène, un éblouissant rêve
> De voiles, de rameurs, de flammes et de mâts: (6–15)

Das träumende lyrische Ich der *Chevelure* beschränkt sich also mitnichten auf die prosaische Feststellung, dass es von einer exotischen Insel geträumt habe. Vielmehr evoziert es zwar knapp, aber effizient die Situation, in der es zu träumen beginnt, und nennt darüber hinaus den konkreten Auslöser seiner Imaginationstätigkeit: Es befindet sich in einer erotischen Situation der Harmonie, nämlich in unmittelbarer Nähe seiner Geliebten. Es ist das exotische „parfum chargé de nonchaloir" der üppigen Locken der Dame, das dem Träumer zunächst die noch relativ abstrakte Vorstellung einer „langoureuse Asie" und einer „brûlante Afrique" eingibt.

Im Folgenden nimmt der abstrakte Gedanke an eine ferne Welt dann langsam eine konkrete Gestalt an: Zunächst führt der Duft des Haares zu der Vorstellung einer „forêt aromatique"; tertia comparationis dieser auf der Basis von Analogien operierenden Imaginationstätigkeit sind der intensive (offensichtlich mit einer exotischen Natur assoziierte) Duft einerseits und die Dichte der Haarmähne und eines Waldes andererseits („tes profondeurs"). Im Anschluss an die Erkenntnis, dass diese Räume geographisch ferngerückt sind („un monde lointain, absent"), stellt sich der Sprecher vor, wie er dorthin käme – nämlich schwimmend: „Comme d'autres esprits voguent sur la musique,/ Le mien [...] nage sur ton parfum." Mittels der formalen Ähnlichkeit zwischen den Wellen des Ozeans, der den Sprecher von einem exotischen Paradies trennt, und den Locken der Geliebten verwandelt die analogische Imagination des Träumers die Haarmähne in einen Ozean: Die „[f]ortes tresses" werden zur „houle qui [l]'enlève"; die anscheinend schwarzen Locken der Geliebten verwandeln sich aufgrund der weiter oben bereits erwähnten formalen Ähnlichkeit zu Wellen in ein (ebenso schwarzes) „mer d'ébène", dessen Überquerung zu einem immer konkreteren Hafen führt:

> Tu contiens, mer d'ébène, un éblouissant rêve
> De voiles, de rameurs, de flammes et de mâts:
>
> Un port retentissant où mon âme peut boire
> À grands flots le parfum, le son et la couleur;
> Où les vaisseaux, glissant dans l'or et dans la moire,
> Ouvrent leurs vastes bras pour embrasser la gloire
> D'un ciel pur où frémit l'éternelle chaleur.
>
> Je plongerai ma tête amoureuse d'ivresse
> Dans ce noir océan où l'autre est enfermé;
> Et mon esprit subtil que le roulis caresse
> Saura vous retrouver, ô féconde paresse,
> Infinis bercements du loisir embaumé!
>
> Cheveux bleus, pavillon de ténèbres tendues,
> Vous me rendez l'azur du ciel immense et rond;
> Sur les bords duvetés de vos mèches tordues
> Je m'enivre ardemment des senteurs confondues
> De l'huile de coco, du musc et du goudron. (14–30)

Gegen Ende des Gedichts verblasst die Vision wieder langsam: Was zuvor noch als ein „noir océan" evoziert wurde, hat sich bereits wieder in eine Haarmähne zurückverwandelt; diese weist allerdings zumindest noch die Farbe des vorgestellten Ozeans auf („[c]heveux bleus"). In der Schlussstrophe, in der die ‚rêverie' beendet und der Geist des Sprechers wieder in die Realität zurückgekehrt ist, schwört sich der Sprecher, dass er die imaginäre Evasion in die exotische Welt immer wieder aufs Neue versuchen wird:

> Longtemps! toujours! ma main dans ta crinière lourde
> Sèmera le rubis, la perle et le saphir,
> Afin qu'à mon désir tu ne sois jamais sourde!
> N'es-tu pas l'oasis où je rêve, et la gourde
> Où je hume à longs traits le vin du souvenir? (31–35)

Betrachten wir nun im Folgenden, ob und in welcher Form sich die charakteristischen Merkmale der lyrischen Inszenierung von ‚rêve' und ‚rêverie' auch in Rimbauds *Illuminations* finden.

3. Die ‚paysages féeriques' der *Illuminations* zwischen ‚rêve' und ‚rêverie'

Die *Illuminations* können wohl als die am häufigsten und am unterschiedlichsten interpretierten Texte der französischen Literatur angesehen werden. Letztendlich besteht ein prinzipielles Problem der Lesbarkeit dieser Prosagedichte, wobei die Rimbaldiens darüber diskutieren, wie die hermetischen Evokationen adäquat zu verstehen sind. Betrachtet man die breite Palette der Rimbaud-Kritik, so können drei Tendenzen unterschieden werden: Der am weitesten verbreitete Ansatz ist der dechiffrierende. Dieser Richtung zufolge resultiert die Dunkelheit der *Illuminations* aus einer metaphorisch-symbolischen Verschlüsselung, die mit Hilfe des passenden Schlüssels – ‚la clef des *Illuminations*' – wiederum aufgehoben werden könne.[24] Ein anderer Ansatz versteht die phantastisch-wunderbaren Evokationen der *Illuminations* als Beschreibungen traumhafter bzw. genuin imaginärer Szenerien, als – wie es Verlaine ausdrückte – „paysages féeriques"[25]. Statt von einer metaphorischen Verschlüsselung auszugehen, versuchen diese Autoren, die Evokationen oder zumindest einzelne Elemente der Evokationen wörtlich zu nehmen.[26] Zuletzt wäre noch der (post-)strukturalistische Ansatz zu nennen. Er betont den autoreferentiellen Spiel-Charakter der *Illuminations*. Im Umkreis der Tel Quel-Gruppe entwickelt, gipfelte diese dritte Tendenz der Forschung 1978 in Tzvetan Todorovs provokativem Urteil: „[...] *leur* sens [scil. le sens des *Illuminations*], paradoxe inverse, est de n'en point avoir."[27] Auf die in der Forschungsliteratur immer wieder aufgeworfene Frage nach der adäquaten Lektüre der *Illuminations* bzw. nach ihrer prinzipiellen Lesbarkeit antworten

---

[24] Siehe beispielhaft die folgende Überzeugung Rivières, eines der großen Rimbaud-Exegeten zu Beginn des 20. Jahrhunderts: „À nous donc de déchiffrer le document! [...] Il y a ici un message obscur dont il faut tâcher de nous emparer" (Jacques Rivière: *Rimbaud. Dossier 1905–1925*. Paris: Gallimard, 1977, S. 136). Und noch heute erfreut sich diese Tendenz großer Beliebtheit; in seiner 2008 erschienenen Studie *La Clef des ‚Illuminations'* postuliert Paul Claes: „[...] nous soutenons que l'hermétisme intellectuel des *Illuminations* se prête à un décryptage rationnel. L'obscurité de cette poésie procède d'une opacification et complexification de sens qui se laisse décrire comme une série de transformations textuelles dont la rhétorique ancienne procure le modèle" (Paul Claes: *La Clef des ‚Illuminations'*. Amsterdam/New York: Faux Titre, 2008, S. 10).

[25] Paul Verlaine: „Préface pour la première édition des *Illuminations*", in: ders.: *Œuvres en prose complètes*, hg. v. Jacques Borel. Paris: Gallimard, 1972, S. 631–632, hier: S. 631.

[26] Siehe z.B. Jean-Pierre Richard: *Poésie et profondeur (Nerval, Baudelaire, Verlaine, Rimbaud)*. Paris: Seuil, 1956, S. 287–250; Angelika Felsch: *Arthur Rimbaud. Poetische Struktur und Kontext. Paradigmatische Analyse und Interpretation einiger ‚Illuminations'*. Bonn: Bouvier, 1977; André Guyaux: „*Aube*, la fugacité de l'ambigu", in: *Rimbaud vivant* 13 (1977), S. 6–18. Die erste konsequent literal-referentialisierende Lektüre der *Illuminations* habe ich in meiner Dissertation vorgenommen (siehe Anm. 1).

[27] Tzvetan Todorov: „Une complication de texte: les *Illuminations*", in: *Poétique* 34 (1978), S. 241–153, hier: S. 252. Siehe auch Jean-Louis Baudry: „Le texte de Rimbaud", in: *Tel Quel* 35 (1968), S. 46–63 sowie in: *Tel Quel* 36 (1969), S. 33–53.

Todorov und seine Schüler mit der polemisch überspitzten Feststellung ihrer ‚illisibilité'.[28] Während die Annahme einer prinzipiellen ‚illisibilité' aus einer übereilten und auch wenig weiter führenden Resignation zu resultieren scheint, erweist sich die Frage, ob die Evokationen wörtlich oder metaphorisch zu verstehen sind, meines Erachtens als umso fruchtbarer, wenn man sie im Anschluss an Verlaines Bemerkung mit Überlegungen zu ihrem referentiellen Status bzw. zu ihrem Wirklichkeitsstatus verbindet: Evozieren die *Illuminations* real Existierendes, das allerdings metaphorisch chiffriert wurde, oder beschreiben diese vielmehr literal-referentialisierend die irrealen Schöpfungen einer ‚imagination créatrice' (im Sinne Baudelaires).[29] Rechtfertigen lässt sich diese Fragestellung vor allem auf dem Hintergrund der in den sogenannten *Lettres du voyant* und in der *Alchimie du verbe* entwickelten Imaginationstheorie Rimbauds. Das Wunderbar-Märchenhafte bzw. Traumhafte der in den *Illuminations* dargestellten Referenten lässt sich so ohne Weiteres mittels ihres imaginären Status plausibel machen. Dieser imaginäre Status kann jedoch zudem – so meine These – noch weiter spezifiziert werden, indem man nämlich die Frage nach der Entstehung der irrealen Szenerie stellt: Handelt es sich bei dieser um das Ergebnis einer ‚rêverie' oder eines ‚rêve'? Im ersten Fall müsste man von einer – wie es Rimbaud ausdrückte – „hallucination simple"[30] ausgehen, d.h. unter der traumhaften Oberfläche wäre eine reale Szenerie verborgen, auf die der ‚voyant' Vorstellungsinhalte projiziert. Im zweiten Fall, d.h. im Fall des Traumes, wäre die Szenerie als Ergebnis einer imaginativen Setzung anzusehen, d.h. unter dem ‚paysage féerique' wäre kein ‚paysage réel' auszumachen, sondern es würde sich bei diesem um eine autonome onirische Landschaft, um ein genuines Produkt der schöpferischen Einbildungskraft handeln. Der ‚rêve' ist das Produkt einer kreativen Einbildungskraft, die ein von der Realität autonomes Universum erschaffen hat, nämlich einen ‚paysage onirique', in dem sich ein wunderbares Traumgeschehen ereignet; die ‚rêverie' hingegen erwächst aus einer realen Auslösesituation, die nach und nach mittels einer analogisch operierenden Einbildungskraft metaphorisch überformt wurde. Die Annahme einer ‚rêverie' würde also die metaphorische Aufschlüsselung des Evozierten implizieren, die Annahme eines ‚rêve' entspräche der wörtlichen Lektüre. Angesichts der weiter oben entwickelten Linguistik des Traums und der Träumerei identifiziere ich also die dechiffrierende Richtung der *Illuminations*-Kritik mit der Tendenz dazu, die Evokationen als ‚rêverie' zu verstehen, während ich die Tendenz zur wörtlichen Lesart an die ‚rêve'-Lektüre anschließe. Anstatt der einen oder der anderen Sichtweise Recht geben zu wollen, gehe ich davon aus, dass jeder der beiden Ansätze eine Exis-

---

[28] Vgl. Atle Kittang: *Discours et jeu. Essai d'analyse des textes d'Arthur Rimbaud*. Bergen: Universitaetsforlaget, 1975, S. 234f.

[29] Zur ‚imagination créatrice' siehe die repräsentativen Ausführungen bei Charles Baudelaire: *Salon de 1859*, in: ders.: OC II, S. 608–682, hier: S. 619–628.

[30] Vgl. Arthur Rimbaud: *Alchimie du verbe (Une Saison en enfer)*, in: ders.: *Œuvres complètes*, hg. v. Antoine Adam. Paris: Gallimard, 1972, S. 106–112, hier: S. 108.

tenzberechtigung hat – und mehr noch: Ich möchte hier die These vertreten, dass die meisten der *Illuminations* bewusst so konstruiert wurden, dass man sie sowohl wörtlich als auch metaphorisch, dass man sie sowohl als ‚rêverie' als auch als ‚rêve' lesen kann – je nachdem, welche Perspektive man auf sie einnimmt. Für die Vermutung, dass beide Lesarten bewusst vom Dichter vorgesehen wurden, spricht eine von seiner Schwester überlieferte Anekdote, der zufolge Rimbaud auf die Frage seiner Mutter, was denn die Texte der *Saison en enfer* bedeuteten, geantwortet haben soll: „*J'ai voulu dire* ce que ça dit, littéralement et dans *tous les sens*."[31] Dass dieser Kommentar des Dichters auch auf die *Illuminations* angewendet werden kann, sollen die folgenden Analysen ausgewählter Prosagedichte zeigen.

In der oft interpretierten ‚illumination' *Aube* erzählt das lyrische Ich rückblickend von seinem morgendlichen Spaziergang durch die erwachende Natur. Im ersten Satz wird die gesamte Handlung, die vor dem Aufgehen der Sonne begann und mittags zu enden schien, mit den Worten „J'ai embrassé l'aube d'été"[32] resümiert. Während man bei diesem Auftakt noch dazu tendiert, die Aktion ‚embrasser l'aube' figurativ zu lesen, wird diese Lesart für die im Folgenden geschilderten Ereignisse zunehmend problematisch. Bevor der Sprecher die Morgenröte überhaupt zu Gesicht bekommt, stößt er zunächst auf eine Blume: „La première entreprise fut, dans le sentier déjà empli de frais et blêmes éclats, une fleur qui me dit son nom" (5). Die dechiffrierende Kritik liest diese Episode normalerweise als metaphorische Evokation eines sich angesichts der aufgehenden Sonne öffnenden Blütenkelchs: Weil sich die (während der Nacht geschlossenen) Blütenblätter öffnen, kann der Sprecher erkennen, um was für eine Blume es sich handelt. Anstatt diesen Vorgang einfach prosaisch nachzuerzählen, würde er ihn bildlich, nämlich mittels einer Personifikation, darstellen.[33] Eine andere Möglichkeit, die Episode zu deuten, besteht darin, die Evokation als wunderbaren Vorgang beim Wort zu nehmen: Die Blume wird nicht nur mittels eines rhetorischen Kunstgriffes belebt, sondern spricht auf märchen- bzw. traumhafte Weise tatsächlich.[34] Bezeichnenderweise wurde *Aube* auch gerade wegen seines überraschenden Endes – „Au réveil il était midi" (14) –, in dem das Erwachen aus einem Schlaf erwähnt wird, als Wiedergabe eines Traumes interpretiert. So hat beispielsweise Alfons Knauth den unmittelbar vor dem Aufwachen erzählten Fall – „L'aube et l'enfant tombèrent au bas du bois" (13) – als Indiz für einen

---

[31] Isabelle Rimbaud: „Rimbaud mystique", in: *Mercure de France* (16. 6. 1914), S. 699–713, hier: S. 705.
[32] Arthur Rimbaud: „Aube" (*Illuminations*), in: ders.: OC, S. 140, Satz 1.
[33] Vgl. z.B. André Guyaux: „Commentaires: *Aube*", in: Arthur Rimbaud: *Illuminations*, hg. v. André Guyaux. Neuchâtel: La Baconnière, 1985, S. 150; Cecil A. Hackett: „Rimbaud, *Illuminations: Aube*", in: *The Art of Criticism. Essays in French Literary Analysis*, hg. v. Peter H. Nurse. Edinburgh: University Press, 1969, S. 217–224, hier: S. 220f.
[34] Vgl. z.B. Guyaux: „*Aube*, la fugacité de l'ambigu", S. 10; Wallace Fowlie: *Rimbaud*. Chicago: University Press, 1965, S. 136.

Falltraum gelesen: Das lyrische Ich wache auf, weil es im Traum stürze. Der emotionslose abrupte Wechsel vom Ich- zum Er-Bezug, von ‚je' zu ‚l'enfant', bereite dabei „die beginnende Distanz des wachen Ich zum Traum-Ich"[35] vor. Unter der Annahme, dass alles, was zuvor erzählt wurde, Inhalt eines ‚rêve' war, könnte der Leser die zu Beginn des Texts erwähnte Umarmung der Morgenröte problemlos wörtlich interpretieren. Ebenso müsste auch „la déesse" (7) nicht als klassizistische Periphrase aufgelöst werden, sondern könnte so gedeutet werden, dass die antike Göttin Eos dem Sprecher als Person aus Fleisch und Blut erscheint – eine Person, die er verfolgt, mit seinen Armen umschlingt und mit der er hinfällt.

Nichtsdestotrotz weist das Gedicht aber auch Anhaltspunkte für eine metaphorische ‚rêverie'-Lektüre auf. Besonders die Anlehnung der Szenerie an romantische Naturpoesie im Allgemeinen und der Zeitpunkt des Sonnenaufgangs im Speziellen fallen für diese Lesart ins Gewicht: Denn sowohl der Rückzug ins ‚exil champêtre' als auch die Betrachtung der Morgendämmerung bieten in der Romantik idealtypische äußere Bedingungen für die ‚rêverie'. Außerdem suggerieren die erwähnten „sapins" (6) und das fremdsprachliche „le wasserfall" (6), dass es sich bei der evozierten Szenerie um eine deutsche Landschaft handelt,[36] die – wie Victor Hugo in seinen Reiseschilderungen in *Le Rhin* eindringlich schilderte –, für die Tagträumerei prädestiniert ist. Der ‚rêverie'-Interpretation entspräche die metaphorische Lesart: Die scheinbar wunderbaren Vorgänge wie die sprechende Blume, das Auftauchen der Göttin Eos und deren Verfolgung etc. wären allesamt mittels rhetorischer Aufschlüsselung auf alltägliche Handlungen innerhalb eines ganz normalen Naturraumes (z.B. einer sich öffnenden Blume) zurückzuführen.[37] Dieser Lektüre gemäß würde der Sprecher während seines verträumten Spaziergangs fallen, in Folge des Sturzes ohnmächtig werden und im letzten Satz wieder aus seiner Ohnmacht erwachen.

Sowohl die Lesart als ‚rêve' als auch als ‚rêverie' lassen sich oft intertextuell stützen. Das schmale Werk Rimbauds ist durchzogen von teils parodistischen, teils ernsthafteren Bezugnahmen auf die französische Literatur des 19. Jahrhunderts, vor allem auf romantische und parnassische Texte. Dabei sind die *Illuminations* bezeichnenderweise noch viel stärker von Intertextualität geprägt als bei-

---

[35] K. Alfons Knauth: „Formen französischer und italienischer Matinalpoesie. Tradition und Transformation in Rimbauds *Aube*", in: *Arcadia* 14 (1979), S. 271–291, hier: S. 284; vgl. auch Pierre Brunel: *Éclats de la violence. Pour une lecture comparatiste des Illuminations d'Arthur Rimbaud*. Paris: Corti 2004, S. 416; Guyaux: „*Aube*, la fugacité de l'ambigu", S. 16.

[36] Vgl. z.B. Henry de Bouillane de Lacoste: *Rimbaud et le problème des ‚Illuminations'*. Paris: Mercure de France, 1949, S. 155; Brunel: *Éclats de la violence*, S. 406; Antoine Adam: „Notices, notes et variantes: *Aube*", in: Rimbaud: *OC*, S. 999.

[37] In diesem Sinne interpretiert Eigeldinger die Evokationen als „une vision animiste, à la manière de Victor Hugo" (Marc Eigeldinger: „Lecture mythique d'*Aube*", in: *Lectures de Rimbaud*, hg. v. André Guyaux. Brüssel: Revue de l'Université de Bruxelles, 1982, S. 141–151, hier: S. 145. Vgl. auch Peter Hambly: „Un chef-d'œuvre parnassien: *Aube* de Rimbaud", in: *Essays in French Literature* 24 (1987), S. 26–39, hier: S. 29–31).

spielsweise Rimbauds frühe *Poésies*, die *Saison en enfer* oder die *Derniers Vers*. Für meine These ist nun umso bedeutender, dass eine Reihe dieser Bezüge entweder typische Klischees romantischer Träumerei- oder Traumdarstellungen beinhalten oder sogar konkrete ‚rêve'- oder ‚rêverie'-Texte anzitieren. So lässt sich die Tatsache, dass ein Großteil der Kritik *Aube* metaphorisch liest, dadurch erklären, dass Rimbauds Evokation an die lange Tradition der Matinaldichtung anknüpft und intertextuell vor allem auf romantische und parnassisch-rarefizierende Evokationen morgendlicher Landschaften Bezug nimmt.[38]

Ein Beispiel für eine relativ konkrete intertextuelle Bezugnahme liegt mit *Promontoire* vor: Der Titel könnte zum einen eine Anspielung auf Hugos Werk *Promontorium somnii*, das ‚Vorgebirge des Traums', darstellen, was für die Interpretation der Szenerie als Inhalt eines Schlaftraums spräche.[39] Zum anderen stellt der Inhalt des Prosagedichts zusammen mit der Formulierung des „Palais-Promontoire"[40] eine eindeutige Verbindung zu dem „pâtre promontoire"[41] in Hugos Gedicht *Pasteurs et Troupeaux* aus den *Contemplations* her. Der typischen ‚rêverie'-Situation in Hugos Gedicht setzt Rimbaud bei Verkehrung der Umstände der Auslösesituation halb ironisch, halb ernst eine weitaus phantastischere Vision entgegen: die eines die gesamte Küste umfassenden Hotelkomplexes. Wäre nicht die direkte Anspielung auf die Hugosche Metapher des ‚pâtre promontoire', so könnte man meinen, das Prosagedicht evoziere eine (autonome) Traumvision; doch die Referenz auf die Hugosche Metaphorik legt nahe, dass hier eine reale Felsküste auf der Basis der tertia comparationis ‚Stein' und ‚riesige Ausmaße' in der Vorstellung des Sprechers in ein (metaphorisches) ‚Palais' verwandelt wurde. Letztlich spielt der Text mit beiden Interpretationsmöglichkeiten – es obliegt dem jeweiligen Leser, wie er die Evokation des „Palais-Promontoire" verstehen will.

Promontoire ist ein Beispiel für eine ‚illumination', die auf eine in einem konkreten romantischen Text inszenierte ‚rêverie' Bezug nimmt; die weniger spezifischen intertextuellen Verweise auf übergreifende Merkmale der romantischen ‚rêverie' im Allgemeinen scheinen mir allerdings sehr viel häufiger vertreten zu sein. So interpretiere ich z.B. die Tatsache, dass Rimbauds landschaftliche Evokationen eigentlich immer explizite Hinweise auf die vorherrschenden Lichtverhältnisse enthalten, als Anspielungen auf die romantische Träumerei, die durch sich verändernde, insbesondere durch sich verschlechternde Sichtbedin-

---

[38] Siehe dazu vor allem Knauth: „Formen französischer und italienischer Matinalpoesie".
[39] Den „promontoire" hat Hugo in *Promontorium somnii* als „la cime du Rêve" bezeichnet (Victor Hugo: *Promontorium somnii*, hg. v. René Journet und Guy Robert. Paris: Les Belles Lettres, 1961, S. 16).
[40] Arthur Rimbaud: *Promontoire* (*Illuminations*), in: ders.: OC, S. 148f., Satz 10.
[41] Victor Hugo: *Pasteurs et Troupeaux* (*Les Contemplations* XXIII), in: ders.: *Œuvres poétiques*, Bd. II: *Les Châtiments. Les Contemplations*, hg. v. Pierre Albouy. Paris: Gallimard, 1967, S. 707–708, hier: v. 40. Als erster hat Mortier auf diesen intertextuellen Bezug hingewiesen (siehe Roland Mortier: „Deux rêveries devant le promontoire: Hugo et Rimbaud", in: *Bulletin de l'Académie royale de langue et de littérature françaises* 48 (1970), S. 123–135).

gungen begünstigt wird.[42] So öffnet sich nämlich das innere Auge der Imagination zunehmend in dem Maße, wie der eigentliche Gesichtssinn an seine Grenzen stößt. Deshalb finden die meisten Tagträume bei Dämmerung oder gar in völliger Dunkelheit (z.B. in Hugos *À Albert Durer*) statt. Die in den *Illuminations* bestehenden Anspielungen auf eben solche Lichtverhältnisse, die die romantische ‚rêverie' fördern, verstehe ich als poetologische Verweise des Dichters: Er stellt damit seine Prosagedichte in die romantische Nachfolge. Einen anderen klimatischen Faktor, der die romantische Träumerei inmitten von Naturlandschaften begünstigt, hat Georges Poulet mit den Begriff des „ennuagement"[43] belegt; er meint die Landschaft verhüllende bzw. unförmig werden lassende Phänomene wie Nebel oder auch die am Himmel vorbeiziehenden suggestiven Wolkenformationen. Im Zuge der ‚rêverie' verleiht die analogisch operierende Imagination des Romantikers den vagen Konturen konkrete Formen.[44]

Eine ‚illumination', die meines Erachtens sehr deutlich an das romantische ‚ennuagement' anknüpft, ist *Les Ponts*. Das Gedicht beginnt mit einem unterschiedlich interpretierbaren elliptischen Satz: „Des ciels gris de cristal."[45] Darauf folgt die Beschreibung eines surreal anmutenden Brückengebildes, das sich oberhalb eines von Gebäuden umgebenden Kanals befindet:

> Un bizarre dessin de ponts, ceux-ci droits, ceux-là bombés, d'autres descendant ou obliquant en angles sur les premiers, et ces figures se renouvelant dans les autres circuits éclairés du canal, mais tous tellement longs et légers que les rives, chargées de dômes s'abaissent et s'amoindrissent. [2] Quelques-uns de ces ponts sont encore chargés de masures. [3] D'autres soutiennent des mâts, des signaux, de frêles parapets. [4] Des accords mineurs se croisent, et filent, des cordes montent des berges. [5]

Die „ciels gris de cristal" wurden als Referenz auf den Londoner Nebel, also als autobiographisches Versatzstück gelesen, denn bekanntlich verbrachte Rimbaud eine gewisse Zeit in der britischen Hauptstadt.[46] Doch anstatt den grauen Him-

---

[42] Nicht zufällig ist eine wichtige Bedeutung von französisch ‚illumination' ‚éclairage', ‚éclairement', also deutsch ‚Be-' bzw. ‚Ausleuchtung'.
[43] Georges Poulet: *Les Métamorphoses du cercle*. Paris: Flammarion, 1979, S. 180.
[44] Solche Wolken-Träumereien finden sich bei Hugo, z.B. im zweiten Teil von *Au Bord de la mer* oder im ersten Gedicht der *Soleils couchants*, sowie bei Lamartine, z.B. in *Poésie ou paysage dans le golfe de Gênes*.
[45] Rimbaud: *Les Ponts* (*Illuminations*), in: ders.: *OC*, S. 133f., hier: S. 133, Satz 1. Dass das „spectacle céleste" (Claes: *La Clef des ‚Illuminations'*, S. 22) eine große Bedeutung in den *Illuminations* spielt, hat Claes rezent festgestellt. Seine These, dass der die Hermetik auflösende Universalschlüssel in der Annahme bestünde, in jeder einzelnen *Illumination* würden immer wieder verschiedene extravagante Wolkenformationen oder das Spiel des Sonnenlichts auf den Wolkendecken evoziert (vgl. ebd., S. 22f.), erscheint mir allerdings zu verallgemeinernd.
[46] Vgl. z.B. Suzanne Bernard: „Notes: *Les Ponts*", in: Arthur Rimbaud: *Œuvres*, hg. v. Suzanne Bernard und André Guyaux. Paris: Garnier, 1972, S. 500; Brunel: *Éclats de la violence*, S. 297.

mel als topographischen Hinweis zu verstehen, möchte ich vorschlagen, diesen eher als eine generelle Reminiszenz an den romantischen Nebel und damit als eine durch das ‚ennuagement' eröffnete Möglichkeit zur ‚rêverie' zu lesen. In dieser Perspektive könnten die phantastischen Brückenformationen dann nämlich als Resultat einer formgebenden, analogisch operierenden Imagination aufgefasst werden: Aufgrund vager formaler Ähnlichkeiten erkennt sie Brücken, wo nur eine unförmige Nebelwand oder tiefhängende Wolken sind. Für diese Interpretation spricht erstens, dass der Sprecher seine um das Erkennen konkreter Formen ringende Wahrnehmung thematisiert – „On distingue une veste rouge, peut-être d'autres costumes et des instruments de musique. Sont-ce des airs populaires, des bouts de concerts seigneuriaux, des restants d'hymnes publics?" (6f.) – und zweitens, dass das „bizarre dessin de ponts" exakt in dem Moment in sich zusammenfällt, in dem sich die Lichtverhältnisse verändern: „Un rayon blanc, tombant du haut du ciel, anéantit cette comédie" (9). Die Sonne scheint durch die Wolken zu brechen bzw. den Nebel aufzulösen, was die Brückenvision zerstört.[47] Doch neben dieser ‚rêverie'-Lektüre wäre es auch möglich, die surreale Szenerie – „ciels de cristal" eingeschlossen – als wörtliche Beschreibung einer onirischen Landschaft, also als Inhalt eines Schlaftraums zu sehen. Bei dieser Lesart versteht man den Zusatz ‚de cristal' nicht als metaphorische Umschreibung des durch die Wolkendecke durchscheinenden Sonnenlichts oder der grauen Farbe des Nebels, sondern als märchenhaft-kostbaren Kristallhimmel oder aber als modernes Kristalldach (z.B. ein Glasdach im Stile des Crystal Palace, den Rimbaud 1851 auf der Londoner Weltausstellung gesehen hatte). Wieder sind es die unbegrenzten, von Naturgesetzen befreiten Möglichkeiten des Traums, die die Vorstellung eines Kristall-Daches von so riesigen Ausmaßen erlauben, dass dieses einzelne Gebäude, einen Kanal mit Brücken oder gar eine ganze Stadt überspannt.

Ein anderer Text, *Fleurs*, ist noch besser dazu geeignet, meine These zu erhärten, die *Illuminations* könnten einerseits als wörtlich zu lesende ‚récits de rêves', andererseits als metaphorische Nachzeichnungen von Reverien verstanden werden. Die ‚illumination' besteht aus nur drei Sätzen, drei voneinander unabhängig scheinenden „phrase[s] paragraphe[s]":[48]

> D'un gradin d'or, – parmi les cordons de soie, les gazes grises, les velours verts et les disques de cristal qui noircissent comme du bronze au soleil, –

---

[47] Diese Interpretation vertreten u.a. Bernard: „Notes: *Les Ponts*", S. 501 und Felsch: *Arthur Rimbaud*, S. 310f. Claes, der als Auslösesituation nicht einen nebligen Tages-, sondern einen bedeckten Nachthimmel annimmt, identifiziert den „rayon blanc" als den Mondschein (vgl. Claes: *La Clef des ‚Illuminations'*, S. 145). Guyaux erkennt in dem „bizarre dessin de ponts" die phantasievolle Wiedergabe einer Spiegelung realer Brücken auf der Wasseroberfläche des Kanals (vgl. Guyaux: „Commentaires: *Les Ponts*", in: Rimbaud: *Illuminations*, S. 174–176).

[48] Guyaux: „Commentaires: *Fleurs*", in: Rimbaud: *Illuminations*, S. 157.

je vois la digitale s'ouvrir sur un tapis de filigranes d'argent, d'yeux et de chevelures. [1]
Des pièces d'or jaune semées sur l'agate, des piliers d'acajou supportant un dôme d'émeraudes, des bouquets de satin blanc et de fines verges de rubis entourent la rose d'eau. [2]
Tels qu'un dieu aux énormes yeux bleus et aux formes de neige, la mer et le ciel attirent aux terrasses de marbre la foule des jeunes et fortes roses. [3][49]

In jedem der Sätze wird eine ‚Blumen-Handlung' erzählt, d.h. dass in jedem Satz eine einzelne, im letzten Satz eine Schar von Blumen geschildert wird, die etwas tut: Im ersten Satz ist es ein Fingerhut – „la digitale" –, der seinen Blütenkelch öffnet, im zweiten eine (Wasser-)Rose, die sich unter einem „dôme" exhibitionistisch zur Schau stellt, im dritten eine Gruppe junger Rosen, die durch Meer und Himmel zu Terrassen hingezogen werden. Typisch für die *Illuminations*-Forschung kann man auch innerhalb der *Fleurs*-Interpretationen die zwei Tendenzen feststellen: einerseits die wörtliche, andererseits die metaphorische Lesart.

Aufgrund des narrativen Charakters und der Anlehnung der Evokationen an typisch parnassische Beschreibungen bietet sich meines Erachtens die wörtliche Lektüre als die offensichtlichere an: Das lyrische Ich sitzt in einem Theater – auf den vergoldeten Rängen eines Luxus-Theaters, dessen Polster mit „velours verts" bezogen und dessen Wände mit dekorativen „gazes gris", „cordons de soie" und „disques de cristal" behangen sind. Die „rose d'eau" des zweiten Satzes würde sich dieser literalen Lektüre gemäß in einem Tempel oder einer Kirche befinden, deren Kuppel aus kostbaren Smaragden und dessen Boden aus Achat ist, auf dem dekorativ Goldstücke sowie aus Satinstoff und Rubinen gefertigte Blumen ausgestreut sind. Die jungen Rosen hätten sich auf wundersame Weise auf Marmorterrassen eingefunden. In dieser Perspektive hätten wir es mit einem Traum zu tun, in dem der Sprecher nur Zuschauer, der Fingerhut und die verschiedenen Rosen hingegen Akteure wären.

Auch wenn man Ansätze zu dieser Lesart bei Bernard und Claisse findet,[50] so ist diese Interpretation von *Fleurs* doch alles andere als allgemein anerkannt. Die Mehrheit der Exegeten – Rimbauds Freund Ernest Delahaye mit eingeschlossen – ist sich darüber einig, dass die Evokation eine metaphorische ist. Man geht davon aus, dass sich das lyrische Ich nicht in einem Theater, sondern in der freien Natur befindet, genauer gesagt: (zunächst) in einem Wald, (dann) an einem See und (schließlich) am Meer. Von den in dem Wald wachsenden Blumen abgesehen, werden alle sich dem Blick des Sprechers darbietenden Dinge nicht einfach wörtlich benannt, sondern metaphorisch umschrieben. Das „je vois" des Sprechers wäre kein normales, sondern ein imaginativ-halluzinierendes

---

[49] Rimbaud: *Fleurs (Illuminations)*, in: ders.: *OC*, S. 141.
[50] Vgl. Bernard: „Notes: *Fleurs*", in: Rimbaud: *Œuvres*, S. 513; Bruno Claisse: *Rimbaud ou ‚le dégagement rêvé'. Essai sur l'idéologie des ‚Illuminations'*. Charleville-Mézières: Musée-Bibliothèque Arthur Rimbaud, 1990, S. 51–53.

Sehen.⁵¹ Versucht man die evozierten Dinge metaphorisch wieder aufzuschlüsseln, so könnte sich hinter dem „gradin d'or" ein von der Sonne beschienener Hang in dem ansonsten im Schatten der Bäume liegenden Wald verbergen. Die „digitale" wäre keine Schauspielerin in einem Theater, sondern befände sich wahrscheinlich einfach am unteren Ende des Hangs. Ähnlich wie von den Rängen eines Amphitheaters aus blickt der auf dem Hang hockende Sprecher auf die Blume hinab. Ebenso müssten die erwähnten erlesenen Materialien mittels Rekonstruktion möglicher tertia comparationis auf Naturphänomene zurückgeführt werden: Die „velours verts" würden nichts anderes als eine metaphorische Umschreibung von Moos oder Rasen darstellen, der „tapis de filigranes d'argent, d'yeux et de chevelures" den vielleicht noch vom Morgentau feuchten und deshalb glitzernden sowie von winzigen Waldbewohnern wuselnden Waldboden. Die „piliers d'acajou" könnten als metaphorische Evokationen von Baumstämmen identifiziert werden, über die sich ein dichtes Blätterdach erstreckt. Dieses wird deshalb mit einem „dôme d'émeraudes" assoziiert, weil das Sonnenlicht durch das grüne Blattwerk scheint. Die „rose d'eau", die häufig als ‚nénuphar' gedeutet wurde, schwimmt an der Oberfläche eines Sees, der einerseits von wie Satin glänzenden weißen Waldblumen und andererseits von rubinrot leuchtenden Gewächsen umgeben ist. Die „terrasses de marbre" sind in Wirklichkeit natürliche Erhöhungen, z.B. das obere Ende des in der ersten ‚phraseparagraphe' erwähnten Hangs oder aber in der Nähe befindliche Hügel oder gar Felsen. Die „foule des jeunes et fortes roses", die auf der Erhöhung wachsen, werden in dem Sinne vom Himmel und vom Meer angezogen, als sie sich zum Sonnenlicht hin ausrichten, während das Meer zufällig in derselben Richtung liegt.

Die Vertreter der metaphorischen Lesart interpretieren *Fleurs* als Hommage an die parnassische (Natur-)Lyrik. Ohne sich dessen bewusst zu sein oder zumindest ohne dies zu explizieren, verstehen sie die Evokation als Inszenierung einer romantisch-parnassischen ‚rêverie' – einer ‚rêverie', in deren Verlauf eine triviale Naturlandschaft in einen preziösen ‚paysage féerique' verwandelt wird, wobei diese imaginative Transformation rhetorisch mittels auf Analogie basierenden Tropen eingefangen wird.⁵² Dass die jeweiligen Autoren nicht von ‚rêverie' sprechen, sondern sehr viel allgemeiner von einer „réalité transformée",⁵³ liegt daran, dass sie die *Illuminations* nicht als Fortsetzung einer literargeschicht-

---

51 Vgl. beispielhaft Ernest Delahaye, zitiert nach: Arthur Rimbaud: *Illuminations*, hg. v. Albert Py. Genf/Paris: Droz-Minard, 1967, S. 160; Adam: „Notices, notes et variantes: *Fleurs*", in: Rimbaud: *OC*, S. 999f.; Brunel: *Éclats de la violence*, S. 421–426; Fowlie: *Rimbaud*, S. 180f.; Guyaux: „Commentaires: *Fleurs*", S. 157f.; Peter Hambly: „Lecture de quelques *Illuminations: Fête d'hiver, Fleurs, Mystique, Ville, Mouvement*", in: *Australian Journal of French Studies* 27 (1990), S. 121–154, hier: S. 126–130; Hermann H. Wetzel: *Rimbauds Dichtung. Ein Versuch, ‚die raue Wirklichkeit zu umarmen'*. Stuttgart: Metzler, 1985, S. 155–159.
52 Vgl. z.B. Claes: *La Clef des ‚Illuminations'*, S. 27.
53 Ebd., S. 20.

lichen Reihe sehen – einer Reihe, die, wie ich angedeutet habe, von der Romantik, über den Parnasse und den Symbolismus zum ‚poète voyant' Arthur Rimbaud führt. Erst diese historische Perspektive macht den Blick auf die Kategorie der ‚rêverie', jedoch ebenso auf die des ‚rêve' frei. Dezidiert modern ist an Rimbauds Inszenierung dieser beiden Formen der lyrischen Imagination, dass er bewusst mit der Ambiguität der Evokationen zu spielen scheint. Die poetischen Grenzen zwischen Traum und Träumerei werden unter anderem dadurch unscharf, dass Rimbaud die bereits in der symbolistischen Lyrik zu beobachtende Tendenz zur suggestiven Verkürzung der Auslösesituation der ‚rêverie' radikalisiert: Die Ausgangsbedingungen der Träumerei (d.h. Ort, Zeit, psychische Disposition und Auslöser der Vorstellungstätigkeit) werden nicht mehr nur angedeutet, sondern im Prinzip komplett ausgespart; evoziert wird oft nur noch der endgültige Gegenstand der Träumerei. Der Exeget, der eine ‚illumination' als Träumerei deuten will, muss die der ‚rêverie' vorgängige reale Auslösesituation, ihre „substrats naturels"[54] mittels hypothetischer tertia comparationis rekonstruieren. Gleichzeitig können die ‚paysages féeriques' allerdings auch wörtlich als autonome Traumlandschaften, d.h. als genuine Schöpfungen einer kreativen Einbildungskraft, gelesen werden. Sobald man eine Interpretation verabsolutiert, reduziert man meines Erachtens die den *Illuminations* eigene Komplexität und wird ihrer faszinierenden changierenden Doppeldeutigkeit nicht mehr gerecht.

Bezeichnenderweise finden sich in der französischen Lyrik von der Romantik bis zum Surrealismus ungleich mehr Inszenierungen von Träumereien als von Träumen; für die Narrativik kann man Gegenteiliges feststellen. Diese Verteilung ist wohl auf die – bereits weiter oben angesprochene – Tatsache zurückzuführen, dass die Poesie die Gattung ist, die am stärksten zur figurativen Darstellung tendiert: Anstatt nur zu erzählen und zu beschreiben, beschwört sie ihre suggestiven Bilderwelten mittels einer metaphorischen ‚sorcellerie évocatoire' herauf. Das subtile Spiel mit der Ambivalenz von ‚rêve' und ‚rêverie', das die *Illuminations* so eindrucksvoll in Szene setzen, ist somit sicherlich auch ihrer Form geschuldet: Als Mischgattung ermöglicht das in den 1870er Jahren noch nicht endgültig im Gattungsgefüge etablierte Prosagedicht einerseits zu erzählen, wie es für die Narrativik charakteristisch ist, und andererseits figurativ zu evozieren und zu transformieren, wie es für die Lyrik typisch ist.

Bibliographie

Baudelaire, Charles: *Œuvres complètes*, hg. v. Claude Pichois. 2 Bde. Paris: Gallimard, 1975–76.
Baudry, Jean-Louis: „Le texte de Rimbaud", in: *Tel Quel* 35 (1968), S. 46–63 und *Tel Quel* 36 (1969), S. 33–53.

---

[54] Ebd., S. 22.

Baumann, Inga: *Räume der* rêverie. *Stimmungslandschaft und* paysage imaginaire *in der französischen Lyrik von der Romantik bis zum Surrealismus.* Tübingen: Narr 2011.
Bouillane de Lacoste, Henry de: *Rimbaud et le problème des ‚Illuminations'.* Paris: Mercure de France, 1949.
Breton, André: *Manifeste du surréalisme* (1924), in: ders.: *Œuvres complètes,* Bd. I, hg. v. Marguerite Bonnet. Paris: Gallimard, 1988, S. 311–346.
Brunel, Pierre: *Éclats de la violence. Pour une lecture comparatiste des Illuminations d'Arthur Rimbaud.* Paris: Corti 2004.
Claes, Paul: *La Clef des ‚Illuminations'.* Amsterdam/New York: Faux Titre, 2008.
Claisse, Bruno: *Rimbaud ou ‚le dégagement rêvé'. Essai sur l'idéologie des ‚Illuminations'.* Charleville-Mézières: Musée-Bibliothèque Arthur Rimbaud, 1990.
Chateaubriand, René de: *René,* in: ders.: *Œuvres romanesques et voyages,* Bd. I, hg. v. Maurice Regard. Paris: Gallimard, 1969, S. 101–146.
Dethloff, Uwe: „Aspects et fonctions du paysage lamartinien: l'exemple du *Vallon*", in: *Literarische Landschaft. Naturauffassung und Naturbeschreibung zwischen 1750 und 1830,* hg. v. Uwe Dethloff. St. Ingbert: Röhrig, 1995, S. 149–158.
Dictionnaire historique de langue française, Bd. II, hg. v. Alain Rey. Paris: Robert, 1992.
Eigeldinger, Marc: „Lecture mythique d'*Aube*", in: *Lectures de Rimbaud,* hg. v. André Guyaux. Brüssel: Revue de l'Université de Bruxelles, 1982, S. 141–151.
Felsch, Angelika: *Arthur Rimbaud. Poetische Struktur und Kontext. Paradigmatische Analyse und Interpretation einiger ‚Illuminations'.* Bonn: Bouvier, 1977.
Fowlie, Wallace: *Rimbaud.* Chicago: University Press, 1965.
Guyaux, André: „*Aube,* la fugacité de l'ambigu", in: *Rimbaud vivant* 13 (1977), S. 6–18.
Hackett, Cecil A.: „Rimbaud, *Illuminations: Aube*", in: *The Art of Criticism. Essays in French Literary Analysis,* hg. v. Peter H. Nurse. Edinburgh: University Press, 1969, S. 217–224.
Hambly, Peter: „Un chef-d'œuvre parnassien: *Aube* de Rimbaud", in: *Essays in French Literature* 24 (1987), S. 26–39.
— „Lecture de quelques *Illuminations: Fête d'hiver, Fleurs, Mystique, Ville, Mouvement*", in: *Australian Journal of French Studies* 27 (1990), S. 121–154.
Hugo, Victor: *Promontorium somnii,* hg. v. René Journet und Guy Robert. Paris: Les Belles Lettres, 1961.
— *Œuvres poétiques,* hg. v. Pierre Albouy. 3 Bde. Paris: Gallimard, 1964–74.
Kittang, Atle: *Discours et jeu. Essai d'analyse des textes d'Arthur Rimbaud.* Bergen: Universitaetsforlaget, 1975.

Knauth, K. Alfons: „Formen französischer und italienischer Matinalpoesie. Tradition und Transformation in Rimbauds *Aube*", in: *Arcadia* 14 (1979), S. 271–291.

Martinez, Michel: ‚*Les Fleurs du Mal*', *Baudelaire*. Paris: Bertrand-Lacoste, 2000.

Mortier, Roland: „Deux rêveries devant le promontoire: Hugo et Rimbaud", in: *Bulletin de l'Académie royale de langue et de littérature françaises* 48 (1970), S. 123–135.

Poulet, Georges: *Les Métamorphoses du cercle*. Paris: Flammarion, 1979.

Richard, Jean-Pierre: *Poésie et profondeur (Nerval, Baudelaire, Verlaine, Rimbaud)*. Paris: Seuil, 1956.

Rimbaud, Arthur: *Illuminations*, hg. v. Albert Py. Genf/Paris: Droz-Minard, 1967.

— *Illuminations*, hg. v. André Guyaux. Neuchâtel: La Baconnière, 1985.

— *Œuvres*, hg. v. Suzanne Bernard und André Guyaux. Paris: Garnier, 1972.

— *Œuvres complètes*, hg. v. Antoine Adam. Paris: Gallimard, 1972.

Rimbaud, Isabelle: „Rimbaud mystique", in: *Mercure de France* (16. 6. 1914), S. 699–713.

Rivière, Jacques: *Rimbaud. Dossier 1905–1925*. Paris: Gallimard, 1977.

Todorov, Tzvetan: „Une complication de texte: les *Illuminations*", in: *Poétique* 34 (1978), S. 241–153.

Verlaine, Paul: „Préface pour la première édition des *Illuminations*", in: ders.: *Œuvres en prose complètes*, hg. v. Jacques Borel. Paris: Gallimard, 1972, S. 631–632.

Wetzel, Hermann H.: *Rimbauds Dichtung. Ein Versuch, ‚die raue Wirklichkeit zu umarmen'*. Stuttgart: Metzler, 1985, S. 155–159.

Dagmar Stöferle (München)

Dämonen, Halluzinationen und der Traum der Erkenntnis. Flauberts *Tentation de saint Antoine*

Als ‚Werk meines ganzes Lebens' – „œuvre de toute ma vie"[1] – bezeichnete Flaubert seine *Tentation de saint Antoine*. Dreimal hat er sie insgesamt geschrieben: 1848/49 während der Revolution, 1856 in den ersten Jahren des Zweiten Kaiserreichs und 1870 bis 1872 während des Deutsch-Französischen Krieges.[2] Gedruckt wurde das von Anfang an auf literarischen Misserfolg programmierte Projekt erst in seiner dritten Fassung im Jahr 1874. Ein Grund für den Misserfolg des Werks ist sicherlich seine erschöpfende Serialität. Der Eremit Antonius wird in der oberägyptischen Wüste Thebais von einer Versuchung nach der anderen heimgesucht, wobei diese in Form von akribisch beschriebenen Bildern und inszenierten Stimmen auftauchen, die Schönheit, Reichtum, Wissen und Macht versprechen. Während in Flauberts wichtigster hagiographischer Quelle aus dem 4. Jahrhundert, der *Vita Antonii* des Athanasius von Alexandria, die Versuchungen nur wenige Passagen eines Textes ausmachen, der zum rechten Glauben ermahnen und anspornen will, besteht Flauberts Text ausschließlich aus der Schilderung dieser dämonischen Versuchungen. Arrangiert sind sie nicht in der Form einer Heiligenvita, sondern als texthybrides Spektakel, das, typographisch abgesetzt, zwischen einem narrativen Nebentext und der Figurenrede des Eremiten und seiner Widersacher changiert. Schon bei Athanasius' Antonius-Vita aber ist unklar, wie oder als was man sich die jeweiligen Versuchungen vorzustellen hat. Da ist zum einen die Rede von Versuchungen in Form schlimmer Gedanken. Zum anderen erscheint nachts die Allegorie der Luxuria/Wollust in der Gestalt eines schwarzen Knaben mit menschlicher Stimme. Dann wiederum gibt es Dämonen, die als Trugbilder (‚phantasiae') bezeichnet werden und die als Löwen, Bären, Leoparden, Stiere, Schlangen, Skorpione und Wölfe erscheinen, deren Schläge Antonius, auf dem Boden liegend und betend, abwehrt.[3]

---

[1] „Brief an Mlle Leroyer de Chantepie, 5. Juni 1872", in: Gustave Flaubert: *Correspondance*, Bd. IV, hg. v. Jean Bruneau und Yvan Leclerc. Paris: Gallimard, 1998, S. 531. Briefstellen werden im Folgenden nach dieser Ausgabe (5 Bde., 1973–2007) mit dem Kürzel *Corr*, Band- und Seitenangabe belegt.

[2] Alle drei Fassungen sind abgedruckt in: Gustave Flaubert: *Œuvres complètes de Gustave Flaubert. La Tentation de saint Antoine*, hg. v. Charles Guignebert. Paris: Conard, 1924. Im Folgenden werden Erst- und Zweitfassung (1849 bzw. 1856) nach dieser Ausgabe (*Œuvres complètes*) zitiert, die letzte Fassung – belegt mit der Seitenangabe im fortlaufenden Text – nach: Flaubert: *La Tentation de saint Antoine* [1874], hg. v. Claudine Gothot-Mersch. Paris: Gallimard, 1983.

[3] Athanase d'Alexandrie: *Vie d'Antoine*, hg. v. Gérard J.M. Bartelink. Paris: Cerf, 1994.

Dagmar Stöferle

Was sind Dämonen? Böse Gedanken, schlechte Träume, wilde Tiere, Trugbilder oder doch nur Allegorien?[4] Sie sind körperlos, obwohl sie in der Realität von Körpern erscheinen, phantastische Trugbilder und doch lebensbedrohlich. Von Anfang an steht die Versuchung als Figur zwischen Wissen und Erfahrung für ein epistemologisches Unterscheidungsproblem. Sowohl der Singular im Titel des Flaubertschen Textes – *La Tentation* – als auch Serialität und Statik des Dargestellten verweisen darauf, dass Flauberts Hauptaugenmerk auf diesem epistemologischen Problem der Unterscheidung von Wissen (religiösem und wissenschaftlichem) und Wahrheit ist. Dieser Umstand erklärt vermutlich, warum die *Tentation* in der Forschung immer wieder mit dem Traum in Verbindung gebracht wurde, der ja gleichfalls eine Grenzfigur der Erfahrung darstellt. Jeanne Bem zum Beispiel analysiert den Text mit psychoanalytischem Begriffsinstrumentarium und räumt ihm insofern die Dimension des Traums ein, als er lesbares Material zum Imaginären hin öffne.[5] Aber es sind vor allem frühe Texte von Flaubert selbst, die ein poetologisches Interesse für Traum und Wahn als Gegensatz zu einer faktischen Realität aufzeigen. Man denke etwa an die unveröffentlicht gebliebenen *Mémoires d'un fou*, an das Romanprojekt *La Spirale*, in dem es um eine allmähliche Durchdringung von Realität und Nicht-Realität gehen sollte, oder auch an das gleichfalls unrealisiert gebliebene Féerie-Szenario *Le Rêve et la Vie*.[6] Im vorliegenden Beitrag zur *Tentation de saint Antoine*, die Claudine Gothot-Mersch als dasjenige literarische Werk ansieht, in das Flauberts Präliminarien zum Problembereich ‚rêve' und ‚réel' schließlich mündeten, steht

---

[4] Bernhard Teuber hat gezeigt, wie sich die ontologische Uneindeutigkeit der Dämonen auch in der Überlieferungs- und Übersetzungsgeschichte des Textes niederschlägt. Hier changieren Bezeichnungen wie ‚wilde Tiere', ‚Dämonen' oder ‚Funken'. Da es bei den Dämonen um eine innerpsychische Realität gehe, rechnet Teuber die Antonius-Vita zur Tradition der Psychomachie (Bernhard Teuber: „Imagination und Historie in Flauberts *Tentation de saint Antoine*", in: *Poetologische Umbrüche. Romanistische Studien zu Ehren von Ulrich Schulz-Buschhaus*, hg. v. Werner Helmich. München: Fink, 2002, S. 105–124, hier: S. 113).

[5] „Onirique, cette œuvre ne l'est pas seulement parce qu'elle ouvre le lisible sur le visible des fantasmes (trahissant par là tout ce fantasmatique qui hante l'écriture réaliste). *La Tentation* a la dimension du rêve en ce qu'elle est, dans ses structures, texte bouleversé." (Jeanne Bem: *Désir et savoir dans l'œuvre de Flaubert. Étude de* La Tentation de saint Antoine. Neuchâtel: Baconnière, 1979, hier: S. 282).

[6] Vgl. die Ausgabe „*Flaubert, rêves, rêveries, hallucinations*" der *Revue Flaubert* 6, hg. v. Chiara Pasetti (http://flaubert.univ-rouen.fr/revue/revue6; 04.08.2010), in der das Frühwerk Flauberts eine herausragende Rolle spielt. Zum Féerie-Projekt *Le Rêve et la Vie* siehe Katherine Singer Kovács: *Le Rêve et la Vie. A Theatrical Experiment by Gustave Flaubert*. Lexington: Department of Romance Languages and Literatures of Harvard University, 1981; zum Romanprojekt der *Spirale* siehe Yvan Leclerc: „La Spirale des hallucinations", in: *Revue Flaubert* 6 (http://flaubert.univ-rouen.fr/revue/revue6/leclerc.html; 04.08.2010).

allerdings nicht der Traumbegriff, sondern die Halluzination und das Dämonische im Vordergrund.[7]

Die zentrale Ausgangsbeobachtung ergibt sich aus einem Vergleich der verschiedenen Textfassungen. Hier fällt auf, dass das, was in den beiden früheren Textfassungen noch (großteils allegorisch gefasste) Dämonen waren, die Flauberts Antoine versuchen, in der Letztfassung des Textes nicht mehr als solche bezeichnet werden. Alle Versuchungen, denen der Asket ausgesetzt ist, werden vielmehr als Halluzinationen bzw. als eine große Halluzination konzeptualisiert; d.h., dass das christliche Konzept der Dämonen durch ein zeitgenössisches psychologisches Konzept ersetzt wird. Flaubert greift dabei auf Alfred Maurys Bestimmung der Halluzination zurück.[8] Die vom Asketen produzierten Visionen werden zurückgeführt auf einen Zustand zwischen Schlaf und Wachsein, zwischen Traum und Wahn (‚folie'), in dem das Wahrnehmungssystem im Ungleichgewicht ist und Gegenstände produziert werden, die nicht teuflischen, sondern menschlichen Ursprungs sind. Bei den Bildern und Worten, die der Leser der *Tentation* demnach präsentiert bekommt, handelt es sich dann um „mouvements automatiques du cerveau".[9] Genau so wurde die *Tentation* von den Zeitgenossen denn auch gelesen. Hippolyte Taine beispielsweise lobt Flaubert in einem Brief: „Très bonne préparation physiologique et psychologique; on voit que vous connaissez très bien les prodromes et le mécanisme de l'hallucination, cela s'engrène."[10] Die Psychologisierung der Visionen innerhalb der *Tentation* bewirkt nun nicht die Aushebelung ihres Erkenntnisanspruches oder gar die Verwerfung der jeweils sich in ihnen artikulierenden Diskurse (Religion, Wissenschaft, Philosophie). Aber die Bedingung der Möglichkeit von Erkenntnis wird radikal dualistisch, was sich sowohl am zentralen Auftritt der Gnostiker im vierten Kapitel als auch an der Logik des Textes ablesen lässt.

In der folgenden Argumentation gehe ich in drei Schritten vor: Zunächst geht es um die Rahmung des Textes als eine Halluzination bzw. um eine Abfolge von Halluzinationen (1), dann um eine diskursgeschichtliche Rekonstruktion dessen, was im Laufe der Textfassungen zugunsten der Halluzination ersetzt worden ist: das Dämonische (2),[11] und schließlich um die Profilierung der *Tenta-*

---

[7] Claudine Gothot-Mersch: „Flaubert, Nerval, Nodier et la reine de Saba", in: *Gustave Flaubert*, Bd. II: *Mythes et religions* (1), hg. v. Bernard Masson. Paris: Lettres modernes Minard, 1986, S. 125–156; zur „méditation sur les rapports du rêve et la vie", in der Gothot-Mersch eine Nähe zu Nerval sieht, vgl. S. 154–156.
[8] Alfred Maury: *Le sommeil et les rêves. Études psychologiques sur ces phénomènes*. Paris: Didier, 1861.
[9] Ebd., S. 53.
[10] Hippolyte Taine, Brief vom 01.04.1874, zitiert in: Flaubert: *Œuvres complètes*, S. 683.
[11] Hier geht es um ein textgenetisches Rückwärtslesen und die damit verbundene Behauptung, dass eine gleiche Problematik des Textes in allen Fassungen persistiert. Damit wird gegen eine teleologische Privilegierung der Endfassung argumentiert und der Auffassung eines „dialogischen Ineinander und Miteinander der drei Versionen" Rechnung getragen (vgl. Teuber: „Imagination und Historie", S. 106f.).

tion nicht als – wie oft behauptet – phantastischen Text, sondern als (gattungslosen) Text an den Rändern der Literatur, der religiöse und wissenschaftliche Erkenntnisformen durchspielt (3).

Wenn in diesem Zusammenhang von einem ‚Traum' der Erkenntnis gesprochen wird, dann nurmehr in einem metaphorischen Sinne, denn ‚rêve' und ‚songe' sind Begriffe, die an der Textoberfläche im Zeichen eines realistischen Schreibens eliminiert werden. Wenn der Traum als ‚songe' im Text wörtlich auftaucht, dann nur in einer Verdoppelung: So sieht Antoine in einer Vision Alexandrias beispielsweise Menschen, die sich zum Serapis-Tempel nach Kanopus aufmachen „pour avoir des *songes* [Herv. Verf.]" (S. 65). Hier träumen nicht nur die Figuren, sondern der halluzinierende Antoine selbst. Er liegt auf seiner Matte, räkelt sich und wähnt sich in einem Boot auf dem Nil bei Alexandria, bei lauem Wind dahintreibend. Schläfrigkeit überkommt ihn: „Il *songe* [Herv. Verf.] qu'il est un solitaire d'Égypte." (S. 65) Was zwischendurch im Raum des Halluzinierten als ‚songe' durchschimmert, lässt sich als positiv konnotierte Verdoppelung dessen bezeichnen, was der Text auf erster Ebene als psychologisiertes religiöses Streben nach Erfüllung, Überwindung und Hinter-sich-Lassen einer leeren Realität darstellt.

1. Halluzinationen

Den zeitlichen Rahmen der *Tentation* bildet eine Nacht – von der Abend- bis zur Morgendämmerung. Der Text besteht, wie gesagt, aus Redeanteilen der Hauptfigur und der Nebenfiguren sowie aus einem kleiner gedruckten Nebentext. In diesem Nebentext sind zunächst die ersten Indizien für das Versuchtwerden des Anachoreten zu suchen. Antoine präsentiert, dem ‚ennui' verfallen und auf seinem Wüstenplateau hin- und herlaufend, in einem Eröffnungsmonolog die Rückschau auf sein Leben. Einige der Biographeme werden bereits erkennbar als Versuchungen durch Trägheit, Wollust, Hochmut oder Neid.[12] Der Eremit greift zur Heiligen Schrift und zitiert willkürlich Stellen, die sich als Präfigurationen seiner eigenen, im zweiten Tableau erlittenen Visionen lesen lassen. Das alles ist noch nicht traumhaft oder, wenn man so will, dämonisch. Währenddessen erfährt man durch den Nebentext, dass der Querbalken des Kreuzes, das zehn Schritte neben seiner Hütte steht, einen Schatten wirft, der zwei großen Hörnern gleicht und Antoine große Angst einjagt. Er kann sich den Vorgang aber sofort als optische Täuschung erklären: „Ah! ... c'était une illusion!" (S. 60) Im Fortgang der Exposition wird deutlich, dass Antoine körperlich erschöpft ist; er geht langsamer, lehnt sich an seine Hütte und kommentiert selbst: „C'est d'avoir

---

[12] Nach Michel Butor bilden die sieben Kardinalsünden nicht nur die Matrix der ersten beiden Tableaus, sondern die Grundstruktur des ganzen Textes (Michel Butor: „A propos de «La tentation de saint Antoine»", in: ders.: *Improvisations sur Flaubert*. Paris: Calmann-Lévy, 1989, S. 15–41).

trop jeûné!" (S. 62) Er schließt seine Augen und sehnt sich nach Nahrung, nach Fleisch und saurer Milch. Die Halluzination greift nach und nach über auf die anderen Sinnesorgane: Antoine riecht Frauenparfüm, in der Weite meint er, Gestalten zu erkennen, er hört Stimmen und erblickt einen Frauentorso. Der Nebentext indes gibt zu erkennen, dass es sich um Sinnestäuschungen handelt. Die Stimmen werden als Echo entlarvt bzw. als das Rauschen des Windes: „Le vent qui passe dans les intervalles des roches fait des modulations; et dans leurs sonorités confuses, il distingue des VOIX comme si l'air parlait." (S. 64). Der Frauentorso an der Felsenkante erweist sich als alter Palmbaum. Antoine geht in seine Hütte zurück und löscht seine Fackel. Zu den proliferierenden Bildern, die er dort weiter sieht, heißt es:

> Ces images arrivent brusquement, par secousses, se détachant sur la nuit comme des peintures d'écarlate sur de l'ébène. Leur mouvement s'accélère. Elles défilent d'une façon vertigineuse. D'autres fois, elles s'arrêtent et pâlissent par degrés, se fondent; ou bien, elles s'envolent, et immédiatement d'autres arrivent. (S. 64)

Antoine schließt die Augen.

> Elles (die Bilder, Verf.) se multiplient, l'entourent, l'assiègent. Une épouvante indicible l'envahit; et il ne sent plus rien qu'une contraction brûlante à l'épigastre. Malgré le vacarme de sa tête, il perçoit un silence énorme qui le sépare du monde. Il tâche de parler; impossible! C'est comme si le lien général de son être se dissolvait; et, ne résistant plus, Antoine tombe sur la natte. (S. 64)

So also die Symptombeschreibung: Die Bilder werden ausgelöst durch äußere Sinneswahrnehmungen, vervielfachen sich zu einer Bilderflut und lösen Entsetzen aus. Der Eremit hat Bauchkrämpfe, ist unfähig zu sprechen und erleidet eine Art körperlichen Zusammenbruch. Diese Symptome decken sich ungefähr mit der Beschreibung, die Flaubert Hippolyte Taine in Briefen von seinen Halluzinationen gibt: Schrecken, Entsetzen, Verlust der Persönlichkeit, Explosion des Gedächtnisses in unkontrollierte Bilder:

> Dans l'hallucination [...], il y a toujours terreur, on sent que votre personnallité vous échappe, on croit qu'on va mourir.
> 1° D'abord une angoisse indéterminée, un malaise vague, un sentiment d'attente avec douleur [...].
> 2° Puis, tout à coup, comme la foudre, envahissement ou plutôt irruption instantanée *de la mémoire* [...]. C'est (die Halluzination, Verf.) une maladie de la mémoire, un relâchement de ce qu'elle recèle. On sent les images s'échapper de vous comme des flots de sang.[13]

Der Nebentext des ersten Tableaus gibt damit die Leitlinie für den Leser vor, wie er Antoines dämonische Versuchungen verstehen soll: Es handelt sich um einen

---

[13] Flaubert an H. Taine, Brief vom 01.12.1866, in: Flaubert: *Corr* III, S. 572.

Kontroll- und Willensverlust des Eremiten. In den folgenden Tableaus wird es weitere diskrete Hinweise auf den Zustand des nächtlichen Halluzinierens geben. So ist einmal die Rede von Antoines kataleptischem Zustand: „Antoine reste accoté contre le mur de sa cabane, la bouche grande ouverte, immobile, – cataleptique." (S. 70) Ein anderes Mal fällt der Begriff der Halluzination ausdrücklich: „l'hallucination le reprenant" (S. 123). Und schließlich darf das berühmte „Antoine délirant" (S. 237) am Ende des Textes, mit dem Antoines Wunsch, Materie sein zu wollen, angekündigt wird, wohl auch so verstanden werden, dass der Bewusstseinszustand des Eremiten weiter beeinträchtigt ist. Ein genialer Zug, denn er schaltet die Möglichkeit aus, Antoine auf ein Bekenntnis oder einen Erkenntnisprozess irgendwelcher Art festzulegen.

Max Allenspach fasst den Text als eine einzige nächtliche Halluzination auf, aus der der Eremit erst am nächsten Morgen wieder erwacht. Er konstatiert eine allmähliche Steigerung vom abendlichen, hypnagogen Zustand zwischen Wachsein und Schlaf zum nächtlichen Halluzinieren, das in der Katalepsie im zweiten Kapitel seinen Höhepunkt erreicht und erst mit dem nächsten Morgen wieder endet.[14] Tatsächlich aber lässt sich der Wahrnehmungszustand der Figur so eindeutig nicht klassifizieren. Zum einen bleibt in der Schwebe, ob Antoine nur eine oder viele Halluzinationen hat. Da der Text nämlich den zeitlichen Rahmen einer Nacht hat und die eben skizzierte programmatische Symptombeschreibung im ersten Kapitel enthält, geraten viele Passagen, insbesondere aber die Momente der Abwehr in einen merkwürdigen Zwischenzustand. Unentscheidbar ist zum Beispiel, ob das „Antoine fait un signe de croix" (S. 85), mit dem die Königin von Saba in die Flucht getrieben wird, innerhalb oder außerhalb der Halluzination geschieht. Das eben zitierte „l'hallucination le reprenant" (S. 123) scheint eine Unterbrechung zu markieren: Die Halluzination des Schlangenrituals der Ophiten hat Antoine in einen solchen Schrecken versetzt, dass er umfällt, seine Fackel, die er in der Hand hatte, fallen lässt und die Augen öffnet. Der Anblick des ins Mondlicht getauchten Nils, den er wie eine Schlange im Sand wahrnimmt, treibt ihn sofort wieder in die Ophiten-Halluzination, so dass dieser kurze Moment der Unterbrechung kaum auf einen veränderten Bewusstseinszustand schließen lässt. Zum anderen bleibt in der Schwebe, ob Flauberts Antoine nun pathologische Symptome aufweist oder nicht. Die Dämmerung spricht für Maurys hypnagoge, nicht-pathologische Halluzination vor dem Einschlafen, der Hinweis auf die askesebedingten Mangelerscheinungen hingegen für einen pathologischen Dauerzustand.[15]

---

[14] Max Allenspach: *Gustave Flaubert. „La Tentation de saint Antoine". Eine literarästhetische Untersuchung*. Braunfels: Heinrich Mehl, 1923, insbesondere S. 52f.

[15] Auch Hippolyte Taines Beschreibung der Halluzination Antoines spricht für einen Zustand an der Grenze zum Pathologischen: „[...] une vraie hallucination, l'hallucination d'un ascète de l'an 330, avec l'incohérence et les soubresauts du phénomène, avec les traces d'abêtissement et de maladie mentale qui conviennent au personnage" (Taine an Flaubert, Brief vom 01.04.1874, zitiert in: Flaubert: *Œuvres complètes*, S. 683).

2. Dämonen

Die Rahmung der Visionen als Halluzinationen lässt sich erst in der dritten Textfassung von 1874 beobachten. Der Antonius der ersten Fassung (1849) halluziniert noch nicht. Dafür trägt er wunderbare und mittelalterliche Züge; sein allegorischer Hauptopponent, den er im finalen Showdown gerade noch abwehren kann, heißt „Le Diable". Der mit Messbuch und Rosenkranz gerüstete Antoine spricht noch ohne Irritation mit personifizierten Lastern, theologischen Tugenden und, nicht zuletzt, mit dem Schwein, seinem Begleiter und traditionellen Antonius-Attribut. Und doch treiben auch ihn Fragen um, die den Status der wahrgenommenen Versuchungen betreffen. So heißt es nach dem Verschwinden der extravaganten Königin von Saba und ihrer Apanage: „Suis-je éveillé? [...] Oh! tout ce que j'ai vu, comment faire pour savoir si je l'ai pensé ou si je l'ai vu vraiment? Quelle est la limite du rêve et de la réalité?"[16] Hier, in der Erstfassung, wird die Frage nach Traum oder Realität aufgeworfen, in der Letztfassung ist es dann die nach Halluzination oder Realität. Flauberts poetologisches Ziel ist es, Antoines Visionen so realistisch wie möglich darzustellen. Das geht aus den Skizzen zum Text hervor. Da heißt es über die Figur in einer Randbemerkung: „Il sait d'abord que ce sont des Visions, se révolte, veut les chasser, ne le peut. Puis les accepte comme des réalités."[17] Der Ausweis der Visionen als Halluzinationen, die doch eingebildete Bilder, Konstrukte der Imagination sind, soll diese realistischer, echter machen als diejenigen Visionen der frühen Textfassung, die unvermittelt als solche präsentiert worden waren. Während in der Letztfassung die geschauten Figuren nicht mehr als Dämonen bezeichnet werden,[18] ist das in der frühen Textfassung anders. Hier vertreibt Antoine die Erscheinungen mit Worten wie „Démons de mes pensées, arrière!"[19] Gleichzeitig weist die Differenz von Traum und Realität auf das im Grunde gleiche Problem aller Textfassungen hin, die Möglichkeit einer Kongruenz von Wahrnehmung und Wahrheit. Antoine fragt sich etwa: „Où suis-je? sont-ce les démons qui parlent?" oder „Sont-ce des prophètes? sont-ce des démons?"[20] Zwar weiß er in den Momenten der Abwehr, dass es Dämonen sind, die er abwehren muss und will – „J'entends la voix du Démon qui grince de rage autour de moi";[21] immer aber bleibt der Zweifel, ob er die uneigentlichen Dämonen oder nicht doch den eigentlichen Gott bzw. die Propheten abgewehrt hat.

---

[16] Flaubert: Œuvres complètes [1849], S. 392f.
[17] N.A.F. 23671, fol. 64, in: Gustave Flaubert: Œuvres complètes de Gustave Flaubert IV (La Tentation de saint Antoine. Trois Contes.), Paris: Club de l'Honnête Homme, 1972, S. 335.
[18] Meines Wissens findet sich in der späten Fassung nur noch an einer Stelle im zweiten Kapitel der Ausdruck ‚démon': „Ah! démon, va-t'en! va t'en!" (Flaubert: La Tentation de saint Antoine [1874], S. 67).
[19] Flaubert: Œuvres complètes [1849], S. 215.
[20] Ebd., S. 259 und S. 304.
[21] Ebd., S. 491.

Seit den akribischen Quellenforschungen Jean Seznecs zur *Tentation* ist bekannt, dass der geringste Anteil des ‚delirant' und phantastisch anmutenden Textes ‚erfunden' ist und dass alle Szenen auf komplexesten Bild- und Textrecherchen beruhen.[22] An Seznec anknüpfend hat Michel Foucault betont, dass das Onirische der *Tentation* sich gerade nicht im Gegensatz zum Realen bildet, sondern im Buchraum der Wissenschaft angesiedelt ist.[23] Die *Tentation*, so Foucault, ist ein Buchphänomen; sie ist für die Bibliothek das, was Manets Bilder für das Museum sind, sie ist ein Produkt der Episteme des 19. Jahrhundert, dem die Reflexion über sein intertextuelles Erbe immer miteingeschrieben ist. Foucault liest die *Tentation* (bewusst) modern, unter Ausblendung der christlichen Tradition, d.h. als Bibliotheks- und nicht als Bibelphänomen. Doch die Beobachtung einer systematischen Ersetzung des christlichen Konzepts der Dämonie durch das psychologische der Halluzination verweist darauf, dass man es mit der Übertragung eines Problems zu tun hat, das nicht gelöst oder überwunden wurde, sondern das im Text unter veränderten Signifikanten persistiert. Antoine ist eben nicht bloß ein halluzinierender Bibliothekar, der ordnet und inventarisiert, er bleibt ein Versuchter und Kämpfender, wenn auch ‚nur' in der Halluzination. Dass das frühe Christentum privilegierter Bezugspunkt bleibt, zeigt nicht zuletzt die Liste der Bücher, die Flaubert während der Abfassung der *Tentation* benutzt hat und auf der die Rubrik ‚Christianisme' den weitaus größten Teil einnimmt.[24] Die Übertragung des Problems lässt sich auch diskursgeschichtlich nachzeichnen, ist doch das, was in der entstehenden Psychologie als Halluzination bezeichnet wird, in der zeitgenössischen Theologie immer noch etwas Mystisches bzw. Dämonisches und in der modernen Naturwissenschaft so etwas wie ein magischer Restbestand.

Auf Flauberts berühmter Lektüreliste zur *Tentation* steht bezeichnenderweise nicht Maurys *Le sommeil et les rêves*, aber dessen Werk *La Magie et l'Astrologie dans l'Antiquité et au Moyen-Âge* (Paris 1860), das physiologischen Aufschluss über scheinbar irrationale Phänomene gibt.[25] Die Magie, so schreibt Maury dort in der Einleitung, sei ein Mittel zur Unterwerfung der Natur und ein Vorläufer der modernen Wissenschaft: „Cette science avait pour but d'enchaîner à l'homme les forces de la nature et de mettre en notre pouvoir l'œuvre de

---

[22] Jean Seznec: *Les sources de l'épisode des dieux dans la Tentation de saint Antoine (Première version 1849)*. Paris: J. Vrin, 1940; ders.: *Nouvelles études sur la Tentation de saint Antoine*. London: The Warburg Institute, 1949 (Quellenarbeit insbesondere zum vierten und zentralen Kapitel über die Häresien, darin auf S. 75: „[...] la part de l'imagination est quasi-nulle").

[23] Michel Foucault: „La bibliothèque fantastique", in: *Travail de Flaubert*, hg. v. Gérard Genette und Tzvetan Todorov. Paris: Seuil, 1983, S. 103–122.

[24] Abgedruckt ist die Liste in: Flaubert: *La Tentation de saint Antoine* [1874], S. 273–285.

[25] Mary Orr betont die Zentralität von Maurys *Magie et l'Astrologie* insbesondere für das 5. Kapitel der *Tentation* (die Götter-Episode) (Mary Orr: *Flaubert's ‚Tentation'. Remapping Nineteenth-Century French Histories of Religion and Science*. Oxford: Oxford University Press, 2008).

Dieu."²⁶ Sein Thema bearbeitet er in zwei Teilen: Im ersten geht es um die chronologische Darstellung von Magie und Astrologie bei den Chaldäern, Persern, Ägyptern, Griechen, Römern, Neoplatonikern und bei den Christen. Im frühen Christentum, so wird erklärt, ist Magie etwas, das unter dem Namen Dämonologie bekämpft worden sei. Im zweiten, systematischen Teil geht es um den Ursprung der Magie. Sie beruhe nämlich nicht nur auf Lüge und Leichtgläubigkeit, sondern „[...] cet art prenait son origine dans des phénomènes singuliers, propres à certaines affections, certains troubles nerveux ou qui se manifestent pendant le sommeil."²⁷

Und diese Phänomene teilt Maury nun ein in die vier Gruppen: 1. Träume (‚songes'), 2. Halluzination und Delirium, 3. den Einfluss des Willens und der Imagination und 4. Hypnotismus, Katalepsie und Somnambulismus. Es handelt sich damit um eine Ursprungsgeschichte der Magie als Klassifikation von traumartigen Phänomenen. Das christliche Wunderbare wird nun als Traumphänomen erklärt, die dämonische Besessenheit (im Anschluss an Esquirols *Des Maladies mentales* und *De la Démonomanie*) als Nervenkrankheit mit dem Hauptsymptom Halluzination; mystische Erscheinungen schließlich werden als Beispiel für die Beeinflussbarkeit der Visionen durch den Willen und die Imagination angeführt. Die Visionen der Heiligen, insbesondere auch der Wüstenväter, erklärt Maury ausdrücklich mit seinem Konzept der hypnagogen Halluzinationen.²⁸ Besonders bemerkenswert ist, dass Maury in seinem Kapitel über die Halluzinationen eine veritable Geschichte des Teufels liefert. Er schreibt diese als eine Geschichte wachsender Personifizierung und zunehmender, kollektiver Paranoia bis zur Wiedereindämmung des Teufelsglaubens durch die Aufklärung.

Die Geschichte des Teufels schrieb in jener Zeit auch der protestantische Theologie Gustav Roskoff. Flaubert kannte das Werk vermutlich über Albert Réville, der es in der *Revue des Deux Mondes* ausführlich vorgestellt und zusammengefasst hat.²⁹ Auch er erzählt seine Geschichte als eine des Aufstiegs und Falls. „C'est presque une biographie", heißt es fasziniert am Anfang der Rezension. Im 19. Jahrhundert hat man es also nicht nur mit einem sterbenden Gott bzw. sterbenden Göttern zu tun, sondern auch mit einem verendenden Teufel. Nun fehlt in Flauberts Lektürekatalog, nach der liberal-philosophischen Sicht Maurys und der protestantischen Révilles noch eine römisch-katholische Sicht auf die Dinge. Hier ist Joseph Görres monumentales Werk *Die christliche Mystik*

---

[26] Alfred Maury: *La Magie et l'Astrologie dans l'Antiquité et au Moyen-Âge*. Paris: Didier, 1860, S. 1.

[27] Ebd., S. 225.

[28] Er stellt v.a. die schädliche Wirkung übertriebener Askese, wie sie die Wüstenväter praktiziert hätten, heraus (vgl. Maury: *La Magie et l'Astrologie*, S. 316f.). Und er verweist auf das Buch von Marin: *Les Vies des Pères du désert d'Orient* sowie auf einen gewissen Docteur Th. Archambault, der in der Einleitung zum Werk von Ellis *Traité de l'aliénation mentale* die Halluzinationen des Heiligen Antonius medizinisch untersuche.

[29] Gustav Roskoff: *Geschichte des Teufels*. Leipzig: Brockhaus, 1869; Albert Réville: „Histoire du Diable", in: *Revue des Deux Mondes* 85 (1870/71), S. 101–134.

(1836ff.) zu ergänzen, das Flaubert in der Übersetzung von Charles Sainte-Foi (*La mystique divine, naturelle et diabolique*. Paris, 1862) gekannt hat. Interessant an Görres Darstellung der Mystik ist ihre – der französische Titel zeigt dies an – Gliederung in eine ‚echte' christliche Mystik und eine ‚falsche' dämonische Mystik. Was hier die Ekstase ist, ist dort die dämonische Besessenheit. Auch die Symptome finden jeweils Entsprechungen: ekstatische Entrückung vs. Hexenflug, Stigmatisation vs. Körpermale, Veränderung der wahrnehmenden Sinne (und im Einzelnen wird es dann schon schwierig, das Dämonische vom Kirchlich-Orthodoxen zu unterscheiden). Görres kennt drei Visionen in der Ekstase, die sich im Grad ihrer Sinnlichkeit unterscheiden: 1. ‚hellsehend gewordene Sinne', das sind gesteigerte Sinneseindrücke; 2. Produkte der Einbildungskraft, ein hellsehend gewordener, innerer Sinn und 3. intellektuelle Visionen, ein ‚hellsehend gewordener Geist'. Die ersten beiden Visionsarten entsprechen ungefähr Maurys Halluzinations- und Traumkonzept, mit dem großen Unterschied natürlich, dass Görres organizistische Erklärungen ablehnt, die Vision auf das „blitzähnliche Ergriffenwerden" durch den Heiligen Geist und nicht auf die menschliche Physis zurückführt.[30] Nun wären Antoines Versuchungen aber nicht mit der Ekstase gleichzusetzen, sondern mit dem dämonischen Pendant der Besessenheit. Hier vor allem ist Görres interessant, denn er führt die gesamte Dämonologie auf eine häretische Konzeption des Bösen zurück, deren Kern eine falsche Substanzialisierung ist (die Annahme einer „Macht der Finsternis", die der göttlichen Macht des Lichts entgegengesetzt ist) und deren reinste Ausprägung er in der gnostischen Religion des Manichäismus sieht. Damit wird die Verbindung zu Flauberts *Tentation* manifest, denn das zentrale vierte Kapitel besteht ja in der Konfrontation Antoines mit den Häresiarchen, die justament mit Mani, dem Begründer des Manichäismus, beginnt.

3. Der Traum der Erkenntnis

Warum aber ersetzt Flaubert das christliche Konzept der dämonischen Versuchung durch ein medizinisch-psychiatrisches? Es geht dabei offenbar um die Autorisierung einer ästhetischen Erkenntnisform, die den diskursiven Rahmen der Halluzination braucht, um nicht im Sinne eines ‚richtig' oder ‚falsch' qualifizierbar zu werden. Denn die Halluzination findet bei den Medizinern des 19. Jahrhunderts Interesse als ein Zwischenzustand, der einerseits zwar dem Wahn zuzuschreiben ist, als analog funktionierende hypnagoge Halluzination aber auch normale Traumphänomene in den Blick nimmt.[31] Interessant ist nun,

---

[30] Joseph von Görres: *Die christliche Mystik*. 5 Bde. München/Regensburg, 1836ff. (Nachdruck Graz 1960), hier: Bd. II, S. 272, S. 276 und S. 344ff.

[31] Zum wissenschaftlichen Traumdiskurs um 1850 vgl. Susanne Goumegou: *Traumtext und Traumdiskurs. Nerval, Breton, Leiris*. München: Fink, 2007, S. 83–127.

dass die fiktiv-poetische Erkenntnisform, für die die *Tentation* letztlich optiert, radikal dualistisch bleibt und insofern als modern-gnostisch zu bezeichnen ist.

Im vierten, zentralen und längsten Kapitel der *Tentation* wird Antoine von Hilarion durch eine Basilika geführt, in der diverse Gnostiker ihre jeweilige Lehre auf spektakuläre Weise proklamieren und praktizieren. In der Darstellung geht es Flaubert vor allem um verschiedene Kultformen und die divergierenden ethischen Verhaltensweisen, die vom absoluten Libertinismus bis zur strengsten Askese reichen. Antoine liebäugelt mit der Gnosis, das geht schon aus dem ersten Kapitel hervor. Die Reden der Gnostiker kämen ihm immer wieder in den Sinn; mit einigen Anhängern habe er sich deshalb für das Eremitendasein entschieden, um ihnen zu entgehen: „Je leur ai imposé une règle pratique, en haine des extravagances de la Gnose et des assertions des philosophes." (S. 54). ‚Extravagant', das ist der Ausdruck, den Flaubert auch benutzt, um seine Arbeit an der *Tentation* zu charakterisieren:

> J'ai repris ma vieille toquade de *Saint Antoine*. J'ai relu mes notes, je refais un nouveau plan, et je dévore les *Mémoires ecclésiastiques* de Le Nain de Tillemont. J'espère parvenir à trouver un lien logique (et partant un intérêt dramatique) entre les différentes hallucinations du Saint. Ce milieu extravagant me plaît. Et je m'y plonge. Voilà.[32]

Flaubert taucht also in das spätantik-gnostische Milieu ein. Das Ägypten Antonius' des Großen ist ein Schmelztiegel der Religionen. Das Christentum formiert sich im Kontakt mit römischer und griechischer Mythologie und Philosophie, mit den Religionen der Perser, Phrygier, Chaldäer, Ägypter und Inder. Es ist gleichzeitig ein Moment religiöser Zersplitterung. Man steht kurz vor dem Konzil von Nicäa (325 n.Chr.), auf dem die Gottheit Christi als Lehre beschlossen wird. Das bedeutet also die Abspaltung von anderen mehr oder weniger christlichen, gnostischen Gruppen, die wie das Christentum um die Klärung bestimmter Fragen bemüht waren: Wie ist die Welt entstanden? Woher kommt das Übel in der Welt? Was geschieht nach dem Tod? Die Gnosis ist im griechischen Wortsinne eine Religion der Erkenntnis oder des Wissens. Mit Kurt Rudolph kann man von einer „aus mehreren Schulen und Richtungen bestehende[n] dualistische[n] Religion" sprechen,

> [...] die zu Welt und damaliger Gesellschaft in einer betont ablehnenden Haltung stand und eine Befreiung („Erlösung") des Menschen eben aus den Zwängen des irdischen Seins durch die „Einsicht" in seine – zeitweise verschüttete – wesenhafte Bindung, sei es als „Seele" oder „Geist", an ein überirdisches Reich der Freiheit und der Ruhe verkündet hat.[33]

---

[32] Gustave Flaubert an Georges Sand, Brief vom 24.06.69, in: Flaubert: *Corr* IV, S. 60.
[33] Kurt Rudolph: *Die Gnosis*. Göttingen: Vandenhoeck & Ruprecht, 1994, S. 7.

Eigentlich schon seit der neuzeitlichen Beschäftigung mit der Gnosis kann diese aber auch „palimpsestisch als Ortsbestimmung der Gegenwart"[34] gelesen werden.[35] Flauberts wichtigste Quelle waren Isaac de Beausobres *Histoire du manichéisme* (1734/39) und Jacques Matters *Histoire critique du gnosticisme* aus dem Jahr 1828. Nach Matter bezeichnet die Gnosis

> [...] l'introduction, dans le sein du christianisme, de toutes les spéculations cosmologiques et théosophiques qui avaient formé la partie la plus considérable des anciennes religions de l'Orient, et que les nouveaux platoniciens avaient adoptées également en Occident.[36]

Er sieht darin den letztlich gescheiterten Kampf der alten gegen die neue Welt. Ein weiteres Werk, das Flaubert zumindest vermittelt durch die Arbeiten Albert Révilles bekannt gewesen sein dürfte, verdeutlicht den symptomatologischen Aufschlusswert der Gnosis: Ferdinand Christian Baurs *Die Christliche Gnosis oder die Religionsphilosophie in ihrer geschichtlichen Entwicklung* (1835). Baur, ein Hegel-Schüler, untersuchte die Philosophie des deutschen Idealismus auf gnostische Topoi hin. Die Feststellung, dass die Spätantike des Flaubertschen Antoine auch (nicht nur) eine Projektionsfläche für das 19. Jahrhundert ist, wird wohl niemand bezweifeln. In überzeugender, akribischer Detailarbeit hat Mary Orr diese Überblendung von Religiösem, Wissenschaftlichem und Philosophischem aufgezeigt: das Konzil von Nicäa und das 1. Vatikanische Konzil (1869/70), der Kampf um Autorität des alexandrinischen Athanasius und des Papstes Pius IX., Konstantins Herrschaft über Ägypten und Napoleons Ägyptenfeldzug, gnostische Sekten wie Valentianer, Manichäer, Elkesaiten und moderne Fraktionen wie Gallikaner, Ultramontanisten, Freimaurer, Saint-Simonisten, Magnetiseure und viele mehr.

Geht man nun nicht nur von einer Überblendung der Zeiten, sondern speziell von Gnosis und Moderne aus, so zeichnet sich Flauberts Antoine als moderner Gnostiker ab, der die gnostische Erfahrung der Differenz von materieller Welt und metaphysischem Urgrund als einen Zustand zwischen Realität und Halluzination erlebt. Antoine versucht durch die Askese, sich der Verbundenheit seines göttlichen Funkens (,pneuma'), der im Leib gefangen ist wie „Gold im Schmutz", mit dem transzendenten Gott zu versichern. Sein Verstricktsein in die materielle Welt, das sein Bedürfnis nach Erlösung begründet, ist in der *Tentation* ein Verstricktsein im ausgeklügelten System der Kardinalsünden. Der gnostische Pneumatiker nun ist derjenige, der Erkenntnis (,gnosis')

---

[34] So Jacob Taubes: „Einleitung. Das stählerne Gehäuse und der Exodus daraus oder ein Streit um Marcion, einst und heute", in: *Religionstheorie und Politische Theologie*, Bd. II: *Gnosis und Politik*, hg. v. Jacob Taubes. München: Fink, 1984, S. 9–15, hier: S. 9.

[35] Das prominenteste Buch, das diesen Versuch unternimmt, den gnostischen Zeitgeist mit dem modernen in Analogie zu setzen, ist Hans Jonas' *Gnosis und spätantiker Geist* aus dem Jahr 1934 (Göttingen: Vandenhoeck & Ruprecht).

[36] Jacques Matter: *Histoire critique du gnosticisme et de son influence sur les Sectes religieuses et philosophiques des six premiers siècles de l'ère chrétienne*, Bd. I. Paris: Levrault, 1828, S. 16.

als eine unmittelbare Offenbarung empfängt. Deshalb sind Jubel und Lobpreis typische Merkmale gnostischer Texte.[37] Antoine aber bleibt diese Erkenntnis verwehrt; seine Versuche, das Dualistische zu überwinden, scheitern auf eine merkwürdige Weise. Rhetorisch drückt sich diese Nicht-Überwindung des Dualismus in der Resistenz des Allegorischen in der *Tentation de saint Antoine* aus. Flaubert hat zwar im Laufe der verschiedenen Textfassungen viele Personifikationen wegfallen lassen: In der Letztfassung sprechen weder die Kardinalsünden noch die theologischen Tugenden Glaube, Hoffnung, Liebe mehr direkt. Die sprechende Logik und die Wissenschaft gehen in die historische Figur des Hilarion, eines ehemaligen Schülers des Antonius, ein. Und die Figur des Schweins, von Anfang an als vertraut-abstoßendes Doppel Antoines konzipiert, wird von diesem interiorisiert. Und trotzdem ist damit bei Weitem keine gänzliche Entallegorisierung bzw. Historisierung des Textes vollzogen. So bleibt der Teufel, der Antoine im sechsten Kapitel auf seinen metaphysischen (pantheistisch-skeptischen) Flug ins Universum mitnimmt. Und es bleiben im letzten Kapitel, sozusagen als die großen synthetisierenden Gegensatzpaare des ganzen Textes, die Allegorien der Sphinx und Chimäre sowie der Wollust und des Todes.

Die letzte Szene des Textes ist noch einmal ein massiver, da ekstatischer Einbruch des Halluzinatorischen. Hier wird der Dualismus ein einziges Mal zwar nicht überwunden, aber dekonstruiert, indem eine Umkehrung von Monismus (In-der-Welt-Sein) und Dualismus (Akosmismus) in Szene gesetzt wird: Die Halluzination wird monistisch, indem sie das Begehren stillt; das christliche Gebet wird dualistisch, indem es das Begehren nach Transzendenz hervorruft. Diese Umkehrung wird in der Einklammerung der Schlussvision des Materiesein-Wollens mit den Worten „Antoine délirant" angezeigt. Die euphorische Schilderung des angstfreien In-der-Welt-Seins bleibt Halluzination, und der Text selbst endet bezeichnenderweise nicht im gnostischen Jubel und Lobpreis, sondern mit der lakonischen Wiederaufnahme des Gebets zur Morgendämmerung. Gleichzeitig vollendet dieser Schluss nur die zirkuläre Struktur des Textes. Nichts ist gewisser als das Wissen des Lesers, dass der neue Tag, der nun anbricht, dem Antoine nichts Neues, sondern wieder nur das Selbe bringen wird: Weltfremdheit, Angst, unerfülltes Begehren. Es ist merkwürdig, dass die undämonische Gegenwart Antoines, seine im Verlauf der verschiedenen Fassungen immer mehr reduzierten Momente des Wachseins unter das Zeichen des Kreuzes gestellt werden. Schon in der ersten Beschreibung der Einsiedelei ist von dem Kreuz die Rede, das zehn Schritte von der Hütte entfernt steht: „A dix pas de la cabane, il y a une longue croix plantée dans le sol [...]." (S. 51)

Und das berühmte Ende der *Tentation* lautet: „Tout au milieu, et dans le disque même du soleil, rayonne la face de Jésus-Christ. Antoine fait le signe de la croix et se remet en prières." (S. 237).

---

[37] Die hier auf Antoine applizierten Grundzüge gnostischer Systeme folgen Karl Suso Frank: *Lehrbuch der Geschichte der Alten Kirche*. Paderborn u.a.: Schöningh, 1997, S. 149.

Das Kreuz, Christologie überhaupt, wird paradoxerweise, nämlich indem sie präsent gehalten wird, konsequent ausgespart in der *Tentation*.[38] Sie bringt keine Erlösung mehr, sondern wird vielmehr Fluchtpunkt der Halluzination. Ja, es ließe sich pointieren: Antoine sucht im Zeichen des Kreuzes die Halluzination und nichts anderes mehr. Damit steht er dem nahe, was Barbara Vinken eine intensivierte Praxis der Kenosis genannt hat.[39] Antoines Form des Widerstands wird zur radikalsten Form einer Selbstentäußerung. Seine Christusnachfolge bringt nicht Heilung (von der dämonischen Besessenheit), sondern Halluzination, epistemologische Verunsicherung als Dauerzustand. Dafür spricht auch, dass Flaubert im Laufe der Arbeit an der *Tentation* Gebetspassagen eliminiert und Antoines Resistenz gegen die Anfechtung gegen Null laufen lässt. Mit dem Gebet ergeht es Antoine nämlich ähnlich, wie es bisweilen Teresa von Avila ergangen ist. Es wird ihm unerträglich: „La prière m'est intolérable! J'ai le cœur plus sec qu'un rocher! Autrefois il débordait d'amour! ..." (S. 216).

Am Ende des Textes hat also die Umkehrung stattgefunden. Der Ort des Glücks und der Ekstase ist für Antoine nicht mehr, wie in der bedauerten Vergangenheit, das Gebet in der Wüste:

> Le sable, le matin, fumait à l'horizon comme la poussière d'un encensoir; au coucher du soleil, des fleurs de feu s'épanouissaient sur la croix; – et au milieu de la nuit, souvent m'a semblé que tous les êtres et toutes les choses, recueillis dans le même silence, adoraient avec moi le Seigneur. O charme des oraisons, félicités de l'extase, présents du ciel, qu'êtes-vous devenus! (S. 217)

Ort des Glücks ist am Ende das Meer, in das sich der auf dem Bauch liegende Wüstenvater halluziniert. Dieser Glückszustand erhält seinen Ausdruck nicht mehr oratorisch, sondern tierisch, durch Gebell, Gebrüll und Geheule. Aber nur durch das Gebet gelangt er zur halluzinierten Animalisierung, die so als entstellte, immanente Einlösung eines Heilsversprechens lesbar bleibt.

Die paradoxe, halluzinierend-genießende Erkenntnisvariante, die die *Tentation* inszeniert, ist also insofern gnostisch, als sie auf das philosophisch-theologische Problem des Dualismus bezogen bleibt. Gleichzeitig wurde die Gnosis in ihrer historischen Aufarbeitung selbst schon mit der Halluzination assoziiert. Es ist nämlich nicht nur Flaubert, der eine dualistische Erkenntnisform im Modus der Halluzination imaginiert, die Geschichte der Gnosis selbst wurde von den Gelehrten des 19. Jahrhunderts schon als eine ebenso verführerisch-traumhafte wie suspekt-pathologische Halluzination qualifiziert. So schreibt beispielsweise Hippolyte Taine über die Gnosis:

---

[38] Es ist an dieser Stelle auch an die Skizze des Todes Christi zu erinnern. Flaubert hatte zwischenzeitlich den Plan, das Sterben der Götter im 5. Kapitel mit dem Tod Jesu in einer modernen Großstadt zu beschließen (vgl. Flaubert: *La Tentation de saint Antoine* [1874], S. 271).

[39] Barbara Vinken: *Flaubert. Durchkreuzte Moderne*. Frankfurt a.M.: Fischer, 2009.

> La vie réelle semblait un songe. ... Quiconque lit les dogmes des gnostiques, des Valentiniens, des Ophites, des Carpocratiens, respire l'odeur de la fièvre et se croit dans un hôpital, parmi des hallucinés qui contemplent leur pensée fourmillante et fixent sur le vide leurs yeux brillants.[40]

Diese Gnosis-Beschreibung ist, mehr als auf die Glaubenssysteme der Spätantike selbst, vielleicht noch zutreffender auf das vierte Kapitel der *Tentation*, in dem der diabolische Hilarion dem Eremiten das ganze Spektrum gnostischer Varianten vorführt – Liebespraktiken, Mahlfeiern, Kasteiungen und Selbstverbrennung –, welches sich im halluzinierten Raum einer Basilika abspielt. Und in einem Artikel über den Heiligen Irenäus und die Gnostiker versucht der schon erwähnte Religionshistoriker Albert Réville, über das valentianische Glaubenssystem, von dem Irenäus beeinflusst war, Herr zu werden, indem er es als orientalisches Delirium, Produkt eines Haschisch-Rausches vorstellt:

> Qu'on se figure une épopée métaphysique dont les péripéties se déroulent dans l'immensité des cieux inconnus, dont la scène est le sein de Dieu lui-même, dont le dénouement se produit sur notre terre, une épopée où la spéculation métaphysique la plus abstraite, la plus déliée, se revêt des formes les plus bizarres, qui mêle à tout moment le grotesque au sublime, les images les plus triviales à des intuitions poétiques d'une véritable magnificence, le délire d'une imagination orientale qu'on dirait enivrée de haschich aux calculs minutieux du mathématicien, et l'on aura comme un avant-goût de cette incroyable théologie.[41]

Auch Flauberts metaphysisches Spektakel spielt sich in den Höhen unbekannter Himmel ab – man denke nur an Antoines Flug ins All mit dem teuflischen Hilarion im sechsten Kapitel –, um am Ende seine irdische Auflösung, „sur notre terre", zu finden. Aber im Unterschied zur halluzinatorischen Exploration der antiken Gnostiker mündet diejenige Flauberts nicht ins Epos der Totalität, sondern in ein unabschließbares, gattungsloses Spektakel, in dem sich eine entstellte, verkehrte Erkenntnis fortdauernd ereignet. Antoines halluzinatorische Erkenntnis, die an ein metaphysisches Versprechen gebunden bleibt, ist ein Albtraum, dessen Gegenstück – nicht-halluzinierte, ‚wahre' Erkenntnis – bisweilen im Traum der halluzinierten Figuren durchscheint: „Il [Antoine, Verf.] songe qu'il est un solitaire d'Égypte." Der Traum bleibt in der *Tentation* utopisch besetzt und lässt das Merkmal des Onirischen, wenn es dem Text bescheinigt wird, über diesen hinausweisen (Traum der Bücher, des Wissens, des Glaubens, der Psychoanalyse, der Literatur usf.).

---

[40] Hippolyte Taine: *Essais de critique et d'histoire*. Paris: Hachette, 1896, S. 292f., zitiert nach: Seznec: *Nouvelles études sur la Tentation de saint Antoine*, S. 44.
[41] Albert Réville: „Saint Irénée et les gnostiques", in: *Revue des Deux Mondes* 55 (1865), S. 998–1032, hier: S. 1021.

Dagmar Stöferle

Bibliographie

Athanase d'Alexandrie: *Vie d'Antoine*, hg. v. Gérard J.M. Bartelink. Paris: Cerf, 1994.

Allenspach, Max: *Gustave Flaubert. „La Tentation de saint Antoine". Eine literarästhetische Untersuchung.* Braunfels: Heinrich Mehl, 1923.

Bem, Jeanne: *Désir et savoir dans l'œuvre de Flaubert. Étude de* La Tentation de saint Antoine. Neuchâtel: Baconnière, 1979.

Butor, Michel: „A propos de «La tentation de saint Antoine»", in: ders.: *Improvisations sur Flaubert.* Paris: Calmann-Lévy, 1989, S. 15–41.

Flaubert, Gustave: *La Tentation de saint Antoine* [1874], hg. v. Claudine Gothot-Mersch. Paris: Gallimard, 1983.

— *Œuvres complètes de Gustave Flaubert. La Tentation de saint Antoine,* hg. v. Charles Guignebert. Paris: Conard, 1924.

— *Œuvres complètes de Gustave Flaubert* IV (*La Tentation de saint Antoine. Trois Contes.*), Paris: Club de l'Honnête Homme, 1972.

— *Correspondance,* hg. v. Jean Bruneau. 5 Bde. Paris: Gallimard, 1973–2007.

Frank, Karl Suso: *Lehrbuch der Geschichte der Alten Kirche.* Paderborn u.a.: Schöningh, 1997.

Foucault, Michel: „La bibliothèque fantastique", in: *Travail de Flaubert,* hg. v. Gérard Genette und Tzvetan Todorov. Paris: Seuil, 1983, S. 103–122.

Görres, Joseph von: *Die christliche Mystik.* 5 Bde. München/Regensburg, 1836ff. (Nachdruck Graz 1960).

Gothot-Mersch, Claudine: „Flaubert, Nerval, Nodier et la reine de Saba", in: *Gustave Flaubert,* Bd. II: *Mythes et religions* (1), hg. v. Bernard Masson. Paris: Lettres modernes Minard, 1986, S. 125–156.

Goumegou, Susanne: *Traumtext und Traumdiskurs. Nerval, Breton, Leiris.* München: Fink, 2007.

Jonas, Hans: *Gnosis und spätantiker Geist.* Göttingen: Vandenhoeck & Ruprecht, 1934.

Leclerc, Yvan: „*La Spirale* des hallucinations", in: *Revue Flaubert* 6 (http://flaubert.univ-rouen.fr/revue/revue6/leclerc.html; 04.08.2010).

Matter, Jacques: *Histoire critique du gnosticisme et de son influence sur les Sectes religieuses et philosophiques des six premiers siècles de l'ère chrétienne,* Bd. I. Paris: Levrault, 1828.

Maury, Alfred: *La Magie et l'Astrologie dans l'Antiquité et au Moyen-Âge.* Paris: Didier, 1860.

— *Le sommeil et les rêves. Études psychologiques sur ces phénomènes.* Paris: Didier, 1861.

Orr, Mary: *Flaubert's ‚Tentation'. Remapping Nineteenth-Century French Histories of Religion and Science.* Oxford: Oxford University Press, 2008.

Pasetti, Chiara (Hg.): *„Flaubert, rêves, rêveries, hallucinations". Revue Flaubert* 6 (http://flaubert.univ-rouen.fr/revue/revue6; 04.08.2010).

Réville, Albert: „Saint Irénée et les gnostiques", in: *Revue des Deux Mondes* 55 (1865), S. 998–1032.
— „Histoire du Diable", in: *Revue des Deux Mondes* 85 (1870/71), S. 101–134.
Roskoff, Gustav: *Geschichte des Teufels*. Leipzig: Brockhaus, 1869.
Rudolph, Kurt: *Die Gnosis*. Göttingen: Vandenhoeck & Ruprecht, 1994.
Seznec, Jean: *Les sources de l'épisode des dieux dans la Tentation de saint Antoine (Première version 1849)*. Paris: J. Vrin, 1940.
— *Nouvelles études sur la Tentation de saint Antoine*. London: The Warburg Institute, 1949.
Singer Kovács, Katherine: *Le Rêve et la Vie. A Theatrical Experiment by Gustave Flaubert*. Lexington: Department of Romance Languages and Literatures of Harvard University, 1981.
Taubes, Jacob: „Einleitung. Das stählerne Gehäuse und der Exodus daraus oder ein Streit um Marcion, einst und heute", in: *Religionstheorie und Politische Theologie*, Bd. II: *Gnosis und Politik*, hg. v. Jacob Taubes. München: Fink, 1984, S. 9–15.
Teuber, Bernhard: „Imagination und Historie in Flauberts *Tentation de saint Antoine*", in: *Poetologische Umbrüche. Romanistische Studien zu Ehren von Ulrich Schulz-Buschhaus*, hg. v. Werner Helmich. München: Fink, 2002, S. 105–124.
Vinken, Barbara: *Flaubert. Durchkreuzte Moderne*. Frankfurt a.M.: Fischer, 2009.

Dietrich Scholler (Bochum)

Rom in Weiß. Stadt und Traum in Gabriele D'Annunzios Roman *Il piacere*

Im Mittelpunkt der zentralen Traumvision in Gabriele D'Annunzios bekanntestem Roman *Il piacere* (1889) steht die noch junge Hauptstadt Rom. Der Trauminhalt legt es nahe, zunächst einige grundlegende Gedanken zur Theorie der literarischen Stadtdarstellung anzustellen: Bevor nämlich die geträumte Stadt in ihrer ästhetischen Differenz bestimmt werden kann, muss die Norm einer konventionellen Stadtbeschreibung aufgestellt werden. Diese ist am Beispiel realistischer Romdarstellungen abzulesen. Im Licht dieser realistischen Norm soll schließlich die oben genannte längste und wichtigste Romdarstellung des Romans – eine sechsseitige, intermittierende Traumsequenz – herausgegriffen und einem ‚close reading' unterzogen werden. Dabei wird sich zeigen, dass der zwischen Traum und Vision changierende „sogno poetico, quasi mistico"[1] als antimimetisches Darstellungsvehikel im Zeichen des italienischen ‚decadentismo' fungiert, sich darin jedoch nicht erschöpft, sondern darüber hinaus als pseudosakraler allegorischer Vorschein auf eine ‚terza Roma' jenseits von Kirchenstaat und Risorgimento gedeutet werden kann.

1. Von Stadttexten und Textstädten

Die Stadt rückt spätestens im 19. Jahrhundert in den Brennpunkt literarischer Darstellungen. Das betrifft alle Großgattungen: Die moderne europäische Lyrik konstituiert sich mit Baudelaires *Fleurs du mal* ganz wesentlich über den urbanen Raum von Paris, die tonangebenden okzidentalen Romanciers situieren ihre Stoffe ebenfalls auf städtischen Bühnen, und die Bühne selbst und deren Sujets verwandeln sich – zumindest, was die Komödie angeht – zum sogenannten ‚Boulevardtheater', zum Theater am Boulevard, also zu einer solchen Institution, die vor ihrer Metonymisierung schlichtweg an einem neuen städtischen Straßentypus liegt. Man mag das aus soziologischer Sicht auf die Urbanisierung vormals agrarischer Gesellschaften zurückführen. Aus dem Blickwinkel der Semiotik gesehen ist die Stadt vor allem eines: voller Zeichen, die, darauf hat Roland Barthes in seiner Stadtsemiologie hingewiesen, weniger einen Dschungel bilden, sondern bei näherem Hinsehen einer bestimmten übereinzelstädtischen Grammatik folgen, die uns befähigt, eine Stadt zu ‚lesen'.[2] Auf den Genius Loci des XXXI.

---

[1] Gabriele D'Annunzio: *Il piacere* [1889]. Mailand: Mondadori, 2002, S. 290.
[2] Roland Barthes: „Sémiologie et urbanisme", in: ders.: *L'aventure sémiologique*. Paris: Seuil, 1985, S. 261–271, hier: S. 268.

Romanistentages übertragen: Die Stadt Bonn besitzt einen Bahnhof, auf dem die Reisenden wie in jeder anderen Stadt über genormte Piktogramme orientiert werden und sich dementsprechend sortieren: Tiefgarage, Taxi oder Tram? Sollte man auf der Suche nach einer Universität sein, dann wird es wahrscheinlich eine entsprechende Haltestelle geben. Und selbst die Tatsache, dass die Universität in einem Schloss untergebracht ist, wird niemanden ernstlich verwirren, weil moderne Geistesaristokraten gerne in Schlössern arbeiten, wie u.a. auch in Osnabrück oder Münster. Es handelt sich demzufolge beim Schloss um einen vertrauten Unterbringungsort für eine akademische Institution, ein Schema, das einen festen Platz in der mentalen Stadtgrammatik einnimmt.

Im Zentrum berühmter Stadttexte der klassischen Moderne stehen allerdings nicht Städte wie Bonn, Osnabrück oder Münster, sondern Metropolen wie London, Paris oder Berlin, wahrscheinlich deshalb, weil nur sie allein das Urbane im Sinne der Prototypensemantik auf prägnante Weise verkörpern. Bekanntlich entfaltet sich in den prämodernen Kapitalen Europas im Ausgang des 19. Jahrhunderts eine städtebauliche Dynamik, die sich in unterschiedlicher Weise im Stadtbild niederschlägt: Neben die Kirchtürme treten Industrieschlote als Orientierungszeichen, an den alten Stadttoren werden riesige Kopfbahnhöfe errichtet, die Straßen werden zu Achsen umgebaut und für den zunehmenden Verkehr entsprechend verbreitert, mittelalterliche Stadtviertel mit ihren niedrigen Behausungen und verschlungenen Gassen werden der Rationalität ökonomischer Mietskasernen geopfert. So etwa müsste man sich das Szenarienspektrum frühmoderner Stadttexte vorstellen. Allerdings ist im Rekurs auf Andreas Mahlers semiotische Klassifikation der Stadtliteratur darauf hinzuweisen, dass die Praxis literarischer Stadtdarstellungen eine ganz andere ist, weshalb man besser von „Textstädten" sprechen müsste, insofern die „jeweilige Stadt erst durch den Text hervorgebracht, hergestellt, produziert wird".[3] Das geschieht in der Regel auf der Basis der medialen und generischen Möglichkeiten beziehungsweise Beschränkungen des Schriftmediums ‚Roman' oder ‚Lyrik'. Letztere bleibt im Folgenden unberücksichtigt. Bezüglich der Erzählliteratur lassen sich bestimmte Formen diskursiver Stadtkonstitution, der narrativen Modalisierung sowie dementsprechende Textstadttypen benennen.[4]

1.1 Formen der Stadtkonstitution

An erster Stelle zu nennen ist das referentielle Verweisen, was häufig schon über den Titel erfolgt. Titel wie *Berlin Alexanderplatz*, *Manhattan Transfer* oder *Der Tod in Rom* schneiden durch den Eigennamen eine bestimmte Stadt aus der

---

[3] Andreas Mahler: „Stadttexte – Textstädte. Formen und Funktionen diskursiver Stadtkonstitution", in: *Stadt-Bilder. Allegorie – Mimesis – Imagination*, hg. v. Andreas Mahler. Heidelberg: Winter, 1999, S. 11–36, hier: S. 12.

[4] Zum Folgenden vgl. auch Mahler: „Stadttexte – Textstädte".

außersprachlichen Wirklichkeit aus und indizieren damit, dass der benannte extratextuelle Sachverhalt oder ‚Gegenstand' in Form einer realen Stadt im vorliegenden Roman eine wichtige Rolle spielen wird. Wenn die realiter vorhandene und im Titel benannte Stadt zudem am Texteingang durch das Abrufen eines Katalogs von metonymischen Teilelementen weitergehend bestimmt wird, dann entsteht eine mehr oder weniger typische Textstadt. Ein solches Textberlin etwa entwirft Alfred Döblin in *Berlin Alexanderplatz*. Obwohl es sich um ein dynamisches Incipit handelt, also um einen Einstieg in medias res, wird dem Orientierungsbedürfnis des Lesers entsprechend eine nachvollziehbare Straßenbahnfahrt beschrieben, die den ehemaligen Häftling Franz Biberkopf vom „Tegeler Gefängnis" über die lebhafte Weddinger „Seestraße"[5] bis zum „Rosenthaler Platz" bringt, wo er aussteigt, auf der „Schutzinsel gegenüber Aschinger", einer beliebten Stehbierhalle, Passanten beobachtet, die „Rosenthaler Straße herunter[geht]", „am Warenhaus Tietz vorbei", dann in die „schmale Sophienstraße"[6] einbiegt und schließlich in der „Gormannstraße"[7] Halt macht. Mit bekannten Straßennamen und ebensolchen Plätzen aus Berlin-Mitte sowie traditionellen Institutionen wird eine prototypische Textstadt entworfen: so etwas wie ein ‚berlinisches Berlin', wozu sich Berlin-Marienfelde wahrscheinlich nicht so gut geeignet hätte.

Neben das referentielle Verweisen tritt das indirekte Verfahren der semantischen Stadtkonstitution. Dabei wird das Diskursuniversum ‚Stadt' mittels bestimmter Kernlexeme und einschlägiger Attribuierungen erzeugt. Bei Döblin etwa stabilisieren Lexeme wie „Haltestelle", „Elektrische", „Häuser", „Straßen", „Schuhgeschäfte, Hutgeschäfte, Glühlampen, Destillen"[8] die Isotopie der Stadt, die dann zusätzlich durch spezifizierende Merkmale weitergehend differenziert wird. Im vorliegenden Fall werden Hektik, Anonymität und Gewimmel der Millionenstadt Berlin durch das permanente Ein- und Aussteigen der Fahrgäste, durch die Ausrufe der Zeitungsverkäufer und durch die des Schaffners realisiert: „Zwölf Uhr Mittagszeitung", „B.Z.", „Die neue Illustrierte", „Die Funkstunde neu", „Noch jemand zugestiegen?"[9] Es bleibt hinzuzufügen, dass die Verfahren referentieller und semantischer Stadtkonstitution in der literarischen Praxis häufig kombiniert werden.

Die über diese Verfahren erzeugten Textstädte können darüber hinaus auf unterschiedliche Weise modalisiert werden. Dabei spielt die Fokussetzung keine ausschlaggebende Rolle. Gleichviel, ob die Perspektive an die Rede- oder Wahrnehmungsinstanz, an ein externes oder figurales Medium gebunden ist, entscheidend ist der Abstand zwischen dem Standpunkt der Wahrnehmung und dem

---

[5] Alfred Döblin: *Berlin Alexanderplatz. Die Geschichte vom Franz Biberkopf* [1929]. München: Deutscher Taschenbuch Verlag, 1980, S. 8.
[6] Ebd., S. 9.
[7] Ebd., S. 11.
[8] Ebd., S. 8 f.
[9] Ebd., S. 8.

Objekt. Dieser variiert zwischen den Extrema der panoramatischen Übersicht und der eingeschränkten Teilsicht. So gesehen werden Textstädte in erster Linie über die Lokalisierung des wahrnehmenden Subjekts modalisiert, aber auch über dessen Mobilität sowie durch seine mentale Synthesefähigkeit. Im Texteingang von *Berlin Alexanderplatz* etwa haben wir es mit einer partialisierenden Form der Stadtkonstitution zu tun, weil der Blickwinkel des Perspektivträgers Franz Biberkopf stark eingeschränkt ist und aufgrund seiner passiven Mobilität ein verengter und eher flüchtiger Blick auf die deutsche Hauptstadt entsteht. Dieser Eindruck wird auch durch die oben genannten, diskontinuierlichen Referentialisierungspunkte erzeugt, die allein im Wedding und rund um den Rosenthaler Platz eine gewisse Dichte aufweisen und daher bei der Wegbeschreibung kein Kontinuum bilden. Es entsteht nicht zuletzt deshalb ein fragmentarisiertes Textberlin, weil die verstreuten Elemente aufgrund der mangelnden mentalen Synthesefähigkeit des Subjekts auch a posteriori nicht versammelt und geordnet werden können.

1.2 Textstadttypen

Auf der Basis der oben genannten diskursiven Erzeugungstechniken können grob gesehen drei Textstadttypen entworfen werden: allegorische, reale und imaginäre Städte. Diese systematische Typologie entspricht – zumindest tendenziell – einer historischen Abfolge. Bis zum 18. Jahrhundert werden Stadtdarstellungen häufig sekundär semantisiert und dabei als allegorische Vehikel für weitergehende moralische Wirkungsabsichten in den Dienst genommen. Dagegen steht bei den Städten des Realen die Referenz im Mittelpunkt. Durch das eineindeutige Verweisen mittels Eigennamen und durch die historische Nähe des fiktiven Geschehens wird dem Leser eine Realitätsgarantie bzw. ein Kontiguitätsversprechen gegeben. Aufgrund der solchermaßen erzeugten Realitätseffekte kann er in eine perfekte Realitätsillusion hinübergleiten. Man kennt das aus den Romaneröffnungen Balzacs, Flauberts, Fontanes oder Vergas. Der dritte Textstadttyp offeriert Städte des Imaginären und fungiert weniger als Exemplum für Tugenden und Laster noch als Abbild von Wirklichkeit, sondern als Ausdruck urbaner Konstrukte, Visionen oder Trugbilder. Nicht ganz zufällig entsteht dieser Typus im Horizont von Baudelaires ‚imagination créatrice'. Seine *narrative* Stunde schlägt leicht zeitversetzt gegen Ende des 19. Jahrhunderts und weist nicht von ungefähr eine Strukturhomologie zur Ästhetik des Traums auf.[10] Es ist

---

[10] Den wohl bekanntesten romanesken Dekadenz-Traum findet man in dem wohl bekanntesten Roman des Fin de Siècle, nämlich in Joris-Karl Huysmans' Dandy-Biographie *A rebours* (1884). Darin träumt der Protagonist des Esseintes im achten Kapitel von einer verführerischen Frau. Mit ihren eiskalten blauen Augen und angesichts ihres blutenden Schoßes versetzt sie den Träumer jedoch in Angst und Schrecken. Der Traum nimmt seinen realistischen Ausgang aus einer ‚typischen' realistisch-urbanen Szene, insofern er auf einer

daher kein Zufall, dass in D'Annunzios Hauptstadtroman *Il piacere* die längste Stadtbeschreibung im Zeichen des Traums steht. Während Rom in den meisten Passagen als eine Textstadt des Realen entworfen wird, durchläuft die ewige Stadt am Ende des Romans aus dem traumverhangenen Blickwinkel Andrea Sperellis eine Metamorphose und verwandelt sich dabei zu einer Stadt des Imaginären.

2. Rom als Stadt des Realen

Il piacere setzt mit einer Rom-Beschreibung ein:

> L'anno moriva, assai dolcemente. Il sole di San Silvestro spandeva non so che tepor velato, mollissimo, aureo, quasi primaverile, nel ciel di Roma. Tutte le vie erano popolose come nelle domeniche di maggio. Su la piazza Barberini, su la piazza di Spagna una moltitudine di vetture passava in corsa traversando; e dalle due piazza il romorio confuso e continuo, salendo alla Trinità de' Monti, alla via Sistina, giungeva fin nelle stanze del palazzo Zuccari, attenuato.[11]

D'Annunzios narrative Eröffnung entspricht in jeder Hinsicht den klassischen Standards eines realistischen Romananfangs. Dem Orientierungsbedürfnis des Lesers folgend, werden die deiktischen Verhältnisse umgehend geklärt. Das hier gezeichnete Bild der Stadt Rom setzt sich aus eineindeutigen Referenzpunkten zusammen, die ein prototypisches Hauptstadtbild zeichnen. Bekannte zentrale Plätze („piazza Barberini", „piazza di Spagna"), Kirchen („Trinità de' Monti"), Straßen („via Sistina") und Adelspaläste („palazzo Zuccari") liefern eine Realitätsillusion, in der man sich umgehend einrichten kann. Diese wird unterstützt durch die exakte Benennung des Einsatzzeitpunkts der erzählten Geschichte (31. Dezember 1886, 15 Uhr), die – auch das ein Kennzeichen realistischen Erzählens – einen fiktionalen Akt- bzw. Betrachtzeitraum eröffnet, der sehr nahe heranreicht an das Publikationsdatum des Romans (1889) und damit eine typisch realistische Kontiguitätsrelation stiftet. Weitergehend stabilisiert wird das urbane Diskursuniversum durch einschlägige Kernlexeme, die das Abbild einer betriebsamen Großstadt liefern. Die Straßen sind voller Menschen („popolose"), es herrscht starker Verkehr („moltitudine di vetture") und der Straßen-

---

Einkaufstour des Protagonisten beruht, die im Traum ihre imaginäre Fortsetzung findet. Der reale des Esseintes flaniert durch das Gewächshausviertel in der Pariser Avenue de Châtillon, um sich seinem Distinktionsbedürfnis entsprechend mit exotischen Pflanzen zu versorgen. Als er die Pflanzen zu Hause in ihrer ganzen absonderlichen Pracht und Fülle betrachtet, gerät er zunächst ins Phantasieren und schließlich ins Träumen. Am Schlusspunkt des Traums taucht mit Nidularum eine vorerwähnte Pflanze wieder auf, ein Bromeliengewächs, das sein Traum-Ich für den syphilitischen Schoß der oben genannten Frau gehalten hatte.

[11] D'Annunzio: *Il piacere*, S. 11.

lärm addiert sich zu einer kontinuierlichen Geräuschkulisse („romorio confuso e continuo"), die bis in die privaten Räume des Protagonisten eindringt. Modalisiert wird die junge italienische Hauptstadt durch ein auktoriales Panorama, das aus der Perspektive eines souveränen Erzählers erzeugt wird, der – das verrät die syntagmatische Anordnung und Verknüpfung vorgenannter Urbanitätszeichen – sich durch eine überdurchschnittliche mentale Synthesefähigkeit auszeichnet. Letztere muss auch für die feinsinnigen, ansatzweise dekadentistisch-raffinierten Attribuierungen („tepor velato") verantwortlich gemacht werden. Es handelt sich dabei um Spezifizierungen des städtischen Raums, die in der Regel nicht über den Rahmen einer realistischen Konstruktion mit ästhetizistischen Einsprengseln hinausgehen.

Wenn man den expliziten Vorlieben des Andrea Sperelli folgt, wird man in dem Roman auf ein nostalgisches, rinascimental-barockes Rom der Päpste treffen, das sich dem Protagonistengeschmack entsprechend aus Adelspalästen, Brunnen und Kirchen zusammensetzt.[12] Dabei wird leicht übersehen, dass auch die zeitgenössische Hauptstadt erzählerisch gewürdigt wird. In dieser tummeln sich boreale Touristen.[13] Nicht zu übersehen sind die administrativen und merkantilen Neurömer, welche die angestammte vatikanische Nomenklatura allmählich verdrängen und im postrisorgimentalen Rom facettenreiche mondäne Aktivitäten entwickeln,[14] was u.a. auch daran liegt, dass ein Gutteil der Rombeschreibungen auf journalistische Artikel zurückgeht, die D'Annunzio für diverse Zeitschriften verfasst hatte.[15] Aber auch das ärmliche Leben am Rande der Stadt ist in D'Annunzios Romschilderung vertreten, und zwar in einer eminenten, chronologisch markierten Passage des Romans: Am 25. März 1885, dem Jahrestag ihrer Trennung, fahren Elena Muti und Andrea Sperelli in einer Kutsche durch die Porta Pia – also durch die klaffende historische Wunde Roms, worauf später noch zurückzukommen ist – auf der via Nomentana in nordöstlicher Richtung an den Stadtrand. An der Brücke, die den Fluss Aniene überquert, erleben sie in einer ebendort gelegenen ‚osteria romanesca' eine Szene, die sämtliche Ingredienzien einer naturalistischen Elendsdarstellung aufweist:

> Come i due [Elena ed Andrea, Verf.] entrarono, nella gente dell'osteria non avvenne alcun moto di meraviglia. Tre o quattro uomini febricitanti stavano intorno a un braciere quadrato, taciturni e giallastri. Un bovaro, di

---

[12] Vgl. ebd., S. 41, wo es heißt: „Roma era il suo grande amore: non la Roma dei Cesari ma la Roma dei Papi; non la Roma degli Archi, delle Terme, dei Fòri, ma la Roma delle Ville, delle Fontane, delle Chiese. Egli avrebbe dato tutto il Colosseo per la Villa Medici, il Campo Vaccino per la Piazza di Spagna, l'Arco di Tito per la Fontanella delle Tartarughe."
[13] „Dagli alberghi uscivano signore bionde con in mano il libro rosso del Baedeker;" (ebd., S. 281).
[14] Vgl. hierzu Corrado Augias: *I segreti di Roma. Storie, luoghi e personaggi di una capitale*. Mailand: Mondadori, 2005, sowie Franz J. Bauer: *Rom im 19. und 20. Jahrhundert. Konstruktion eines Mythos*. Regensburg: Pustet, 2010.
[15] Zu diesem Aspekt vgl. Eurialo De Michelis: *Roma senza lupa. Nuovi studi sul D'Annunzio*. Rom: Bonacci, 1976.

pel rosso, sonnecchiava in un angolo, tenendo ancóra fra i denti la pipa spenta. Due giovinastri, scarni e biechi, giocavano a carte, fissandosi negli intervalli con uno sguardo pieno d'ardor bestiale. E l'ostessa, una femmina pingue, teneva fra le braccia un bambino, cullandolo pesantemente.[16]

Die Osteria macht einen erbärmlichen Eindruck. Sie ist notdürftig mit vormodernen Kohlenpfannen beheizt, die Gäste erwecken den Eindruck, als seien sie in Analogie zu den Verbrecherstudien in Cesare Lombrosos Studie *L'uomo delinquente* (1876) erschaffen: Sie machen durchweg einen bestialischen („bovaro", „pel rosso", „ardor bestiale"), stumpfsinnigen („sonnecchiava [...] fra i denti la pipa spinta"), insbesondere aber elenden Eindruck („scarni e biechi"), und es haftet ihnen der Makel animalischer Fertilität an („femmina pingue"). Das ganze Elend konzentriert sich in der anschließenden Beschreibung des Säuglings, der sämtliche ekelerregenden Hautkrankheiten aufzuweisen scheint, die nach dem damaligen Stand der Medizin darstellbar waren.

Aus dem Vorangehenden kann man den Schluss ziehen, dass D'Annunzios realistische Erzählkunst nicht nur auf der rein textlinguistischen Ebene des Ausdrucks lesbar wird, sondern darüber hinaus auch aufgrund der eingeblendeten Sujets sowie aufgrund einer am positiven Wissen von Kriminalanthropologie und Medizin ausgerichteten Figurenmodellierung.

3. Rom als geträumte Stadt des Imaginären

Nach einem dreimonatigen Genesungsurlaub auf dem Lande kehrt Andrea Sperelli nach Rom zurück und verstrickt sich erneut in zahllose mondäne Abenteuer, die ihn u.a. auch nach London und Paris führen, bis schließlich Maria Ferres, sein platonischer Kurschatten, Ende Januar 1887 ebenfalls nach Rom zieht und seine Geliebte im vollumfänglichen Sinne des Wortes wird. Gleichwohl fühlt sich Andrea weiterhin von Elena Muti angezogen. In Gedanken pendelt er zwischen beiden Frauen hin und her, und er führt nicht zuletzt aus diesem Grunde ein unaufrichtiges und haltloses Leben. In einem inneren Monolog erkennt er in sich Züge der epochentypischen multiplen Persönlichkeit:[17] „Io sono camaleontico, chimerico, incoerente, inconsistente. Qualunque mio sforzo verso l'unità riuscirà sempre vano."[18] Diese Selbsterkenntnis steigert sich zum Selbstekel, zumal er spürt, dass Maria aufrichtige Gefühle für ihn hegt. Besonders deutlich äußert sich diese existentielle ‚noia' auf den einstmals geliebten Soiréen mit ihren hohlen Ritualen: „L'irritazione, il fastidio, l'insofferenza in Andrea arrivarono a

---

[16] D'Annunzio: *Il piacere*, S. 16.
[17] Zum Epochenphänomen der multiplen Persönlichkeit vgl. Ursula Link-Heer: „Doppelgänger und multiple Persönlichkeiten. Eine Faszination der Jahrhundertwende", in: *Arcadia* 1/2 (1996), S. 273–296, und Christof Forderer: *Ich-Eklipsen. Doppelgänger in der Literatur seit 1800*. Stuttgart: Metzler, 1999.
[18] D'Annunzio: *Il piacere*, S. 278.

tal punto ch'egli non riusciva più a dissimularli."[19] In sehr kurze Worte gefasst: Andrea Sperelli ist reif für eine Erlösung. In dieser Phase existentieller Verunsicherung erhält er ein anonymes ‚billet doux', auf welchem eine mitternächtliche Eskapade in einer Kutsche in Aussicht gestellt wird. Kutschensex hatte Sperelli bislang nur mit Elena, und auch die Unterschrift „A Stranger" deutet auf die Urheberschaft der mit einem englischen Lord verheirateten Ex-Geliebten. Obwohl Sperelli gerade von einer „assai dolce visita"[20] bei Maria heimgekehrt ist, blickt er dem mitternächtlichen Intermezzo mit Interesse entgegen. Es folgt die längste Rombeschreibung des Romans, die sich mit sechs Seiten Erzählzeit zu einer veritablen Szene auswächst. Deren Einmaligkeit und Bedeutung wird im Erzählerdiskurs mehrfach hervorgehoben, etwa dann, wenn von einer „memorabile notte di febbraio" die Rede ist, in der ein „plenilunio favoloso, di non mai veduto lume"[21] scheine, oder im Erzählerdiskurs behauptet wird, es handele sich um „una delle notti più belle che sien trascorse nel cielo di Roma"[22], und schließlich auch dann noch, wenn am Ende der Sequenz die Hoffnung geäußert wird, dass die abwesende Maria Ferres „tutta la grandezza della notte"[23] in ihren Träumen spüren möge.[24]

Wie in den oben vorgeführten Stadtbeschreibungen wird zunächst über den Referenzpunkt des Palazzo Barberini ein realistisches Text-Rom erzeugt, das in der Folge zwar zum wiederholten Mal über weitere Referentialisierungen aufgerufen und stabilisiert wird, aber in dieser Szene deutlich erkennbar als Ausgangspunkt für eine sekundäre amimetische Semantisierung im Zeichen des Traums dient:

> Splendeva su Roma, in quella memorabile notte di febbraio, un plenilunio favoloso, di non mai veduto lume. L'aria pareva impregnata come d'un latte

---

[19] Ebd., S. 283.
[20] Ebd., S. 288.
[21] Ebd., S. 288 f.
[22] Ebd., S. 293.
[23] Ebd., S. 294.
[24] Wie Rudolf Behrens gezeigt hat (vgl. ders.: „Roma e Venezia nell'ottica del decadentismo e del futurismo (D'Annunzio, Marinetti)", in: *Venezia, Roma. Due città fra paralleli e contrasti*, hg. v. Susanne Winter. Rom: Storia e Letteratura, 2006, S. 125–146), addieren sich D'Annunzios Romschilderungen zu einer „linea discendente" (ebd., S. 133), die von der anfänglichen Romeuphorie über eine Roma „piuttosto ripugnante e minacciosa" (S. 134) zu Beginn des dritten Buches bis zu der hier in Rede stehenden Winternacht reicht, die durch eine „scenografia immobile, muta et rigida" (S. 135) beherrscht sei. Diese absteigende Linie interpretiert Behrens im Sinne der Gestalttheorie als Abfolge unterschiedlicher Gestalten, die jeweils den zunehmend bedenklichen Gemütszustand Sperellis widerspiegeln, was plausibel ist. Die letzte Szene in der Winternacht immerhin ist m. E. nicht allein Spiegelbild des depressiven Protagonisten, sondern zumindest ambig angelegt, insofern sich auf den zweiten Blick eine allegorische Sinnschicht erschließt, die, über den Endpunkt der ‚linea discendente' hinausreichend, auf ein zukünftiges Rombild verweist, das vorerst nur in einem Traum existiert und als ‚caput' einer neuen Ordnung erst in den ambitionierten Visionen der folgenden *Romanzi della rosa* zum Austrag kommen sollte.

immateriale; tutte le cose parevano esistere d'una esistenza di sogno, parevano imagini impalpabili come quelle d'una meteora, parevan essere visibili di lungi per un irradiamento chimerico delle loro forme. La neve copriva tutte le verghe dei cancelli, nascondeva il ferro, componeva un'opera di ricamo più leggera e più gracile d'una filigrana, che i colossi ammantati di bianco sostenevano come le querci sostengono le tele dei ragni. Il giardino fioriva a similitudine d'una selva immobile di gigli enormi e difformi, congelato; era un orto posseduto da una incantazione lunatica, un esanime paradiso di Selene. Muta, solenne, profonda, la casa dei Barberini occupava l'aria: tutti i rilievi grandeggiavano candidissimi gittando un'ombra cerulea, diafana come una luce; e quei candori e quelle ombre sovrapponevano alla vera architettura dell'edificio il fantasma d'una prodigiosa architettura ariostèa.[25]

Bevor die traumartige Sequenz einsetzt, wird die physikalische Ursache für die ungewöhnlichen Lichtreflexe benannt: Der Vollmond wird vom Schnee gespiegelt. Das Verb „pareva" wird zweimal wiederholt und bildet die syntaktische Brücke des Übergangs in die Welt des Traums.[26] Hinzugezogen werden müsste dabei die hier ebenfalls belegte Vergleichspartikel „come", die ihrerseits eine Gelenkstelle zwischen eigentlichem und übertragenem Ausdruck und damit zwischen der Stadt des Realen und der des Imaginären bildet. Mittels ‚praeteritio' wird behauptet, dass die Bilder chimärenhaft und unbeschreibbar seien, eine Behauptung, die anzeigt, dass der Erzähler sich immer noch auf einer Metaebene diesseits des Traums befindet, die dann allerdings widerlegt wird, weil eine äußerst kunstvolle Beschreibung des Nichtbeschreibbaren folgt. Dabei verlässt D'Annunzio die Ebene prototypischer Romdeskription, indem er eine ganze Reihe erlesener Vergleiche und Attribuierungen einstreut, die überdeutlich auf einen subjektiven Fokus zurückgehen und die moderne Hauptstadt enthebbar machen. So etwa bildet der Schnee auf den Gitterstäben des Metallzauns eine Stickarbeit, deren Feinheit herausgestellt und zusätzlich gesteigert wird, insofern gesagt wird, sie sei noch anmutiger und feiner als das dem Begriff nach Feinste, nämlich eine Filigranarbeit. Auch das für das Stadtviertel typische Dioskurendenkmal, welches mit der definitiven Bezeichnung „i colossi" als bekannt präsupponiert wird, erscheint im Halbschatten einer Diegesis, in der die Gegenstände und Sachverhalte mittels kühner Analogien verschoben werden, insofern die steinernen Dioskurenkörper wie Eichen und die Schneebedeckungen wie Spinnennetze aussehen. Auch der Blick auf den Garten steht im Zeichen paradoxer Sachverhalte, die nicht länger den Prinzipien der Realität zu unterliegen scheinen. Nur in einem ästhetizistischen Winter können Pflanzen blühen, und zwar solche, die es in einem Stadtgarten des Realen gar nicht geben kann: „gigli enormi e difformi" als Bestandteile eines vereisten Paradieses, in dem Selene

---

[25] D'Annunzio: *Il piacere*, S. 288–289.
[26] Womöglich wäre an diesem Verbparadigma so etwas wie eine Grammatik der Traumschwelle zu beschreiben, ein textgrammatisches Unterfangen, das hier freilich nicht weiter verfolgt werden kann.

höchstselbst residiert. Mit den anthropomorphen Attributen des Schweigens, der Feierlichkeit und der Tiefgründigkeit sowie des ‚grandeggiare' wird der Topos des Erhabenen aufgerufen, und durch die Linksverschiebung sowie durch den getragenen Rhythmus der syntaktischen Reihung „Muta, solenne, profonda" stark verdichtet. Abschließend wird die reale Stadtarchitektur durch eine abermalige Verschiebung in Analogie zu Ariost gesetzt, und mit dieser so bezeichneten „architettura ariostèa" wird expressis verbis klar, dass es sich um eine erdichtete Stadt handelt und die Traumpassage damit auch als ‚mise en abyme' des Romans gelesen werden kann.

3.1 Autoreferentielle Dimension

Unterzieht man die oben genannte Passage im Horizont dieser neuen Ausgangslage einer zweiten Lektüre, dann erscheint der „plenilunio favoloso" nicht nur in seiner modernen denotativen Bedeutung im Sinne von ‚fabelhaft' bzw. ‚außergewöhnlich'. Auch die konnotative Bedeutung rückt nunmehr in den Fokus, zumal D'Annunzio den Begriff der ‚favola' in mehreren Gedichten seiner lyrischen Sammlung *Alcyone* zum wiederholten Male im autoreferentiellen Sinn gebraucht.[27] Unter diesen Auspizien ist mit dem „opera di ricamo [...] più gracile d'una filigrana" womöglich nicht nur das schneebedeckte Rom gemeint, sondern auch der aktualiter gewebte Text, zumal in dieser Analogie mit ‚ricamo' und ‚filo' gleich zwei topische Textmetaphern in einem Satz enthalten sind. Der solchermaßen als ‚opera' ins Werk gesetzte, linear ‚gestickte' Text erhält durch die weitere Bearbeitung neben der horizontalen syntagmatischen eine paradigmatische Ausrichtung und verknüpft sich zu Textnetzen („tele di ragno"). Die einzelnen Ausdrücke aus dem Wortfeld der Webtechnik ‚ricamo', ‚filo' und ‚tele di ragno' bilden in der Summe eine ‚metaphora continuata'. Die solchermaßen gestiftete Verbindung zwischen Textil und Text speist sich aus einer reichhaltigen Überlieferungsgeschichte: Kulturgeschichtlich besteht ein Nexus zwischen dem Weben und dem Schreiben. Solange keine Kleider gewebt wurden, solange wurden keine Texte geschrieben. Da im vorliegenden Fall von Spinnennetzen die Rede ist, drängt sich darüber hinaus auch die mythologiegeschichtliche Bedeutung auf: Die überhebliche Arachne siegt im Spinnwettbewerb über die göttliche Erfinderin der Webkunst Athene und wird aus Rache von Letzterer in eine Spinne verwandelt: aus *Ἀράχνη* wird *ragno*.[28] Die so entstehende vertikale Dimension kann

---

[27] In *La pioggia nel pineto* zum Beispiel fallen die Regentropfen als „parole nuove" nicht nur auf den Pinienwald, sondern auch auf die im Entstehen begriffene „favola bella" des Papiers und erzeugen damit einen Textregen, der nicht zuletzt durch das prä-lettristische Druckbild graphisch nachgeahmt wird. Vgl. Gabriele D'Annunzio: *La pioggia nel pineto*, in: ders.: *Alcyone* [1903], hg. v. Federico Roncoroni. Mailand: Mondadori, 1995, S. 252–258.

[28] Zum Arachne-Mythos in der Geschichte der abendländischen Kultur und Philosophie vgl. Alfons Knauth: „Dichterspinne und Lebensfaden. Ein filo-logisches Cento", in: *KultuRRe-*

folglich die textmetaphorische Isotopie hervortreten lassen und macht verständlich, warum der Absatz mit dem Schriftstellernamen Ariost endet: Der Traum dient nicht nur dazu, die Stadt des Realen in eine Stadt des Imaginären zu verwandeln und damit für ein neues, symbolistisch habitualisiertes Publikum lesbar zu machen; darüber hinausgehend fungiert er zusätzlich als ein Vehikel, das zweifach auf sich selbst zeigt. Der Selbstbezug dient zum einen als Indiz für den reflektierten und raffinierten Umgang mit Sprachzeichen im Horizont einer ästhetizistischen Wirklichkeitsmodellierung.[29] Zum zweiten wird dadurch der graphische Code der Schrift in seinem druckbasierten zweidimensionalen Trägermedium transparent gemacht, was auch nicht weiter erstaunt. Immerhin führt die Technologisierung des Wortes durch die Erfindung der Schreibmaschine am Ende des 19. Jahrhunderts dazu, dass die Wörter zumindest im lyrischen Diskurs laufen lernen und damit in den geordneten okzidentalen Schrifträumen des Papiers erstmals für Unruhe sorgen. In D'Annunzios Narrativik ist diese Ordnung allerdings noch nicht so gefährdet wie in den zeitgenössischen, raumsprengenden Zeicheneruptionen der ersten futuristischen Narrationen. Stattdessen tendieren D'Annunzios Traumsprachzeichen zur Selbstauslöschung: Das weiße Blatt Papier einer römischen Schneenacht sorgt dafür, dass der Trauminhalt fortgeschrieben werden kann und sich dabei paradoxerweise zugleich selbst auslöscht, weil in der ubiquitären Weiße nichts mehr unterschieden werden und damit keine Bedeutung generiert werden kann. Stattdessen entsteht eine tabula rasa, auf der ein neuer Text entstehen soll. So gesehen kann der Trauminhalt als Allegorie eines Neubeginns gelesen werden. Damit überschießt der Traum seine oben beobachtete Funktion als Darstellungsvehikel einer Stadt des Imaginären:

---

volution 51 (2006), S. 84–93, und Christian J. Emden: „Netz", in: *Wörterbuch der philosophischen Metaphern*, hg. v. Ralf Konersmann. Darmstadt: Wissenschaftliche Buchgesellschaft, 2007, S. 248–260.

[29] An dieser Stelle ist nochmals auf den steigernden Vergleich „un ricamo [...] più gracile d'una filigrana" zurückzukommen. Wie dargelegt bleibt D'Annunzio nicht bei der Darstellung der Ähnlichkeit zwischen Textil- und Textgewebe stehen, sondern er unterzieht den semantischen Übertragungsprozess einer weitergehenden Veredelung, insofern die Stickerei zur Filigranarbeit promoviert wird. So gesehen steht der Selbstbezug nicht zuletzt für die überfeinerte Ästhetik des Fin de Siècle, die mit dieser Strategie dem kapitalistischen Buchmarkt zu entkommen glaubt. D'Annunzios französischer Bruder im Geiste, der symbolistische Dichter Stéphane Mallarmé, vergleicht sich – nebenbei bemerkt – in einem Brief aus dem Jahr 1866 in Opposition zu einer ubiquitären materialistischen Konsumkultur mit einer „[...] araignée sacrée, sur les principaux fils déjà sortis de mon esprit, et à l'aide desquels je tisserai aux points de rencontre de merveilleuses dentelles, que je devine, et qui existent déjà dans le sein de la Beauté." (Stéphane Mallarmé: *Correspondance*, Bd. I, hg. v. Henrie Mondor und Lloyd James Austin. Paris: Gallimard, 1965, S. 224). Zur elitären Selbstbestimmung des Schriftstellers im Zeitalter der kapitalistischen Buchproduktion vgl. Lars Schneider: „Am Anfang war ... die weiße Seite. Verlorene Ursprünge, haltlose Anfänge und weißes Papier: von Melville zu Mallarmé", in: *Am Anfang war ... Ursprungsfiguren und Anfangskonstruktionen der Moderne*, hg. v. Inka Mülder-Bach und Eckhard Schumacher. München: Fink, 2008, S. 145–171.

Die im Sinne einer symbolistisch-ästhetizistischen Rezeption modellierte Stadtdarstellung wird ihrerseits zugunsten allegorischer Lenkung funktionalisiert, was auch auf der Ebene des Erzählerdiskurses ablesbar ist.

Es wurde oben gesagt, dass wir es mit einer intermittierenden Traumvision zu tun haben, das heißt, die sechsseitige Szene, welche einen Umfang von einer Stunde erzählter Zeit wiedergibt, enthält drei unterschiedliche Darstellungsmodi, die einander mehrmals ablösen: Im realistischen Auftakt werden die Ereignisse von einem auktorialen Erzähler im narrativen Modus präsentiert, wenn über Andrea gesagt wird: „La bizzarria del caso, lo spettacolo della notte nivale, il mistero, l'incertezza gli accendevano l'imaginazione, lo sollevavano dalla realità."[30] Es folgt die oben analysierte Traumsequenz, die im Modus der erlebten Rede und aufgrund der Semantik eindeutig aus der Figurensicht Sperellis erfolgt. Einen weiteren, auch im Erzählerdiskurs feststellbaren Einschnitt stellt die Erscheinung der Maria Ferres dar, vom Erzähler wie folgt eingeleitet: „[...] egli [Andrea, Verf.] si abbandonò al sogno che gli suggerivano le apparenze delle cose."[31] Danach wechselt der Darstellungsmodus vom Imperfekt der erlebten Rede zum Präsens des gleichzeitigen Erzählens. Durch den Präsensgebrauch wird der Eindruck größtmöglicher Unmittelbarkeit erzeugt, wodurch Sperellis Vision beinahe mit Händen greifbar erscheint, worauf im Folgenden näher einzugehen ist.[32]

3.2 Allegorische Dimension

Das weiße Leuchten des Schnees der „notte candida" bietet die Kulisse für den Auftritt einer weißen Frau. Joachim Küpper hat darauf hingewiesen, dass mit der dominanten Isotopie der Weiße („latte immateriale", „neve", „bianco", „gigli", „candissimi", „candori") nicht die fatale Elena, auf die Sperelli faktisch wartet, sondern die engelsgleiche ‚femme fragile' Maria Ferres angekündigt wird. Als der Traum unterbricht, wird sich der Dichter und Denker Andrea Sperelli dieser Ambiguität bewusst. Weit davon entfernt, diese Ungewissheit als Pein zu erfahren, weidet sich der mitternächtliche Dandy an ihr, ja, er kostet sie geradezu genüsslich aus: „[...] piacevasi d'indugiare nell'incertezza della preferenza [...]".[33] Während diese prokrastinative Attitüde noch auf das Konto des überfeinerten und amoralischen Sperelli geht, der zunächst uneinsichtig bleibt, obsiegt Maria schließlich und verdrängt Elena als „candore, *candida super nivem*"[34] – und damit

---

[30] D'Annunzio: *Il piacere*, S. 288.
[31] Ebd., S. 290.
[32] Am Ende der Teilsequenz kehrt der Erzähler zurück auf die Warte auktorialen Erzählens, wobei dann auch wieder realistische Details des situativen Kontexts – wie zum Beispiel der Glockenschlag aus dem Turm der nahen Trinità de' Monti-Kirche – eingestreut werden.
[33] Ebd., S. 289.
[34] Ebd., S. 290.

eröffnet sich die Möglichkeit von Heil und Erlösung. Der Traum setzt von Neuem ein und nimmt zusehends Züge einer Traumvision an, was u.a. daran liegen mag, dass der Traum nicht länger unter dem Vorzeichen des Künstlichen steht, sondern durch die Erscheinung Marias unmerklich in einen Kontext des Sakralen eingebettet wird.[35] Maria wird als unbefleckte, nahezu ephemere, stilnovistische Erscheinung modelliert, die nicht von dieser Welt zu sein scheint:[36] „[...] il suo passo è più leggero della sua ombra; la luna e la neve son men pallide di lei."[37] Wie durch ein Wunder verbeugen sich die vereisten Lilien, und als die mariengleiche Dame vorüberschreitet, erheben sie wie die Asphodelen im christlichen Paradies die Stimme, um ihr einen Gruß zu entbieten: „– Amen." Der tiefere Sinn ihrer Ankunft wird umgehend klar:

> Così sia. L'adorata [Maria, Verf.] va ad immolarsi. Così sia. Ella è già presso l'aspettante; fredda e muta, ma con occhi ardenti ed eloquenti. Ed egli prima le mani, le care mani che chiudono le piaghe e schiudono i sogni, bacia. Cosi sià.[38]

Als körperloser Geistleib, der nur aus Augen und Stimme zu bestehen scheint, soll Maria die Wunden der christologisch geformten Figur des Andrea schließen und die Stadt Rom zum Heil führen, denn selbst die unbelebten Dinge scheinen zu wissen, was die Stunde geschlagen hat: „Tutte le cose bianche intorno, consapevoli della grande immolazione, aspettavano per dire *ave* et *amen* al passagio della sorella."[39] Da es sich um eine „grande immolazione" handelt, müssen analog dazu für den Benefiziar der Opfergabe größere Maßstäbe angesetzt werden: Außer Andrea soll auch das verwundete, im Laufe nicht nur des 19. Jahrhunderts wiederholt profanierte ‚caput mundi' geheilt und erlöst werden. Das heißt, im Unterschied zu Dantes Beatrice wird D'Annunzios allegorisches Damenopfer trotz sakraler Umhüllung nicht im Sinne eines christlichen ‚sensus spiritualis' funktionalisiert, sondern es fungiert zunächst als profaniertes Integumentum

---

[35] Zur ostinaten Profanierung sakraler Gegenstände und Praktiken in D'Annunzios Romanen vgl. Marc Föcking: „‚Fra le pura dita l'ostia santa'. Die Sakralisierung des Profanen in den Romanen Gabriele D'Annunzios", in: *Germanisch-Romanische Monatsschrift* 41 (1991), S. 189–213.

[36] Wenn Marias Erscheinung hier in Analogie zur stilnovistischen ‚donna angelicata' gesetzt wird, dann kommt das nicht von ungefähr, erinnert der Duktus der Traumvision doch spätestens mit ihrem Auftritt an einschlägige Erscheinungen der Beatrice in Dantes *Vita Nuova*, nämlich als weiße, weibliche Allegorie des Heils, insofern Beatrice dem erlösungsbedürftigen Ich-Sprecher etwas dem Begriff nach Unmögliches ermöglicht: einen prospektiven Blick auf das Heil in Form der intellektuellen Anschauung: „[...] apparve [Beatrice] a me vestita di colore bianchissimo, [...] mi salutoe molto virtuosamente, tanto che me parve allora vedere tutti li termini de la beatitudine." (Dante Alighieri: *Vita Nuova*, hg. v. Manuela Colombo. Mailand: Feltrinelli, 1993, S. 40).

[37] D'Annunzio: *Il piacere*, S. 290.

[38] Ebd.

[39] Ebd.

eines ‚sensus historicus', der sich erschließt, wenn man die jüngere Stadtgeschichte sowie den Gesamtzyklus der *Romanzi della rosa* berücksichtigt.

An dieser Stelle sei daran erinnert, dass die Stadt Rom in *Il piacere* – wie oben gezeigt – auch als Stadt des Realen und damit als noch junge Hauptstadt eines intrikaten nationalen Vereinigungsprozesses modelliert wird, denn D'Annunzios Romdarstellungen enthalten stets auch „[...] allusioni e strati archeologici che si riferiscono a certi punti fissi della coscienza collettiva storica e culturale"[40]. Unter dieser Prämisse ist darauf hinzuweisen, dass Rom im rezenten Prozess der Nationsbildung mindestens zwei traumatische Zerreißproben durchleben musste, die sich tief in das kollektive Gedächtnis eingegraben hatten: die Revolution und Belagerung in den Jahren 1848/49 sowie den Einmarsch oberitalienischer Truppen am 20. September 1870. Im Verlauf der italienischen Revolutionen von 1848/49 hatte sich für fünf Monate eine revolutionäre Römische Republik aus eigenem Recht unter dem Triumvirat einer ‚Dreimännerherrschaft' gebildet, darunter Giuseppe Mazzini. Eine unmittelbare, skandalöse Folge dieser Revolution war die Vertreibung des geistlichen und (!) weltlichen römischen Oberhauptes in der Person des Papstes. Das aber war auf internationalem Parkett eine nicht hinnehmbare Provokation. Das Selbstbestimmungsrecht der Italiener prallte auf das ewige Rom, die vergleichsweise partikulären italienischen Interessen waren mit der universalen Herrschaft des Papstes nicht vereinbar, insofern mit diesem Akt der Vertreibung die katholische Christenheit auf dem gesamten Erdkreis ihres jahrtausendealten Zentrums verlustig gegangen war. Mit Erfolg appellierte Papst Pius IX. von seinem bourbonischen Exil bei Neapel aus an die katholischen Großmächte, was dazu führte, dass Frankreich unter Beteiligung der spanischen Bourbonen eine 30 000 Mann starke Interventionsarmee entsandte. Unter großen Verlusten widersetzten sich italienische Freiwillige unter Garibaldis Kommando der französischen Übermacht, die am Gianicolo vor den Aurelianischen Mauern stand. Aber nach drei Wochen brach der Widerstand der vorrangig norditalienischen Freiwilligen-Armee, und am 14. Juli 1849 war die Herrschaft des Papstes offiziell wiederhergestellt. Es sei aus der Sicht der jüngeren Romgeschichtsschreibung hinzugefügt, dass durch den heroischen Widerstand in der kurzen Zeit der Römischen Republik ein langfristig wirksamer Mythos des Kampfes um Rom geschaffen wurde, der in der späteren Hauptstadtdebatte von Bedeutung sein würde. Die Stadt am Tiber hatte stellvertretend „für Freiheit und Einheit ganz Italiens gestritten und gelitten"[41] und war damit als zukünftiges ‚caput' des Risorgimento vorbestimmt.[42]

---

[40] Behrens: „Roma e Venezia", S. 135.
[41] Bauer: *Rom im 19. und 20. Jahrhundert*, S. 45.
[42] Allerdings muss unter Berücksichtigung der zweiten oben genannten historischen Zerreissprobe – dem Truppeneinmarsch am 20. September 1870 – hinzugefügt werden, dass die italienische Einheit nicht nur gegen äußere, sondern auf fatale Weise auch gegen innere Widerstände gewaltsam durchgesetzt werden musste, u.a. nämlich gegen einen Großteil der angestammten, papsttreuen römischen Stadtbewohner, wodurch ein zweiter

Vor diesem Hintergrund erklärt sich das engelsgleiche Damenopfer im Traum des Andrea Sperelli nicht zuletzt aus der jüngeren Stadt- und Nationalgeschichte, das heißt, in D'Annunzios Roman *Il piacere* wird neben den Konzepten der realen und der imaginären schließlich auch das der allegorischen Stadt aktualisiert, nämlich über die ‚figura' der weißen Maria. Als Person der biblischen Geschichte verwandelt sie sich in D'Annunzios Romanprosa zu einer Figur profanisierter Heilsgeschichte, die – wie gezeigt – als ‚donna della salute' Parallelen zu Dantes stilnovistischer Modellierung der Beatrice aufweist. Die weiße Maria verkörpert demnach das neue Leben, etwas verheißenes Drittes, ein in der Zukunft liegendes Urbild, das mit der italienischen Realgeschichte nicht zur Deckung gebracht werden kann, das aber in dieser Figur angelegt ist und in der Traumvision als Vorschein antizipiert wird. Sperellis Traumvision hat demnach eine retrospektive und eine prospektive Ausrichtung, insofern sie von alten Wunden handelt, die in einer ungewissen Zukunft geheilt werden können. Dabei wird Marias Leib geopfert, indem er sich im weiteren Textverlauf bis zur Ununterscheidbarkeit mit dem weißen Körper der Stadt vermischt und darin aufgeht: Frauenleib und Stadtkörper verschmelzen zu einer weißen Nichtmaterie und haben damit Anteil an einer epochetypischen Konjunktur von literarischen Weißeinbrüchen,[43] die sich auf prominente Weise mit dem Namen Herman Melvilles und dem des bereits zitierten Stéphane Mallarmé verknüpfen.[44] Im Rekurs auf die oben herauspräparierte autoreferentielle Bedeutung der Traumpassage liegt es im Falle D'Annunzios nahe, den Einbruch der Weiße als Allegorie der weißen Seite zu lesen, die jedoch nicht als zweckfreies selbstbezügliches ‚l'art pour l'art' aufzufassen ist, sondern als tabula rasa im Hinblick auf das neue Leben. Denn auf dieser Seite können dank eines pseudosakralen Damenopfers die Versehrungen der profanisierten ewigen Stadt gesundgeschrieben werden, weil sie den noch unbeschriebenen Textraum für einen potentiellen Neuanfang bieten kann. Inszeniert wird damit ein Heilsprospekt, der über die persönliche Erlösung des Protagonisten weit hinausreicht. Vorgesehen ist nicht nur die ‚restitutio Andreae', sondern darüber hinaus auch die ‚restitutio patriae', eine Dimension des Heils, die nicht innerhalb der Grenzen des Romans abgesteckt werden kann, aber unter Berücksichtigung der zyklischen Gesamtkonstruktion der *Romanzi della rosa* zumindest als Traumvision in Aussicht gestellt wird. Schon Andrea hatte ja den Wunsch geäußert, die Rolle eines ‚principe romano'

---

tiefer Riss im italienischen Volk entstanden war. Zum traumatischen Kampf um Rom als Hauptstadt des risorgimentalen Italien vgl. Gustav Seibt: *Rom oder Tod. Der Kampf um die italienische Hauptstadt.* Berlin: Siedler, 2001.

[43] Vgl. Juliane Vogel: „Weißeinbrüche in der Literatur des 19. Jahrhunderts", in: *Weiß*, hg. v. Wolfgang Ullrich und Juliane Vogel. Frankfurt a.M.: Fischer, 2003, S. 167–192.

[44] Zur Bedeutung der Farbe Weiß als Produzent einander widerstreitender Ursprungsfigurationen bei Melville und Mallarmé vgl. die anregende Studie von Schneider: „Am Anfang war ... die weiße Seite".

zu bekleiden.⁴⁵ Das nostalgische Rollenspiel verwandelt sich in den nachfolgenden Romanen in teils vitalistisch, teils autoritär gefärbten Suchbewegungen, die sich nicht arretieren lassen, geschweige denn ein kohärentes Gesamtbild abgeben könnten. Im zweiten Teil des Romanzyklus (*L'innocente*) bringt die Hauptfigur, ein Bruder im Geiste Sperellis, seinen neugeborenen Sohn um, weil dieser schwach und nicht von seinem Blute ist. Im dritten Teil (*Il trionfo della morte*) möchte der Protagonist, Giorgio Aurispa, mit seiner Geliebten Ippolita einen ‚superuomo' als neuen Weltenlenker zeugen, was jedoch an Ippolitas Unfruchtbarkeit scheitert. Schließlich muss auch noch der wenige Jahre später 1895 veröffentlichte Roman *Le vergini delle rocce* in diese Perspektive gerückt werden. Darin kehrt der adlige, vom bürgerlichen Profitstreben angeekelte Protagonist Claudio Cantelmo auf die heimatliche Scholle zurück. In seinem Selbstverständnis sieht er sich als letzten Spross der lateinischen Rasse, die nur durch einen neuen autoritären Führer gerettet werden könne. Aus diesem Grund hält er auf dem Lande Ausschau nach einer Jungfrau, mit der ein solcher Heilsbringer gezeugt werden soll, damit die ‚restitutio patriae' unter dessen Führung endgültig besiegelt werden kann. Im Hinblick auf diese Teleologie des gesamten Romanzyklus erklärt es sich, warum Rom am Ende des Romans *Il piacere* mit weißer Farbe übertüncht wird: Auf dem solchermaßen entstandenen weißen Blatt könnte jenseits von Kirchenstaat und Risorgimento eine endlich erlöste ‚terza Roma' entstehen. Das heißt, letztinstanzlich besitzt Sperellis Hauptstadtvision auch einen anagogischen Sinn – jedoch mit profanem Kern. Wie in der Realprophetie des christlichen Figuralschemas erinnert Maria Ferres den Träumenden daran, dass das aktuelle, stark mit Elena Muti assoziierte irdische Leben bei näherem Hinsehen bloßer Schatten eines eigentlichen, zukünftigen, wahren Lebens ist.⁴⁶ Im Unterschied allerdings zum theologischen Schema dieser Verheißung kann die Deutung des allegorischen Sinnes nicht jederzeit vertikal von oben erfragt werden. Dementsprechend steht Maria Ferres als weißer Signifikant für eine leere Verheißung, deren Erfüllung – wie man dem Fortgang der *Romanzi della rosa* entnehmen kann – in D'Annunzios Kosmos letztlich der Kontingenz vitalistischer Suchbewegungen überantwortet wird.

Wenn man sich abschließend die Frage stellt, warum D'Annunzio den Modus der geträumten Stadt gewählt hat, so ließen sich die Antworten wie folgt bündeln: Den Ausgangspunkt der Traumvision bildet Rom als Stadt des Realen mit einem hohen Wiedererkennungswert in Gestalt prototypischer Gebäude und eindeutiger Adressen. Im Sinne dekadentistischer Wirklichkeitsmodellierung bietet der Traum die Möglichkeit, eine Textstadt des Imaginären zu entwerfen, die nicht länger den Gesetzen realistischer Mimesis entspricht und deshalb ein

---

⁴⁵ „In casa della marchesa d'Ateleta sua cugina, sopra un albo di confessioni mondane, accanto alla domanda: «Che vorreste voi essere?» egli aveva scritto «Principe romano»." (D'Annunzio: *Il piacere*, S. 41–42).

⁴⁶ Zum Figuralschema in der Bibelexegese und seinem Fortleben im Mittelalter vgl. grundlegend Erich Auerbach: „Figura", in: *Archivum Romanicum* 22 (1938), S. 436–489.

adäquates Darstellungsvehikel für die Bedürfnisse eines neuen, symbolistisch habitualisierten Lesepublikums bietet, das nicht zuletzt für die ebenfalls im Medium des Traums ventilierten textuellen Spiegeleffekte empfänglich gewesen sein dürfte. Damit aber nicht genug erhält Sperellis Traum spätestens mit der engelsgleichen Erscheinung der Maria einen visionären Anstrich, insofern Letztere als allegorische Verkörperung der Stadt Rom auf ein verheißenes Drittes verweist, das Sperelli mit einer neuen, noch undefinierbaren Substanz erfüllt und ihn vorläufig als Hoffenden und Wartenden zurücklässt. Führt Sperellis Traum von Rom die Ästhetik des Dekadentismus auf einen raffinierten Höhepunkt imaginärer Stadtdarstellung, so scheint es, als sei dieser durch die abschließende allegorische Refunktionalisierung zugleich überschritten, nämlich zugunsten eines visionären, noch nicht näher definierten Heilsversprechens.

Bibliographie

Auerbach, Erich: „Figura", in: *Archivum Romanicum* 22 (1938), S. 436–489.

Augias, Corrado: *I segreti di Roma. Storie, luoghi e personaggi di una capitale.* Mailand: Mondadori, 2005.

Barthes, Roland: „Sémiologie et urbanisme", in: ders.: *L'aventure sémiologique.* Paris: Seuil, S. 261–271.

Bauer, Franz J.: *Rom im 19. und 20. Jahrhundert. Konstruktion eines Mythos.* Regensburg: Pustet, 2010.

Behrens, Rudolf: „Roma e Venezia nell'ottica del decadentismo e del futurismo (D'Annunzio, Marinetti)", in: *Venezia, Roma. Due città fra paralleli e contrasti*, hg. v. Susanne Winter. Rom: Storia e Letteratura, 2006, S. 125–146.

D'Annunzio, Gabriele: *Il piacere* [1889]. Mailand: Mondadori, 2002.

— *Alcyone* [1903], hg. v. Federico Roncoroni. Mailand: Mondadori, 1995.

Dante Alighieri: *Vita Nuova*, hg. v. Manuela Colombo. Mailand: Feltrinelli, 1993.

Döblin, Alfred: *Berlin Alexanderplatz. Die Geschichte vom Franz Biberkopf* [1929]. München: Deutscher Taschenbuch Verlag, 1980.

De Michelis, Eurialo: *Roma senza lupa. Nuovi studi sul D'Annunzio.* Rom: Bonacci, 1976.

Emden, Christian J.: „Netz", in: *Wörterbuch der philosophischen Metaphern*, hg. v. Ralf Konersmann. Darmstadt: Wissenschaftliche Buchgesellschaft, 2007, S. 248–260.

Föcking, Marc: „,Fra le pura dita l'ostia santa'. Die Sakralisierung des Profanen in den Romanen Gabriele D'Annunzios", in: *Germanisch-Romanische Monatsschrift* 41 (1991), S. 189–213.

Forderer, Christof: *Ich-Eklipsen. Doppelgänger in der Literatur seit 1800.* Stuttgart: Metzler, 1999.

Knauth, Alfons: „Dichterspinne und Lebensfaden. Ein filo-logisches Cento", in: *KultuRRevolution* 51 (2006), S. 84–93.

Küpper, Joachim: *Zum italienischen Roman des 19. Jahrhunderts: Foscolo, Manzoni, Verga, D'Annunzio*. Stuttgart: Steiner, 2002.

Link-Heer, Ursula: „Doppelgänger und multiple Persönlichkeiten. Eine Faszination der Jahrhundertwende", in: *Arcadia* 1/2 (1996), S. 273–296.

Mahler, Andreas: „Stadttexte – Textstädte. Formen und Funktionen diskursiver Stadtkonstitution", in: *Stadt-Bilder. Allegorie – Mimesis – Imagination*, hg. v. Andreas Mahler. Heidelberg: Winter, 1999, S. 11–36.

Mallarmé, Stéphane: *Correspondance*, Bd. I, hg. v. Henrie Mondor und Lloyd James Austin. Paris: Gallimard, 1965.

Schneider, Lars: „Am Anfang war ... die weiße Seite. Verlorene Ursprünge, haltlose Anfänge und weißes Papier: von Melville zu Mallarmé", in: *Am Anfang war ... Ursprungsfiguren und Anfangskonstruktionen der Moderne*, hg. v. Inka Mülder-Bach und Eckhard Schumacher. München: Fink, 2008, S. 145–171.

Seibt, Gustav: *Rom oder Tod. Der Kampf um die italienische Hauptstadt*. Berlin: Siedler, 2001.

Vogel, Juliane: „Weißeinbrüche in der Literatur des 19. Jahrhunderts", in: *Weiß*, hg. v. Wolfgang Ullrich und Juliane Vogel. Frankfurt a.M.: Fischer, 2003, S. 167–192.

II. Traumwissen und Traumpoetik jenseits von Freud

Jacqueline Carroy (Paris)

‚Récits de rêves' zwischen Wissenschaft und Literatur im Frankreich des 19. Jahrhunderts

Zu den Interaktionen zwischen Literatur auf der einen und Medizin und Psychopathologie auf der anderen Seite gibt es zahlreiche Forschungsarbeiten. Was hingegen den Traum angeht, so werden Literatur- und Wissenschaftsgeschichte häufig isoliert voneinander betrachtet, oder, wenn sie denn in Zusammenhang gebracht werden, dann zuweilen auf anachronistische Art und Weise. Geht es um die Verbindungen zwischen der Literatur des 19. Jahrhunderts und der Traumforschung, so wird auf Psychoanalyse und Neurobiologie verwiesen,[1] während die Traumforschung des 19. Jahrhundert selbst, die zu ihrer Zeit ein breites gebildetes Publikum erreicht hat, beinahe vollständig ausgeblendet wird. Ich möchte eine Alternative zu solchen Herangehensweisen vorschlagen und anhand einiger Beispiele die großen Linien einer Geschichte des Traums andeuten, die wissenschaftliche und literarische Traumberichte in Frankreich zueinander in Beziehung setzt.

Mein historischer Parcours gliedert sich in drei Abschnitte. Zunächst gehe ich auf die Traumberichte zweier Gelehrter ein, die in Sachen Psychologie Amateure sind, Alfred de Maury und Léon d'Hervey de Saint-Denys. Dann setze ich mich mit *En rade* (1887) von Joris-Karl Huysmans auseinander, einem Roman, in dem der Autor sich die Traumforschung seiner Zeit in kritischer Form aneignet. Schließlich lege ich die Aufmerksamkeit auf eine emblematische Episode, die sich Ende des 19. Jahrhunderts abspielt[2] und im Zuge derer Jacques le Lorrain, der sich als Schriftsteller für Psychologie interessiert und zugleich ein Bewunderer von Huysmans ist, in der sich als streng wissenschaftlich verstehenden *Revue philosophique* publiziert. In dieser Zeitschrift veröffentlichten damals üblicherweise Autoren, die im Sinne des ausgehenden 19. Jahrhunderts Psychologen waren. Diesem heute weitgehend vergessenen Schriftsteller werde ich besondere Aufmerksamkeit widmen.

In der Debatte, die Le Lorrain mit einigen Psychologen in Berührung brachte und ihn in Opposition zu ihnen stellte, wurde die epistemologische und ästhetische Frage nach dem Aufschreiben von Träumen diskutiert. Dieses Problem ist inzwischen zwar von einigen bemerkenswerten literaturwissenschaftli-

---

[1] Vgl. beispielhaft für eine solche Herangehensweise Fanny Déchanet-Platz: *L'écrivain, le sommeil et les rêves 1800–1945*. Paris: Gallimard, 2008.
[2] Bezüglich dieser Episode erlaube ich mir den Verweis auf Verf.: „Observer, raconter ou ressusciter les rêves? «Maury guillotiné» en question", in: *Communications* 84 (2009), S. 137–149.

chen Arbeiten untersucht worden,³ aber noch nicht, oder kaum, Gegenstand historischer Untersuchungen geworden. Obwohl alle Protagonisten der Debatte auf die eine oder andere Weise zur Kenntnis nahmen, dass der Traum sich streng genommen der Erzählbarkeit entzieht, schlugen Schriftsteller und Wissenschaftler unterschiedliche, ja gegensätzliche Formen der Wiedergabe vor. Gleichzeitig setzte sich auch eine mehr oder weniger thematische Aufteilung durch. Le Lorrain privilegierte ästhetisierte Erzählungen, die häufig sexuellen oder fantastischen Charakter hatten. Die ‚Berufspsychologen' dagegen bevorzugten banale und asexuale Beispiele, die sie ohne größere stilistische Bemühungen veröffentlichten; so setzen sie sich beispielsweise über die Syntax hinweg, die von einem publizierten Text erwartet wurde.

Gelehrte Amateure in Sachen Traum: Maury und Hervey de Saint-Denys

Im Verlauf des 19. Jahrhunderts schreiben Gelehrte ihre Träume auf, um sie einer wissenschaftlicher Beobachtung zu unterziehen: Einer von ihnen ist Alfred Maury, Historiker und Gelehrter, Professor am Collège de France, sicher die emblematischste Figur unter den ‚savants rêveurs', den ‚träumenden Gelehrten' seiner Zeit, ein anderer Léon d'Hervey de Saint-Denys, ein Sinologe, der 1873 Maurys Kollege am Collège de France wird.[4] Weder der eine noch der andere sind im Sinne ihrer Zeit von Beruf aus Psychologen, also Philosophen und/oder Mediziner. Im Bereich der Physiologie und der Psychologie bleiben sie somit Amateure. Ihre Autorität beziehen sie vielmehr aus dem Umstand, in ihren jeweiligen Arbeitsbereichen als Wissenschaftler anerkannt zu sein, die gut beobachten und gewissenhaft Fakten zusammentragen können. Maury und Hervey geben in ihren Anthologien meist solchen Träumen den Vorzug, die im Alltag notiert wurden oder doch als solche gelten sollen, nicht etwa außergewöhnlichen Visionen. Trotz ihrer theoretischen und philosophischen Divergenzen sind sich

---

[3] Vgl. Jean-Daniel Gollut: *Conter les rêves. La narration de l'expérience onirique dans les œuvres de la modernité*. Paris: José Corti, 1993; ders.: *Le sens du style*. Lausanne: Antipodes, 2008.

[4] Zu den Wissenschaftlern, die ich als ‚savants rêveurs' des 19. Jahrhunderts bezeichne, vgl. Verf.: „Dreaming Scientists and Scientific Dreamers: Freud as a Reader of French Dream Literature", in: *Science in Context* 19 (2006), S. 15–35. Zur Person, zur beruflichen Laufbahn und zum Werk Alfred Maurys vgl. *Alfred Maury, érudit et rêveur. Les sciences de l'homme au milieu du 19ᵉ siècle*, hg. v. Jacqueline Carroy und Nathalie Richard. Rennes: PUR, 2007. Für eine Biographie d'Hervey de Saint-Denys' vgl. Angel Pino: „Abrégé dûment circonstancié de la vie de Marie Jean Léon Le Coq, baron d'Hervey, marquis de Saint-Denys, professeur au Collège de France et membre de l'Institut, sinologue de son état, onironaute à ses heures. Une enquête à l'usage, non exclusif, des futurs biographes", in: *Un siècle d'enseignement du Chinois à l'Ecole des langues orientales 1840–1945*, hg. v. Marie-Claire Bergère und Angel Pino. Paris: L'Asiathèque, 1995, S. 95–129.

beide Wissenschaftler darin einig, dass Träume keine prophetische oder wunderbare Bedeutung haben und dass sie auf eine manchmal weit zurückliegende, meist aber eher nahe Vergangenheit zurückgehen.

Dennoch publizieren Maury und Hervey manchmal auch Traumszenarien, die den Leser, ohne auf etwas Übernatürliches zu verweisen, in ihren Bann ziehen oder verblüffen, sei es, dass sie erotischer Natur sind oder dass sie auf kollektive Schrecken und Ängste zurückgehen. Indem sie von erotischen Träumen sprechen, auch von ihren eigenen, verführen Maury und Hervey ihre männlichen Leser zu Tagträumen oder rufen bei ihnen ein heimliches Einverständnis hervor. Das geschieht auf medizinische und rohe Art wie bei Maury, der gelegentlich seine nächtlichen Erektionen schildert,[5] oder ästhetisierend und suggestiv wie bei Hervey de Saint-Denys, der etwa einen orientalischen, mit schönen Odalisken bevölkerten Traum heraufbeschwört, der deutlich von Ingres inspiriert ist.[6]

Ein Traum Maurys, der erstmals 1853 veröffentlichte Guillotinetraum, wird im 19. Jahrhundert ebenso berühmt, ebenso häufig zitiert und ebenso häufig kommentiert wie heute einige Träume Freuds. Dabei handelt es sich um einen ‚typischen' Albtraum, der, glaubt man dem Psychiater Brierre de Boismont, viele Franzosen jener Zeit bedrängte.[7] Während des kurzen Moments, in dem ihm das Kopfteil seines Bettrahmens auf den Nacken fällt, sieht Maury im Traum, wie er unter der Schreckensherrschaft 1793/94 verurteilt und guillotiniert wird, dann fährt er aus dem Schlaf hoch.[8] Maury zufolge veranschaulicht dieser Traum die Tatsache, dass Außenwahrnehmungen Träume hervorrufen können: Die Enthauptung ist für ihn die Transformation eines alltäglichen, auf den Schläfer einwirkenden Zwischenfalls. Gleichzeitig zeigt das Beispiel, dass das Denken im Traum im Vergleich zum Denken im Wachzustand mit extremer Geschwindigkeit abläuft. Maury ersetzt somit das traditionell Wunderbare, die übernatürlichen Visionen, durch das ‚Mysterium' der Geschwindigkeit des träumenden Geistes. Dieser Punkt ist es, der, wie wir sehen werden, Ende des 19. Jahrhunderts Anlass zur Diskussion gibt.

---

[5] Alfred Maury: „Physiologie psychologique. Des hallucinations hypnagogiques, ou des erreurs des sens dans l'état intermédiaire entre la veille et le sommeil", in: *Annales médico-psychologiques* 11 (1848), S. 26–40, hier: S. 39–40.

[6] Léon d'Hervey de Saint-Denys: *Les rêves et les moyens de les diriger. Observations pratiques* [1867]. Paris: Oniros, 1995, S. 153–154.

[7] Alexandre Brierre de Boismont: *Des hallucinations ou histoire raisonnée des apparitions, des visions, des songes, de l'extase, du magnétisme et du somnambulisme.* Paris: Germer Baillière, 1845, S. 206.

[8] Alfred Maury: „Nouvelles observations sur les analogies des phénomènes du rêve et de l'aliénation mentale", in: *Annales médico-psychologiques* 5 (1853), S. 404–421, hier: S. 418; ders.: *Le sommeil et les rêves. Etudes psychologiques sur ces phénomènes et les divers états qui s'y rattachent, suivies de recherches sur le développement de l'instinct et de l'intelligence dans leur rapport avec le phénomène de sommeil* [1861]. Paris: Didier, 1878, S. 161–162.

Jacqueline Carroy

En rade und die wissenschaftliche Traumforschung

1884 distanziert sich Huysmans in *A rebours*, einem Kultbuch der zeitgenössischen Avantgarde, vom Naturalismus Zolas. Während er die Psychopathologie der Neurose und der Hysterie, die zu dieser Zeit ganz vorne auf der medizinischen Bühne steht, ästhetisiert und kritisiert, erfindet er zugleich eine neue Schreibweise, einen eigenen Stil. Gustave Moreaus tanzende Salomé, bei deren Anblick der Romanheld Des Esseintes ins Träumen kommt, spielt in *A rebours* die Rolle einer „déesse de l'immortelle Hystérie".[9] Wie bei Baudelaire stellt sich die Frage nach einem Jenseits der Neurose, das auf den Teufel und das Dämonische verweist.

In *En rade* ist es die wissenschaftliche Traumforschung, die Huysmans über seinen Doppelgänger, die Hauptfigur des Romans Jacques Marles, in ähnlicher Form in den Mittelpunkt stellt. Seinen Gläubigern entkommen, flüchtet Marles sich in Begleitung seiner Frau, die von einem unbekannten nervösen Leiden geplagt wird, in ein heruntergekommenes, unheimliches Schloss. Die Eheleute, die bisher wegen der Krankheit der Frau getrennte Schlafzimmer hatten, sind hier der Umstände halber gezwungen, die erste Nacht im selben Zimmer und im selben Bett zu verbringen. Zu diesem Zeitpunkt hat Jacques einen ersten Traum, der ihn erstaunt und an den er sich erinnert. Auf diesen Traum folgen zwei weitere lange Visionen (eine Mondreise und eine Allegorie der Wahrheit), eine Träumerei, die sich um eine wissenschaftliche Zeitschrift dreht (Breton nimmt diese Träumerei in seine *Anthologie de l'humour noir* auf und feiert Huysmans als Autor „aux sommets de l'inspiration"[10]), sowie weitere Träume und Albträume, an die Jacques sich im Wachleben nicht mehr erinnert.

In Kontrast zu dem Ort, an dem Jacques schläft und in Kontrast zur Situation ehelicher Enthaltsamkeit, in der er sich befindet, evoziert der Traum luxuriöse und lüsterne Visionen. Der Träumer sieht einen gigantischen Palast und einen nicht minder gigantischen Weinberg aus Edelsteinen vor sich. Am Ende des Traums wird das Szenario einer königlichen Vergewaltigung geschildert: Ein in Purpur gekleideter Herrscher vergeht sich an einer ihm dargebrachten Jungfrau. Der Träumer identifiziert sich mit beiden Personen, zunächst mit der des phallischen Königs, dann mit der der Kindfrau, die ausgeliefert, dargebracht und schließlich ‚durchbohrt' wird. Jacques schreckt aus dem Schlaf auf, „unter dem Druck der Hände seiner Frau".[11] Das Ende des Traums inszeniert somit die Transformation einer Außenwahrnehmung, ähnlich dem Traum vom ‚guillotinierten Maury'. Als Begleiterscheinung tritt ein Stilbruch auf, der den gesamten Text affiziert: Auf die ausgefeilte Traumvision, die im symbolistischen Stil der

---

[9] Joris-Karl Huysmans: *A rebours* [1883], hg. v. Daniel Grojnowski. Paris: Garnier Flammarion, 1978, S. 106.
[10] André Breton: *Anthologie de l'humour noir* [1940], in: ders.: *Œuvres complètes*, Bd. II, hg. v. Marguerite Bonnet. Paris: Gallimard, 1992, S. 863–1176, hier: S. 997.
[11] Joris-Karl Huysmans: *En rade* [1887], hg. v. Jean Borie. Paris: Gallimard, 1984, S. 62–63.

Jahrhundertwende hyperbolisch detaillierte Beschreibungen, eingeschobene Sätze, syntaktische Konstruktionen und seltene Wörter anhäuft, folgt abrupt, dem Aufwachen des Schläfers entsprechend, der prosaische Stil des naturalistischen Romans.

Am nächsten Tag versucht Jacques, der nicht aufhören kann an die ‚grässlichen' Erinnerungen der Nacht zu denken, seinen Traum zu analysieren.[12] Wie ein Wissenschaftler durchkämmt er Schicht für Schicht sein Gedächtnis, er findet in seinem Traum Reminiszenzen an die Bibel und identifiziert die Personen seiner Traumvision als Esther und Ahasver, allerdings ohne sich an eine kürzlich erfolgte Lektüre oder an eine Graphik zu erinnern, die auf das Buch Esther zurückgehe. Diese Suche bringt ihn zu der Vermutung, der Traum habe eine lange ‚Inkubationszeit' gehabt. Zu Huysmans Zeiten ist es, namentlich in Anschluss an Maury, üblich zu unterstreichen, dass Träume eine weit zurückliegende Vergangenheit hervorholen können, an die der Träumer sich im Wachzustand nicht erinnern kann. Der Terminus ‚incubation' verweist allerdings auch auf eine antike medizinische Hermeneutik und Wahrsagekunst, die Jacques mit der modernen Traumforschung konfrontiert und die er dieser letztlich vorzieht. Für Huysmans jedenfalls lässt sich das Rätsel des Traums, ebenso wie das der Hysterie und der Neurose in *A rebours*, nicht allein mit Hilfe der Wissenschaft lösen.

Das Neue an *En rade* besteht darin, dass – nicht ohne Ironie – eine moderne Romanfigur inszeniert wird, die versucht, ihre Träume auf die gleiche Art und Weise zu entziffern wie ein zeitgenössischer Wissenschaftler. Dennoch scheinen die Traumbilder über den kläglichen Romanhelden, der sie unter die Lupe nimmt, hinauszuwachsen und sich in einem Anderswo zu situieren, über das er selbst nicht mehr Herr ist. Sie gehen auf eine Zeit zurück, die noch älter und primitiver ist als die noch so weit zurück liegende Vergangenheit eines einzelnen Menschen. Jacques' Traum ästhetisiert und erotisiert die Geschichte von Esther und Ahasver, die ein prunkvolles Bild heraufbeschwört, das an Gustave Moreaus *Jupiter et Sémélé* denken lässt. Indem Huysmans die Bibel und die Mythologie ins Spiel bringt, will er dem Traum eine sakrale und mythische Dimension zuweisen. Passend dazu reklamiert er die Rückkehr zu einer von der Wissenschaft verworfenen Traumhermeneutik.

Zugleich verleiht Huysmans der erotischen Traumerzählung literarische Weihen. Der Dichter Théophile Gautier hatte in der *Lettre à la présidente*, die er 1850 an einen erlesenen kleinen Kreis von Liebhabern frivoler Geschichten adressierte, in Rabelais'scher Manier eine „fantasmagorie nocturne" geschildert, die um eine „fausse couche" kreiste, ein Terminus, der damals den unwillkürlichen nächtlichen Samenerguss bezeichnete.[13] In Maupassants 1882 in *Gil Blas* publizierter Novelle *Magnétisme* wurden erotische Männerträume nach den Kri-

---

[12] Ebd., S. 77–80.
[13] Théophile Gautier: *Lettre à la présidente* [1850]. Paris: Mille et Une Nuits, 1994, S. 12.

terien der Epoche ‚dezenter', also weniger physiologisch und stärker psychologisch, behandelt.[14] Es scheint mir, dass *En rade* einige heute vergessene Avantgardeautoren wie Léopold Martin-Laya oder Jean Honcey, die sich darauf beriefen, psychologisch zu arbeiten,[15] dazu autorisiert haben könnte, ihre Romanfiguren mit sexuellen Träumen auszustatten, die von nackten Frauen bevölkert werden und mit leidenschaftlichen Umarmungen gespickt sind. Durch deren ausreichend ästhetisierten, ausreichend expliziten und ausreichend elliptischen Charakter konnte man davon ausgehen, dass sie zu Tagträumen verführten, ohne sich über die Regeln des Anstands hinwegzusetzen. Weit entfernt von einer unverblümten medizinischen oder pornographischen Sprache erinnern diese Visionen in ihrem Ton und in ihrem Stil an die Odalisken aus dem Traum Herveys. Während die Amateurpsychologen der 1860er Jahre ihre erotischen Traumbilder noch ohne Zögern heraufbeschwören, zeigen die wissenschaftlichen Psychologen am Ende des Jahrhunderts, wie wir sehen werden, diesbezüglich mehr Zurückhaltung: Jetzt sind es eher die Schriftsteller, die ihre Träume sexualisieren.

Für eine neuerliche Verzauberung des Traums: Jacques Le Lorrains Kritik an Maury

Die 1876 von Ribot gegründete *Revue philosophique de la France et de l'étranger* ist eine monatlich erscheinende Zeitschrift, die zur Professionalisierung der Philosophie beiträgt, zugleich aber auch ein Forum für eine bestimmte Form der Psychologie und für andere von der Philosophie unabhängige Humanwissenschaften ist.[16] Das Ideal einer umfassenden Humanwissenschaft weicht einer vielfältigen Wissens- und Disziplinenlandschaft, nach Ribot folgt auf das Zeitalter der Amateure nun das Zeitalter der Fachleute. Dennoch öffnet er seine Zeitschrift am Ende des Jahrhunderts auf sehr ungewöhnliche Art und Weise für drei von Mal zu Mal länger werdende Texte eines Gelegenheitspsychologen.

Ribot orchestriert eine Diskussion, die sich in Form eines Feuilletons um den Traum vom ‚guillotinierten Maury' dreht. Nachdem er zunächst einen kurzen Brief Jacques Le Lorrains (1856–1904) über Paramnesien publiziert hat,[17] gibt er dem Romanschriftsteller und Dichter im September 1894 erneut das

---

[14] Guy de Maupassant: *Magnétisme* [1882], in: *Le père Milon et autres nouvelles*, hg. v. Marie-Claire Bancquart. Paris: Gallimard, 2003, S. 72–78.

[15] Léopold Martin-Laya: *Yvon d'Or*. Paris: Dentu, 1888, S. 230–232; Jean Honcey: *Jean Bise*. Paris: Perrin, 1889, S. 71–74.

[16] Zu dieser Zeitschrift, die im zeitgenössischen Europa viel gelesen wurde, erlaube ich mir den Verweis auf Verf.: „Philosophie et psychologie au 19e siècle en France. Taine, Ribot et la *Revue philosophique*", in: *Unité et globalité de l'homme. Des humanités aux sciences humaines*, hg. v. Marie-Louise Pelus-Kaplan. Paris: Syllepse, 2006, S. 79–91.

[17] Jacques Le Lorrain: „A propos de la paramnésie", in: *Revue philosophique* 37 (1894), S. 208–210.

‚Récits de rêves' zwischen Wissenschaft und Literatur

Wort. Le Lorrain, eine Figur der Pariser Bohème und der literarischen Avantgarde, versucht, von seinem Schreiben zu leben und nach allen Seiten Aufmerksamkeit zu heischen.[18] Es ist anzunehmen, dass Ribot ihn somit bewusst die Rolle des ‚outsiders' spielen lässt, der ohne Skrupel gegen eine wissenschaftliche Autorität wie Maury angehen kann.

Le Lorrain hat 1894 gerade eine Gedichtsammlung mit dem Titel *Fleurs pâles* bei Léon Vanier, dem zeitgenössischen Verleger für Avantgardelyrik veröffentlicht, der Paul Verlaine, Arthur Rimbaud, Jean Moréas, Stéphane Mallarmé, Tristan Corbière, Paul Laforgue und Henri de Régnier herausgibt. Le Lorrain beansprucht, für ein erlesenes Publikum Gedichte in unregelmäßiger Versform zu schreiben und bezieht sich dabei auf Psychopathologie und Anthropologie als moderne Wissenschaftsparadigmen, lässt also die eine Avantgarde für die andere einstehen. Im Vorwort zu *Fleurs pâles* bezeichnet er sich als „splénétique" und unterstreicht, dass die Menschheit sich „malgré les leçons de l'anthropologie et de l'anatomie comparée" nicht mehr an ihre Herkunft erinnere. Ihm zufolge ist der Mensch von Natur aus nicht für eine „vie cérébrale intense" gemacht und muss zum Primaten zurückkehren.[19] Mehrere Gedichte bekräftigen, dass man sich vor den Desillusionen der Realität in den Traum flüchten solle:

> Le rêve est grand, lui seul touche aux derniers sommets,
> Lui seul est fait à la taille de notre envie:
> Et comme ce qu'il offre on ne l'atteint jamais,
> Il laisse l'âme ardente, intacte, inassouvie.[20]

Im gleichen Jahr stellt Le Lorrain in der *Revue philosophique* die Glaubwürdigkeit von Maurys Traumbericht von der Guillotine und dessen These, nach der der Geist im Schlaf in Schwindel erregendem Tempo arbeite, mit der Begründung infrage, das widerspreche psychologischen und physiologischen Gegebenheiten. Le Lorrain hält abschließend fest, Maury sei zum Großteil Opfer der „procédés inconscients de son esprit" geworden:

> Que le coup reçu ait déterminé le tableau final, oui; mais tout le rêve, non. C'est lui, Maury, c'est son imagination qui, par une sorte d'action rétrograde, a soudé en une seule chaîne des anneaux de provenance diverse. N'est-ce pas sa fonction d'accomplir de tels raccords et fait-elle autre chose dans le travail artistique ou littéraire?[21]

---

[18] Michel Golfier: „Jacques Le Lorrain", in: *Les ratés de la littérature*, hg. v. Jean-Jacques Lefrère, Michel Pierssens und Jean-Didier Wagneur. Tusson: Du Lérot, 1999, S. 66–75.
[19] Jacques Le Lorrain: *Fleurs pâles*. Paris: Léon Vanier, 1894, S. VII–VIII.
[20] Ebd., S. 84. Etwa: „Der Traum ist groß, er allein streift das Äußerste,/ er allein ist nach der Größe unseres Verlangens geformt: Und wie wir das, was er uns bietet, doch niemals erreichen,/ so lässt er die Seele voll glühender Sehnsucht zurück, unberührt und ungestillt."
[21] Jacques Le Lorrain: „De la durée du temps dans le rêve", in: *Revue philosophique* 38 (1894), S. 275–279, hier: S. 279. Etwa: „Dass der erhaltene Schlag das abschließende Traumbild bestimmt hat, ja; den ganzen Traum aber, nein. Das ist er selbst, Maury, das ist seine Imaginationskraft, die die Glieder unterschiedlicher Herkunft nachträglich zu einer Kette

Weit davon entfernt, auf reiner Beobachtung zu beruhen, wäre ‚der guillotinierte Maury' somit ein nachträgliches Werk der Einbildungskraft und sein Autor ein unbewusster Künstler. Le Lorrain stützt sich, wenn er von einem Unbewussten spricht, auf Konzepte der Gehirnphysiologie und der Psychophysiologie seiner Zeit, macht also dessen physiologischen und primitiven Charakter stark. Zugleich aber klagt er für Traum und Einbildungskraft besondere Rechte ein. Das erlaubt ihm, eigene Träume als Beispiel zu nennen, die – ganz im Gegensatz zum nüchternen Schreibstil Maurys – in einem sehr kunstvoll gestalteten Stil erzählt sind und in denen immer wieder wunderschöne Frauen „comme aucun concours de beauté n'en a jamais reçues"[22] auftauchen. Le Lorrains Traumerzählungen zeichnen sich durch eine große Häufung von Adjektiven und seltenen Wörtern aus, die an den Stil von Huysmans erinnern, ohne dass dieser zu diesem Zeitpunkt, 1894, schon erwähnt würde.

Ribot bittet den Dichter 1895 erneut um Unterstützung. Dieser nimmt seine Kritik an Maury wieder auf, führt näher aus, wie er träumt und gibt neue persönliche Beispiele. Einige Passagen seines Textes legen nahe, dass der Schriftsteller auf einen psychologischen Fragebogen geantwortet hat, ein damals weit verbreitetes wissenschaftliches Genre.[23] Vielleicht hat Ribot in der Tat die Gelegenheit, einen Schriftsteller zur Verfügung zu haben, genutzt, um die seit Beginn des Jahrhunderts traditionell gestellte Frage nach den spezifischen Träumen von Literaten und Wissenschaftlern wieder aufzunehmen.[24] 1897 wird dieses Thema zum Gegenstand einer medizinischen Dissertation und einer Monographie von Paul Chabaneix, der Schriftsteller wie Sully Prudhomme, Rémy de Gourmont und Rachilde sowie Wissenschaftler wie Charles Richet und Pierre Janet zu ihren nächtlichen Traumbildern befragt.[25] Jacques Le Lorrain hingegen will in der *Revue philosophique* vielleicht in die Rolle des Jacques Marles schlüpfen, indem er die doppelte Position eines Analytikers seiner Träume und eines Avantgardekünstlers einnimmt. Jedenfalls bezieht er sich 1895 explizit auf Huysmans und auf *En rade*.

Le Lorrain bedauert, seine Träume nicht, wie Maury, systematisch gesammelt und aufgeschrieben zu haben und stellt stattdessen ein einzelnes Dokument in den Mittelpunkt:

---

    zusammengefügt hat. Ist es nicht auch ihre Aufgabe, solche Verbindungen herzustellen, macht sie im künstlerischen oder literarischen Schaffensprozess etwa Anderes?"

22   Ebd., S. 277.
23   Jacques Le Lorrain: „Le rêve", in: *Revue philosophique* 40 (1895), S. 59–69, hier: S. 64 und S. 68.
24   Vgl. dazu beispielsweise Jacques Louis Moreau (de la Sarthe): „Rêves", in: *Le Dictionnaire des sciences médicales*, Bd. XLVIII, hg. v. Charles-Louis-Fleury Panckoucke. Paris: Panckoucke, 1820, S. 245–300.
25   Paul Chabaneix: *Physiologie cérébrale. Le subconscient chez les artistes, les savants et les écrivains*. Paris: J.-B. Baillière, 1897.

> [un fait] rigoureusement exact parce qu'il a été écrit au moment du réveil.
> Ce rêve ouvre un roman que je compte publier sous peu: ce détail expliquera sa forme un peu gongorisante parfois. Mais la phrase n'enlève rien à la vérité du fond.[26]

Es folgen zwei Seiten voller fantastischer Traumvisionen ganz in Fin-de-siècle-Manier: gigantische Bauwerke, die ferne Orte mit exotischen Namen evozieren, Chillabarum und Ang-Kor, eine unbeschreibbare Landschaft, ein „archipel sidéral", Zwerge, einen unheimlichen Wald, einen Riesen, der singt, während er eine musikalische Partitur liest, die von auf Telegraphenmasten sitzenden Vögeln gebildet wird, bis hin zu einem erotischen Finale in einem Schlosspark, wo der Träumer zunächst Blumen und dann ein junges Mädchen umschlingt.

> Oh! Ces fleurs étranges aux doux yeux câlins, aux pétales articulés comme des doigts! Je ne me lassais pas, courbé sur elles, d'aspirer leur âme naïve, de capter leurs parfums qui étaient leurs pensées à elles ... et voluptueusement je froissais leurs tuniques blanches, jaunes ou rouges, je délaçais leurs corsets d'émeraude, induit en un ravissement paradisiaque.
> Puis les fleurs se diluèrent ainsi qu'une buée. Alors comme je m'acheminais vers le château, j'aperçus sur la plus haute marche du perron une jeune fille lumineusement blonde dont les lignes indécises tremblaient, fuyaient dans une incertitude de brouillard. D'un bond gracieux, elle s'élança, me toucha. Je sentis le mol appui de son jeune sein contre ma poitrine, la fraîcheur duvetée de ses bras nus contre mes joues, et je fus envahi d'un immense bonheur. Voici que tout à coup je me découvrais une âme d'éphèbe ingénue et vibrante, que nulle expérience mauvaise n'avait effleurée, une âme intacte, crédule à la réalisation de tous les désirs, à la possibilité de toutes les joies. Et ce fut un instant d'incomparable félicité.
> Mais quand je voulus répondre à l'étreinte de la jeune fille et la serrer plus fort sur mon cœur, je vis qu'elle était une chose inconsistante, un être de givre ou de vapeur. Elle se fondit dans mes bras, exhalant un léger cri de poupée que l'on brise. J'eus alors le sentiment qu'elle était trop délicate pour l'enlacement brutal d'un homme, et que je l'avais détruite pour n'avoir pas su la prendre avec la douceur due à sa qualité d'être impondérable et flottant. Ce me fut un tel chagrin poignant que je m'éveillai, une sueur d'angoisse aux tempes.[27]

Meines Wissens ist diese lange Textpassage in keinem der Romane Lorrains publiziert worden. Indem sich Le Lorrain die im Fin-de-siècle übliche Typologie mentaler Bilder zu Eigen macht, beschreibt er sich als visuellen Typus. Anders gesagt scheint sein Traum übersättigt zu sein von Reminiszenzen an Bilder und Graphiken. So lassen die Blumenfrauen zum Beispiel unweigerlich an eine berühmte Serie von Grandville denken: Die gelehrten oder gebildeten Träumer des 19. Jahrhunderts träumen häufig ausgehend von Graphiken. Die Analyse des Traums ‚erledigt' Le Lorrain auf ziemlich lässige Art und Weise, er zieht es ganz

---

[26] Le Lorrain: „Le rêve", S. 61.
[27] Ebd., S. 62–63.

offensichtlich vor, seinem Publikum ein Bravourstück à la Huysmans zu lesen und zu genießen zu geben, anstatt Funktionsweisen des Traums aufzuzeigen. Man hat den Eindruck, dass er, statt Wissenschaft zu betreiben, Werbung in eigener Sache macht und heimlich Literatur einschmuggelt: Zum Beispiel verwendet er, ohne das explizit zu machen, eine Strophe aus einem der ersten von ihm publizierten Gedichte, das eigentlich dem Opiumrausch gewidmet war.[28] Anders als die Autoren, die sonst in der *Revue philosophique* publizieren, vermischt Le Lorrain die Art der Beispiele, Schreibweisen und literarischen Genres: So zitiert er unterschiedslos sowohl Nachtträume im eigentlichen Sinn als auch Visionen unter Drogeneinfluß, er durchsetzt seine Traumerzählungen mit fantastischen Elementen und seine fantastischen Erzählungen mit Elementen seines Traumlebens.

Auf ähnliche Art und Weise vermischt er auch in seinen psychologischen Reflexionen zwei Stil- und Tonarten, eine literarische und eine wissenschaftliche. Anders als viele Ärzte und Psychologen seiner Zeit nimmt er eine evolutionistische Perspektive ein, so spricht er beispielsweise von „désagrégation psychique" und von „dégénerescence",[29] um in negativer Weise die Regression zu bezeichnen, die den Traum ausmacht. Zugleich mildert Le Lorrain diese Entwertung wieder ab, indem er in poetischer Form ein sehnsüchtiges Verlangen nach der Kindheit und nach weit zurückliegenden primitiven Zeiten hervorruft, die ihm zufolge durch den Traum wieder hervor geholt werden.

Le Lorrain scheint seine wissenschaftlichen Ambitionen nach seiner Mitarbeit an der *Revue philosophique,* die ihn in einen ambivalenten Status zwischen Autor und Untersuchungsobjekt versetzt hat, endgültig aufgegeben zu haben. Im Laufe seiner Karriere schreibt er weiterhin Traumtexte, verfolgt mit diesen aber nunmehr ausschließlich literarische Absichten. In *L'au-delà*, einem autobiographischen Roman von 1900, schildert Le Lorrain „la personnalité morcelée, craquelée et ainsi mal unifiée" seines Protagonisten, den er als unverbesserlichen Träumer und Don Quijote präsentiert, und fasst seine berufliche Laufbahn wie folgt zusammen:

> Je rêvais d'être romancier, dramaturge, philosophe, savant ... et je fis un roman, j'écrivis des vers ultra-modernes, je mis sur pied des pièces injouables, je collaborai à des revues de métaphysique et de psychologie.[30]

Nach dem Tod seiner jungen Angebeteten verliebt sich der Held von *L'au-delà* in eine weibliche Erscheinung, die einige Gemeinsamkeiten mit dem „être de givre et de vapeur" am Ende der 1895 publizierten langen Traumerzählung hat.

---

[28] Ebd., S. 67. Vgl. auch Jacques Le Lorrain: *Evohé!* Paris: Louis Westhausser, 1887, S. 67.
[29] Le Lorrain: „Le rêve", S. 68.
[30] Jacques Le Lorrain: *L'au-delà.* Paris: Ollendorff, 1900, S. 8. Deutsch etwa: „Ich träumte davon, Romanschriftsteller, Dramaturg, Philosoph, Wissenschaftler zu sein ... und ich verfasste einen Roman, ich schrieb hochmoderne Verse, stellte unspielbare Theaterstücke auf die Beine, arbeitete an metaphysischen und psychologischen Zeitschriften mit."

Im Gegensatz zu den Texten, die er in der *Revue philosophique* veröffentlicht hat, entscheidet sich Le Lorrain in diesem Roman dazu, dem Übernatürlichen und Okkulten gegenüber der Wissenschaft den Vorzug zu geben, ebenso wie Huysmans es in *En rade* getan hatte.

1894 und 1895 hatte sich Le Lorrain unter dem Deckmantel eines Adepten in Konkurrenz zu den Wissenschaftlern gebracht. Es reicht ihm nicht, Maury auf frischer Tat bei einer unbewussten traumhaften Einbildung zu ertappen, er beansprucht auch, bezüglich seiner nächtlichen Erzeugnisse eine „vérité de fond" zu formulieren, ebenso wie es die akademischen Psychologen tun. Aber statt seine Traumerzählungen stilistisch zu vereinfachen, schreibt er sie zum Großteil in einem geradezu übertrieben ‚literarischen' Stil. Auf implizite Weise stellt er dem trockenen Realismus der Wissenschaftler somit einen mimetischen Realismus entgegen, dem es weniger darum geht, die Mechanismen des Traums zu untersuchen, als vielmehr darum, von diesem ausgehend zum Träumen zu verführen. Und um dies zu erreichen, bedient er sich, wie viele seiner literarischen Kollegen, vorzugsweise erotischer Erzählungen.

Für eine Zerlegung der Träume:
Victor Eggers und Marcel Foucaults Kritik an Maury

Die Psychologen, die sich am Feuilleton der *Revue philosophique* beteiligen, stimmen Le Lorrains Kritik an Maury größtenteils zu. Der Guillotinetraum ist in ihren Augen entschieden unglaubhaft. Victor Egger, Professor an der Universität von Nancy und zu seiner Zeit ein einflussreicher Akademiker, geht davon aus, dass Maurys Jugendtraum gar nicht im Moment des Erwachens notiert wurde. Stattdessen sei er, bevor er aufgeschrieben wurde, häufig erzählt und auf diese Weise verschönert worden. Er erinnere an „ces statues antiques trop habilement restaurées par des artistes de la Renaissance, auxquelles va quand même dans nos musées le respect traditionnel du touriste mal informé."[31] Ebenso wie Kunsthistoriker angesichts restaurierter Statuen, so müssten Psychologen, die ihre Wissenschaft mit dem nötigen Ernst betreiben, ihre Träume analysieren und in Einzelteile zerlegen. Nur so könnten sie diejenigen Anteile ausmachen, die sie beim Aufwachen vielleicht allzu schnell zu einer kohärenten Geschichte zusammengefügt haben. Die viel zu schönen Erzählungen der Amateure müssten, so Egger, durch kritische Traumberichte ersetzt werden.

Die Diskussion wird nach 1895 ohne Le Lorrain, der fortan nicht mehr in der *Revue philosophique* publiziert, fortgesetzt. Die Wissenschaftsphilosophen und Wissenschaftshistoriker Edmond Goblot und Paul Tannery gehen soweit, die im Moment des Erwachens verfassten Traumnotate, auf denen die wissenschaftliche Psychologie der Träume basiert, generell in Frage zu stellen. Ihnen

---

[31] Victor Egger: „La durée apparente des rêves", in: *Revue philosophique* 40 (1895), S. 41–59, hier: S. 44.

zufolge habe man immer nur Zugriff auf vermischte, zwischen Schlafen und Wachen entstandene Traumbilder: „[...] le rêve *dont on se souvient* est la pensée du réveil",[32] behauptet Goblot. Sollte man folglich, fragt sich Tannery, die persönlichen Traumaufzeichnungen, die man gesammelt hat, zerstören, weil sie keinen Zugang zu den Träumen des Tiefschlafs ermöglichen?[33]

Oder sollte man seine Träume stattdessen auch weiterhin zu wissenschaftlichen Zwecken aufzeichnen, dabei aber anders vorgehen, mehrere Versionen liefern oder sie in einem telegraphischen Stil aufzeichnen, in fragmentarischer Form, Traumbild für Traumbild, und dabei auf die erzählerische Kohärenz verzichten? Diese Lösung wird von Egger propagiert und von Marcel Foucault, Philosophielehrer, später Professor an der Universität von Montpellier, praktisch umgesetzt. Foucault publiziert 1906 114 Traumberichte, die er mit dem medizinischen Terminus ‚observations' belegt und die sich zunächst wie wissenschaftliche Traumberichte lesen.[34] Auch wenn er Freud in einem ganzen Kapitel seines Buches mit Interesse zitiert, kommt in seiner Traumanthologie kein einziges auch nur annähernd erotisches Beispiel vor. Ende des Jahrhunderts scheint sich zwischen den Schriftstellern, die auf verführerische, verwirrende oder überraschende Traumvisionen setzen und den akademischen Psychologen, die sich als weit nüchternere, wenn nicht langweiligere Träumer inszenieren, eine viel striktere Trennung vollzogen zu haben.

Epilog

Anstelle einer Fortsetzung oder eines Epilogs zu dieser wenig bekannten Geschichte der Traumaufzeichnung würde ich gerne zwei ihrerseits sehr bekannte Autoren in Erinnerung rufen, die sicher, oder doch sehr wahrscheinlich, aufmerksame Leser der *Revue philosophique* waren. Tatsächlich fand das von Ribot orchestrierte Feuilleton breiten Widerhall. Es sei nur daran erinnert, dass Freud es mit großem Interesse gelesen hat und dass er Egger und Le Lorrain in der *Traumdeutung* mit Wohlwollen zitiert. Lapidar gesprochen entscheidet sich Freud, indem er den manifesten Traum und die latenten Traumgedanken voneinander unterscheidet, dafür, die Traumerzählungen, ähnlich wie Egger, zu zerlegen. Indem er ihnen einen verborgenen Sinn gibt und indem er sie sexualisiert, gibt er ihnen, ähnlich wie Le Lorrain, ihren Zauber zurück. Man könnte diese Geschichte auch auf Seiten Marcel Prousts fortsetzen, der an der Sorbonne 1895 einen Abschluss in Philosophie vorbereitete und ein Leser von Maury und Her-

---

[32] Edmond Goblot: „Le souvenir des rêves", in: *Revue philosophique* 42 (1896), S. 288–290, hier: S. 288.
[33] Paul Tannery: „Sur la mémoire dans le rêve", in: *Revue philosophique* 45 (1898), S. 636–640, hier: S. 640.
[34] Marcel Foucault: *Le rêve. Etudes et observations*. Paris: Alcan, 1906.

vey de Saint-Denys war.³⁵ Es ist sehr wahrscheinlich, dass er, ebenso wie Huysmans, die *Revue philosophique* gelesen hat. Wenn man das berühmte Incipit von *A la recherche du temps perdu*, in dem das Einschlafen, Träumen und Erwachen des Erzählers in vielfältiger Form durchgespielt wird, im Lichte der hier skizzierten Geschichte wiederliest, dann kann man darin ein Kompendium der wissenschaftlichen und literarischen Auseinandersetzung mit Schlaf und Traum im 19. Jahrhundert erkennen. Bezeichnend ist schließlich auch, dass eine der nächtlichen Sequenzen erotischen Charakter hat und dass dort eine Frau auftaucht, die, ähnlich wie Esther in *En rade*, als rätselhaftes Objekt der Identifikation und des Begehrens erscheint.

Aus dem Französischen von Marie Guthmüller

Bibliographie

Breton, André: *Anthologie de l'humour noir* [1940], in: ders.: *Œuvres complètes*, Bd. II, hg. v. Marguerite Bonnet. Paris: Gallimard, 1992, S. 863–1176.

Brierre de Boismont, Alexandre: *Des hallucinations ou histoire raisonnée des apparitions, des visions, des songes, de l'extase, du magnétisme et du somnambulisme*. Paris: Germer Baillière, 1845.

Carroy, Jacqueline: „Dreaming Scientists and Scientific Dreamers: Freud as a Reader of French Dream Literature", in: *Science in Context* 19 (2006), S. 15–35.

— „Philosophie et psychologie au 19ᵉ siècle en France. Taine, Ribot et la *Revue philosophique*", in: *Unité et globalité de l'homme. Des humanités aux sciences humaines*, hg. v. Marie-Louise Pelus-Kaplan. Paris: Syllepse, 2006, S. 79–91.

—; Richard, Nathalie (Hg.): *Alfred Maury, érudit et rêveur. Les sciences de l'homme au milieu du 19ᵉ siècle*. Rennes: PUR, 2007.

— „Observer, raconter ou ressusciter les rêves? «Maury guillotiné» en question", in: *Communications* 84 (2009), S. 137–149.

Chabaneix, Paul: *Physiologie cérébrale. Le subconscient chez les artistes, les savants et les écrivains*. Paris: J.-B. Baillière, 1897.

Déchanet-Platz, Fanny: *L'écrivain, le sommeil et les rêves 1800–1945*. Paris: Gallimard, 2008.

Egger, Victor: „La durée apparente des rêves", in: *Revue philosophique* 40 (1895), S. 41–59.

Foucault, Marcel: *Le rêve. Etudes et observations*. Paris: Alcan, 1906.

Gautier, Théophile: *Lettre à la présidente* [1850]. Paris: Mille et Une Nuits, 1994.

Goblot, Edmond: „Le souvenir des rêves", in: *Revue philosophique* 42 (1896), S. 288–290.

---

³⁵ Vgl. Jean-Yves Tadié: *Marcel Proust. Biographie*, Bd. I. Paris: Gallimard, 1999; Anne Henry: *Marcel Proust. Théories pour une esthétique*. Paris: Klincksieck, 1983.

Golfier, Michel: „Jacques Le Lorrain", in: *Les ratés de la littérature*, hg. v. Jean-Jacques Lefrère, Michel Pierssens und Jean-Didier Wagneur. Tusson: Du Lérot, 1999, S. 66–75.
Gollut, Jean-Daniel: *Conter les rêves. La narration de l'expérience onirique dans les œuvres de la modernité*. Paris: José Corti, 1993.
— *Le sens du style*. Lausanne: Antipodes, 2008.
Henry, Anne: *Marcel Proust. Théories pour une esthétique*. Paris: Klincksieck, 1983.
Hervey de Saint-Denys, Léon de: *Les rêves et les moyens de les diriger. Observations pratiques* [1867]. Paris: Oniros, 1995.
Honcey, Jean: *Jean Bise*. Paris: Perrin, 1889.
Huysmans, Joris-Karl: *A rebours* [1883], hg. v. Daniel Grojnowski. Paris: Garnier Flammarion, 1978.
— *En rade* [1887], hg. v. Jean Borie. Paris: Gallimard, 1984.
Le Lorrain, Jacques: *Evohé!* Paris: Louis Westhausser, 1887.
— „A propos de la paramnésie", in: *Revue philosophique* 37 (1894), S. 208–210.
— „De la durée du temps dans le rêve", in: *Revue philosophique* 38 (1894), S. 275–279.
— *Fleurs pâles*. Paris: Léon Vanier, 1894.
— „Le rêve", in: *Revue philosophique* 40 (1895), S. 59–69.
— *L'au-delà*. Paris: Ollendorff, 1900.
Martin-Laya, Léopold: *Yvon d'Or*. Paris: Dentu, 1888.
Maupassant, Guy de: *Magnétisme* [1882], in: *Le père Milon et autres nouvelles*, hg. v. Marie-Claire Bancquart. Paris: Gallimard, 2003, S. 72–78.
Maury, Alfred: „Physiologie psychologique. Des hallucinations hypnagogiques, ou des erreurs des sens dans l'état intermédiaire entre la veille et le sommeil", in: *Annales médico-psychologiques* 11 (1848), S. 26–40.
— „Nouvelles observations sur les analogies des phénomènes du rêve et de l'aliénation mentale", in: *Annales médico-psychologiques* 5 (1853), S. 404–421.
— *Le sommeil et les rêves. Etudes psychologiques sur ces phénomènes et les divers états qui s'y rattachent, suivies de recherches sur le développement de l'instinct et de l'intelligence dans leur rapport avec le phénomène de sommeil* [1861]. Paris: Didier, 1878.
Moreau (de la Sarthe), Jacques Louis: „Rêves", in: *Le Dictionnaire des sciences médicales*, Bd. XLVIII, hg. v. Charles-Louis-Fleury Panckoucke. Paris: Panckoucke, 1820, S. 245–300.
Pino, Angel: „Abrégé dûment circonstancié de la vie de Marie Jean Léon Le Coq, baron d'Hervey, marquis de Saint-Denys, professeur au Collège de France et membre de l'Institut, sinologue de son état, onironaute à ses heures. Une enquête à l'usage, non exclusif, des futurs biographes", in: *Un siècle d'enseignement du Chinois à l'Ecole des langues orientales 1840–1945*, hg. v. Marie-Claire Bergère und Angel Pino. Paris: L'Asiathèque, 1995, S. 95–129.

Tadié, Jean-Yves: *Marcel Proust. Biographie*, Bd. I. Paris: Gallimard, 1999.
Tannery, Paul: „Sur la mémoire dans le rêve", in: *Revue philosophique* 45 (1898), S. 636–640.

Marie Guthmüller (Bochum/Brüssel)

Con gli occhi chiusi – zu einer Ästhetik des Traums in der italienischen Moderne

1. Tozzilektüren: zwischen ‚verismo' und ‚psicanalisi'

Federigo Tozzis 1913 entstandener und 1919 erschienener Roman *Con gli occhi chiusi* (*Mit geschlossenen Augen*) galt lange Zeit als typisches Produkt des italienischen Regionalismus. Sein Autor wurde als Epigone Vergas betrachtet, der sich, gefangen in der archaischen Bauernwelt der toskanischen Hügel, mit seinem Schreiben vergeblich von der Gesellschaft des ‚contado' und der strengen ständischen Ordnung Sienas zu befreien sucht. Die pathologisch anmutenden Verhaltensweisen des Protagonisten Pietro Rosi, seine Inhibitionen, Halluzinationen und sein Hang zum Sadismus wurden als Symptome einer nur mühsam unterdrückten ‚pazzia' des Autors gelesen. Der autobiographische Charakter des Romans ebenso wie die Beschreibungen des Lebens der kleinen Leute auf dem Land erlaubten es, *Con gli occhi chiusi* unter der Rubrik des ‚verismo' zu klassifizieren, der gemeinhin als nachahmende Spielart des französischen Naturalismus betrachtet wurde.[1]

Diese Sicht änderte sich in den 70er Jahren des 20. Jahrhunderts, als die Literaturwissenschaftler Giacomo Debenedetti und Luigi Baldacci in Tozzi einen der Hauptvertreter der italienischen Moderne entdeckten und ihn Italo Svevo und Luigi Pirandello an die Seite stellten. Baldacci erklärt *Con gli occhi chiusi*, der bisher als Tozzis schwächster, weil am wenigsten durchkomponierter Roman gegolten hatte, zu Tozzis wichtigstem Werk und zum Ausdruck seiner Modernität. Wie Baldacci unterzieht schon Debenedetti den Roman einer freudianischen Lektüre, die insbesondere der ödipalen Figurenkonstellation und der phallischen Symbolik nachgeht, ausgehend von Pietros Auseinandersetzungen mit seinem übermächtigen Vater, der als Padre-Padrone das materielle, soziale und sexuelle Umfeld seines Sohnes beherrscht.[2]

---

[1] Zu Tozzi in der Nachfolge Giovanni Vergas vgl. etwa Giuseppe Antonio Borgese: „Federigo Tozzi", in: ders.: *Tempo di edificare*. Mailand: Treves, 1923, S. 23–63 und S. 118–126 sowie Luigi Russo: „Federigo Tozzi", in: ders.: *I narratori*. Rom: Fondazione Leonardo per la cultura italiana, 1923, S. 198–200.

[2] Giacomo Debenedetti: „Con gli occhi chiusi", in: *Aut aut* 78 (1963), S. 28–43, vgl. auch ders.: *Il personaggio uomo*. Mailand: Il saggiatore, 1970 sowie ders.: *Il romanzo del novecento*. Mailand: Garzanti, 1971 und Luigi Baldacci: „Introduzione", in: Federigo Tozzi: *I Romanzi*. Florenz: Vallecchi, 1973, S. XLIII–LXV sowie ders.: *Tozzi Moderno*. Turin: Einaudi, 1993. Zur Forschungsgeschichte vgl. Rossana Dedola: *Tozzi. Storia della critica*. Rom: Bagatto, 1990.

Am Ende des ersten Teils von *Con gli occhi chiusi*, der Kindheit und Jugend des Protagonisten schildert, wird ein Traum erzählt, der sich für eine psychoanalytische Lektüre geradezu anbietet und den Baldacci als exemplarische Textstelle für Tozzis Modernität anführt. Träumerin ist das junge Dienstmädchen Ghísola, das wegen der erotischen Anziehungskraft auf seine Umgebung, insbesondere auch auf Pietro, und wegen seiner immer offenkundiger werdenden Bereitschaft, sich auf die Offerten der sie umwerbenden Männer einzulassen, von Pietros Vater, dem Padrone des Landguts Poggio a' Meli, zu seinen Eltern nach Radda zurückgeschickt wird. Am Tag vor ihrer Abreise träumt Ghísola, die gemeinsam mit ihren Großeltern im Gesindehaus der Rosis wohnt, von ihrer Heimkehr in die elterliche Mühle:

> L'ultimo giorno che stette a Poggio a' Meli, mentr'era per addormentarsi con una forcella in bocca, che aveva mangiucchiata con i denti, le parve di cadere da una grande altezza e battere sul tetto della casa a Radda: gemendo, si scosse tutta. Il nonno, dall'altro letto, le gridò: – Stai zitta! Credi che non mi dispiaccia?
>
> Temette d'esser brontolata. Poi rifletté, e a lei parve a voce alta: "Non ci pensano più. Bisogna che non russi".
>
> Ma le dava fastidio l'odore delle lenzuola poco pulite; e, per non sentirlo, se le avvoltolò al collo.
>
> I suoi capelli, sciolti, finivano a punta; e, sopra il capezzale, assomigliavano a una falce.
>
> Le parve d'entrare in casa: la mamma aveva un vestito nuovo, le due sorelle erano ingrassate. Una voce le chiese: – Che cosa ci fai qui?
>
> Ed ella rispose: – Non lo so: non ci sono venuta da me. Ma il babbo dov'è nascosto?
>
> – La colpa è tua.
>
> Ripigliava la voce.
>
> La mamma e le sorelle ascoltavano e guardavano, con un silenzio così orribile ch'ella si slanciava addosso a loro; perché andassero nell'altra stanza. Ma le pareva di non poter muovere le braccia, e di urtare con il capo in una parete invisibile. Allora sentiva che il cuore cambiava di posto, il ventre faceva lo stesso, la gola si spellava; e i volti della mamma e delle sorelle doventavano spaventevoli. Ella disse: – Parlate!
>
> Quelle si volsero ad un uscio; e il babbo, con due sacchi pieni su le spalle, con il viso grondante di sangue, tanto sangue che andava a empire la gora del mulino, salì le scale.
>
> Ella, sentendo il peso dei sacchi addosso, urlò.[3]

Nach Baldacci ist das Blut für Ghísola, die noch Jungfrau ist, ein überdeutliches Zeichen ihrer Sexualität, die sie mit der des Vaters verknüpft. Die Säcke, die auf ihr lasten, stehen für das Gewicht seines Körpers. Der Traum macht für Baldacci verständlich, warum es Ghísola als Erwachsener nicht gelingt, Pietro zu verfüh-

---

[3] Federigo Tozzi: *Con gli occhi chiusi*, in: ders.: *Opere*, hg. v. Marco Marchi. Mailand: Mondadori, 1987, S. 5–158, hier: S. 58 f.

ren: Sie ist gehemmt, weil er für sie der Sohn des Padrone ist, der während ihrer Jugend in Poggio a' Meli den Vater inkarniert hat.

Ich möchte dahin gestellt lassen, wie überzeugend diese Lektüre sich im Kontext des Romans ausnimmt. An dieser Stelle soll zunächst nur festgehalten werden, dass bei Baldacci – und das ist für die psychoanalytische Literaturkritik der 1970er Jahre durchaus charakteristisch – seltsam unentschieden bleibt, ob er Tozzis Roman als einen Text betrachtet, der selbst eine psychische Grundstruktur auf dieselbe Weise *analysiert*, wie Freud das tun würde, oder ob er den Text als unmittelbaren Ausdruck der Autorpsyche ansieht und davon ausgeht, dass seine, also Baldaccis, Analyse diese – unbewusste – Grundstruktur erst sichtbar macht.

Diese Frage wiederum treibt, in abgewandelter Form, eine weitere, an Debenedetti und Baldacci anschließende Phase der Tozzikritik um: Ist Tozzi ein ‚ingenuo', ein Naiver, der Freuds Arbeiten zum Traum und zum Unbewussten in der intellektuellen Isolation der italienischen Provinz ‚vorausahnt' – oder verfügt Tozzi über eine ‚wissenschaftliche Kultur', über ein Wissen, das sich konkret im psychologischen Forschungsstand seiner Zeit situiert? Diskutiert wird das Verhältnis zwischen ‚rabdomanzia' und ‚cultura scientifica', Tozzis Arbeiten werden also vor der Alternative ‚literarische Intuition' und ‚nachweisbare Kenntnis und Applikation positiven psychologischen Wissens' verhandelt. *Il rabdomante consapevole* lautet dann auch der Titel eines Sammelbandes von Marco Marchi, der zwischen den beiden kontroversen Positionen einen Ausgleich sucht.[4]

Die Frage, ob der Autor die Schriften Freuds kannte, wird, wie schon zuvor in Bezug auf den ‚carattere prefreudiano' der Werke Luigi Pirandellos, des frühen Italo Svevo und Alberto Savinios, zu einer regelrechten Obsession der Kritik: „[...] ma chi avrebbe potuto indicare Freud a Tozzi?"[5] fragt Michel David schon 1966. Tatsächlich konnte kürzlich gezeigt werden, dass Tozzi – zumindest theoretisch – die Möglichkeit gehabt hätte, die italienische Übersetzung einer kurzen Zusammenfassung der *Drei Abhandlungen zur Sexualtheorie* zu lesen.[6] Mit diesem Nachweis ließe sich dann auch ein Strich unter die Frage nach Tozzis Modernität sowie nach deren Ursprung ziehen: Tozzi wäre ein für alle Mal unter der Rubrik der Moderne klassifiziert, und die Alternative zwischen der intuiti-

---

[4] *Il rabdomante consapevole*, hg. v. Marco Marchi. Florenz: Le Lettere, 2000; der Titel geht zurück auf einen Artikel Marchis von 1991 („Tozzi, il rabdomante consapevole", in: *Corriere del Ticino* vom 30. 11. 1991).

[5] Michel David: *La psicoanalisi nella cultura italiana* [1966]. Turin: Bollati Boringhieri, 1990, S. 345.

[6] Die Zusammenfassung findet sich bei Leopold Löwenfeld: *Vita sessuale e malattie nervose*, übers. v. Luigi Panichi. Turin: UTET, 1911; ebenfalls diskutiert wird die Kenntnis von Roberto Assagioli: „Le idee di Sigmund Freud sulla sessualità", in: *La Voce* 9 (1910), S. 262 ff.

ven, antizipatorischen Kraft seiner Dichtung und ihrem Applikationscharakter wäre zugunsten des letzteren entschieden.

2. Ghísolas Traum

Eine solche Schlussfolgerung ist wenig befriedigend. Ich möchte stattdessen noch einmal auf den oben zitierten Traum zurückkommen, den einzigen übrigens, der in *Con gli occhi chiusi* erzählt wird: Er ist nicht nur wegen seiner unbestreitbaren psychoanalytischen Deutbarkeit interessant, sondern auch deswegen, weil seine spezifische Erzählform, wie ich im Folgenden in einem ersten Schritt zeigen werde, für den Roman als Ganzen Pate gestanden zu haben scheint. Indem Tozzi in *Con gli occhi chiusi* immer wieder den Eindruck von Traum*haftigkeit* evoziert, entwickelt er eine spezifische Mimesis des Innenlebens seiner Figuren, die es ihm möglich macht, die erzählte Welt vom Subjekt aus erst entstehen zu lassen. Und das Konzept von Traum und Traumhaftigkeit, mit dem Tozzi hier arbeitet, wird, wie ich in einem zweiten Schritt darlegen werde, nicht an Freuds Ansatz einer Traum*deutung* entwickelt, sondern am Traumbegriff der Psychophysiologie des ausgehenden 19. Jahrhunderts. Diese interessiert sich (noch) nicht für die Deutung von Träumen, aber sie diskutiert den Traum in Zusammenhang mit dem Phänomen extrem gesteigerter Gedächtnisleistung und des grundsätzlichen Verhältnisses von Erinnerung und Wahrnehmung – und unter diesem Aspekt interessiert er auch Tozzi.

Bei Ghísolas Traum scheint es sich zunächst um einen Schuldtraum zu handeln, wie er z.B. auch in Alessandro Manzonis *I Promessi sposi* vorkommt: Don Rodrigo träumt in der Nacht, bevor die Pest bei ihm ausbricht, von einer Selbstverletzung, die er sich, unter den Augen seines Gegenspielers Fra Cristofero, unwillentlich mit seinem Schwertknauf zufügt. Auch bei Tozzi könnte es darum gehen, dass Ghísola sich ihren Eltern gegenüber, die sie wieder in ihr Haus aufnehmen müssen, schuldig fühlt. Eine der klassischen Funktionen des Traums im Ottocento ist es, einen Blick direkt ins Innere einer Figur möglich zu machen, bisher verborgene Facetten an ihr aufzuzeigen und so zu ihrer Charakterisierung beizutragen. So ist die bisher verborgene Facette an Don Rodrigo seine, wie sich herausstellt begründete, Angst vor göttlicher Strafe.[7]

---

[7] Am nächsten Tag wacht Don Rodrigo mit einer Pestbeule an eben der Stelle auf, an der er sich im Traum verletzt hat. Manzoni erwähnt also einen somatischen Traumauslöser (die Entstehung der Pestbeule) und verbindet ihn mit Don Rodrigos Angst vor einer göttlichen Bestrafung für sein Tun, die ihn dann am nächsten Tag auch tatsächlich ereilt. Bei Tozzi wird ein somatischer Traumauslöser, in Form der Haarnadel, an der Ghísola herumkaut und an der sie sich beim Einschlafen vielleicht verletzt, zumindest angedeutet. Auch andere Charakteristika der Leibreiztheorie, wie das Fallen aus großer Höhe und der Druck auf der Brust als Auslöser eines Albtraums (die Säcke, deren Gewicht Ghísola auf ihrem Körper lasten spürt), klingen an.

Con gli ochi chiusi

Im Unterschied zu Manzoni, dessen Erzähler Beginn und Ende des Traums klar markiert und zusätzlich noch das Wort „Traum" zur Verdeutlichung der Grenze zwischen Don Rodrigos Traum- und Wachleben einsetzt (zu Beginn heißt es: „Dopo un lungo rivoltarsi, finalmente s'addormentò, e cominciò a fare i più brutti e arruffati sogni del mondo." und am Ende: „[...] scoppiò in un grand'urlo; e si destò. [...]; si raccapezzo che tutta era stato un sogno: la chiesa, il popolo, il frate, tutto era sparito; [...]."[8]), anders also als noch bei Manzoni fällt bei Tozzi zunächst auf, dass die Grenzen von Ghísolas Traum nicht eindeutig zu bestimmen sind. Er scheint zweimal einzusetzen und von einer kurzen Wachphase unterbrochen zu sein, in der der im gleichen Raum schlafende Großvater die sich in ihrem Bett heftig bewegende Ghísola rügt. Die Wahrnehmung seiner Stimme „Stai zitta! Credi che non mi dispiaccia?" überlagert sich mit Ghísolas Traumerleben: Die Angst, gescholten zu werden, bezieht sich auf den Großvater ebenso wie auf die Eltern, auf deren Haus sie zuvor, im Traum, gefallen ist. In dem Satz, mit dem sie dem Großvater, wohl in einem halbwachen Zustand, antwortet: „Non ci pensano più. Bisogna che non russi.", verteidigt sie sich gegen Schuldzuweisungen von beiden Seiten, die sich in ihrer Wahrnehmung vermischen: Zum einen versucht sie sich mit der Aussage zu trösten, dass die Eltern „schon nicht mehr *daran* denken" werden, wahrscheinlich an den Grund, weswegen sie zu ihnen zurückkehren muss, ihre sexuelle Freizügigkeit, zum anderen verteidigt sie sich gegen den Vorwurf des Großvaters, indem sie sein Schnarchen für ihre Unruhe verantwortlich macht.

Auch der nächste Satz, der sich auf Ghísolas Wachleben bezieht, integriert das Traumerleben: Ghísola stört der Geruch der schmuddeligen Bettlaken, vielleicht, weil sie ihn mit jenem „ci" assoziiert, an das die Eltern, hoffentlich, „schon nicht mehr denken werden"; dafür spricht das „ma", mit dem der Satz beginnt: Es markiert eine Einschränkung der Aussage, mit der sie die Schuldzuweisungen von sich weist. Es folgt ein abrupter Fokalisierungswechsel, bei dem man von oben, wie durch die Zimmerdecke, auf die offenen Haare der auf dem Bett liegenden Ghísola blickt. Die Form der Haare wird mit einer Sichel verglichen, ein Motiv, das auf das Blut vorausweist, das später den Mühlgraben füllt. Dieser Vergleich müsste eigentlich von dem heterodiegetischen Erzähler stammen, der von der internen in eine Nullfokalisierung wechselt, Ghísola kann ihre Haare ja in dieser Form nicht wahrnehmen, – es sei denn, der Satz wäre bereits Teil eines Traums. Dann könnte Ghísola *sich selbst* auf dem Bett liegen sehen, für einen Traum wäre der Blick von außen auf sich selbst nicht ungewöhnlich. Wieder wird in der Schwebe gelassen, ob Traum- oder Wachleben erzählt werden.

Erst jetzt beginnt eine zusammenhängende Traumerzählung, die zunächst eindeutig aus der Perspektive der träumenden Ghísola wiedergegeben zu werden scheint: Wie beim ersten Einsetzen des Traums beginnt die Erzählung mit einem

---

[8] Alessandro Manzoni: *I promessi sposi. Storia milanese del secolo XVII*, Reproduktion der von Francesco Gonin illustrierten Auflage von 1840. Mailand: Mondadori, 2007, S. 627 f.

Modalverb, schon im Ottocento, etwa bei Manzoni, eine gängige Traummarkierung: „Le parve d'entrare in casa [...]." Im Folgenden werden viele, auch finite Handlungselemente im ‚imperfetto' erzählt, ebenfalls ein Merkmal der literarischen Traumerzählung:[9] Ghísolas Versuch, die Mutter und die Schwestern aus dem Raum zu drängen, ihre plötzliche Lähmung, ihr Stoß wie gegen eine unsichtbare Wand und die darauf folgende Auflösung ihres Körpers werden entgegen der grammatikalischen Erwartung im Modus der Unabgeschlossenheit wiedergegeben. Dabei kontrastiert die Darstellung der Handlungselemente mit der der direkten Fragen und Anschuldigungen einer nicht zu verortenden Stimme und Ghísolas Antworten, Fragen und Aufforderungen. Die direkte Rede wird überwiegend im ‚passato remoto' eingeführt („una voce le chiese", „ella rispose", „ella disse"), was den Charakter des Traumhaften durchbricht und die Vermutung aufkommen lässt, der Dialog finde doch im Wachleben statt. Auch am Ende, mit dem Auftauchen des Vaters, werden die Handlungen der Familienmitglieder im aktiven, abgeschlossenen Modus des ‚passato remoto' erzählt, so dass der Schrei, den Ghísolas ausstößt, als sie das Gewicht der Säcke auf sich lasten spürt („Ella, sentendo il peso dei sacchi addosso, urlò."), sowohl zum Traum als auch zum Erwachen gehören kann. Mit diesem Schrei endet nicht nur die Traumerzählung, sondern auch, abrupt gekennzeichnet durch einen Asteriskus, die mehrseitige, auf Ghísola bezogene Erzählpassage.

Fraglich wird unmittelbar, ob es hier noch, wie in *I Promessi Sposi*, Funktion der Traumerzählung sein kann, zu einer näheren Personencharakterisierung beizutragen: Ghísola wird durch den Traum, der ein weites Spektrum an Fährten in ihre Vergangenheit legt, eher *schwerer* greifbar. Signifikant ist das Ineinanderspielen von Traum- und Wachleben: Ghísola führt, halbwach, einen Wortwechsel mit ihrem Großvater, in dem ihr Schuldempfinden und ihre Rebellion dagegen sich vermischen, hier werden die Konflikte, mit denen sie sich im Traum auseinanderzusetzen beginnt, ins Wachleben hineingetragen. Zugleich wird dieser Wortwechsel dann zum Strukturprinzip des folgenden Traums, in dem Ghísola einen Dialog mit einer nicht-lokalisierbaren Stimme aus dem Off führt.[10] Unklar ist, wo die Grenzen des wachen, bewussten Ich beginnen, und wo sie enden. Ghísolas Ich scheint in mehrere Zustände zu zerfallen, die miteinander im Dialog stehen und es gleichermaßen bestimmen. Die Grenzen des Traums

---

[9] Zu Traummarkierungen in der Literatur der Moderne vgl. Jean-Daniel Gollut: *Conter les rêves. La narration de l'expérience onirique dans les œuvres de la modernité*. Paris: Corti, 1993.

[10] Nicht zufällig beginnt der Dialog mit einem Wortwechsel, der, indem er intertextuell auf Dantes *Divina Commedia* verweist, einen religiösen und visionären Kontext aufruft und somit ein weiteres Mal in Frage stellt, ob Ghísola wirklich „nur träumt": „Una voce le chiese: – Che cosa ci fai qui? Ed ella rispose: – Non lo so: non ci sono venuta da me." Vgl. Dante, Inferno X, 61: „E io a lui: ‚Da me stesso non vengo: [...]'.", Purgatorio I, 52: „Poscia rispuose lui: ‚Da me non venni: [...]'." Tozzi interessiert sich auch in anderen Texten für die Ambivalenz zwischen einer religiösen und einer medizinischen Erklärung onirischer Phänomene, vgl. dazu besonders seinen Fragment gebliebenen Roman *Adele*.

lösen sich auf: Zu Beginn gehen Traum- und Wachzustand ununterscheidbar ineinander über und am Ende der Textpassage steht nicht das Aufwachen, sondern einfach ein Schnitt.

3. Pietro als Träumender

Das Auflösen der Grenze zwischen Traum und Wachen ist aber nicht nur für diesen als Traum markierten Erzählabschnitt kennzeichnend, das Auflösen dieser Grenze ist kennzeichnend für den Romantext als Ganzen. Denn die Signale von Traumhaftigkeit, also die Traummarker, mit denen Ghísolas Traum versehen ist, erstrecken sich auf weite Passagen von *Con gli occhi chiusi*. Immer wieder wird hier die Modalisierung eingesetzt, Präsens und Imperfekt werden auch an Stellen verwendet, an denen eigentlich ein ‚passato remoto' zu erwarten wäre, so dass ein Eindruck von Simultaneität statt von Temporalität entsteht. Abrupte Perspektivwechsel vermitteln den Eindruck, die Figuren, auf die zuvor intern fokalisiert wurde, würden sich plötzlich von außen sehen. Die reihende Gliederung der einzelnen Erzählpassagen, die häufig unvermittelt abbrechen bzw. einsetzen und durch einen Asteriskus voneinander getrennt sind, führt zu einem allgemeinen Kohärenzmangel, der die Chronologie der Ereignisse zweifelhaft werden lässt. Inhaltliche Traummarker sind, neben der Passivität der Protagonisten, dem Versagen ihrer Stimme und den Lähmungen, denen besonders Pietro immer wieder unterliegt, Auflösungserscheinungen, die sowohl er als auch Ghísola am eigenen Körper wahrnehmen,[11] sowie die unmittelbare Veränderung der materiellen Eigenschaften von Gegenständen.

Gleich zu Beginn des Romans wird der Protagonist Pietro als Schlafender eingeführt: Die erste Szene, in der er auftaucht, zeigt ihn, wie er als Junge abends in der elterlichen Trattoria auf dem Schoß der Mutter einschläft. In den folgenden Szenen wird die Evokation von Traumhaftigkeit nicht nur vom Setting und vom häufigen Einsatz von Worten aus dem semantischen Feld von Schlaf und Müdigkeit unterstützt: Pietros, und zuweilen auch Ghísolas Wahrnehmung wird auch explizit als traumhaft benannt: „come sognando", „come nei sogni", „come in un incubo" heißt es immer wieder.[12] Während die einzige eigentliche Traumerzählung die Grenzen zwischen Traum und Wachleben verschwimmen lässt, wird Pietros Erleben ‚traumhaft' erzählt und es wird explizit auf diese Traumhaftigkeit hingewiesen.

An drei Szenen möchte ich das verdeutlichen: Die erste zeigt Pietro Rosi als Vierzehnjährigen, wie er einer Handarbeitsstunde beiwohnt, zu der seine Mutter

---

[11] „Egli fece un altro passo, ma gli pareva di non avere più gambe; era come dinanzi ad un incubo improvviso; a cui non voleva credere." (Tozzi: *Con gli occhi chiusi*, S. 156)

[12] Vgl. auch „come se avesse sognato" (ebd., S. 17), „Ma si chiese perché le cose e le persone intorno a lui non gli potessero sembrare altro che un incubo oscillante e pesante." (Ebd., S. 15)

die Bäuerinnen des kleinen Landguts Poggio a' Meli abends ins Herrenhaus eingeladen hat. „Pietro ascoltava, ma gli pareva che le persone intorno a lui agissero come nei sogni;"[13] heißt es und in den vorausgehenden und folgenden Passagen bewegt sich Pietros Wahrnehmung zwischen schemenhafter Abstraktion („[e]lla obbedì rapidamente, come una grande marionetta",[14] „la mamma, [...] simile ad un ombra"[15]) und akribischer Detailbeobachtung (Pietros Blick fixiert Ghísolas Scheitel, Regentropfen, Glühwürmchen, Getreidehalme), immer wieder unterbrochen von Reflexionen, in denen die Pietro umgebenden Dinge und Personen von einer zwischen interner Fokalisierung und Nullfokalisierung wechselnden Erzählerstimme als Manifestationen seiner inneren Konflikte bestimmt werden.[16] Pietros eigene Wahrnehmung lässt sich zugleich als verschwommen und überdeutlich beschreiben, es handelt sich um eine auseinander fallende, fragmentarische Perzeptionsweise, die die Manifestationen der Außenwelt erst auf ihre Bedeutung hin befragt. Pietro, dessen Bewegungen im Raum immer wieder Hemmungen unterliegen,[17] scheint sich in einer fremden, unverständlichen Welt zu bewegen, der er Sinn erst zu geben versucht.

Die zweite Szene spielt mehrere Jahre später. Pietro besucht Ghísola, die er seit seiner Jugend nicht mehr gesehen hat, im Städtchen Badia bei Florenz, wo sie von ihrem Geliebten ausgehalten wird. Pietro, der der Erinnerung an ihre Jugendliebe verhaftet ist, ahnt davon nichts, empfindet die Situation aber als bedrohlich („Ma quel silenzio sembrava un abisso e un agguato inspiegabili!"[18]). Wieder fällt die Modalisierung auf („Gli parve che anche le sue mani parlassero."[19]), wieder überwiegt das Imperfekt, wieder sind Pietros Bewegungen gehemmt oder vollziehen sich wie in Zeitlupe, seine Glieder verselbstständigen sich, sein Atem scheint sich zu verflüssigen. Auch die Eigenschaften der Pietro umgebenden Dinge ändern sich abrupt, so scheinen die Stufen, die er am Ende des Besuchs hinuntergeht, weich zu werden und unter seinen Schritten nachzugeben.[20] Als Pietro nach dem Besuch in die Stadt zurückkehrt, kommt er dort an, ohne zu wissen, wie er hingelangt ist: „Ed entrò in città senza né meno avvedersene."[21]

---

[13] Ebd., S. 14.
[14] Ebd., S. 13.
[15] Ebd., S. 15.
[16] „E dalla sedia andò sul canapè, incapace di sottrarsi a una specie di spavento a cui s'era abituato; subendo quel fascino di allontanamento, che talvolta gli dava un terribile benessere; [...]." (Ebd., S. 14)
[17] Hier z.B.: „mosse il braccio ma non arrivò a toccarsi la fronte" (ebd., S. 15).
[18] Ebd., S. 109.
[19] Ebd., S. 112.
[20] „La scala era di mattonelle consumate, concave e sottili: guardandole, gli pareva che i suoi piedi le sfondassero." (Ebd., S. 113)
[21] Ebd.

Con gli ochi chiusi

In der dritten Szene glaubt Pietro bei einem Gang durch Florenz, wohin er gereist ist, um seine Geliebte nach Radda zu holen, sich weiterhin in seiner Heimatstadt Siena zu bewegen:

> Ma a Firenze, in quelle poche ore, gli pareva d'essere sempre a Siena, in Cima di Camporegio, dove era andato tutti i giorni quando faceva la scuola tecnica. [...] L'Ospedale, alto su le mura, rosso sangue, lo vedeva doventare del colore della terra bruciata; il turchino del cielo, bigio. E poi le prime stelle, qua e là, così sparse che gli facevano angoscia.[22]

Er beschreibt die eine Stadt mit den bedrohlichen Charakteristika der anderen, Siena taucht wie eine Vision vor seinem inneren Auge auf, die Beschreibung wechselt passagenweise vom Imperfekt ins Präsens. Es ist, als würde sein Vater ihn auch hierhin noch verfolgen:

> Ma gli pareva d'essere inseguito da suo padre, pur sentendosi rasserenato dal campanile di Giotto, da Santa Maria del Fiore, da quelle strade che conosceva, già percorse in quella specie di perdizione sempre più accanita.[23]

Hier wie an anderen Stellen des Romans scheint nicht nur Pietros Wahrnehmung von Personen, sondern auch die von Städten, Landschaften und Gegenständen von den Mustern präfiguriert zu sein, die er als Kind und Jugendlicher entwickelt hat. Es sind seine Erinnerungen, die Pietros Wahrnehmung letztlich strukturieren.

Wie es der Titel, *Con gli occhi chiusi*, bereits ankündigt, wird die Traumhaftigkeit der Wahrnehmung seiner Protagonisten zum Strukturprinzip des Romans. In den genannten, aber auch in zahlreichen anderen Szenen wird Pietros Wahrnehmung von seinen Erinnerungen, Wünschen und Ängsten überlagert und sie wird, von Pietro selbst oder vom Erzähler, als traumhaft bezeichnet bzw. mit Träumen in Verbindung gebracht. Die *Deutung* von Ghísolas Traum und der Nachweis seines freudianischen Charakters erweist sich somit als für eine Annäherung an Tozzis Modernität weniger wichtig als seine *formale Vorbildhaftigkeit* für den ganzen Text. Die explizite Benennung der Traumhaftigkeit von Pietros (und teilweise auch Ghísolas) Wahrnehmung weist darauf hin, dass der Traum für Tozzi als Modell für den Wahrnehmungsmodus seiner Protagonisten fungiert, einen Wahrnehmungsmodus, der sich insbesondere dadurch auszeichnet, dass er Perzeption und Erinnerung unmittelbar aufeinander bezieht. Schreibt man dem Traum die Funktion eines Paradigmas für das Ineinandergreifen von Erinnerung und Wahrnehmung zu und weist die Romanfiguren als Träumer aus, so wird es möglich, die erzählte Welt erst vom Subjekt und seiner Geschichte aus entstehen zu lassen.

---

[22] Ebd., S. 123. Die ausführliche Beschreibung Sienas wechselt kurz darauf vom Imperfekt ins Präsens, auch das ein Hinweis auf den onirischen Charakter der Passage.
[23] Ebd., S. 125.

4. Tozzis Lektüren: Zum Traumdiskurs des ausgehenden 19. Jahrhunderts

Genau diese Funktion eines Paradigmas für das Ineinandergreifen von Erinnerung und Wahrnehmung aber hat der Traum auch im psychophysiologischen Diskurs des ausgehenden 19. Jahrhunderts – und mit diesem hat Federigo Tozzi sich intensiv auseinandergesetzt. Was in den letzten fünfzehn Jahren, zum Teil im Kontext der Suche nach Tozzis Freud'schen Wurzeln, sichtbar geworden ist und worin das eigentliche Interesse dieser Forschungsarbeiten liegt, ist der Nachweis von Tozzis Umgang mit der französischen und angelsächsischen Psychophysiologie, mit Psychologen wie Pierre Janet, Théodule Ribot, William James und Henri Bergson.[24] Bevor Tozzi finanziell in der Lage war, sich eigene Bücher zu kaufen, verbrachte er seine Tage in der *Biblioteca degli Intronati*, der Gemeindebibliothek von Siena. Die Ausleihlisten zeigen, dass Tozzi bereits 1903, als knapp Zwanzigjähriger, ein regelmäßiger Leser von Ribots 1876 gegründeter *Revue philosophique* war,[25] der ersten wissenschaftlichen Zeitschrift, die in Frankreich ein Forum für die sich allmählich etablierenden physiologische und experimentelle Psychologie bietet und zahlreiche Rezensionen enthält. Tozzi setzt sich mit den darin diskutierten Phänomenen wie Hysterie, Hypnose, Somnambulismus, und multiple Persönlichkeit auseinander – und nicht zuletzt mit dem Traum.

In jüngerer Zeit ist von wissenschaftshistorischer Seite mehrfach gezeigt worden, dass das in der zweiten Hälfte des 19. Jahrhunderts insbesondere in Frankreich entstandene psychologische und physiologische Wissen vom Unbewussten und vom Traum für Freuds eigene Traumkonzeption durchaus eine Rolle gespielt hat, anders als Freud selbst es in seinem als Forschungsbericht ausgewiesenen ersten Kapitel der *Traumdeutung* Glauben machen will. Statt der Darstellung zu folgen, die Freud selber gibt und die es ihm erst möglich macht, die *Traumdeutung* als bahnbrechenden Neuanfang zu inszenieren, weist etwa Jacqueline Carroy nach, dass Freud selbst zu einer „community of dream specia-

---

[24] In Tozzis Bibliothek standen u.a. Théodule Ribot: *La psychologie des sentiments*, 1896, Henri Bergson: *Matière et mémoire*, 1896, William James: *I principii di psicologia* [*The Principles of Psychology*, 1890], übers. v. G. Ferrari. (2. Aufl.). Mailand: Società Editrice Libraria, 1905, Pierre Janet: *Les névroses*, Paris: *Flammarion* 1909. Vgl. dazu Loredana Anderson: *Tozzi's Readings* 1901–1918, in: *Modern Language Notes* 105 (1990), S. 199–237.

[25] Tozzi konsultierte die *Revue philosophique* von 1903 an. Möglich wurde dieser Nachweis aufgrund eines Fundes von Marchi, der in dem italienischsprachigen Exemplar von James' *Principles of Psychology*, das von 1906 an in Tozzis Besitz war, Notizblätter mit Stichwörtern und Artikelkürzel entdeckt hatte, vgl. Marco Marchi: *Federigo Tozzi. Ipotesi e documenti*. Genua: Marietti, 1993, S. 60. Zu Tozzis Konsultation der *Revue philosophique* vgl. detailliert Paola Ureni: „Tozzi et la ‚Revue philosophique'", in: *Il rabdomante consapevole*, S. 217–244.

lists" zu zählen ist, die sich im 19. Jahrhundert in Frankreich herausbildet.[26] Während Freud den wissenschaftlichen Theorien seiner Zeit vorwirft „für ein Problem der Traumdeutung keinen Raum [zu lassen], denn der Traum ist für sie überhaupt kein seelischer Akt, sondern ein somatischer Vorgang, der sich durch Zeichen am seelischen Apparat kundgibt",[27] entwickelt Tozzi in Auseinandersetzung mit James, Bergson, Janet und dem Traumdiskurs der *Revue philosophique* eine am Traum orientierte Ästhetik, die dazu führt, dass fünfzig Jahre später gerade der „freudianische Charakter" seiner Werke hervorgehoben wird.

Auch wenn dem Traum im letzten Drittel des 19. Jahrhunderts von Seiten der Psychologie nicht die gleiche Beachtung geschenkt wird wie etwa dem Phänomen doppelter Persönlichkeiten, lässt er sich doch als eines der psychischen Phänomene betrachten, deren Erforschung dazu beiträgt, dass ein dynamisches Konzept des Unbewussten um 1900 denkbar wird. Zwar ist der Traum kein zentrales Thema der experimentellen und physiologischen Psychologie, obwohl Autoren wie Hippolyte Taine, einer ihrer Gründungväter, dies in den 1870er Jahren gefordert hatten[28] – aber er erfüllt die Funktion eines Paradigmas für den Nachweis einer ununterbrochenen Kontinuität des psychischen Lebens. Zudem wird der Traum in den 1890er Jahren speziell im Kontext der Debatten um das Zusammenspiel von Wahrnehmung und Erinnerung sowie um die Funktionsweise des Gedächtnisses diskutiert; in der *Revue philosophique* geht es in den Jahrgängen vor und nach 1900, die Tozzi studiert, insbesondere um Fragen der Traum*erinnerung*.[29]

An zwei Artikeln zum Traum aus der *Revue philosophique*, von denen belegt ist, dass Tozzi sie gelesen hat, Charles Mourres „La volonté dans le rêve"[30] und

---

[26] Jacqueline Carroy: „Dreaming Scientists and Scientific Dreamers: Freud as a Reader of French Dream Literature", in: *Science in Context* 19 (2006), S. 15–35, hier: S. 16, zum Traumdiskurs vor Freud in Deutschland vgl. Stefan Goldmann: *Via regia zum Unbewussten. Freud und die Traumforschung im 19. Jahrhundert*. Gießen: Psychosozial-Verlag, 2003.

[27] Sigmund Freud: *Die Traumdeutung*, Studienausgabe, Bd. II, hg. v. Alexander Mitscherlich, Angela Richards und James Strachey. Frankfurt a.M.: S. Fischer, 1972, S. 117.

[28] Taine bestimmt die Analyse von Ausnahmezuständen der Erkenntnisfähigkeit als Forschungsdesiderat einer neuen, experimentellen und physiologischen Psychologie, neben Träumen nennt er Drogenerfahrungen, die Sprachbildung beim Kind, den Schaffensprozess von Künstlern und Literaten, die Schriften Geisteskranker sowie Somnambulismus und Hypnose (vgl. Hippolyte Taine: *De l'intelligence* [1870]. (3. Aufl.). Paris: Hachette, 1878, Bd. I, S. 17). Dennoch rückt der Traum, anders als Hypnose und Somnambulismus, am Ende des Jahrhunderts nicht ins Zentrum des Interesses der neuen Psychologie, die der Introspektion als Forschungsmethode generell skeptisch gegenübersteht. Janet und Ribot etwa behandeln den Traum selbst stiefmütterlich.

[29] Zum Traumdiskurs in der *Revue philosophique* vgl. Susanne Goumegou: *Traumtext und Traumdiskurs. Nerval, Breton, Leiris*. München: Fink, 2007, S. 225–237, sowie Jacqueline Carroy in diesem Band.

[30] Baron Charles Mourre: „La volonté dans le rêve", in: *Revue philosophique* 55 (1903), S. 508–527 sowie S. 635–648.

Pierre Rousseaus „La mémoire des rêves dans le rêve"[31], beide 1903 erschienen, lässt sich die Breite des diskutierten Spektrums erkennen. So vertritt Mourre, der mit den Statistiken des italienischen Psychiaters und Traumforschers Sante de Sanctis arbeitet, wie dieser eine physiologische Traumauffassung. Er betrachtet Träume als zufälligen Ablauf innerer Bilder und rückt komplexere Träume, die seiner Auffassung nach psychische Aktivität zeigen, als „rêves somnambuliques" in die Nähe des Pathologischen.[32] Rousseau dagegen untersucht im Auftrag seines Lehrers Nicolas Vaschide die Erinnerung von Träumen im Traum. Vaschide, der zehn Jahre später einer der ersten französischen Leser von Freuds *Die Traumdeutung* sein wird, interessiert sich bereits zu Beginn des Jahrhunderts für die Träume des Tiefschlafs. Er nimmt an, dass hier eine unbewusste Hirntätigkeit am Werk ist, der er Charakteristika des wachen Denkens wie Logik, Aufmerksamkeit und Willen zuschreibt.[33] In der Studie seines Schülers Rousseau wird die Tatsache, dass in der Tiefschlafphase Träume aus einer ersten Traumphase erinnert werden, und zwar insbesondere in ihrem affektiven Gehalt, zum Nachweis dafür, dass das Gefühl der Persönlichkeit im Schlaf fortbesteht. Da affektive Erinnerung eine synthetische Wahrnehmungstätigkeit voraussetzt, muss das Ich auch im Traum eine Einheit bilden.[34] Während Mourre also tatsächlich ein Repräsentant jener von Freud kritisierten wissenschaftlichen Theorien ist, für die der Traum einen somatischen Vorgang darstellt, ist Rousseau, in Anschluss an Vaschide, Vertreter einer Traumauffassung, die der unbewussten Hirntätigkeit im Traum Anteil am psychischen Leben zugesteht.

Auch die beiden Psychologen, mit deren Schriften sich Tozzi am engsten auseinandergesetzt hat, der amerikanische Psychophysiologe William James und der französische Philosoph Henri Bergson, machen gelegentlich Aussagen zum Traum. So führt James in seinem Versuch, den Forschungsbereich des psychologischen Denkens zu umschreiben, in seinem 1890 erschienenen Hauptwerk *The Principles of Psychology* das suggestive Bild eines dynamischen, ununterbroche-

---

[31] Pierre Rousseau: „La mémoire des rêves dans le rêve", in: *Revue philosophique* 55 (1903), S. 411–416.

[32] „Il est des rêves bien enchaînés et parfois même compliqués comme un petit drame, avec son intrigue et son dénouement. On pourrait donner à ces rêves le nom de somnambuliques, l'activité psychique qui les caractérise se rapprochant de celle du somnambulisme." (Mourre: „La volonté dans le rêve", S. 514)

[33] Vaschide, der sich am Beginn der Schlaflaborforschung situieren lässt, entwickelt hierzu eine besondere Analysemethode: Versuchspersonen werden geweckt und nach ihren Träumen gefragt, während zuvor anhand der körperlichen Symptomatik, die sie im Schlaf zeigen, die Tiefe der Träume bestimmt wird (vgl. Nicolas Vaschide: *Le sommeil et les rêves*. Paris: Flammarion, 1911).

[34] „[...] il se trouve que cette mobilité incessante, dont certains veulent faire l'essence même de la vie mentale, est plus stable qu'on ne l'imagine. Elle revient sur soi, elle se répète, elle se revit elle-même et elle se revoit: elle se fait à soi-même le récit de son passé: il existe dans le rêve une mémoire des rêves." (Rousseau: „La mémoire des rêves dans le rêve", S. 415).

nen Gedankenstroms ein („stream of thought", „stream of consciousness"),³⁵ der sich auch über die Grenzen des Wachlebens hinaus erstreckt. Dabei schreibt er Träumen die Funktion zu, diese Kontinuität des psychischen Lebens zu belegen. Ihre Existenz wird zum Nachweis, dass der Bewusstseinsstrom sich auch im Schlaf fortsetzt:

> Svegliati improvvisamente, mentre dormivamo anche profondamente, ci sorprendiamo sempre in preda ad un sogno. [...] Queste sono le ragioni, che potremmo chiamar classiche, in favore dell'opinione che la mente agisca anche all'insaputa della persona che la possiede.³⁶

So heißt es in der italienischen Übersetzung der *Principles*, die in Tozzis Bibliothek stand.

Wie unmittelbar Tozzis Vorstellungen von der Funktionsweise der menschlichen Seele in Auseinandersetzung mit James entwickelt werden, zeigt zunächst der Aphorismenband *Barche capovolte*. Die Sammlung entsteht in den Jahren vor der Niederschrift von *Con gli occhi chiusi*, um 1910, und wird von Tozzi auch sein „libro di psicologia" genannt: „[...] un libro di psicologia non può avere alcuna conclusione perché deve essere l'analisi minuziosa e ininterrotta di quel che avviene in noi."³⁷ Immer wieder thematisiert Tozzi hier die ununterbrochene Abfolge psychischer Assoziationen und das Zusammenspiel von Erinnerung und Wahrnehmung.³⁸ Zu Schlaf und zu Traum findet sich folgender Eintrag:

> Il sonno è necessario all'anima. Ma non crediamo che essa se ne stia inerte. Basterebbero i sogni a provare che qualche cosa avviene in essa. Siano pure i riflessi innumerevoli di cose avvenute, deve accadere un riposo o una pausa che prepara le stratificazioni resistenti al giorno susseguente. Se l'anima non producesse ogni notte quasi una corteccia protettrice, si noterebbero grandi irregolarità.³⁹

Tozzi betont hier wie James die Kontinuität der psychischen Tätigkeit auch im Schlaf und deutet an, dass die nächtliche Traumtätigkeit eine für das Seelenleben unverzichtbare, Wahrnehmungen und Erinnerungen verarbeitende Funktion hat. In *Con gli occhi chiusi* ist Pietro Rosis Gedankenfluss, dem der Erzähler über weite Passagen in interner Fokalisierung folgt und hinter dem er sich zuweilen

---

³⁵ „Consciousness, then, does not appear to itself chopped up in bits. [...] it flows. A 'river' or a 'stream' are the metaphors by which it is most naturally described. In talking of it hereafter, let us call it the stream of thought, of consciousness, or of subjective life." (William James: *The Principles of Psychology*. New York; London: Holt and Macmillan, 1890, Bd. I, S. 239) „All consciousness seems to depend on a certain slowness of the process in the cortical cells." (Ebd., Bd. II, S. 104)
³⁶ Ders.: *I principii di psicologia*, S. 161 f.
³⁷ Federigo Tozzi: *Barche capovolte*, in: ders.: *Opere*, hg. v. Marco Marchi. Mailand: Mondadari, 1987, S. 765.
³⁸ Vgl. hierzu die detaillierte Monographie von Martina Martini: *Tozzi e James. Letteratura e psicologia*. Florenz: Olschki, 1999.
³⁹ Tozzi: *Barche capovolte*, S. 715–765, hier: S. 728.

auch ganz verbirgt, als unkontrollierbar und bedrohlich gestaltet. Pietro selbst glaubt, sich darin zu verlieren:

> Quante volte non s'era considerato perduto, mentre le immagini esteriori lo invadevano senza tregua! Ora gli pareva di avere la propria anima; ora diminuiva; mentre questi movimenti gli davano un malessere come quello delle vertigini.[40]

Der Psychologe, dessen Traumauffassung für die Ästhetik, die Tozzi in *Con gli occhi chiusi* entwickelt, vermutlich die größte Bedeutung hat, ist Henri Bergson, der sich im Rahmen seiner Gedächtnistheorie auch mit der Funktion des Traums beschäftigt. Man könnte für den Roman kaum ein treffenderes Motto finden als eine kurze Passage zum Traum in Bergsons 1896 erschienenem Hauptwerk *Matière et mémoire*, das, wie sämtliche seiner Werke, zu Tozzis Bibliothek gehörte: „Un être humain qui rêverait son existence au lieu de la vivre tiendrait sans doute ainsi sous son regard à tout moment la multitude infinie des détails de son histoire passée."[41] Tatsächlich wird Pietro Rosi als ein Mensch dargestellt und benannt, der „seine Existenz träumt, statt sie zu leben". Der Unterschied des Traumzustands zum Wachzustand besteht für Bergson, für den Wahrnehmung immer eine Kombination von Sinnesreiz und Erinnerung ist, in einem Nachlassen der Konzentration und in einer Aufhebung des Willens. An anderer Stelle, im Rahmen eines 1901 gehaltenen Vortrags über den Traum am internationalen psychologischen Institut in Paris, führt er dies näher aus: „[V]eiller et *vouloir* sont une seule et même chose"[42], lässt Bergson das Traum-Ich in einem fiktiven Dialog mit dem wachen Ich sagen. Bergson arbeitet mit dem Bild einer Pyramide als Speicherort der Erinnerungen: Während die Spitze „von Bewusstsein erleuchtet" ist und unmittelbar mit der Gegenwart in Verbindung steht, wird der Untergrund zum Tummelplatz für unzählige weitere Erinnerungen, die bei Abwesenheit des handelnden Ich, im Schlaf, an die Oberfläche kommen können. Für die Träume des tiefen Schlafs hält Bergson gerade auch ein Wiederauftauchen von Kindheitserinnerungen für möglich[43] – und in der Tat sind es in *Con gli occhi chiusi* Pietro Rosis Erinnerungen an die Zeit als Junge in Siena, an den übermächtigen Vater und die Naturerlebnisse in Poggio a' Meli, die vor seinem inneren Auge auftauchen und seine Wahrnehmungsvorgänge permanent bestimmen. Dynamische Kategorien von Verdrängung und Zensur allerdings spielen

---

[40] Tozzi: *Con gli occhi chiusi*, S. 20.
[41] Henri Bergson: *Matière et mémoire* [1896], in: ders.: *Œuvres*, hg. v. André Robinet. (2. Aufl.). Paris: PUF, 1963, S. 159–378, hier: S. 295.
[42] Henri Bergson: „Le Rêve. Conférence faite à l'Institut psychologique le 26 mars 1901", in: *Bulletin de l'Institut psychologique international* 3 (1901), S. 103–122, hier zit. nach Bergson: *Œuvres*, S. 893.
[43] „Ce sont sans doute des scènes extrêmement anciennes, scènes de jeunesse ou d'enfance, que nous revivons alors dans tous leurs détails, avec la nuance affective qui les colora et imprégnées de cette fraîche sensation d'enfance et de jeunesse que nous chercherions vainement à ressusciter pendant la veille." (Bergson: „Le Rêve", S. 121)

bei Bergson, anders als dann bei Freud, keine Rolle, scheinen aber bei Tozzi wiederum anzuklingen.

Der Traum markiert also bei den meisten Psychologen, mit deren Denken Tozzi sich auseinandersetzt, bei Vertretern der experimentellen Psychologie wie William James und Nicolas Vaschides Schüler Pierre Rousseau ebenso wie bei Henri Bergson, der sich der philosophischen Psychologie zurechnet, einen psychischen Zustand, in dem Wahrnehmung und Erinnerung, Gegenwart und Vergangenheit, bewusste und unbewusste Vorgänge aufeinander treffen. Bei Bergson zeigt sich, ebenso wie bei James und in den Artikeln der *Revue philosophique*, dass die im Traum beobachtete Hypermnesie, also die spezifische, im Vergleich zum Wachleben extrem gesteigerte Erinnerungsfähigkeit, in Verbindung mit Vorstellungen vom Unbewussten einen wichtigen Stellenwert erhält.

Tozzis Traumwissen, das, wie anfangs gezeigt, von der literaturwissenschaftlichen Forschung mit Freud in Verbindung gebracht und als Ausweis seiner Modernität angesehen wird, muss also nicht mehr als Hinweis auf die „Intuition" betrachtet werden, mittels derer die Literatur die Psychoanalyse vorausahnt. Die Bezüge sind vielmehr Indiz dafür, dass Tozzis Wissen vom Traum und vom Unbewussten im gleichen epistemologischen Kontext entstanden ist wie *Die Traumdeutung*. Ähnliches gilt auch für Pirandello, der Binet gelesen hat, den frühen Svevo, der Janet kannte, bevor er Freud las, und Savinio, dem neben Arthur Schopenhauer und Friedrich Nietzsche auch Otto Weininger ein Begriff war. Sie alle bewegen sich in einem Wissenskontext, der nicht von Freud, wohl aber von der Psychophysiologie des ausgehenden 19. Jahrhunderts und der Philosophie des Fin de siècle geprägt ist. Dieses Denken setzt sich mit unbewussten Phänomenen auseinander und behandelt den Traum weit weniger stiefmütterlich als Freud es ihm vorwirft. Vor diesem Hintergrund steht der „Topos von der antizipatorischen Potenz der Dichtung" (Manfred Engel)[44] ebenso infrage wie die gängige wissenschaftshistorische Annahme, Freud vollziehe einen radikalen Bruch mit der Traumforschung des 19. Jahrhunderts.

An Tozzis Auseinandersetzung mit dem Traum lässt sich zeigen, dass der vielbeschworene ‚carattere prefreudiano' der italienischen Moderne auf eine produktive Weiterentwicklung des psychophysiologischen Traumwissens des 19. Jahrhunderts zurückzuführen ist. An seinem Beispiel wird deutlich, dass Literaten psychologisches Wissen weder ‚erahnen' noch ‚abbilden' müssen, sondern im Dialog mit der Wissenschaft selbst an seiner Hervorbringung beteiligt sein können. Und letztlich kann so auch unter einer wissenschaftshistorischer Perspektive – über den ‚Umweg' der Literatur – dazu beigetragen werden, die Verankerung der Freud'schen *Traumdeutung* im Traumwissen des 19. Jahrhunderts zu rekonstruieren.

---

[44] Manfred Engel: „Traumtheorie und literarische Träume im 18. Jahrhundert. Eine Fallstudie zum Verhältnis von Wissen und Literatur", in: *Scientia Poetica* 2 (1998), S. 97–128, hier: S. 97.

5. ‚Mimesis des Innen'

Pietro Rosi wird zu Beginn von *Con gli occhi chiusi* als ein Schlafender eingeführt – das Ende des Romans ist als Aufwachen inszeniert: Nach einem albtraumartigen Gang durch ein Bordell, in dem Pietro Ghísola wieder begegnet, verliert er das Bewusstsein und erwacht unmittelbar darauf aus einer tiefen Ohnmacht, womit seine Liebe und damit auch der Roman endet: „Quando si riebbe dalla vertigine violenta che l'aveva abbattuto ai piedi di Ghìsola, egli non l'amava più."[45] In den Szenen, die dazwischen liegen, bewegt Pietro sich in einer selbst geschaffenen und zugleich fremden Welt, in der sich die Erlebnisse und Erfahrungen seiner Kindheit und Jugend in Poggio a' Meli ad infinitum zu wiederholen scheinen. Nicht nur die Wahrnehmung von Personen, auch die von Städten und Landschaften ist stets präfiguriert von den Mustern, die Pietro als Kind und Jugendlicher ausgeprägt hat.

In *Con gli occhi chiusi* entwickelt Tozzi anhand seines am psychophysiologischen Diskurs des ausgehenden 19. Jahrhunderts geschulten Traumbegriffs und anhand der Charakteristika literarischer Traumerzählungen eine Ästhetik, die die erzählte Welt erst vom Subjekt aus entstehen lässt. Eine Ästhetik, die durch Zurücktreten der vermittelnden Erzählinstanz, Auflösung der Chronologie der erzählten Zeit und der Topographie des erzählten Raums, Verzicht auf einen kohärenten Plot, Fragmentarisierung etc. gekennzeichnet ist, wird häufig als ‚anti-mimetisch' bezeichnet,[46] könnte hier aber auch als eine ‚Mimesis des Innen' betrachtet werden, geht es doch um die Funktionsweise innerer, psychischer Vorgänge. Das traumhafte Erzählen in *Con gli occhi chiusi* simuliert die Wahrnehmungsprozesse seiner Protagonisten und überträgt mimetische Verfahren somit auf die Darstellungsebene. Tozzi geht es nicht um die Darstellung äußerer Realitäten, sondern um das Sichtbarmachen ihrer Konstruktion. Sein Thema ist das komplexe Zusammenspiel von unbewussten und bewussten Vorgängen, Wahrnehmung und Erinnerung, Gegenwart und Vergangenheit – und für die Darstellung dieses Zusammenspiels dient ihm die literarische Traumerzählung, mit deren Grenzen er in der Erzählung von Ghísolas Traum exemplarisch spielt, als Modell.

Ausgehend von diesen Beobachtungen scheint es mir lohnenswert zu untersuchen, wie andere Autoren der italienischen Moderne, wie Luigi Pirandello, Italo Svevo und Alberto Savinio, mit dem Wissen vom Traum, das sich im letzten Drittel des 19. Jahrhunderts herausgebildet hat, umgehen, wie sie sich, jenseits ihrer Begegnung mit Freud und mit den Mitteln der Literatur, mit diesem

---

[45] Tozzi: *Con gli occhi chiusi*, S. 158.
[46] Das gilt als ‚anti-mimetic' besonders für den englischsprachigen Raum, vgl. aber auch Manfred Engel: „Literarische Träume und traumhaftes Schreiben bei Franz Kafka. Ein Beitrag zur Oneiropoetik der Moderne", in: *Träumungen. Traumerzählungen in Traum und Literatur*, hg. v. Bernard Dieterle. St. Augustin: Gardez!, 1998, S. 233–262, hier etwa: S. 233 und S. 253.

Wissen auseinandersetzen, es vielleicht auch infrage stellen und verändern. Mit der Rekonstruktion dieser Auseinandersetzung ließe sich das Fundament für eine Analyse des Traums in der Ästhetik der italienischen Moderne legen. Offenbar wird die Evokation von Traumhaftigkeit zu Beginn des Novecento eingesetzt, um Modelle für ein Schreiben zu entwickeln, das mimetische Verfahren auf die Ebene der Darstellung überträgt, ‚antimimetisch' aber insofern ist, als es, über die implizite Thematisierung des Hiats zwischen Traum und Traumerzählung, die Repräsentationslogik literarischer Texte generell infrage stellt.

Bibliographie

Anderson, Loredana: *Tozzi's Readings* 1901–1918, in: *Modern Language Notes* 105 (1990), S. 199–237.
Assagioli, Roberto: „Le idee di Sigmund Freud sulla sessualità", in: *La Voce* 9 (1910), S. 262–264.
Baldacci, Luigi: „Introduzione", in: Federigo Tozzi: *I Romanzi*. Florenz: Vallecchi, 1973, S. XLIII–LXV.
— *Tozzi Moderno*. Turin: Einaudi, 1993.
Bergson, Henri: *Matière et mémoire* [1896], in: ders.: *Œuvres*, hg. v. André Robinet. (2. Aufl.). Paris: PUF, 1963, S. 159–378.
— „Le Rêve. Conférence faite à l'Institut psychologique le 26 mars 1901", in: *Bulletin de l'Institut psychologique international* 3 (1901), S. 103–122.
Borgese, Giuseppe Antonio: „Federigo Tozzi", in: ders.: *Tempo di edificare*. Mailand: Treves, 1923.
Carroy, Jacqueline: „Dreaming Scientists and Scientific Dreamers: Freud as a Reader of French Dream Literature", in: *Science in Context* 19 (2006), S. 15–35.
Dante Alighieri, *La Divina Commedia*, hg. v. Anna Maria Chiavacci Leopardi. 3 Bde., Mailand: Mondadori, 2005.
David, Michel: *La psicoanalisi nella cultura italiana* [1966]. Turin: Bollati Boringhieri, 1990.
Debenedetti, Giacomo: „Con gli occhi chiusi", in: *Aut aut* 78 (1963), S. 28–43.
— *Il personaggio uomo*. Mailand: Il saggiatore, 1970.
— *Il romanzo del novecento*. Mailand: Garzanti, 1971.
Dedola, Rossana: *Tozzi. Storia della critica*. Rom: Bagatto, 1990.
Engel, Manfred: „Literarische Träume und traumhaftes Schreiben bei Franz Kafka. Ein Beitrag zur Oneiropoetik der Moderne", in: *Träumungen. Traumerzählungen in Traum und Literatur,* hg. v. Bernard Dieterle. St. Augustin: Gardez!, 1998, S. 233–262.
— „Traumtheorie und literarische Träume im 18. Jahrhundert. Eine Fallstudie zum Verhältnis von Wissen und Literatur", in: *Scientia Poetica* 2 (1998), S. 97–128.

Freud, Sigmund: *Die Traumdeutung*, Studienausgabe, Bd. II, hg. v. Alexander Mitscherlich, Angela Richards und James Strachey. Frankfurt a.M.: S. Fischer, 1972.

Goldmann, Stefan: *Via regia zum Unbewussten. Freud und die Traumforschung im 19. Jahrhundert*. Gießen: Psychosozial-Verlag, 2003.

Gollut, Jean-Daniel: *Conter les rêves. La narration de l'expérience onirique dans les œuvres de la modernité*. Paris: Corti, 1993.

Goumegou, Susanne: *Traumtext und Traumdiskurs. Nerval, Breton, Leiris*. München: Fink, 2007.

Janet, Pierre: *Les névroses*. Paris: Flammarion, 1909.

James, William: *The Principles of Psychology*, New York; London: Holt and Macmillan, 1890.

– *I principii di psicologia* [*The Principles of Psychology* 1890], übers. v. G. Ferrari. (2. Aufl.). Mailand: Società Editrice Libraria, 1905.

Löwenfeld, Leopold: *Vita sessuale e malattie nervose*, übers. v. Luigi Panichi. Turin: UTET, 1911.

Manzoni, Alessandro: *I promessi sposi. Storia milanese del secolo XVII*, Reproduktion der von Francesco Gonin illustrierten Auflage von 1840. Mailand: Mondadori, 2007.

Marchi, Marco: *Federigo Tozzi. Ipotesi e documenti*. Genua: Marietti, 1993.

– (Hg.): *Il rabdomante consapevole*. Florenz: Le Lettere, 2000.

Martini, Martina: *Tozzi e James. Letteratura e psicologia.* Florenz: Olschki, 1999.

Mourre, Baron Charles: „La volonté dans le rêve", in: *Revue philosophique* 55 (1903), S. 508–527 sowie S. 635–648.

Ribot, Théodule: *La psychologie des sentiments*, Paris: Alcan 1896.

Rousseau, Pierre: „La mémoire des rêves dans le rêve", in: *Revue philosophique* 55 (1903), S. 411–416.

Russo, Luigi: „Federigo Tozzi", in: ders.: *I narratori*. Rom: Fondazione Leonardo per la cultura italiana, 1923, S. 198–200.

Taine, Hippolyte: *De l'intelligence* [1870]. (3. Aufl.). Paris: Hachette, 1878, Bd. I.

Tozzi, Federigo: *Opere*, hg. v. Marco Marchi. Mailand: Mondadari, 1987.

Ureni, Paola: „Tozzi et la ‚Revue philosophique'", in: *Il rabdomante consapevole*, hg. von Marco Marchi, Florenz: Le Lettere, 2000, S. 217–244.

Vaschide, Nicolas: *Le sommeil et les rêves*. Paris: Flammarion, 1911.

Hans-Walter Schmidt-Hannisa (Galway)

„Die Plazenta der Bilder".
Träume in den Tagebüchern Ernst Jüngers

> In diesen Dämmerungen betreten wir die Welt der Urbilder [...].
> Ernst Jünger: *Strahlungen II*[1]

I.

Kaum eine andere Theorie hat die europäische Literaturgeschichte des Traums im 20. Jahrhundert im selben Maß geprägt wie die Psychoanalyse Freuds. Mit unterschiedlichen poetologischen Konzepten und literarischen Mitteln, aber im Kern solidarisch mit Erkenntnisinteressen Freuds und auf der Basis psychoanalytischer Prämissen, haben es sich zahlreiche Autoren in den deutschsprachigen Ländern, aber auch etwa in Frankreich, Italien und Skandinavien zur Aufgabe gemacht, das Phänomen Traum und seine anthropologische und kulturelle Bedeutung zu erkunden. Insbesondere die französischen Surrealisten, aber auch Autoren wie Thomas Mann und Vertreter der Wiener Moderne wie Schnitzler und Hofmannsthal stehen für eine Literatur, die den Traum als Produkt des Unbewussten des Träumers versteht.

Dass sich das literarische Interesse am Traum im vergangenen Jahrhundert keineswegs ausschließlich am Modell der Freudschen Psychoanalyse orientiert hat, wird allerdings oft übersehen.[2] Eine vor allem von der Lebensphilosophie inspirierte Gegenbewegung anti-aufklärerischer, mystisch-metaphysischer Traumliteratur, die den Traum vor allem als kollektives und nicht so sehr als individuelles Phänomen begreift, wurde von der Forschung bisher eher vernachlässigt. Zu den von der Irrationalität des Traums faszinierten Autoren gehören beispielsweise die Schwabinger ‚Kosmiker' um Stefan George, aber auch Ernst Jünger, dessen Reflexionen über den Traum im Folgenden ebenso untersucht werden wie seine Aufzeichnungen eigener Träume.

Jünger ist zweifellos einer der großen Traumbesessenen der Europäischen Moderne. Sowohl in seiner Metaphysik, in seinem ‚Weltbild', wie auch in seiner Poetologie nimmt der Traum eine zentrale Stellung ein. Traumaufzeichnungen und Reflexionen über den Traum durchziehen sein Werk, vor allem die von ihm veröffentlichten Tagebücher, die einen Zeitraum von mehr als achtzig Jahren

---

[1] Ernst Jünger: *Strahlungen II*, *Sämtliche Werke* [SW]. 22 Bde. Stuttgart: Klett-Cotta, 1978–2001, hier: Bd. III, 1979, S. 203.

[2] Zu einer entsprechend reduktionistischen Sichtweise tendiert beispielsweise die Überblicksdarstellung von Peter-André Alt: *Der Schlaf der Vernunft. Literatur und Traum in der Kulturgeschichte der Neuzeit*. München: C.H. Beck, 2002; vgl. besonders S. 331.

umfassen, der vom Ersten Weltkrieg bis an die Schwelle des 21. Jahrhunderts reicht – Jünger starb 1998 im Alter von 103 Jahren.

Neben den Tagebüchern aus dem Ersten und Zweiten Weltkrieg, *In Stahlgewittern* und *Strahlungen*, veröffentlichte er unter dem Titel *Siebzig verweht* Aufzeichnungen aus den Jahren 1965 bis 1996, die fünf Bände und mehr als 2500 Druckseiten umfassen; hinzu kommen zahlreiche Reisetagebücher. Weitere Werke haben tagebuchartigen Charakter, auch wenn sie keiner chronologischen Ordnung folgen. Dies gilt etwa für *Das Abenteuerliche Herz. Aufzeichnungen bei Tag und Nacht* (1929) oder *Autor und Autorschaft* (1981), Sammlungen von Aphorismen, Skizzen und Reflexionen in der Tradition der *Sudelbücher* Lichtenbergs oder der Notizbücher und Aphorismensammlungen Jean Pauls, Novalis', Nietzsches oder Elias Canettis. Sie sind Dokumente einer nicht-systematischen, mitunter assoziativen Denkbewegung, oft inspiriert durch Lektüreeindrücke, persönliche Begegnungen oder auch Träume. Jünger stellt sich ausdrücklich in die Tradition von – wie er sagt – „unsystematischen" Autoren und äußert sich immer wieder zur Poetologie dieser Textproduktion:

> Unsere Grundstimmung ist nicht konsequent, nicht logisch oder systematisch, sondern eher die eines Wesens, das behaglich im Gebüsch liegt und auf Beute hofft. Es hofft auf den Zufall – darauf beruht auch der unausrottbare Reiz von Lotterien und Glücksspielen.[3]

Die Grundhaltung solcher Autorschaft beschreibt er als ein „müßiges Schlendern auf dem Jahrmarkt des Lebens".[4] Der Autor also als geistiger Flaneur, als literarischer Lotteriespieler: Mit solchen Bezugnahmen auf die Zufallspoetologien der Romantik – man denke an Jean Paul oder Novalis – aber auch des Surrealismus ist das Terrain bereitet für die Propagierung der Traumaufzeichnung als privilegierte literarische Praxis. Der Autor, der untätig im Gebüsch liegt und darauf wartet, dass sich ein poetischer Gegenstand zeigt, den er ergreifen kann, erinnert an die von Walter Benjamin im *Sürrealismus*-Aufsatz zitierte Anekdote über Saint-Pol-Roux, von dem es heißt, wenn er sich gegen Morgen zum Schlafen niederlegte, habe er an seiner Tür ein Schild befestigt: „Le poète travaille."[5] Einen Autor, der sich in ähnlicher Weise wie Roux zum Traumfänger stilisiert, führt Jünger tatsächlich als literarische Figur ein, und zwar in seiner Erzählung *Heliopolis*. Über Antonio, der wie Jünger selbst eine Leidenschaft für Experimente mit Drogen hat, heißt es:

> [...] er war ein Traumfänger. Er fing Träume, so wie andere mit Netzen den Schmetterlingen nachstellen. [...] Er schloß sich in sein Kabinett zum Ausflug in die Traumregionen ein. Er sagte, alle Länder und unbekannten

---

[3] Jünger: *Autor und Autorschaft* (Zweite Fassung), in: *SW* XIX, 1999, S. 287.
[4] Ebd.
[5] Vgl. Walter Benjamin: „Der Sürrealismus. Die letzte Momentaufnahme der europäischen Intelligenz", in: ders.: *Gesammelte Schriften* II/1, hg. v. Rolf Tiedemann und Hermann Schweppenhäuser. Frankfurt a.M.: Suhrkamp, 1991, S. 296 f.

Inseln seien dort in die Tapete eingewebt. Die Drogen dienten ihm als Schlüssel zum Eintritt in die Kammern und Höhlen dieser Welt. [...] Ihn trieb im wesentlichen eine Mischung aus Abenteuer- und Erkenntnisdurst.[6]

Aufschlussreich für Jüngers Poetologie des Tagebuchs ist in diesem Zusammenhang eine programmatische Äußerung im Vorwort zu *Strahlungen*, die den Titel des Buches erläutert: „Strahlungen – der Autor fängt Licht ein, das auf den Leser reflektiert. [...] Licht heißt hier Klang, heißt Leben, das in Worten verborgen ist."[7] Der Autor ist also nicht als empirisches Subjekt von Bedeutung, dessen individuelle Geschichte von Interesse wäre, sondern er ist Medium, ein Fänger – oder Empfänger – von Licht im Sinne von Leben. Hier scheint die vitalistische, lebensphilosophische Programmatik des Tagebuchs auf, die gerade auch für Jüngers Traumverständnis von größter Bedeutung ist.[8] Der Autor bündelt die Vielfalt des Lebens wie ein Prisma, das funktionieren soll, aber nicht eigens thematisiert werden muss. Steffen Martus beschreibt diesen Zusammenhang wie folgt: „Für Jünger [...] ist das Tagebuch gerade nicht Medium der persönlichen und offenen Aussprache, sondern ein Instrument zur Bewahrung von Haltung inmitten instabiler Verhältnisse."[9]

Wenn allerdings bestimmte Selbststilisierungen Jüngers den Eindruck erwecken, die Rolle des Autors bestehe im Wesentlichen darin, Beobachtungen zu erjagen oder das, was sich ihm zeigt, geistesgegenwärtig festzuhalten, so ist dem gegenüber zu betonen, dass die veröffentlichten Aufzeichnungen Jüngers keineswegs ‚spontan' Niedergeschriebenes ‚authentisch' wiedergeben. Vielmehr handelt es sich stets um leserorientierte, literarische Stilisierungen. Die in den Tagebüchern veröffentlichten Texte – und dies gilt auch für die Traumnotate – wurden teilweise mehrfach überarbeitet und in verschiedenen Fassungen publiziert.[10]

Insgesamt hat Jünger, so lässt sich schätzen, mindestens 500 Träume aufgezeichnet. Wer versucht, sich diesem gewaltigen Korpus zu nähern, sieht sich mit

---

[6] Jünger: *Heliopolis*, SW XVI, 1980, S. 266 f. Der Vergleich des Fangens von Träumen mit dem Fangen von Schmetterlingen verweist selbstredend auf Jüngers entomologische Passion. Von seinen „subtilen Jagden" – unter diesem Stichwort vermerkt Jünger seine Insektenbeobachtungen – ist in den Tagebüchern mit ähnlicher Regelmäßigkeit die Rede wie von Träumen. Träume wie Käfer bieten ihm gleichermaßen Anlass zu vielfältigen metaphysischen, naturphilosophischen, aber auch biographischen Reflexionen. Vgl. Jüngers 1980 veröffentlichte Betrachtungen *Subtile Jagden* sowie die weiteren entomologischen Veröffentlichungen in Band X (1980) der *SW*.
[7] Jünger: *Strahlungen I*, SW II, 1979, S. 16.
[8] Zu Jüngers Verhältnis zur Lebensphilosophie vgl. Jan T. Schlosser: *Lebenssteigerung. Zur zivilisationskritischen Problematik bei Ernst Jünger*. Kopenhagen, München: Fink, 2003. Schlosser behandelt in diesem Zusammenhang auch Jüngers Auffassungen von Rausch und Traum, vgl. ebd. S. 105–118.
[9] Steffen Martus: *Ernst Jünger*. Stuttgart, Weimar: J.B. Metzler, 2001, S. 137.
[10] Vgl. dazu zusammenfassend ebd., S. 145–149, zu Jüngers Fassungspoetik ebd., S. 233–238.

einer Reihe von methodischen Schwierigkeiten konfrontiert. Erstens umfasst der Zeitraum, aus dem die Aufzeichnungen stammen, insgesamt etwa achtzig Jahre. Kann man dennoch unterstellen, es gäbe eine Einheit des Werkes, ein konstantes Traumverständnis und eine durchgehende Poetologie der Traumaufzeichnung, oder müsste man nicht vielmehr nach Entwicklungen suchen, nach Brüchen und Diskontinuitäten? Zweitens gibt es zu keinem Zeitpunkt eine fassbare oder gar systematisierte Theorie des Traums. Stattdessen gibt es Aphorismen, ‚disiecta membra', Bemerkungen, die immer nur Teilaspekte beleuchten. Viele dieser Fragmente weisen Übereinstimmungen oder Ähnlichkeiten mit einflussreichen zeitgenössischen Theorien auf, etwa mit denen von Ludwig Klages und Carl Gustav Jung. Allerdings gibt es keine Belege dafür, dass Jünger sich mit diesen oder anderen Autoren tatsächlich auseinandergesetzt hat. Konsequent verschleiert er die Quellen, denen sein Traumbegriff verpflichtet ist. Drittens bleibt der Status der veröffentlichten Aufzeichnungen weitgehend unklar. Nach welchen Kriterien, im Dienste welcher Erkenntnisinteressen, zu welchen literarischen oder außerliterarischen Zwecken wurden sie ausgewählt? Zwar macht ein Blick auf das Korpus der Aufzeichnungen schnell deutlich, dass Jünger sich für viele Aspekte des Traums interessiert, sei es dessen Anthropologie, Ontologie, Ästhetik oder Kulturgeschichte. Ein großer Teil der Traumtexte steht jedoch für sich, ohne Kontextualisierung, ohne Kommentar, ohne Leseanweisung.

Besonders irritierend ist eine 36 Druckseiten umfassende Sammlung von Traumnotaten, die Jünger im 1981 erschienenen 13. Band der *Sämtlichen Werke* unter dem schlichten Titel *Träume* veröffentlicht hat,[11] und zwar ohne Einleitung und ohne jeglichen Kommentar. Man könnte annehmen, die aus dem chronologisch-biographischen Rahmen der Tagebücher ausgesonderten und nicht datierten Träume sollten als für sich sprechende poetische Texte gelesen werden, wenn nicht der 13. Band der *Sämtlichen Werke* zur Abteilung *Essays* gehörte und Veröffentlichungen wie *Über Sprache und Stil* oder *Autor und Autorschaft* enthielte, für die diese Gattungsbezeichnung durchaus plausibel ist.

II.

Grundsätzlich lässt sich Jüngers Traumverständnis als strikt anti-aufklärerisch und anti-psychologisch charakterisieren. Die im 18. Jahrhundert sich durchsetzende und in der Freud'schen Psychoanalyse kulminierende Auffassung, der Traum sei ein temporärer Bewusstseinszustand, der von der kreativen Dynamik der Einbildungskraft bestimmt und deshalb Ausdruck der Individualität des träumenden Subjekts ist, avancierte zwar zum dominierenden theoretischen Paradigma der Moderne. Schon die Romantik entwickelt jedoch einen Gegen-

---

[11] Einzelne dieser Notate hatte Jünger bereits seit den sechziger Jahren veröffentlicht, etwa in Festschriften und Privatdrucken. Vgl. die Nachweise der Erstdrucke in: Jünger: *SW* XIII, 1981, S. 336.

diskurs, der überindividuelle und kollektive Momente des Traum betont: Demnach findet im Traumzustand eine zumindest partielle und zeitlich begrenzte Aufhebung des ‚principium individuationis' statt, eine Wiedervereinigung des Einzelnen mit der ‚Weltseele', der ursprünglichen Totalität. Jünger knüpft – ohne dies offenzulegen – an diesen romantischen Diskurs an, der zu Beginn des 20. Jahrhunderts in verschiedenen Zusammenhängen weitergeführt wird, etwa in den lebensphilosophischen Traumtheorien Ludwig Klages' oder in Carl Gustav Jungs Theorie des Kollektiven Unbewussten.

Berührungspunkte und Affinitäten mit Jung wurden in der Jünger-Forschung immer wieder thematisiert;[12] Jünger selbst jedoch grenzt sich in einem Interview strikt sowohl von der Freud'schen wie auch von der Jung'schen Psychoanalyse ab:

> Man wundert sich zuweilen darüber, daß man in Ihren Schriften keine einzige Anspielung auf Freud oder Jung findet. (Jünger:) Nein, überhaupt nicht. – Auch Jung nicht? – Nein. Auf psychologischem Gebiet ziehe ich die wirklichen Dinge, einen Zahn, eine Hand usw., den Erklärungen vor, die man über dies oder jenes beibringen kann. Ein Traum ist für mich etwas Wirkliches, Existentielles, nichts Psychologisches.[13]

Jüngers Insistieren auf der ‚Wirklichkeit' des Traums ist eine Attacke gegen die für Freud fundamentale Unterscheidung zwischen dem manifesten Trauminhalt und den latenten Traumgedanken, die impliziert, dass der manifeste Traum nicht das ‚Eigentliche' ist, sondern eine Zeichen- oder Symbolsequenz, ein Deutungsappell. Dem für die Psychoanalyse charakteristischen hermeneutischen Verhältnis zum Traum setzt Jünger einen Umgang mit Träumen entgegen, der auf Unmittelbarkeit und Intuition beruht: Der Traum ‚spricht' und wirkt für sich, nicht im Sinne eines verweisenden Zeichens, sondern als Gegenwart. Die von der Psychoanalyse forcierte Institutionalisierung einer Deutungsinstanz stellt die Möglichkeit intuitiver Erfahrung des Traums als Wirklichkeit, als ‚Ungesondertes' grundsätzlich in Frage. Dagegen wendet sich auch Jüngers Bemerkung über Freud:

---

[12] Vgl. aus Jungianischer Perspektive die Aufsatzsammlung *Jung und Jünger. Gemeinsamkeiten und Gegensätzliches in den Werken von Carl Gustav Jung und Ernst Jünger*, hg. v. Thomas Arzt, Alex Müller und Maria Hippius-Gräfin Dürckheim. Würzburg: Königshausen & Neumann, 1999 (Studien aus der Existential-psychologischen Bildungs- und Begegnungsstätte Todtmoos-Rütte, Bd. 6), darin besonders den Aufsatz von Heimo Schwilk: „Träume bei Ernst Jünger und C.G. Jung", S. 133–146, sowie Axel Holm: *Grenzgänger der Moderne. Ernst Jüngers Aufbruch zur Invividuation 1939–1943. Eine tiefenpsychologische Untersuchung mit C.G. Jung*. Würzburg: Königshausen & Neumann, 2003. Holm unterzieht Träume aus Jüngers *Strahlungen* einer Jungianischen Lektüre, versucht aber auch, Parallelen in den Traumauffassungen Jungs und Jüngers herauszuarbeiten.

[13] Interview mit Jean Plumyène, in: *Magazine Littéraire* 185 (1982), S. 79. Übersetzt von Gert Bergfleth. Zitiert nach Holm: „Ernst Jüngers Träume in Paris 1941. Ein Zugang mit C.G. Jung", in: *Jung und Jünger*, S. 53.

> Ich träume oft von Schlangen – aus ihrem Verhalten und meiner Reaktion lassen sich Schlüsse auf meinen Turgor ziehen.
> Ein Leser schreibt mir, halb ironisch, ob ich nicht wüßte, was Freud über solche Träume gesagt habe.
> Das heißt also, von der unmittelbaren Begegnung auf einen verweisen, der sie erklärt. Die priesterliche Anmaßung der Psychologen ist bekannt. Ein weiterer Schritt führt dahin, daß sie den „Patienten" statt der Figuren ihre Schemata anbieten. Sie setzen einen faulen Zahn ein und ziehen ihn wieder heraus. Der Trick war schon den Schamanen bekannt.[14]

Besonders augenfällig sind Parallelen zwischen Jüngers Traumkonzeption und derjenigen von Ludwig Klages, mit dem er korrespondiert hat. Klages, dessen Studie *Vom Traumbewußtsein* 1914 und 1919 in zwei Teilen erscheint, der dem Traum aber auch in seinem 1929 und 1932 veröffentlichten monumentalen Hauptwerk *Der Geist als Widersacher der Seele* eine prominente Stelle einräumt, gehört zweifellos zu den wichtigsten und immer noch unterschätzten Impulsgebern der Traumdiskurse des 20. Jahrhunderts. Er steht nicht nur für die Fortführung der Traumphilosophie der Romantik, für die Vermittlung zwischen Gotthilf Heinrich Schubert, Schelling und Carus auf der einen und den transindividuellen Traumtheorien der Schwabinger Kosmiker um Stefan George auf der anderen Seite, sondern hat auch in Walter Benjamins Beschäftigung mit dem Traum Spuren hinterlassen.[15]

In strikter Abgrenzung gegenüber modernen Versuchen, den Traum in individualpsychologischer Perspektive zu begreifen, insistiert Klages auf dessen das Einzelbewusstsein übersteigende Dimensionen. Das wichtigste Argument dafür lautet, dass das Bewusstsein des Traums nicht als „Spielart des wachenden" verstanden werden könne, dessen Gegenstände ausschließlich auf Wahrnehmungen des Tagesbewusstseins rückführbar seien. Vielmehr bezeuge die Traumform umgekehrt „eine ursprüngliche Totalität [...], aus der das Wachbewußtsein erst kristallisierte".[16] So sei es dann auch dessen Kontinuität, die regelmäßig unterbrochen werde, nämlich durch Schlaf und Traum, während umgekehrt der Traumzustand niemals völlig aufhöre.[17] Genau diese Vorstellung findet sich auch bei Jünger, der über die von Träumen erfüllten Nächte schreibt:

> Vielleicht sind unsere Tage nur Sekunden gegenüber diesen Nächten am Saum der Ewigkeit. Wir leben auf einer Kette von Inseln, die aus der Tiefsee aufsteigen, oder wie ein Schwarm von Fliegenden Fischen, der immer

---

[14] Jünger: *Autor und Autorschaft*, SW XIX, S. 361.
[15] Vgl. dazu Burkhardt Lindner: „Benjamin als Träumer und Theoretiker des Traums". Nachwort in: Walter Benjamin: *Träume*, hg. v. Burkhardt Lindner. Frankfurt a.M.: Suhrkamp, 2008, S. 135–168, hier: S. 155 f.
[16] Ludwig Klages: *Vom Traumbewußtsein*, in: ders.: *Sämtliche Werke in zehn Bänden mit Supplement* [SW], hg. v. Ernst Frauchiger u.a. Bonn: Bouvier, 1964 ff., hier: Bd. III, 1974, S. 160.
[17] Vgl. Klages: *Der Geist als Widersacher der Seele*, in: ders.: *SW* II, 1966, S. 806.

wieder nach kurzen Sonnenflügen in den Kristall versinkt. Das Leben ist nur möglich, wird nur gehalten durch dieses Eintauchen.[18]

Die Vorrangstellung des Traumzustands ergibt sich für Klages vor allem aus dessen Verhältnis zur Wirklichkeit. Während das Wachbewusstsein die leibhaftige Wirklichkeit der Dinge empfindet und begreift, werden im Traum Bilder geschaut, deren Realitätsstatus im Moment des Erlebens nicht bezweifelt wird. Nur das ‚Schauen' – der Begriff wird von Klages als ‚terminus technicus' verwendet, der keineswegs bloß auf Visuelles abzielt – hat Zugang zu der von ihm emphatisch postulierten Wirklichkeit der Bilder, die sich von der Realität der Dinge dadurch unterscheidet, dass das Bild Gegenwärtigkeit nur im Augenblick seines Erlebtwerdens und nur im jeweils erlebenden Subjekt hat: Es „fließt mit dem immerfließenden Erleben".[19] Das Bild ist wesentlich temporal, verändert sich beständig, entzieht sich jeder Fixierung. Im Gegensatz dazu ist das Ding dauernd und allgemein, in gelenkten Wahrnehmungsakten beliebig reproduzierbar. Die Schau der Bilder erfolgt nun im Traum, aber auch in anderen Extremzuständen wie der Ekstase und dem Rausch, nicht willkürlich. Zu den charakteristischen Merkmalen dieses Zustands gehört vielmehr die Passivität: Der Traum ‚geschieht' dem Träumenden, der sich diesem nur willenlos hinzugeben vermag. Die Bilder, die sich im Traum einstellen, dürfen deshalb keinesfalls als Funktionen des Subjekts missverstanden werden, sie verdanken sich vielmehr einem Akt der Empfängnis: „Das Bild wird geboren, wann [sic!] sich die Seele vorübergehend an das Geschehen verloren hat."[20] Die Bilder, deren Schau dem Träumer widerfährt, sind Bilder oder Erscheinungen einer Wirklichkeit des „völlig bewußtseinsentrückten Lebensstrom(s)"[21], des von der Sprache nicht einholbaren ständigen Flusses von Bildern, in dem das ‚Leben' sich manifestiert.

Unter wiederholter Berufung auf die Naturphilosophie der Romantik betont Klages, dass der Traum mit der Heilung von der „anthropozentrischen Krankheit" des Denkens[22] und dem Erwachen der „Allseele" einhergeht und zurückführt in den Leben spendenden „Mutterschoß" der Nacht, der kosmischen „Urbildernacht": „Bild und Traum und All wird eins – die Zeit hört auf."[23] Damit ist die ursprüngliche Totalität wiederhergestellt, die durch die zersetzende Vernunft – jenen aufklärerischen „Geist", der als „Widersacher der Seele" auftritt – zerstört wurde.

Wie Klages geht Jünger von einer ursprünglichen traumhaften Totalität aus, die jeglicher Differenz, jeglichem ‚principium individuationis' vorausgeht. Jünger

---

[18] Jünger: *Strahlungen II*, *SW* III, S. 568.
[19] Klages: *Vom kosmogonischen Eros*, in: ders.: *SW* III, S. 416.
[20] Klages: *Der Geist als Widersacher der Seele*, *SW* II, S. 1186.
[21] Ebd., S. 823.
[22] Vgl. Ludwig Klages: *Rhythmen und Runen. Nachlaß herausgegeben von ihm selbst*. Leipzig: J. A. Barth, 1944, S. 260.
[23] Ebd., S. 260 und 262.

verwendet dafür häufig den Begriff des „Ungesonderten". Als „stärkere Wirklichkeit" vermag der Traum die Individuation aufzuheben:

> Die Träume: schwächere Realität, stärkere Wirklichkeit. [...] Sie lassen auch ahnen, dass der Verlust der Individualität weniger eine Beraubung ist als ein Gewinn. Wir kehren beim Erwachen ungern in unsere Haut zurück. Im Anfang war der Traum.[24]

Die Wirklichkeit des Traums hat für Jünger wie für Klages Anteil an der Wirklichkeit der (Ur-)Bilder des „Lebens", die Jünger als Götterwelt begreift und platonisierend der Sphäre bloßer Erscheinungen gegenüberstellt:

> Es zählt zu den Privilegien der Götter, daß sie in der Bilderwelt verharren und nur selten aus ihr in die Erscheinung hinaustreten. Der Abglanz wird farbig dann. Unsereinem ist das weniger vergönnt. Wir ahnen die Fülle der Bilderwelt im farbigen Abglanz und treten selten, wie in den Träumen, aus der Erscheinung in sie ein.[25]

Der Traum ist also gewissermaßen die ‚via regia' zurück zu dieser ursprünglichen bildlichen Totalität.

Auch Jüngers Ausführungen über die Bedeutung des Traums für künstlerische Produktivität stehen den Auffassungen Klages' nahe. *Der Geist als Widersacher der Seele* zeichnet sich dadurch aus, dass in radikaler Weise die Bestimmung des Dichters mit derjenigen des Träumers eng geführt wird. Alle Versuche, das ‚Wesen' des Dichters zu bestimmen, kreisen daher um dessen prinzipielle Verwandtschaft mit dem Träumer und um die Erfahrung des Traums als Basis künstlerischen Schaffens. Zugespitzt formuliert er: Wie das Träumen ist das Dichten „eine Weise ekstatischer Lebendigkeit",[26] wie der Träumer ist der Dichter, „obschon Einzelwesen, doch Verfließungsmoment des Alls".[27] Beide werden überschwemmt vom Strom der Bilder, der sich weder willkürlich evozieren noch steuern lässt. „Der Träumer vollendet sich im Dichter",[28] wie Klages ausführt, weil der Dichter, nachdem er sich den Bildern hingegeben hat, es sich zur Aufgabe macht, das Geschaute in Sprache zu übersetzen.

Jünger hebt ebenfalls immer wieder die Bedeutung des Traums für den schöpferischen Akt hervor und rückt diesen ins Zentrum seiner Produktionsästhetik. „Die Erfindung gehört der Tag-, die Dichtung der Traumseite des Lebens an",[29] schreibt er programmatisch. Und ähnlich allgemein: „Meine Überzeugung, daß alles, was uns auf der Tagseite des Lebens an reifen Früchten zufällt, sich auf der Nachtseite bildete, habe ich durch die eigene Erfahrung oft bestätigt gefun-

---

[24] Jünger: *Autor und Autorschaft*, SW XIX, S. 200.
[25] Jünger: *Annäherungen. Drogen und Rausch*, in: ders.: *SW* XI, 1978, S. 19 f.
[26] Klages: *Rhythmen und Runen*, S. 243.
[27] Ebd., S. 261.
[28] Ebd., S. 361.
[29] Jünger: *Zahlen und Götter*, in: ders.: *SW* XIII, 1981, S. 333.

den."³⁰ In einer im Anschluss an ein nächtliches Kokainexperiment aufgezeichneten Bemerkung argumentiert er wiederum mit dem Lebensbegriff und vergleicht die Nacht mit ihren Träumen und Bildern mit dem Unterirdischen, mit dem, was ‚unter Tage' im Erdboden verborgen ist:

> Bedeutend mehr Leben, zarteres und feineres, ist unter als über Tage. All diese Keime, Gespinste, Fasern, Myzelien, Eigelege, Nematoden werden erst sichtbar, wenn sie ein Spatenstich ans Licht hebt, das sie schnell zerstört. Und doch bleibt es die Wurzel, die das Blattwerk, Mythos, der die Geschichte, der Dichter, der den Denker, der Traum, der unsere Tage und Nächte nährt.³¹

Leben erscheint hier als sowohl biologisch als auch künstlerisch zeugend. Was ‚unter Tage' ist, hat sich noch nicht entfaltet, aber alles, was sich hier befindet, enthält das Potenzial und die Kraft zu wachsen und sich ‚über Tage', in der Wachwelt zu manifestieren. Zwischen beiden Sphären besteht jedoch ein klares, platonisch modelliertes hierarchisches Verhältnis: Gemessen an der Wirklichkeit der urbildlichen Träume sind deren Reproduktionen oder Umsetzungen durch den Künstler kontingent. Diesen Aspekt unterstreicht die folgende Notiz:

> Die schwersten Träume werden in namenlosen Fruchtböden geträumt, in Zonen, von denen aus gesehen das Werk etwas Zufälliges, einen minderen Grad von Notwendigkeit besitzt. Michelangelo, der zuletzt die Gesichte nur noch in Umrissen in den Marmor wirft und die rohen Blöcke in Höhlen schlummern läßt wie Schmetterlingspuppen, deren eingefaltetes Leben er der Ewigkeit anvertraut.³²

Die grundlegende Problematik, die sich hier andeutet, nämlich die Frage, in welchem Maß künstlerische Darstellungsmittel der Wirklichkeit der Träume gerecht werden können, wird von Jünger wie von Klages besonders mit Blick auf das Verhältnis von Sprache und Traum diskutiert. Obwohl Klages von der prinzipiellen ‚Unbeschreiblichkeit' des Traums ausgeht, setzt er auf die Macht der dichterischen Sprache, den Rezipienten „vorübergehend in die Wirklichkeit des Mitgeteilten hineinzureißen". In diesem Sinn versteht sich seine poetologische Lösung: „,Sagen' läßt sich das nicht, aber es läßt sich unter Umständen ,singen'."³³ In der Literaturgeschichte des Traums spielt Klages mit dieser Position eine zentrale Rolle als Geburtshelfer einer neuen Gattung, der literarischen Traumaufzeichnung. Er war es, der den zum George-Kreis gehörigen, heute weitgehend vergessenen Schriftsteller Friedrich Huch drängte, seine Träume

---

30 Jünger: *Das Abenteuerliche Herz*, in: ders.: SW IX, S. 67.
31 Jünger: *Annäherungen*, SW XI, S. 209.
32 Jünger: *Das Abenteuerliche Herz (Erste Fassung)*, SW IX, 1979, S. 39.
33 Klages: *Vom Traumbewußtsein*, SW III, S. 172 f. Vgl. dazu ausführlich Verf.: „,Der Träumer vollendet sich im Dichter'. Die ästhetische Emanzipation der Traumaufzeichnung", in: *Hundert Jahre „Die Traumdeutung". Kulturwissenschaftliche Perspektiven in der Traumforschung*, hg. v. Burkhard Schnepel. Köln: Köppe, 2001, S. 83–106.

ohne jegliche Kontextualisierung als literarische Texte zu publizieren. Brieflich macht er Huch deutlich, welche Bedeutung er seinen Träumen beimisst:

> Ihre Träume sind wieder offenbarende Gesichte aus heidnischer Unterwelt. Diese Bilder und Verwandlungen sind nicht in *Ihnen* geboren. [...] Sie selbst stehen davor oft erstaunt und verwirrt. Der Schlangentraum reicht in vorzeitliche Symbolwelt – und der von dem Sternbild hat kosmische Anklänge. [...] Ihre Träume sind paradigmatisch für eine Philosophie des Traumlebens.[34]

Huchs *Träume*, erschienen 1904 mit einem Vorwort von Ludwig Klages, gelten als erste Veröffentlichung literarischer Traumaufzeichnungen.[35] Auch die zeitweise mit Klages liierte Franziska Gräfin zu Reventlow zeichnet unter seinem Einfluss eine große Zahl von Träumen in ihren Tagebüchern auf, ohne diese allerdings zu publizieren.

Jünger konstatiert zwar einerseits wiederholt die Nicht-Aufschreibbarkeit und Flüchtigkeit des Traums, thematisiert aber andererseits weder die Möglichkeitsbedingung und den Status seiner eigenen Aufzeichnungen noch deren ‚handwerkliche' und sprachliche Seite. Wenn von den Grenzen der Aufzeichenbarkeit die Rede ist, so geschieht dies mit der Absicht, die als Ursprungsnähe verstandene Andersartigkeit der Traumerfahrung zu betonen. Eine in diesem Sinn exemplarische Notiz in *Strahlungen* lautet: „Gewisse Träume lassen sich nicht aufzeichnen. Sie gehen hinter den alten Bund zurück und bauen den wilden Urstoff der Menschheit ab. Man muß verschweigen, was man dort gesehen hat."[36] Während Jünger hier ein Aufschreibverbot formuliert, das bestimmte archaisch konnotierte Inhalte tabuisiert,[37] stellen andere Notizen die Aufschreibbarkeit der Träume aus formalen und ontologischen Gründen in Frage. Traumaufzeichnungen sind gegenüber dem erlebten Traum notwendigerweise defizitär; ‚Entwürdigung' und Entwertung müssen jedoch in Kauf genommen

---

[34] Klages: „Brief an Friedrich Huch vom 19.3.1901", in: Hans Eggert Schröder: *Ludwig Klages. Die Geschichte seines Lebens.* Supplement zu: Klages: *Sämtliche Werke*, 1. Teil, 1. Halbbd., 1966, S. 336.

[35] Auch in der Bildenden Kunst versucht Klages mit Erfolg, die Fixierung ‚authentischer' Traumbilder anzuregen. Sein Briefwechsel mit dem auch von Jünger hoch geschätzten Alfred Kubin belegt, dass Kubin unter seinem Einfluss beginnt, Traumbilder zu zeichnen. Vgl. besonders Kubins „Brief an Klages vom 16.9.1911", in: Paul Bishop: „„Mir war der ›Geist‹ immer mehr eine ›explodierte Elephantiasis‹.' Der Briefwechsel zwischen Alfred Kubin und Ludwig Klages", in: *Jahrbuch der deutschen Schillergesellschaft* 43 (1999), S. 49–95, hier: S. 59. Zur Geschichte der Literarisierung des Traumprotokolls vgl. Verf.: „Zwischen Wissenschaft und Literatur. Zur Genealogie des Traumprotokolls", in: *Das Protokoll. Eine Textsorte und ihre kulturellen Funktionen*, hg. v. Michael Niehaus und Hans-Walter Schmidt-Hannisa. Frankfurt a.M.: Peter Lang, 2005, S. 135–164, zu Klages und Huch S. 156–160.

[36] Jünger: *Strahlungen II*, *SW* III, S. 143.

[37] Vgl. auch folgende Notiz: „Im Garten [...] sprachen wir [...] über mantische Träume, die ich nicht notiere; gern bleibt man verschont davon." (Ebd., S. 459)

werden, wenn man den Traum kommunizieren will. Seine dynamische Natur und seine Zugehörigkeit zu einem ‚tieferen', sprachlosen Biotop des Bewusstseins begründen die immer wieder konstatierte extreme Flüchtigkeit der Erinnerung an Traumerlebnisse:

> Das Unaussprechliche entwürdigt sich, indem es sich ausspricht und mitteilsam macht; es gleicht dem Golde, das man mit Kupfer versetzen muß, wenn man es kursfähig machen will. [...] Wer im Morgenlicht seine Träume zu fixieren sucht, sieht sie dem Gedankennetz entschlüpfen wie der Fischer von Neapel jene flüchtige Silberbrut, die sich zuweilen in die oberen Schichten des Golfes verirrt.[38]

Eine ganz ähnliche Bemerkung, die sich einer zunächst nahezu identischen maritimen Metaphorik bedient, sucht die soeben zitierte hinsichtlich des Grads der Regression zum Ursprung noch zu überbieten. Nun allerdings geht es nicht mehr um die Sprachlichkeit der Träume, sondern um ihre Bildlichkeit. Ursprungstiefen werden hier erreicht, die selbst der Bildlichkeit vorausgehen, die, mit anderen Worten, bildloser Ursprung der Bilder sind. Über diesen Absturz aus der Dämmerung in die absolute Dunkelheit lässt sich nur im Modus des Paradoxons reden:

> Die Luftalarme reißen uns oft aus dem Tiefschlaf hoch. Dabei bemerke ich wieder, daß es ganz unbekannte Regionen des Traumes gibt, Gründe der Tiefsee, in die kein Lichtstrahl fällt. Und wie die dort vom Netz zufällig erhaschten Gebilde gegenüber Luft und Sonne, so verändert sich das Tieftraumplasma gegenüber dem Bewußtsein im Augenblick. Nur einige Schuppen bleiben am Garn. Wir sanken in unergründlich augenlose Tiefen, auf die Plazenta der Bilder hinab.[39]

Wie bereits angedeutet, ist Jüngers Traumverständnis weder systematisch noch in sich kohärent. Dies gilt selbst für die Medialität des Traums, denn neben Bestimmungsversuchen, die den Traum als sprachliches und visuelles Phänomen begreifen, finden sich auch Bemerkungen, die ihn als Form gesteigerten Denkens beschreiben. Bei der Analyse eines Traums greift Jünger auf eine Formulierung Lichtenbergs zurück (freilich ohne diese zu zitieren), nach der bestimmte Träume, in denen Dritte Dinge aussprechen, die das Traum-Ich nicht weiß, „weiter nichts [sind] als dramatisiertes Besinnen", da der Träumer den Sachverhalt ja sehr wohl weiß, ist er es doch selbst, der ihn dem geträumten Dritten in den Mund legt.[40] Jünger stimmt Lichtenberg prinzipiell zu, verleiht dessen Argument jedoch eine überraschende anti-aufklärerische Wendung:

---

[38] Jünger: *Das Abenteuerliche Herz*, SW IX, S. 38.
[39] Jünger: *Strahlungen II*, SW III, S. 324.
[40] Vgl. Georg Christoph Lichtenberg: *Sudelbücher*, ders.: *Schriften und Briefe*, Bd. I, hg. v. Wolfgang Promies. München: Hanser, 1967, S. 933 (L 587).

> Wirkt etwa der Träumer, um [die erklärende Bemerkung] spannender zu machen, an der Regie der Träume mit? Oder aber als Schauspieler in einem Stücke, das ihn an Bedeutung überragt?
> Beides ist richtig, insofern wir in unseren Träumen einmal als Person auftreten und zugleich Teile des Universums sind. In dieser zweiten Eigenschaft lebt eine unvergleichlich höhere Intelligenz in uns, die wir bestaunen, wenn das Erwachen uns in unsere Sonderung zurückgehoben hat. Wir gleichen im Schlafe Statuen, die mit den Gehirnen denken und ferner im ganzen, mit allen Molekülen, an kosmische Gedankenströme angeschlossen sind. Wir tauchen in die Gewässer der prä- und der postmortalen Intelligenz.[41]

Während die meisten Bemerkungen Jüngers gerade das Nichtbegriffliche und Geistferne des Traums betonen, ist hier das ‚Kosmische‘, das seine überindividuelle Komponente ausmacht, eine kosmische Intelligenz, statt Bildern strömen Gedanken. Letztendlich stellt Jünger Lichtenberg auf den Kopf: Begreift dieser den Traum als Fortsetzung des Denkens des Individuums mit anderen Mitteln, so ist der Träumer für Jünger Schachfigur in einem Spiel, das dessen Fassungsvermögen übersteigt.

Trotz widersprüchlicher Details zeichnen sich die großen Themen des Jünger'schen Traumdiskurses auch hier deutlich ab: Das ontologische und zeitliche Primat des Traums, seine Überindividualität und seine ‚kosmische‘ Totalität. Der Traum ist für Jünger kein psychologisches, sondern ein quasi-religiöses Phänomen:

> Der Traum kann so zwingend werden, daß er dem Wachen gleicht. Andererseits kann das reale Geschehen den Geist in einer Stärke bannen, daß er zu träumen meint. Das Gedicht erreicht einen Grat, auf dem Traum und Wirklichkeit nicht mehr zu unterscheiden sind. Diese Einheit ist die Voraussetzung dafür, daß Göttliches geschieht.[42]

III.

Abschließend nun zu zwei Traumaufzeichnungen Jüngers. Es versteht sich, dass diese keineswegs als repräsentativ gelten können. Zur Erfassung der Vielfalt an Traumformen und -motiven in Jüngers Texten wäre eine eigene Untersuchung nötig. Ausgewählt wurden die beiden Träume zum einen deshalb, weil ihnen der Autor Kommentare hinzugefügt hat und sich so zeigen lässt, wie Jünger mit konkreten Träumen umgeht, zum andern, weil diese Kommentare beiden Träume gewissermaßen programmatischen Status verleihen, insofern Jünger Thesen mit ihnen verknüpft, die für sein Traumverständnis grundlegend sind.

---

[41] Jünger: *Strahlungen II*, SW III, S. 128 f.
[42] Jünger: *Autor und Autorschaft* (Erste Fassung), in: ders.: SW XIII, 1981, S. 491.

Es handelt sich um zwei Aufzeichnungen komplementärer Träume zum Thema ‚Individuation', die beide aus dem Jahr 1945 stammen und in *Strahlungen* enthalten sind. Am 11. August 1945 notiert Jünger:

> Zur Nacht in einer kleinen, uralten Stadt. Die Gassen, Winkel, Durchschlupfe waren mir durch zahllose Begegnungen, durch endlos in ihnen abgelebte Zeit vertraut. In diesen Mauern und Gelassen hatte sich ein Humus menschlicher Beziehungen angehäuft, in dem ich wie eine Pflanze verwurzelt war.
> Was war das für ein Anwesen? Die Häuser, die Menschen, die Zechkumpane, die kleine Wirtin, bei der wir schmausten, das alles war für eine bloße Erfahrung, für reine Lebensgeschichte viel zu dicht. Es musste dem Innern angehören – ich meine, nicht nur dem Innern meiner selbst. Das wuchs tief unter der Oberfläche, auf der die Lichtzeit gilt. Die Menschen mit ihren Charakteren, die Städte mit ihren Kunstwerken treiben aus dieser Schicht empor wie Pilze aus dem Myzel. Daß wir uns in all dem wiederfinden, rührt daher, daß wir uns längst gekannt haben, daß wir an einem Ort der Fruchtbarkeit beisammen waren, der uns gemeinsam ist, ja wo wir identisch sind.[43]

Zunächst fällt auf, dass der Begriff Traum in der Aufzeichnung an keiner Stelle vorkommt. Allein die einleitende temporale Bestimmung „zur Nacht" deutet an, worum es sich hierbei handelt. Dass die so betriebene ontologische Annäherung von Wach- und Traumwirklichkeit ein wichtiges Anliegen Jüngers ist, zeigen spätere Entwicklungen in seinem Werk: In den folgenden Tagebüchern, namentlich in *Siebzig verweht*, fehlen selbst solche Fingerzeige immer öfter.

Der erste Absatz, das eigentliche Traumnotat, ist bemerkenswert knapp. Kein Ereignis wird geschildert. Die Aufzeichnung erschöpft sich in der Beschreibung des anderen Schauplatzes, den der Traum eröffnet, und thematisiert die Befindlichkeit des träumenden Subjekts an diesem Ort, seine Verwurzelung in der alten Stadt. Zwar ist von „zahllosen" Begegnungen und von „endloser" Zeit die Rede, doch diese Bestimmungen bleiben abstrakt. Dennoch sind sie entscheidend für die Wahrnehmung der Stadt, die geprägt ist, durch den „Humus menschlicher Beziehungen".

Einzelne konkrete Details, etwa die kleine Wirtin, tauchen erst im zweiten Absatz auf, in dem es um Deutungen und verallgemeinernde Thesen geht. Dass bereits die einleitende Frage eine traumimmanente Perspektive vorgibt und nicht der Bedeutung des Traums als Traum gilt, ist dabei von größter Wichtigkeit. Jünger operiert mit einem dualistischen Schichtenmodell, dem Gegensatzpaare wie Keim und Pflanze, Tiefe und Oberfläche, Innen und Außen, Dunkel und Licht, Einheit und Individualität zugeordnet sind. Das Argument, das Bild der uralten Stadt sei nicht auf individuelles Erleben rückführbar, begründet er mit dem Hinweis auf dessen besondere „Dichte", also mit einem formalen Aspekt des Traums. Die „Dichte" des Bildes verweist auf das ontologische Lebensprin-

---

[43] Jünger: *Strahlungen II*, SW III, S. 504.

zip, das in jener tieferen „Schicht", in der mütterlichen Nacht verborgen bleibt und nie als solches zur Darstellung gelangen kann, wohl aber der Grund und Ursprung dessen ist, was sich ‚oben' manifestiert. Für dieses schwer fassliche Prinzip, das als Sphäre der Identität vor jeder Individuation gedacht ist, benutzt Jünger neben anderen biologischen Metaphern wiederholt die des Pilzmyzels, das bekanntlich einen unterirdischen Zusammenhang bildet, aus dem die einzelnen Pilze scheinbar als jeweils voneinander unabhängige Exemplare herauswachsen.[44]

Alle Aussagen im zweiten Absatz des Notats – mit ihren unterschiedlichen Graden von Allgemeinheit – beziehen sich auf die Stadt, nicht auf den Traum, wobei die Tatsache, dass es sich bei der Stadt um ein Traumbild handelt, vollkommen in den Hintergrund gerät. Es handelt sich um eine archetypische Stadt (die Terminologie C.G. Jungs drängt sich hier mit Macht auf), die nicht unwirklich, sondern eher überwirklich erscheint, nicht fremd, sondern im höchsten Maß vertraut. Der rhetorische Trick, mit dem Jünger die Kollektivität des Bildes zu suggerieren sucht, ist der ansonsten unmotivierte Wechsel vom „ich" des ersten Absatzes zum „wir" des zweiten, das erstmals in einem vermeintlich zur Traumnarration gehörigen Zusammenhang erscheint („die kleine Wirtin, bei der wir schmausten"). Der Schlusssatz erklärt und verklärt das Traumbild schließlich in einer weitergehenden Vereinnahmung des Lesers zum Gemeingut und zum Gemeinschaft stiftenden Bezugspunkt, und zwar mit dem Verweis auf einen gemeinsamen Ursprung in jener der Individuation vorausgehenden Sphäre ungeteilten ‚Lebens': „Daß wir uns in all dem wiederfinden, rührt daher, daß wir uns längst gekannt haben, daß wir an einem Ort der Fruchtbarkeit beisammen waren, der uns gemeinsam ist, ja wo wir identisch sind." Der Traum mit seinen archetypisch-kollektiven Bildern ist zwar kein Weg zurück in diese Sphäre, die Schau dessen, was sich in ihm manifestiert, ist jedoch ein Akt der Anamnesis und der Versicherung jenes Lebens-Myzels, das wohl als Weltseele im Sinne Klages' zu verstehen ist.

---

[44] Die Metaphorik von Pilz und Myzel findet sich auch in Freuds *Traumdeutung*. Vergleicht man ihren unterschiedlichen Gebrauch bei Freud und Jünger, so werden unmittelbar die fundamentalen Divergenzen zwischen beiden Theorien deutlich. Während das Myzel für Jünger Ort einer kollektiven Ungeteiltheit ist, bezeichnet es bei Freud die Verknäuelung der Traumgedanken des träumenden Individuums: „In den bestgedeuteten Träumen muß man oft eine Stelle im Dunkel lassen, weil man bei der Deutung merkt, daß dort ein Knäuel von Traumgedanken anhebt, der sich nicht entwirren will, aber auch zum Trauminhalt keine weiteren Beiträge geliefert hat. Dies ist dann der Nabel des Traums, die Stelle, an der er dem Unerkannten aufsitzt. Die Traumgedanken [...] müssen ja ganz allgemein ohne Abschluß bleiben und nach allen Seiten hin in die netzartige Verstrickung unserer Gedankenwelt auslaufen. Aus einer dichteren Stelle dieses Geflechts erhebt sich dann der Traumwunsch wie der Pilz aus seinem Mycelium." (Sigmund Freud: *Die Traumdeutung*, Studienausgabe, Bd. II, hg. v. Alexander Mitscherlich, Angela Richards, James Strachey. Frankfurt a.M.: S. Fischer, 1972, S. 503).

Während es in diesem ersten Traum um die der Individuation vorausgehende Einheit ging, rückt ein zweiter Traum den Prozess der Individuation selbst ins Zentrum. Jünger notiert ihn wenige Wochen später, am 27. September 1945:

> In einer kleinen Kapelle, in der Individuationsluft war. Die Wände, Pfeiler und Geräte trieben Gesichter aus sich heraus. Dort waren noch andere Besucher, aus deren Brust, Stirn und Wangen ich Physiognomien aufblühen sah. Die Luft war mit Keimen gefüllt.
> Auch draußen auf der Straße schossen wie Pilze Gesichter auf, aus jedem Pflasterstein. Für einen Augenblick trat Friedrich Georg ein, in einen Labormantel gehüllt.
> Bald wurde der Prozeß ganz unerträglich; ich fühlte aus der Gewalt des Werdens sich Kräfte lösen, die denen der Vernichtung an Qual weit überlegen sind.[45]

Die Weise, wie Jünger hier abstrakte Begrifflichkeit in die Narration konkreter Ereignisse einfließen lässt, ist durchaus nicht untypisch für seine Traumaufzeichnungen. Der philosophisch-psychologische Terminus ‚Individuation' wird literarisiert, indem er als Element eines metaphorischen Kompositums erscheint. Unklar bleibt, ob der Begriff der Beschreibung des im Traum Wahrgenommenen nachträglich als Interpretament hinzugefügt wurde oder ob er – womöglich sogar das Kompositum „Individuationsluft" – bereits Teil des erinnerten Traums war. Was als ‚Individuation' präsentiert wird, ist ein Prozess der lebendigen Verwandlung, des Wachstums und „Werdens". Die Ausgangsszene in der Kapelle erinnert an romanische oder gotische Kirchen mit entsprechenden Skulpturen und physiognomischen Reliefs an Säulen, Kanzeln oder Taufbecken. Zunächst scheint das Wuchern und Blühen der Gesichter positiv konnotiert zu sein, scheint es sich um eine geradezu orgiastische Entfesselung von Lebensprozessen zu handeln, die selbst auf das Unbelebte, auf den Stein übergreifen. Da, wo ‚Individuation' bereits stattgefunden hat, nämlich bei den Besuchern der Kapelle, kommt es zu deren Potenzierung: Gesichter vervielfältigen sich in den bereits existierenden. Außerdem kommt es gewissermaßen zur Profanisierung des Lebensprozesses, indem dieser aus dem sakralen Raum der Kapelle ausbricht und sich auf der Straße fortpflanzt. Dass selbst die Pflastersteine menschliche Physiognomien entwickeln, lässt sich als Metapher für die völlige Anthropomorphisierung der Welt verstehen.

Die Pointe des Traums ist jedoch das Umkippen der Situation ins Unheimliche, die Dämonisierung der Individuation. Mit Freud könnte man zunächst argumentieren, dass es das Überspringen der Trennungslinie zwischen Belebtem und Unbelebtem ist, das die unheimliche Wirkung hervorruft.[46] Aus psychologi-

---

[45] Jünger: *Strahlungen II*, *SW* III, S. 558.
[46] Vgl. Freud: *Das Unheimliche*, in: ders.: *Psychologische Schriften*, Studienausgabe, Bd. IV, hg. v. Alexander Mitscherlich, Angela Richards, James Strachey. Frankfurt a.M.: S. Fischer, 1972, S. 241–274.

scher Sicht ließe sich auch eine paranoische Angst diagnostizieren, von einer allgegenwärtigen Masse von Gesichtern und ihren Blicken verfolgt zu werden. Zweifellos geht es in Jüngers Aufzeichnung jedoch primär um Grundsätzlicheres, nämlich um eine Ambivalenz gegenüber dem Prozess der Individuation. So faszinierend Fruchtbarkeit und Lebenskraft sind, so bedrohlich ist deren Unkontrollierbarkeit, sind die ‚Qualen' des Werdens. Einerseits sind die Zeugungskräfte heilig und verehrenswert, was durch die Lokalisierung der Szene in einer Kapelle zum Ausdruck gebracht wird; sie stehen für die dynamische Ausdifferenzierung und die unendliche Mannigfaltigkeit der Schöpfung. Andererseits reaktualisiert das Werden des Mannigfaltigen permanent den Verlust von Einheit; dieser Prozess geht also mit einem dauernden Trennungsschmerz einher. Insofern ist der Traum vor dem Hintergrund jener Ursprungs- und Einheitssehnsucht zu lesen, die ein bestimmendes Motiv von Jüngers Weltbild ist. Der wesentliche Grund für die Qual, die der vorliegende Traum bereitet, ist jedoch nochmals auf einer anderen Ebene zu suchen: Da nach Jüngers Verständnis gerade dem Traum die Rolle zukommt, Individuation zumindest graduell aufzuheben, muss ein Traum wie der vorliegende, in dem sich nicht die Aufhebung, sondern die Entfesselung und Übersteigerung von Individuation vollzieht, als Albtraum par excellence erscheinen. Er erweist sich als Metatraum, der die für Jünger wichtigste Funktion des Traum in Frage stellt, indem er das ‚Übel' der Individuation, von dem der Traum befreien soll, in ihm selbst wiederkehren lässt.

Bibliographie

Alt, Peter-André: *Der Schlaf der Vernunft. Literatur und Traum in der Kulturgeschichte der Neuzeit*. München: C.H. Beck. 2002.

Arzt, Thomas; Müller, Alex; Hippius-Gräfin Dürckheim, Maria: *Jung und Jünger. Gemeinsamkeiten und Gegensätzliches in den Werken von Carl Gustav Jung und Ernst Jünger*. Würzburg: Königshausen & Neumann, 1999 (Studien aus der Existential-psychologischen Bildungs- und Begegnungsstätte Todtmoos-Rütte, Bd. 6).

Benjamin, Walter: „Der Sürrealismus. Die letzte Momentaufnahme der europäischen Intelligenz", in: ders.: *Gesammelte Schriften* II/1, hg. v. Rolf Tiedemann und Hermann Schweppenhäuser. Frankfurt a.M.: Suhrkamp, 1991.

Bishop, Paul: „‚Mir war der ›Geist‹ immer mehr eine ›explodierte Elephantiasis‹'. Der Briefwechsel zwischen Alfred Kubin und Ludwig Klages", in: *Jahrbuch der deutschen Schillergesellschaft* 43 (1999), S. 49–95.

Freud, Sigmund: *Die Traumdeutung*, Studienausgabe, Bd. II, hg. v. Alexander Mitscherlich, Angela Richards, James Strachey. Frankfurt a.M.: S. Fischer, 1972.

— *Das Unheimliche*, in: ders.: *Psychologische Schriften*, Studienausgabe, Bd. IV, hg. v. Alexander Mitscherlich, Angela Richards, James Strachey. Frankfurt a.M.: S. Fischer, 1972, S. 241–274.

Holm, Axel: *Grenzgänger der Moderne. Ernst Jüngers Aufbruch zur Invividuation 1939–1943. Eine tiefenpsychologische Untersuchung mit C.G. Jung*. Würzburg: Königshausen & Neumann, 2003.

Jünger, Ernst: *Sämtliche Werke*. 22 Bde. Stuttgart: Klett-Cotta, 1978–2001.

Klages, Ludwig: *Rhythmen und Runen. Nachlaß herausgegeben von ihm selbst*. Leipzig: J.A. Barth, 1944.

— *Sämtliche Werke in zehn Bänden mit Supplement*, hg. v. Ernst Frauchiger u.a. Bonn: Bouvier, 1964ff.

Kubin, Alfred: „Brief an Klages vom 16.9.1911", in: Paul Bishop: „"Mir war der ›Geist‹ immer mehr eine ›explodierte Elephantiasis‹'. Der Briefwechsel zwischen Alfred Kubin und Ludwig Klages", in: *Jahrbuch der deutschen Schillergesellschaft* 43 (1999), S. 49–95.

Lichtenberg, Georg Christoph: *Sudelbücher*, ders.: *Schriften und Briefe*, Bd. I, hg. v. Wolfgang Promies. München: Hanser, 1967.

Lindner, Burkhardt: „Benjamin als Träumer und Theoretiker des Traums". Nachwort in: Walter Benjamin: *Träume*, hg. v. Burkhardt Lindner. Frankfurt a.M.: Suhrkamp, 2008, S. 135–168.

Martus, Steffen: *Ernst Jünger*. Stuttgart/Weimar: J.B. Metzler, 2001.

Schlosser, Jan T.: *Lebenssteigerung. Zur zivilisationskritischen Problematik bei Ernst Jünger*. Kopenhagen, München: Fink, 2003.

Schmidt-Hannisa, Hans-Walter: „'Der Träumer vollendet sich im Dichter'. Die ästhetische Emanzipation der Traumaufzeichnung", in: *Hundert Jahre „Die Traumdeutung". Kulturwissenschaftliche Perspektiven in der Traumforschung*, hg. v. Burkhard Schnepel. Köln: Köppe, 2001, S. 83–106.

— „Zwischen Wissenschaft und Literatur. Zur Genealogie des Traumprotokolls", in: *Das Protokoll. Eine Textsorte und ihre kulturellen Funktionen*, hg. v. Michael Niehaus und Hans-Walter Schmidt-Hannisa. Frankfurt a.M.: Peter Lang, 2005, S. 135–164.

Helmut Pfeiffer (Berlin)

Traum und Tagtraum: Henri Michaux.
Über eine Geburt der Poetik aus der Traumkritik

1. Der Traum und das „morceau d'homme"

In dem aufschlussreichen Portrait Henri Michaux', das Emil M. Cioran 1973 schrieb und später in seine *Exercices d'admiration* aufnahm, berichtet er von gemeinsamen Kinobesuchen im Grand Palais. Michaux interessiert sich lebhaft für wissenschaftlich-technische Filme aller Art, und Cioran glaubt in diesem Verhalten einen eigentümlichen Typus der Aufmerksamkeit zu erkennen, einen „fétichisme de l'infime". Dieser habe Michaux, einen „esprit [...] véhément, tourné vers soi-même", immer wieder in einen „excès d'objectivité" getrieben, welcher die Binnenwelt des Subjekts in minutiösen Partikularitäten erscheinen lässt. Für den Leser ist Michaux' Kunst der sowohl gegenständlichen wie sprachlichen Nuance („nuance imperceptible") eine Provokation, er sieht sich mit „démonstrations [...] scandaleusement impersonnelles" konfrontiert.[1] Cioran charakterisiert dieses Verfahren als einen Impuls exzessiver Beobachtung, der es weniger um das Ganze der Person geht, sondern vielmehr um eine eigentümliche Form der Neugier, die sich auf das scheinbar Abseitige und Marginale richtet. Das alte augustinische Verdikt gegen die ‚curiositas', sie verliere sich in „multis minutissimis et contemtibilibis rebus",[2] wird, so könnte man sagen, in der Beobachtungstechnik Michaux' ins Positive gewendet, sie wird zur Passion des Autors. Cioran hat das sehr genau gesehen, wenn er vom Missbrauch des Sehvermögens spricht. Michaux ist für ihn ein Autor „qui a abusé de l'impératif de *voir* en soi et autour de soi".[3] Das Sehen, die Selbst- wie die Weltbeobachtung, ist bei Michaux immer schon ins Exzessive getrieben. Die Heterogenität des Minimalen und Dispersen hat in den habituellen Relevanzen der Welt- und Selbstbeobachtung keinen Platz, sie gefährdet deren Ordnung und Bedeutungsniveaus. Im Exzess einer Selbstbeobachtung, die sich als „travail de sape"[4] manifestiert und die das Innere objektiviert, um seine Elemente fortschreitend zu zerkleinern, zu ‚pulverisieren', wird der Gegenstand der Beobachtung selbst in Mitleidenschaft gezogen. Cioran beschreibt das Verfahren als einen Modus der Verwüstung, es handle sich um eine „incursion dévastatrice dans les zones les plus obscures"[5] des Selbst, die von heterogenen, aber intensiven Affekten beglei-

---

[1] Alle Zitate: Emil M. Cioran: *Œuvres*. Paris: Gallimard, 1995, S. 1596.
[2] Augustinus: *Confessiones* 10, 35, 57.
[3] Cioran: *Œuvres*, S. 1597.
[4] Ebd., S. 1596.
[5] Ebd., S. 1597.

tet werde. Ihre Spannweite reicht von der Selbstquälerei bis zur triumphierenden „jubilation". Jedenfalls ist der Gestus der minutiösen Beobachtung kein Selbstzweck, sondern Antrieb zur Entgrenzung: „Rejoindre le vertige par l'approfondissement, tel m'apparaît le secret de sa démarche."[6]

Es ist klar, dass ein solches Verfahren überkommene Geltungen nicht intakt lassen kann. Die Intensität minutiös-dezentrierter Welt- und Selbstbeobachtung operiert mit Positionen und Gegenständen, die sich gegen hegemoniale Wahrnehmungsmuster und ihre eingespielten Plausibilitäten richten, auf deren Grundlage hierarchische Ordnungen der Beobachtung etabliert werden. Cioran illustriert diese polemische Position insbesondere an jener „insurrection contre ses rêves",[7] die Michaux' Texte betreiben. Die politische Metapher des Aufstands ist signifikanter, als es auf den ersten Blick scheinen mag. Michaux revoltiert nicht nur gegen seine eigenen Träume, sondern auch gegen jenen Diskurs, der wie kein anderer die Paradigmatisierung des Traums für das Funktionieren der Psyche durchgesetzt hatte. Für einen Autor, der in den zwanziger Jahren des vergangenen Jahrhunderts zu schreiben begann und dessen literarisches Umfeld der Surrealismus war, musste das Werk Freuds und die Psychoanalyse eine unabweisbare Referenz sein. Der Traum als Königsweg zum Unbewussten und zu den fundamentalen Prinzipien des psychischen Geschehens – die Freud'sche ‚Diskursbegründung', die nicht nur neue Objekte des Traums konstituiert, sondern zugleich den Modus seiner Beobachtung und Kommunikation transformiert, stellt für Michaux' Poetik eine elementare Herausforderung dar. Wenn Cioran festhält, es gehe Michaux darum, seine Träume und ihre Bedeutung zu ‚verkleinern', sie zu denunzieren und lächerlich zu machen, dann ist damit durchaus ein auffälliger Aspekt seiner Traumtexte getroffen. Die Traumkritik impliziert aber keineswegs die Bedeutungslosigkeit der Träume. Denn auch bei Michaux ist der Traum Darstellung und Verweis auf Anderes. Und er ist es im Modus der Unverfügbarkeit, weil er sich dem Herrschaftsanspruch des Subjekts und der Kontrolle des Bewusstseins entzieht. Gleichwohl ist er von Stereotypen und Klischees beherrscht, die einer eigenen, inkommensurablen Logik zu folgen scheinen. Hier setzt Michaux' insistente Beobachtung des Marginalen ein, welche Objekte konstituiert, die sich den Ansprüchen auf Enthüllung und Lesbarkeit widersetzen, unter denen die Epoche im Zeichen der Psychoanalyse antritt: „En démonétisant les performances de l'inconscient, il se défaisait de l'illusion la plus précieuse qui ait cours depuis plus d'un demi-siècle."[8]

Michaux hat sich zu seinen frühen, vor dem Reisebuch *Ecuador* (1929) erschienenen Texten später überaus kritisch geäußert. In ihnen spielt die Auseinandersetzung mit der Psychoanalyse, und namentlich der Traumtheorie, eine erhebliche Rolle. Sie schlägt sich explizit in zwei Texten nieder, dem aphoristischen Essay *Les rêves et la jambe*, 1923 als selbstständige Veröffentlichung

---

[6] Ebd., S. 1596.
[7] Ebd., S. 1597.
[8] Ebd., S. 1597.

erschienen, und dem kleinen Text *Réflexions qui ne sont pas étrangères à Freud*, 1924 in einer Sondernummer zu *Freud et la psychanalyse* der Zeitschrift *Le Disque vert* abgedruckt. In der gleichen Zeitschrift veröffentlicht er ein Jahr später in einem Dossier *Des rêves* seine unkommentierten *Rêves d'enfant*. Von diesen Texten hat sich Michaux später distanziert, als ihn Alain Bosquet 1962 um eine Widmung in einem Exemplar des Essays bittet, notiert Michaux: „1962. Je ne reconnais pas cette horreur."⁹ Diese entschiedene Verwerfung ändert allerdings nichts daran, dass Michaux' erste selbstständige Veröffentlichung eine symptomatische und aufschlussreiche Lektüre darstellt. Michaux hat den Text sorgfältig redigiert, unterschiedliche Drucktypen und der ambitionierte Titel *Essai philosophique et littéraire* signalisieren einen Anspruch, der sich auch darin niederschlägt, dass Michaux – gegen die um sich greifende Spezialisierung und Separierung der Diskursbezirke – die Dinge selbst ausdrücken will: „J'ai essayé de dire quelques choses." (I, S. 18) Der Traum soll also durchaus als solcher greifbar werden, als Phänomen, nicht nur als Symptom. Aber dieser Anspruch wird gerade durch die Sprache des Essays konterkariert. Sie ist alles andere als eine transparente Sprache, rekurriert sie doch auf Traumtheorien und ihre heterogenen Begrifflichkeiten. Dabei ist zunächst bemerkenswert, dass der erste Autor, den Michaux zitiert, gerade nicht Freud, sondern der norwegische Philosoph John Mourly Vold (1850–1907) ist. Seine Traumtheorie ist es auch, welche die überraschende Assoziation von Traum und Bein im Titel des Essays erklärt.

Mourly Vold ist in der Traumforschung kaum mehr präsent, immerhin bezieht sich Freud zu Beginn der *Traumdeutung* auf die einschlägigen Experimente des Philosophen zum kausalen Nexus von Körperreiz und Traumvorstellung. Mourly Vold habe es, so Freud,

> [...] unternommen, den von der Leibreiztheorie supponierten Einfluß auf die Traumerzeugung für ein einzelnes Gebiet experimentell zu erweisen. Er hat Versuche gemacht, die Stellungen der Glieder der Schlafenden zu verändern, und die Traumerfolge mit seinen Abänderungen verglichen.¹⁰

Später, in einem Zusatz aus dem Jahre 1914, mittlerweile war Mourly Volds zweibändiges Werk *Über den Traum* 1910 und 1912 in einer von Otto Klemm, einem Schüler Wilhelm Wundts, besorgten deutschen Ausgabe erschienen, äußert sich Freud entschieden ablehnender. Der Leser könne sich angesichts „experimentell erzeugter Träume" davon überzeugen, „wie wenig Aufklärung

---

9   Henri Michaux: *Œuvres complètes*, hg. v. Raymond Bellour. 3 Bde. Paris: Gallimard, 1998–2004, hier: Bd. I, S. 1029 (nach dieser Ausgabe wird im Folgenden abgekürzt mit Band- und Seitenzahl im Text zitiert).
10 Sigmund Freud: *Die Traumdeutung*, Studienausgabe, Bd. II, hg. v. Alexander Mitscherlich, Angela Richards, James Strachey. Frankfurt a.M.: S. Fischer Verlag, 1972, S. 64. Freud referiert anschließend die Ergebnisse Mourly Volds, um aus ihnen den gegen die Grundintentionen des Autors gerichteten Schluss zu ziehen, „daß auch die Leibreiztheorie die scheinbare Freiheit in der Bestimmung der zu erweckenden Traumbilder nicht gänzlich auszulöschen vermag" (ebd.).

der Inhalt des einzelnen Traums in den angegebenen Versuchsbedingungen findet und wie gering überhaupt der Nutzen solcher Experimente für das Verständnis der Traumprobleme ist."[11]

Von hegemonialen Deutungsansprüchen ist Michaux denkbar weit entfernt, wenn er sich den Experimenten des Philosophen in einer Art protokollarischer Vorstellungsszene nähert, die er kommentarlos vor dem Leser ausbreitet:

> [...] Vold habille la jambe. La jambe s'éveille: Les images mentales les plus proches, ou les plus familières de la jambe s'éveillent.
> Rêve.
> Le dormeur rêve foule ou pèlerinages, expositions, boulevards d'une capitale. Puis Vold habille les bras: il en sort de la boxe, des usines en activité. Le dormeur est ligoté. Rêve: un troupeau d'éléphants [...] l'écrasent. (I, S. 18f.)

Michaux' imaginäre Szene ist auf die Bildproduktion im Traum konzentriert, sie folgt einer metonymisch-metaphorischen Logik, die durch zufällige oder absichtlich gesetzte Körperreize ausgelöst wird. Der Eindruck einer gewissen Verselbstständigung der Bilder gegenüber den Ausgangsreizen ist kaum von der Hand zu weisen, gerade weil Michaux vor allem ihre metaphorische Dimension ausspielt. Er übersetzt die Kausalitätshypothesen der Leibreiztheorie in eine surrealistische Bilderkonstellation.

Mourly Vold hatte in seinen Untersuchungen, die sowohl als Selbst- wie als Fremdexperiment betrieben wurden, die These der Traumproduktion durch somatische Irritationen um ein okkasionelles Erlebnismoment ergänzt. Es geht ihm durchaus um die spezifische Kausalität der Bilderzeugung, aber auch um eine restriktive Motivierung der konkreten Bildproduktion. Das sieht dann beispielsweise so aus: Der Träumer legt sich Holzstücke ins Bett, anschließend träumt er vom Besuch eines Schauspiels, wobei ihn ein Herr fortwährend in die Seite stößt. Mourly Volds Analyse besagt dann, dass der Druck auf den Körper zusammen mit dem Tagesmotiv des Theaters zu einer „kleinen Szene" verarbeitet wird.[12] Leibreiz und ‚Tagesrest' machen damit die doppelte und zureichende Erklärung des Traumes aus, in der Konjunktion von somatischer Irritation und rezenter Episode. Der Traum, so scheint es also, kommt hier dezidiert ohne eine Tiefendimension der Zeit und des verdrängten Begehrens aus. Vielmehr übersetzt sich der aktuelle somatische Reiz mit Hilfe rezenter Ereignisse in eine Traumszene, die damit zureichend motiviert ist. Noch der späte Michaux hat sich nicht gänzlich von der Theorie der Leibreize verabschiedet, so wenig er auch in seinen Traumerzählungen auf sie zurückkommt. Der „rêveur de nuit" ist ein

> [...] infirme au tableau réduit, pour qui la réplétion de la vessie, le ballonnement du ventre, la congestion d'un membre ou la circulation empêchée

---

[11] Ebd., S. 231. Zu Mourly Volds Theorie des Traums vgl. auch Carl Alfred Meier: *Die Bedeutung des Traums*. Einsiedeln: Daimon, 1995, S. 43ff.
[12] Vgl. dazu ebd., S. 43.

dans un bras, ou dans une jambe repliée qui s'engourdit sont ses principales et imprécises informations. (III, S. 511)

Noch immer eignet sich die längst marginalisierte Lehre Mourly Volds für die Denunziation der psychodiagnostischen Leistungen des Traums.

Les rêves et la jambe besteht aus knappen, referenz- und thesenreichen Textfragmenten. Michaux bezieht sich auf Théodule Ribot ebenso wie auf Sigmund Freud und er erörtert am Beispiel von Autoren wie Edgar Allen Poe, Anatole France, Franz Hellens und Jean Paulhan das Verhältnis von Traum und Literatur.[13] Dabei geht es weder um eine Diskussion von Traumtheorien noch um eine Exegese von Traumtexten. Vielmehr verfolgt Michaux eine durchgehende These: Der Traum lässt den „homme morceau" zur Erscheinung kommen. So wird Freuds These, der Traum sei eine Wunscherfüllung, zwar zitiert, dann allerdings sofort auf eine Logik der Partialität und der Dezentrierung bezogen, die im flagranten Widerspruch zu der psychoanalytischen Traumdeutung steht. Im Traum trete der „morceau sexuel" oder der „morceau homme sexuel" auf, er liege im Kampf mit dem „bloc homme public" (I, S. 23). Das Konzept der Verdrängung verwandelt sich bei Michaux in eine disperse Vielfalt von Selektion, Abspaltung, Opfer und Verwerfung, deren Mechanismen im Traum rückgängig gemacht werden. Insofern interessiert Michaux an der Traumliteratur nicht so sehr der Symbolismus des Verdrängten, sondern ihre Partialität und Selektivität. Die literarischen Traumtexte – exemplarisch an Franz Hellens' Roman *Mélusine* erläutert[14] – bringen einen ‚Traumstil' („style rêve") zur Geltung, in dem ein „style morceau d'homme" (I, S. 24) zur Darstellung dränge. Und dieses ‚Stück' Mensch kann für Michaux genauso gut das eingeklemmte Bein wie das ‚Stück' Sexualität sein.

Die dispersen Materialien, Theorien und Paradigmen, auf die sich Michaux bezieht, variieren ein Motiv, das der Bezug auf Mourly Vold ins Spiel gebracht hatte: Der Traum bringt ein partielles, disperses, dezentriertes Subjekt zur Erscheinung, eine „conscience partielle fragmentaire, et intermittente des membres" (I, S. 19). Seine Faszination liegt in dieser Pluralität, der Traum inszeniert ein fantastisches Leib-Seele-Theater. Aus der Perspektive des wachen, rationalen „homme total" ist die Logik des ‚Menschenstücks' natürlich absurd. Allerdings ist der Anschein der Ganzheit selbst illusionär, beruht sie doch auf Ausgrenzungen und Abspaltungen, deren Mechanismus dem wachen Selbst nicht transparent ist. Andererseits: Wenn der Traum selbst seine eigene Bewusstheit vom ‚Stück'

---

[13] Poe wird ohne spezifische Textreferenz als Autor von „authentiques cauchemars [...] en style d'homme éveillé" (I, S. 24) evoziert, von France wird die *Ile aux pingouins* (1908) erwähnt, Hellens kommt als Autor der *Mélusine* (1920) ins Spiel, im Blick auf Paulhan sind vermutlich die Traumerzählungen in *Pont traversé* (1921) gemeint.

[14] Hellens hat seinen Roman selbst als „somme de rêves" (vgl. I, S. 1032) apostrophiert, obwohl er an der Oberfläche, wie Michaux anmerkt, keineswegs als solcher erscheine: „A la première lecture, je devinai que c'étaient des rêves, quoique *Mélusine* ne soit pas présentée comme tel." (I, S. 24)

auf das Ganze ausdehnt, ist das Erwachen unvermeidlich, weil dann der „homme total" und seine Kontrollorgane auf den Plan treten. Für die Rhetorik des Traumes bedeutet die These von der dispersen und partiellen Qualität des Traums eine Kritik an der (psychoanalytischen, aber auch existenzialhermeneutischen) Logik des Doppelsinns, von verborgenem und manifestem Sinn. Der junge Michaux identifiziert die Logik des Traums demgegenüber mit der eines „coq-à-l'âne" (I, S. 20). Dessen Charakteristika sind abrupter Themenwechsel und fehlende Kohärenz. Folgt der Traum der Rhetorik des ‚coq-à-l'âne', dann kann es in ihm nicht um die Zeichen des Verdrängten, sondern nur um die Partialität und Dezentriertheit der Organe und Vermögen des Subjekts gehen.

2. Traumkritik: das Traum-Ich als Sancho Panza

Michaux' kleiner Aufsatz *Réflexions qui ne sont pas étrangères à Freud* (1924) markiert explizit Distanz zur psychoanalytischen Theorie, die er als Symptom einer Epochenwende begreift: „Freud est, dans le domaine de la philosophie, la réaction contre le XIXe siècle." (I, S. 49) Michaux' Diagnose verfährt in ihrem Schematismus ausgesprochen provokativ und apodiktisch: Ist das 19. Jahrhundert eine Epoche der Synthese und der Naturwissenschaft, so markiert die Psychoanalyse die Hinwendung zum Subjekt, „l'introspection, l'analyse du sujet" (ebd.). Sie kann dieses aber nur dadurch tun, dass sie sich einer methodischen Übertragung bedient, der „application d'un procédé d'une science à une autre science" (ebd.). Für Freuds Wissenschaft des Subjekts heißt das, dass sie auf die Verfahren der Literatur zurückgreift, namentlich die des psychologischen Romans, der Memoiren und Autobiographien des 19. Jahrhunderts, Michaux nennt exemplarisch Maurice Barrès und Paul Bourget, Leo Tolstoi und Fjodor M. Dostojewskij, auch Edgar Allan Poe. Eine solche Diagnose ist weder originell noch trennscharf, aber sie erlaubt die Fokussierung der Traumkritik. Die Paradigmatisierung des Traums hänge nämlich damit zusammen, dass er mit dem Wahnsinn (‚folie') zu jenen Zuständen des Individuums gehört, in denen sich die menschliche Intelligenz nicht kontrolliert und überwacht. Damit werden im Traum und im Wahnsinn elementare, unbearbeitete Antriebe sichtbar, der Traum kann zum privilegierten Medium der Subjektanalyse werden. Aber bereits hier setzt Michaux' Kritik ein: Freud räumt der Libido einen Vorrang ein, der ihr nicht gebührt.[15] Die Traumdeutung etabliert die Grundlagen einer Triebtheorie, deren Einseitigkeit im Interesse pluralisierter Subjektkonzepte Michaux denunziert. Dass er in dem frühen Aufsatz andere Antriebe, Stolz und Selbstliebe, ins

---

[15] Vgl. I, S. 49: „Freud ressemble fort à un enfant précoce. Cette espèce a la vie courte, j'entends la vie intellectuelle. A la cinquantaine, ils vivent toujours de leurs quinze ans." Anders gesagt: Freud bleibt – wie die von ihm analysierten Träume – auf einer frühen Position des Individuums. Dem wird Michaux ein Konzept evolutionärer Subjektivität entgegensetzen.

Spiel bringt, kann hier beiseite bleiben, es entspricht dem Duktus einer mittlerweile konventionellen Kritik der Psychoanalyse, Michaux wird später die Systematik der Liste vermeiden. Aber der Aufsatz schließt mit einer Bemerkung, die einen eigenen Konnex andeutet, auch wenn sie dessen Koordinaten nicht entfaltet: „Freud n'a vu qu'une petite partie. J'espère démontrer l'autre partie, la grosse partie, dans mon prochain ouvrage: *Rêves, jeux, littérature, folie*." (I, S. 50)

Michaux hat das angekündigte Werk nie veröffentlicht. Auch wäre die Verbindung von Plural- und Singularformen der Titelkonzepte durchaus erläuterungsbedürftig. Aber es ist gleichwohl nicht zu übersehen, dass das konzeptuelle Feld, das der Titel aufruft, für die spätere poetische Praxis des Autors von eminenter Bedeutung ist. Spätere Titel wie *La nuit remue, Lointain intérieur, Epreuves, exorcismes, Passages*, etc. lassen sich direkt auf die annoncierte Begriffskonstellation beziehen. Sie rufen die Übergänglichkeit von Traum und Spiel, Literatur und Wahnsinn auf, die sie in fiktionalen ‚onirischen' Miniaturen exemplifizieren und durchspielen.[16]

Explizit und in diskursiv-konzeptueller Absicht kommt Michaux erst mehr als vier Jahrzehnte nach seiner frühen Intervention auf den Traum zurück. 1969 erscheint bei Gallimard der Band *Façons d'endormi, façons d'éveillé*. In ihm erzählt Michaux nicht nur in ungewohnter autobiographischer Offenheit eigene Träume, er reflektiert auch über ihre Leistung in der psychischen Ökonomie des Individuums. Die Träume sind nicht durch das literarische Spiel transformiert, vielmehr greift Michaux auf die Schemata der Traumerzählung zurück. Und er tut es – unter dem neutralen Titel der ‚Art und Weise', der die Anteile von Aktivität und Passivität unbestimmt lässt – vor dem Hintergrund der Opposition von Schlaf und Wachzustand. Es geht Michaux sowohl um eine ‚phänomenologische', an den ‚Sachen selbst' orientierte Beschreibung[17] des Verhältnisses der beiden Zustände wie auch um deren typisierende Verallgemeinerung, bei allem Vorbehalt gegenüber der Generalisierung individueller Erfahrung. Man kann angesichts der Anlage des Bandes durchaus die in der frühen Freud-Kritik postulierte (wissenschafts-)historische Logik von Aktion und Reaktion werkgeschichtlich wenden, und Michaux hat dafür selbst die Stichworte geliefert:

---

[16] Vgl. dazu Romain Verger: *Onirocosmos. Henri Michaux et le rêve*. Paris: Presses de la Sorbonne nouvelle, 2004, der Michaux' Gesamtwerk ins Auge fasst: „[...] l'écriture de Michaux rejoue sur le mode et la scène littéraires le symptôme confusionnel du délire onirique. L'onirisme de Michaux se nourrit de la matière psychiatrique et plus particulièrement des caractères essentiels de l'expérience confusionnelle et des désorientations qu'elle induit." (S. 14) In dieser Umschreibung wird allerdings eines von Michaux' vier Titelkonzepten vernachlässigt, das des Spiels.

[17] Jean Starobinski bedankt sich in einem Brief an Michaux für die Zusendung des „livre merveilleux, qui reprend tout à partir de la plus sobre expérience" mit der folgenden Beobachtung: „Vous allez à la source, et vous avez le courage de ne rien ajouter à ce que votre vigilance saisit sur le fait. Nous voici hors des mythes intellectuels – avec la fine anatomie des rapports de la veille et du sommeil dessinée dans ses dernières ramilles." (Zitiert nach III, S. 1597)

Façons d'endormi, façons d'éveillé folgt auf eine gut zehnjährige Phase, die von den Büchern über die Drogenexperimente des Autors dominiert wird, von *Misérable miracle* (1956) bis zu den *Grandes épreuves de l'esprit* (1966):[18] Wie die resonanzreiche Semantik der Titel der fünf Drogenbücher sich von der ‚schwachen' Semantik des Titels des Traumbuchs abhebt, so steht der aktive Experimentalismus des Meskalinkonsums, der paradoxe Heroismus eines Subjekts, das seine Grenzen bis zum Selbstverlust ausspielt, in prägnantem Gegensatz zu dem passiven Erlebnischarakter der Träume, die sich der bewussten Steuerung entziehen und ohne chemische Intervention ablaufen. Aber zugleich existiert eine Ermöglichungsrelation. Ohne die Drogenexperimente hätte es das Traumbuch nicht gegeben, erst in ihrem Gefolge erfährt Michaux jene prägnanten, optisch auffälligen Traumbilder, denen sich das späte Buch zuwendet:

> [...] lorsqu'il y a une dizaine d'années, grâce à une expérience cérébrale provoquée, je connus, pour la première fois, puis plus tard en rêve, ce que sont des images visuelles, colorées, lumineuses, optiquement frappantes [...]. (III, S. 447)[19]

Façons d'endormi, façons d'éveillé hat eine zweiteilige Struktur. Der erste, weitaus umfangreichere Teil besteht aus insgesamt fünf Kapiteln zum nächtlichen Traum. *Le rideau des rêves* und *Tempérament de nuit* skizzieren den Spielraum des Buches zwischen Traumtheorie, Traumbericht und individuellem Traumrepertoire. Das Kapitel *Quelques rêves. Quelques remarques* erzählt acht exemplarische Träume, die Michaux biographisch situiert, indem er die auslösenden Ereignisse mitteilt und die Übersetzungsleistung des Traumes diskutiert. Das Kapitel *Transformations*, kleiner gesetzt, kehrt das Verfahren um, indem es zunächst die ‚faits' skizziert, dann deren Bearbeitung in der Traumerzählung anschließt. Das abschließende Kapitel *Réflexions* zieht Schlussfolgerungen, teilweise im Rekurs auf heterogene und entlegene Traumtheorien. Der zweite Teil hingegen besteht nur aus einem einzigen Kapitel, *Les rêves vigiles*, es feiert den Tagtraum, die ‚rêverie'. Indem es die andere Seite der Opposition von Nacht- und Tagtraum thematisiert, zielt es zugleich auf deren poetische Relevanz. Der traumanalytischen Asymmetrie der beiden Teile korrespondiert eine inverse poetologische Asymmetrie.

Es sind zwei Gründe, die das Thema des nächtlichen Traums, des Traums im Schlaf, für Michaux schwierig machen. Der Traum ist, namentlich durch die Psychoanalyse, ein diskursiv kontrolliertes und verwaltetes Terrain, „gardé par

---

[18] Vgl. dazu u.a. Verf.: „Schiffbrüche mit Bewusstsein. Droge, Zeichnung, Schrift bei Henri Michaux", in: *Automedialität. Subjektkonstitution in Schrift, Bild und neuen Medien*, hg. v. Jörg Dünne und Christian Moser. München: Fink, 2008, S. 161–185.

[19] Freud hat bekanntlich in der *Traumdeutung* ein Unterkapitel der „Rücksicht auf Darstellbarkeit" gewidmet, welches sich der Pseudovisualität der Traumbilder widmet. Die „Verwandlung der Traumgedanken in den Trauminhalt" bedeutet auch die *„Rücksicht auf die Darstellbarkeit in dem eigentümlichen psychischen Material, dessen sich der Traum bedient*, also zumeist in visuellen Bildern." (Freud: *Die Traumdeutung*, S. 339).

des techniciens" (III, S. 448). Es ist nahezu unmöglich, in einem Modus der Unschuld („innocence") und der Natürlichkeit („naturel") über ihn zu sprechen. Die vom frühen Michaux konstatierte Wendung zum Subjekt hat ein spezifisches Expertenwissen vom Traum hervorgebracht. Der späte Michaux reagiert auf diese Situation mit einer doppelten Strategie. Er vermeidet zunächst die direkte oder polemische Auseinandersetzung mit der Doxa der Trauminterpretation, direkte Bezugnahmen auf Freud sind selten, das terminologische Instrumentarium der *Traumdeutung*, von der Wunscherfüllung bis zur Traumarbeit, wird umgangen. Wenn aber die Verdrängung und die Entstellung keine dominante Rolle spielen, dann entfällt damit auch das Deutungsprogramm der Tiefenhermeneutik. Andererseits referiert Michaux gelegentlich auf antike oder orientalische ‚Traumtheorien', er konsultiert aktuelle Darstellungen dieser Traditionen,[20] aber er zitiert sie nicht als Diskurse gesicherten Wissens, sondern als Formen kultureller Verarbeitung und Interpretation des Traums. Er erörtert nicht nur die Relation von Traum und Traumtheorie, sondern die Verschlingung von Traum und epochalem ‚Wissen'. Auch die Träume sind von zeittypischen Erwartungen und Befürchtungen geprägt, sie müssen gelesen werden in Bezug auf „les désirs, craintes et préoccupations dominantes du pays, selon l'étroitesse d'horizon de l'époque" (III, S. 507). Das gilt, wie eine Anmerkung festhält, auch für jene Träume, aus deren Interpretation die Psychoanalyse ihre Trieblehre ableitet. Die Träume, welche die *Traumdeutung* entziffert, „divinatoires sans le savoir, ont vu à l'avance et prédisaient la sexualité vulgaire et hygiénique qui allait bientôt se répandre en Occident." (III, S. 507) Traum, Traumwissen und Traumdeutung stabilisieren sich gegenseitig, sind zirkulär ineinander verwoben. Gerade weil der Traum diskursiv bewacht ist, muss man ihn – um die Termini von Michaux' frühem, bereits zitiertem Projekt aufzugreifen – in den Kontext des literarischen Spiels zurück stellen. Denn dieses fingiert eine Unbefangenheit, die es im Umgang mit dem Traum direkt und unmittelbar nicht gibt.

Das literarische Spiel lebt von seinem Kunstcharakter, es macht den Traum zur onirischen Fiktion. Diese mag beim Leser den Eindruck des Traumhaften erwecken, sie folgt gleichwohl ihrer eigenen Logik. Das literarische Spiel umgeht die Diskursadministration des Traums, auch wenn sie diese zitiert. In *Façons d'endormi, façons d'éveillé* geht Michaux aber wieder direkt auf den Traum zurück, auf seine Motive wie seine Gegebenheitsweise. Er greift die epochale Traumdiskussion auch insofern auf, als er sich dem grundsätzlichen Problem, das der nächtliche Traum aufwirft, seiner spezifischen Gegebenheitsweise und deren sprachlicher Übersetzung, zuwendet. Träume sind für Michaux in erster Linie optische Vorstellungsbilder, in zweiter Linie vielleicht auch akustische Bilder (die nicht notwendigerweise sprachlich kodiert sein müssen). Der erste Satz des Buches wirft bereits die entscheidende Frage auf: „Rêver étant endormi, est-ce avant tout voir des images ou des scènes, est-ce avoir affaire à du visible, de

---

[20] Etwa Marcel Leibovici u.a.: *Les songes et leur interprétation*. Paris: Seuil, 1959.

l'audible?" (III, S. 447) Die Antwort folgt wiederum jener Richtung, welche die Drogenexperimente als die entscheidende Zäsur in der Wahrnehmung der eigenen Träume erscheinen lässt. Zuerst, so bemerkt Michaux, „mes rêves furent pâles, sans couleurs", erst im Gefolge des Meskalinkonsums produzieren auch die Träume „des images visuelles, colorées, lumineuses, optiquement frappantes" (III, S. 447). Und es ist eben diese Qualität, welche die Träume für Michaux interessant macht, nicht so sehr ihre emotionale Färbung oder ihr Episodencharakter.[21] In seinen Drogenbüchern hatte Michaux wiederholt mit Zeichnungen experimentiert, um möglichst nahe an der psychischen Realität zu bleiben. Das Traumbuch verzichtet ganz auf das Medium der Abbildung, es ist für den Traum ohnehin nicht in jener Unmittelbarkeit einsetzbar, die für die imaginäre Visualität des Drogenexperiments zumindest versucht werden kann. Michaux' Traumberichte sind Erzählungen, und sie unternehmen nicht den Versuch, die Instanz der Erzählung als eine vom Traum-Ich unterschiedene zu eskamotieren. Es gibt in ihnen auch keine Rhetorik der ‚evidentia', keinen Appell an die imaginative Präsenz visueller Bilder, die doch den Kern des Traums ausmachen. Die Beschreibung legt Distanz zwischen das imaginäre Objekt und seine Versprachlichung. Die Differenz von Traum und Traumtext bleibt stets sichtbar. Das vorstellende Ich des Träumers und das sprachliche Ich des Erzählers sind nicht zur Deckung zu bringen. Wenn die ‚qualité optique' des Traums im Vordergrund steht, wenn sie das Interesse am Traum tragen soll, dann ist es unvermeidlich, dass seine Übersetzung in Sprache – in narrative, deskriptive und interpretative Schemata – den Traum verwandelt, ja verfälscht:

> Les relater, les écrire, inconvénient nouveau, les faussait en les précisant trop. Il fallait aussi des pages pour «comprendre» les moindres choses – à cause du phénomène de surdétermination des images, et aussi du déplacement des sujets. (III, S. 448)

Der Traumtext bewegt sich stets in der Differenz zu seinem Gegenstand: dort, wo er erzählt, ebenso wie in der Beschreibung der Traumbilder und in der Interpretation.[22] Michaux praktiziert nicht Mimesis an den Traum als Bildwelt, sondern seine narrative Transformation. Im Text ist der Traum verwandelt, aber das schließt den kritischen Blick auf ihn nicht aus.

---

[21] Über seinen zeitweiligen Sekretär, den Ägypter Mounir Hafez, heißt es in den *Remarques* zu dem Traum *La nouvelle guerre de Jugurtha*: „[...] c'est son affaire, les rêves. Les siens si beaux, lumineux, grands." Und Michaux fügt hinzu: „D'une certaine façon c'est à cause de lui, afin d'être à la hauteur de ses rêves, qu'inconsciemment je dus me porter et me maintenir sur le chemin des grandes représentations au lieu de me contenter de rêves en passant." (III, S. 486)

[22] Im Kommentar zu dem Traum *Examen en Chine* heißt es über die Prosa (als Medium der Traumerzählung): „[...] toujours si fausse quand il s'agit de rendre quoi que ce soit d'emblée, en son ensemble." Denn: „Le rêve, comme la poésie, lui aussi pour la contraction, dit tout à la fois, mais traîtreusement [...]." (III, S. 488)

Michaux erzählt insgesamt achtzehn Träume. Für alle liefert er einen Kommentar, der sich vor allem im Blick auf die zweite Serie weitgehend auf die Erzählung der auslösenden Situation des Vortags beschränkt. Das Themenspektrum, so wie es die Kommentare entfalten, ist weit gefasst: Es gibt Angst- und Triumphträume, auch Träume, die Schwierigkeiten und Handicaps thematisieren, daneben Glücksträume. Einen relativ großen Raum nehmen Träume ein, welche sich mit den Zumutungen von Freunden und anderen Zeitgenossen auseinandersetzen, die Michaux zu größerem, politisch-gesellschaftlichem Engagement veranlassen möchten. Die Bestimmung der Rolle des Schriftstellers und Intellektuellen drängt offenbar auch zu nächtlicher Bearbeitung. Auch Tiere treten auf, sie können sprechen, gelegentlich mutiert der Träumer selbst zum Tier. In der ersten Serie gewinnen die ‚remarques' manchmal größere Komplexität, Michaux fragt der Verzweigung der Bezüge nach, etwa in dem Kommentar zu dem Triumphtraum *La nouvelle guerre de Jugurtha* (III, S. 483ff.), der Zeitgeschichte (den Prager Frühling) und antike Geschichte zusammenbringt. Das Ergebnis von Traumbericht und Traumkommentar scheint gleichwohl mager: „Les rêves précédents sont si peu de chose." (III, S. 505) Diese Feststellung kommt überraschend angesichts des Detailreichtums der Darstellung und der Explizität der ‚Tagesreste' als Traumerreger. Es sieht so aus, als habe der Autor die Träume vor allem erzählt, um den Schematismus ihres dispersen Materials gegen die zentrierende Hermeneutik der „psychologie des profondeurs" auszuspielen.

Das auffälligste Merkmal des nächtlichen Traums ist für Michaux nämlich seine Wiederholungsstruktur. Der Traum übersetzt Tagesereignisse, indem er sie in einem Bildmaterial wiederholt, das sich der Vergangenheit des Träumers verdankt. Die Rekurrenz des Traumrepertoires erklärt auch die Verzweigung und Vielfalt der Bezüge. Ausführlich erörtert Michaux das Inventar der Träume, die alten Gegenstände und Orte, die sie immer wieder aufbieten, die Straßenbahnen und Züge, das Zimmer, so wie er sie vor zwanzig oder dreißig Jahren gekannt hat – Objekte, die damals seine Biographie prägten,[23] inzwischen aber ihre Bedeutung verloren haben: Michaux reist jetzt mit Flugzeugen, nicht mehr mit der Bahn. Insofern lebt der Traum von zeit- und endloser Wiederholung, er setzt ein Ich in Szene, das selbst nicht altert: „En rêve, simplement je suis. Je vis «actuel», un sempiternel actuel." (III, S. 451) Der Traum verleugnet die Zeit, alles Neue übersetzt er in das Alte. Diesem aber eignet keinerlei Dignität des Anfänglichen, Ursprünglichen oder Unbewältigten. Michaux wird vielmehr nicht müde, das Bildmaterial des Traumes und seine Schablonen kritisch zu distanzieren. Die Elemente des Traumes seien allesamt „préformés" und „usées" (III, S. 457/462), von großer „médiocrité, matériaux mesquins les plus souvent réalistes, sortes d'images d'Epinal" (III, S. 461). Der Traum ist insgesamt „[m]isonéiste et passéiste" (III, S. 464). Er besetzt damit in der Person den Gegenpol zum Selbstbe-

---

[23] So heißt es über das Zimmer: „Pour moi une chambre, à une certaine époque, c'était tout dire [...]. Chambre, décidément, plutôt mon espace vital, «mon territoire»." (III, S. 468f.)

wusstsein des Ich, das sich ganz aus seiner Beweglichkeit und Entwicklungsfähigkeit speist: „Je suis plutôt en évolution, au moins en progression, donc «dans le trajet»." (III, S. 466)[24] Der Träumer ist ein Zurückgebliebener, ein „rétroverti", ein „demeuré" (III, S. 472), ganz im Gegensatz zum Ich, das ihn aufzeichnet: „Moi, j'évolue, et m'en détache." (III, S. 464)

Für den retrograden Pol steht ein literarischer Name bereit. Das Traum-Ich ist für Michaux der Sancho Panza der Person, der sich ausschließlich auf die alten Bilder stützt und aus ihnen lebt.[25] Für ihn ist das ‚vieux matériel' fixiert, das bewegliche, atopische Ich der Person, das im Text namenlos bleibt, also auch nicht Don Quijote heißt, identifiziert ihn als jenen Pol der Person, von dem es sich wegbewegt. Zur stationären, zeitresistenten Qualität des Sancho Panza des Traums gehört auch, dass er das Wunderbare und Erstaunliche mancher Trauminhalte nicht bemerkt. Michaux, der doch unermüdlich das Gebrauchte und Verbrauchte des Traummaterials betont, kennt durchaus den phantastischen Modernismus mancher Trauminhalte. Aber auch diese – natürlich medial geformten Bilder – erscheinen im Traum als das Gewöhnliche und Banale.[26] Das Außerordentliche des Traumgeschehens – der Träumer reist im Raumschiff oder besucht ein noch nie gesehenes New York – wird mit Indifferenz zur Kenntnis genommen. So liegt das eigentliche Skandalon des Traums für Michaux im Ausfall der Fähigkeit des Staunens und der Verwunderung. Der Träumer ist ein platter ‚Realist', die Vorstellungen, die der Traum entfaltet, sind ohne ‚Einbildungskraft', sie stellen nicht die produktive Dynamik der Vorstellung, sondern rezeptives Erleben dar. Michaux fasst diese Passivität in die paradoxe Formel: *„En rêve, jamais je ne rêve."* (III, S. 517) Genau darin manifestiert sich die immanente Distanzlosigkeit des Traums. Er baut keine Binnendifferenz von Geschehen und Träumer auf.[27] Damit fehlt ihm jene Dynamik, aus der Kreativität entstehen könnte. Seine Struktur kontrastiert eklatant mit jener der wachen Existenz, die sich in Michaux' Verständnis durch Freiheit, Beweglichkeit und Produktivität auszeichnet, Qualitäten, die aus der Fähigkeit zur gespaltenen Aufmerksamkeit resultieren.[28] Das Traum-Ich ist ein Rollen-Ich, und es ist an seine Rolle gefesselt. Das wache Ich ist, zumindest in den Zuständen, von denen der zweite Teil von *Façons d'endormi, façons d'éveillé* handelt, ein gedoppeltes, gespaltenes Ich, „dédoublé un peu, échappé" (III, S. 517), nicht mit sich identisch, in Bewegung,

---

[24] Evolutionär ist die Nacht für Michaux nur in bild- und traumlosen Sequenzen, „sans image, sans rêve" (III, S. 467), sie produziert Lösungen und Veränderungen, die erst im Wachzustand sichtbar werden.

[25] Vgl. III, S. 462: „Là, il est à son affaire, mon Sancho Pança, qui s'en tient aux images prosaïques, aux images qu'il connaît bien et depuis longtemps et sur lesquelles seules il fera fond."

[26] Vgl. III, S. 449: „Un prodige à quoi j'assiste en rêve a un caractère et un aspect si ordinaire et courant et banal, que je dois me forcer pour en prendre note."

[27] Daraus resultiert auch die Durchschnittlichkeit und Dumpfheit des Traums: „[...] je mastique ma portion de vie d'homme parmi les hommes." (III, S. 517)

[28] So heißt es einmal: „[...] je regarde *en songeant à autre chose* [...]." (III, S. 517)

Traum und Tagtraum: Henri Michaux

ortlos, dem Neuen auf der Spur. Man sieht bereits hier, wie sich in Michaux' Traumkritik ein gegenläufiges Konzept von Kreativität abschattet.

Der Traum hat seine Vielfalt, er ist „multiple" (III, S. 505),[29] aber diese Multiplizität ist von anderer Art als die, aus der das Neue entsteht. Gegen die Psychoanalyse, die den Weg von den Bildmotiven und Tagesresten zur Tiefe der Traumgedanken geht, setzt Michaux seine These von der Oberflächlichkeit des Traumes, der ihn zum Ort verstreuter Vielfalt macht. Allerdings besitzt diese keine Dynamik, die Verweiszusammenhänge des Traums gehen vom Aktuellen zum Vergangenen. Michaux' These der Vielfalt wird von seinen Traumkommentaren kaum eingelöst, sie beschränken sich meist auf die rezenten Traumquellen der Tagesreste. Immerhin postuliert sein antipsychoanalytisches Traumkonzept eine Vielzahl von Traumquellen und -verbindungen, in der eine Vielzahl von Reaktionstypen anzutreffen seien, von der Antwort bis zur Verteidigung, von der Verweigerung bis zur Rechtfertigung. Die heterogene Multiplizität von Quellen und Reaktionsmodi erklärt den zusammenhanglosen und unstimmigen Charakter des Traums, sein „incongru".[30] Er scheint rätselhaft, und ist doch nur banale Materialhäufung. So postuliert Michaux gegen die psychoanalytische Zentrierung des Traums im verdrängten Traumgedanken eine verstreute Vielfalt von ‚faits divers': „Rêve: amas de faits divers, des petits faits divers de la personne répétés en vrac en vitesse [...]". (III, S. 506) Die Tiefenhermeneutik greift hier nicht. Sie wird allerdings auch gar nicht unternommen.

Als Wiederholung biographischer ‚faits divers' im Medium alter Bildschablonen hat der Traum gleichwohl seine Regelmäßigkeiten. Michaux liefert in den *Réflexions* am Ende des ersten Teils die Skizze einer Art Traumrhetorik, die den ad hoc-Rückgriff auf psychologische (allerdings nicht tiefenpsychologische) Hypothesen nicht scheut. Michaux' Analyse beschreibt, was Freud die ‚Traumarbeit' nennt. Im Kern reduziert sie sich für Michaux auf die Verfahren der Inversion oder Verschiebung und der Verkleinerung oder Denigration. Die „inversion" (gelegentlich spricht Michaux auch von „déplacement")[31] greift offensichtlich eine sehr alte Maxime der Traumdeutung auf, die bekanntlich auch bei Freud prominent ist. In der *Traumdeutung* heißt es: „Die Umkehrung, Verwandlung ins Gegenteil, ist übrigens eines der beliebtesten, der vielseitigsten

---

[29] Das schlägt auf die Traumdeutung durch: „Les explications sur les rêves sont à l'infini, quel que soit le système de déchiffrage, *il* répond et même semble se constituer, pour répondre dans le sens où on l'interroge." (III, S. 470) Ohnehin verändert die Beschäftigung mit dem Traum dessen Inhalt und Form: „Cependant depuis que je me mets à chercher, à retenir et à examiner mes rêves, ils changent. Ils reviennent plus variés, plus intéressants, plus proches."

[30] Vgl. III, S. 506: „[...] quel qu'il soit, le rêve sera incongru; énigmatique plutôt que mystérieux."

[31] Vgl. III, S. 509: „Ce phénomène de l'inversion, bien fait pour stupéfier, devait, une fois remarquée, devenir clef majeure [...]. Toutefois le phénomène du «contraire» pour signifier un fait n'est qu'un cas particulier du phénomène de déplacement [...]."

Verwendung fähigen Darstellungsmittel der Traumarbeit."[32] Michaux tilgt allerdings den Traumgedanken und die Forderungen der Zensur. Der zweite Mechanismus der Traumarbeit, die Verkleinerung oder „nuance péjorative" (III, S. 510), ist für Michaux vor allem eine Gegenfigur zu den Illusionen und Selbstvergrößerungen des Wachzustands, den Anspruch auf „prestige", das einzige, wie es heißt, „sentiment permanent de l'homme".[33] In der Funktion der Entzauberung und Selbstdenunziation ähnelt der „rêve dépréciateur" (III, S. 514) damit einem anonymen Brief: Er ist eine Mitteilung an den Träumer, er lässt ihn sehen, was er vor sich und den anderen verbergen möchte, aber er hat einen Absender, der sich verbirgt.[34]

Die Beobachtungen zur Traumarbeit oder -rhetorik entfalten keine systematische Traumtheorie. Sie profilieren den Schematismus des Traums, um das Terrain einer gegenläufigen psychischen Produktivität vorzubereiten. Michaux' *Réflexions* verfolgen den Zweck, den Gegensatz von Nacht- und Tagtraum hervorzutreiben:

> Peut-être est-ce encore plus contre mes rêves de nuit que contre ma vie, que je faisais mes dynamiques rêves de jour, rêveries que je savais rendre fascinantes, exaltantes. Après les rêveries, plus besoin de rêves. (III, S. 460)

Die erzählten Träume folgen indes kaum den rhetorischen Mustern, welche die Theorie postuliert. Sie könnten durchaus zum Ort eines Konflikts der Interpretation werden. Man muss sie nicht eigens einer heteronomen Lektüre unterziehen, um zu sehen, dass das Spektrum der von Michaux aufgezeichneten Träume kaum einer homogenen Traumrhetorik entspricht. Das wird teilweise in den Kommentaren selbst deutlich. Der ausführlich erzählte und in seinem Verfahren kommentierte Glückstraum *Une montagne dans une chambre* (III, S. 498), in dem Michaux eine ‚Übersetzung' einer rezenten Liebeserfahrung sieht, verwendet – zur Überraschung des Autors – keine schematischen Analogien von Frau und Landschaft, sondern konzentriert sich auf das Bild eines Berges, dessen Farbe an das „bleu merveilleux d'une petite poterie ou faïence égyptienne" (III, S. 498) erinnert. Der Traum bringt Erinnerung und Gegenwart zusammen, er verdichtet sie zum Bild einer unerhörten Glückserfahrung, und er wählt dafür die unwahrscheinliche Figur einer „grande, belle, énorme terre", die für sich selbst keine Schablone, sondern eine „œuvre d'art" (III, S. 496) darstellt, vertraut und neu zugleich, Moment einer „plénitude indicible" (III, S. 497), die in ihr aufzuscheinen vermag. So wird der Traumbericht zur Mimesis der Traumbilder, das Begehren sucht die Differenz von Bild und Text aufzuzehren. Traumerzäh-

---

[32] Freud: *Die Traumdeutung*, S. 324. Zur ‚Verschiebungsarbeit' vgl. ebd., S. 305ff.

[33] Vgl. auch III, S. 4: „Il parle argot, l'argot des rêveurs de nuit, qui ressemble tellement à l'argot des hors-la-loi. Même cynisme, même impudence, même goût profanateur, vil et voyou."

[34] Vgl. III, S. 513: „Vérité du rêve! Personne ne voit clairement d'où la trahison peut venir, d'où l'œil du traître intérieur l'observe."

lung und Traumverwerfung stehen, wie das Beispiel zeigt, gelegentlich in einem spannungsreichen Verhältnis. Aber für die Feier des ‚rêve vigile' ist die kritische Distanzierung des Traums unverzichtbar.

3. Traumpoetik: die Verwandlungen des Tagtraums

Der nächtliche Traum hat die Form einer Wiederholung, die dem Träumer widerfährt. In ihm gibt es keine Souveränität des Ich, Michaux spricht von „asservissement" als einem durchgängigen Merkmal des Traums.[35] Was der Alptraum im Erleben des Träumers selbst manifest werden lässt, die Unmöglichkeit des Entrinnens aus dem Traumgeschehen, macht das Wesen des nächtlichen Traums aus. Wenn der Autor im zweiten Teil seines Buches als Paradigma der „façons d'éveillé" den Tagtraum wählt, das, was er ‚rêve vigile' oder auch ‚rêverie' nennt, dann geht es ihm allerdings gerade nicht um Zustände des Subjekts, deren Wachheit oder Bewusstseinshelle sich in Formen rationaler Selbstkontrolle äußern würde.[36] Die Souveränität hat eine andere, poietische Qualität. Der ‚rêve vigile' markiert vielmehr ein Terrain dynamischer Bewegungen, denen – anders als dem nächtlichen Traum – eine Produktivität inne wohnt, die sich in der Emergenz von Formen, nicht in der Wiederholung von Schablonen niederschlägt. Er ist „la féerie opposée aux cauchemars" (III, S. 476). An die Stelle des ‚ego malmené' des Traums tritt das ‚ego comblé' des Tagtraums. Der Tagtraum hat daher in einem emphatischen Sinne Ereignischarakter. Kehrt im nächtlichen Traum die abgeschiedene Gespensterwelt der Vergangenheit wieder, so ist der Wachtraum die „origine de la vie à venir" (III, S. 532). Als Manifestation eines dem Wiederholungszwang entronnenen, beweglichen Ich hat der ‚rêve vigile' die Form der Freiheit, er ereignet sich als (Selbst-)Genuss der Freiheit. Er ist Genuss im Vollzug, aber auch Genuss in der Differenz zu den Formen der Unfreiheit, eine Differenz, die der Tagtraum in seinen Bewegungen stets mit vollzieht.[37] So bewegt er sich zwischen dem „plaisir pur" der Revolte und der „sourde et sauvage jouissance" (III, S. 512) der Eigenbewegung. Es ist allerdings nicht so etwas wie die Freiheit des Willens, um die es hier geht, sondern es geht um die eigentümliche Struktur eines Vollzugs, der mit den Kategorien von Aktivität und Passivität nicht zureichend beschrieben ist, weil er sich zwischen ihnen bewegt. Diese intermediäre Qualität macht seine spezifische Souveränität aus.

Anders als der nächtliche Traum ist die ‚rêverie' kaum Gegenstand diskursiver Kontrolle und konzeptueller Ordnung. Das ist zumindest der Eindruck, den

---

[35] Vgl. III, S. 518: „[...] tout rêve, si peu spectaculaire qu'il soit, est asservissement."
[36] Vgl. III, S. 476: „[...] le rêve de jour, lequel de tout temps fut *mon* rêve, le rêve, qui, sans qu'on dorme, se présente, attiré par l'indolence, le goût du laisser-aller, du laisser-venir, du balancement et du bercement de l'être."
[37] Vgl. III, S. 522: „On est libre! On est libre! / On est redevenu libre. On ne sera plus mené. On ne sera pas assimilé!"

Façons d'endormi, façons d'éveillé erweckt. Michaux bezieht sich weder auf die Literaturgeschichte der ‚rêverie', welche seit Rousseaus *Rêveries du promeneur solitaire* Gattungsstatus besitzt, noch auf die Versuche, eine Phänomenologie der ‚rêverie' zu entfalten, wie man sie beispielsweise im Werk Gaston Bachelards[38] findet. Und vielleicht noch wichtiger: Michaux handelt zwar von den Voraussetzungen, Merkmalen und Konsequenzen des Tagtraums, er diskutiert seine psychische und mediale Ökonomie, er evoziert seine Gesten, aber er erzählt keine eigenen Tagträume. Deren offene Dynamik sperrt sich gegen die Geschlossenheit und den Vergangenheitsbezug der Erzählung. Den diskreten Traumnarrationen des ersten Teils steht das offene Präsens des zweiten Teils gegenüber. Auch darin manifestiert sich eine grundsätzliche Differenz zum nächtlichen Traum. Dieser wird zwar durch Versprachlichung transformiert, er ist nicht mehr Bild, sondern Erzählung, aber diese Metamorphose ändert nichts an seinem schematischen, aus einem statischen Repertoire gespeisten Wiederholungscharakter. Der nächtliche Traum braucht den eiligen Bericht, denn dieser rettet ihn vor dem Vergessen. Der Tagtraum initiiert einen Anfang, er lebt aus einer (vorsprachlichen, zumindest präkonzeptuellen) Bewegungsfigur, in der sich der Ereignischarakter des Neuen und die Dynamik der sukzessiven Anreicherung verbinden. Ihm eine „traduction verbale" (III, S. 520) zuzumuten, hieße ihn zu verfälschen, denn er speist sich aus der Freisetzung, ja dem Exzess der „vie gestuelle",[39] einer ursprünglichen Einheit von Körper und Sinn, von Bewegung und Bedeutung, von Intention und Form. Wird der Traum in der Erzählung archiviert, so reichert sich der Tagtraum in der poetischen Form an und kommt in ihr zur Entfaltung.

Der Traum braucht den Schlaf. Was aber macht den Tagtraum möglich? Der Zustand, der weder Schlaf noch Bewusstseinshelle ist, sondern eine intermediäre Qualität besitzt, und der den Tagtraum allererst zulässt, wird von Michaux als „nonchalance indécidée" (III, S. 518) apostrophiert, in der Figur einer doppelten Negation, die einer Abwesenheit noch die Qualität der Bestimmtheit nimmt: unentschiedene Nonchalance. Die Tendenz zur Negation und zur Negation der Negation durchzieht die euphorische Evokation der ‚rêves vigiles' insgesamt. Ihre Eigentümlichkeit wird in keiner Definition sichtbar, sondern in jener rhetorischen Mimesis ihrer Freiheit, die sich im Spiel der Negationen anzeigt. Durch die gängige Identifikation mit den Prädikaten des Wachbewusstseins wird der Tagtraum seiner Eigentümlichkeit beraubt. Denn die ‚rêverie' besetzt für Michaux einen Zwischenraum, seine Bewegung in einer intermediären Sphäre wird immer dann verfehlt, wenn sie mit den Oppositionen des Tages, Aktivität und Passivität, Geben und Nehmen, Produktion und Rezeption, verrechnet wird. Ein Beispiel: Einerseits stellt sich der ‚rêve éveillé' für Michaux als eine

---

[38] Vgl. z.B., neben anderen: Gaston Bachelard: *La Poétique de la rêverie*. Paris: Presses universitaires de France, 1961.
[39] Michaux spricht von einem „[...] désir inapaisé de mouvements [...] me faisant vivre surtout de gestes, de rhythmes, d'actes." (III, S. 523)

„abondance qui vient en paressant" (III, S. 519) dar, andererseits ist die Passivität nicht ohne Antriebskomponenten, sie manifestiert sich in einem Modus zielloser Bewegung, als ein ‚errer négligemment', im Hin und Her von Annäherung und Entfernung, Expansion und Kontraktion.

Aus dem Gesagten ergibt sich, dass der Tagtraum eine doppelte Form der Grenzüberschreitung darstellt. Er setzt sich einerseits über kulturelle Grenzen und Normierungen hinweg, und er überschreitet die Grenzen, die er selbst produziert. Es entspricht durchaus einer modernen Rhetorik der Transgression, wenn Michaux diese doppelte Grenzüberschreitung in einem Pathos der Authentizität aufruft.[40] So beispielsweise im Blick auf das Wechselspiel von Konstruktion und Destruktion. Nur wenn man im Tagtraum weniger „constructeur" als „renverseur" ist, vermag man einem fundamentalen Begehren zu folgen, dem Anspruch dessen „dont vous étiez réellement avide" (III, S. 521).[41] Für den Künstler bedeutet das vor allem, dass er sich aus den Restriktionen, ja der ‚crucifixion' des Schreibens und der anderen Künste befreien muss. Gerade im Umgang mit den kanonisierten Werken der Kultur, den „nobles écrits" (III, S. 522), manifestiert der Tagtraum ein subversives Potential, er ist weniger ein „refaire" als ein „défaire", denn in ihm manifestiert sich eine anarchische, reine Lust der Verweigerung.[42] Aber diese antiautoritäre, subversive Lust der ‚rêverie' ist nur die eine Seite des Tagtraums. Die andere betrifft seine immanente Dynamik. Auch hier hat Michaux ein Bild von großer Prägnanz gefunden, in dem Weg und Weglosigkeit, Passivität und Aktivität verklammert sind: „Une pente sans chemin l'emporte, où c'est lui qui va faire son chemin." (III, S. 520) Der Tagträumer folgt einem weglosen Sog der Gravitation, dem er seine Spur einzeichnet. Und zugleich gilt: Was als vorgängige Anziehung einer äußeren Größe erscheint, speist sich immer schon aus einem inneren Antrieb, denn der ‚rêve vigile' lebt aus einem „inépuisable désir de transformation" (III, S. 520), das sich zwischen den Extremen der Entfesselung und des Raffinements, der Entgrenzung und der Selbstreferenz bewegt.[43] Der Tagtraum lebt nicht nur, ja nicht einmal in erster Linie, von der Unbotmäßigkeit gegenüber ästhetischen und kulturellen Normen. Vielmehr reichert er sich im gestischen Umgang mit einer Vielfalt von Gegenständen an, die ihre Attraktivität gerade ihrer kulturellen Neutralität und Unauffälligkeit verdanken. Wenn etwas seine „vie gestuelle"

---

[40] Vgl. dazu beispielsweise den Abschnitt „La littérature, la liberté et l'expérience mystique" in Georges Bataille: *La littérature et le mal*, in: ders.: Œuvres complètes, Bd. IX. Paris: Gallimard, 1979, S. 171–316, hier: S. 182f.

[41] Vgl. auch ebd.: „Art cependant où l'on se trompe moins qu'en aucun autre, allant sans erreur avec la sûreté de l'instinct vers l'assouvissement, droit à l'eau et au vin dont votre secrète soif avait réellement besoin."

[42] III, S. 522: „[...] le plaisir pur de la non-obéissance, de la non-soumission [...]."

[43] Vgl. etwa die Beschreibung in III, S. 520: „De là aux jeux, aux mouvements désentravés, aux rythmes libres, sauvages, aux plus déchaînés, aux plus fins aussi, il n'y a qu'à se laisser aller."

auszeichne, so Michaux, dann sei es ihre „gratuité".[44] Und es charakterisiert seinen Text, dass er ein Spiel mit marginalen und partialen Objekten – Tieren, Knochen, Körperteilen – betreibt, denen vorgängige Bedeutsamkeit abgeht.[45] Der Tagtraum stellt den privilegierten Raum jenes „fétichisme de l'infime" dar, den Cioran an Michaux beobachtet. Seine Dynamik der Kombination und der Zerlegung, der Komprimierung und der Dehnung ist geprägt von einer Art Poetik der ‚nugae', der kleinen Dinge, der beliebigen und minimalen Objekte, des Zufälligen und Okkasionellen. Es handelt sich um ein „(r)êvasser à partir de rien, du rien en soi qui est presque tout" (III, S. 521), um die Paradoxie eines Umschlags vom Nichtigen zur prekären Fülle.

Es dürfte deutlich geworden sein, dass die Dynamik des ‚rêve vigile' bei Michaux auf eine andere Dimension verweist, an deren Ursprung der Tagtraum steht. Er ist ein Kraftfeld, „champ de forces" (III, S. 522), ein Terrain der Emergenz und des Auslöschens von Formen, ein Modus des ‚radikalen Imaginären':[46] „Rêverie, qui constamment fait, défait, refait, redéfait [...] qui va partout, qui ne se propose pas de terminer, d'aboutir, d'arriver, de construire, composée autant de bonds que de faits [...]." (III, S. 520)

Diese schöpferische Endlosigkeit von Bewegungsfiguren, in der sowohl ein kulturelles Repertoire als auch marginale und minimale Objekte durchgespielt werden, ist nichts anderes als die originäre Matrix der Kunst, „art [...] le premier de tous" (III, S. 520), „art pur" (III, S. 521). Der Tagtraum ist ‚reine Kunst', er bewegt sich zwischen der Welt der Objekte und der Zeichen, zwischen dem Körper und dem Sinn, aber vor der Zeichenwelt der etablierten Einzelkünste und ihren generischen Konventionen, in einer psychischen Binnenwelt, der die Normen der ästhetischen Kommunikation fremd sind, und die daher nicht von deren Heteronomie geprägt ist.[47] Die dynamische Kombinations- und Zerlegungskunst des ‚art pur' steht in Opposition zu den ausdifferenzierten Mechanismen des Kunstsystems, a fortiori des Kunstbetriebs. Sie fungiert als dessen Irritations-

---

[44] III, S. 523: „Mes gestes, si quelque chose au monde a de la gratuité, ont de la gratuité."

[45] Gegenstände der ‚rêverie' sind beispielsweise auch Statuen, aber gerade nicht jene Formen und Gestalten, welche die Tradition beherrschen: „Quoique je sois allergique aux statues, surtout aux grecques et aux romaines, j'en mets ici, pièces de choix qui n'ont jamais été à pareil enfer." (III, S. 530) Natürlich können die Objekte der ‚rêverie' durchaus zum Objekt der Subversion und der Transgression werden, Michaux' Variationen zum Thema Kinn spielen eine aggressive Reaktion der Zurückweisung, ja der Zertrümmerung durch: „Ces mentons qui vers moi avancent, que je repousse, que je chasse, que j'éloigne, que je frappe aussi, que je démolis s'il est nécessaire, c'est à cause des lettres que je reçois et des gens qui veulent m'approcher d'une façon ou de l'autre, qui veulent la communication, la trop fameuse communication." (III, S. 525)

[46] Vgl. zu dem Begriff Cornelius Castoriadis: *Gesellschaft als imaginäre Institution*. Frankfurt a.M.: Suhrkamp, 1984, insbesondere S. 603ff.

[47] Es ist daher ein Missverständnis, wenn man Michaux' Texte, etwa die Prosaminiaturen von *La vie dans les plis*, als Tagträume apostrophiert, wie das etwa Verger (*Onirocosmos*, S. 257ff.) tut, beispielsweise als das Imaginäre einer „impulsivité infantile qui ne s'embarrasse d'aucune réticence morale" (ebd. S. 264).

moment, denn noch die Elementarcodierung der etablierten Kunst ist ihr fremd. ‚Reine Kunst' kennt weder das Schöne noch das Hässliche, sie ist „libre de beauté et de laideur" (III, S. 520).

Die ‚rêverie' als originäre Matrix der Kunst auszuzeichnen ist die eine Seite – sie markiert die Differenz zum Traum und seinem Schematismus im Zeichen der Wiederholung. Aber Michaux lässt auch die Opposition des Tagtraums gegenüber dem Alltagsbewusstsein und seinen ausdifferenzierten kulturellen und künstlerischen Rollen deutlich werden. Die körperlich-psychische Befindlichkeit, welche der Mobilisierung der ‚rêverie' zuträglich ist, das Wechselspiel von Müdigkeit und abrupter Initiative, die Gegenläufigkeit von „tension" und „abattement", das prekäre Gleichgewicht von „tonus-dépression" (III, S. 534), die stille Einsamkeit des Zimmers und die Anonymität der Straße – stets geht es um ein dezentriertes, multiples Subjekt, bis hin zur Bildlichkeit des fragmentierten Körpers.[48] Die Sequenz diskontinuierlicher Textvignetten, in denen Michaux den Tagtraum evoziert, ist selbst ein Analogon seiner sprunghaften Bewegung. Gleichwohl ist unübersehbar, dass dem Kapitel über die ‚rêves vigiles' eine Teleologie eingeschrieben ist, die auf die Figur des Autors zuläuft. Die ‚rêverie' ist in sich selbst instabil, den Sturz aus dem „atelier de l'imagination" in die rollenbestimmte Praxis des Schriftstellers kommentiert Michaux nicht ohne Sarkasmus: „Alors, par lâcheté, j'écris. Et c'est la fin. C'est le dégonflement. Rêverie tombée, je suis dans le circuit, race humaine, nation francophone, classe d'intellectuels d'Occident, cercle de lecteurs [...]." (III, S. 534)

Der Tagtraum ist reiner Ludismus, „le vrai jeu", und damit potentiell endlose Bewegung, die nicht in Regeln gefroren ist, sondern sich als Prozess der Schöpfung und Verwandlung von Spielregeln realisiert. Das Spiel des Tagtraums speist sich aus einem „inépuisable désir de transformation" (III, S. 520), es oszilliert zwischen den Polen der Entfesselung und der Anreicherung, der wilden und der raffinierten Rhythmen.[49] Der (Tag-)Träumer folgt den Bewegungsfiguren des freien, anarchischen Spiels. Aber die Immanenz des Spiels im Imaginären kann nicht bei sich selbst bleiben, sie braucht das Andere ihrer selbst, um zur ästhetischen Realität zu werden, sie benötigt die Form, um sich schließlich als ästhetische Kommunikation zu realisieren.

Michaux fasst solche Übergänge oder ‚Passagen' durchaus ins Auge, zwei Beispiele sind besonders prägnant, weil sie deren Spielräume veranschaulichen. Das erste betrifft die Arretierung der Bewegung in der Meditation. Als Spiel ist die ‚rêverie' endlose und ziellose Bewegung. Damit steht sie im Gegensatz zur ‚contemplation', insofern diese ein (imaginäres) Objekt stillzustellen sucht. Mit der Kontemplation oder Meditation tritt der Träumer aus der Spielbewegung heraus: „Pour méditer, il faut se retenir de jouer." (III, S. 530) Die Meditation ist

---

[48] Vgl. III, S. 534: „Je m'éveille démuni de bras. Je n'ai pas non plus de jambes en m'éveillant [...]. Peut-être suis-je de la race des géants [...]. Peut-être le seul microbe au monde."
[49] Vgl. III, S. 520: „De là aux jeux, aux mouvements désentravés, aux rythmes libres, sauvages, aux plus «déchaînés», aux plus fins aussi, il n'a qu'à se laisser aller."

eine Kunst der Grenze, nicht der Grenzüberschreitung. Sie speist sich aus „images fixes" und ihrem „pouvoir d'exclusion" (III, S. 531). Michaux spricht von Hygiene, die Meditation hat gegenüber dem Tagtraum offenbar eine asketische Qualität. Sie sperrt sich gegen den Exzess des endlosen Spiels. Die Meditation ist demnach ein Modus kontemplativer Stabilisierung imaginärer Bilder. Einen Schritt weiter geht der Autor mit dem zweiten Beispiel, der Eröffnung des „atelier de l'imagination".[50] In ihm geht es nicht nur um das intensive ‚Sehen' von Bildern, sondern um das Machen und Herstellen.[51] Michaux lässt den Träumer zu einem ‚homo faber' der Vorstellung werden, der (beispielsweise) mit der imaginären Konstruktion eines Polyeders beschäftigt ist, den er zu einer Kugel abrunden will.[52] Das Beispiel ist weder zufällig noch belanglos, es illustriert exemplarisch den Transitraum vom Tagträumer zum Künstler. Immer wieder führt Michaux „mes fabrications" (III, S. 536) vor, Sonnen werden entworfen, mit Metallen und Steinen gearbeitet, Statuen hergestellt, ein Rad eingesetzt, selbst neuartige magnetische Felder, welche die Objekte, die in sie geraten, vernichten. Michaux spricht auch von seinem ‚Theater', „mon théâtre, moi, que l'autre théâtre ennuie" (III, S. 529), und es ist auffällig, dass dieses Theater der Imagination – anders als jenes Theater, das den Autor langweilt – ein Theater der Fabrikation, der Technik ist, ein Theater ohne Menschen: „[...] pas d'hommes. Ils sont rares dans mes rêves éveillés." (III, S. 531)

Im Atelier der Imagination, im Theater der Fabrikationen herrscht nicht mehr, wie leicht zu sehen ist, die Logik des Spiels und des radikalen Imaginären. An die Stelle der Prozessualität des Imaginären treten die kreativen Strategien der Einbildungskraft. Damit sind zwischen die autopoietische Kontinuität des Tagtraums Strategien des Machens und Herstellens getreten, die Michaux etymologisierend auf Kunst als ‚téchne' bezieht. In diesem Nexus zeichnet sich eine Konstellation ab, die den psychischen und historischen Ursprung der Kunst in Beziehung setzt. Durch sie zerfällt der Konventionalismus der ‚humanistischen' Kunst. Das ästhetische ‚Theater', das aus dem ‚rêve vigile' hervorgeht und in der Werkstatt der Imagination entsteht, ist kein „théâtre des sentiments, des états de l'âme". (III, S. 536) Als solches würde es nur in die Konventionen der ästhetischen Tradition zurückfallen. Die Evokation technischer Objekte hat demgegenüber den Zweck, gegen die Sprache, ja aus der „absence des mots" heraus, eine elementare Energie zur Erscheinung zu bringen. Ihr Ziel sind die „masses psychiques" (III, S. 536) jenseits der Wörter, ein undifferenziertes Magma, das durch die Techniken der Imagination eine neue, unvordenkliche Form gewinnt. Gegen den ästhetischen Konformismus proklamiert Michaux den Anspruch einer souveränen Kunst, die aus anarchischem Spiel kommt und in der Technik der Imagination Form gewinnt.

---

[50] Oder auch: „Atelier des créations." (III, S. 536)
[51] Vgl. III, S. 532: „[...] je vois et je fais en silence [...]."
[52] Vgl. III, S. 532: „Il y a longtemps déjà que je l'ai commencé, ce grand polyèdre dont je veux faire une sphère."

Der Rekurs auf Georges Batailles Konzept der ‚Souveränität' ist nicht zufällig, der spätere Michaux war von Batailles Analysen der Grenzen des Verhaltens tief beeindruckt.[53] Letzterer formuliert in seiner *Méthode de méditation* einen begrifflichen Konnex, den Michaux aufgreift: „Précédemment, je désignais l'opération souveraine sous les noms d'*expérience intérieure* ou d'*extrême du possible*. Je la désigne aussi maintenant sous le nom de: *méditation*."[54] Die „conduites souveraines", die Bataille erwähnt, umfassen Zustände des Rausches, der erotischen Ekstase, des Lachens, aber eben auch die „effusion poétique".[55] Dieses Spektrum heteronomer Praktiken eröffnet Spielräume, die auch den Tagtraum betreffen, weil sie ihn entlasten und ‚souverän' werden lassen: „Pourquoi n'ai-je pas fait de progrès en rêves vigiles?" (III, S. 533), fragt sich Michaux. Warum hat er den Tagtraum nach singulären Phasen der Intensität vernachlässigt, ja aufgegeben? Was hat er überhaupt aus ihm gemacht? Stellt man sich diese Fragen, so kann man nur Verfehlung und Vergeudung konstatieren: „[...] je sens que je gâcherai sûrement encore longtemps le phénomène de «rêverie», de rêverie de base." (III, S. 537) Aber genau diese Fragen überziehen die souveräne Freiheit des Tagtraums mit Ansprüchen, die ihm nicht angemessen sind, weil sie ihn mit Konzepten des Fortschritts und des Gelingens überziehen, anstatt seine Vielfalt, seine Dynamik und seine Beziehbarkeiten zur Geltung kommen zu lassen. Das Spiel des Imaginären und der Technik der Imagination wird erst im Suspens jener Fragen souverän, die es in Frage stellen: „Je ne me pose pas de question. Du moins je ne me jette pas dans les questions. D'abord souveraineté." (III, S. 535)[56]

Bibliographie

Bachelard, Gaston: *La Poétique de la rêverie*. Paris: Presses universitaires de France, 1961.

Bataille, Georges: *La Somme athéologique, I, Œuvres complètes*, Bd. V. Paris: Gallimard, 1973.

---

[53] Michaux, der sich im März 1961 an der im Hôtel Drouot organisierten Solidaritätsauktion für den in akuten Geldnöten befindlichen Georges Bataille beteiligt hatte, schreibt in einem Brief an Bataille, vermutlich nach der Lektüre der *Larmes d'Eros*: „Uniques, Capitales les pages sur *l'extase* (comme est capitale l'extase) qu'après la mescaline je comprends et prends d'une participation toute nouvelle. / Sur le rire aussi, que de tout temps, fâcheusement j'eus tendance à minimiser." (April 1961, zitiert nach III, S. XV)

[54] Georges Bataille: *La Somme athéologique, I, Œuvres complètes*, Bd. V. Paris: Gallimard, 1973, S. 219.

[55] Ebd., S. 218.

[56] Vgl. auch die Parallelfragmente: „Mouvement fou, qui fait cesser – semble-t-il – toute autre mobilité, lances souveraines." (III, S. 523f.) – „[...] là où l'on me tenait, je crée, j'obtiens la souveraineté." (III, S. 536)

— *La littérature et le mal*, in: ders.: *Œuvres complètes*, Bd. IX. Paris: Gallimard, 1979, S. 171–316.

Castoriadis, Cornelius: *Gesellschaft als imaginäre Institution*. Frankfurt a.M.: Suhrkamp, 1984.

Cioran, Emil M.: *Œuvres*. Paris: Gallimard, 1995.

Freud, Sigmund: *Die Traumdeutung*, Studienausgabe, Bd. II, hg. v. Alexander Mitscherlich, Angela Richards, James Strachey. Frankfurt a.M.: S. Fischer Verlag, 1972.

Leibovici, Marcel u.a.: *Les songes et leur interprétation*. Paris: Seuil, 1959.

Meier, Carl Alfred: *Die Bedeutung des Traums*. Einsiedeln: Daimon, 1995.

Michaux, Henri: *Œuvres complètes*, hg. v. Raymond Bellour. 3 Bde. Paris: Gallimard, 1998–2004.

Pfeiffer, Helmut: „Schiffbrüche mit Bewusstsein. Droge, Zeichnung, Schrift bei Henri Michaux", in: *Automedialität. Subjektkonstitution in Schrift, Bild und neuen Medien*, hg. v. Jörg Dünne und Christian Moser. München: Fink, 2008, S. 161–185.

Verger, Romain: *Onirocosmos. Henri Michaux et le rêve*. Paris: Presses de la Sorbonne nouvelle, 2004.

Remo Ceserani (Bologna/Stanford)

Calvinos sichtbare Träume[1]

1. Figuren ohne psychologische Tiefe?

Eine Analyse aller im Werk Calvinos erzählten und verschiedenen Figuren zugeschriebenen Träume bestätigt im Gesamteindruck zunächst eine in der Forschung immer wieder – mal mit negativ-kritischer Intention, mal eher zur thematischen Beschreibung – vorgebrachte Ansicht, derzufolge Calvino wenig am Innenleben seiner Figuren und ihrer psychologischen Tiefe interessiert sei. Nach dieser Interpretation stellt der ‚cavaliere inesistente' eine nachgerade emblematische Verkörperung von Calvinos Figuren dar: In der leeren Rüstung kreisen zwar Visionen, Erinnerungen und Wünsche, aber es fehlt ein komplexer psychischer Apparat, der sie verarbeiten könnte.

Ein Extremfall dieser Sichtweise findet sich in dem geglückten Pamphlet *Pasolini contra Calvino*[2] von Carla Benedetti, in dem diese die verkopfte und intellektualistische Kälte Calvinos der expressionistischen Leidenschaftlichkeit Pasolinis gegenüberstellt. Ich beabsichtige hier nicht, mir diese letztlich zu abstrakte Gegenüberstellung zueigen zu machen, denn im Endeffekt dient sie weniger der vertiefenden Interpretation der beiden Autoren als vielmehr der militanten Parteinahme zugunsten einer speziellen Tendenz und Stilwahl im Rahmen einer Gesamtsicht auf ihr Werk. Lässt man jedoch die Wertfrage beiseite, so scheint mir, dass die Beobachtungen Benedettis hilfreich sein können, um charakteristische Züge der Schreibweise Calvinos zu erläutern. Übrigens operieren auch seine umsichtigsten Interpreten wie Claudio Milanini, Marco Belpoliti oder Giorgio Bertone[3] im Prinzip ähnlich, wenn sie – allerdings in gänzlich unpolemischer Absicht und in Bezug auf die unvollendeten *Lezioni americane* – auf der visuellen Qualität der Welt Calvinos, auf dem Sehsinn als seinem wahren Erzählorgan, auf der von ihm bevorzugten darstellerischen Objektivität und auf seinem starken Interesse an den kombinatorischen Möglichkeiten des Erzählens insistieren.

So enthalten die *Lezione americane*, die gleichermaßen als wohl durchdachter Ausweis der eigenen Arbeitsintentionen wie auch als subtile Beschreibung

---

[1] Eine italienische Fassung dieses Textes ist erschienen unter dem Titel „I sogni visibili di Calvino", in: *Nel paese dei sogni*, hg. v. Vanessa Pietrantonio und Fabio Vittorini. Florenz: Le Monnier, 2003, S. 184–194.

[2] Carla Benedetti: *Pasolini contro Calvino: per una letteratura impura*. Turin: Bollati-Boringhieri, 1998.

[3] Claudio Milanini: *L'utopia discontinua. Saggio su Italo Calvino*. Mailand: Garzanti, 1990; Marco Belpoliti: *L'occhio di Calvino*. Turin: Einaudi, 1996; Giorgio Bertone: *Italo Calvino: il castello della scrittura*. Turin: Einaudi, 1994.

der Themenfelder und Ansichten postmoderner Literatur allgemein fungieren, nicht zufällig ein Lehrstück über die Sichtbarkeit.

Im Zuge einer Reflexion über die Entstehung der Figur des Palomar spricht Calvino selbst von seiner instinktiven Neigung, die Welt des Sehens und des Denkens der Welt der Triebe und Instinkte vorzuziehen:

> La prima idea era stata di fare due personaggi: il signor Palomar e il signor Mohole. Il nome del primo viene da Mount Palomar, il famoso osservatorio astronomico californiano. Il nome del secondo è quello d'un progetto di trivellazione della crosta terrestre che se venisse realizzato porterebbe a profondità mai raggiunte nelle viscere della terra. I due personaggi avrebbero dovuto tendere, Palomar verso l'alto, il fuori, i multiformi aspetti dell'universo, Mohole verso il basso, l'oscuro, gli abissi interiori. Mi proponevo di scrivere dei dialoghi basati sul contrasto tra i due personaggi, uno che vede i fatti minimi della vita quotidiana in una prospettiva cosmica, l'altro che si preoccupa solo di scoprire cosa c'è sotto e dice solo verità sgradevoli. [Er hätte ihn auch Sigmund Freud nennen können; Anm. Verf.] [...] Solo alla fine ho capito che di Mohole non c'era nessun bisogno perché Palomar era *anche* Mohole: la parte di sé oscura e disincantata che questo personaggio generalmente ben disposto si portava dentro non aveva alcun bisogno di essere esteriorizzata in un personaggio a sé.[4]

Diese Ausführungen sind hilfreich, um sich vorsichtig und abwägend der Frage zu nähern, warum die Figuren in Calvinos narrativem Kosmos keinerlei Innenleben haben. Calvino scheint von der Notwendigkeit überzeugt zu sein, ihr Innenleben systematisch und beharrlich in die Darstellung der sichtbaren Welt der Gesten und Wahrnehmungen, der urbanen Räume und fantastischen Projektionen aufgehen zu lassen. Mit Blick auf einige dahingehende Andeutungen in seinen Werken tut man übrigens gut daran, an Calvinos für seine Kultur und Generation typische Wertschätzung der Forschungsarbeiten Freuds und der Psychoanalyse zu erinnern.

2. Calvino und die Psychoanalyse

In dem Essay *La sfida al labirinto*, dem Belponti zurecht große Bedeutung zuerkennt, spricht Calvino an einem bestimmten Punkt von der expressionistischen Tradition, um sich gleichzeitig von ebendieser zu distanzieren:

> Non che io non creda alle rivoluzioni interiori, esistenziali: ma il grande avvenimento del secolo, in questo senso – e forse condizione necessaria

---

[4] Calvino wird unter Angabe von Band und Seite zitiert nach: Italo Calvino: *Romanzi e racconti*, hg. v. Claudio Milanini, Mario Barenghi und Bruno Falcetto, 3 Bde. Mailand: Mondadori, 1991–1994, sowie Italo Calvino: *Saggi 1945–1985*, hg. v. Mario Barenghi, 2 Bde. Mailand: Mondadori, 1995. Hier: Calvino: *Romanzi* II, S. 1402–1403 (Unveröffentlichter Einleitungsentwurf zu *Palomar*).

della nuova fase industriale –, è stata la rivoluzione contro il padre, compiuta nei territori del paterno impero di Francesco Giuseppe, da un medico alienista e da un giovane visionario, Freud e Kafka. Ebbene, io non considero né Freud né Kafka «viscerali»: li considero due maestri perché – ognuno a suo modo – sono entrambi duri, asciutti, secchi come chiodi.[5]

In einem Kommentar zur Ausstellung *Cartes et figures de la terre* im Centre Pompidou aus dem Jahr 1980, der in die *Collezione di sabbia* aufgenommen worden ist, erinnert Italo Calvino an die kartographischen Darstellungen in der zur Zeit der ‚Preziösen' und Mlle Scudérys gängigen Psychologie (‚See der Gleichgültigkeit', ‚Fels des Ehrgeizes' usw.). Seine Ausführungen diesbezüglich verraten möglicherweise, dass seine Präferenz für Landkarten und Kartographien größer ist als die für psychologische Grabungen:

> Questa idea topografica ed estensiva della psicologia, che indica rapporti di distanza e prospettiva tra le passioni proiettate su un'estensione uniforme, cederà il posto con Freud a un'idea geologica e verticale di psicologia del profondo, fatta di strati sovrapposti.[6]

Es scheint daher nicht verwunderlich, dass Calvino in Hinblick auf die *Traumdeutung* erklärt, ihn würden die Sprachstudien Freuds und seine Überlegungen in *Der Witz und seine Beziehung zum Unbewussten* mehr interessieren als dessen Forschungen zum Traum:

> I rapporti tra gioco combinatorio e inconscio nell'attività artistica sono al centro di una formulazione estetica tra le più convincenti attualmente in circolazione, una formulazione che trae i suoi lumi tanto dalla psicoanalisi quanto dall'esperienza pratica dell'arte e della letteratura. Si sa che Freud era, in letteratura e nelle arti, uomo di gusti tradizionali, e non ci diede – nei suoi scritti su temi connessi all'estetica – indicazioni all'altezza del suo genio. È stato uno studioso di storia dell'arte d'ispirazione freudiana, Ernst Kris, a mettere in primo piano come chiave per una possibile estetica della psicoanalisi lo studio di Freud sui giochi di parole; e un altro geniale storico dell'arte, Ernst Gombrich, ha sviluppato questa idea nel suo saggio *Freud e la psicologia dell'arte.*[7]

In den autobiographischen Schriften fällt darüber hinaus des Öfteren eine enge Verknüpfung der Welt der Träume mit der des Kinos ins Auge, von dem Calvino einräumt, dass er in seiner Jugend daraus ein großes Reservoir an visueller Erinnerung aufgebaut habe und stark zum Phantasieren angeregt worden sei. Zudem scheint in diesen Texten Calvinos Bewusstsein für die große Bedeutung der Träume für das menschliche Leben auf:

> Nei tempi stretti delle nostre vite [so schreibt er mit Bezug auf Federico Fellini, Anm. Verf.] – tutto resta lì, angosciosamente presente; le prime

---

[5] Calvino: *Saggi* I, S. 113f.
[6] Ebd., S. 433.
[7] Italo Calvino: „Cibernetica e fantasmi", in: ders.: *Saggi* I, S. 219f.

immagini dell'eros e le premonizioni della morte ci raggiungono in ogni sogno; la fine del mondo è cominciata con noi e non accenna a finire; il film di cui ci illudevamo d'essere solo spettatori è la storia della nostra vita.[8]

3. Träume in Calvinos frühen Erzählungen

Calvino scheint die Entscheidung, bei seinen Figuren die aufwühlende Tätigkeit des Unbewussten zumindest an der Erzähloberfläche zu begrenzen, aufgrund genauer Überlegung getroffen zu haben. So träumen weder der ‚visconte dimezzato' noch der ‚cavaliere inesistente'; hingegen träumt der ‚barone rampante' mit offenen Augen und inmitten einer liebestollen Tierwelt von einer Liebe im Frühling (allenfalls die anderen und die Frauen, wie eine gewisse Zobeida, träumen vom ‚uomo rampicante', dem sie – vielleicht im Traum, vielleicht real – begegnet sind).

Das Phänomen des Traums wird von Calvino häufig in eine enge Beziehung zu anderen innerpsychischen Erscheinungen gesetzt: zum Phantasieren, zum Auftreten von Albträumen und Visionen und zum Nachaußenprojizieren imaginierter Bilder. Denkt man an die berühmte Definition Freuds: „Jeder Traum hat mindestens eine Stelle, an welcher er unergründlich ist, gleichsam einen Nabel, durch den er mit dem Unerkannten zusammenhängt",[9] so muss man sich fragen, ob es sich bei den Träumen, die Calvino seinen Figuren zuschreibt, möglicherweise um Träume ohne Nabel handelt.

Figuren, die im Erzählkosmos Calvinos häufiger träumen, sind der jugendliche Partisan Pin, Marcovaldo, die junge Fior di Felce in den *Cosmicomiche*, Marco Polo und Kublai Khan in den *Città invisibili* sowie der Leser in *Se una notte d'inverno un viaggiatore*.

Nehmen wir einmal den Fall Pins und seine Träume, so finden wir eine Tendenz zu Albträumen, Ängsten vor nächtlichen Schatten und Vermischungen mit den Erfahrungen eines Heranwachsenden, der ein Leben lebt, das ihn übersteigt. Zum Teil weisen seine Träume auch Charakteristika der Partisanenträume auf, sie sind mit Entbehrungen und Ängsten verbunden, es sind Träume ohne Nabelschnur (oder mit Nabelschnüren im einfachsten und elementarsten Wortsinn):

> Pin finisce per aggomitolarsi ogni notte nella sua cuccetta abbracciandosi il petto. Allora le ombre del ripostiglio si trasformano in sogni strani, di corpi che si inseguono, si picchiano e s'abbracciano nudi, finché viene un qualcosa di grande e caldo e sconosciuto, che sovrasta su di lui, Pin, e lo ca-

---

[8] Italo Calvino: „Autobiografia di uno spettatore", in: Federico Fellini: *Quattro film*. Turin: Einaudi, 1974, S. I–XXIV, hier: S. XXIV.

[9] Sigmund Freud: *Die Traumdeutung*, Studienausgabe, Bd. II, hg. v. Alexander Mitscherlich, Angela Richards, James Strachey. Frankfurt a.M.: S. Fischer, 1972, S. 130, Anm. 2.

rezza e lo tiene nel caldo di sé, e questo è la spiegazione di tutto, un richiamo lontanissimo di felicità dimenticata.[10]

Die Partisanenträume sind folgendermaßen beschaffen:

> I sogni dei partigiani sono rari e corti, sogni nati dalle notti di fame, legati alla storia del cibo sempre poco e da dividere in tanti: sogni di pezzi di pane morsicati e poi chiusi in un cassetto. I cani randagi devono fare sogni simili, d'ossa rosicchiate e nascoste sottoterra.[11]

Dem gleichen Typus ist auch der Traum des Widerstandskämpfers Tom in der Erzählung *Paese infido* zuzuordnen:

> Nel sonno gli pareva che una bestia, una specie di scorpione, o di granchio, gli morsicasse una gamba, sul femore. Si svegliò. [...] Poi riconobbe il posto dove s'era buttato stanco morto quando la gamba ferita aveva cominciato a fargli troppo male.[12]

Mit dieser materialistischen, beinahe animalisch anmutenden Erklärung der Trauminhalte befinden wir uns eher auf einer Linie mit den Figuren Stevensons und Jack Londons, als mit jenen Freuds: „L'uomo porta dentro di sé le sue paure bambine per tutta la vita."[13]

Daher erstaunt es auch nicht, in einer der Erzählungen aus *Ultimo venne il corvo* auf den Traum eines Ochsens namens Morettobello zu stoßen (diese Linie führt geradewegs zu Paul Auster, der in *Timbuctu*, allerdings auf eine stärker vermenschlichende und freudianische Weise als Calvino, einige Träume aus der Sicht seines tierischen Protagonisten, eines Hundes, erzählen wird):

> Morettobello sembrava ogni tanto preso da un pensiero: aveva fatto un sogno, quella notte, perciò era uscito dalla stalla e quel mattino si trovava sperduto nel mondo. Aveva sognato cose dimenticate, come d'un'altra vita: grandi pianure erbose e vacche, vacche, vacche a perdita d'occhio che avanzavano muggendo. E aveva visto anche se stesso, là in mezzo, a correre nella torma delle vacche come cercando. Ma c'era qualcosa che lo tratteneva, una tenaglia rossa conficcata nelle sue carni, che gl'impediva di traversare quella torma. Al mattino, andando, Moretto sentiva la ferita rossa della tenaglia ancor viva su di sé, come una disperazione ineffabile dell'aria.[14]

---

[10] Calvino: *Romanzi* I, S. 16. Ein anderer Traum von Pin findet sich ebd., S. 50.
[11] Ebd., S. 78.
[12] Ebd., S. 1008.
[13] Ebd., S. 107.
[14] Ebd., S. 182 (hier sei besonders auf das Detail des sich selbst sehenden Ochsen hingewiesen).

4. Ein Sonderfall: *La speculazione edilizia*

Einen Sonderfall scheint mir ein Traum darzustellen, der in der *Speculazione edilizia* erscheint: Er erinnert ein wenig an die in den Tagebüchern Kafkas aufgezeichneten Träume und verfügt über einen unverkennbar allegorischen Sinn; aber nicht einmal dieser hat, so scheint mir, ausgeprägte psychologische Tiefe. Besagter Traum steht im Kontext einer Diskussion zwischen drei befreundeten Links-Intellektuellen in einer Turiner Trattoria, in einer Stadt also, die auch für Calvino die Arbeiterstadt der Moderne verkörpert. Dort treffen sich der gleichermaßen enthusiastische wie einfältige, orthodox-marxistisch orientierte Philosoph Bensi, der sich zum Dichter berufen fühlende Philosoph Cerveteri und schließlich der Protagonist der Erzählung, ein Intellektueller in der Sinnkrise namens Quinto, der im Begriff steht, eine ungeschickte Immobilienspekulation zu tätigen. Zwischen den intellektuellen Modeströmungen des Augenblicks, die in der Episode satirisch beleuchtet werden, begegnet an dieser Stelle die damals in der europäischen und besonders in der französischen Linken verbreitete Neigung, eine Aussöhnung zwischen Marx und Freud herbeizuführen (auch Calvino hat in einigen seiner Essays davon gesprochen). Der durch und durch marxistische Intellektuelle postuliert Folgendes:

> – Dall'ideologia al sogno dobbiamo procedere, non dal sogno all'ideologia,
> – e, come preso da un assalto di cattiveria, aggiunse: – L'ideologia infilza tutti i tuoi sogni come farfalle da spilli.

Der intellektuelle Dichterfreund unterbricht ihn bestürzt:

> – Farfalle? Perché hai detto farfalle?

Und er fügt hinzu:

> – Io ho sognato una farfalla, stanotte. Una farfalla notturna. Mi portavano da mangiare una grande farfalla notturna, su un piatto, qui a questo ristorante! – e fece un gesto come d'alzare dal piatto un'ala di farfalla.

Bensi unterbricht ihn mit einem sentenzenhaften und ideologischen Kommentar:

> Ogni simbolo onirico è una reificazione [...] Ecco quel che Freud non poteva sapere.[15]

Nach einiger Zeit wird die Erzählung, nach den Diskussionen, den Unterbrechungen durch die Kellnerin und einer Beschreibung der Gäste an den anderen Tischen, fortgesetzt:

> Cerveteri aveva ripreso a raccontare quel suo sogno: – Era una farfalla notturna, con grandi ali dai disegni grigi, minuti, marezzati, ondulati, come la riproduzione in nero d'un Kandinsky, no: d'un Klee; e io cercavo di solle-

---

[15] Alle Zitate: ebd., S. 807.

> vare con la forchetta queste ali che grondavano una polverina sottile, una specie di cipria grigia, e mi si sbriciolavano tra le dita. Facevo per portare alla bocca i frammenti d'ala, ma tra le labbra diventavano una specie di cenere che invadeva tutto, che copriva i piatti, si depositava nel vino dei bicchieri ...[16]

Im Verlauf der Erzählung wird kein Versuch zur Deutung des Traums unternommen. Bedeutsam ist jedoch die Beschreibung der nervösen Reaktion und des Unbehagens Quintos, mit dem die allegorische (geradezu benjaminische) Bedeutung des schauderhaft-prächtigen Nachtfalters herausgestellt wird, der zeigt, wie die marxistische Ideologie nunmehr zu grauem Staub zerfallen ist:

> Le mani di Cerveteri si muovevano sospese sulla tovaglia ingombra di briciole, molliche, cenere di sigaretta e mozziconi schiacciati nei piatti e nel portacenere, bucce di arancio tormentate dalle unghie di Bensi in piccoli tagli a forma di mezzaluna, fiammiferi Minerva tutti smembrati, divisi in sottili filamenti dalle dita di Cerveteri, stecchini tutti contorti a zig-zag o a greca dalle mani e dai denti di Quinto.[17]

5. Die Träume Marcovaldos und Fior di Felces

Die Träume Marcovaldos und seiner Familie in den Erzählungen *Marcovaldo ovvero le stagioni in città* entsprechen in ihrer Qualität etwa jenen Träumen, die in Comics mit einer wolkenförmigen Traumblase dargestellt werden. Marcovaldo ist ein naiver und kreativer Träumer, der immer dazu bereit ist, die ihn umgebende Welt in eine Traumwelt zu verwandeln, ganz so, wie in einem Schwarz-Weißfilm, der urplötzlich in einen Farbfilm übergeht (Marcovaldo ist, wie übrigens der junge Calvino selbst, ein verträumter und leidenschaftlicher Filmkonsument). Seine poetischen und fantastischen Visionen haben ihren Ursprung in der grauen Tristesse des eigenen Lebens, in der Monotonie der Arbeit, der Anonymität des Stadtlebens sowie im Hunger und den Entbehrungen, die er erleiden muss. Den bunten Traumvisionen stehen – ganz so wie das überraschende letzte Panel im Bilderstreifen eines Comicstrips – die wirklichen und grausamen Träume gegenüber, die eine erbärmliche Realität enthüllen:

> Sognò un pranzo, il piatto era coperto come per non far raffreddare la pasta. Lo scoperse e c'era un topo morto, che puzzava. Guardò nel piatto della moglie: un'altra carogna di topo. Davanti ai figli, altri topini, più piccoli, ma anch'essi mezzo putrefatti. Scoperchiò la zuppiera e vide un gatto con la pancia all'aria, e il puzzo lo svegliò.[18]

---

[16] Ebd., S. 810.
[17] Ebd., S. 810–811.
[18] Ebd., S. 1076.

Die Träume Fior di Felces in jener Erzählung der *Cosmicomiche*, die das Thema des Überlebens der Dinosaurier in den atavistischen Erinnerungen von Mensch und Tier behandelt, verfügen ebenfalls über eine besondere Eigenschaft, die zwischen schlicht und durchsichtig oder auch auf mechanische Weise freudianisch anmutend changiert. Auch Fior di Felces Träume lassen an Comicstrips oder an eine bestimmte Art von Hollywoodkino denken, nämlich jenes, das elementare Gefühle und kollektive Mythen von großer Prägnanz und Einfachheit in Szene setzt.

Fior di Felce, der jungen Heranwachsenden, die in der Gemeinschaft der ‚Nuovi' lebt, begegnet Qfwfq an einem Brunnen (der typischen Begegnungsstätte der biblischen, idyllischen und romantischen Erzählungen), als er noch die Gestalt eines Dinosauriers hat. Bemerkt wird dieser Umstand von niemandem in der Gemeinschaft, in der alle eine in erster Linie monströse und mythologische Vorstellung von diesen vorzeitlichen Tieren haben. Die Träume Fior di Felces sind so einfach und oberflächlich wie auch ihre Persönlichkeit; sie dienen in erster Linie als naive Form der Kommunikation zwischen ihr und Qfwfq:

> Fior di Felce mi raccontava i suoi sogni: – Stanotte ho visto un Dinosauro enorme, spaventoso, che faceva fuoco dalle narici. S'avvicina, mi prende per la nuca, mi porta via, vuole mangiarmi viva. Era un sogno terribile, terribile, ma io, che strano, non ero mica spaventata, no, come dirti? mi piaceva ...
> Da quel sogno avrei dovuto capire tante cose e soprattutto una: che Fior di Felce non desiderava altro che di essere aggredita.[19]

Oder:

> – Sai, stanotte ho sognato che doveva passare un Dinosauro davanti a casa mia, – mi disse Fior di Felce, – un Dinosauro magnifico, un principe o un re dei Dinosauri. Io mi facevo bella, mi mettevo un nastro intorno al capo e m'affacciavo alla finestra. Cercavo d'attrarre l'attenzione del Dinosauro, gli facevo una riverenza, ma lui mi pareva non accorgersi nemmeno, non mi degnava d'uno sguardo ...
> Questo sogno mi diede una nuova chiave per comprendere lo stato d'animo di Fior di Felce nei miei confronti: la giovane doveva aver scambiato la mia timidezza per una disdegnosa superbia.[20]

Einen anderen Traum träumt Fior di Felce, nachdem die Einwohner des Dorfes vorbeiziehende Nashörner mit Dinosauriern verwechselt und dabei herausgefunden hatten, dass Dinosaurier keine furchteinflößenden Monster, sondern lächerliche Tiere sind:

> Fior di Felce rivelò un atteggiamento diverso raccontandomi un sogno: – C'era un Dinosauro, buffo, verde verde, e tutti lo prendevano in giro, gli tiravano la coda. Allora io mi feci avanti, lo protessi, lo portai via, lo carez-

---

[19] Calvino: *Romanzi* II, S. 168–169.
[20] Ebd., S. 172.

> zai. E mi accorsi che, ridicolo com'era, era la più triste delle creature, e dai suoi occhi gialli e rossi scorreva un fiume di lagrime.
> Cosa mi prese, a quelle parole? Una repulsione a identificarmi con le immagini del sogno, il rifiuto d'un sentimento che sembrava esser diventato di pietà, l'insofferenza all'idea diminuita che tutti loro si facevano della dignità dinosaura? Ebbi uno scatto di superbia, mi irrigidii e le buttai in faccia poche frasi sprezzanti: – Perché mi annoi con questi tuoi sogni sempre più infantili? Non sai sognare altro che melensaggini![21]

Und weiter, nach der Ankunft einer Gruppe von Landstreichern:

> Mi avvicinai a Fior di Felce. Forse era venuto il momento di spiegarci, di trovare un'intesa. – Cos'hai sognato, stanotte? – chiesi, per attaccar discorso.
> Restò a capo chino. – Ho visto un Dinosauro ferito che si contorceva nell'agonia. Reclinava il capo nobile e delicato, e soffriva, soffriva ... Io lo guardavo, non sapevo staccar gli occhi da lui, e m'accorsi che provavo un sottile piacere a vederlo soffrire ...
> Le labbra di Fior di Felce erano tese in una piega cattiva, che non avevo mai notato in lei. Avrei voluto solo dimostrarle che in quel suo gioco di sentimenti ambigui e cupi io non entravo: ero uno che si gode la vita, ero l'erede d'una schiatta felice.[22]

Wenden wir uns nun dem letzten Traum Fior di Felces zu. Sie hat mittlerweile aufgehört, von Dinosauriern zu träumen; die großen Tiere sind in die Stille entschwunden, niemand spricht mehr von ihnen:

> Quando lei mi raccontò: – Ho sognato che in una caverna c'era l'unico rimasto di una specie di cui nessuno ricordava il nome, e io andavo a chiederglielo, e c'era buio, e sapevo che era là, e non lo vedevo, e sapevo bene chi era e com'era fatto ma non avrei saputo dirlo, e non capivo se era lui che rispondeva alle mie domande o io alle sue ... – fu per me il segno che era finalmente cominciata un'intesa amorosa tra noi, come avevo desiderato da quando m'ero fermato la prima volta alla fontana e ancora non sapevo se m'era concesso di sopravvivere.[23]

Offenkundig gibt es eine große Affinität zwischen den Träumen Marcovaldos und denen Fior di Felces: In beiden Fällen ist eine Vorliebe für Phantastisches und Märchenhaftes sowie ein graphischer und klarer Stil festzustellen, der an die Tradition von Comics erinnert. Zudem klingt in den Träumen Fior di Felces vielleicht eine ferne Erinnerung an ein Buch an, das der heranwachsende, selbst noch unbefangene und vorfreudianische Calvino gelesen haben könnte: *Before Adam* (1906-07) von Jack London. Darin kehrt der Protagonist, ein in der heutigen Zeit lebender Kalifornier, in seinen Träumen zu dem Leben zurück, das er in vorgeschichtlicher Zeit, noch vor Adam, gelebt hat.

---

[21] Ebd., S. 175.
[22] Ebd., S. 178.
[23] Ebd., S. 180.

Wenn man nach und nach die Träume durchgeht, die dem Leser in Calvinos Werk begegnen und die verschiedenen Figuren zugeschrieben sind, gewinnt man den Eindruck, dass dessen Verhältnis zu den erzählten Träumen weitaus mehrdeutiger und komplexer beschaffen ist, als es auf den ersten Blick scheint. Als typisches Schwellenphänomen sind die Träume zwischen der opaken Welt der Realität und der leichteren Welt der Phantasie angesiedelt. In bestimmten Momenten können sie zu einem bedeutungstragenden Element werden, das epistemologische und ethische Probleme der netzartigen Verstrickung mit der Realität, auch der psychischen, enthüllt. Man muss nicht Jean Starobinski sein und über seine große Kompetenz auf dem Gebiet der Freud'schen Psychoanalyse sowie der Geschichte der Medizin und Melancholie verfügen, um zu erkennen, dass sich im Erzählkosmos Calvinos noch eine andere Seite verbirgt:

> Corrisponderebbe a un abuso collocare Calvino tra gli scrittori della melanconia, anche se era ben consapevole della minaccia da essa rappresentata. Calvino coglie così bene il volto melanconico delle cose solo perché è schierato egli stesso nel partito avverso: assume deliberatamente il ruolo che, in modo emblematico, ha designato come quello di Perseo, l'eroe mitico che riuscì a decapitare la spaventevole Medusa. La virtù della leggerezza, della mobilità, alla quale restò fedele per tutta la vita, è l'antidoto perfetto della melanconia. Scendere a patti con la disperazione, per averla indovinata negli altri e talvolta provata in se stessi, consente di predisporre i migliori mezzi terapeutici.[24]

Man muss auch nicht Mario Lavagetto sein, ein weiterer bedeutsamer Kenner der Freud'schen Psychoanalyse sowie narratologischer Theorien und Praktiken, um in den Werken Calvinos den ausgeprägten strategischen Willen wahrzunehmen, das Unbewusste unter Kontrolle zu halten und die komplizierten Windungen der Erfahrung in Visionen aufzulösen, die als „dure, asciutte, secche come chiodi"[25] beschrieben werden.

> Dopo il «neorealismo», o il «neoespressionismo» dei primi racconti e del *Sentiero dei nidi di ragno*, Calvino inizia a frequentare quel mondo che assorbe progressivamente la sua attenzione: di fronte a una realtà divenuta sempre più opaca, cerca una via d'uscita nella trasparenza delle fiabe e dell'immaginario.[26]

Und weiter schreibt Lavagetto:

> Se Calvino sembra avvertire il fascino e la tentazione di una prospettiva che – come nei racconti di Borges – esclude ogni spessore psicologico, ogni profondità e ogni virtuale retroscena, attraverso la drastica riduzione della realtà alle linee essenziali e semplificate di un problema geometrico, è al-

---

[24] Jean Starobinski: *Prefazione*, in: Calvino: *Romanzi* I, S. XI–XXXIII, hier: S. XIX.
[25] Calvino: *Saggi* I, S. 114.
[26] Mario Lavagetto: *Dovuto a Calvino*. Turin: Bollati Boringhieri, 2001, S. 20.

trettanto vero che quello che non si percepisce o non si vede, la «cosa assente», esercita su di lui una fortissima attrazione.[27]

6. Die letzten Werke Calvinos: eine neue Komplexität der Träume

In den späteren Texten Calvinos, wie den *Città invisibili* oder *Se una notte d'inverno un viaggiatore*, gewinnt die Darstellung sowie die Qualität der Träume an Komplexität, wenngleich sie auch hier keine psychologische Tiefe erreicht. Man könnte behaupten, dass die Träume weiterhin ohne Nabel bleiben; dennoch haben sie über die Technik der Kombinatorik Anteil an der ausgiebigen Exploration der ontologischen Probleme der Existenz sowie der Erscheinungen der Welt, der ‚sichtbaren' wie der ‚unsichtbaren Stadt'. In *Se una notte d'inverno un viaggiatore* dringt der Traum mit einem Borges'schen Effekt der labyrinthischen Duplizierung und Multiplizierung in den Plot des Buches ein, als trügerische Antwort auf die verzweifelte Suche des Lesers und Protagonisten nach der Auflösung der um ihn gesponnenen Verschwörung und der Entwirrung des mehrdeutigen Knotens in seiner Beziehung zu der anderen Leserin, Ludmilla. Der Traum lässt das Bild eines Zuges in der Nacht entstehen sowie von Reisenden, die dabei sind, einen jener Romane zu lesen, deren Lektüre der Protagonist abbrechen musste. Er lässt das Bild des heimlichen Versuchs entstehen, sich das Buch anzueignen, das ein Reisender nach dem Aussteigen auf seinem Sitz zurückgelassenen hat, sowie das Bild des Ans-Fenster-Tretens just in dem Moment, in dem auch Ludmilla mit dem wiedergefundenen Buch in der Hand am Fenster eines auf dem Nachbargleis zum Stehen gekommenen Zuges erscheint.[28]

In den *Città invisibili* drängt kontinuierlich ein engmaschiges Netz aus Visionen, Fantasien und ‚sogni effimeri' ins Bewusstsein der Gesprächspartner Marco Polo und Kublai Khan. Die beiden Protagonisten projizieren ihre Städte in ein Geflecht aus Träumen und Wünschen. Es handelt sich dabei um leicht metaphorisch angelegte Träume, die einen engen Bezug zur Fantasterei und zu Visionen aufweisen. Sie haben Ähnlichkeit mit Graphiken und verarbeiten zahlreiche Motive der kulturellen Bildlichkeit von antiken Miniaturen über rinascimentale Embleme bis hin zu Kinofilmen. Wieder handelt es sich um wenig freudianische Träume, die vielleicht am besten als postfreudianisch und – aufgrund der Häufung des Phänomens der Intertextualität – als postmodern zu bezeichnen sind.

In den Worten Marco Polos kehrt erneut jene schon bekannte Theorie der für Calvino typischen Träume zurück, nach der letztere lediglich als Projektionen von Wünschen oder Ängsten fungieren.

---

[27] Ebd., S. 124.
[28] Calvino: *Romanzi* II, S. 852–853.

> È delle città come dei sogni: tutto l'immaginabile può essere sognato ma anche il sogno più inatteso è un rebus che nasconde un desiderio, oppure il suo rovescio, una paura. Le città come i sogni sono costruite di desideri e di paure, anche se il filo del loro discorso è segreto, le loro regole assurde, le prospettive ingannevoli, e ogni cosa ne nasconde un'altra.
> – Io non ho desideri né paure, – dichiarò il Kan, – e i miei sogni sono composti o dalla mente o dal caso.[29]

Der *Orlando furioso*, eines derjenigen Werke aus der Literaturgeschichte, die Calvino am meisten am Herzen liegen, dessen moderne Nacherzählung in Prosa er unternommen hat und das er, u.a. mit der überwältigenden ‚ré-écriture' der Verrücktheit Orlandos im *Castello dei destini incrociati*, mehrfach wieder aufgenommen hat, inspiriert in den *Città invisibili* die ‚ré-écriture' der Episode von der Flucht Angelicas. In Gestalt eines Traumes und eines Labyrinths wird diese Episode zum Leitmotiv der Stadt Zobeide:

> Questo si racconta della sua fondazione: uomini di nazioni diverse ebbero un sogno uguale, videro una donna correre di notte per una città sconosciuta, da dietro, coi capelli lunghi, ed era nuda. Sognarono d'inseguirla. Gira gira ognuno la perdette. Dopo il sogno andarono cercando quella città: non la trovarono ma si trovarono tra loro, decisero di costruire una città come nel sogno. Nella disposizione delle strade ognuno rifece il percorso del suo inseguimento; nel punto in cui aveva perso le tracce della fuggitiva ordinò diversamente che nel sogno gli spazi e la città in modo che non gli potesse più scappare.[30]

Die Träume des Khans schließlich erzeugen Bilder von Städten, leicht wie Papierdrachen, durchbrochen wie Spitze und durchscheinend wie Moskitonetze: „città filigrana da vedere attraverso il loro opaco e fittizio spessore":

> – Ti racconterò cosa ho sognato stanotte, – dice a Marco. – In mezzo a una terra piatta e gialla, cosparsa di meteoriti e massi erratici, vedevo di lontano elevarsi le guglie d'una città dai pinnacoli sottili, fatti in modo che la Luna nel suo viaggio possa posarsi ora sull'uno ora sull'altro, o dondolare appena ai cavi delle gru.
> E Polo: – La città che hai sognato è Lalage. Questi inviti alla sosta nel cielo notturno i suoi abitanti disposero perché la Luna concede a ogni cosa nella città di crescere e ricrescere senza fine.
> – C'è qualcosa che tu non sai, – aggiunse il Kan. – Riconoscente la Luna ha dato alla città di Lalage un privilegio più raro: crescere in leggerezza.[31]

Um dem Eindruck vorzubeugen, dass in der Erfahrung des Khans und Marco Polos alles in Leichtigkeit aufgelöst, ja zum Verschwinden gebracht werden könnte, sei an dieser Stelle noch auf einen weiteren Traum von einer Stadt verwiesen, der nun allerdings unter den Gesichtspunkten der Nacht und der Melan-

---

[29] Ebd., S. 391–92.
[30] Ebd., S. 393.
[31] Ebd., S. 419–20.

cholie zu betrachten ist: Es ist der Traum eines düsteren, stinkenden Venedigs, der sich dem sonnigen Venedig, das ganz Spitze und Transparenz ist, entgegenstellt.

> Il Gran Kan ha sognato una città: la descrive a Marco Polo:
> – Il porto è esposto a settentrione, in ombra. Le banchine sono alte sull'acqua nera che sbatte contro le murate; vi scendono scale di pietra scivolose d'alghe. Barche spalmate di catrame aspettano all'ormeggio i partenti che s'attardano sulla calata a dire addio alle famiglie. I commiati si svolgono in silenzio ma con lacrime. Fa freddo, tutti portano scialli sulla testa. Un richiamo del barcaiolo tronca gli indugi; il viaggiatore si rannicchia a prua, s'allontana guardando verso il capannello dei rimasti; da riva già non si distinguono i lineamenti; c'è foschia; la barca accosta un bastimento all'ancora; sulla scaletta sale una figura rimpicciolita; sparisce; si sente alzare la catena arrugginita che raschia contro la cubia. I rimasti s'affacciano agli spalti sopra la scogliera del molo, per seguire con gli occhi la nave fino a che doppia il capo; agitano un'ultima volta un cencio bianco.
> – Mettiti in viaggio, esplora tutte le coste e cerca questa città, – dice il Kan a Marco. – Poi torna a dirmi se il mio sogno risponde al vero.
> – Perdonami, signore: non c'è dubbio che presto o tardi m'imbarcherò a quel molo – dice Marco, – ma non tornerò a riferirtelo. La città esiste e ha un semplice segreto: conosce solo partenze e non ritorni.[32]

In diesem Auszug aus den *Città invisibili* scheint hinter dem leichten, ariostesken und aufklärerischen Calvino auch der heimliche Leser von Robert Burtons *Anatomy of Melancholy* oder von Freuds *Trauer und Melancholie* in Erscheinung zu treten.

Aus dem Italienischen von Linda Menniger und Susanne Goumegou

Bibliographie

Belpoliti, Marco: *L'occhio di Calvino*. Turin: Einaudi, 1996.
Benedetti, Carla: *Pasolini contro Calvino: per una letteratura impura*. Turin: Bollati-Boringhieri, 1998.
Bertone, Giorgio: *Italo Calvino: il castello della scrittura*. Turin: Einaudi, 1994.
Calvino, Italo: *Romanzi e racconti*, hg. v. Claudio Milanini, Mario Barenghi und Bruno Falcetto. 3 Bde. Mailand: Mondadori, 1991–1994.
— *Saggi 1945–1985*, hg. v. Mario Barenghi. 2 Bde. Mailand: Mondadori, 1995.
— „Autobiografia di uno spettatore", in: Federico Fellini: *Quattro film*. Turin: Einaudi, 1974, S. I–XXIV.

---

[32] Ebd., S. 401.

Freud, Sigmund: *Die Traumdeutung*, Studienausgabe, Bd. II, hg. v. Alexander Mitscherlich, Angela Richards, James Strachey. Frankfurt a.M.: S. Fischer, 1972.
Lavagetto, Mario: *Dovuto a Calvino*. Turin: Bollati Boringhieri, 2001.
Milanini, Claudio: *L'utopia discontinua. Saggio su Italo Calvino*. Mailand: Garzanti, 1990.
Starobinski, Jean: *Prefazione*, in: Italo Calvino: *Romanzi e racconti*, Bd. I, hg. v. Claudio Milanini, Mario Barenghi und Bruno Falcetto. Mailand: Mondadori, 1991, S. XI–XXXIII.

III. TRAUMHAFTIGKEIT IM ZEICHEN KAFKAS UND DER SURREALISTEN

Susanne Goumegou (Bochum)

Surrealistisch oder kafkaesk?
Zur Traumpoetik Roger Caillois' und dem Problem literarischer Traumhaftigkeit im 20. Jahrhundert

1. Spielarten von Traumhaftigkeit in literarischen Texten

In seinem Essay *L'incertitude qui vient des rêves* (1956) interessiert sich Roger Caillois vor allem für das Vermögen des Traums, Realität zu simulieren und dadurch den wachen Menschen über seinen Bewusstseinszustand zu verunsichern. Dieser sonst eher selten im Blickpunkt stehende Aspekt des Traums ist auch leitend für die Ratschläge, die er in einem *Rhétorique du rêve* überschriebenen Anhang einem angenommen ‚auteur de rêves' erteilt.[1] Dabei entwickelt er, von dem Simulationsvermögen des Traums ausgehend und in Auseinandersetzung mit den beiden wirkungsmächtigsten Traumästhetiken des 20. Jahrhunderts – der surrealistischen und der Kafka'schen –, eine Traumpoetik, die über eine Analogsetzung von Traum und Literatur schließlich auf eine Poetik ‚traumhaften' Schreibens hinausläuft. Das für Caillois entscheidende Kriterium lässt sich bereits in seiner Einschätzung der in der Rubrik *Rêves* der Zeitschrift *La révolution surréaliste* erschienenen ‚récits de rêves'[2] erkennen:

> [...] leurs récits sont assurément propres à déconcerter, mais ils ne donnent nullement l'impression d'être des rêves, précisément parce qu'ils écartent de parti pris la vraisemblance et qu'ils prennent soin de le souligner par toutes sortes d'adjectifs appropriés. C'est agir à contre-sens, car le rêve donne, quant à lui, une impression irrécusable d'évidence et de réalité.[3]

Dass Caillois mit dieser kritischen Äußerung direkt ins Herz des surrealistischen Projekts zielt, das die Gleichsetzung von Traum und Dichtung sowie die Aufhebung des Gegensatzes von Traum und Realität zum Programm erhebt, sei hier nur nebenbei vermerkt. Wichtig ist im vorliegenden Zusammenhang in erster

---

[1] Roger Caillois: *L'incertitude qui vient des rêves*. Paris: Gallimard, 1956, S. 121–136. Die Überschrift *Rhétorique du rêve* ist nur bedingt zutreffend, tatsächlich handelt es sich um eine produktionsästhetisch ausgerichtete Poetik, die Empfehlungen gibt, wie im Text eine Wirkung erzeugt werden kann, die den Leser sozusagen in die Position des Träumers versetzt.

[2] Die 1924 gegründete Zeitschrift *La révolution surréaliste* erscheint bis 1929 in zwölf Nummern. Die Rubrik *Rêves* existiert in den Nummern 1–5, die zwischen Dezember 1924 und Oktober 1925 erscheinen und 41 der insgesamt 47, von 15 verschiedenen Autoren verfassten ‚récits de rêves' enthalten, sowie mit einzelnen Texten in den Nummern 7, 9–10 und 11.

[3] Caillois: *L'incertitude*, S. 127.

Linie, dass er die Unfähigkeit der ‚récits de rêves' beklagt, einen Eindruck von Evidenz und Realität zu erzeugen, d.h. eine Wirkung zu entfalten, wie er sie dem Traum zuschreibt. Seinem Ideal von Traumhaftigkeit entsprechen nicht die surrealistischen Traumaufzeichnungen, sondern die Romane Franz Kafkas: „[...] les romans de Kafka parviennent à restituer si exactement l'atmosphère du rêve".[4]

Caillois' Urteil steht offensichtlich im Widerspruch zu gängigen Einschätzungen der Literaturgeschichtsschreibung, die in der Regel nicht nur Kafkas Erzählungen und Romane, sondern auch die Hervorbringungen der Surrealisten als die wichtigsten Paradigmen für die Affinität von Traum und Literatur im 20. Jahrhundert behandelt. Caillois' pointierte Stellungnahme wirft daher die Frage auf, wie er zu einem solchen Urteil kommt, und lenkt über die Frage, was es heißt, die Atmosphäre des Traums exakt wiederzugeben, das Augenmerk darauf, dass die surrealistischen ‚récits de rêves' und Kafkas Erzählungen nach unterschiedlichen Prinzipien funktionieren. Diese unterschiedlichen Funktionsweisen sollen im vorliegenden Beitrag unter Beachtung der Implikationen des jeweiligen Traumbegriffs einer eingehenden Analyse unterzogen werden.

Zunächst ist jedoch die Frage zu klären, was unter ‚Traumatmosphäre' oder ‚traumhaftem Schreiben' überhaupt verstanden werden kann. Obwohl die Ästhetik der Moderne in der Literaturwissenschaft häufig als ‚traumartig' oder ‚traumhaft' bezeichnet wird und trotz vereinzelter Ansätze, diese Begriffe näher zu definieren,[5] werden die diesen Termini zugrunde gelegten Kriterien in der Regel kaum eigens expliziert. Dieser verbreitete Mangel an Präzision in der Begriffsverwendung resultiert freilich nicht nur aus terminologischer Nachlässigkeit, sondern hängt in nicht unerheblichem Maße damit zusammen, dass sich der Traum einer ontologischen oder phänomenologischen Bestimmung im strengen Sinne entzieht. Denn eine Phänomenologie des Traums würde einen wachen und bewussten Beobachter des eigenen Träumens erfordern, den es per definitionem

---

[4] Ebd.

[5] Die „traumhafte Darstellung" definiert Manfred Engel, der sich in jüngerer Zeit wohl am methodisch fundiertesten mit dem Problem ‚traumhaften Schreibens' auseinandergesetzt hat, als „Schreibweisen, die dem Traum abgeschaut sind", sich aber vom literarischen Traum ablösen und bestimmend werden „für Textteile oder ganze Texte, die nicht mehr ausdrücklich als Traum markiert sind" (Manfred Engel: „Literatur- und Kulturgeschichte des Traumes", in: *Dream Images in German, Austrian and Swiss literature and culture*, hg. v. Hanna Castein und Rüdiger Görner. München: Iudicium, 2002, S. 13–31, hier: S. 27). Es ist kein Zufall, dass er die Frage, was es bedeutet, sich Schreibweisen „vom Traum abzuschauen", nur ansatzweise beantwortet, stellt sie doch ein methodisch kaum lösbares Problem dar. Als „spezifische Darstellungstechniken des Traumes" nennt Engel an anderer Stelle den „Anti-Realismus", die „Verabsolutierung von Bewusstseinsrealität" und die „absolut gesetzten und fluiden Bildwelten", speziell bezogen auf Kafka auch die „besondere Subjekt-Objekt-Struktur", in der die „widerständige Außenwelt" zugleich die Welt der Seele des Protagonisten sei, sowie die „Auflösung der festen Raum-Zeit-Struktur" (Manfred Engel: „Kulturgeschichte/n? Ein Modellentwurf am Beispiel der Kultur- und Literaturgeschichte des Traumes", in: *KulturPoetik* 10, 2 (2010), S. 153–176, hier: S. 173 f.).

gar nicht geben kann.[6] Ohne eine genauere Bestimmung dessen, was der Traum ist, mangelt es jedoch den Begriffen der ‚Traumartigkeit' oder ‚Traumhaftigkeit' an Aussagekraft.

Der soeben skizzierten Problematik ist noch ein zweiter Aspekt hinzuzufügen. Neben der Unzugänglichkeit des Phänomens durch mangelnde Beobachtbarkeit, Erinnerungslücken oder verzerrende Erinnerung macht ein weiterer Punkt die Frage, was der Traum für den Wachenden darstellt, zum Problem. Das Wissen über den Traum, so die hier zugrunde gelegte Annahme, resultiert gar nicht allein aus der individuellen und nicht-objektivierbaren Traumerfahrung, sondern wird zu großen Teilen erst diskursiv produziert. Daher ist es von den historischen und kulturellen Rahmenbedingungen ebenso abhängig wie von der je subjektiven Ausprägung des Träumens, die ihrerseits wiederum – so steht jedenfalls zu vermuten – durch die jeweils vorherrschenden Diskurse mitgeprägt ist. Die in Frage stehenden Termini sind also immer wieder neu zu füllen und zu konkretisieren. Als Beispiel für die historische Variabilität des Traumbegriffs sei nur darauf hingewiesen, dass Aspekte wie Phantastik, Inkohärenz und Bizarrheit Elemente sind, die erst ab circa 1850 als entscheidende Charakteristika des Traums gelten.[7]

Caillois' Urteil über die ‚Traumhaftigkeit' der surrealistischen ‚récits de rêves' basiert offensichtlich auf einem Traumbegriff, der von den genannten Kriterien divergiert. An die Stelle von Inkohärenz und Bizarrheit setzt Caillois die Abwesenheit des Bewusstseins:

> Pour ma part, je ne crois nullement que le fantastique, l'incohérence ou l'absurdité soient de loin les signes qui caractérisent éminemment le rêve. Selon moi, son originalité essentielle réside bien plutôt dans l'indépendance, l'automatisme des images, qui supposent à leur tour la démission de la conscience.[8]

Zwar kommt er mit den Surrealisten darin überein, dass es sich beim Traum um einen vom Bewusstsein gelösten Automatismus handelt, womit beide Seiten an

---

[6] Auf den Punkt bringen lässt sich das methodische Problem wie folgt: „Das Bewußtsein der Phänomenologie, auf den Logos, die Vernunft, das Sein und die Wahrheit ausgerichtet, ist das des klar bei sich seienden Individuums des denkend-nachdenkenden Philosophen, speziell des Phänomenologen. Dieses Bewußtsein unterliegt Schwankungen. Im Schlaf ist es entschwunden [...]. Der Traum ist demnach prinzipiell ein fundamental verändertes Selbst- und Weltbewußtsein." (Dieter Wyss: *Traumbewußtsein? Grundzüge einer Ontologie des Traumbewußtseins*. Göttingen: Vandenhoeck & Ruprecht, 1988, S. 101 f.).

[7] Vgl. Jacques Bousquet: *Les thèmes du rêve dans la littérature romantique (France, Angleterre, Allemagne). Essai sur la naissance et l'évolution des images*. Paris: Didier, 1964; Stephanie Heraeus: *Traumvorstellung und Bildidee. Surreale Strategien in der französischen Graphik des 19. Jahrhunderts*. Berlin: Reimer, 1998; Verf.: *Traumtext und Traumdiskurs. Nerval, Breton, Leiris*. München: Fink, 2007, S. 83–212.

[8] Caillois, *L'incertitude*, S. 125.

Konzepte der französischen Psychologie des 19. Jahrhunderts anschließen.⁹ Aber insistiert Caillois auf dem Illusionsvermögen des Traums, das ‚vraisemblance' und eine ‚impression de réalité' (s.o.) hervorrufe, so setzen die Surrealisten den Traum gerade gegen eine Ästhetik des Realismus und die dahinter stehende Privilegierung des Wahrscheinlichen ein. Für Breton legt der Traum einen ‚automatisme psychique' offen, in dessen Namen die Rechte der Imagination gegen die Vernunft und gegen das Prinzip der Kausalität eingefordert werden können.¹⁰

Nun wird man sicher Caillois nicht unterstellen wollen, er beabsichtige, das Imaginäre aus seinen Überlegungen auszuklammern – dagegen sprächen schon seine zahlreichen Schriften zur Phantastik und zum Imaginären. Allerdings ist sein Interesse daran mehr analytisch als emphatisch ausgerichtet, und seinem Verständnis von Traum und Literatur liegen Prämissen zugrunde, die nicht nur einen anderen Traumbegriff implizieren, sondern auch eine andere Perspektive auf die Literatur. Geht es den Surrealisten darum, die Literatur zu revolutionieren, eingefahrene Muster auszuhebeln und durch gezielte Verstörung auf das Bewusstsein des Lesers einzuwirken, so interessiert sich Caillois vor allem dafür, wie die faszinierende Wirkung phantastischer Literatur zustande kommt.¹¹

Ihm missfällt, so könnte man seine Kritik an den ‚récits de rêves' erklären, dass der Traum in ihnen auf eine Art und Weise dargeboten wird, die sich von der Traumwahrnehmung des Träumers unterscheidet. Stattdessen privilegiert er eine Herangehensweise, die versucht, den Leser, einem Halluzinierenden gleich, über den Traumcharakter des Textes hinwegzutäuschen. Die Wirkung der Literatur auf den Leser soll demnach der des Traums auf den Träumer gleichkommen und eine vollständige Illusion erschaffen:

> L'artiste qui se propose d'imiter les pouvoirs du songe, c'est-à-dire qui vise à placer le lecteur dans la situation de l'halluciné où il se trouve quand il rêve, ou du moins à lui rappeler celle-ci de façon assez persuasive, doit donc tout d'abord provoquer en sa victime bénévole un état d'acquiescement inconditionnel.¹²

---

9 So etwa Alfred Maury: „La succession d'images qui se déroulent à nos regards internes, et qui entraînent avec elles autant d'idées secondaires, occupe tout entière notre âme, et ne nous permet pas de revenir sur nous-mêmes" (Alfred Maury: *Le sommeil et les rêves. Etudes psychologiques sur ces phénomènes et les divers états qui s'y rattachent; suivies des Recherches sur le développement de l'instinct et de l'intelligence dans leurs rapports avec le phénomène du sommeil*. (3. Aufl.). Paris: Didier, 1865, S. 114). Entsprechende Anklänge finden sich noch in Sartres Verhandlung des Bewusstseins im Traum, die Caillois sicher bekannt war: Jean-Paul Sartre: *L'imaginaire. Psychologie phénoménologique de l'imagination*. Paris: Gallimard, 1940, hier: S. 317–320.

10 Zum Traumbegriff im *Manifeste du surréalisme* vgl. Verf.: *Traumtext und Traumdiskurs*, S. 266–279.

11 Vgl. dazu vor allem Roger Caillois: „De la féerie à la science-fiction" [1966], in: ders. *Œuvres*, hg. v. Dominique Rabourdin. Paris: Gallimard, 2008, S. 677–701.

12 Caillois: *L'incertitude*, S. 131.

Caillois' Anliegen ist damit zugleich radikaler und weniger radikal als das Bretons: Will er die illusionierende Macht des Traums imitieren, wo Breton sich damit zufrieden gibt, seine Verfahren zu reproduzieren, so begnügt Caillois sich mit einem literarischen Effekt, wo Breton darauf aus ist, die Geisteshaltung seiner Leser zu revolutionieren und zur Aufhebung der Gegensätze von Traum und Realität in einem Zustand der „surréalité" beizutragen.[13]

Anders gesagt: Breton und Caillois nehmen unterschiedliche Perspektiven auf das Phänomen des Traums ein. Stellt ersterer in seinen Traumprotokollen die Produktionsmechanismen des Traums sowie deren Sichtbarmachung in den Vordergrund, von der er sich revolutionäre Auswirkungen auf das Bewusstsein des Lesers verspricht, so interessiert sich der Autor von *L'incertitude qui vient des rêves* vornehmlich für die Wirkung des Traums auf den Träumer, die Wirklichkeitsillusion, die er hervorruft, und die Konsequenzen, die das für das Realitätsbewusstsein des wachen Menschen hat.

Diese unterschiedlichen Perspektiven auf den Traum bilden den Ausgangspunkt der vorliegenden Ausführungen. In einem ersten Schritt sollen grundsätzliche Überlegungen zum Verhältnis des wachen Menschen zum Traum, zu den Möglichkeiten einer Phänomenologie des Traums sowie zu den narratologischen Mitteln literarischer Traumhaftigkeit angestellt werden, wobei für die Heranziehung von fiktionstheoretischen Betrachtungen und Methoden aus der kognitiven Narratologie plädiert wird. Im Weiteren werden dann die unterschiedlichen Verfahren der surrealistischen ‚récits de rêves' und von Kafkas ‚écriture du rêve' auf der Basis einer eingehenden Lektüre und Kritik der Caillois'schen Vorschläge zur traumhaften Illusionierung des Lesers analysiert. Dabei wird sich allerdings zeigen, dass Kafkas Verwischen der Grenzen von Realität und Traum anders funktioniert, als Caillois postuliert, und dass dieser in seinem eigenen Traumtext *Le rêve de Solange* (1977) die in *Rhétorique du rêve* gemachten Ratschläge an den ‚auteur de rêves' nicht ungebrochen umsetzt.

2. Der wache Mensch und sein Verhältnis zu Traum und Fiktion

Mit seinem Essay lenkt Caillois den Blick auf ein Problem, das das Verhältnis des wachen Menschen zum Traum generell kennzeichnet. Obwohl er dieses nicht eigens benennt, scheint es mir zentral für jede Überlegung zum Begriff der Traumhaftigkeit zu sein. Grundsätzlich kann der wache Mensch zwei Positionen gegenüber dem Traum einnehmen. Entweder wird er sich beim nachträglichen Erinnern seines Traums bewusst, dass dieser in entscheidenden Zügen von den Gesetzen der wirklichen Welt abweicht und nimmt mit seinem wachen Bewusstsein den erinnerten Traum, zumindest seit circa 1850, als inkohärent und bizarr

---

[13] „Je crois à la résolution future de ces deux états, en apparence si contradictoires, que sont le rêve et la réalité, en une sorte de réalité absolue, de *surréalité*, si l'on peut ainsi dire." (André Breton: *Œuvres complètes*, Bd. I, hg. v. Marguerite Bonnet. Paris: Gallimard, 1988, S. 319).

wahr, tritt also in ein Verhältnis der Distanz zu seinem Traum. Eine solche Haltung hat der Kunstkritiker Roger Lewinter der surrealistischen Malerei unterstellt, die er entgegen gängigen Einschätzungen nicht als traumhaft, sondern als hochgradig artifiziell bezeichnet, weil sie mit der Ausstellung der Mechanismen des Traums das Ergebnis von dessen Interpretation sei und diesen somit zerstöre: „La peinture surréaliste représente le produit du rêve terminé: ce qui se passe lorsque le sujet tente de l'expliciter, de le circonscrire en un discours conscient".[14] Damit aber wird der Betrachter zu einer interpretierenden Haltung gezwungen, zu einer Reflexion über die Mechanismen des Traums, was eine Distanzierung von dessen Modus der Wirklichkeitspräsentation nach sich zieht. Zu einem ähnlichen Ergebnis kommt Donald Kuspit, der insbesondere auf das Fragmentarische und Konstruierte in den Arbeiten von Dalì oder Magritte hinweist:

> Das Wichtige daran ist, daß wir immer genau sehen, wie das Mysterium konstruiert ist, wie ein Fragment neben ein anderes gestellt wird, wie Absurdität durch bewußt inszenierte Widersprüchlichkeit aufgebaut wird.[15]

Übertragen auf verbale Traumdarstellungen würde dieser Methode die Projektion von Konstruktionsprinzipien des Traums auf die Ebene der sprachlichen Organisation entsprechen. Je nach Traumbegriff können damit die Freud'schen Verfahren der Traumarbeit wie Verschiebung und Verdichtung gemeint sein, aber auch Phänomene wie Assoziativität, Fragmentarität, Widersprüchlichkeit, Diskontinuität oder Ähnliches, die sich auf der Ebene der Textorganisation manifestieren. Für diesen Aspekt schlage ich vor, den Begriff der Traumartigkeit zu reservieren.[16]

Im Gegensatz dazu soll von Traumhaftigkeit die Rede sein, wenn beim Leser nicht der Eindruck entsteht „dieser Text funktioniert wie ein Traum", sondern das Urteil lautet: „das vorgestellte Geschehen läuft ab wie im Traum" oder „der Protagonist handelt wie im Traum". Traumhaftigkeit betrifft also in stärkerem Maße die Ausgestaltung der fiktiven Welt bzw. die dem Leser darge-

---

[14] Roger Lewinter: „Pans de mur jaune", in: *L'espace du rêve*, hg. v. Jean-Bertrand Pontalis. Paris: Gallimard, 1972, S. 81–86, hier: S. 81.

[15] Donald Kuspit: „Von der Vision zum Traum. Die Säkularisierung der Einbildungskraft", in: *Träume 1900–2000. Kunst, Wissenschaft und das Unbewußte*, hg. v. Lynn Gamwell. München, London, New York: Prestel, 2000, S. 77–88, hier: S. 82.

[16] Entsprechend verwendet z.B. Elisabeth Lenk, die um 1870 ein „Wiederauftauchen der Traumform" und ein „Träumen der Sprache" in der europäischen Literatur ausmacht, ausnahmslos den Begriff ‚Traumartigkeit' (Elisabeth Lenk: *Die unbewußte Gesellschaft. Über die mimetische Grundstruktur in der Literatur und im Traum*. München: Matthes & Seitz, 1983, S. 255–264). Exemplarisch für eine gelungene Analyse von Traumartigkeit sei hier Antoine Raybaud genannt, der in den *Illuminations* von Rimbaud herausarbeitet, dass nicht die Bilder des Traums, sondern dessen Verfahren reproduziert würden, was er als einen „onirisme non pas rapporté, mais opérant" (Antoine Raybaud: *Fabrique d'«Illuminations»*. Paris: Seuil, 1989, S. 64) bezeichnet.

botene Wahrnehmung des Protagonisten. Auch wenn Traumartigkeit und Traumhaftigkeit sich keineswegs ausschließen, ja oftmals auch traumartige Verfahren Traumhaftigkeit erzeugen[17] – und das Französische mit ‚onirisme' ohnehin nur einen Begriff dafür kennt –, scheint mir die Trennung heuristisch für die Erarbeitung von Analysekriterien von Vorteil zu sein.

Das Problem der Traumhaftigkeit in diesem Sinne steht in enger Verbindung mit der zweiten möglichen Haltung zum Traum. Diese besteht in dem Versuch, sich in die Perspektive des Träumers hineinzuversetzen. Am konsequentesten hat der Psychopathologe und Anthropologe Dieter Wyss eine solche Annäherung unternommen, indem er im Anschluss an die phänomenologische Erkenntnislehre Husserls eine Ontologie des Traumbewusstseins zu entwerfen versucht hat.[18] Dabei erklärt er das Aussetzen von Zweifel, Erstaunen oder Überraschung sowie das unhinterfragte Hinnehmen von Gegebenheiten, die den Gesetzen der Realität bzw. den Axiomen der Logik widersprechen, zu wichtigen Charakteristika des Traumbewusstseins.[19] Vor allem aber erscheint dem Träumer der Traum als Wirklichkeit des Wachlebens, die er nicht infrage zu stellen weiß: „Das Entscheidende ist: der Träumer hält sich für wach – ohne wach zu sein."[20] Mit Sartre, der 1940 in L'Imaginaire eine sich phänomenologisch verstehende und ebenfalls die Traumwahrnehmung des Träumers ins Zentrum stellende Psychologie der Imagination entworfen hat, könnte man den Sachverhalt auch so formulieren: „Le rêve est la réalisation parfaite d'un imaginaire clos. C'est-à-dire d'un imaginaire dont on ne peut absolument plus sortir et sur lequel il est impossible de prendre le moindre point de vue extérieur."[21]

Sartre konzipiert den Traum damit als Aktivität eines Bewusstseins, das jeden Begriff von Realität – und damit auch jede Möglichkeit der Inbezugsetzung zu dieser – verloren hat.[22] Er bringt das Analogon der literarischen Fiktion ins Spiel, wobei er den Traum als eine Form von Fiktion begreift, an die der Träumer gewissermaßen gefesselt ist:

> Il [le rêve, Verf.] est avant tout une *histoire* et nous y prenons le genre d'intérêt passionné que le lecteur prend à la lecture d'un roman. Il est vécu

---

[17] Vgl. hierzu in diesem Band etwa Marie Guthmüllers Studie zu *Con gli occhi chiusi* von Federigo Tozzi oder Barbara Kuhns Beitrag zu Antonio Tabucchi.
[18] Vgl. Wyss: *Traumbewußtsein?* Die methodische Schwierigkeit dieses Unterfangens reflektiert der Autor dabei selbst (vgl. Anm. 6). Anders als beispielsweise Sartre stützt er sich nicht nur auf eigene, sondern vor allem auf eine umfassende Sammlung fremder Träume.
[19] Ebd., S. 46–96. Insbesondere: „Die fundamentalen logischen Axiome – insbesondere das des Satzes vom Widerspruch und vom ausgeschlossenen Dritten –, dann aber auch die Begründungszusammenhänge [erscheinen im Traum] in ‚eigentümlicher Weise' aufgehoben und unberücksichtigt, obwohl der Träumer dies nicht als un- oder widersinnig erlebt." (Ebd., S. 72)
[20] Ebd., S. 102.
[21] Sartre: *L'imaginaire*, S. 319.
[22] „[...] ce qui caractérise la conscience qui rêve, c'est qu'elle a perdu la notion même de réalité." (Ebd.)

comme fiction [...]. Seulement c'est une fiction «envoûtante»: la conscience [...] s'est nouée. Et ce qu'elle vit, en même temps que la fiction appréhendée comme fiction – c'est l'impossibilité de sortir de la fiction.[23]

Der Traum wird somit zum Ort, an dem der Träumer den Mechanismen seiner eigenen Imagination ausgeliefert ist und die Erfahrung einer vollständigen Selbstillusionierung macht. Aus den beiden Perspektiven auf den Traum ergeben sich somit unterschiedliche Beschreibungen des Phänomens. Erscheint der Traum aus der Distanz des Wachbewusstseins als inkohärent und bizarr, so bietet sich in der – freilich nie direkt zugänglichen, sondern immer nur rekonstruierten – Unmittelbarkeit des Träumers die Illusion einer geschlossenen realistischen Welt.[24]

Eine entsprechende Aussetzung des Fiktionsbewusstseins beim Leser erklärt Caillois zum Ziel seines idealen ‚auteur de rêves‘ und propagiert zu dessen Erreichen die Notwendigkeit, auf Darstellungsweisen zurückzugreifen, die realistisch und detailgetreu sind: „[...] en accumulant des détails bien liés qui peu à peu recréent un monde."[25] Caillois' Insistieren auf der Notwendigkeit, im Text durch realistische Details eine solche Illusion einer stimmigen Welt zu erzeugen, steht in Einklang mit der in gewisser Weise paradoxen Erkenntnis Lewinters, dass nur realistische Malerei wirklich traumhaft sei:

> [...] seule la peinture «réaliste» est onirique, car elle fonctionne effectivement selon les modalités du rêve: ce qui s'y passe, ce qu'elle représente, c'est la chose même qui est, pourtant, autre chose d'une évidence subtilisée, tout entière frappée de symbole. L'onirisme de la peinture consiste dans cet effort réaliste: de rejoindre la réalité dont la sépare son être même; le fait qu'elle est non pas réalité mais sa fiction.[26]

Da Lewinter die Traumhaftigkeit von Malerei nicht über ihr Sujet oder ihre Wirkung auf den Betrachter, sondern über ihr Verhältnis zur Repräsentation definiert, versteht er als traumhaft den Versuch realistischer Malerei, die Tatsache zurückzustellen, dass sie nur Repräsentation von etwas ist und nicht die Sache selbst. Wie schon bei Sartre wird auch bei Lewinter deutlich, dass die Perspektive des Träumers die Ausschaltung des Fiktionsbewusstseins bzw. des Repräsenta-

---

[23] Ebd., S. 338.
[24] Der Traum stellt, so würde Sartre zu bedenken geben, gerade keine Welt dar, allenfalls erweckt er den Anschein davon: „[...] dans le rêve, chaque image s'entoure d'une atmosphère de monde." (Ebd., S. 323) Dennoch verwendet auch Sartre nach dem Vorbringen dieses Einwandes den Begriff der Traumwelt. Bei allen Vorbehalten gegen die Welthaltigkeit des Traums können Traum und Fiktion mit Wolfgang Iser dahingehend als weltenschaffend bezeichnet werden, dass sie fiktive Welten konstruieren, wobei diese sich allerdings im Fall der Fiktion gleichzeitig als Schein zu erkennen geben (Wolfgang Iser: *Das Fiktive und das Imaginäre. Perspektiven literarischer Anthropologie*. Frankfurt a.M.: Suhrkamp, 1993, S. 156 f.).
[25] Caillois: *L'incertitude*, S. 127.
[26] Lewinter: „Pans de mur jaune", S. 82.

tionscharakters der Malerei bedeutet. Nach Wolfgang Iser, der in seinen Überlegungen zu Traum und Fiktion offensichtlich an Sartre anschließt, zeichnet sich die literarische Fiktion nun gerade dadurch aus, dass der Leser – im Gegensatz zum Träumer – immer in der Lage ist, sich „an den Horizont der fiktionalen Welt zu setzen", d.h. von dieser zurückzutreten und deren Gemachtheit zu betrachten, und zwar deshalb, weil die literarische Fiktion – im Gegensatz zum Traum – ihre „Doppelsinnstruktur" stets präsent hält.[27] So gesehen würde Caillois' Streben nach dem Ausschalten des Fiktionsbewusstseins in letzter Instanz die Auslöschung literarischer Fiktionalität bedeuten, da die vom Autor intendierte Rezeptionshaltung des ‚make-believe' als des spielerischen Sich-Einlassens auf die Illusion in seinem Konzept ihrer konstitutiven Komponente der Freiwilligkeit beraubt würde.[28]

Wie aber, so lautet die angesichts des postulierten Realismus der Darstellung sich aufdrängende Frage, kommt der Leser solcher Texte auf die Idee, dass es sich bei der dargestellten Welt um eine Traumwelt handelt und nicht um binnenfiktionale Realität? Es muss Indizien geben, die den Realismus mit einer onirischen Komponente ausstatten, dem Leser also signalisieren, dass ihm eine Traumwelt bzw. eine traumähnliche Welt präsentiert wird. Anregungen für eine Antwort darauf, wie diese Traumsignale aussehen können, lassen sich vor allem aus der kognitiven Narratologie beziehen, die sich nicht zuletzt am Problem der ‚unreliable narration' abarbeitet und dabei das Zusammenspiel von textuellen Signalen und dem Leser zur Verfügung stehenden außertextuellen Bezugsrahmen zur Basis ihres Ansatzes macht.[29] Leitend ist bei diesem Ansatz die Überlegung, dass der Leser die sich ihm bietenden Widersprüche und Unstimmigkeiten in irgendeiner Form aufzulösen versucht.[30]

---

[27] Der Träumer hingegen bleibe an den Traumhorizont gebunden, den er nicht sichtbar machen oder überschreiten könne. Was in der literarischen Fiktion ein doppelbödiges Spiel ist, sei im Traum also dumpfe Notwendigkeit: „Als Handelnder ist der Träumende immer inmitten der von ihm geschaffenen Bilder und vermag sich daher bei aller Intention, die in den von ihm erzeugten Welten waltet, nicht an deren Horizont zu versetzen, um zu sehen, was er hervorgebracht hat und was dieses alles bedeuten mag." (Iser: *Das Fiktive und das Imaginäre*, S. 156)

[28] Zum Konzept des ‚make-believe', das in den neueren angelsächsischen Fiktionstheorien in etwa das bezeichnet, was Coleridge die „willing suspension of disbelief" nannte, also eine Rezeptionshaltung gegenüber fiktionalen Texten, bei der der Leser nur so tut, als glaube er das Gelesene, vgl. Frank Zipfel: *Fiktion, Fiktivität, Fiktionalität. Analysen zur Fiktion in der Literatur und zum Fiktionsbegriff in der Literaturwissenschaft*. Berlin: Erich Schmidt, 2001, S. 214–217.

[29] Vgl. Ansgar Nünning: „*Unreliable Narration* zur Einführung: Grundzüge einer kognitiv-narratologischen Theorie und Analyse unglaubwürdigen Erzählens", in: *Unreliable Narration. Studien zur Theorie und Praxis unglaubwürdigen Erzählens in der englischsprachigen Erzählliteratur*, hg. v. Ansgar Nünning unter Mitwirkung von Carola Surkamp und Bruno Zerweck. Trier: WVT, 1998, S. 3–39.

[30] In seiner Neukonzeptualisierung des Phänomens der ‚unreliable narration' legt Nünning Wert darauf, dass es sich nicht um ein nur textimmanentes Phänomen handelt, sondern

Parallelen zwischen dem Phänomen der ‚unreliable narratiaon' und der Problematik der Traumhaftigkeit bestehen insofern, als in beiden Fällen der Leser bei der Lektüre vor dem Problem steht, mit Diskrepanzen innerhalb der Erzählung bzw. zwischen der im Text entworfenen Fiktionswelt und seinem eigenen, auf Weltwissen beruhenden Wirklichkeitsmodell umzugehen. In bestimmten Fällen – so meine Fortführung der Annahmen Ansgar Nünnings für den Bereich ‚traumhafter' Texte – käme der Rezipient angesichts der nicht aufzulösenden Diskrepanzen zwischen der Fiktionswelt und seinem Wirklichkeitsmodell zu dem Schluss: „das ist ja wie im Traum", jedenfalls wenn die vorliegenden Abweichungen von seinem Realitätsbegriff in seinen Traumbegriff integrierbar sind.[31] Die Traumhaftigkeit eines Textes ist daher nicht losgelöst von den Traumbegriffen zu behandeln, die bei Autor und Rezipient vorausgesetzt werden können. Da der Effekt immer auf Textsignalen beruht, kommt eine entscheidende Rolle beim Erzeugen von Traumhaftigkeit zudem der Erzählinstanz eines Textes zu, der es obliegt, dem Leser die ‚histoire' zu vermitteln und dessen Wahrnehmung zu lenken.

An den beiden von Caillois gewählten Beispielen zeigt sich darüber hinaus, dass die unterschiedlich gearteten Modelle von literarischer Traumhaftigkeit auch auf gattungsabhängige Anlagen der Textstruktur zurückzuführen sind. Sich referentiell verstehende, sozusagen autobiographische Traumerzählungen wie die surrealistischen ‚récits de rêves' müssen, so kann als Ausgangshypothese formuliert werden, prinzipiell anders funktionieren als Kafkas fiktionale Traumerzählungen, weil sie das Verhältnis von Traumwelt und Wirklichkeit auf andere Art und Weise inszenieren. Hinzu kommen divergierende Traumbegriffe. Will man eine narratologische und wirkungsästhetische Analyse der beiden genannten Spielarten literarischer Traumhaftigkeit in Auseinandersetzung mit den Positionen Caillois' vornehmen, so erweist es sich daher als notwendig, zunächst dessen Traumbegriff kurz zu skizzieren, ohne den seine Einschätzungen kaum zu verstehen sind.

---

dass immer auch außertextuelle Normen und Werte zugrunde gelegt werden. Statt diese wie etwa Wayne Booth unausgesprochen in die nur unzureichend definierte Instanz des impliziten Autors einfließen zu lassen, plädiert Nünning dafür, ‚unreliable narration' als „ein dominant pragmatisches Phänomen zu beschreiben, das auf der Wechselwirkung zwischen textuellen Informationen und Rezeptionsleistungen beruht; [...]. In diesem Prozeß wird ein Text dadurch ‚naturalisiert', daß er auf das lebensweltliche Wissen bezogen wird und daß textuellen Inkonsistenzen durch den Rückgriff auf etablierte kulturelle Modelle eine bestimmte Funktion zugewiesen wird." (Nünning: *„Unreliable Narration" zur Einführung*, S. 26).

[31] Nicht jeder Text, der die Gesetze der Wirklichkeit verletzt, muss deshalb traumhaft sein. Die Kategorien des Wunderbaren, der Utopie oder der Phantastik stellen Möglichkeiten bereit, nichtrealistische Fiktionswelten zu konzipieren, ohne dass der Leser an einen Traum denken muss. Nicht jede Inkongruenz zwischen Fiktionswelt und Realitätsbegriff führt daher zum Effekt der Traumhaftigkeit.

Surrealistisch oder kafkaesk?

3. Roger Caillois: der Traum als Simulation von Realität

Der 1913 geborene Roger Caillois, der bereits als Gymnasiast Kontakt zur Gruppe *Le Grand jeu* hat, bevor er sich auf Einladung Bretons 1932 für gut zwei Jahre den Surrealisten anschließt, betreibt zeit seines Lebens im Rahmen seiner vielfältigen multidisziplinären Forschungen eine Phänomenologie des Imaginären.[32] Mit Georges Bataille und Michel Leiris, die wie er Dissidenten der surrealistischen Bewegung sind, begründet er 1937 das bis 1939 bestehende *Collège de sociologie*, in dessen Rahmen er *L'homme et le sacré* (1939) ausarbeitet. Vom Ende der fünfziger Jahre an widmet er sich zunehmend den Phänomenen der literarischen Phantastik und des Traums: Neben einer wichtigen Anthologie phantastischer Literatur und zahlreichen Schriften zum Imaginären[33] gibt er in den sechziger Jahren eine Traumanthologie sowie einen ethnologisch ausgerichteten Band zum Traum und dessen Status in verschiedenen Gesellschaften heraus.[34] In *L'incertitude qui vient des rêves* (1956) jedoch nähert er sich dem Traum von der philosophischen Seite.[35] Ausdrücklich betont Callois in Absetzung von allen hermeneutischen Herangehensweisen, zu denen er zweifellos auch die Psychoanalyse zählt, dass er den Traum als „désordre de simulacres sans secret"[36] begreife und ihm keinerlei offensichtlichen oder verborgenen Sinn zuschreibe. Stattdessen diskutiert er die alte erkenntnistheoretische Frage nach der Unterscheidungsmöglichkeit von Traum und Realität. Im Gegensatz zu so prominenten Vorgängern wie René Descartes,[37] Joseph Delbœuf[38] oder Jean-

---

[32] Zur Biographie Caillois' vgl. Odile Felgine: *Roger Caillois. Biographie*. Paris: Stock, 1994.
[33] Roger Caillois (Hg.): *Anthologie du fantastique*. 2 Bde. Paris: Le Club français du Livre, 1958 (ab 2. Aufl. 1966: Paris: Gallimard); ders. (Hg.): *Au cœur du fantastique*. Paris: Gallimard, 1965; ders.: *Images, images. Essais sur le rôle et les pouvoirs de l'imagination*. Paris: Corti, 1966; ders.: *Cases d'un échiquier* [*Approches de l'imaginaire II*]. Paris: Gallimard, 1970; ders.: *La pieuvre. Essai sur la logique de l'imaginaire*. Paris: La table ronde, 1973; ders.: *Approches de l'imaginaire*, Paris: Gallimard, 1974.; ders.: *Obliques. Images, images* [*Approches de l'imaginaire III*]. Paris: Gallimard, 1975. Die drei unter dem Titel *Approches de l'imaginaire* zusammengefassten Bände enthalten Aufsätze aus den Jahren 1935–1974, dokumentieren also eine frühere Beschäftigung mit den entsprechenden Themen, als es die Erscheinungsdaten vermuten lassen.
[34] *Puissances du rêve. Textes anciens et modernes*, hg. v. Roger Caillois. Paris: Club français du livre, 1962; *Le rêve et les sociétés humaines*, hg. v. Roger Caillois und Gustave E. Grunebaum. Paris: Gallimard, 1967.
[35] Das Buch trug ihm übrigens eine Einladung in die ‚Société de philosophie française' ein. Vgl. Caillois: „Problèmes du rêve", in: *Bulletin de la Société de philosophie française* 51 (1957), S. 105–143.
[36] Caillois: *L'incertitude qui vient des rêves*, S. 19.
[37] René Descartes: *Meditationes de prima philosophia in quibus dei existentia et animae humanae a corpore distinctio demonstrantur*, in: ders.: *Philosophische Schriften in einem Band*, hg. und mit einer Einführung versehen von Rainer Specht. Hamburg: Meiner, 1996. Zum Traum bei Descartes vgl. vor allem Jens Heise: *Traumdiskurse. Die Träume der Philosophie und die Psychologie des Traums*. Frankfurt a.M.: Fischer Taschenbuch, 1989, S. 142–180

Paul Sartre,[39] die die Kontinuität des Bewusstseins, den Zweifel bzw. die Selbstreflexivität des Bewusstseins heranziehen, um Traum und Realität zu scheiden, leugnet Caillois jede theoretische Möglichkeit, zu einer sicheren Unterscheidung zu kommen, auch wenn er anerkennt, dass sich das Problem im Alltag nicht stellt.[40] Diese Position hängt damit zusammen, dass er den Traum, wie eingangs schon erwähnt, in erster Linie über sein Simulationsvermögen bestimmt, d.h. der Traum kann für ihn in jeder Hinsicht Realität simulieren, eingeschlossen jede Bemühung sich zu vergewissern, dass man nicht träumt: „Ce bref traité a l'ambition de démontrer que le rêve est susceptible de donner l'illusion de toutes les opérations de l'esprit, y compris des plus organisées, des plus rigoureuses, des plus complexes."[41] So gesehen stellt der Traum für Caillois – und darin trifft er sich wiederum mit Äußerungen Bretons im *Manifeste du surréalisme*[42] – letztlich die Gewissheit der Realität infrage und verunsichert den Menschen über die Existenz der im Wachen (vermeintlich) vorgefunden Realität: „Je vois bien qu'à aucun moment de ma vie, je ne pourrai être assuré que je ne rêve pas".[43]

L'incertitude qui vient des rêves enthält dieser Programmatik entsprechend viele Traumberichte, die vorführen, wie der Traum jede Operation des Geistes, inklusive des Aufwachens, des Erzählens und des Besprechens von Träumen simulieren kann.[44] Neben der Diskussion bekannter Fälle fügt Caillois mit eigenen Traumberichten immer wieder Elemente ein, die geradezu obsessiv die Unterscheidung zwischen Traumerinnerung und Erinnerung an wirkliche Ereignisse verwischen. Die Annahme einer ‚incertitude' der Realität und einer Evidenz

---

und Stefan Niessen: *Traum und Realität – ihre neuzeitliche Trennung*. Würzburg: Königshausen & Neumann, 1993.

[38] Joseph Delbœuf: *Le Sommeil et les rêves considérés principalement dans leurs rapports avec les théories de la certitude et de la mémoire*. Paris: Alcan, 1885. Vgl. dazu Verf.: *Traumtext und Traumdiskurs*, S. 273 f.

[39] Sartre: *L'imaginaire*.

[40] „Le problème [de départager de façon certaine le rêve et la réalité, Verf.] est tout abstrait: je n'ai jamais prétendu qu'il se posât dans la vie." (Caillois: *L'incertitude*, S. 94).

[41] Ebd., S. 125.

[42] „Et comme il n'est aucunement prouvé que [...] la 'réalité' qui m'occupe subsiste à l'état de rêve, qu'elle ne sombre pas dans l'immémorial, pourquoi n'accorderais-je pas au rêve ce que je refuse parfois à la réalité, soit cette valeur de certitude en elle-même, qui, dans son temps n'est point exposée à mon désaveu?" (Breton: *OC I*, S. 318)

[43] Caillois: *L'incertitude*, S. 79. Diese Argumentation entwickelt Caillois vor dem Hintergrund, dass der Traum auch das Aufwachen und das Erkennen des vorher Geträumten als Traum simulieren kann. Dieser Schlussfolgerung steht bei Sartre folgendes Gedankenexperiment entgegen: „Chacun peut essayer de feindre un instant qu'il rêve, que ce livre qu'il lit est un livre rêvé, il verra aussitôt, sans pouvoir en douter, que cette fiction est absurde." (Sartre: *L'imaginaire*, S. 309 f.).

[44] Vgl. z.B. folgende Passage: „En mars 1955, je rêve que [...]. Dînant quelques jours plus tard, comme il m'arrive de le faire, chez Gilberte et Daniel Dreyfus, je leur raconte ce rêve [...]. J'en étais là de ma dissertation quand je me réveillai: ainsi le commentaire et, pour ainsi dire, la critique du rêve avaient fait partie du rêve même." (Caillois: *L'incertitude*, S. 72 f.).

des Traums schlägt sich auch deutlich in seiner Traumästhetik nieder. So wendet er sich z.B. entschieden gegen die Darstellungskonvention des Verschwommenen für den Traum:

> [...] l'univers du rêve, contrairement à l'opinion commune, n'est ni flou, ni confus. Il est dur et tranché. S'il fallait établir une différence, je dirais même qu'il apparaît légèrement plus intense que l'univers réel.[45]

Caillois kritisiert damit eine weit verbreitete Ästhetik der Traumdarstellung, die man die Nerval'sche nennen könnte. Sie beruht auf der Präsentation des Traums mittels Formulierungen wie „je crus voir" oder „il me semblait", welche die Unsicherheit der Wahrnehmung und die Abhängigkeit der Traumwelt vom sie schaffenden Ich anzeigen.[46] Eine solche Rhetorik liegt auch dem *Rêve* betitelten ‚exercice de style' von Raymond Queneau aus dem Jahr 1947 zugrunde,[47] stellt also in den fünfziger Jahren noch eine zeitgenössische Darstellungskonvention dar. Auch im Film sind vergleichbare Verfahren bekannt, wenn etwa Traumsequenzen durch verwischte Bilder, Randunschärfen, Schleierfilter oder ähnliche Mittel markiert werden.[48]

Caillois hingegen kehrt das Verhältnis von Sicherheit und Unsicherheit bezüglich Realität und Traum um. In dem *Une tentative d'égarement* überschriebenen Hauptteil des hier besprochenen Essays überträgt er sein Verständnis vom Traum als Simulation von Realität auch auf die Darstellungsebene. Offensichtlich versucht er, den Leser in die Irre zu führen, indem er die eingefügten Traumerzählungen zunächst so präsentiert, als handle es sich um die Darstellung von Wirklichkeit. So beginnt das dritte Kapitel mit dem Satz:

> A la fin d'un après-midi de novembre, au bas de l'avenue Mac-Mahon, devant les *Magasins Réunis*, je m'avisais avec émotion que j'avais le temps de

---

[45] Ebd., S. 128.
[46] Vgl. dazu vor allem Michel Crouzet: „La Rhétorique du rêve dans *Aurélia*", in: *Nerval. Une poétique du rêve*, Actes du Colloque de Bâle, Mulhouse et Fribourg des 10, 11 et 12 novembre 1986, hg. v. Jacques Huré, Joseph Jurt und Robert Kopp. Paris: Champion, 1989, S. 183–207.
[47] Raymond Queneau: *Exercices de style*. Paris: Gallimard, 1947, S. 14. Vgl. dazu Jean-Daniel Gollut: „Un Exercice de style?", in: *Études de Lettres* 2 (1982), S. 65–76.
[48] Vgl. Uwe Gaube: *Film und Traum. Zum präsentativen Symbolismus*. München: Fink, 1978, S. 118. Schon in den zwanziger Jahren wird erste Kritik an solchen Verfahren geäußert und, ganz analog zu Caillois' Überlegungen, vorgebracht, dass eine bessere Wirkung wirklichkeitsferner Vorgänge unter Inanspruchnahme des realistischen Charakters des Filmbildes erzielt werde. 1944 beabsichtigt Alfred Hitchcock – Caillois nicht nur in den Absichten, sondern auch in den Formulierungen verwandt –, „mit den traditionellen Kinoträumen [zu] brechen, die meist nebelhaft und verworren sind, mit zitternden Bildern undsoweiter", wenn er für seine Traumsequenz in *Spellbound* auf visuelle Träume setzt „mit spitzen und scharfen Konturen, härter als die Bilder des eigentlichen Traums" (François Truffaut: *Mr. Hitchcock, wie haben Sie das gemacht?* München: Heyne, 1973, S. 155 f., zitiert nach: Gaube: *Film und Traum*, S. 118).

monter chez une amie qui habitait le quartier et qu'il me semblait qu'il y avait des mois que je n'avais vue.⁴⁹

Ein detailreicher und in seiner Banalität alltäglicher Beginn, der dem Leser den Eindruck vermittelt, Caillois berichte von realem Erleben. Es dauert eine Zeit, bis das Berichtete so merkwürdig erscheint, d.h. so wenig mit dem Wirklichkeitsmodell des Rezipienten übereinstimmt, dass diesen der Verdacht beschleicht, es müsse sich um einen Traum handeln. Eindeutig gelöst wird die Unsicherheit erst vier Seiten später mit dem klärenden Satz „Je me réveillai désespéré."⁵⁰ In der Zwischenzeit wird der Leser mit der Fremdheit der dem Ich eigentlich bekannten Umgebung, mit unbegreiflichen und verstörenden Erinnerungslücken sowie sich steigernden Schwindelerfahrungen des Traum-Ichs (von dem er noch nicht weiß, dass es sich um ein imaginäres Traum-Ich und nicht um ein mit dem schreibenden Ich identisches und in der Realität agierendes Individuum handelt) konfrontiert, die eine angstbesetzte Erfahrung von Amnesie vorführen.

Auch die Dimension der Unsicherheit in der Erinnerung ließe sich traumästhetisch äußerst fruchtbar machen.⁵¹ Caillois hingegen geht andere Wege. Seine in dem Anhang *Rhétorique du rêve* vorgebrachten Ratschläge an einen ‚wahren Traumautor' stellen auf die Illusionierung des Lesers ab und beinhalten dabei die schon zitierte scharfe Kritik am Surrealismus. Diese, so wird sich zeigen, hängt vor allem damit zusammen, dass die Surrealisten nur teilweise versuchen, Traumhaftigkeit so zu erzielen, dass der Leser sich in die Rolle des Träumers versetzt fühlt. Vielmehr operieren sie in ihren ‚récits de rêves' – und nur zu diesen äußert sich Caillois – vorzugsweise aus der Distanz des sich nachträglich an den Traum erinnernden Beobachters.

4. Der surrealistische ‚récit de rêve' als ‚onirisme rapporté'

Bevor Caillois genauer auf die Form des surrealistischen ‚récit de rêve' eingeht, wie sie sich in der Rubrik *Rêves* von *La révolution surréaliste* (1924–29) niedergeschlagen hat, kritisiert er den Traumbegriff der Surrealisten, den er für eine denkbar schlechte Voraussetzung hält, um im Text eine Traumatmosphäre zu erzeugen:

> Les auteurs qui notent ainsi leurs songes s'adonnent à cette occupation nouvelle parce qu'ils voient dans les rêves le principe même de la poésie et parce qu'ils conçoivent celle-ci comme un démenti perpétuel à la réalité et à la logique. [...] On peut penser qu'un tel parti pris constitue, en tout état

---

49 Caillois: *L'incertitude*, S. 35.
50 Ebd., S. 38.
51 Dies tut beispielsweise Yves Bonnefoy mit seinen *Récits en rêve* (Paris: Mercure de France, 1987).

de cause, le procédé le moins capable de provoquer l'illusion du rêve et d'en reproduire artificiellement les pouvoirs.[52]

Für Caillois sind, wie schon erwähnt, nicht Inkohärenz und Bizarrheit die entscheidenden Merkmale des Traums, sondern dessen Fähigkeit, dem Träumer eine zwingende Illusion von der Realität und Notwendigkeit des Traumgeschehens zu geben. Die Surrealisten sind aus seiner Sicht blind dafür, dass der Traum als Simulation von Realität und nicht als deren Gegensatz funktioniert. Aus wirkungsästhetischer Sicht lässt sich diese Diskrepanz auch so beschreiben: Caillois erscheint das Erzählen des Traums aus der sicheren und klar markierten Distanz des Wachlebens, die Verwunderung über die geträumten Ereignisse erzeugt, als ästhetisch unergiebig; seiner Überzeugung nach erscheint ein Text dann traumhaft, wenn er – wie der Traum, der das Bewusstsein des Träumens eliminiert – keinen Zweifel an der Wirklichkeit des Geschehenen zulässt.

Im Gegensatz zur Traumpoetik Callois', die die immer nur über die Erinnerung zu erschließende und in ihrer Rekonstruktion selbst zweifelhafte Perspektive des Träumers zum Ausgangspunkt nimmt, funktionieren die surrealistischen ‚récits de rêves‘, das hat Caillois zutreffend erkannt, eher aus einer analytischen Haltung, wie sie oben für die surrealistische Malerei beschrieben wurde. Auch wenn diese Haltung im ‚récit de rêve‘ weniger stark ausgeprägt scheint als in der bildenden Kunst, ist sie tendenziell ebenfalls vorhanden. Dazu trägt unter anderem die Ausstellung der Bizarrheit des Traums bei, auch wenn diese kaum auf der von Caillois behaupteten, tatsächlich jedoch eher selten anzutreffenden Häufung entsprechender Adjektive beruht, sondern vorwiegend durch andere Elemente erzeugt wird.[53] Bereits der vom *Bureau de recherches surréalistes* publizierte Aufruf zum Anlegen surrealistischer Archive zielt ausdrücklich auf die „rêves les plus curieux" ab[54] und legt es nahe, dass bei der Auswahl der Traumberichte Elemente des Ungewöhnlichen oder Absurden eine wichtige Rolle gespielt haben und für die onirische Dimension auf diese vertraut wird, im Sinne dessen,

---

[52] Caillois: *L'incertitude*, S. 124.
[53] Eine ausführliche Analyse der surrealistischen ‚récits de rêves‘ findet sich in Verf.: *Traumtext und Traumdiskurs*, S. 280–313. Obwohl absurde Elemente in großer Zahl vertreten sind und vermutlich eine entscheidende Rolle für die Auswahl der veröffentlichten Traumtexte spielten, sind sie nur selten durch entsprechende Adjektive markiert (ebd., S. 290 f.).
[54] Im Aufruf zur Gründung des *Bureau de recherches surréalistes* heißt es: „Toutes les personnes qui sont en mesure de contribuer, de quelque manière que ce soit, à la création de véritables archives surréalistes, *sont instamment priées* de se faire connaître. Qu'elles nous éclairent sur la genèse d'une invention, qu'elles nous proposent un système d'investigation psychique inédit, qu'elles nous fassent juges de frappantes coïncidences, qu'elles nous exposent leurs idées les plus instinctives sur la mode, aussi bien que sur la politique, etc., ou qu'elles veuillent se livrer à une libre critique des mœurs, qu'elles se bornent enfin à nous faire confidence de leurs rêves les plus curieux et de ce que ces rêves leur suggèrent. Un bulletin mensuel portera à la connaissance du public les communications les plus intéressantes que nous vaudra cet appel." (Breton: *OC* I, S. 481 f.)

was Antoine Raybaud einen „onirisme rapporté" nennt.[55] Die stark am stenographischen Protokoll orientierte Niederschrift, die Nüchternheit und Distanz in die Texte bringt, unterstützt die aus der Distanz des Wachlebens operierende Beobachtungshaltung, wie sie bereits die Autoren der *Revue philosophique* im Zusammenhang mit psychologischen Fragestellungen aus ihrem Bemühen um eine möglichst objektiv-distanzierte Beobachtung empfohlen hatten.[56] Dass die ‚récits de rêves' eine solche Beobachterposition privilegieren, mag damit zusammenhängen, dass der ‚récit de rêve' von André Breton nach dem Scheitern der ‚écriture automatique' und der ‚sommeils hypnotiques' in erster Linie dazu gedacht war, den ‚automatisme psychique' zu erfassen und dem Wachleben Bereiche zugänglich zu machen, die seiner Rationalität entzogen sind.[57]

Obwohl in den surrealistischen ‚récits de rêves' auch Techniken bemüht werden, um eine Traumillusion zu schaffen – dazu gehört insbesondere das Kassieren der Differenz zwischen Traum-Ich und Erzählinstanz[58] – und die Absurdität keineswegs immer eigens hervorgehoben ist, wird man Caillois darin Recht geben müssen, dass es vielen der ‚récits de rêves', die in *La révolution surréaliste* publiziert werden, nicht gelingt, so etwas wie eine Traumatmosphäre herzustellen.[59] Sie scheinen oft mit der von Jean-Daniel Gollut in seiner textlinguistischen Studie *Conter les rêves* ausführlich beschriebenen Widerständigkeit des Traums gegenüber der Narration zu kämpfen,[60] die nicht zuletzt auf der mangelnden Erinnerung des Erzählers beruht, der von seinem Bewusstseinszustand her eben nicht mit dem Träumer identisch ist.

Eine detailliertere Analyse, die Caillois selbst nicht unternimmt, würde zeigen, dass zu unterscheiden wäre zwischen jenen sich dem Prosagedicht annähernden ‚récits de rêves' von Paul Eluard, Michel Leiris und Antonin Artaud, die eine in sich geschlossene Traumwelt zu etablieren suchen und jeden Hinweis auf die Präsenz einer vom Traum-Ich unterschiedenen Erzählinstanz unterlassen, und jenen, die deutlich unbeholfener zuweilen die Schwierigkeiten der Erinne-

---

[55] Raybaud: *Fabrique d'«Illuminations»*, S. 64. Vgl. auch Anm. 16.
[56] Vgl. dazu Verf.: *Traumtext und Traumdiskurs*, S. 232–236 und den Beitrag von Jacqueline Carroy in diesem Band.
[57] Vgl. André Breton: *Entrée des médiums* [1922], in: ders.: OC I, S. 273–279.
[58] In knapp der Hälfte der Texte, und zwar insbesondere in den sehr bewusst ausgearbeiteten, sind keinerlei Elemente vorhanden, die eine Differenz zwischen Traum-Ich und Erzählinstanz erkennen lassen; von den übrigen machen nur 13 Gebrauch von einer deutlichen Markierung, die restlichen beschränken sich auf dezente Hinweise (vgl. Verf.: *Traumtext und Traumdiskurs*, S. 288–293).
[59] Zu Versuchen, eine solche Atmosphäre mittels des Prosagedichts zu erzeugen, vgl. Verf.: „Vom Traum zum Text. Die Prozesse des Stillstellens und In-Gang-Setzens in Traumprotokoll und Prosagedicht des Surrealismus", in: *Stillstellen. Medien – Aufzeichnung – Zeit*, hg. v. Andreas Gelhard, Ulf Schmidt und Tanja Schultz. Schliengen: edition argus, 2004, S. 140–151.
[60] Jean-Daniel Gollut: *Conter les rêves. La narration de l'expérience onirique dans les œuvres de la modernité*. Paris: Corti, 1993. Gollut definiert die Traumerzählung als „[...] forme définie par ses points de résistance à l'égard des attendus d'une narrativité ordinaire" (ebd., S. 450).

rung und der Erzählorganisation sowie die Bizarrheit der Elemente thematisieren. Das geschieht vor allem in den verhältnismäßig langen Texten von Max Morise, ist aber auch bei anderen Autoren, nicht zuletzt bei André Breton, der Fall. Die Erstgenannten hingegen bedienen sich vorzugsweise solcher Mittel, die die Differenz zwischen Traum und Realität zu verwischen helfen. Sie versuchen, den Leser nicht in eine distanzierte Haltung zur Traumwelt zu bringen, sondern ihn durch die im Text angelegte Identifizierung mit dem Traum-Ich in diese hineinzuversetzen. Auch wenn Caillois dieses Unterfangen offenbar für misslungen hält und dies nicht zuletzt darauf schiebt, dass die Texte aufgrund ihrer Kürze keine Illusion von Welt zu bieten vermöchten, lohnt es sich, die erzähltechnischen Möglichkeiten des als autobiographisch verstandenen ‚récit de rêve' auszuloten.

Wichtig ist dabei, wie eingangs erwähnt, vor allem die Ebene der narratologischen Gestaltung, über die der Leser Zugang zum erzählten Traum erhält. Besondere Bedeutung kommt dem Personalpronomen ‚je' zu, dessen Referenz in erheblichem Maße oszilliert. Gollut hat in *Conter les rêves* folgendes grundsätzliche Schema für das Erzählen von Träumen erstellt: „Je_1 raconte que j_2'ai rêvé que j_3'étais ...".[61] ‚Je_1' ist dabei die Erzählinstanz des Textes, ‚je_2' der Träumer und ‚je_3' der Selbstentwurf des Träumers im Traum, den ich als Traum-Ich bezeichne. Es besteht so etwas wie eine Personalunion zwischen den drei Instanzen des ‚je', die allerdings durch verschiedene Bewusstseinsebenen und unterschiedlichen Realitätsgehalt voneinander geschieden sind. In der Traumerzählung beschreibt bzw. konstituiert[62] also die Erzählinstanz ‚je_1' über die Erzählung des Traums eine Traumwelt, in der ein Traum-Ich ‚je_3' handelt. Die Referenz von ‚je_1' liegt dabei in der Realität, die von ‚je_3' im berichteten Traum. Da der ‚récit de rêve' als autobiographisch konzipiert ist, ist eine Identität zwischen ‚dem Erzähler ‚je_1' und dem Autor des Textes anzunehmen. Zudem ist dieser als ‚je_2' auch der ‚Autor' des geträumten und nun berichteten Traums. Obwohl im Prinzip mit ‚je_1' identisch, ist ‚je_2' durch einen anderen Bewusstseinszustand von diesem unterschieden. Das Wissen, das die Erzählinstanz ‚je_1' von der Traumwelt und den Erlebnissen des Traum-Ichs hat, ist also über diesen Bewusstseinsbruch und die oft nur unzureichende Erinnerung vermittelt. Dieses Überschreiten einer Grenze des Bewusstseinszustands und die damit verbundenen Erinnerungslücken können, so meine Vermutung, beim Versuch der Erinnerung den Eindruck des Verschwommenen erzeugen, sich in der verbalen Reproduktion quasi wie ein Schleier über den Text legen und daher eine Traumästhetik à la Nerval begründen.

In den surrealistischen ‚récits de rêves' hingegen sind solche Unsicherheiten entweder ausgeblendet, oder aber die Erinnerungslücken werden – wie in den psychologischen Traumberichten der *Revue philosophique* – offen als solche

---

[61] Ebd., S. 206.
[62] Die Wahl des Verbs hängt davon ab, ob man den Traum als tatsächlich geträumt und dem Bericht vorgängig betrachten will oder ob man ihn als von der Erzählung nicht zu trennen ansieht.

thematisiert und markieren damit, ebenso wie mit der Erwähnung von Verwunderung und Erstaunen über die vorgefallenen Ereignisse bzw. über die Gesetzmäßigkeiten der Traumwelt, nicht nur die Distanz zwischen Realität und Traumwelt, sondern auch die zwischen Erzählinstanz und Traum-Ich. Die Art und Weise, wie die Markierung der Erzählinstanz sich auf die Lesersteuerung auswirkt, lässt sich wie folgt resümieren: Über die Referentialität des im Text präsenten Pronomens ‚je‘ hat der Autor die Möglichkeit, Identifikationsangebote für den Leser zu machen. Betont er die Diskrepanz zwischen Traumgeschehen und Realität, thematisiert er Schwierigkeiten in der Artikulation des Berichts und Lücken in der Erinnerung und gibt er erzählorganisatorische Hinweise, dann lässt er die Referenz des ‚je‘ auf die mit dem Autor identisch gedachte Erzählinstanz ‚je$_1$‘ und die außertextuell gedachte Instanz des Träumers ‚je$_2$‘ deutlich werden; verzichtet er hingegen darauf und lässt er das ‚je‘ lediglich auf das Traum-Ich ‚je$_3$‘ referieren, dann versucht er, die Differenzen zu verwischen und dem Leser eine Identifikation mit dem Traum-Ich nahe zu legen und ihn sozusagen in die Welt des Traums zu versetzen.[63]

Was indes nicht in Frage steht – und deshalb spricht Caillois sogar den ausschließlich auf das Traum-Ich referierenden Texten die angestrebte Traumhaftigkeit ab – ist die Grenze zwischen Traum und Realität, die paratextuell schon allein durch den Abdruck in der Rubrik *Rêves* markiert ist. Allen Texten geht zudem der Name des Autors mit Doppelpunkt voraus, wodurch dieser explizit

---

[63] Zwei Beispiele seien hier zitiert und die Referenz des Personalpronomens ‚je‘ dabei jeweils aufgelöst. Das erste Beispiel ist der Anfang eines längeren Textes von Max Morise, in dem eingangs die Erzählinstanz klar erkennbar ist und weitreichende Bezüge zur Realität hergestellt werden: „Les personnages de ce rêve datent de quelques années [hier steht implizit ein ‚je$_1$‘ als Aussagesubjekt, das als Bezugspunkt der Temporaldeixis fungiert]. Mon père et ma mère sont encore dans la force de l'âge, mes frères et sœurs encore jeunes. Pour moi [je$_{1/3}$], je suis tel qu'aujourd'hui [je$_1$]." Im Weiteren werden auch Erinnerungslücken thematisiert: „Je [je$_1$] ne me rappelle que quelques épisodes de cette lutte" (Max Morise: „Rêve", in: *La révolution surréaliste* 5 (1925), S. 11–12). Das zweite Beispiel ist ein kompletter Text von Paul Eluard, in dem ‚je$_1$‘ kaum erkennbar ist: „Ce jour-là, je [je$_3$] reçois, dans un jardin comme je [je$_{1/3}$] les aime, diverses notabilités, notamment la Présidente de la République, une grande femme très belle, à peu près à l'image conventionnelle de Marianne. Nous nous promenons avec sa suite dans des allées bordées de buis et d'ifs très bien taillés. Au bout d'une allée, une grande porte composée dans sa surface de plusieurs autres portes, une dorée, une rouge, une noire, une verte et, au milieu, la plus petite, blanche. Tous les gens qui m'accompagnent ont chacun une clef différente. Je [je$_3$] dois deviner quelle est la bonne, sinon tout le monde s'en ira. Je [je$_3$] propose de la jouer aux cartes. Refus. Et ce n'est plus la Présidente, mais le Président de la République que j'ai [je$_3$] à mes côtés. Il s'en va. Je [je$_3$] l'accompagne poliment." (Paul Eluard: „Rêve", in: *La révolution surréaliste* 3 (1925), S. 4). Eine detaillierte Untersuchung der in der Rubrik *Rêves* publizierten Traumberichte zeigt, dass es vor allem die kürzeren Texte sind, denen es gelingt, ohne Einbezug der Vermittlungsebene auszukommen und somit das ‚je‘ ausschließlich als ‚je$_3$‘ einzusetzen. In diesen Texten erscheint die Traumwelt daher als eine in sich geschlossene. Die längeren Texte – das scheint ein Problem der Textkohärenz zu sein, die anders schwer zu gewährleisten ist – greifen fast alle darauf zurück (vgl. dazu auch Anm. 58).

zur Aussageinstanz der Erzählung erhoben wird. Diese Ankündigung sowie die Tatsache, dass für den Leser von vornherein die Grenze zwischen Traum und Realität klar erkennbar ist – die Berichte beginnen immer direkt auf der Ebene des Traums –, eliminieren jeden Zweifel über den Status des Erzählten, in dem die Realität des Wachlebens zudem kaum vorkommt. Der Leser wird das erzählte Geschehen also gar nicht für Realität – und sei es eine binnenfiktionale – halten können, wie es Caillois als Leistung von seinem idealen ‚auteur de rêves' fordert. Stattdessen wird ihm, so hat jedenfalls Breton die Funktion dieses Archivs verstanden, die Möglichkeit gegeben, Einblick in die Träume anderer Menschen und die Mechanismen des menschlichen Geistes zu erhalten.

5. Kafkas onirischer Realismus – eine traumhafte Illusionierung des Lesers?

Als Vorbild für eine gelungene ‚écriture du rêve' nennt Caillois einen Autor, der allgemein als Meister traumhaften Schreibens gilt:

> Kafka [...] a résolu le problème littéraire du rêve [...]. Il a vu que la difficulté ne consistait nullement à mettre en relief l'étrangeté des songes, mais au contraire à la faire accepter, à l'imposer comme irrécusable et inévitable absolument.[64]

Damit wird das Problem dieser ‚écriture' eines der Wirkung auf den Rezipienten, denn dieser soll das Eigenartige des Traums fraglos akzeptieren, das ihm – so ein, folgt man Caillois, nur scheinbares Paradox – möglichst realistisch dargeboten werden muss.

In diesem Zusammenhang entwirft Caillois einen idealen ‚auteur de rêves', dem die Illusionierung des Lesers in einem solchen Maße gelingt, dass dieser erst im Nachhinein erkennt, dass die gesamte Erzählung, die er für binnenfiktional realistisch gehalten hat, auf der Traumebene gespielt haben muss.[65] Das Ziel eines solchen Autors beschreibt er wie folgt:

> [...] créer une œuvre telle que le lecteur, en la lisant, croie qu'il rêve. Je me trompe: telle que le lecteur, pendant qu'il la lit, croie d'abord à la réalité fictive de ce qu'elle décrit, se trouve pris par sa réalité romanesque, c'est-à-dire croie avoir affaire à un roman ordinaire, qui s'efforce seulement de donner l'illusion de la réalité; et telle qu'ensuite, après l'avoir lue et sur le point de refermer le livre, il comprenne qu'il ne pouvait s'agir que du récit

---

[64] Caillois: *L'incertitude*, S. 130.
[65] Im Nachhinein darf sich dann auch der Eindruck des Rätselhaften einstellen: „Au réveil, le rêve apparaît enfin comme un langage chiffré. [...] Les récits de Kafka apparaissent ainsi comme des paraboles ou des mythes, dont le sens reste caché et incertain. [...] Leur aspect de cryptogramme, à lui seul, n'en aboutit pas moins à renforcer l'impression de rêve que l'écrivain s'est appliqué à provoquer." (Ebd., S. 131)

d'un rêve, qu'il a pris d'abord, précisément comme il arrive dans le rêve, pour un enchaînement d'aventures vécues.[66]

Caillois' Insistieren auf der Differenz zwischen „[...] que le lecteur [...] croie qu'il rêve" und „[...] que le lecteur [...] croie d'abord à la réalité fictive" zeigt ein klares Bewusstsein vom Traum bzw. von der Welt des Imaginären als „phénomène de croyance".[67] Zu glauben, dass er träumt, würde dem Bewusstsein des Träumenden widersprechen, der ja glaubt, dass er wach ist. Zudem verfügt der Leser über das nötige reflexive Bewusstsein, um zu wissen, dass er liest. Seine Illusion kann daher nur darin bestehen, einen Traumbericht, der nicht als solcher markiert ist, für fiktionale Wirklichkeit zu halten. Erst im Nachhinein, mit dem Zuschlagen des Buches, das dem Moment des Aufwachens entsprechen soll, darf er sich Caillois' Vorstellungen zufolge klar darüber werden, dass ihm eine fiktionale Traumwelt präsentiert wurde. Entscheidend dafür sei ein Element des ‚insolite'[68], das das Abweichen von der Wirklichkeit markiere. Damit der Leser es während der Lektüre jedoch als selbstverständlich hinnimmt, dürfe es zugleich nicht überbetont werden. An den Romanen Kafkas hebt Caillois daher ausdrücklich hervor, dass der Erzähler sich jeglicher Kommentare bezüglich der ‚étrangeté' enthalte und die sonderbaren Ereignisse vielmehr als unausweichlich hinstelle:

> [...] il [Kafka, Verf.] a compris qu'il est essentiel que le narrateur s'interdise le moindre commentaire, et jusqu'à l'épithète la plus anodine qui trahirait quelque jugement, car le jugement comme le doute est inaccessible au rêveur.[69]

Um Traumhaftigkeit nach seinem Verständnis zu erzeugen, d.h. Zweifel und Staunen auszuschalten sowie den Leser soweit zur Identifikation mit dem Protagonisten zu bringen, dass ihm nicht bewusst wird, dass das Geschehen in einer Welt spielt, die den Gesetzen des Traums unterworfen ist, empfiehlt Caillois dem ‚auteur de rêves' zudem eine streng auf den Protagonisten fokalisierte, möglichst wenig Distanz aufbauende Erzählperspektive. Desgleichen hält er auch eine vorhergehende Kennzeichnung als Traum sowie die Kürze der Texte, wie sie im surrealistischen ‚récit de rêve' vorliegen, für kontraproduktiv. Um eine

---

[66] Ebd., S. 135 f.
[67] „Le rêve, au contraire, est une croyance"; „[...] il n'y a pas de monde imaginaire. En effet, il s'agit seulement d'un phénomène de croyance" (Sartre: *L'imaginaire*, S. 315 und S. 322).
[68] Die Aussagen über die Einführung des ‚insolite' und dessen Rezeption sind bei Caillois allerdings widersprüchlich. Am Beispiel Kafkas betont er, dass das ‚insolite' mit der Aussetzung des Zweifels verbunden sein muss: „[...] ils [les romans de Kafka, Verf.] commencent par un événement insolite, qui dépayse d'un coup, mais présenté avec tant d'aplomb et comme si indiscutable que la possibilité d'en douter n'est pas laissée au lecteur" (Caillois: *L'incertitude*, S. 127). Später hingegen unterstreicht er die Notwendigkeit des ‚insolite' als Traumsignal für den Leser: „L'insolite est obligatoire, car il faut que le lecteur sache qu'il s'agit d'un rêve" (ebd., S. 131).
[69] Ebd., S. 130.

Surrealistisch oder kafkaesk?

Traumatmosphäre zu schaffen, bedürfe es vielmehr des sorgfältigen Aufbaus einer Welt durch realistische und detailreiche Beschreibungen, die so ausführlich sind, dass sie dem Leser unerschöpflich wie die Wirklichkeit erscheinen.[70]

Caillois postuliert also die zunächst paradox scheinende Überzeugung, dass Traumhaftigkeit von fiktionalen Texten besser inszeniert werden kann als von getreuen Traumprotokollen, weil sie es, so möchte man erläutern, dem Leser besser ermöglichen, in die distanzlose Position des Träumers einzutreten. Seinen Ausführungen zufolge erzeugt weniger der bizarre Inhalt, also ein ‚onirisme rapporté', den beabsichtigten und genau zu kalkulierenden ‚effet de rêve' als vielmehr die Art der Darstellung. Und, so meine weitergehende und von Caillois in einem wichtigen Aspekt abweichende These, dieser Effekt lässt sich in der Fiktion nicht deshalb besser erzielen als im surrealistischen ‚récit de rêve', weil der Leser an die Realität der Fiktion glaubt, sondern weil ein vielfältiges, vom Autor inszeniertes Spiel mit den Grenzen von Traum und Realität möglich ist.

Das hängt vor allem damit zusammen, dass diese Grenze in der fiktionalen Erzählung an keine außertextuelle Ebene gebunden ist. Während im als solchen gekennzeichneten Traumbericht – zum Missfallen Caillois' – von vornherein klar ist, wo die Grenze verläuft, da die verschiedenen Bewusstseinsebenen oder Ich-Instanzen mit der Grenze zwischen Traum und Realität koinzidieren,[71] kann das ‚je' in der Fiktion gar nicht auf eine außertextuelle Realität verweisen kann, sondern allenfalls auf den Erzähler in seiner Erzählfunktion. Der Status der dargestellten Welt hingegen ist komplexer als im ‚récit de rêve'. Im Gegensatz zum Traum-Ich, das auf eine Traumwelt beschränkt ist, kann sich der Protagonist eines fiktionalen Textes sowohl im Rahmen der binnenfiktionalen Realität als auch des binnenfiktionalen Traums bewegen. Mehr noch: Inwiefern die fiktive Welt den Gesetzen der Realität unterliegt, ist keineswegs von vornherein klar; Phänomene des Wunderbaren, Grotesken, Phantastischen usw. sind immer denkbar.[72]

Kafkas Texte, das wäre mein Einwand gegen Caillois, funktionieren gar nicht nach dem Prinzip der Illusionierung des Lesers bzw. seiner Fesselung an den Horizont des (Traum)textes, sondern nach dem der Verunsicherung über die Grenzziehung. Der Eindruck von Traumhaftigkeit entsteht nicht erst als

---

[70] „[...] seul un long récit peut réussir à donner l'impression de la réalité, notamment en accumulant des détails bien liés qui peu à peu recréent un monde. [...] Il [ce monde, Verf.] semble comporter une présence illimitée de détails virtuellement perceptibles." (Ebd., S. 127)

[71] Erst dann, wenn reale Ereignisse und Träume gleichermaßen zum Gegenstand autobiographischen Erzählens werden, ist eine vergleichbare Vermischung wieder möglich. Besonders überzeugend geschieht das in der Form der aneinander gereihten Fragmente, die Michel Leiris in seinem Spätwerk einsetzt und denen der oft nicht von vornherein erkennbar ist, ob diese reale oder geträumte Episoden nachzeichnen (vgl. Verf.: *Traumtext und Traumdiskurs*, S. 472–479).

[72] Insofern stellt sich auch die Frage, wodurch die Rezeption so gesteuert werden kann, dass das ‚insolite' als traumhaft erscheint und nicht als wunderbar oder phantastisch.

plötzliche Erkenntnis am Ende der Lektüre, sondern vielmehr daraus, dass der Leser – der immer über die von Caillois unterschätzte Freiheit verfügt, sich an den Horizont der Fiktion zu setzen – sich über jene Charakteristika wundert, die Caillois unter den Begriff des ‚insolite' fasst. Manfred Engel hat sie im Hinblick auf Kafka präziser beschrieben als die ontologische Instabilität der dargestellten Welt und die besondere Subjekt-Objekt-Struktur, d.h. die Tatsache, dass der Protagonist sich wie der Träumer in einer von ihm selbst geschaffenen Welt bewegt, diese aber nicht als sein Produkt erkennt, sondern für gegeben hält.[73] Im Gegensatz zum Protagonisten, der gewissermaßen an den Horizont der Fiktionswelt gefesselt bleibt und die Merkwürdigkeiten einem Traum-Ich gleich widerspruchslos hinnimmt, wird der notwendigerweise wache Leser, so meine ich, diese trotz interner Fokalisierung und szenischem Erzählen als nicht mit seinem Realitätsbegriff kongruent erkennen und dadurch in Zweifel über deren Realitätsgehalt geraten. Die Kunst des Erzählers, so wäre Engels Beobachtungen hinzuzufügen, besteht bei Kafka überdies darin, dass er den Zweifel auf der einen Seite nährt, ihm gleichzeitig aber auch entgegenwirkt. Ein häufig eingesetztes Verfahren ist dabei die Situierung des Geschehens an der Grenze zwischen Wachen und Schlafen, womit implizit die Möglichkeit des Traums evoziert wird, selbst wenn das Geschehen explizit im Diesseits der Grenze angesiedelt ist. Ein schönes Beispiel ist der Anfang von *Das Schloß*:

> Es war spätabends, als K. ankam. [...] Vom Schloßberg war nichts zu sehen, Nebel und Finsternis umgaben ihn, auch nicht der schwächste Lichtschein deutete das große Schloß an. [...] Dann ging er, ein Nachtlager suchen; im Wirtshaus war man noch wach, der Wirt hatte zwar kein Zimmer zu vermieten, aber er wollte, von dem späten Gast äußerst überrascht und verwirrt, K. in der Wirtsstube auf einem Strohsack schlafen lassen. K. war damit einverstanden. Einige Bauern waren noch beim Bier, aber er wollte sich mit niemandem unterhalten, holte selbst den Strohsack vom Dachboden und legte sich in der Nähe des Ofens hin. Warm war es, die Bauern waren still, ein wenig prüfte er sie noch mit den müden Augen, dann schlief er ein.[74]

Mit diesem ganz realistischen Anfang wird durch das Einschlafen ein folgender Traum zumindest suggeriert. Diese Annahme wird jedoch durch die explizite Erwähnung des Aufwachens sofort wieder dementiert: „Aber kurze Zeit darauf wurde er schon geweckt" (ebd.). Ausdrücklich wird die Kontinuität mit der Situ-

---

[73] Manfred Engel: „Literarische Träume und traumhaftes Schreiben bei Franz Kafka. Ein Beitrag zur Oneiropoetik der Moderne", in: *Träumungen. Traumerzählung in Film und Literatur*, hg. v. Bernard Dieterle. St. Augustin: Gardez!, 1998, S. 233–262, hier: S. 247 f. Engel betont, dass gerade Abweichungen von logischen Annahmen, von der Raum- und Zeitstruktur sowie von der Kausalität im Gegensatz zu allen möglichen anderen Abweichungen von der Realität, die in den Bereich des Phantastischen, Wunderbaren, Märchenhaften, Grotesken oder Absurden fallen, als traumspezifisch gelten können.

[74] Franz Kafka: *Das Schloß*, in: ders.: *Gesammelte Werke*, Taschenbuchausgabe in 8 Bänden, hg. v. Max Brod. Frankfurt a.M.: Fischer Taschenbuch, 1989, S. 7.

Surrealistisch oder kafkaesk?

ation vor dem Einschlafen betont, was den Verdacht eines geträumten Aufwachens minimiert: „Die Bauern waren auch noch da, einige hatten ihre Sessel herumgedreht, um besser zu sehen und zu hören" (ebd.). Zugleich machen K.'s explizit erwähnte Zweifel, ob er die Frage nach der gräflichen Erlaubnis, die der Sohn des Schloßkastellans ihm im Folgenden stellt, möglicherweise geträumt hat, deutlich, dass aus der Sicht des noch gähnenden und nur langsam wach werdenden Protagonisten die Grenzziehung zwischen Traum und Realität problematisch erscheint.[75] Die tatsächlichen Inkongruenzen im Folgenden, wie das plötzliche Vorhandensein eines zuvor nicht wahrgenommenen Telefons oder Veränderungen der Situation, welche die Kausalität der Ereignisse infrage stellen, unterstützen wiederum den Eindruck von Traumhaftigkeit, auch wenn die Zweifel an der Realität des Geschehens dadurch eingedämmt werden, dass diese durch die Markierung des Aufwachens und die Selbstvergewisserung K.'s über den Realitätsstatus des Erlebten gerade ausgeräumt worden zu sein scheinen. So wird der Rezipient ganz gezielt bezüglich der Unterscheidung von binnenfiktionaler Traum- und Realitätsebene verunsichert, die, wie bereits dargelegt, generell viel instabiler ist, als wenn die Scheidung von Realität und Traum wie im Fall der klar markierten Traumerzählung mit der von erzählendem Ich und Traum-Ich zusammenfällt.

Es sind also nicht nur der Verzicht auf erzählerische Distanz und die starke Fokalisierung auf den Protagonisten, wie Caillois meint, die Kafkas Texte traumhaft erscheinen lassen. Ganz im Gegensatz zu der von Caillois propagierten Technik, sich jeglichen Kommentar bezüglich der Traumhaftigkeit zu versagen, um den Leser zu illusionieren, beruht bei Kafka der Effekt neben einer bestimmten Struktur der Traumwelt gerade auf der gezielten Verunsicherung des Lesers bezüglich der Grenzen zwischen Traum und Realität durch entsprechende Hinweise des Erzählers.[76]

---

[75] „Und man muß die Erlaubnis zum Übernachten haben?' fragte K., als wolle er sich davon überzeugen, ob er die früheren Mitteilungen nicht vielleicht geträumt hätte. [...] ‚Dann werde ich mir also die Erlaubnis holen müssen', sagte K. gähnend und schob die Decke von sich, als wolle er aufstehen" (Kafka: *Das Schloß*, S. 7 f.). Ähnlich funktioniert übrigens der Beginn von *Der Prozeß*, auch wenn hier die Handlung am frühen Morgen einsetzt und nicht ausdrücklich vom Traum die Rede ist. Die ersten Sätze lauten: „Jemand mußte Josef K. verleumdet haben, denn ohne daß er etwas Böses getan hätte, wurde er eines Morgens verhaftet. Die Köchin der Frau Grubach, seiner Zimmervermieterin, die ihm jeden Tag gegen acht Uhr früh das Frühstück brachte, kam diesmal nicht." (Franz Kafka: *Der Prozeß*, in: ders.: *Gesammelte Werke*, S. 7). Zwar wird nicht gesagt, dass Josef K. aus dem Schlaf erwacht ist, aber die weitere Abfolge des Sich-Aufsetzens im Bett, des Aufstehens und Ankleidens legt es nahe, das Geschehen als im Wachen stattfindend zu interpretieren. Im Gegensatz dazu kann (muss aber nicht) der Leser das Ausbleiben der Köchin als Indiz dafür werten, dass K. noch nicht erwacht ist.

[76] Darin liegt eine große Nähe zu Todorovs Bestimmung des Phantastischen als Phänomen der ‚hésitation', bei dem ja auch das Schwanken zwischen verschiedenen Erklärungsmöglichkeiten konstitutiv ist (vgl. Tzvetan Todorov: *Introduction à la littérature fantastique*. Paris: Seuil (Points), 1973).

6. Caillois' eigene Traumtexte und die Grenzen der realistischen Illusion: *Le rêve de Solange* (1977)

Caillois hat einen eigenen Versuch unternommen, selbst zum ‚auteur de rêves' zu werden: 1984 publiziert er einen kleinen Band mit dem Titel *La lumière des songes*, in dem er zwei längere Texte aus den siebziger Jahren zusammenstellt. Ein paar letzte Bemerkungen sollen hier dem zweiten Text *Le rêve de Solange* gelten, in dem der Autor zunächst zu versuchen scheint, seine eigenen Vorgaben umzusetzen und den Leser über die Tatsache, dass er einen Traum erzählt, hinwegzutäuschen. Statt dies jedoch konsequent durchzuziehen, schlägt er in der Mitte des Textes plötzlich einen anderen Weg ein: Eine bewusst gesteuerte intellektuelle Träumerei führt zu einer Reflexion über die imaginäre Existenz einer anderen Wirklichkeit.

Der Text beginnt mit einem Ich, das neben der schlafenden Solange liegt:

> Je me repose, étendu à côté de Solange déjà assoupie. [...] Je soupçonne même qu'elle rêve. De temps en temps, des tressaillements rapides parcourent son visage.[77]

Das hier noch namenlose Ich präsentiert sich dem Leser also zunächst als Beobachter einer schlafenden und träumenden Frau. Es fehlt jeder Hinweis darauf, dass dieses ‚je' wie im surrealistischen ‚récit de rêve' auf ein Traum-Ich referieren könnte. Im Gegenteil: Es wirkt wie ein kundiger Traumbeobachter und Kenner der Traumforschung zu den ‚rapid eye movements', denn es versucht, wenn auch wegen schlechter Lichtverhältnisse vergeblich, unter den geschlossenen Lidern Solanges entsprechende Augenbewegungen wahrzunehmen. Daher konzentriert es sich auf Muskelzuckungen im Gesicht und den halbgeöffneten Mund, und im Zuge dieser genauen Beobachtung gelingt es ihm auf einmal, den Traumbildern der Beobachteten zu folgen:

> [...] je glisse d'une succession d'images floues, qui s'interposent et dont j'essaie de me débarrasser, à une vision plus nette du décor et des acteurs. [...] Je devine: ce sont les images du rêve de Solange que je perçois. A l'instant, je m'appliquais encore à saisir les indices extérieurs du rêve, maintenant c'est le rêve lui-même qu'il m'est donné non pas de vivre comme la dormeuse, mais de regarder en témoin, comme si j'étais à côté d'elle, tel que je suis en effet.[78]

Auch wenn jedem Leser klar sein muss, dass eine solche Teilhabe an einem fremden Traum in der Wirklichkeit nicht möglich ist, wird er dieses Hinübergleiten – trotz der Reminiszenz an Nerval'sche Traumanfänge[79] – nicht notwen-

---

[77] Roger Caillois: *Le rêve de Solange* [1977], in: ders.: *La lumière des songes*. Saint-Clément-de-Rivière: Fata morgana, 1984, S. 31–47, hier: S. 33.
[78] Ebd., S. 35.
[79] An Nerval gemahnt sowohl das Verb ‚glisser' (vgl.: „Je me sentais glisser comme sur un fil tendu dont la longueur était infinie"; Gérard de Nerval: *Aurélia ou Le rêve et la vie* [1855],

Surrealistisch oder kafkaesk?

digerweise als Einschlafen und somit als Indiz für einen Traum deuten. Es könnte sich auch um ein Phänomen des Wunderbaren oder um eine Gedankenfiktion zur präziseren Beschreibung des Traums handeln. Im Weiteren werden in den Bericht über den Fortgang von Solanges Traum Überlegungen zur Traumforschung eingeflochten, wobei die Nennung der Namen von Maury, Hervey de Saint-Denys, Freud, Delage, Dement und Devereux das Ich als Kenner der Pioniere der wissenschaftlichen Traumforschung und der Psychoanalyse von ihren Anfängen bis zur Entdeckung des REM-Schlafs und der Ethnopsychoanalyse ausweist. Das als mit der wissenschaftlichen Forschung vertraute und als Traumbeobachter eingeführte Ich vergisst auch nicht, darauf hinzuweisen, dass es im Gegensatz zur Träumerin nach Erklärungen verlangt, wo diese Gegebenheiten unhinterfragt hinnimmt: „Il lui paraît tout naturel qu'il [un bracelet perdu, Verf.] soit là. Pour moi, j'ai besoin d'une explication dont elle n'a cure".[80] Die eigens hervorgehobene Differenz zwischen Traum- und Wachbewusstsein kann bei aller Fiktionalität der Situation als Signal dafür gelten, dass hier ein wacher und mit den Besonderheiten des Traums vertrauter Beobachter spricht.

Umso größer muss die Überraschung des Lesers sein, wenn an die Stelle des im Text angekündigten Erwachens von Solange auf einmal das Erwachen des Erzählers tritt: „C'est moi qui ouvre les yeux. Je suis seul sur mon lit. Il n'y a personne dans ma chambre. Je ne me souviens même pas d'avoir connu une femme prénommée Solange."[81] Alles das, was dem Leser zu Beginn des Textes als Konstitution der fiktiven Wirklichkeit erscheinen musste, ist mit diesen Sätzen schlagartig hinweggewischt. Damit wird nicht nur das unrealistisch-phantastische Miterleben eines fremden Traums als Traum ausgewiesen, sondern auch die überaus realistische Ausgangssituation. Was als Bestätigung eines wachen Bewusstseins dienen konnte, stellt sich schließlich – ganz in der Linie von *L'incertitude qui vient des rêves* – als eine Simulation des Traums heraus. Im Gegensatz zum surrealistischen ‚récit de rêve' erweist sich im Übrigen auch die paratextuelle Kennzeichnung als irreführend. Der Titel *Le rêve de Solange* ist nicht, wie zunächst naheliegend, als ein Genitivus subiectivus zu verstehen, denn Solange existiert gar nicht, sie ist nur eine Erfindung des Traums, zurückzuführen vielleicht auf ein Wortspiel mit den deutschen Wörtern ‚so lange'.[82] Nicht um den Traum Solanges geht es in dem Text, sondern um einen Traum Rogers, dessen Gegenstand Solange ist.

---

in: ders.: *Œuvres complètes*, Bd. III, hg. v. Jean Guillaume und Claude Pichois. Paris: Gallimard, 1993, S. 693–746, hier: S. 718) als auch der Übergang von unscharfen zu scharfen Bildern, als welcher zu Beginn von *Aurélia* der Eintritt in die Traumwelt beschrieben wird: „C'est un souterrain vague qui s'éclaire peu à peu, et où se dégagent de l'ombre et de la nuit les pâles figures gravement immobiles qui habitent le séjour des limbes. Puis le tableau se forme, une clarté nouvelle illumine et fait jouer ces apparitions bizarres" (ebd., S. 695).

[80] Caillois: *Le rêve de Solange*, S. 39.
[81] Ebd., S. 40.
[82] „Solange n'exista qu'aussi longtemps, *so lange*, que je rêvais" (ebd., S. 42).

Im Gegensatz zu dem, was Caillois in *Rhétorique du rêve* postuliert hatte, vertraut er hier allerdings nicht darauf, dass der Leser beim Zuschlagen des Buches schon merken wird, dass das Gelesene nur ein Traum sein kann. Vielmehr führt er das Aufwachen, jenen Akt, der das Vorausliegende eindeutig als Traum charakterisiert, direkt in den Text ein. Damit nimmt dieser eine neue Wendung. Er verliert nun den Anschein einer Fiktion und wird zu einer Mischung aus ‚rêverie' und Essay. Nach einigen Bemerkungen zur Herkunft der Elemente des Traums beginnt der Erzähler, der sich nun als Roger bezeichnet, das Komplement zu seinem Traum zu erfinden: Solange erwacht in einem Hotelzimmer in Dubrovnik und wird sich klar darüber, dass sie ihre Erlebnisse mit Roger nur geträumt hat und dass sie in ihrem Wachleben nie einen Roger gekannt hat. Hier jedoch unterstreicht der Erzähler, dass er nicht träumt: „Je ne rêve pas de nouveau. Je sais que je dirige ma rêverie à mon gré, je ne «glisse» pas comme dans un rêve réel, où il est impossible à la conscience d'intervenir".[83] Er erfindet also die Existenz des von ihm geträumten Wesens, was ihn zu Reflexionen über zusammenhängende Träume und den immer wieder – beispielsweise in der Gruppe *Le Grand jeu* – anzutreffenden Wunsch des Menschen führt, im Bereich des Traums einen größeren Zusammenhang und eine allen Menschen gemeinsame Traumwelt anzunehmen sowie die Vereinzelung zu überschreiten.[84] Weit davon entfernt, den Leser an die Realität der Fiktion glauben zu lassen, nimmt der Text in diesem zweiten Teil essayistische Züge an und enthält keinerlei Elemente, die beim Zuschlagen des Buches die Vermutung aufkommen lassen könnten, das Aufwachen und die sich anschließende ‚rêverie' seien nur ein Traum gewesen.[85] Allenfalls kann der Leser dahin kommen, Caillois' Überlegungen zum Verhältnis von Traum und Realität sowie der Utopie eines mehreren Menschen gemeinsamen Traumlebens fortzusetzen.

Caillois' Text zerfällt also klar in zwei Teile, deren erster die Präzepte zur Leserillusionierung aus *L'incertitude des rêves* umzusetzen versucht. Die zahlreichen das Traumphänomen reflektierenden Bemerkungen wirken als dem Wachbewusstsein zugehörig und erweisen sich erst im Nachhinein als Simulation des Traums. Dieser Teil erscheint nicht notwendig als traumhaft, weil die Abweichung von der Realität allein in dem auch phantastisch oder fiktiv deutbaren

---

[83] Ebd., S. 44.
[84] Insbesondere René Daumal behauptete, eine Technik gefunden zu haben, mit der es möglich sei, den eigenen Körper zu verlassen und die Traumwelt zu betreten, die, so versichert er angeblich aus eigener Erfahrung, tatsächlich so aussehe, wie Nerval sie beschreibe. Für Daumal ist die Existenz einer universellen Traumwelt unbestreitbar: „[...] le monde du Songe [...] est universel; je veux dire à la fois commun, *a priori*, à tout esprit humain, et constituant un univers, ou plutôt un aspect de l'Univers" (René Daumal: „Nerval le Nyctalope", in: *Le Grand jeu* 3 (1930), S. 20–31, hier: S. 21).
[85] Ausgeschlossen ist das freilich nicht, da Caillois zufolge ja der Traum auch die Selbstvergewisserung, dieses Mal nicht zu träumen, simulieren kann. Es fehlt jedoch jedes textuelle Signal; im Gegenteil bietet der Verweis auf die ‚rêverie' eine für den Leser völlig hinreichende Erklärung all dessen, was von den Gesetzen der Realität abweicht.

Surrealistisch oder kafkaesk?

Mitträumen des Traums einer fremden Person liegt, das ein solch uneindeutig und schwach markiertes ‚insolite' darstellt, dass es leicht möglich ist, darüber hinwegzulesen. Der zweite Teil hingegen, der mit dem Aufwachen beginnt, ohne welches das Vorhergehende nicht als Traum erkennbar wäre, kann aus der Position des wachen Beobachters die Faszination für das Phänomen Traum und die daraus resultierende Infragestellung der Realität befördern. Noch besser als der Traum funktioniert somit der Tagtraum als Destabilisierung der Realität, als exploratives Vehikel zum Nachdenken über den Traum, bei gleichzeitiger Fähigkeit, diese Form der Imagination bewusst zu kontrollieren. Es ist wie bei Kafka wiederum das Spiel mit der Grenze, das den Reiz des Textes ausmacht, wenn es sich auch in dem stärker essayistisch angelegten *Le rêve de Solange* mehr aus der philosophischen Reflexion denn aus der fiktionalen Inszenierung speist. Obwohl Caillois dieses Spiel mit der Grenze theoretisch nicht als konstitutiv für Traumhaftigkeit benannt hat, nutzt er es in der Textgestaltung.

7. Traumhaftigkeit als Spiel mit der Grenze zwischen Traum und Realität

Traumhaftigkeit im Sinne einer Illusionierung des Lesers nach dem Modell des Traums, so ließe sich als Ergebnis der vorliegenden Ausführungen festhalten, ist in der Literatur nur zu postulieren, nicht aber tatsächlich herzustellen. Das liegt vor allem daran, dass der Zustand des seines kritischen Bewusstseins beraubten Träumers in Widerspruch zu konstitutiven Momenten von Fiktionalität wie der „Spannung zwischen dem ‚Gefangen-Sein' in der Fiktion und dem gleichzeitigen Fiktions-Bewußtsein" gerät.[86] Wenn Caillois also das Verdienst zukommt, den Blick auf zwei so unterschiedliche Ausprägungen und Funktionsweisen des am Traum orientierten Schreibens wie die Kafkas und der Surrealisten gelenkt zu haben, so muss kritisch angemerkt werden, dass er die Freiheit des Lesers, sich jederzeit an den Horizont der vorgestellten Welt zu versetzen, unterschätzt.

Als entscheidend für die Beschreibung von Traumhaftigkeit hat sich in den vorliegenden Ausführungen nicht die nie vollständig zu leistende Illusionierung des Lesers erwiesen, sondern vielmehr die Frage, wie in den jeweiligen Texten das Verhältnis von Traum und Realität entworfen wird. In den surrealistischen ‚récits de rêves', die sich als quasi autobiographische, aber auf den reinen Traumbericht beschränkte Gattung verstehen, lässt sich das Bestreben erkennen, den echten Traum mit allen absurden oder bizarren Elementen so getreu wie möglich zu protokollieren, ohne ihn mit Einsprengseln aus der Realität des Wachlebens zu kontaminieren. Dies ließe sich in Anlehnung an Raybauds Formulierung vom ‚onirisme rapporté' als protokollierter Onirismus bezeichnen, der aus einer nur zum Teil kaschierten (nämlich dann, wenn das Traum-Ich mit dem erzählenden Ich gleichgesetzt wird) Beobachtungsperspektive operiert und bezüglich des

---

[86] Zipfel: *Fiktion, Fiktivität, Fiktionalität*, S. 261.

Traumcharakters auf die entsprechenden, vorzugsweise unrealistischen Elemente aus geträumten Träumen vertraut. In Kafkas fiktionalen Erzählungen hingegen zeigt sich ein gekonnt inszeniertes Spiel mit den Grenzen von Traum und Realität, das als onirischer Realismus bezeichnet werden kann. Die interne Fokalisierung auf einen nicht an der Wirklichkeit des Geschehens zweifelnden Protagonisten hat starken Anteil an dieser Ausgestaltung von Traumhaftigkeit. Aber auch die Möglichkeiten der Lesersteuerung über widersprüchliche Textsignale werden geschickt genutzt, und sowohl durch die Infragestellung von der ontologischen Stabilität der fiktional erzeugten Welt wie auch durch die Verunsicherung des Lesers über die Grenzziehung zwischen Traum und Realität wird ein Effekt von Traumhaftigkeit erzeugt.

Der protokollierte Onirismus und der onirische Realismus stellen zwei mögliche Spielarten von literarischer Traumhaftigkeit dar. Weitere Ausprägungen sind denkbar, wobei davon auszugehen ist, dass Referentialität und Fokalisierung der Texte starke Auswirkungen auf die Inszenierung der Grenze von Traum und Wirklichkeit haben. Eine wichtige, hier nicht berücksichtigte Spielart von Traumhaftigkeit, die man über das Prädikat des ‚Schleiers der Erinnerung' charakterisieren könnte und die teilweise an die oben auch erwähnte Ästhetik Nervals anschließt, findet sich etwa in Yves Bonnefoys *Récits en rêve*, die über das Assoziationsprinzip, einen hohen Grad an Unbestimmtheit und die Unsicherheit der Erinnerung funktionieren.[87] In ihnen ließe sich noch genauer analysieren, was ja bereits die Lektüre der essayistischen Texte von Caillois' angedeutet hat, dass nämlich ein autobiographisch angelegtes, aber nicht auf den Traum beschränktes Ich andere Effekte von Traumhaftigkeit erzeugen kann, weil die Grenze zwischen Traum und Realität, wie in der Fiktion, aber unter anderen Voraussetzungen, zur Verunsicherung des Lesers über den Status des Berichteten genutzt werden kann.

Bibliographie

Bonnefoy, Yves: *Récits en rêve*. Paris: Mercure de France, 1987.

Bousquet, Jacques: *Les thèmes du rêve dans la littérature romantique (France, Angleterre, Allemagne). Essai sur la naissance et l'évolution des images*. Paris: Didier, 1964.

Breton, André: *Œuvres complètes*, Bd. I, hg. v. Marguerite Bonnet. Paris: Gallimard, 1988.

Caillois, Roger: *L'incertitude qui vient des rêves*. Paris: Gallimard, 1956.

— „Problèmes du rêve", in: *Bulletin de la Société de philosophie française* 51 (1957), S. 105–143.

---

[87] Erste Ansätze dazu finden sich in Verf.: „Yves Bonnefoys *Récits en rêve* als ‚prose en poésie'", in: *L'État de la poésie aujourd'hui*, hg. v. Gisela Febel und Hans Grote. Frankfurt a.M.: Peter Lang, 2003, S. 67–81.

Surrealistisch oder kafkaesk?

— (Hg.): *Anthologie du fantastique*. 2 Bde. Paris: Le Club français du Livre, 1958 (ab 2. Aufl. 1966: Paris: Gallimard).
— (Hg.): *Puissances du rêve. Textes anciens et modernes*. Paris: Club français du livre, 1962.
— (Hg.): *Au cœur du fantastique*. Paris: Gallimard, 1965.
— *Images, images. Essais sur le rôle et les pouvoirs de l'imagination*. Paris: Corti, 1966.
— „De la féerie à la science-fiction" [1966], in: ders.: *Œuvres*, hg. v. Dominique Rabourdin. Paris: Gallimard, 2008, S. 677–701.
—; Grunebaum, Gustave E. (Hg.): *Le rêve et les sociétés humaines*. Paris: Gallimard, 1967.
— *Cases d'un échiquier [Approches de l'imaginaire II]*. Paris: Gallimard, 1970.
— *La pieuvre. Essai sur la logique de l'imaginaire*. Paris: La table ronde, 1973.
— *Approches de l'imaginaire*. Paris: Gallimard, 1974.
— *Obliques. Images, images [Approches de l'imaginaire III]*. Paris: Gallimard, 1975.
— *Le rêve de Solange* [1977], in: ders.: *La lumière des songes*. Saint-Clément-de-Rivière: Fata morgana, 1984, S. 31–47.
Crouzet, Michel: „La Rhétorique du rêve dans *Aurélia*", in: *Nerval. Une poétique du rêve*, Actes du Colloque de Bâle, Mulhouse et Fribourg des 10, 11 et 12 novembre 1986, hg. v. Jacques Huré, Joseph Jurt und Robert Kopp. Paris: Champion, 1989, S. 183–207.
Daumal, René: „Nerval le Nyctalope", in: *Le Grand jeu* 3 (1930), S. 20–31.
Delbœuf, Joseph: *Le Sommeil et les rêves considérés principalement dans leurs rapports avec les théories de la certitude et de la mémoire*. Paris: Alcan, 1885.
Descartes, René: *Meditationes de prima philosophia in quibus dei existentia et animae humanae a corpore distinctio demonstrantur*, in: ders.: *Philosophische Schriften in einem Band*, hg. und mit einer Einführung versehen v. Rainer Specht. Hamburg: Meiner, 1996.
Engel, Manfred: „Literarische Träume und traumhaftes Schreiben bei Franz Kafka. Ein Beitrag zur Oneiropoetik der Moderne", in: *Träumungen. Traumerzählung in Film und Literatur*, hg. v. Bernard Dieterle. St. Augustin: Gardez!, 1998, S. 233–262.
— „Literatur- und Kulturgeschichte des Traumes", in: *Dream Images in German, Austrian and Swiss literature and culture*, hg. v. Hanna Castein und Rüdiger Görner. München: Iudicium, 2002, S. 13–31.
— „Kulturgeschichte/n? Ein Modellentwurf am Beispiel der Kultur- und Literaturgeschichte des Traumes", in: *KulturPoetik* 10, 2 (2010), S. 153–176.
Felgine, Odile: *Roger Caillois. Biographie*. Paris: Stock, 1994.
Gaube, Uwe: *Film und Traum. Zum präsentativen Symbolismus*. München: Fink, 1978.
Gollut, Jean-Daniel: „Un Exercice de style?", in: *Études de Lettres* 2 (1982), S. 65–76.

— *Conter les rêves. La narration de l'expérience onirique dans les œuvres de la modernité*. Paris: Corti, 1993.

Goumegou, Susanne: „Yves Bonnefoys *Récits en rêve* als ‚prose en poésie'", in: *L'État de la poésie aujourd'hui*, hg. v. Gisela Febel und Hans Grote. Frankfurt a.M.: Peter Lang, 2003, S. 67–81.

— „Vom Traum zum Text. Die Prozesse des Stillstellens und In-Gang-Setzens in Traumprotokoll und Prosagedicht des Surrealismus", in: *Stillstellen. Medien – Aufzeichnung – Zeit*, hg. v. Andreas Gelhard, Ulf Schmidt und Tanja Schultz. Schliengen: edition argus, 2004, S. 140–151.

— *Traumtext und Traumdiskurs. Nerval, Breton, Leiris*. München: Fink, 2007.

Heise, Jens: *Traumdiskurse. Die Träume der Philosophie und die Psychologie des Traums*. Frankfurt a.M.: Fischer Taschenbuch, 1989, S. 142–180.

Heraeus, Stephanie: *Traumvorstellung und Bildidee. Surreale Strategien in der französischen Graphik des 19. Jahrhunderts*. Berlin: Reimer, 1998.

Iser, Wolfgang: *Das Fiktive und das Imaginäre. Perspektiven literarischer Anthropologie*. Frankfurt a.M.: Suhrkamp, 1993.

Kafka, Franz: *Gesammelte Werke*, Taschenbuchausgabe in 8 Bänden, hg. v. Max Brod. Frankfurt a.M.: Fischer Taschenbuch, 1989.

Kuspit, Donald: „Von der Vision zum Traum. Die Säkularisierung der Einbildungskraft", in: *Träume 1900–2000. Kunst, Wissenschaft und das Unbewußte*, hg. v. Lynn Gamwell. München, London, New York: Prestel, 2000, S. 77–88.

La révolution surréaliste 1–12 (1924–29).

Lenk, Elisabeth: *Die unbewußte Gesellschaft. Über die mimetische Grundstruktur in der Literatur und im Traum*. München: Matthes & Seitz, 1983.

Lewinter, Roger: „Pans de mur jaune", in: *L'espace du rêve*, hg. v. Jean-Bertrand Pontalis. Paris: Gallimard, 1972, S. 81–86.

Maury, Alfred: *Le sommeil et les rêves. Etudes psychologiques sur ces phénomènes et les divers états qui s'y rattachent; suivies des Recherches sur le développement de l'instinct et de l'intelligence dans leurs rapports avec le phénomène du sommeil*. (3. Aufl.). Paris: Didier, 1865.

Nerval, Gérard de: *Aurélia ou Le rêve et la vie* [1855], in: ders.: *Œuvres complètes*, Bd. III, hg. v. Jean Guillaume und Claude Pichois. Paris: Gallimard, 1993, S. 693–746.

Niessen, Stefan: *Traum und Realität – ihre neuzeitliche Trennung*. Würzburg: Königshausen & Neumann, 1993.

Nünning, Ansgar: „*Unreliable Narration* zur Einführung: Grundzüge einer kognitiv-narratologischen Theorie und Analyse unglaubwürdigen Erzählens", in: *Unreliable Narration. Studien zur Theorie und Praxis unglaubwürdigen Erzählens in der englischsprachigen Erzählliteratur*, hg. v. Ansgar Nünning unter Mitwirkung von Carola Surkamp und Bruno Zerweck. Trier: WVT, 1998, S. 3–39.

Queneau, Raymond: *Exercices de style*. Paris: Gallimard, 1947.

Raybaud, Antoine: *Fabrique d'«Illuminations»*. Paris: Seuil, 1989.
Sartre, Jean-Paul: *L'imaginaire. Psychologie phénoménologique de l'imagination*. Paris: Gallimard, 1940.
Todorov, Tzvetan: *Introduction à la littérature fantastique*. Paris: Seuil (Points), 1973.
Wyss, Dieter: *Traumbewußtsein? Grundzüge einer Ontologie des Traumbewußtseins*. Göttingen: Vandenhoeck & Ruprecht, 1988.
Zipfel, Frank: *Fiktion, Fiktivität, Fiktionalität. Analysen zur Fiktion in der Literatur und zum Fiktionsbegriff in der Literaturwissenschaft*. Berlin: Erich Schmidt, 2001.

Susanne Kaul (Bielefeld)

Traumkomik. Zu Kafka und Polanski

Thomas Mann stellt 1941 in seinem Vorwort zur amerikanischen Ausgabe von Kafkas *Schloß* fest:

> Er war ein Träumer, und seine Dichtungen sind oft ganz und gar im Charakter des Traumes konzipiert und gestaltet; sie ahmen die alogische und beklommene Narretei der Träume, dieser wunderlichen Schattenspiele des Lebens, zum Lachen genau nach.[1]

Der komische und der traumhafte Schreibstil sind in der Kafka-Forschung zumeist ohne Rücksicht auf die Strukturähnlichkeit zwischen diesen Darstellungsmitteln untersucht worden. Thomas Mann deutet diese jedoch immerhin mit den Attributen ‚alogisch' und ‚wunderlich' an und bestimmt die Träume als närrisch. Ihm zufolge ist es die Genauigkeit der Darstellung, die zum Lachen provoziert. Damit spielt er möglicherweise auf eine gestrichene Stelle aus Kafkas *Schloß*-Manuskript an, in der es heißt: „Das eigentlich Komische ist freilich das Minutiöse [...]".[2] Dieses Zitat ist häufig angeführt worden, als handele es sich dabei um eine von Kafka autorisierte Definition des Komischen, derzufolge genaue Beschreibungen das Wesensmerkmal sind.[3] Aus jener innerfiktionalen Bemerkung ist aber weder auf eine Kafka'sche Theorie des Komischen zu schließen noch werden genaue Beschreibungen als Wesen der Komik bestimmt. Denn in diesem Fall müsste jedes Sachbuch als komisch betrachtet werden, das seinen Gegenstand detailliert darstellt. Die Sachlichkeit einer peinlich genauen Beschreibung ist hingegen nur dann überaus komisch, wenn der Gegenstand dazu eigentlich nicht passt, zum Beispiel weil er ‚a-logisch' erscheint wie ein Traum. Der ungewöhnliche Kontrast erzeugt also die Komik, nicht das Minutiöse an sich.

Es gibt vielerlei Arten des Komischen und Traumhaften, aber in der Denk- und Sprachfigur des Paradoxen überschneiden sich beide Bereiche und bringen ein neuartiges und eigenständiges Phänomen hervor, das ‚Traumkomik' genannt werden kann. Unter ‚Paradox' ist hier nicht eine strenge Antinomie zu verstehen, sondern entsprechend der Wortbedeutung der Antike: das der allgemeinen

---

[1] Aus dem Vorwort der amerikanischen Ausgabe des *Schloß*-Romans; zitiert nach Klaus Wagenbach: *Franz Kafka in Selbstzeugnissen und Bilddokumenten*. Reinbek bei Hamburg: Rowohlt, 1964, S. 144.
[2] Franz Kafka: *Das Schloß. Apparatband*, hg. v. Malcolm Pasley, in: *Franz Kafka: Schriften, Tagebücher. Kritische Ausgabe*, hg. v. Jürgen Born. Frankfurt a.M.: S. Fischer, 2002, S. 424.
[3] So etwa Gerhard Neumann: „Umkehrung und Ablenkung. Franz Kafkas ‚Gleitendes Paradox'", in: *Deutsche Vierteljahrsschrift* 42 (1968), S. 702–744, hier: S. 740 und S. 743.

Meinung oder Erwartung Zuwiderlaufende.⁴ In diesem historisch und etymologisch ursprünglichen Sinn ergibt sich sowohl das Komische als auch das Traumhafte in Kafkas Texten aus der Abweichung von der ‚doxa'.

1. Die Kongruenz von Traumhaftigkeit und Komik in Kafkas *Proceß*

Anhand einiger Stellen aus dem *Proceß* lässt sich die Traumkomik erörtern. Die ganze Geschichte Josef K.s als „Traumphantasie an der Schwelle zum eigentlichen Erwachen" zu bezeichnen, wie Peter-André Alt das in seinem Aufsatz über die Poetik des Traums bei Kafka tut, ist spekulativ.⁵ Anstatt das Geschehen als intradiegetischen Traum des Protagonisten zu deuten, ist zu zeigen, inwiefern Kafkas Erzählung Gestaltungsprinzipien enthält, durch die sie der Niederschrift eines Traumes ähnelt. Verfahrensweisen der ‚Traumarbeit' wie ‚Verdichtung' und ‚Verschiebung', die Kafka aus seiner Beschäftigung mit der Psychoanalyse und der *Traumdeutung* Freuds kannte, lassen sich in der Tat nachweisen.⁶

So beginnt der Roman mit einer Verhaftung, die bereits auf wunderliche Weise vonstatten geht: Die Wächter tragen keine Uniform und legen Josef K. keine Handschellen an, sondern sehen aus wie die „Dienstmänner von der Straßenecke",⁷ essen ihm das Frühstück weg und sagen wie selbstverständlich: „Sie dürfen nicht weggehn, Sie sind ja gefangen".⁸ K. steht im Nachthemd da und beabsichtigt, sich mit seiner „Radfahrlegitimation"⁹ auszuweisen, während der so genannte „Aufseher" das „Nachttischchen" von Fräulein Bürstners Bett zu einem „Verhandlungstisch" macht, auf dem er mit beiden Händen ein Nadelkissen, ein Buch und eine Kerze mit „Zündhölzchen" verschiebt, „als seien es Gegenstände, die er zur Verhandlung benötige".¹⁰

---

⁴ Im dritten Buch der *Rhetorik* bestimmt Aristoteles den Bruch mit der zuvor erzeugten Erwartung als paradox (vgl. Aristoteles: *Rhetorik*, hg. und übers. v. Gernot Krapinger. Stuttgart: Reclam, 1999, 1412a27). Vgl. auch Art. „Paradox", in: *Historisches Wörterbuch der Philosophie*, Bd. VII, hg. v. Joachim Ritter. Darmstadt: Wissenschaftliche Buchgesellschaft, 1989, S. 81–97.

⁵ Peter-André Alt: „Erzählungen des Unbewußten. Zur Poetik des Traums in Franz Kafkas Romanen", in: *Der europäische Roman zwischen Aufklärung und Postmoderne. Festschrift zum 65. Geburtstag von Jürgen C. Jacobs*, hg. v. Friedhelm Marx und Andreas Meier. Weimar: VDG, 2001, S. 153–174, hier: S. 155.

⁶ Ob er sie aus eigener Lektüre kannte, ist nicht sicher (vgl. Alt: „Erzählungen des Unbewußten", S. 159). Alt weist außerdem darauf hin, dass Kafka Kenntnisse über die *Traumdeutung* aus den Veranstaltungen im Haus von Berta Fanta besaß, die in den Jahren 1912/13 psychoanalytische Themen behandelten (vgl. ebd., S. 160).

⁷ Kafka: *Der Proceß*, in: *Gesammelte Werke*, Bd. III, hg. v. Hans-Gerd Koch. Frankfurt a.M.: S. Fischer, 2000, S. 12.

⁸ Ebd., S. 11.

⁹ Ebd., S. 13.

¹⁰ Ebd., S. 18f.

Traumkomik. Zu Kafka und Polanski

Im letzten Beispiel ist eine semantische Verschiebung von der öffentlich rechtlichen Sphäre einer Verhandlung zur Privat- bzw. Intimsphäre des Schlafzimmers der von K. begehrten Nachbarin zu erkennen. Es geht hier nicht darum, diese Verschiebung psychoanalytisch zu deuten, sondern darum, sie als eine Verschiebung im Freud'schen Sinne der ‚Traumarbeit' zu identifizieren: Dabei werden Momente aus dem Trauminhalt „zu etwas Fremdem umgestaltet".[11] Der Traum erscheint nach Freud „gegen die Traumgedanken verschoben, und gerade durch diese Verschiebung wird erreicht, daß er dem wachen Seelenleben fremd und unverständlich entgegentritt".[12] Die Entfremdung und das Irrationale sind auch in der Traumforschung vor Freud erkannt worden: Traumbilder werden als inkohärent, absurd und sprunghaft bezeichnet, da sie kaleidoskopartig durcheinander geworfen würden.[13] Freuds Konzept der ‚Verschiebung' eröffnet gegenüber der ihm vorangehenden Traumforschung die Möglichkeit, die Spur vom verschobenen Trauminhalt zum eigentlichen Traumgedanken zu rekonstruieren. Daher ist in der *Traumdeutung* viel Material zu finden, das sich dieser Rekonstruktion widmet, während die Analyse der Traumstruktur selbst dahinter zurücktritt. Den Trauminhalten gemeinsam ist meines Erachtens in erster Linie das der vernünftigen Erwartung Widersprechende. In diesem Sinne können sie als ‚paradox' bezeichnet werden.

In der Kafka-Forschung ist wiederholt auf die Verzerrung von Raum- und Zeitvorstellungen als Merkmal des Traumhaften hingewiesen worden.[14] Im *Proceß* finden sich viele enge Räume, in denen die Köpfe der Figuren an die Decke stoßen; manche Räume verwandeln sich auch: Im Atelier des Malers Titorelli beispielsweise taucht unversehens eine Tür auf, hinter der sich nicht geahnte Gerichtskanzleien verbergen.[15] Paradox ist dies nicht im Sinne eines Widerspruchs, sondern im Sinne des Überraschenden, mit der Erwartung Brechenden. Letzteres wird vor allem daran deutlich, dass sich die Tür überraschenderweise über dem Bett des Malers befindet und – für Türen äußerst unüblich und daher nicht zu erwarten – nur durch ein Hinüberbeugen zu öffnen ist:

> Und er beugte sich endlich über das Bett und sperrte die Tür auf. ‚Steigen Sie ohne Scheu auf das Bett', sagte der Maler, ‚das tut jeder, der hier

---

[11] Sigmund Freud: *Die Traumdeutung*, Studienausgabe, Bd. II, hg. v. Alexander Mitscherlich, Angela Richards, James Strachey. Frankfurt a.M.: S. Fischer, 1972, S. 305.
[12] Ders.: *Der Witz und seine Beziehung zum Unbewußten*, in: ders.: *Psychologische Schriften*, Studienausgabe, Bd. IV, S. 9–219, hier: S. 153.
[13] Zur Traumforschung vor Freud vgl. ders.: *Die Traumdeutung*, S. 78f.
[14] So schreibt Manfred Engel: „Die Suspendierung des festen Raum-Zeit-Gefüges, der logischen Grundprinzipien und der rationalen Verknüpfung der Einzelelemente verleihen der Welt des Traums ihre unfeste, gleichsam fluide, und diskontinuierliche Struktur." (Manfred Engel: „Literarische Träume und traumhaftes Schreiben bei Franz Kafka. Ein Beitrag zur Oneiropoetik der Moderne", in: *Träumungen. Traumerzählung in Film und Literatur*, hg. v. Bernard Dieterle. St. Augustin: Gardez!, 1998, S. 233–262, hier: S. 247). Vgl. dazu auch Alt: „Erzählungen des Unbewußten", S. 156.
[15] Vgl. Kafka: *Der Proceß*, S. 172.

> hereinkommt.' K. hätte auch ohne diese Aufforderung keine Rücksicht genommen, er hatte sogar schon einen Fuß mitten auf das Federbett gesetzt, da sah er durch die offene Tür hinaus und zog den Fuß wieder zurück. ‚Was ist das?', fragte er den Maler. ‚Worüber staunen Sie?' fragte dieser, seinerseits staunend. ‚Es sind Gerichtskanzleien. Wußten Sie nicht, daß hier Gerichtskanzleien sind? Gerichtskanzleien sind doch fast auf jedem Dachboden [...]'.[16]

Das Befremdliche wird noch dadurch gesteigert, dass es als das Selbstverständliche ausgegeben wird. Das heißt, durch Kafkas Verzicht auf relativierende Erklärungen des Absonderlichen wird die Komik der Darstellungsweise auf die Spitze getrieben. Die Stelle ist komisch im doppelten Sprachgebrauch des Witzigen und Wunderlichen. Das Wunderliche ist zugleich das Paradoxe.

Gerhard Neumann hat in einem einflussreichen Aufsatz das Paradoxe bei Kafka als „gleitendes Paradox" bezeichnet, da es im Unterschied zum traditionellen Paradox nicht nur mit „Umkehrung" arbeite, sondern auch mit dem „‚Verfehlen' der trivialen Denkerwartung".[17] Da der Begriff ‚Paradox' primär jedoch gerade keine starre Antinomie bezeichnet, sondern das der Erwartung Zuwiderlaufende, ist das anschauliche Attribut ‚gleitend' sachlich unnötig.[18] Neumann zufolge kann das Paradoxe bei Kafka nicht durch die Umkehrung ins Gegenteil in etwas Stimmiges rückübersetzt werden.[19] In Wahrheit ist aber eine Vorstellung des Stimmigen nötig, um überhaupt eine Umkehrung oder Abweichung zu identifizieren. Dies ist entscheidend, da das Traumhaft-Entstellte wie auch das Komische daraus resultieren. Etwa der Gebrauch des Nachttischchens als Verhandlungstisch kann nur vor dem Hintergrund einer ‚doxa', hier also einer üblichen Vorstellung von Verhandlungstischen und Verhaftungen, als paradox erkannt werden. Die Referenz für das Stimmige ist dabei nicht nur das gewohnte Weltverständnis der Leser; es finden sich im Text auch innerfiktionale Signale dafür: Der Protagonist K. zeigt sich an mehreren Stellen irritiert, da er sich ja in einem „Rechtsstaat"[20] befinde und die Verhaftung für einen Spaß etwas „zu umfangreich"[21] sei.

Freud macht die Verdichtung und Verschiebung der Traumarbeit auch als Ausdrucksmittel für den Witz geltend.[22] Die Analogie zwischen Traum- und Witzarbeit besteht ihm zufolge darin, dass ein „vorbewußter Gedanke" der „unbewußten Bearbeitung" überlassen und später im Sinne eines „ungewollten ‚Einfalls'" von der „bewußten Wahrnehmung" erfasst wird.[23] Für die Analyse

---

[16] Ebd.
[17] Neumann: „Umkehrung und Ablenkung", S. 705.
[18] Vgl. Art. „Paradox", in: *Historisches Wörterbuch der Philosophie*, Bd. VII, S. 81f.
[19] Vgl. Neumann: „Umkehrung und Ablenkung", S. 706.
[20] Kafka: *Der Proceß*, S. 12.
[21] Ebd., S. 19.
[22] Freud: *Der Witz*, S. 71 und S. 129–146.
[23] Ebd., S. 135f.

von Literatur und Film sind diese psychischen Arbeitsschritte bedeutungslos; entscheidend ist allein die Analogie der paradoxen Struktur.

So tritt das Gericht im *Proceß* auf paradoxe Art in Erscheinung: Auf die Verhaftung, die der Zimmervermieterin bezeichnenderweise „wie etwas Gelehrtes"[24] vorkommt, das sie nicht versteht, folgt die Vorladung zur gerichtlichen Untersuchung, die an einem Sonntag in einem normalen Wohnhaus in der Vorstadt stattfindet. Nachlässig gekleidete Menschen sitzen in einem überfüllten, dunstigen Zimmer, und die auf der Galerie haben „Pölster mitgebracht, die sie zwischen den Kopf und die Zimmerdecke gelegt hatten, um sich nicht wundzudrücken".[25] Kleidung, Räumlichkeit und Lichtverhältnisse widersprechen dem, was für Repräsentanten des Rechts gebräuchlich ist. Dazu gehört auch der Umstand, dass das Gericht einen hauptamtlichen „Prügler" in Lederkluft beschäftigt, der mit nackten Armen in einer engen Rumpelkammer in K.s Bank tätig ist.[26] Das Paradoxe erzeugt die Komik auch im Falle der von K. in Augenschein genommenen Gesetzesbücher des Untersuchungsrichters:

> K. schlug das oberste Buch auf, es erschien ein unanständiges Bild. Ein Mann und eine Frau saßen nackt auf einem Kanapee, die gemeine Absicht des Zeichners war deutlich zu erkennen, aber seine Ungeschicklichkeit war so groß gewesen, daß schließlich doch nur ein Mann und eine Frau zu sehen waren, die allzu körperlich aus dem Bilde hervorragten, übermäßig aufrecht dasaßen und infolge falscher Perspektive nur mühsam sich einander zuwendeten.[27]

Die lächerliche, auf Körperlichkeit zielende Darstellung des erwartungsgemäß Würdevollen und sozial Hochgestellten hat zugleich eine groteske Dimension im Bachtin'schen Sinne.[28] Dabei besteht eine Strukturähnlichkeit zwischen dem Traumhaft-Surrealen und dem Komischen: das Zusammenfügen normalerweise nicht zusammenpassender Elemente, in diesem Fall das Gericht, von dem Professionalität und sittliche Vorbildhaftigkeit zu erwarten ist, gepaart mit ästhetisch misslungenen und moralisch anstößigen Bildern anstelle von Gesetzestexten, die die Maßstäbe ethischer Vollkommenheit vorgeben sollten.

Im Sinne einer solchen Inkongruenz definiert Arthur Schopenhauer das Komische. Jedes Lachen entstehe „auf Anlaß einer paradoxen und daher

---

[24] Kafka: *Der Proceß*, S. 28.
[25] Ebd., S. 49.
[26] Ebd., S. 87.
[27] Ebd., S. 62f.
[28] Bachtin zufolge zeichnet es das Groteske aus, dass Motive, die in der normalen Erwartungshaltung als hochgestellt angesehen werden, entthront werden, indem sie in den materiell-leiblichen Bereich, beispielsweise in die Sphäre der Sexualität, gezogen werden (Michail Bachtin: *Rabelais und seine Welt. Volkskultur als Gegenkultur*, hg. v. Renate Lachmann, übers. v. Gabriele Leupold. Frankfurt a.M.: Suhrkamp, 1987, S. 345–412 [Fünftes Kapitel: „Die groteske Körperkonzeption und ihre Quellen"]).

unerwarteten Subsumtion".[29] Mit paradoxer Subsumtion ist die Unterordnung einer anschaulichen Vorstellung unter einen nicht zu ihr passenden Begriff gemeint.[30] Auf Kafkas Erzählung bezogen, ließe sich also die Quelle der Komik folgendermaßen bestimmen: Das Objekt Nachttischchen ist dem Begriff eines Verhandlungstisches so heterogen, wie die Anschauung einer anstößigen Kritzelei der Idee eines Gesetzestextes unangemessen ist. In diesen Beispielen kommt die Entthronung des vermeintlich erhabenen Rechts mittels seiner Verlagerung in den gemeinen Bereich des Leiblichen hinzu, also ein Lächerlichmachen durch Degradierung. Das Paradoxe ist aber auch dort das wesentliche Element des Komischen, wo dies nicht der Fall ist.

So wird K. am Ende des Romans hingerichtet: eine Szene, die nicht für Komik prädestiniert ist, weil sie nicht harmlos ist – und dennoch ist es komisch, wenn zwei fette bleiche Herren mit „scheinbar unverrückbaren Cylinderhüten"[31] „Höflichkeiten hinsichtlich dessen wer die nächsten Aufgaben auszuführen habe"[32] austauschen und der eine das Messer über K. hinweg dem anderen reicht und dieser es wieder über K. zurückreicht, bis sie es ihm schließlich ins Herz stoßen und „Wange an Wange aneinandergelehnt die Entscheidung"[33] beobachten. Das ist komisch, weil die lächerlichen Zwillingsfiguren linkisch an ein Werk gehen, das im gewohnten Weltverständnis mit Ernst, Pathos und institutioneller Professionalität in Verbindung gebracht wird. Ebenso besteht auch das traumhafte Moment des Romanschlusses in jener Unpassendheit, die eine Desorientierung mit sich bringt, welche zugleich räumlich gestaltet ist, insofern K. in einen verlassenen Steinbruch gebracht wird, der übergangslos an die Stadt angrenzt.[34]

Das Traumhafte kann ins Alptraumhafte und das Komische ins Schreckliche übergehen. Letzteres ist typisch für die Groteske sowie für den schwarzen Humor, den André Breton als spezifisch surrealistisches Gestaltungsmittel geltend gemacht hat.[35] Es sind also häufig bei einer Textstelle mehrere Faktoren des Komischen und Traumhaften zugleich am Werk, die auch darüber entscheiden

---

[29] Arthur Schopenhauer: *Die Welt als Wille und Vorstellung*, Werke in fünf Bänden, Bd. I, hg. v. Ludger Lütkehaus. Zürich: Haffmanns, 1988, S. 102.
[30] Vgl. ebd., S. 108.
[31] Kafka: *Der Proceß*, S. 236.
[32] Ebd., S. 240.
[33] Ebd., S. 241.
[34] Vgl. ebd., S. 239f. Die plötzliche Überblendung von verschiedenen Räumen ist auch ein wesentliches Charakteristikum für den Traum Josef K.s, den Kafka aus dem *Proceß*-Manuskript ausgliederte, um die Erzählung *Ein Traum* einzeln zu publizieren: Darin will K. an einem schönen Tag spazieren gehen und ist nach zwei Schritten schon auf dem Friedhof, wo er gleichsam von seinem eigenen Grab empfangen wird (vgl. Alt: „Erzählungen des Unbewußten", S. 165).
[35] Breton hat 1937 in seiner *Anthologie de l'humour noir* den Begriff ‚humour noir' eingeführt. Eine Situierung von Breton im Kontext der Theoriegeschichte des Schwarzen Humors findet sich bei Michael Hellenthal: *Schwarzer Humor: Theorie und Definition*. Essen: Die blaue Eule, 1989.

können, ob die Stelle erheiternd oder eher irritierend wirkt. Die Traumkomik bezieht aber in jedem Fall ihre Traumhaftigkeit und ihre Komik in gleicher Weise aus dem Paradox.

2. Filmische Traumkomik in Polanskis *Le locataire* (1976)

In der Forschungsliteratur wird Polanskis Film *Le locataire* aufgrund der rätselhaften Metamorphosen und der Vermischung von Realität und Phantastik immer wieder mit Kafka verglichen.[36] Dabei steht das Traumhaft-Irreale im Zentrum des Vergleichs. Das eigentlich ‚Kafkaeske' an Polanskis Film ist jedoch auf die Traumkomik zurückzuführen. Anders als bei Kafka gibt es in Polanskis *Le locataire* (deutscher Titel *Der Mieter*) Anzeichen dafür, dass sein Protagonist halluziniert. Die traumhaft wirkenden Szenen sind zum Teil auf Wahnvorstellungen und Fieberträume zurückzuführen, die filmtechnisch etwa durch eine Großaufnahme des Phantasierenden und den Einschub eines ‚point of view shot' (subjektive Perspektive) in die objektive Kameraeinstellung gekennzeichnet sind. So wird beispielsweise aus der Blickachse des nach einem Verkehrsunfall auf dem Boden liegenden Trelkovsky gezeigt, wie sich sein gefürchteter Vermieter Monsieur Zy und die streitsüchtige Nachbarin Madame Dioz bedrohlich über ihn beugen, während in der Zentralperspektive, welche die Objektivität des Geschehens verbürgt, das besorgte Ehepaar zu sehen ist, dem Trelkovsky vors Auto gelaufen ist. Es gibt aber auch viele Szenen, die ohne eine subjektivierende Kennzeichnung traumhaft sind. Diese sind für den Vergleich mit Kafka wesentlich.

Die Geschichte des polnischen Bankangestellten Trelkovsky, der in Paris eine Wohnung mietet und erfährt, dass seine Vormieterin Simone Choule aus dem Fenster gesprungen ist, wird so erzählt, dass die Zuschauerperspektive die ansteigenden Wahrnehmungsstörungen, den Verfolgungswahn und die Verwandlung von Trelkovskys Identität in die seiner Vormieterin mitvollzieht. Die Grenze zwischen intradiegetischer Realität und Einbildung verschwindet zunehmend. Auf diese Weise besitzt das Erzählen Merkmale der Traumlogik, in der Personen verschmelzen, Inkohärenzen auftreten und absurd komische Dinge geschehen. Es geht also nicht nur inhaltlich um die Chimären eines Mieters (der Titel der Romanvorlage von Roland Topor von 1964 lautet: *Le locataire chimérique*), sondern das Erzählen ist selbst chimärisch.

Anders als in den hier analysierten Kafka-Textstellen stehen bei Polanski Traumhaftes und Komisches zuweilen in einem kontrapunktischen Verhältnis,

---

[36] Vgl. Paul Werner: *Roman Polanski*. Frankfurt a.M.: S. Fischer, 1981, S. 186 und Annegret Mahler-Bungers: „Projektion und Wirklichkeit. Zu Roman Polanskis ‚Der Mieter'", in: *Projektion und Wirklichkeit. Die unbewußte Botschaft des Films*, hg. v. Ralf Zwiebel und Annegret Mahler-Bungers. Göttingen: Vandenhoeck & Ruprecht, 2007, S. 182–203, hier: S. 187.

indem das Dämonisch-Mysteriöse von slapstickhafter Komik unterlaufen wird. Ein wesentliches technisches Darstellungsmittel der Träume bzw. Chimären des Mieters ist die Raumvergrößerung. Seine veränderte Wahrnehmung wird für den Zuschauer erfahrbar gemacht, indem zum Beispiel die Möbel und das Fenster auf das Anderthalbfache vergrößert erscheinen.[37] Diese traumhaften Szenen haben zuweilen einen Mystery- oder Horror-Charakter, wodurch die unterschwellig vorhandene Komik unterdrückt wird: etwa wenn Trelkovsky in einem Loch in der Wand den Schneidezahn seiner Vormieterin findet oder aus dem Toilettenfenster schaut und sich selbst in seiner gegenüberliegenden Wohnung sieht, wie er mit dem Opernglas die Klogänger beobachtet. Das ist paradox und könnte auch komisch sein, wenn es nicht durch die Lichtverhältnisse und die Musik unheimlich und erschreckend inszeniert wäre.

An anderen Stellen kommt das Makabere noch hinzu: etwa wenn aus dem Fenster eine Hand hereingreift, auf die der als Frau verkleidete Trelkovsky mit einem Messer einsticht oder wenn ein Ball, der vor dem Fenster auf- und niederfliegt, sich in einen abgeschlagenen Kopf verwandelt; und schließlich ist es schaurig und paradox, wenn Trelkovsky am Ende des Films in Verband eingewickelt im Krankenbett liegt wie zu Beginn Simone Choule und zugleich als Besucher erscheint. Die beiden Szenen sind filmisch fast identisch. Polanskis Film erzählt also nicht nur davon, wie seine Figur schizophren wird; das Erzählen ist vielmehr selbst am Ende gespalten in eine Version, derzufolge Trelkovksy Simone Choule ist, und die damit unvereinbare Version, derzufolge er nicht Simone Choule ist. Die Unentscheidbarkeit dieser Paradoxie erweitert den chimärischen Charakter des unzuverlässigen Erzählens um den Aspekt des Doppelwesens, das eine Chimäre in der ursprünglichen Bedeutung der griechischen Mythologie ist.

Die Wahnvorstellungen hervorrufende Verfolgungsangst Trelkovskys, der glaubt, dass seine Nachbarn ihn dazu treiben wollen, wie Simone Choule aus dem Fenster zu springen, wird zugleich von Komik unterlaufen: In einer Szene kommt der Mieter im Schlafanzug und bis über beide Ohren mit Müll beladen die Treppe herunter. Er versucht, gegenüber seinem Vermieter einen guten Eindruck zu machen und balanciert die Mülltüten, bis ihm dann doch ein Abfallstück nach dem anderen herausfällt. Die Komik ist hier filmtypischer Slapstick, denn sie resultiert aus der ‚Tücke des Objekts' bzw. aus der Lächerlichkeit der Figur. Ferner gibt es eine Szene, in der Trelkovsky erfährt, dass eine Nachbarin gewissermaßen einen Stuhlgang durchs Treppenhaus gemacht und vor jeder Wohnungstür – mit Ausnahme von seiner – ein Häuflein hinterlassen hat. Um nicht unter Verdacht zu geraten, schiebt er den Haufen von der Nachbartür vor seine eigene. Das Alptraumhafte von Trelkovskys Wahrnehmung steigert die Komik dieser scheinbar harmlos witzigen Szenen durch den Kontrast.

---

[37] Polanski benutzt hier vergrößerte Nachbildungen der Gegenstände in der Wohnung (vgl. Werner: *Roman Polanski*, S. 187).

Traumkomik. Zu Kafka und Polanski

An Stellen wie dieser erzeugt Polanski also eine Dialektik von Komik und Traum bzw. Wahnvorstellung. Davon zu unterscheiden sind Stellen, bei denen das Traumhafte durch eine Inkongruenz gestaltet wird, die zugleich komisch ist. So gibt es eine Szene, in der Trelkovsky den Trauergottesdienst zur Beerdigung seiner Vormieterin besucht. Das Traumhafte und das Komische dieser Szene entstehen in gleicher Weise in dem paradoxen Übergang vom hohen Pathos christlicher Lobpreisung zu der ekelerregenden Beschreibung der verwesenden Leiche und der scheinbar direkten Beschimpfung Trelkovskys, der in der Kirche nichts zu suchen habe, sondern auf den Friedhof gehöre. Mit sanfter und ruhiger Stimme vergleicht der Priester zunächst den Tod mit dem abendlichen Heimholen der Schafe durch den Schäfer. Die Stimme wird lauter und schneller, wenn von den Würmern die Rede ist, die in die Nasenlöcher der Toten kriechen, und sie wird auf grotesk übersteigerte Weise aggressiv, wenn es heißt, Christus sei zwar in den Himmel gefahren, aber nicht „for creeps like you". Die Musik setzt genau an der Umschlagstelle ein und erzeugt eine dramatische Intensität, welche aufgrund der unerwarteten Wende und der Unpassendheit der Verwünschung zugleich komisch wirkt.

Das Komische wird schließlich durch Trelkovskys überhasteten Aufbruch unterstrichen, der am widerspenstigen Objekt der nicht zu öffnenden Riesentür beinahe missglückt und überdies in der Umgebung der Trauergemeinde ebenso unangemessen ist wie das nervöse Hervorholen und Wiederwegstecken der Beruhigungszigarette. Die Kafka-typische Traumkomik wird hier auf spezifisch filmische Weise erzeugt: zum einen das eher Traumhafte durch die schleichend bedrohlicher werdende Musik, die Großeinstellungen von Trelkovskys Angstschweiß, die Schnitte auf das Kruzifix, das im Kerzenschein unheildrohend flackert und die zischelnde Stimme des Predigers. Zum anderen kommt das Alptraumhaft-Klaustrophobische unerwartet und passt nicht in den Rahmen der floskelhaft tröstlichen Beerdigungspredigt, so dass die Szene komisch wirkt.

Es gibt noch weitere Stellen, an denen eine kafkaeske Traumkomik zu erkennen ist, etwa das Hoftheater am Schluss, als Trelkovsky aus dem Fenster springt. Es erinnert an Josef K.s Hinrichtung, die ebenfalls mit Zuschauern und Schauspielern (wie er die Henker nennt) vonstatten geht. In traumhafter Verschiebung wird der triste Innenhof zur Galerie mit einem speisenden und begeistert applaudierenden Publikum in Abendgarderobe und der Suizid zum Lustspiel. Komisch ist diese Verschiebung auch, weil Trelkovsky zwei Mal springt und dann immer noch nicht tot ist. Diese Unbeholfenheit ist nicht vereinbar mit dem Ernst von Sterbeszenen. Außerdem wird in der Perspektive Trelkovskys die Fürsorge des Vermieters zu einer Verfolgung umgedeutet – er erscheint mit verrutschter Gebissprothese und will ihm eine Decke geben, die dieser aber als Fangnetz sieht – und der Kaffeehausbesitzer drängt ihm eine Marlboro auf, die Sorte Simones, obwohl Trelkovsky Gauloises raucht.

So wie bei Kafka irrationale Gegebenheiten in ein realistisches Geschehen wie selbstverständlich eingeflochten sind, ohne dass narrative Zeichen für eine

Wahnvorstellung oder einen Traum gegeben würden, fehlen bei Polanski die filmtechnischen Signale, die üblicherweise eine Fantasie- oder Traumsequenz einleiten (wie Zeitlupe, Überbelichtung, Unschärfe, verwirrende Montagen oder räumliche Verfremdungen).[38] Polanskis Vermögen, eine filmische Traumkomik in Kafkas Stil zu erzeugen, wird besonders deutlich im Kontrast zu den Kafka-Verfilmungen, denn diese versagen gerade in diesem Punkt. Etwa die *Proceß*-Verfilmung von Orson Welles, die in vielerlei Hinsicht gelungen ist, vergibt die Komik der Verhaftungsszene, indem sie auf Details wie den Verhandlungsnachttisch und die Radfahrlegitimation verzichtet oder den Abgang K.s über das Bett des Malers mit dramatischer Musik unterlegt, welche den skurrilen Dialog übertönt.

Eine wesentliche Gemeinsamkeit zwischen Kafka und Polanski besteht insgesamt darin, dass die Traumkomik keine harmlose, heitere Komik ist; sie provoziert nicht notwendig zum Lachen und resultiert nicht aus einem Gefühl von Überlegenheit, wie es der Hobbesschen Komiktheorie entspricht.[39] Das Alogische und Beklommene an der „Narretei der Träume" – um die Formulierung Thomas Manns wiederaufzunehmen – macht die Komik vielmehr zu einer brüchigen, unzuverlässigen Komik.[40]

Bibliographie

Alt, Peter-André: „Erzählungen des Unbewußten. Zur Poetik des Traums in Franz Kafkas Romanen", in: *Der europäische Roman zwischen Aufklärung und Postmoderne. Festschrift zum 65. Geburtstag von Jürgen C. Jacobs*, hg. v. Friedhelm Marx und Andreas Meier. Weimar: VDG, 2001, S. 153–174.

Aristoteles: *Rhetorik*, hg. und übers. v. Gernot Krapinger. Stuttgart: Reclam, 1999.

Art. „Paradox", in: *Historisches Wörterbuch der Philosophie*, Bd. VII, hg. v. Joachim Ritter. Darmstadt: Wissenschaftliche Buchgesellschaft, 1989, S. 81–97.

Bachtin, Michail: *Rabelais und seine Welt. Volkskultur als Gegenkultur*, hg. v. Renate Lachmann, übers. v. Gabriele Leupold. Frankfurt a.M.: Suhrkamp, 1987.

Dieterle, Bernard (Hg.), *Träumungen. Traumerzählung in Film und Literatur*. St. Augustin: Gardez!, 1998.

Engel, Manfred: „Literarische Träume und traumhaftes Schreiben bei Franz Kafka. Ein Beitrag zur Oneiropoetik der Moderne", in: *Träumungen.*

---

[38] Zum Thema Traum bzw. Traumsignale im Film vgl. *Träumungen. Traumerzählung in Film und Literatur*, hg. v. Bernard Dieterle. St. Augustin: Gardez!, 1998.

[39] Zu Hobbes Komiktheorie vgl. Thomas Hobbes: *Leviathan*. London: Bohn 1839, Bd. III, Teil 1, Kapitel 6.

[40] Vgl. Verf.: *Kafkas unzuverlässige Komik*, in: *Kafka. Schriftenreihe der Deutschen Kafka-Gesellschaft* 2 (2008), S. 83–92.

Traumerzählung in Film und Literatur, hg. v. Bernard Dieterle. St. Augustin: Gardez!, 1998, S. 233–262.

Freud, Sigmund: *Die Traumdeutung*, Studienausgabe, Bd. II, hg. v. Alexander Mitscherlich, Angela Richards, James Strachey. Frankfurt a.M.: S. Fischer, 1972.

— *Der Witz und seine Beziehung zum Unbewußten*, in: ders.: *Psychologische Schriften*, Studienausgabe, Bd. IV, hg. v. Alexander Mitscherlich, Angela Richards, James Strachey. Frankfurt a.M.: S. Fischer, 1972, S. 9–219.

Hellenthal, Michael: *Schwarzer Humor: Theorie und Definition*. Essen: Die blaue Eule, 1989.

Hobbes, Thomas: *Leviathan*. London: Bohn 1839.

Kafka, Franz: *Der Proceß*, in: *Gesammelte Werke*, Bd. III, hg. v. Hans-Gerd Koch. Frankfurt a.M.: S. Fischer, 2000.

— *Das Schloß. Apparatband*, hg. v. Malcolm Pasley, in: *Franz Kafka: Schriften, Tagebücher. Kritische Ausgabe*, hg. v. Jürgen Born. Frankfurt a.M.: S. Fischer, 2002.

Kaul, Susanne: *Kafkas unzuverlässige Komik*, in: *Kafka. Schriftenreihe der Deutschen Kafka-Gesellschaft* 2 (2008), S. 83–92.

Mahler-Bungers, Annegret: „Projektion und Wirklichkeit. Zu Roman Polanskis ‚Der Mieter'", in: *Projektion und Wirklichkeit. Die unbewußte Botschaft des Films*, hg. v. Ralf Zwiebel und Annegret Mahler-Bungers. Göttingen: Vandenhoeck & Ruprecht, 2007, S. 182–203.

Neumann, Gerhard: „Umkehrung und Ablenkung. Franz Kafkas ‚Gleitendes Paradox'", in: *Deutsche Vierteljahrsschrift* 42 (1968), S. 702–744.

Schopenhauer, Arthur: *Die Welt als Wille und Vorstellung*, Werke in fünf Bänden, Bd. I, hg. v. Ludger Lütkehaus. Zürich: Haffmanns, 1988.

Wagenbach, Klaus: *Franz Kafka in Selbstzeugnissen und Bilddokumenten*. Reinbek bei Hamburg: Rowohlt, 1964.

Werner, Paul: *Roman Polanski*. Frankfurt a.M.: S. Fischer, 1981.

Christiane Solte-Gresser (Saarbrücken)

„Alptraum mit Aufschub".
Ansätze zur Analyse literarischer Traumerzählungen

1. Imagination und Fiktion.
Zum Verhältnis von Traum und Literatur

„Traum und Literatur gehören uranfänglich zusammen. Vielleicht war die erste Erzählung überhaupt der Versuch, einen Traum zu erzählen."[1] Was Barbara Frischmuth 1991 in ihrer Münchner Poetikvorlesung postuliert, bildet eine wesentliche Grundlage für das anhaltende Interesse am Traum seitens der Literaturwissenschaft. Traumhaftigkeit der Literatur und poetische Struktur von Träumen – diese Prämissen sind Fixpunkte in der uralten Geschichte der Traumdiskurse; und bis heute betonen Vertreter/innen unterschiedlichster literatur- und kulturtheoretischer Richtungen, fast immer in direkter Auseinandersetzung mit den Erkenntnissen Freuds, die unauflösliche Verflechtung von Literatur- und Traumtexten. Ob aus systemtheoretischer, diskursanalytischer, poststrukturalistischer, kulturgeschichtlicher, literaturpsychologischer oder anthropologisch-philosophischer Perspektive: Traum und Literatur wird stets, trotz zahlreicher theoretischer und methodischer Unvereinbarkeiten der verschiedenen Positionen, eine vergleichbare Eigenlogik zugestanden.[2] Wenn diese spezifische Logik der Bedeutungsproduktion anderen Weisen der Sinnkonstitution gegenüber gestellt wird, so heißt das auch, über das grundsätzliche Potenzial des Literarischen nachzudenken. Einige Thesen hierzu seien auf der Grund-

---

[1] Barbara Frischmuth: *Traum der Literatur – Literatur des Traums. Münchner Poetikvorlesungen*. Salzburg: Residenz, 1991, S. 39.
[2] Ich beziehe mich für diese einführenden Überlegungen vor allem auf die folgenden Werke: Peter-André Alt: *Der Schlaf der Vernunft. Literatur und Traum in der Kulturgeschichte der Neuzeit*. München: C.H. Beck, 2002; Susanne Goumegou: *Traumtext und Traumdiskurs: Nerval, Breton, Leiris*. München: Fink, 2007; Martina Wagner-Egelhaaf: „Traum – Text – Kultur. Zur literarischen Anthropologie des Traumes", in: *Poststrukturalismus. Herausforderungen an die Literaturwissenschaft*, hg. v. Gerhard Neumann. Stuttgart/Weimar: Metzler, 1997, S. 123–144; Hans-Walter Schmidt-Hannisa: „‚Der Traum ist unwillkürliche Dichtkunst'. Traumtheorie und Traumaufzeichnung bei Jean Paul", in: *Jahrbuch der Jean-Paul-Gesellschaft* (2000/2001), hg. v. Elsbeth Dangel-Pelloquin, Helmut Pfotenhauer, Monika Schmitz-Emans und Ralf Simon, S. 93–113 und „‚Der Träumer vollendet sich im Dichter'. Die ästhetische Emanzipation der Traumaufzeichnung", in: *Hundert Jahre „Die Traumdeutung". Kulturwissenschaftliche Perspektiven in der Traumforschung*, hg. v. Burkard Schnepel. Köln: Köppe, 2001, S. 83–106; Manfred Engel: „Literarische Träume und traumhaftes Schreiben bei Franz Kafka. Ein Beitrag zur Oneiropoetik der Moderne", in: *Träumungen. Traumerzählungen in Literatur und Film*, hg. v. Bernard Dieterle. St. Augustin: Gardez!, 2002, S. 233–262; Christoph Türcke: *Philosophie des Traums*. München: C.H. Beck, 2008.

lage der genannten Forschungsansätze formuliert, um deutlich zu machen, wie sich ein ästhetisches Potential fassen lässt, das sich wesentlich aus der ‚Traumhaftigkeit der Literatur' bzw. der ‚Literarizität des Traumes' speist. Von diesen Thesen ausgehend, will der vorliegende Beitrag anhand konkreter Textbeispiele Ansätze zur Analyse literarischer Träume präsentieren.

1.1 Die Zeichenhaftigkeit des Traumes

Der Traum ‚an sich' existiert nicht. Er ist kein der (Bilder-)Sprache vorgängiges Phänomen, sondern wird durch sie erst hervorgebracht. Aufgrund seiner Zeichenhaftigkeit ist der erzählte Traum immer schon Deutung, denn „nur durch die Anbindung an den sprachlichen Diskurs werden Träume zu Bedeutungsträgen".[3] Indem an Traummaterial lediglich das verfügbar ist, was in eine bildliche oder narrative Ordnung integriert wurde, interpretieren wir stets eine bereits der Interpretation unterzogene Konstruktion.[4] Peter-André Alt spricht daher vom Traum in der Literatur als einer „imaginäre(n) Struktur zweiter Potenz".[5]

1.2 Der Traum als Konfrontation mit dem Anderen

Aus der genuinen Beziehung zur Sprache ergibt sich ein weiteres Charakteristikum des Traums: Träumen fordert zur Kommunikation heraus. Sich konsequent auf die Eigenlogik des Traumes einzulassen, führt unausweichlich zu einer Konfrontation mit der Offenheit, Mehrschichtigkeit und Abgründigkeit des Ich und – damit untrennbar verbunden – zur Konfrontation mit dem Fremden, Anderen, Unbegreiflichen in seiner unhintergehbaren Alterität.[6] Die radikale Differenzerfahrung des Träumens bewirkt in ihrer Privatheit und Subjektivität, dass ganz verschiedene Erfahrungswelten aufeinander stoßen. Dies veranlasst, wie Manfred Engel betont, immer auch zum Dialog über die Grenzen dieser Welten und

---

[3] Monika Schmitz-Emans: „Redselige Träume. Über Traum und Sprache bei Jean Paul im Kontext des europäischen Romans", in: *Traumdiskurse der Romantik*, hg. v. Peter-André Alt und Christiane Leiteritz. Berlin: De Gruyter, 2005, S. 77–110, hier: S. 84; vgl. hierzu auch Alt: *Der Schlaf der Vernunft*, S. 27 und S. 373 sowie Wagner-Egelhaaf: „Traum – Text – Kultur", S. 128.

[4] Für die wissenschaftliche Beschäftigung mit literarischen Traumtexten, deren Fokus statt auf den stets abwesenden Traumgegenstand auf den vorliegenden Text gerichtet ist, stellt diese konstitutive Abwesenheit kein Manko, sondern eine besondere ästhetische Herausforderung dar. Susanne Goumegou bezeichnet sie in Anlehnung an Brigitte Boothe und Jean-Daniel Gollut als eine „Rhetorik des Zu-Fassen-Bekommens" bzw. als „Poetik der Inadäquatheit" (vgl. Goumegou: *Traumtext und Traumdiskurs*, S. 47–56).

[5] Alt: *Der Schlaf der Vernunft*, S. 10.

[6] Für Christoph Türcke ist der Traum daher ein erster Schritt der Distanzgewinnung des Menschen zu sich selbst und zur Welt (Türcke: *Philosophie des Traums*, S. 7–18).

deren Definition.⁷ Denn der Traum bringt in einer ganz eigenen, aber doch grundsätzlich vermittelbaren Sprache verborgene und rätselhafte Dimensionen des Selbst zum Vorschein und bietet damit die Möglichkeit zur Beschäftigung mit verschiedenen, oftmals unvereinbaren Weisen der Selbst- und Weltwahrnehmung.⁸

1.3 Ambivalenzen des Traumes

Es gehört ganz offensichtlich zum Wesen des Traumes, dass er sich jeglicher Eindeutigkeit entzieht. Der Sinn scheint sich entweder zu verflüchtigen oder aber sich zu potenzieren. In seiner Widersprüchlichkeit und Vieldeutigkeit birgt der Traum also eine paradoxe Struktur: Er ist sinnhaft und sinnlos, logisch und unlogisch, verrätselnd und enträtselnd, einfach und komplex, nachträglich und gegenwärtig zugleich. Sicherlich verläuft der Prozess der Bedeutungskonstitution im Traum keineswegs unlogisch. Seine Logik ist jedoch eine andere als jene, die innerhalb unserer symbolischen Ordnung mit dem rationalen Denken gleichgesetzt wird.⁹ Damit finden Träume Bilder für das, was sich dem begrifflichen Denken entzieht.¹⁰

1.4 Poetische Repräsentationsweise

Wie die Fiktion, so bildet auch der Traum die Wirklichkeit nicht ab, sondern er inszeniert sie. Das heißt, im Traum werden Bilder gefunden, die ähnlich lebensweltlich gesättigt sind wie die Literatur – ohne darum mit dieser Realität zusam-

---

[7] Manfred Engel: „Der Traum zwischen Psychologie und Literatur", in: *Schweizer Monatshefte* 80/9 (2000), S. 26–29, hier: S. 27.

[8] Vgl. Hans-Walter Schmidt-Hannisa: „Die Kunst der Seele. Poetologie und Psychologie des Traums bei Hermann Hesse", in: *Träumungen. Traumerzählungen in Literatur und Film*, S. 203–231, hier: S. 230. In der Auseinandersetzung mit Jean Paul und Freud betont v.a. Monika Schmitz-Emans diesen Aspekt von Traumerzählungen als Projekt einer „Verbalisierung des Befremdlichen" (Schmitz-Emans: „Redselige Träume", insbesondere S. 101 und S. 109/110).

[9] Insofern, so Barbara Frischmuth, verleihe der Traum dem eine Stimme, das innerhalb der symbolischen Ordnung als das „ewig Andere" nicht bestimmbar sei, vgl. Frischmuth: *Traum der Literatur – Literatur des Traums*, S. 72–89 („Kapitel V: Der weibliche Traum").

[10] Als „primitive Verfahrensweise" gehört der Traum der Logik einer doppelten „Vorzeit" an: derjenigen der Kindheit und derjenigen der Menschheit als Ganzes (Türcke: *Philosophie des Traums*, S. 15). Das mit diesem Phänomen einhergehende ‚dekonstruktivistische' Potential des Traumes bildet die Grundlage für die poststrukturalistische Anthropologie, die Martina Wagner-Egelhaaf am Gegenstand des Traumes entwirft. Im Mittelpunkt ihrer Betrachtungen stehen daher die Selbstreflexivität des Traumes, dysfunktionale Momente der Textproduktion sowie das ständige Verschieben unabgeschlossener Sinneinheiten ohne Ursprung und Ziel (vgl. Wagner-Egelhaaf: „Traum – Text – Kultur", insbesondere S. 130–136).

menzufallen. Dramatische, poetisch-symbolische, erzählerische wie filmische Gestaltungsverfahren ergeben ein komplexes Geflecht, das sich auf vergleichbare Weise analysieren lässt wie ein literarischer Text.[11]

Denn Traum und Fiktion sind Aufbewahrungsorte eines ästhetisch repräsentierten Wissens.[12] Im Traum wie in der Literatur – und das macht die interessanten Überschneidungen mit dem Mythos aus – werden bestimmte menschliche Konflikte erprobt, lebensweltlich relevante Figurenkonstellationen geschaffen, individuelle wie kollektive Ängste durchgespielt und unterschiedlichste Lösungsmöglichkeiten eruiert.[13] Traum und Literatur erweisen sich somit als ‚Speicher' für ein Lebenswissen, das allein in der poetischen Vergegenwärtigung zugänglich ist.[14]

1.6 Der Traum als Grenzphänomen

Nimmt man die Poetizität des Traumes ernst, so erweist sich die eindeutige Unterscheidung zwischen Traum- und Wachwelt nicht als ontologische Tatsache, sondern als eine kulturell konstruierte Grenze. Insofern eignen sich Traumtexte besonders dafür, traditionelle Dualismen, die unsere abendländische Kultur organisieren, kritisch zu hinterfragen.[15] Der Traum mag ‚unlogisch' erscheinen;

---

[11] Insofern liest sich die Anleitung zur Analyse von Träumen in der psychologischen Traumforschung mitunter fast wie eine Einführung in die Narratologie. Wie selbstverständlich wird dort etwa von den „Stilmitteln" oder „Gestaltungsmitteln" des Traumes gesprochen. Als grundlegende Kategorien erscheinen beispielsweise Räume, Darsteller, Rolle des Träumers, Maß der Ich-Beteiligung oder Zeitbezug (vgl. Inge Strauch und Barbara Meier: *Den Träumen auf der Spur. Zugang zur modernen Traumforschung*. Bern: Huber, 2004, insbesondere S. 16 und S. 109–121, Calvin Hall: *The Meaning of Dreams*. New York: McGraw-Hill, 1953, S. 2–3 und Michael Schredl: *Traum*. München: Ernst Reinhardt, 2008, S. 34 ff.).

[12] Alt: *Der Schlaf der Vernunft*, v.a. S. 12–13.

[13] Die Literatur nutzt nach Peter-André Alt die narrativen Strukturmuster des Traumes und speist sie „als Verfahren der poetischen Vergegenwärtigung möglicher Welten" in die unterschiedlichen Gattungen ein (ebd., S. 10).

[14] Zur Konzeption der Literatur bzw. der Literaturwissenschaft als Lebenswissenschaft vgl. *Literaturwissenschaft als Lebenswissenschaft. Programm – Projekte –Perspektiven*, hg. v. Ottmar Ette und Wolfgang Asholt. Tübingen: Narr, 2010. In dieser Hinsicht vergleichbar, betont Peter-André Alt das „Erinnerungsvermögen" der Literatur, die „aufzeichnet, was die Systemzwänge der Wissenschaft zerstören und dem Vergessen überantworten" (Alt: *Der Schlaf der Vernunft*, S. 373).

[15] Vgl. auch Petra Gehring: *Traum und Wirklichkeit. Zur Geschichte einer Unterscheidung*. München: Beck, 2008, die die Klarheit philosophischen Denkens der Traumlogik gegenüberstellt und damit zeigt, wie sich anhand des Traumes verschiedene Wirklichkeitsbegriffe kritisch reflektieren lassen. In eine vergleichbare Richtung zielt auch die Studie von Martina Wagner-Egelhaaf, die, den Zusammenhang von Mythos und Traum reflektierend, feststellt: „Die kulturreflexive Valenz des Traumes hat ihn nachgerade zur kulturellen Metapher des Anderen werden lassen, des Anderen einer Kultur, das sich in seiner stilisierten

er ist jedoch nicht einfach das Andere der Vernunft oder das Andere der Kultur.[16] Er lässt sich insofern weder auf der einen noch auf der anderen Seite der hierarchisch konstruierten Oppositionen verorten, auf denen unsere Ordnung beruht.[17] Träume gehorchen performativen Verfahren der Erkenntnisproduktion, die gesellschaftliche, kulturelle und historische Normen immer schon verinnerlicht haben. Damit ist der Traum selbst eine rationale Operationsleistung,[18] welche allerdings die Grenze zwischen Irrationalität und Ratio, zwischen Natur und Kultur, zwischen Unmittelbarkeit und Distanz beständig unterläuft.[19] Sowohl im Bereich des Traumes als auch in dem der Literatur kommen performative und assoziative Strategien zum Einsatz, die nicht auf das Identifizieren eines eigentlich gemeinten, wie auch immer fixierbaren Sinnes hinauslaufen, sondern diese Eindeutigkeit subvertieren, den Sinn vervielfältigen, subjektiv erfahrbar machen und damit unauflösliche Ambivalenzen hervortreten lassen.[20]

Mit seinen stetigen Verunsicherungen über das Verhältnis von Wirklichkeit und Imagination, so lässt sich zusammenfassen, fordert der Traum unser in den Gesetzen der symbolischen Ordnung verankertes Denken auf produktive Weise heraus. In kondensierter Form äußert sich diese Herausforderung für unser Wirklichkeitsverständnis in den drei, beispielsweise von Adorno oder Barbara Frischmuth reflektierten Formulierungen „Ich träumte", „mir träumt" und „wir werden geträumt".[21] Ob der Traum als individueller, subjektiver Vorgang begriffen wird, als Botschaft einer metaphysischen oder transzendentalen Instanz oder

---

Andersheit der eigenen kulturellen Grenzziehungen vergewissert." (Wagner-Egelhaaf: „Traum – Text – Kultur", S. 128).

[16] Vgl. hierzu besonders ebd., S. 130.
[17] Diese Voraussetzung bildet das zentrale Interesse für die kulturvergleichende Beschäftigung mit dem Traum in dem von Burkard Schnepel 2001 herausgegebenen Band *Hundert Jahre „Die Traumdeutung"*, hier bes. S. 7–10.
[18] Es handelt sich also um eine „Denkarbeit" nach bestimmten poetischen Prinzipien, zu denen, wie Christoph Türcke resümiert, folgende Verfahren zählen: „stauchen, verkürzen, verkleiden, entstellen, verrätseln" (Türcke: *Philosophie des Traums*, S. 36–37).
[19] Ziel des Bandes *Hundert Jahre „Die Traumdeutung"* ist es daher, die besondere sinnliche Struktur zu beleuchten, mittels derer die Grenzen von Zeit und Raum, Kausalität, Moral und Alltagsrealität überschritten werden (ebd., S. 10).
[20] Vgl. hierzu auch meine zusammen mit Margot Brink formulierten Thesen in „Grenzen und Entgrenzungen. Zum Verhältnis von Literatur und Philosophie", in: *Écritures. Denk-und Schreibweisen jenseits der Grenzen von Literatur und Philosophie*, hg. v. Margot Brink und Christiane Solte-Gresser. Tübingen: Stauffenburg, 2004, S. 9–32.
[21] Theodor W. Adorno: *Minima Moralia. Reflexionen aus dem beschädigten Leben* [1951]. Frankfurt a.M.: Suhrkamp, 1981, S. 252; Frischmuth: *Traum der Literatur – Literatur des Traums*, S. 19–24; vgl. hierzu auch Alt: *Der Schlaf der Vernunft*, S. 332–333, Bettina Gruber: „Romantische Psychoanalyse? Freud, C.G. Jung und die Traumtheorien der Romantik", in: *Traumdiskurse der Romantik*, hg. v. Peter-André Alt und Christiane Leiteritz. Berlin: De Gruyter, 2005, S. 334–358, hier: S. 342 und insgesamt Petra Gehring: *Traum und Wirklichkeit*.

ob wir davon ausgehen, dass das, was wir für die Wirklichkeit halten, selbst nur Teil eines großen Traumes ist: Immer stehen Träume – ebenso wie die Literatur – in einem provozierenden und äußerst komplexen Verhältnis zur Realität. Sie treffen Aussagen über die Welt, indem sie lebensweltliche Wahrnehmungen und Erfahrungen darstellen, ohne sie mimetisch abzubilden. Im Modus der Inszenierung sind sie immer auch Vorschläge oder Modelle zur Bewältigung des Lebens.

2. Introduktion und Intention. Zu Textauswahl und Fragestellung

Wendet man sich nun der Frage nach den spezifischen Gestaltungstechniken von erzählten Träumen in der Literatur zu, wird das soeben aufgerissene Problemfeld entscheidend eingegrenzt: Das Gebiet der literarischen Traumverarbeitung, innerhalb dessen sich solche Textlektüren verorten, ist in der Forschung mehrfach systematisch abgesteckt worden. So haben unter anderen Manfred Engel, Hans-Walter Schmidt-Hannisa oder Monika Schmitz-Emans verschiedene Ebenen herausgearbeitet, auf denen Träume Eingang in die Literatur finden können.[22] Im Rahmen einer solchen Systematik wird sich dieser Beitrag auf „literarische Darstellungen erfundener Traumvisionen"[23] konzentrieren, also auf die Kategorie der „literarischen Traumfingierung".[24] Es handelt sich dabei um Texte, in denen der Traum nicht nur eines von mehreren Motiven oder einen literarischen Topos bildet, sondern in denen er zum zentralen Thema der Erzählung und damit auch zum eigentlichen Reflexionsgegenstand wird. Insofern wird sich zeigen, dass die Trennlinien zu „traumhaften Darstellungen"[25] und zu „ästhetisch-poetischen

---

[22] Manfred Engel („Literatur- und Kulturgeschichte des Traumes", in: *Dream Images in German, Austrian and Swiss literature and culture*, hg. v. Hanna Castein und Rüdiger Görner. München: Iudicium, 2002, S. 13–31) unterscheidet einerseits das Traumnotat (also aufgeschriebene Träume) vom literarischen Traum (reale oder erfundene Träume innerhalb eines literarischen Textes) und dem traumhaften Schreiben (nämlich bestimmte Techniken und Poetiken des Oneirischen, die den Gesamttext prägen). Im Bereich der Literatur wäre wiederum zu differenzieren zwischen rhetorischer Traumverwendung (Texte, in denen der Traum den bloßen Rahmen für die Geschichte abgibt und keine Fingierung authentischer Traumhaftigkeit angestrebt wird), die literarische Traumfingierung (d.h. erfundene Träume in literarischen Texten, die „ein Minimum an Traumhaftigkeit aufweisen" [S. 26]), und traumhafte Darstellungen (eine oneirische Schreibweise, die sich am Traum orientiert, nicht ausdrücklich markiert ist und sich im Text gewissermaßen verselbständigt hat). Anhand des Werkes von Jean Paul unterscheidet Schmidt-Hannisa („„Der Traum ist unwillkürliche Dichtkunst'") folgende Ebenen: Aufzeichnungen über eigene Träume, literarische Darstellungen erfundener Traumvisionen, anthropologisch-psychologische Reflexionen über das Träumen und schließlich ästhetisch-poetologische Modellierungen des Traumes im Sinne eines literarischen Nachdenkens über das Verhältnis von Traum und Literatur; vgl. hierzu auch Schmitz-Emans: „Redselige Träume", S. 78–81.
[23] Schmidt-Hannisa: „„Der Traum ist unwillkürliche Dichtkunst'", S. 99.
[24] Engel: „Literatur- und Kulturgeschichte des Traumes", S. 27.
[25] Ebd.

Modellierungen des Traumes"[26] beständig überschritten oder auf ihre Durchlässigkeit hin befragt werden. Das zentrale Erkenntnisinteresse ist daher, herauszuarbeiten, in welchem Verhältnis jeweils erzählter Traum und erzählte Realität zueinander stehen. Ein wichtiges Moment der ausgewählten Texte ist die uneindeutige und irritierende Relation zwischen den Ebenen. Das Augenmerk wird deshalb besonders darauf liegen, wie Traum und Realität literarisch ineinander verschachtelt werden und damit die Grenzen zwischen den verschiedenen Wirklichkeitsebenen beständig neu ausloten, verunsichern und unterwandern.

Zunächst einmal geht es darum, drei Erzählungen aus den 1940er Jahren im Hinblick auf die Thematik des Traumes zu präsentieren, zu analysieren und zu interpretieren: *Il dolore notturno* von Dino Buzzati,[27] *Anna* von Madeleine Bourdouxhe[28] und *Quarto comandamento* von Paola Masino.[29] Sie alle umfassen weniger als 20 Druckseiten und sind fast gleichzeitig im romanischen Kulturraum entstanden. In allen drei Texten finden besonders komplexe, wenn auch je unterschiedlich konstruierte Verschachtelungen der Ebenen von Traum und Wirklichkeit statt, und alle drei Erzählungen weisen eine selbstreferentielle Dimension auf, d.h. in ihnen wird das Verhältnis von Traum und Wirklichkeit nicht nur inszeniert, sondern ausdrücklich reflektiert. Insofern bieten sie sich für einen Vergleich geradezu an. Des Weiteren wird mit diesen Textlektüren ein Vorschlag zur Analyse von literarischen Traumerzählungen gemacht. Ausgehend von bestimmten, konkreten Einzeltexten werden also Ansätze zu einer Methodik der Traumtextanalyse entwickelt und zwar mit besonderem Augenmerk auf die Kriterien, die sich für die Frage nach den Wirklichkeitsebenen der Erzählung und deren Verhältnis untereinander als fruchtbar erweisen.

Da die für die Thematik des Traumes einschlägigen Erzählungen bislang noch kaum zum Gegenstand literaturwissenschaftlicher Untersuchungen geworden sind, soll mit diesem Beitrag zugleich ein Stück „Arbeit am Kanon" geleistet werden.[30] Bourdouxhes Erzählungen und Romane sind bislang noch so gut wie nicht erforscht, obwohl sie vielleicht zu den originellsten und eindrücklichsten französischsprachigen Erzähltexten der Zwischenkriegszeit zählen.[31] Der weit-

---

[26] Schmidt-Hannisa: „Der Traum ist unwillkürliche Dichtkunst'", S. 99.
[27] Dino Buzzati: *Il dolore notturno*, in: *Le cronache fantastiche di Dino Buzzati*, hg. v. Lorenzo Viganò. Mailand: Mondadori, 2003, S. 224–235. Erstveröffentlichung in: ders.: *I sette messaggeri*, Mailand: Mondadori, 1942.
[28] Madeleine Bourdouxhe: *Anna*, in: dies.: *Les jours de la femme Louise et autres nouvelles*. Arles: Actes Sud, 2009, S. 5–24. Erstveröffentlichung in: *La NEF* 52 (März 1949).
[29] Paola Masino: *Quarto comandamento*, in: dies.: *Colloquio di notte*, hg. v. Maria Rosa Cutrufelli. Palermo: La Luna, 1994, S. 54–69. Erstveröffentlichung in: *Tempo* (24. Juni 1943).
[30] Renate von Heydebrandt und Simone Winko: „Arbeit am Kanon. Geschlechterdifferenz in Rezeption und Wertung von Literatur", in: *Genus. Zur Geschlechterdifferenz in den Kulturwissenschaften*, hg. v. Hadumod Bußmann und Renate Hof. Stuttgart: Kröner, 1995, S. 206–261.
[31] Vgl. hierzu *Relire Madeleine Bourdouxhe. Analyses littéraires de l'œuvre complète*. Bruxelles: Peter Lang, 2011, hg. v. Cécile Kovacshazy und Christiane Solte-Gresser.

gehend unbekannte ‚racconto' Paola Masinos, der wohl ebenso viele Fragen offen lässt wie ihr ‚Skandal'-Roman *Nascita e morte della massaia* von 1945, ist vor allem aufgrund seiner beunruhigenden und irritierenden Wirkung von Interesse.[32] Im Falle von Dino Buzzati haben wir es schließlich mit einem hochgradig kanonisierten und umfassend erforschten Autor zu tun,[33] der gerade für eine Typologie literarischen Traumerzählens ausgesprochen ergiebig scheint. Die ausgewählte Erzählung ist allerdings, so weit ich sehe, bisher nicht zum Gegenstand wissenschaftlicher Lektüren geworden.

Anhand einer Konfrontation dieser drei Texte werden zahlreiche Gemeinsamkeiten, aber auch erhebliche Differenzen zu Tage treten; vor allem jedoch scheinen sich die ausgewählten Texte an ähnlichen Kategorien abzuarbeiten, die ein hohes Maß an Vergleichbarkeit garantieren. Als Ergänzung der methodologischen Überlegungen soll abschließend eine weitere Erzählung hinzugezogen werden, die im Rahmen dieses Beitrages keiner eigenen Interpretation bedarf: Franz Kafkas *Ein Landarzt*.[34] Auf der Folie dieser Erzählung erhalten die literarischen Traumdarstellungen und die sich daraus ergebenden Konsequenzen für die Traumtextlektüre schärfere Konturen, sie werden aufgrund des hohen Bekanntheitsgrades dieses Textes konkreter nachvollziehbar und zudem um einige wichtige Facetten ergänzt.

3. Präsentation und Interpretation.
Drei Traumerzählungen aus den 1940er Jahren

3.1 *Il dolore notturno* von Dino Buzzati

Il dolore notturno von Dino Buzzati berichtet von einer merkwürdigen und unheimlichen Begebenheit: Ein Unbekannter dringt des Nachts in die Wohnung

---

[32] Auch was Paola Masino betrifft, existiert bisher kaum Forschungsliteratur. Zu nennen wären *L'archivo di Paola Masino*, hg. v. Francesca Bernardini Napoletano. Rom: Casa Editrice Università La Sapienza, 2004 und die Vor- bzw. Nachworte zu ihren Erzähltexten: Marina Zancan: „Il destino di essere donna", in: Paola Masino: *Nascita e morte della massaia*. Mailand: Isbn, 2009, S. 269–282 und die „nota biografica", S. 283–295; Mauro Bersani: „Postfazione di *Monte Ignoso*", in: Paola Masino: *Monte Ignoso*. Mailand: Il Melangolo, 1994, S. 207–220 und die Einleitung von Maria Vittoria Vittori zu Paola Masino: *Colloquio di notte*. Palermo: La Luna, 1994, S. 11–37.

[33] Verwiesen sei für den hier entfalteten Problemzusammenhang besonders auf Stefano Lazzarin: *Fantasmi antichi e moderni. Tecnologia e perturbante in Buzzati e nella letteratura fantastica otto-novecentesca*. Pisa/Rom: Fabrizio Serra, 2008; Patrizia Dalla Rosa: *Dove qualcosa sfugge. Lingue e luoghi di Buzzati*. Pisa/Rom: Istituti editoriali e poligrafici internazionali, 2004 und Mario B. Mignone: *Anormalità e angoscia nella narrativa di Dino Buzzati*. Ravenna: Longo, 1981.

[34] Franz Kafka: *Ein Landarzt*, in: ders.: *Sämtliche Erzählungen*, hg. v. Paul Raabe. Frankfurt a.M.: Fischer, 1970, S. 124–128. Erstveröffentlichung in: *Die neue Dichtung. Ein Almanach*. Leipzig: Wolff, 1918, S. 17–26.

Alptraum mit Aufschub

zweier Brüder ein und ängstigt den jüngeren mit Zeichnungen, die er ihm kommentarlos zeigt. Diese Heimsuchung wird bald zur schrecklichen Gewohnheit. Allabendlich kehrt der Fremde wieder, wobei die Angst vor der drohenden Ankunft, die schon vor dem Besuch spürbar wird, mindestens ebenso quälend ist wie die tatsächliche Präsenz des Mannes. Das Beunruhigende dieser Erzählung entsteht vor allem dadurch, dass die existenzielle Bedrohung, die von dem Fremden ausgeht, gänzlich kommentarlos präsentiert wird. Der Zweck des Besuchs bleibt im Dunkeln, die Frage, wie das Eindringen vonstatten geht, rätselhaft, dessen Frequenz unberechenbar, der Anlass ungenannt. Schmerzhaft klar und deutlich ist allein die Unausweichlichkeit des Geschehens. Es besteht kein Zweifel für alle Beteiligten – die beiden Brüder wie die Leser –, dass es hier um Leben und Tod geht und dass die Qual, die die Besuche bereiten, an der Grenze des Erträglichen liegt.

Thema des Textes ist ein so genannter Pavor nocturnus,[35] das nächtliche Hochschrecken aus dem Schlaf. Der psychologischen Definition zufolge geht diese Schlafstörung mit einem diffusen Gefühl der Bedrohung und extremen Angstzuständen einher.[36] ‚Klinisch korrekt' wird zudem die Tatsache umgesetzt, dass die Betroffenen, meist Kinder oder Jugendliche, durch Beschwichtigungsversuche von außen nicht zu beruhigen sind. So laufen auch in Buzzatis Erzählung die Bemühungen des großen Bruders ins Leere, das Geschehen zu verharmlosen oder durch eine logische Erklärung zu rationalisieren. Schnell aber wird eine grundlegende Umkehrung deutlich, mit der dem Traum in dieser Erzählung eine gänzlich andere Funktion zugeschrieben wird als in der Psychologie oder der Medizin: Während der vom Pavor nocturnus Betroffene angstgebeutelt aus dem Schlaf hochschreckt, wird er hier ja gerade am Einschlafen gehindert. Der Alp erscheint nicht im Schlafzustand, sondern er existiert ‚wirklich': Er überfällt den Protagonisten, solange er wach ist. Das Quälende dieser Erzählung besteht also gerade darin, dass der Protagonist sich der Bedrohung durch den Schlaf entziehen will, ihm dies aber verwehrt wird. Insofern erscheint in Buzzatis Erzählung der Traum als Erlösung von der Realität: Im Reich der Träume fällt der Druck der Wirklichkeit von den Schlafenden ab („potrai fare un bel sonno", S. 228), dort relativiert sich der Schrecken, dort erhält der ‚Alpdruck' einen ‚Aufschub' („l'incubo subiva un rinvio", S. 231). Schlafen die Brüder schließlich doch ein, so erscheint ihnen im Traum „tutto un mondo felice" (S. 229). Nicht träumen zu dürfen, ist in Buzzatis Text also der eigentlich Alptraum.

Einer besonderen Erwähnung bedarf in diesem Zusammenhang das Ende der Erzählung. Wir haben es mit einem eindeutigen Happy End zu tun: Der „uomo sconosciuto" (S. 226), „maledetto" (S. 230) und sein „crudele incanto" (S. 231) verschwinden so plötzlich und kommentarlos, wie sie gekommen sind.

---

[35] Vgl. auch den Titel der deutschsprachigen Übersetzung *Pavor nocturnus*, in: Dino Buzzati: *Die Versuchung des Domenico*. Freiburg u.a.: Herder, 1964, S. 63–77.
[36] Vgl. *Lexikon der Psychologie*, hg. v. Wilhelm Arnold, Hans Jürgen Eysenck und Richard Meili. 3 Bde. (12. Aufl.). Freiburg u.a.: Herder, 1994.

Die Art und Weise aber, in der die Erzählung, sich kontinuierlich steigernd, auf das geradezu klischeehaft inszenierte glückliche Ende zusteuert, lässt den Leser skeptisch werden: Das kranke Kind ist genesen, ein schönes, neues Leben beginnt mit „mille stupide felicità", Frühlingsluft und Sonnenschein (S. 235). Bis zum Schluss wartet man auf den Springteufel, der, hämisch lachend oder vielmehr – wie der Fremde hier beschrieben wird – eisig und ironisch lächelnd (S. 227), aus der Kiste hochschnellt und die Idylle zusammenbrechen lässt. Doch der Text endet mit der Beschreibung eben jener ‚Wirklichkeit', die sich der kleine Bruder zuvor erträumen wollte, um sich der Selbsttäuschung hinzugeben (S. 229).

Bei genauerem Hinsehen findet sich eine derartige Verunsicherung der verschiedenen Realitätsebenen nicht nur am Schluss, sondern im Verlauf der gesamten Erzählung: Der zwar heterodiegetisch erzählte, aber intern fokalisierte Text ist im Wesentlichen eine Zwiesprache der Brüder über das erlebte Grauen. Im Mittelpunkt steht also nicht die Heimsuchung selbst, sondern die Verständigung über die Empfindungen, die sie auslöst, wobei dem kleinen Bruder die Rolle des gequälten Opfers und dem großen diejenige des ohnmächtigen Beobachters zukommt. Beide werden vom Erzähler dabei in einer Position ‚zwischen den Welten' platziert: Der jüngere ist krank und befindet sich in einem ständigen Dämmerzustand. Der ältere hingegen ist unablässig in seine (Roman-)Lektüren vertieft. Betrachtet man die Erzählung aus dieser Perspektive – der Situation des Lesens und dem Zustand der fieberhaften Bettlägerigkeit – so stellt sich zwangsläufig die Frage, ob das, was in der Erzählung als unheimliche Realität deklariert und den süßen Träumen gegenübergestellt wird, nicht womöglich der Phantasie der beiden Brüder entstammt (des einen, des anderen oder auch beider zugleich). Der Wirklichkeitsgrad der jeweils erzählten Welten ist jedenfalls kaum eindeutig zu bestimmen.

3.2 *Anna* von Madeleine Bourdouxhe

‚Echte' Nachtträume, die nach dem Aufwachen erinnert und reflektiert werden, kommen auch bei Madeleine Bourdouxhe kaum vor. Dennoch träumen die Protagonisten im Grunde unablässig. Sie träumen so viel und so intensiv, dass der Leser ständig gezwungen ist, zwischen verschiedenen Wirklichkeitsebenen und Fiktionsgraden hin und her zu springen. Dabei ist es nicht leicht, den Überblick zu behalten.

Die Erzählung *Anna* handelt zunächst einmal von einem ganz gewöhnlichen Tag im Leben eines Ehepaars, das seinen Unterhalt in der französischen Provinz mit der Arbeit auf einer Tankstelle verdient. Eingeschlossen von den eigenen vier Wänden, besteht Annas Tagesablauf – so zählt es der Text der Reihe nach auf – aus Wechselgeldholen, Fleischbraten, Kundenbedienen, dem Mittagessen mit

Small Talk, Autoreparaturen, Telefonklingeln, Bügeln, abendlichem Gewohnheits-Sex, Einschlafen. So weit die Oberfläche des Erzählten.

Auf weniger als 20 Seiten wird dieses Alltagskontinuum allerdings mehr als zwölf Mal radikal durchbrochen. Folgt man der Erzählstimme, die sich, obgleich heterodiegetisch, so nah an der Wahrnehmung der Protagonistin bewegt, dass beide Stimmen mitunter zu verschmelzen scheinen, so geraten wir innerhalb dieses einen Tages in gänzlich andere, vollkommen entfernt scheinende Räume und Zeiten hinein. Durchsetzt ist das Alltags-Erleben der Hauptfigur nämlich von Tagträumen, gedanklichen Assoziationsketten, alptraumhaften Visionen, Zwangsvorstellungen, zu Geschichten gesponnenen Sehnsüchten und träumenden Reflexionen. Ungewöhnlich ist die Erzählung zunächst schon einmal aufgrund der Originalität der Tagträume. Vor allem aber ist der narrative Status dieser Einschübe immer wieder ein anderer.

Diese komplexe Verflechtung der verschiedenen Realitätsebenen soll an einem einzigen Beispiel verdeutlicht werden, bei dem überhaupt erst im Nachhinein ersichtlich wird, dass es sich um eine Imagination handelt: Anna wird von einem Bekannten am Telefon zum Tanzen eingeladen (S. 10). Einige Szenen später befindet sie sich im Tanzlokal. Schön gewandet und leicht angetrunken, tanzt sie mit Bobby so hingebungsvoll, dass ihr Körper die Luftschichten durchdringt und sich allmählich auflöst:

> Alors la pluie de musique devient gouttes chaudes, brûlantes, qui brûlent, calcinent tout ce qui, dans Anna, n'était pas souffle, assez souffle. Anna n'est plus que songe et vapeurs, vaporeuse, surélevée et posée sur les couches de l'air, elle glisse sur les couches haute de l'air.[37]

In diese Szenerie wird eine ganz andere, völlig aus dem Zusammenhang gerissene Episode eingebettet. Die erzählende Instanz eröffnet sie mit Worten, die klassischerweise eine eigenständige Geschichte einleiten: „Un soir, et c'était dans le bois de Meudon, un homme était près d'elle" (S. 15). Es folgt eine erotische Begegnung mit einem unbekannten Mann unter dem Sternenhimmel, die als regelrechtes Transzendenzerlebnis beschrieben wird. Nach dem Liebesakt fällt das Paar gänzlich aus der Zeit heraus und erstarrt schweigend zu Marmor und Stein, zu einer Allegorie von Mann und Frau, die der Welt einen Sinn verleihen (S. 16).

Im Nachhinein entpuppt sich diese Vision jedoch als ein Meta-Traum. Denn im Anschluss an dessen Präsentation wird der Leser in mehreren Schritten wieder zurück auf die erste Erzählebene, den beschriebenen Alltag, geführt. Damit werden sowohl das Walderlebnis als auch der gemeinsame Tanz rückwirkend ent-realisiert. Gerade hatte die erzählende Instanz noch das Liebespaar im Wald präsentiert, als Bobby, der Tänzer, nochmals unvermittelt fragt: „Alors, on danse?", bevor es schließlich heißt: „Assise au bord du divan, les mains serrées entre les genoux, Anna entend la voix." (S. 16) Die folgende Beschreibung des

---

[37] Ebd., S. 15.

Kleides erfolgt bereits im Irrealis („une robe, qu'elle aimerait", S. 16), und die Erzählung fährt damit fort, dass Anna zum Kleiderschrank geht und ihren grauen Rock bügelt. Erst hier wird deutlich: Sie besitzt gar kein Tanzkleid, auszugehen hat der Ehemann ihr verboten, sie hat das Zimmer überhaupt nicht verlassen. Nicht nur die Begegnung im Wald, auch das gemeinsame Ausgehen zum Tanz war imaginiert.

Solche tagtraumhaften Einschübe nehmen in der gesamten Erzählung weit mehr Raum ein als die erzählte Realität. Doch es handelt sich hier nicht nur um eine Frage der Quantität. Besonders durch die Macht der intensiven Bilder und die Bedeutung, die einzelnen Objekten, dem Körper oder auch bestimmen Worten zukommen kann, scheinen sich diese Traumepisoden im Text zu verselbständigen und ein unkontrollierbares Eigenleben zu gewinnen.[38] Da auf der extradiegetischen Erzählebene zudem so gut wie nichts passiert, wird der Leser gerade die traumhaften Sequenzen als das ‚Eigentliche' des Textes wahrnehmen; zumindest erscheinen sie sehr viel realer als die erzählte Wirklichkeit selbst.

3.3 *Quarto comandamento* von Paola Masino

Anders ist dies in der Erzählung *Quarto comandamento* von Paola Masino. Im Grunde ist dort eindeutig geklärt, wann und wo aus dem wirklichen Leben eines jungen Schäfers berichtet und wann von dessen Traum erzählt wird. Geradezu übertrieben deutlich sind die Übergänge jeweils markiert: Laio legt sich auf die Wiese, schläft ein, und es heißt: „In quell'attimo Laio fece questo sogno" (S. 58). Es folgen Doppelpunkt, Tempuswechsel vom ‚passato remoto' ins Präsens, und der Erzähler lenkt unseren Blick explizit auf das, was nun im Traum geschieht: „Eccolo avanzare con il gregge tra i massi di quarzo" (S. 58). Auch der spätere Übergang in den Wachzustand ist eindeutig zu identifizieren: Der Traum endet sterntalerähnlich mit einem Regen aus Geldstücken, die auf den Hirten nieder prasseln. In einem neuen, wieder ins ‚passato remoto' zurückwechselnden Absatz heißt es dann: „Per quel dolore Laio si svegliò" (S. 60), und der Protagonist stellt fest, dass es tatsächlich erst zu regnen und dann zu hageln begonnen hat.

Wovon berichtet nun der Traum? Im Zentrum steht, wie in den anderen beiden Erzählungen ebenfalls, die Begegnung mit einem Unbekannten. In seiner Hütte trifft Laio auf einen alten Mann, dem es nicht gelingen will, das Feuer im Kamin anzufachen. Den vergeblichen Versuch, dem Alten zu Hilfe zu kommen, unterbricht dieser mit der grausigen Forderung, statt des Feuerholzes ihn selbst anzuzünden: „Bruciami [...]. Prova [...] – Vedrai che bella fiammata. Sentirai che buon profumo spando, e che calore. I giovani devono nutrirsi dei vecchi, i figli

---

[38] Vgl. hierzu das entsprechende Kapitel in Verf.: *Spielräume des Alltags. Literarische Darstellung von Alltäglichkeit in deutscher, französischer und italienischer Erzählprosa (1929–1949)*. Würzburg: Königshausen & Neumann, 2010, S. 258–276.

usare i padri" (S. 60). Vor Schreck flüchtet der Sohn aus der Behausung, die, durch einen Blitz getroffen, in Flammen aufgeht, wobei die Asche sich langsam in Goldstücke verwandelt.

So weit der Traum. Doch was nun in der erzählten Wirklichkeit geschieht, übertrifft das Geträumte bei weitem. Und nicht nur dies: Es wiederholt den Traum zudem, bevor diese eigenartige Vater-Sohn-Geschichte schließlich ein glückliches Ende findet. Als der Schäfer aufwacht, tobt ein derartiges Unwetter, dass er Mühe hat, die Herde durch den dichten Regen, die zuckenden Blitze und die Finsternis vor sich her zu treiben. Ein Lamm auf der Schulter, ein anderes in der Jacke, verliert er in der Finsternis die Orientierung. Eines der Lämmer wird vom Blitz erschlagen – und der Hirte muss erkennen, dass er nicht nur dieses eine, sondern die gesamte Herde verloren hat, die während des Gewitters einen felsigen Abgrund in den Fluss hinabgestürzt ist. Daraufhin wiederholt sich der Traum des Schäfers in eigenartiger Weise: Ein vergleichbares Geschehen mit leicht verändertem Personal zwingt ihn ein weiteres Mal, den Alten, der ihm bereits im Traum erschienen war, zu opfern. In einer Hütte bittet der Protagonist um eine Decke zum Schutz des überlebenden Lämmchens. Was ihm stattdessen durch den Sohn des Hauses angeboten wird, ist die Haut von dessen eigenem Vater: „Eccolo là [...] Puoi prenderla. Non è forse una vecchia pelle? E fu una buona lana davvero. Fu anche mio padre, quando serviva a qualque cosa. Prendilo e non riportarlo mai più" (S. 63–64).

Entscheidend für die Konstruktion des Textes ist, dass das Traumgeschehen nun mit anderem Ausgang fortgesetzt wird. Auch auf dieser ersten Realitätsebene wehrt sich der Hirte gegen den grausamen Vorschlag, doch er geht auf den Handel des bösen Sohnes insofern ein, als er den Alten tatsächlich mitnimmt. Wies der Text zuvor schon diverse Märchen-Elemente auf, so ist das Ende schließlich vollends märchenhaft: Sämtliche Ländereien, die nun auf einem Ochsenkarren durchquert werden, entpuppen sich als die Besitztümer des alten Mannes, die dem neu gewählten Sohn überlassen werden.

In Masinos Erzählung erweist sich also das reale Geschehen nach dem Traumbericht zunächst als der wahre Alptraum und das Ende im Grunde als zu traumhaft schön, um wahr zu sein. Beides steht aber insofern in unauflöslicher Verbindung, als dem Protagonisten ja die Möglichkeit gegeben wird, das, was der Traum als schuldhaften Konflikt vorgeführt hat (dem Befehl des Vaters gehorchen, bedeutet, diesen zu töten), im Wachzustand fortzuschreiben und schließlich aufzulösen.

Traum und Wirklichkeit sind also doch nicht so deutlich von einander zu scheiden, wie dies auf den ersten Blick den Anschein hatte. Weil aber Laio außerdem selbst mitunter den Eindruck hat, er träume noch, oder der Traumvater und der reale Alte würden miteinander verschmelzen (S. 66, 68, 69), scheint der Protagonist von Masinos Erzählung diese Irritation selbst zu erkennen, ganz so als besitze die gesamte Erzählung den Wirklichkeitsstatus eines luziden Traumes.

Christiane Solte-Gresser

4. Rekonstruktion und Reflexion.
Poetische Gestaltungsverfahren literarischer Träume

Auf der Grundlage der präsentierten Lektüren und im Anschluss an die eingangs formulierten Thesen zum Verhältnis von Literatur und Traum lassen sich durch einen kontrastierenden Vergleich der drei Erzählungen bestimmte Momente herausarbeiten, die für die Analyse von narrativen Traumtexten besonders wichtig scheinen. Ob diese Kriterien auch mit Blick auf andere Traumerzählungen sinnvoll und tragfähig sind, wird überprüft durch die Hinzuziehung von Kafkas einschlägiger und mit Blick auf die Traumthematik vielfach interpretierter Erzählung *Ein Landarzt*.[39] In dieser Erzählung, so viel sei kurz in Erinnerung gerufen, wird der Ich-Erzähler des Nachts zu einem Patienten gerufen, dessen Krankheit sich kaum eindeutig diagnostizieren lässt, deren Symptome jedoch in einem komplexen Verhältnis zu dem Leiden des Arztes selbst stehen. Der Text zeichnet sich, wie das Schreiben Kafkas insgesamt, gerade dadurch aus, dass das Traumhafte weder erklärt, kommentiert oder in anderer Weise durch eine erzählende Instanz zum Thema gemacht würde. Insofern unterscheidet sich Kafkas Erzählung deutlich von den anderen bereits vorgestellten. Was jedoch die verschiedenen in Szene gesetzten Themen und Techniken des Traumhaften betrifft, so scheint der Text geradezu modellhaft und in diesem Zusammenhang entsprechend kanonisiert. Daher eignet er sich in besonderem Maße für eine Überprüfung der herausgearbeiteten Kategorien zur Analyse literarischer Träume.

Mit der folgenden Konzentration auf die poetischen Gestaltungsverfahren treten zunächst einmal die Kategorien hervor, mit denen sich eine Poetik des Traumes versuchsweise umreißen ließe. Entscheidend sind hierbei weniger die Kategorien selbst, die sich an der ‚klassischen' Narratologie orientieren und insofern freilich nicht nur für Texte gelten, die sich mit dem Traum beschäftigen (obwohl auffällt, dass eben nicht alle Ebenen für die Erzählung von Träumen gleichermaßen bedeutsam sind). Sie stellen vielmehr ein Hilfsmittel dar, das bestimmte Eigenheiten und Auffälligkeiten der Traumerzählungen zum Vorschein bringt. Solche poetischen Gestaltungsverfahren mögen zwar Kennzeichen literarischer Texte insgesamt sein und insofern dazu beitragen, diese von nichtliterarischen unterscheidbar zu machen. In Traumerzählungen treten sie jedoch offensichtlich in besonders verdichteter Form auf, so dass die These nahe liegt, der Traum in der Literatur sei „als Magazin gesteigerter Erfahrung"[40] besonders dazu geeignet, auf das grundsätzliche Potenzial des Literarischen zu verweisen.[41]

---

[39] Vgl. zur Thematik des Traums in Kafkas Erzählen v.a. Engel: „Literarische Träume", S. 233–262 sowie Hans H. Hiebel: *Franz Kafka. Ein Landarzt*. München: Fink, 1984 (Text und Geschichte. Modellanalysen der Literatur) und Alt: *Der Schlaf der Vernunft*, S. 350–364.
[40] Alt: *Der Schlaf der Vernunft*, S. 354.
[41] In der Auseinandersetzung mit der Traumthematik im Werk von Jean Paul erkennt Monika Schmitz-Emans ähnliche Gestaltungsverfahren. Auch hier bilden neben Verschiebun-

Alptraum mit Aufschub

4.1 Die semantische Ebene

4.1.1 Themen: Sexualität und Gewalt

Zweifellos lassen sich alle Erzählungen relativ schlüssig psychoanalytisch interpretieren, und dies zu tun, scheint durchaus nahe liegend. Die präsentierten Träume allerdings in orthodox psychoanalytischer Perspektive als Resultat individueller Triebabfuhr zu lesen, die ausschließlich auf verdrängte sexuelle und aggressive Impulse zurückgeht,[42] würde die Texte aber wohl entscheidend verkürzen. Sicherlich, die Themen Sexualität und Gewalt werden keineswegs ausgespart: Ein erhebliches aggressives Potenzial ist ebenso deutlich auszumachen wie eine durchgängige erotische Spannung. Aber hier handelt es sich lediglich um zwei Bereiche aus einem sehr viel breiteren Spektrum an Themen, Motiven und Konstellationen.

4.1.2 Traumtypische Motive und Topoi: Logik der Grenzüberschreitung

Was hier nicht in allen Details erörtert werden kann, aber ebenso wenig von der Hand zu weisen ist: Alle Erzählungen weisen zahlreiche inhaltliche wie formale Merkmale auf, die von der psychologischen Traumforschung als traumtypisch bezeichnet werden.[43] Dazu zählen unter anderem die Unausweichlichkeit des Geschehens, die Bruchhaftigkeit der Narration und der fragmentarische Charakter der Traumerzählung, der sich in abrupten Übergängen oder uneindeutigen Verflechtungen der Traumszenen äußert. Ferner wären zu nennen: die Aufhebung räumlicher und zeitlicher Grenzen und der Verstoß gegen physikalische und andere logische Gesetzmäßigkeiten. Beispiele sind etwa das kalte und starre Feuer bei Masino, das Eindringen des Fremden durch die verschlossene Tür bei Buzzati, die Auflösung der eigenen Körpergrenzen bei Bourdouxhe oder die im Flug überwundene Distanz zwischen Heim und Patientenzimmer bei Kafka.

---

gen, Verdichtungen und Metaphorisierungen beispielsweise Fragen der Grenzüberschreitungen, der Figurenkonstellationen sowie die selbstreferentielle Dimension der Traumtexte entscheidende Kategorien (Schmitz-Emans: „Redselige Träume", S. 88–91). Für Peter-André Alt sind u.a. die Verzerrung raumzeitlicher Koordinaten, Verschiebungen und Überblendungen, radikale Subjektivierung und die Umgestaltung von Figuren und Lokalitäten kennzeichnend für die Erzählökonomie des Traumes, welche die Literatur (in diesem Falle Franz Kafka) übernimmt (Alt: *Der Schlaf der Vernunft*, S. 353 ff.).

[42] Zur Diskussion um die Kritik an der psychoanalytischen Literaturwissenschaft, die den literarischen Text einzig vor dem Horizont der Freudschen Theorie liest und die hier nicht eigens rekonstruiert werden kann, vgl. Verf.: „Lust und Gefahr des Erzählens. Balzacs *Sarrasine* aus psychoanalytischer Perspektive", in: *Balzacs ‚Sarrasine'. 12 Modellanalysen*, hg. v. Elke Richter, Karen Struve und Natascha Ueckmann. Stuttgart: Reclam, 2011.

[43] Vgl. *Hundert Jahre „Die Traumdeutung"*, S. 10; Schredl: *Traum*, S. 31 ff. sowie Strauch und Meier: *Den Träumen auf der Spur*, S. 83–92 und S. 153–161.

Schließlich sticht die Symbolkraft bestimmter Bilder und Objekte ins Auge, wie beispielsweise die Fensterläden, das Lamm, die Zapfsäule, die Wunde, welche, auf Prozesse der Verschiebung und Verdichtung hin befragt, einen möglichen Sinn der Erzählung zugleich verschleiern und aufdecken, verrätseln und überdeterminieren. In diesem Zusammenhang ist allerdings entscheidend, dass solche traumhaften Elemente in den untersuchten Erzählungen durchgängig sowohl in den Traumepisoden als auch in der erzählten Realität auftreten.

Was außerdem vielleicht selbstverständlich scheint, es aber nicht unbedingt ist: In jedem der drei Texte werden Träume erzählt oder explizit zum Thema gemacht. Keiner beschränkt sich also auf eine den Gesamttext prägende „traumhafte Darstellung",[44] wie dies so radikal in Kafkas *Landarzt* geschieht. Insofern ist der Traum in den ausgewählten Erzählungen – anders als bei Kafka – immer Motiv, Thema und Reflexionsobjekt zugleich.

4.1.3 Raumkonstruktionen: Öffnungen nach innen und außen

Was die räumliche Konstruktion der Erzählungen betrifft, so fällt zunächst einmal auf, dass sie sich allesamt um das Motiv des Hauses und seiner Grenzen bzw. Öffnungen drehen: Der seit Jahren unbenutzte Schweinestall und die bekannte, Freud geradezu imitierende Feststellung des Arztes: „Man weiß nicht, was für Dinge man im eigenen Haus vorrätig hat" (S. 124) oder die Pferde, die durch das Fenster ins Zimmer des Patienten schauen (S. 126), sind für Kafkas Text fundamental. In Bourdouxhes Erzählung, in der das Haus nie verlassen wird, sticht die geradezu obsessive Betonung der Raumgrenzen ins Auge: das Küchenfenster und die Holztreppe nach draußen. Auch die Hütte des Alten bei Masino und die Behausung des Hirten, die sich in Rauch auflöst, oder das Eindringen des Fremden durch die verriegelte Tür bzw. die immer wieder genannten schützenden Fensterläden bei Buzzati machen sichtbar: Stets wird in den ausgewählten Texten, ganz der Raumsemantik von Juri Lotman entsprechend,[45] der für Raum und Traum offensichtlich gleichermaßen bedeutsame Themenkomplex von Innen und Außen verhandelt.[46] Damit bilden Fragen der Grenzüberschreitung bzw. der Grenzverwischung zwischen Innen und Außen den eigentlichen Dreh- und Angelpunkt der Erzählungen.

---

[44] Engel: „Literatur- und Kulturgeschichte des Traumes", S. 27.
[45] Jurij M. Lotman: *Die Struktur des künstlerischen Textes*. Frankfurt a.M.: Suhrkamp, 1973.
[46] In ihrer Lektüre des *Grünen Heinrich* von Gottfried Keller gelangt Monika Wagner-Egelhaaf ebenfalls zu der Einsicht, dass Außen und Innen in der Traumarbeit eine höchst komplexe Verschränkung erfahren (Wagner-Egelhaaf: „Traum – Text – Kultur", S. 143).

4.1.4 Zeitkonstruktionen: Die Dimension des Überzeitlichen

Solche räumlichen Konstruktionen scheinen die vier ausgewählten Texte sehr viel stärker zu prägen als die Kategorie der Zeit. Ein gemeinsames Moment wäre hier aber wohl dahingehend auszumachen, dass überall etwas Überzeitliches, Ewiges aufscheint, das mit der Dimension des Unausweichlichen, Absoluten und Grundsätzlichen in engstem Zusammenhang steht. Der Schluss von Kafkas Erzählung lautet: „Niemals komme ich so nach Hause. [...] Einmal dem Fehlläuten der Nachtglocke gefolgt – es ist niemals gutzumachen".[47] Die Erzählstimme in Bourdouxhes Erzählung konstatiert: „Et ils seront ainsi, homme et femme qui n'ont pas de nom, visibles éternellement, admirablement beaux, comme le marbre et la pierre, et il n'y a plus qu'eux sur la terre, et ils sont un sens de la terre".[48] Bei Buzzati heißt es: „L'incanto era stato spezzato. Mai più sarebbe venuto",[49] und in Masinos Erzählung bekräftigt der Alte ausdrücklich die übermenschliche, überzeitliche und dauerhafte Verbindung zwischen Vater und Sohn.[50]

4.1.5 Figurenkonstellationen: Das Fremde im Eigenen und die Vielheit des Ich

Des Weiteren bergen die Figurenkonstellation und die damit thematisierten Konflikte auffällige Gemeinsamkeiten. In allen Texten geht es, wie im Mythos auch, um engste familiäre Bande, und in allen Beispielen wird ein solches scheinbar fest gefügtes Verhältnis durch eine unvermittelt auftauchende, meist unbekannte Figur von außen verunsichert oder erschüttert: Buzzatis Brüder durch den Eindringling, der Schäfer Masinos durch die aus dem Nichts in das Geschehen einbrechende Vaterfigur, der Arzt bei Kafka durch die ungewollte Konfrontation mit dem ‚Sohn', die Ehe der Bourdouxhe'schen Protagonistin durch die Einladung zum Tanz oder den namenlosen Liebhaber im Wald. Insofern werden alle Figuren durch ein solches abruptes Auftauchen eines Außenstehenden gezwungen, sich innerhalb ihrer familiären Strukturen mit Fragen von Macht und Ohnmacht bzw. von Schuld und Unschuld auseinander zu setzen.

Naheliegend ist es darüber hinaus, die zentralen Beziehungsverhältnisse als Inszenierungen einer Vielheit des Ich zu lesen. Momente der Selbstverdopplung oder Ich-Spaltung sind in allen vier Beispielen ausfindig zu machen. So sieht Madeleine Bourdouxhes Anna sich selbst in ihren ‚Traumzuständen' oftmals von außen oder redet mit sich selbst wie mit einer Anderen (S. 16). Kafkas Landarzt wird gänzlich entkleidet zu dem kranken Kind ins Bett gelegt und zwar auf die Seite seiner Wunde, so dass er gewissermaßen selbst zum hilflosen Patienten

---

[47] Franz Kafka: *Ein Landarzt*, S. 128.
[48] Bourdouxhe: *Anna*, S. 16.
[49] Buzzati: *Il dolore notturno*, S. 235.
[50] Masino: *Quarto comandamento*, S. 68.

wird, während zu Hause der lang unter Verschluss gehaltene „ekle Pferdeknecht" sein Unwesen treibt (S. 128). Buzzati lässt den großen Bruder für den kleinen fühlen, als sei er selbst es, der heimgesucht würde, auch wenn er von der Folter des Unbekannten gar nicht betroffen ist. Und Laio, der Schäfer aus Masinos Text, begegnet in der Hütte nicht nur seinem symbolischen Vater, sondern auch dessen leiblichem Sohn, also gewissermaßen dem eigenen Bruder, seinem alter ego. All diese Dopplungen, Parallelen und Umkehrungen in der Anordnung des Personals, dessen Korrespondenz- und Kontrastrelationen – um die Terminologie Manfred Pfisters zu verwenden[51] – nur zu offensichtlich sind, fordern regelrecht dazu heraus, die einzelnen Figuren als Teile ein und derselben Persönlichkeit zu lesen.

4.2 Ästhetische Verfahren

4.2.1 Dramatischer Modus und Fokalisierung: Radikale Subjektivierung

Eine solche Anordnung der Figuren, die traumhafte Präsentation des Handlungsgeschehens und der jeweils ‚traumtypische' Effekt funktionieren freilich nur, weil wir es, unabhängig davon, ob heterodiegetisch oder homodiegetisch erzählt wird, immer mit einer radikal intern fokalisierten Perspektive zu tun haben. Zudem ist der Modus durchgehend ein dramatischer, der die Distanz zwischen Erzählen und Erzähltem also so weit wie irgend möglich aufhebt.

4.2.2 Umkehrungen

Was die Techniken anbelangt, mit denen die Lebenswelt ins Traumhafte überführt wird, so fällt in den Erzählungen neben den offensichtlichen Strategien der Verdichtung und Verschiebung vor allem das Prinzip der Umkehrung auf, das alle drei Texte nachhaltig prägt. Für Masinos Text bedeutet dies: Das titelgebende vierte Gebot „Du sollst Vater und Mutter ehren" kann nur eingehalten werden, indem der Vater gerade nicht verehrt, sondern geopfert wird, wobei der Sohn auf merkwürdig zwiespältige Weise die Rolle des sorgenden und rettenden Vaters übernimmt und dieser zum Kind bzw. zum hilfsbedürftigen und schutzlosen Lamm wird. Die Protagonistin aus Bourdouxhes ‚nouvelle' findet sich in ein ganzes Netz an Umkehrungen verstrickt: Unter anderem wird der schwere, verletzte Körper leicht und unverwundbar, das Paar auf dem Waldboden gelangt in Kontakt mit den Sternen, in der Bar werden die realen aufspringenden Blüten zum Bild für sexuelle Ekstase, im Ehebett dagegen der Orgasmus zum imaginier-

---

[51] Manfred Pfister: *Das Drama. Theorie und Analyse*. München: Fink, 1977, S. 220–263.

ten Symbol der sich öffnenden Blume. Bei Buzzati schließlich findet insofern eine Umkehrung statt, als der Alptraum ebenso wie der traumhaft glückliche Ausgang in die Realität verlagert werden, wohingegen das „schöne Reich der Träume" seltsam leer und abstrakt bleibt. Von solchen Verdrehungen ist auch die Erzählung Kafkas geprägt. Hier mag es genügen, stichwortartig auf die verkehrten Rollen von Arzt und Patient oder den plötzlichen Umschlag vom gesunden in den kranken Zustand bzw. von Lebenswille in Todessehnsucht zu verweisen.

4.2.3 Materialität der Zeichen

Ein anderes wesentliches gemeinsames Moment scheint darin zu liegen, dass die Texte allesamt in besonderem Maße die Materialität der Zeichen vor Augen führen: Worte oder andere Zeichen erhalten eine irritierende und magisch anziehende symbolische Aufladung. Dies kann auf ganz unterschiedliche Weise geschehen – ob im erzählten Traum, in der erzählten Wirklichkeit oder auf beiden Ebenen zugleich. Feststehende Begriffe und Redewendungen werden beispielsweise wörtlich genommen, etwa dass Eltern ihre Kinder zu ernähren und sich für sie aufzuopfern haben, wie dies in Masinos Text der Fall ist. Auf die Zeichenhaftigkeit der „Wunde Rosas" bzw. der „rosa Wunde" in Kafkas *Landarzt*, die „im spitzen Winkel mit zwei Hieben der Hacke geschaffen" wurde (S. 128), ist vielfach hingewiesen worden.[52] Auch bei Bourdouxhe erhalten Worte und Namen oft eine widerspenstige Materialität: So können ein bestimmtes Wort bzw. ein Schlagertext im Radio Angstzustände auslösen (S. 23, S. 7), oder eine Figur verwandelt sich gar selbst in den Text eines Liedes (S. 24). Und so unerklärlich der Anlass des Schreckens in Buzzatis Erzählung auch sein mag, er scheint seine nicht benennbare Ursache in Zeichen zu haben; nämlich in dem unbegreiflichen Bild, das der Fremde aus seiner Tasche zieht: „un disegno incomprensibile, eppure di perfido fascino. Linee, curve, macchie di colore, schegge di assurde immagini in cui prevalevano figurazioni di occhi" (S. 227); Zeichen nämlich, die anfangen, sich in einem merkwürdigen Rhythmus zu bewegen und sich insofern verselbständigen.

4.2.4 Intertextualität: Bibel, Mythos, Märchen

Hiermit rückt die vielleicht auffälligste Gemeinsamkeit aller vier Erzählungen in den Blick: Der hohe Grad an Intertextualität. Am deutlichsten springt sicherlich die Bibel als Intertext in den Werken Masinos und Kafkas ins Auge. Solche intertextuellen Beziehungen können auf den unterschiedlichsten Ebenen bestehen.

---

[52] Vgl. u.a. Hiebel: *Franz Kafka*, S. 83–93.

Sie zeigen sich etwa im Titel („Quarto comandamento"), im Sprachduktus („und er nahm's und wurde still"[53]), in der Gestaltung der wörtlichen Rede („Freuet Euch, Ihr Patienten, der Arzt ist Euch ins Bett gelegt"[54] oder „Si, figlio, a te mi affido. Portami nella tua casa"[55]), in biblischen Motiven und Symbolen (Vater-Sohn-Opfer, das Lamm, die erwartete Wunderheilung, die Sintflut) und nicht zuletzt, was die Handlungsstruktur des Gesamttextes angeht, in Anspielungen auf die Christophorus-Legende oder auf das Gleichnis vom verlorenen Sohn. An diesem Punkt wird auch die enge Verknüpfung des Traumes mit dem Mythos deutlich. In Masinos Erzählung trägt der Sohn denselben Namen wie der Vater des Ödipus: Laios ist jener Waise, der von Schäfern an Kindes statt aufgenommen wurde und der schließlich von seinem eigenen Sohn getötet wird. Insofern wird hier ein zentraler Text der griechischen Mythologie aufgerufen und damit auch jene überindividuellen und überhistorischen Figurenkonstellationen und Konfliktsituationen, die das Problem von Macht und Gesetz, der verdrängten Triebhaftigkeit und der schuldhaften Verstrickung in Szene setzen. Auch die vielen märchenhaften Elemente bei Buzzati oder Masino können einem solchen inter- oder architextuellen Kontext zugerechnet werden. Etwas punktueller und auf intradiegetischer Ebene angesiedelt, findet sich ein solcher Zusammenhang in Bourdouxhes Erzählung, in der die Protagonistin über Atmosphäre, Handlungsverlauf und Personal berühmter Kinofilme nachdenkt und diese mit ihrer eigenen Lebenswirklichkeit in Beziehung setzt („Ah! Qu'ils viennent voir, les metteurs en scène, dans mon garage. On voit bien qu'ils n'y vivent pas. Il ne se passe rien dans un garage")[56]. Neben dem Märchen weist Buzzatis Erzählung darüber hinaus noch eine weitere, ausgesprochen auffällige intertextuelle Dimension auf: nämlich die Parallelen zur Schauerballade, namentlich zu Goethes *Erlkönig*, aus der bestimmte Dialoge fast wörtlich übernommen scheinen.[57]

5. Konklusion: Selbstbezüglichkeit als Grenzgang zwischen Traum und Realität

Die Komplexität und Vielschichtigkeit, mit der das Verhältnis von Traum und Wirklichkeit in den drei präsentierten Beispielen gestaltet ist, wird auch durch ein Moment erhöht, das ich als ‚meta-oneirische' Konstruktion bezeichnen möchte, ein Phänomen, das immer auch eine selbstreferentielle Dimension aufweist.

---

[53] Kafka: *Ein Landarzt*, S. 128.
[54] Ebd.
[55] Masino: *Quarto comandamento*, S. 68.
[56] Bourdouxhe: *Anna*, S. 6.
[57] Besonders auffällig sind die Bezüge in jener Passage (S. 231), in welcher der Ältere bemüht ist, den Jüngeren im Dialog zu beruhigen, indem er jede unheimliche Wahrnehmung des Gegenübers rational und logisch erklärt und damit auf Distanz zu bringen versucht.

Alptraum mit Aufschub

5.1 Verschachtelung

Bei Bourdouxhe haben wir es mit einer Verschachtelung der verschiedenen Imaginationswelten nach innen zu tun, mit dem Traum im Traum: Die Ebene der erlebten Realität stellt ein Sprungbrett dar, um mittels des Traumes in andere Welten zu gelangen. Auf der Oberfläche des harmlos dahin treibenden ‚wirklichen Lebens' öffnet sich ein gleichsam zweifach doppelter Boden: eine Falltür nach unten in die tiefsten Abgründe des Selbst (wo Angst, Trauma und Alptraum lauern) und eine Dachluke nach oben in den siebten Himmel (hin zu Wunschträumen und Sehnsüchten). Damit erzählt der Text einerseits von der Entwirklichung der lebensweltlichen Wahrnehmung und andererseits von der realitätskonstituierenden Wirkung der Imagination.

5.2 Umstülpung

Eine andere Gestaltungstechnik findet sich bei Buzzati. Zunächst einmal werden Wirklichkeit und Traum ja verkehrt: Der Alpdruck ist die Realität, die Rettung durch das Reich der Träume nur imaginiert. Zugleich aber wird das eigentlich Alptraumhafte der Erzählung gewissermaßen nach innen gestülpt und ins Unfassbare verschoben. Denn das, was den Schrecken auslöst, sind Zeichen und Bilder, die aber lediglich genannt und selbst nicht beschrieben werden. Insofern verweisen sie auf etwas, das sich dem Begrifflichen entzieht und offensichtlich gerade dadurch seine unheimliche Macht entfaltet.

5.3 Serielle Anordnung

Weniger verschachtelt, vielmehr als Serie organisiert, findet sich das Verhältnis von Traum und Wirklichkeit bei Masino: Der Traum wird als variierte Wiederholung in die Wirklichkeit des Protagonisten selbst hineinmontiert. Damit wird die Realität zur Möglichkeit, dem Alptraum einen anderen Ausgang zu geben, gewissermaßen das im Traum verpasste Happy End nachzuholen. Nicht die Wirklichkeit wird durch den Traum ent-realisiert (wie bei Bourdouxhe), sondern der Traum lebend weiter geschrieben und damit realisiert.

5.4 Selbstreflexivität

Ob der Traum nun eine Möglichkeit darstellt, der Realität zu entkommen, ob er Anlass zu Reflexion und Gestaltung der eigenen Lebenswirklichkeit ist, oder ob er als Schutz vor den beängstigenden Seiten des Lebens dient – die Literatur spielt diese verschiedenen Optionen modellhaft durch. In ihrer ‚meta-oneirischen' Konstruktion sind die Erzählungen zugleich Texte über den Wirklichkeitsstatus des Traumes, über den Wirklichkeitsstatus der erzählten Realität sowie über die Durchlässigkeit ihrer Grenzen. Damit werden sie zu Reflexionen über das Potenzial der Literatur; ein Potenzial, das daraus entsteht, nicht die Wirklichkeit selbst zu sein, aber unendlich vielfältige Möglichkeiten von Wirklichkeit vorzuführen.

Bibliographie

Adorno, Theodor W.: *Minima Moralia. Reflexionen aus dem beschädigten Leben* [1951]. Frankfurt a.M.: Suhrkamp, 1981.

Alt, Peter-André: *Der Schlaf der Vernunft. Literatur und Traum in der Kulturgeschichte der Neuzeit*. München: C.H. Beck, 2002.

Arnold, Wilhelm; Eysenck, Hans Jürgen; Meili, Richard (Hg.): *Lexikon der Psychologie*. 3 Bde. (12. Aufl.). Freiburg u.a.: Herder, 1994.

Asholt, Wolfgang; Ette, Ottmar (Hg.): *Literaturwissenschaft als Lebenswissenschaft. Programm – Projekte –Perspektive*. Tübingen: Narr, 2010.

Bernardini Napoletano, Francesca (Hg.): *L'archivo di Paola Masino*. Rom: Casa Editrice Università La Sapienza, 2004.

Bersani, Mauro: „Postfazione di *Monte Ignoso*", in: Paola Masino: *Monte Ignoso*. Mailand: Il Melangolo, 1994, S. 207–220.

Bourdouxhe, Madeleine: *Anna*, in: dies.: *Les jours de la femme Louise et autres nouvelles*. Arles: Actes Sud, 2009, S. 5–24.

Buzzati, Dino: *Il dolore notturno*, in: *Le cronache fantastiche di Dino Buzzati*, hg. v. Lorenzo Viganò. Mailand: Mondadori, 2003, S. 224–235.

Dalla Rosa, Patrizia: *Dove qualcosa sfugge. Lingue e luoghi di Buzzati*. Pisa/Rom: Istituti editoriali e poligrafici internazionali, 2004.

Engel, Manfred: „Literarische Träume und traumhaftes Schreiben bei Franz Kafka. Ein Beitrag zur Oneiropoetik der Moderne", in: *Träumungen. Traumerzählungen in Literatur und Film*, hg. v. Bernard Dieterle. St. Augustin: Gardez!, 1998, S. 233–262.

— „Der Traum zwischen Psychologie und Literatur", in: *Schweizer Monatshefte* 80/9 (2000), S. 26–29.

— „Literatur- und Kulturgeschichte des Traumes", in: *Dream Images in German, Austrian and Swiss literature and culture*, hg. v. Hanna Castein und Rüdiger Görner. München: Iudicium, 2002, S. 13–31.

Frischmuth, Barbara: *Traum der Literatur – Literatur des Traums. Münchner Poetikvorlesungen*. Salzburg: Residenz, 1991.

Gehring, Petra: *Traum und Wirklichkeit. Zur Geschichte einer Unterscheidung*. München: Beck, 2008.

Goumegou, Susanne: *Traumtext und Traumdiskurs: Nerval, Breton, Leiris*. München: Fink, 2007.

Gruber, Bettina: „Romantische Psychoanalyse? Freud, C.G. Jung und die Traumtheorien der Romantik", in: *Traumdiskurse der Romantik*, hg. v. Peter-André Alt und Christiane Leiteritz. Berlin: De Gruyter, 2005, S. 334–358.

Hall, Calvin: *The Meaning of Dreams*. New York: McGraw-Hill, 1953, S. 2–3.

Heydebrandt, Renate von; Winko, Simone: „Arbeit am Kanon. Geschlechterdifferenz in Rezeption und Wertung von Literatur", in: *Genus. Zur Geschlechterdifferenz in den Kulturwissenschaften*, hg. v. Hadumod Bußmann und Renate Hof. Stuttgart: Kröner, 1995, S. 206–261.

Hiebel, Hans H.: *Franz Kafka. Ein Landarzt*. München: Fink, 1984.

Kafka, Franz: *Ein Landarzt*, in: ders.: *Sämtliche Erzählungen*, hg. v. Paul Raabe. Frankfurt a.M.: S. Fischer, 1970, S. 124–128.

Kovacshazy, Cécile; Solte-Gresser, Christiane (Hg.): *Relire Madeleine Bourdouxhe. Analyses littéraires de l'œuvre complète*. Bruxelles: Peter Lang 2011.

Lazzarin, Stefano: *Fantasmi antichi e moderni. Tecnologia e perturbante in Buzzati e nella letteratura fantastica otto-novecentesca*. Pisa/Rom: Fabrizio Serra, 2008.

Lotman, Jurij M.: *Die Struktur des künstlerischen Textes*. Frankfurt a.M.: Suhrkamp, 1973.

Masino, Paola: *Quarto commandamento* [1943], in: dies.: *Colloquio di notte*, hg. v. Maria Rosa Cutrufelli. Palermo: La Luna, 1994, S. 54–69.

– *Nascita e morte della massaia*. Mailand: Isbn, 2009.

Mignone, Mario B.: *Anormalità e angoscia nella narrativa di Dino Buzzati*. Ravenna: Longo, 1981.

Pfister, Manfred: *Das Drama. Theorie und Analyse*. München: Fink, 1977, S. 220–263.

Schmidt-Hannisa, Hans-Walter: „Die Kunst der Seele. Poetologie und Psychologie des Traums bei Hermann Hesse", in: *Träumungen. Traumerzählung in Film und Literatur*, hg. v. Bernard Dieterle. St. Augustin: Gardez!, 1998, S. 203–231.

— „,Der Traum ist unwillkürliche Dichtkunst'. Traumtheorie und Traumaufzeichnung bei Jean Paul", in: *Jahrbuch der Jean-Paul-Gesellschaft* (2000/2001), hg. v. Elsbeth Dangel-Pelloquin, Helmut Pfotenhauer, Monika Schmitz-Emans und Ralf Simon, S. 93–113.

— „,Der Träumer vollendet sich im Dichter'. Die ästhetische Emanzipation der Traumaufzeichnung", in: *Hundert Jahre „Die Traumdeutung". Kulturwissenschaftliche Perspektiven in der Traumforschung*, hg. v. Burkard Schnepel. Köln: Köppe, 2001, S. 83–106.

Schmitz-Emans, Monika: „Redselige Träume. Über Traum und Sprache bei Jean Paul im Kontext des europäischen Romans", in: *Traumdiskurse der Romantik*, hg. v. Peter-André Alt und Christiane Leiteritz. Berlin: De Gruyter, 2005, S. 77–110.

Schnepel, Burkard (Hg.): *Hundert Jahre „Die Traumdeutung". Kulturwissenschaftliche Perspektiven in der Traumforschung.* Köln: Köppe, 2001.
Schredl, Michael: *Traum.* München: Ernst Reinhardt, 2008.
Solte-Gresser, Christiane; Brink, Margot (Hg.): „Grenzen und Entgrenzungen. Zum Verhältnis von Literatur und Philosophie", in: *Écritures. Denk-und Schreibweisen jenseits der Grenzen von Literatur und Philosophie.* Tübingen: Stauffenburg, 2004, S. 9–32.
Solte-Gresser, Christiane: *Spielräume des Alltags. Literarische Darstellung von Alltäglichkeit in deutscher, französischer und italienischer Erzählprosa (1929–1949).* Würzburg: Königshausen & Neumann, 2010.
— „Lust und Gefahr des Erzählens. Balzacs *Sarrasine* aus psychoanalytischer Perspektive", in: *Balzacs ‚Sarrasine'. 12 Modellanalysen,* hg. v. Elke Richter, Karen Struve und Natascha Ueckmann. Stuttgart: Reclam, 2011.
Strauch, Inge; Meier, Barbara: *Den Träumen auf der Spur. Zugang zur modernen Traumforschung.* Bern: Huber, 2004.
Türcke, Christoph: *Philosophie des Traums.* München: C.H. Beck, 2008.
Wagner-Egelhaaf, Martina: „Traum – Text – Kultur. Zur literarischen Anthropologie des Traumes", in: *Poststrukturalismus. Herausforderungen an die Literaturwissenschaft,* hg. v. Gerhard Neumann. Stuttgart/Weimar: Metzler, 1997, S. 123–144.
Zancan, Marina: „Il destino di essere donna", in: Paola Masino: *Nascita e morte della massaia.* Mailand: Isbn, 2009, S. 269–282.

Slaven Waelti (Basel)

Traum und Simulakrum.
Pierre Klossowski als ‚souffleur des rêves'

1. Träume und Insignifikanz

Wo die Antike den Traumerscheinungen einen objektiven Status außerhalb des Träumenden zuschreibt, denkt die Moderne selbige Erscheinungen als dem Träumenden zugehörig. Dem Traum wird nun ein strikt subjektiver Status zugewiesen. Ob man aber wie Artemidor die Träume als divinatorische Eingebungen begreift oder sie wie Freud psychoanalytisch liest, Einigkeit besteht von der Antike bis zur Moderne darüber, dass die Träume einen Sinn haben und dass ihre Bedeutungen offen gelegt werden können – insofern man über einen Schlüssel zur Traumdeutung verfügt. Valéry gehört sicher zu den ersten, die sich dieser Suche nach dem Sinn der Träume verweigern, um die Aufmerksamkeit auf den Traum als narratives oder literarisches Phänomen zu lenken, jenseits der Suche nach Deutung seines Inhalts. In seinen *Carnets* schreibt er 1936:

> Il y a des siècles que je m'occupe du rêve. Depuis, vinrent les thèses de Freud et Cie qui sont toutes différentes – puisque c'est la possibilité et les caractères intrinsèques du phénomène qui m'intéressent; et eux, sa signification, son rapport à l'histoire du sujet – dont je ne me soucie pas.[1]

Die Surrealisten hatten ihrerseits schon den Blick auf die Gestalt des Traums gerichtet und auf der Fremdheit und dem Moment des Fabelhaften insistiert. Breton rief insbesondere in seinem *Manifeste* von 1924 dazu auf „à nous rendre compte du rêve dans son intégrité",[2] wobei die Gestalt der Träume und nicht deren hypothetisches Bedeutungsreservoir im Mittelpunkt stand. Somit haben die vielen Traumberichte, die man in den verschiedenen Ausgaben von *La révolution surréaliste* findet, keinerlei analytisches Verhältnis zu den dargestellten Traumerfahrungen. Es geht weder um Kommentar noch um Sinnsuche, vielmehr richtet sich das Interesse nun auf „le fonctionnement réel de la pensée".[3] Es ist bekanntlich das ultimative Ziel dieser Vorgehensweise, den Antagonismus von Traum und Wirklichkeit in einer ‚surréalité' oder ‚réalité absolue' aufzuheben.

Dazu musste man zuerst sicherstellen, dass die Traumerzählungen tatsächlich vom Traum her gedacht und nicht vom wachen Bewusstsein diktiert wurden. Unter den Surrealisten bezweifelte schon René Crevel, dass man schreiben könne, wie man träume. Ist nicht jede Erzählung des Traums schon Fiktion? Das

---

[1] Paul Valéry: *Cahiers*, Bd. II, hg. v. Judith Robinson. Paris: Gallimard, 1974, S. 174.
[2] André Breton: *Œuvres complètes*, Bd. I, hg. v. Marguerite Bonnet. Paris: Gallimard, 1988, S. 319.
[3] Ebd., S. 328.

heißt, eine literarische Rekonstruktion eines Ereignisses, dessen Kern gerade darin liegt, dem wachsamen Bewusstsein zu entgleiten?

> Je rêve sans mots, sans images [...]. Si je retrouve ou imagine les paysages ou les êtres qui provoquèrent mon extase ou mon angoisse, je perds jusqu'à la notion de cette extase ou de cette angoisse. Et alors, le souvenir de mes rêves ne vaut pas plus que la lecture du Baedeker.[4]

Für Crevel ist der Traum Angst oder Ekstase, er ist auf jeden Fall Intensität. Die Traumschilderungen, wie die Surrealisten sie gestalten, sind genauso weit entfernt von der im Traum erlebten Intensität wie die Beschreibungen einer geplanten Reise von den tatsächlichen Emotionen angesichts der realen Landschaften. Insofern ist die Vorstellung, die Traumdarstellung könne beim Leser die gleichen Gefühle auslösen, die vom Träumenden empfunden wurden, eine Illusion. Nur die literarisch bewusste Ausarbeitung dieser Intensität kann jene mitteilbar machen. Der Zweifel erreicht also die Traumerzählung oder den erzählten Traum, die tatsächlich nichts über den wirklich geträumten Traum verraten. Kann man überhaupt sicher sein, dass der Traum stattgefunden hat? Valéry betont:

> Le rêve n'est jamais qu'un *souvenir* qui se présente à un homme *réveillé*.[5]
> [...]
> Nous appelons *rêve* le souvenir d'un rêve. Rien ne prouve que le souvenir soit conforme au rêve même. Au contraire, il y a des raisons de penser que le rêve *fut* comme un nuage ou une roche où nous *lisons* une figure ou un objet connu.[6]

Zu diesen Zweifeln vonseiten bestimmter Künstler und Philosophen hinsichtlich des epistemologischen Status der Träume gesellen sich bald Bedenken linguistischer Natur über das, was man die „Sprache der Träume" nennt. Benveniste unterzieht in einem Artikel mit dem Titel „Remarques sur la fonction du langage dans la découverte freudienne" den Begriff der „archaischen Sprachen", in denen Freud meinte, einen Schlüssel zur Sprache des Unbewussten und zur Sprache der Träume gefunden zu haben, einer kritischen Lektüre. Dem Vater der Psychoanalyse folgend werden in den „archaischen Sprachen" ebenso wie in den Träumen „Gegensätze mit besonderer Vorliebe zu einer Einheit zusammengezogen oder in Einem dargestellt."[7] Freud beruft sich dabei auf eine Studie von Karl Abel – „Der Gegensinn der Urworte" von 1884 –, in welcher dieser zu zeigen versuchte, dass die archaischsten unter den Wörtern häufig gegensätzliche Bedeutungen in sich tragen. Das paradigmatische Beispiel hierfür ist das lateinische „sacer", das

---

[4] René Crevel: „Réponse à une enquête sur le rêve", in: ders.: *Mon corps et moi*. Paris: Jean-Jacques Pauvert, 1974, S. 243.
[5] Valéry: *Cahiers* II, S. 103.
[6] Ebd., S. 152.
[7] Sigmund Freud: *Die Traumdeutung*, Studienausgabe, Bd. II, hg. v. Alexander Mitscherlich, Angela Richards, James Strachey. Frankfurt a.M.: S. Fischer, 1972, S. 316.

sowohl „geheiligt" als auch „verdammt" bedeuten kann. Wenn man diese Beispiele von Abel genauer untersucht, muss man Benveniste zustimmen:

> Il est [...] *a priori* improbable – et l'examen attentif le confirme – que ces langues, si archaïques qu'on les suppose, échappent au 'principe de contradiction' en affectant d'une même expression deux notions mutuellement exclusives ou seulement contraires.⁸

In Wirklichkeit handelt es sich um die Illusion der ‚petitio principii'. Der Interpretierende setzt hier zwei als Gegensatz wahrgenommene, unterschiedliche Bedeutungen für eine archaische Sprache X voraus, und staunt dann, dass diese mit dem gleichen Begriff bezeichnet sind. Jedoch haben diese Unterscheidungen in der Sprache X keine Rolle gespielt – sie wurden rückprojiziert. Oder die archaische Sprache X ist keine Sprache, vielmehr eine Chimäre, die sich der Forscher ausgedacht hat. Benveniste fasst zusammen: „Tout paraît nous éloigner d'une corrélation 'vécue' entre la logique onirique et la logique d'une langue réelle."⁹ Somit verschwindet der Begriff einer Sprache der Träume: „Nous sommes [...] en présence d'un 'langage' si particulier [que Freud] a tout intérêt à le distinguer de ce que nous appelons ainsi."¹⁰ Wenn nun der Begriff einer Sprache der Träume als Sprache des Unbewussten wie Schaum zerfällt, muss man dann nicht den Begriff des Unbewussten selbst in Frage stellen?

Diesen Gedanken zu Ende denkend, fragt sich Pierre Klossowski:

> Où demeure notre «inconscient»? On ne saurait même pas le rechercher dans nos rêves: car si, là encore, tout se reconstruit à *l'envers* de l'état de veille, toutefois, c'est simplement un *usage différent* auquel se prête le *même système de signes* quotidiens – puisque c'est grâce à sa différence d'avec l'usage pratiqué à l'état de veille que plus ou moins nous pouvons ensuite raconter ces rêves, et rapporter les paroles étranges ou d'une étrange banalité qui y ont été proférées, par nous ou par d'autres figures.¹¹

Die Träume können keinen sprachlichen Eigenwert beanspruchen, d.h. sie sind kein kodiertes Idiom, reich an latenten Bedeutungen, höchstens invertieren die Traumerzählungen einen gewissen Gebrauch der Sprache. Für Klossowski ist Sprache als „code des signes quotidiens" nichts als das Mittel zum Verständnis seiner selbst, d.h. sie ist Bewusstsein. Jenseits der Sprache, jenseits der unterschiedlichen Gebräuche, „dessous cette couverture il y aurait ce *rien* ou ce *fond* ou ce *Chaos* ou toute autre chose d'innommable".¹² Die Distinktion eines Bewusstseins und eines Unbewussten wird ersetzt durch die Unterscheidung

---

⁸ Émile Benveniste: „Remarques sur la fonction du langage dans la découverte freudienne", in: ders.: *Problèmes de linguistique générale*, Bd. I. Paris: Gallimard, 1966, S. 75–87, hier: S. 82.
⁹ Ebd., S. 83.
¹⁰ Ebd., S. 86.
¹¹ Pierre Klossowski: *Nietzsche et le cercle vicieux*. Paris: Mercure de France, 1969, S. 68.
¹² Ebd., S. 68 f.

von einem Bewusstsein, als Sprache verstanden, d.h. als „*capacité* d'échange avec l'extériorité du code des signes quotidiens"[13] und einem ‚Grund (etwa der Seele)', verstanden als „pas échangeable, parce qu'il ne *signifie rien*".[14] Der ‚Grund' ist für Klossowski der Ort eines Leidens, Ort des größten Rätsels, ein Ort der Triebe, aber in erster Linie ein Ort, der durch Mächte bewohnt wird, die vom Standpunkt des Bewusstseins aus nicht als tiefe oder archaische Schichten verborgener Bedeutungen fungieren, sondern eine radikale Insignifikanz, eine reine Intensität, ein inneres Schauen ohne Worte und Bilder sind, die sich aufdrängen und zur Mitteilung gebracht werden wollen.

Die Freud'schen Dreiteilungen der Psyche werden ersetzt durch den Dualismus von „code des signes quotidiens" und „fond insignifiant": „le langage institutionnel (le code des signes quotidiens) ne nous permet pas de désigner l'authentique autrement qu'en tant qu'*insignifiance*."[15] Die Träume sind dieser Auffassung zufolge nicht irgendeine Sprache des Unbewussten, sondern gleichen gänzlich insignifikanten, triebhaften Intensitäten, die aber im Moment des Aufwachens im Netz der Alltagssprache aufgefangen werden. Und es ist diese Alltagssprache, die, ausgehend von der Subjektivität des sprachlichen Ich,[16] eine Ordnung konstruiert. Dazu schreibt Paul-Laurent Assoun: „Ce qui se passe dans le rêve, pourrait bien être la clé de ce qui se passe dans tout événement humain: la greffe arbitraire d'un sens sur une excitation physiologique."[17] Die Traumerzählung erhält jedoch gewisse Merkmale jener Mächte, die in unserem ‚Grund' hausen: das Diskontinuierliche, die Inkohärenz, die Unkenntnis der Unterscheidung von Innen und Außen, das Vernachlässigen des Identitätsprinzips. Der Traum selbst aber existiert, streng genommen, nicht: Das, was wir ‚Traum' nennen, ist lediglich eine Konstruktion des Bewusstseins, d.h. die nachträgliche Rekonstruktion einer in der Abwesenheit des Ich erlebten Intensität. Diese Abwesenheit nennt sich Schlaf, wobei das Ich sich im Moment des Aufwachens „par la limite constamment retracée dans et par l'état de veille"[18] durch die Rückkehr zur Sprache wieder erschafft. Geht man davon aus, dass die Träume „alles invertiert rekonstruieren", stellt sich die Frage, wie diese invertierte Konstruktion literarisch fruchtbar gemacht werden kann. Läßt sich aus diesem invertierten Gebrauch eine Poetik ableiten? Dies wollen wir jetzt in Bezug auf den Roman *Le Souffleur* von Klossowski umreißen.

---

[13] Ebd., S. 68.
[14] Ebd., S. 68.
[15] Ebd., S. 71.
[16] Vgl. Émile Benveniste: „De la subjectivité dans le langage", in: ders.: *Problèmes de linguistique générale* I, S. 258–266.
[17] Paul-Laurent Assoun: *Freud et Nietzsche*. Paris: PUF, 1980, S. 233.
[18] Klossowski: *Nietzsche et le cercle vicieux*, S. 57.

2. Le Souffleur

Bevor wir in die Analyse von *Le Souffleur* einsteigen, bietet es sich an, die groben Konturen des Romans zu skizzieren. Der Roman ist Teil der Trilogie *Les Lois de l'hospitalité* (1965), die aus *La Révocation de l'Édit de Nantes* (1959), *Roberte, ce soir* (1953) und *Le Souffleur ou un théâtre de société* (1960) besteht. Diese drei Texte schaffen den Raum für eine Art mentales sowie konjugales Paradoxon, in dem der Ehemann, der unter seinem Dach die Gesetze der Gastfreundschaft erlassen hat, seine Frau den Gästen anbietet. Der Gatte kommt hier zunächst seinem voyeuristischen Trieb nach, stellt aber gleichzeitig auch die eheliche Bindung auf die Probe („ordonne[r] à la femme de commettre l'adultère" macht eigentlich keinen Sinn, weil Ehebruch per definitionem das Geheimnis voraussetzt und das Betrogen-Werden impliziert: Kann man betrügen, „um treu zu bleiben"?)[19] und hinterfragt die Identität der Frau, indem er sie des schuldhaften Genießens bezichtigt, das aus seiner Perspektive den Bezug zwischen Leib, Schuld und Seele bloßstellen müsste. Ist es überraschend, dass Mann und Frau in einer solchen Versuchsanordnung schließlich beginnen an der Identität des Ehepartners zu zweifeln?

Le Souffleur, der dritte Roman der Trilogie, erzählt in vierzehn Kapiteln gewissermaßen die Folgen solcher Gesetze. Von den drei Romanen ist diese Ich-Erzählung am stärksten von Traumelementen geprägt. Der Erzähler, Théodore Lacase, berichtet von den wahnwitzigen Tagen, an denen er die Identität seiner Frau, Roberte Lacase, im Paris der frühen 1960er Jahre zu bestimmen sucht. Sehr rasch merkt er, dass ihre Identität sich ihm entzieht: Roberte Lacase erscheint ihm unter verschiedenen Namen und in unterschiedlichen Funktionen, einmal als Salutistin, als Angehörige der Heilsarmee, einmal als Frau eines anderen Mannes, scheinbar ist sie ubiquitär vorhanden. Der Ich-Erzähler wird auf eine mehr und mehr inkohärente Welt stoßen, bis der Zweifel an seiner eigenen Identität zu nagen beginnt.

Was erlaubt uns also nun, den Roman *Le Souffleur* als Traumerzählung aufzufassen? Man könnte hier eine Liste der Inkohärenzen, Fabelwesen, Verdichtungen und Verschiebungen anführen, durch die der Text sich von realistischen Narrationen unterscheidet. Eine solche Liste jedoch würde keinesfalls eine endgültige Entscheidung über den Status des Textes möglich machen. Jean-Daniel Gollut rekurriert in seinem Werk über die Traumerzählungen auf ein viel evidenteres Kriterium: „seront 'récits de rêves' les textes que leurs auteurs auront désignés comme tels."[20] Frédéric Canovas spricht im gleichen Sinn von einem

> 'pacte onirique' [...]. La séquence onirique du texte référentiel, affublée de son pacte, constitue donc un énoncé contractuel quasi-métatextuel liant le

---

[19] Pierre Klossowski: „Protase et apodose", in: *L'Arc* 43 (1970), S. 13.
[20] Jean-Daniel Gollut: *Conter les rêves. La narration de l'expérience onirique dans les œuvres de la modernité*. Paris: Corti, 1993, S. 11.

narrateur du récit de rêve à son narrataire et, à une échelle supérieure, l'auteur au lecteur.[21]

Bevor wir auf den ‚pacte onirique' zu sprechen kommen, wollen wir den Titel des Romans genauer betrachten. Der Terminus ‚souffleur' evoziert die Person, welche im Theater die Erinnerungslücken der Schauspieler überbrückt, indem sie ihnen den Text zuflüstert, den sie vortragen sollen. Der Souffleur spricht aus dem Untergrund, er flüstert etwas, das in Szene gesetzt, mimisch transponiert und aufgeführt wird. Diese Funktion des Souffleurs wird hier zur Metapher des Traums, so wie wir ihn in der Einleitung definiert haben. Mit Nietzsche gesagt: „[...] all unser sogenanntes Bewusstsein [ist] ein mehr oder weniger phantastischer Commentar über einen ungewussten, vielleicht unwissbaren, aber gefühlten Text".[22] Im selben Aphorismus führt Nietzsche die ‚dichterische Vernunft', welche die Träume als Nervenreize deutet, mit der Figur des Souffleurs zusammen, wobei er zu dem Schluss kommt, dass, wenn die Reize mehr oder weniger immer die gleichen sind und die Träume dafür eine Mannigfaltigkeit aufweisen, „[...] das darin seinen Grund [hat], dass der Souffleur dieser Vernunft heute ein anderer war, als er gestern war, – ein anderer Trieb wollte sich befriedigen, betätigen, üben, erquicken, entladen". Wenn Nietzsches Souffleur eine psychologische Instanz ist, könnte man ihr im Sinne Klossowskis noch eine alchemistische oder theologische Bedeutung hinzufügen, da der Autor oft auf eine pneumatologische Essenz der Seele hinweist. Solche Betrachtungen würden jedoch den Rahmen dieses Textes sprengen.

2.1 Der Abstieg ins Unsichtbare

Der Hauptteil des Textes fügt sich zwischen einen Prolog und einen Epilog, die jeweils auf signifikante Weise eingeleitet werden. Der erste Satz des Prologs kündigt an: „Soudain la lumière s'éteignit, les chuchotements se turent dans la salle, le rideau se leva sur la petite scène."[23] Der Leser ist eingestimmt und wird von Beginn an in eine Art Obskurität eingeweiht, in der die Alltagssprache verstummt und sich der Raum einer inszenierten Sprache öffnet. Der Epilog beginnt noch deutlicher: „Je rouvris les yeux ce matin-là ailleurs que chez moi."[24] Der Vorhang lüftet sich und gibt den Blick auf die Bühne frei, die nachträglich als das nächtliche Theater der Träume verstanden werden kann. Zwischen diesem Eintauchen in die Welt der dunklen Theatersäle und dem Aufwachen des Erzählers ist der Text gespickt mit Ausdrücken wie „pensant être sorti d'un cauche-

---

[21] Frédéric Canovas: *L'Écriture rêvée*. Paris: L'Harmattan, 2000, S. 32–33.
[22] Friedrich Nietzsche: *Morgendämmerung*, II, § 119, in: *Kritische Studienausgabe*, hg. v. Giorgio Colli und Mazzino Montinari. Bd. III. Berlin: De Gruyter, 1999, S. 113.
[23] Pierre Klossowski: *Les Lois de l'hospitalité*. Paris: Gallimard, 1965, S. 177.
[24] Ebd., S. 325.

mar",²⁵ „je crus que mes songes se prolongeaient", „mon incompréhensible situation", „mes perplexités", „ce cauchemar",²⁶ „comme dans un songe", „je dirais que c'était un rêve éveillé",²⁷ „se penchant vers moi qui croyais rêver",²⁸ die von Anfang bis Ende des Romans auf die grundsätzliche Schwierigkeit des Erzählers verweisen: nämlich aufzuwachen, den Traum zu verlassen und auf die Ebene der alltäglichen Erfahrungen zurückzukehren.

Die angeführten Leseanweisungen erfassen jedoch noch nicht alle Klauseln des Paktes mit dem Leser, den Klossowski vorschlägt. Die erste Szene des Theaterstücks, dem man beiwohnen wird, führt das Aufwachen einer Figur vor, die mal als ‚Meister' und mal als ‚der Alte' bezeichnet wird und in Wirklichkeit kein anderer als André Gide ist, der zu dieser Zeit bereits zehn Jahre zu den Toten zählt. Besonders hervorzuheben ist, dass das Erwachen nicht wieder in die Alltagsrealität führt, sondern in die zwielichtige Welt des Theaters. Dieses Oszillieren zwischen Alltagsrealität und Theater der Träume wird zusätzlich durch den Titel des Theaterstücks, dem der Erzähler beiwohnt, unterstrichen: *„Das Fegefeuer"*. Auf dieser Bühne scheint sich alles „à l'envers de l'état de veille" zu konfigurieren. Als der Alte sich daran macht, das Geschirr zu spülen, wirft er die Schüssel „vers l'invisible plafond" und sie fällt nicht sofort herunter. Die Kinder, die mit ihm auf der Bühne sind, rufen aus „– Si ça tombe, ça se casse", worauf der Alte erwidert: „– Si ça se casse, ça tombe, tout est là!"²⁹ Die Notwendigkeitsbeziehung, die Verknüpfung von Ursache und Wirkung, scheint aufgehoben bzw., genauer, invertiert zu sein.

Insistieren wir nicht weiter auf den zahlreichen Seltsamkeiten, die auf der Bühne gespielt werden, richten wir den Blick auf den Erzähler, der im Publikum sitzt. Nach der Aufführung kommt das Licht in den Saal zurück und der Erzähler stellt traurig fest, dass die anderen Zuschauer den Saal verlassen haben. Allein eine Salutistin der Heilsarmee nähert sich ihm und bittet ihn um eine Spende „pour les misères cachées".³⁰ Kaum hat er seine Spende in die Sammelbüchse geworfen, führt die Frau ihn durch den Vorhang auf die Bühne, wo er den Alten trifft. „[A]u-delà de la mort" findet der Erzähler den verlorenen Führer – „le Guide" – wieder. Er ist jetzt also jenseits des Vorhangs, nähert sich dem Alten, „assis à une table des commandes du poste d'aiguillage".³¹ Ohne über den abrupten Dekorwechsel zu staunen, erklärt der Erzähler seine nach wie vor intakten Gefühle dem Alten gegenüber, wobei dieser der Erklärung mit Kühle begegnet. Er macht unter anderem eine dem Erzähler unangenehme Anspielung auf die

---

[25] Ebd., S. 226.
[26] Alle ebd., S. 253.
[27] Beide ebd., S. 300.
[28] Ebd., S. 313.
[29] Ebd., S. 179.
[30] Ebd., S. 180.
[31] Ebd., S. 181.

„cape romaine",[32] die Soutane und auf das Theologiestudium, dem jener damals noch nachging. Der Alte fragt den Erzähler hinterlistig: „– Alors pourquoi ne te maries-tu pas?"[33] In diesem Augenblick ertönt Orgelspiel. Ein Zug fährt ein. Auf den Gleisen des Bahnhofs singen Kinder im Chor, dirigiert von der Salutistin.

Im folgenden Abschnitt scheint der Erzähler Abstand nehmen zu wollen von dem, was er gerade erzählt hat. „Évoquer la présence du Vieux, après l'avoir aperçu de la sorte, en cette fin d'après midi [...] – en quoi cela diffère-t-il de la description arbitraire d'un rêve?" Er kommt jedoch zu dem Schluss: „[...] mais je ne rêvai pas."[34] Muss man also davon ausgehen, dass es keinen ‚pacte onirique' geben wird? Der Prolog schließt mit einem Abschnitt, der folgendermaßen lautet:

> Souvent il m'arrive de *rêver* vraiment de lui. La différence absolue de nos rapports dans ces rêves (qui ne font que reproduire des situations fort lointaines) d'avec les rapports exceptionnels que j'ai pu avoir avec lui dans *sa vie posthume* me donne la certitude de ces étranges rencontres.[35]

Von da an scheint das Spiel vollends verworren zu sein. Wenn es sich nicht um eine Traumerzählung handelt, kann man dann davon ausgehen, dass die erzählten Ereignisse autobiographisch sind? Aus dieser Perspektive ist die Referenz auf Gide kein Zufall. Klossowski selbst war – als eine Art Schüler – eng vertraut mit Gide. Hinter der Figur der Salutistin versteckt sich die Frau Klossowskis, Denise, die er in zahlreichen Texten und Zeichnungen unter dem Namen Roberte inszeniert hat. Das Theologiestudium, auf das der Alte anspielt, ist ein autobiographisches Element, ebenso wie die Heirat mit Denise, die für den Autor den Bruch des priesterlichen Eides implizierte.

Traumerzählung oder autobiographischer Text? Der Schlüssel zum Pakt mit dem Leser liegt wahrscheinlich im ersten Kapitel des Romans. Der Erzähler erklärt darin:

> [...] l'effort que j'ai tenté depuis des années, c'était de passer derrière notre vie, pour la regarder. J'ai donc voulu saisir la vie en me tenant hors de la vie, d'où elle a un tout autre aspect. Si on la fixe de là, on touche à une insoutenable félicité ... Alors il m'arriva d'échanger le temps à vivre contre le temps déjà vécu par un autre. Est-ce à dire que j'aie troqué mon propre regard contre celui d'un homme sur le déclin?[36]

---

[32] Ebd., S. 182.
[33] Ebd., S. 183.
[34] Ebd., S. 184.
[35] Ebd., S. 186.
[36] Ebd., S. 187.

Der Erzähler ist jenseits des Vorhangs – oder des Spiegels. Er hat seinen eigenen Blick gegen den des Alten eingetauscht, er führt nur noch eine „fonction [...] à partir de son oeil" aus, und ist „qu'un regard de lui".[37]

Der Blick, der er nun geworden ist, lässt sich nicht als der des alltäglichen Wachzustandes beschreiben – es ist ein inneres Schauen, ein reines Denken. Ein paar Zeilen weiter erzählt er, dass *er* in den Gärten des Palais Royal, wo er sich mit dem Alten, den er jetzt „die Mumie" nennt, traf, einen Artikel über sein letztes Buch gelesen habe: „Tout en lisant j'allais de long en large, lorsque j'eus un éblouissement. Je laissai tomber le journal et portai mes mains sur mes yeux: j'avais cessé de voir."[38] Der Erzähler fühlt sich „au cœur de sa propre pensée"[39] gestoßen, also in die Innenwelten der Intensitäten ohne Deutbarkeit. Es eröffnet sich ihm plötzlich eine Traumvision von Roberte, die sich im Park entkleidet und auf dem Rasen selbst befriedigt. Diese Vision bricht unmotiviert in den Text ein und scheint völlig willkürlich zu sein. Sie produziert dadurch im Text eine Diskontinuität, die mit der fragilen Linearität des Erzählten bricht. Die geschaute Vision erstaunt und beglückt den Erzähler. Der Erzähler bezeichnet sie als „révélation",[40] wobei sie nur eine flüchtige Intensität ist, die keine Sprache und kein Bild einfangen kann.

Der Erzähler fragt sich nun: „Je cherche en vain des faits dans cette dernière période de ma vie, je ne trouve que des reflets, que des résonances et je n'arrive pas à remonter à leur source."[41] Wie sollte das auch möglich sein! Nachdem er jenseits des Vorhangs seinen Blick mit dem des Alten, der seine Jahre im Fegefeuer absitzt, getauscht hat, kommt ihm die Instanz des Ich als Quelle der Kohärenz abhanden. Die Instanz also, von der Sachverhalte, Handlungen und Wörter zu den Formen der Alltagswirklichkeit gebündelt werden. Der Grund des Seins – reines Denken oder dunkle Mächte, das, was wir hier die Intensität genannt haben, – entzieht sich der Dimension der Fakten, Worte und Bilder. Nimmt man die Perspektive der Intensität an, zerbricht die Identität des erlebenden Ich. Blicke und Eigenschaften werden austauschbar, die Identitäten flüchtig und nicht festgelegt, sie sind nur noch Spiegelungen und augenblickliche Traumbilder.

2.2 Das Erwachen

Das Absteigen in den Schatten findet, in veränderter Form, eine strukturelle Entsprechung im Schlusskapitel des Romans. Es scheint, dass die Figuren nicht mehr das sind, was sie zu Beginn des Romans waren. Sie sind in ihrer Identität eigentümlich verrutscht und haben sich wie um eine innere Achse gedreht. Der

---

[37] Ebd., S. 188.
[38] Ebd., S. 189.
[39] Ebd., S. 190.
[40] Ebd., S. 191.
[41] Ebd., S. 191.

Alte ist nicht mehr der Alte, die Mumie also, von der der Blick des Erzählers ausging und die gleichsam sein Mentor war (wie in der Beziehung von Gide zu Klossowski); er wird nunmehr als ‚le mort-vivant' bezeichnet. Nach einem letzten Treffen zwischen den Protagonisten in der Wohnung Théodore Lacases schlägt dieser dem ‚mort-vivant' so auf den Schädel, dass er in Ohnmacht fällt. Es wird entschieden, dass man den Körper am besten los wird, indem man ihn in eine Truhe steckt. Der Text aber, einmal mehr diskontinuierlich-brüchig, bestätigt:

> Un fait, celui-là indubitable: j'étais moi-même au fond de la malle. L'étouffement, l'étouffement de Théodore Lacase, voilà ce que voulait Roberte. En effet, le coup par moi-même asséné sur le crâne du faux mort avait épuisé mes forces, avait vidé Théodore Lacase. Je sombrai dans une totale obscurité et d'abord de furtives sensations tactiles et auditives se proposèrent, enfin de brèves lueurs.[42]

Der Erzähler hat die Zerreißprobe zwischen den wechselnden Identitäten gerade noch bestanden und ist nun wieder auf dem Weg zurück zu sich selbst. Den ‚mort-vivant' erschlagend vernichtet sich der zum Blick der Mumie gewordene Erzähler selbst. Zu Anfang ins Dunkle eingetaucht und ein blinder Blick in einer Welt von Spiegelungen und Resonanzen geworden, erwacht er nun in der Truhe und entdeckt die haptischen, akustischen und optischen Wahrnehmungen wieder, bis Licht durch die Risse der Truhe dringt – dieses Erwachen ist auch ein Aufwachen. Derjenige aber, der zu sich kommt, ist ein Anderer, nämlich K.: „Moi ... K.!"[43] Der Epilog sagt weiter:

> Je rouvris les yeux ce matin-là ailleurs que chez moi. Je ne reconnaissais rien, ni la pièce au plafond élevé, ni la haute croisée, ni les murs de la cour qui n'étaient pas ceux de la Cour de Rohan, mais de celle, austère, d'un vieil hôtel Régence. [...] Peu à peu je me rendis compte que j'avais passé la nuit dans la chambre à coucher de Théodore. [...] Il y avait une foule de gens qui se pressaient, les personnes qui, de près ou de loin, avaient figuré dans les diverses péripéties de mon conflit avec Lacase: Merlin, Raphaël, Savigny et le docteur Ygdrasil. Mais je cherchais en vain Théodore Lacase. J'étais sur son lit et, assise près de moi, Roberte me souriait. Derrière elle se tenait l'oncle Florence. Seul Théodore Lacase était introuvable. Alors Ygdrasil, se penchant vers moi, me dit:
> – K. réveillez-vous! Ne craignez rien! ...[44]

Wer am Ende des Romans aufwacht ist der Urheber des Traums, den der Leser gerade gelesen hat. K. wäre also, mit den Zügen Théodore Lacases, zuvor der Ich-Erzähler gewesen. Man kann den Roman somit als Inszenierung des langen Prozesses der Anabasis und Katabasis lesen, d.h. als ein Untertauchen und als Verlust von Identität bis hin zur Rückkehr zu sich selbst. Das Erwachen mar-

---

[42] Ebd., S. 321.
[43] Ebd., S. 323.
[44] Ebd., S. 325.

kiert das Zu-Sich-Kommen von K. und den Tod der Figur, die der Ich-Erzähler des Romans gewesen ist. Roberte bekräftigt: „– K., me dit-elle en me frappant le front de son doigt, c'est ici que nous l'avons enseveli ... ici, votre Théodore, ici!"[45]

3. Für eine Rhetorik des Traums

Wie erscheint die Alltagswirklichkeit aus dem Blickwinkel des Traums und der Triebe? Der erste Teil des Romans (Kapitel III bis VI) führt eine widersprüchliche Wirklichkeit vor, der zweite (Kapitel VII bis XI) macht Erklärungsversuche, welche die Fäden schließlich vollends verwirren. Obwohl es unmöglich ist, den Plot des Romans zusammenzufassen, wollen wir hier versuchen, uns die wichtigsten Punkte vor Augen zu führen.

Im dritten Kapitel befindet sich der Erzähler, Théodore Lacase, zusammen mit seinem Freund Guy de Savigny auf der Terrasse eines Cafés im Quartier Saint Lazare. Die Frau von Théodore, Roberte Lacase, kommt – Guy erkennt sie aber nicht sofort wieder. Sie trägt die Uniform der Heilsarmee und sammelt Spenden. Théodore zeigt sich erstaunt, dass sie nicht durch die Boutiquen schlendert und einkauft, worauf sie erwidert, dass dies etwas sei, das für sie niemals in Frage käme.

Das vierte Kapitel erzählt von der ersten Probe des Theaterstücks *Roberte, ce soir*, einem Werk von Théodore – das jedoch vom Autor Klossowski elf Jahre vor unserem Roman veröffentlicht worden war. Roberte, die sich selbst spielen soll, kommt, behängt mit Tüten und Taschen von Chanel, in den Proberaum. (Hatte sie nicht den ganzen Nachmittag für die Heilsarmee gesammelt?) Die Probe beginnt. Als Roberte ihren Text spricht, springt die Salutistin hervor und wirft sich auf Roberte. Es kommt zu einem Handgemenge, wobei eine der anwesenden Figuren ausruft: „Elle est impossible. Séparez-la!"[46] Nur der Erzähler horcht bei dieser Formulierung auf, alle anderen Anwesenden nicht. Kaum ist die Balgerei vorbei, verlässt Roberte entsetzt den Raum; als sie zurückkommt, kommentiert Théodore: „Celle que [...] je désignais par devers moi comme la «salutiste», était revenue au salon, arrangeant ses cheveux, ayant quitté la veste du tailleur turquoise que Roberte portait avant le dîner".[47] Somit tritt die Zweideutigkeit der Identität der Frau Théodores klar zu Tage – es ist geradezu unmöglich festzustellen, ob es eine oder zwei Frauen gibt.

Im fünften Kapitel begibt sich der Erzähler auf Befehl seiner Frau auf die Suche nach einem Stärkungsmittel für Guy de Savigny, der gerade einen Anfall gehabt hat. Auf dem Weg zurück von der Apotheke trifft er Roberte auf der Terrasse

---

[45] Ebd., S. 326.
[46] Ebd., S. 219.
[47] Ebd., S. 220.

eines Cafés im Quartier Saint Sulpice. Sie ist dort in Begleitung eines gewissen K. Für alle Anwesenden, außer für Théodore, ist diese Frau die Gattin von K. und nicht Roberte Lacase. Im Übrigen erkennt niemand in Théodore ihren Ehemann. Nachdem sie als Salutistin Spenden gesammelt hat, verlässt sie das Café zusammen mit einem alten Mann und begibt sich mit diesem zum Hôtel du Beaujolais. Aber als Théodore zu sich nach Hause kommt, findet er seine Frau schlafend auf der Couch.

Am folgenden Tag findet Théodore, wie im sechsten Kapitel erzählt wird, einen von Roberte geschriebenen Zettel, auf dem steht, dass sie Paris verlassen hat, um den gemeinsamen Sohn in ein Sanatorium in Saint Gervais zu bringen. Der Erzähler versucht sich an die Ereignisse des Vortags zu erinnern und begibt sich dazu zum Hôtel du Beaujolais. Roberte Lacase ist tatsächlich mitten in der Nacht dort abgestiegen, wie der Rezeptionist bestätigt. Théodore ruft sie von der Hotelrezeption aus an, erkennt ihre Stimme und verlässt daraufhin sofort das Hotel. Die Dinge werden definitiv verworren, als Théodore sich zu einem Empfang bei den K.s begibt und die Bekanntschaft von Valentine K., der Frau von K., macht, in der er seine Gattin erkennt. Valentine aber bestätigt, ihn am Tag zuvor auf der Terrasse des Cafés im Quartier Saint Sulpice gesehen zu haben. Théodore hat das Gefühl, wahnsinnig zu werden. Dieses Gefühl wird unerträglich, als er auf dem Weg zurück nach Hause in der Vitrine einer Buchhandlung sein eigenes Buch *Roberte, ce soir* mit dem Autorennamen K. liegen sieht.

Dies sind, in geraffter Form, die Ereignisse im ersten Teil des Romans. Die erzählten Geschehnisse evozieren viele autobiographische Referenzen, die jedoch nicht eindeutig zugewiesen werden können. Wie der Erzähler selbst nach der Café-Szene im Quartier Saint Sulpice anmerkt:

> [...] à partir, de ce moment-là, je ne distinguais plus ce que l'on me disait et j'interprétais au hasard les sons proférés, avec un effort de syntaxe, éliminant le plus de mots qui n'avaient aucune sens, mais qui étaient les plus nombreux.[48]

Mit anderen Worten: Die Ereignisse und das Sprechen darüber klaffen auseinander. Die Wörter selbst haben keinen Sinn mehr, sie sind nur noch Töne, aus denen willkürlich eine Interpretation konstruiert wird, d.h., der Sinn wird auf Triebe oder Intensitäten (hier Geräusche), die an sich insignifikant sind, aufgepfropft. Während Théodore sich an den Tag erinnert, an dem diese Ereignisse stattfanden, kommt er zu dem Schluss:

> Il se peut que cette journée-là se soit déroulée sans nécessité aucune. C'est moi qui enchaîne les incidents, de bout en bout. À moins que la nécessité ne se nomme ma peur ... Ma peur que ne cessât brusquement l'incohérence, et qu'à voir clair on ne m'ôtât la pensée.[49]

---

[48] Ebd., S. 225.
[49] Ebd., S. 234.

Théodore, der für den ‚Grund' und gegen den Sinn Partei ergriffen hat, ruht nun in sich, in der Authentizität seines wahren Denkens, aber in Bezug auf die Ebene der Alltagsrealität geht er restlos unter. Sein Sprechen, seine Erzählung wird somit zwielichtig, wird zu einer Szene zwischen Hölle und Paradies, wo die Wörter nur umgekehrt funktionieren, insofern als sie nichts mehr bedeuten, sondern bedeutungslose Triebe bezeichnen.

Im zweiten Teil des Romans (Kapitel VII bis XI) wird versucht, die im ersten Teil aufgeworfenen Rätsel zu lösen. Das siebente Kapitel beginnt auf signifikante Weise mit dem Aufwachen des Erzählers: „Lorsque je m'éveillai, il me sembla reconnaître de dos, Guy, assis sur le bord du divan."[50] Diesem Guy obliegt es, ein Licht auf die Identitäten von Roberte zu werfen. Seine Erklärungen jedoch scheinen ganz absurd und verwirren Théodore endgültig. Während der Besatzungsjahre sei Roberte mit einem gewissen Dr. Rodin verheiratet gewesen, der als Amtsarzt in der Vichy-Administration gearbeitet habe. Dieser sei während einer Racheaktion der Résistance, in der Roberte selbst tätig gewesen sei, getötet worden. Sie habe jedoch von seiner Position profitiert, da sie habe erreichen können, dass einige junge Männer als untauglich für den Arbeitsdienst in Deutschland befunden worden seien. Als Gegenleistung habe sie sich in Anwesenheit des voyeuristischen Gatten den jungen Männern hingeben müssen. Zur gleichen Zeit habe sich im Maquis (also im Partisanenwiderstand in den Wäldern) eine gewisse Valentine aufgehalten, von der er meine, dass sie eine „ressemblance ahurissante"[51] mit Robert habe. Diese Ähnlichkeit sei so frappierend, dass die beiden ihre Identitäten beliebig untereinander hätten wechseln können. Damit wären einige der Qui-pro-Quo-Situationen erklärbar, die sich im Text ereignen. Je weiter sich jedoch Guy in seine Erklärungsansätze verstrickt, desto widersprüchlicher werden sie. Die Frau von K. und Roberte haben die gleiche Schrift. Beide haben die gleiche Stimme, beide haben Arthritis an den gleichen Stellen des Körpers. Dies alles deutet darauf hin, dass sie, wenn sie auch unterschiedliche Identitäten haben und verschiedene Namen tragen, doch denselben Körper teilen! Zudem sind beide Frauen Kriegerwitwen, und zwar von demselben Mann. Théodore, nun gänzlich verzweifelt, ruft aus: „Il ne se peut tout de même pas qu'il y ait ici le même mort pour deux veuves ...",[52] dieser Zweifel scheint vom Psychiater Ygdrasil, hinter dem sich Jacques Lacan verbirgt, geteilt zu werden; der macht nach einem langen Gespräch mit Théodore im elften Kapitel den aberwitzigen Vorschlag, beide Frauen miteinander zu konfrontieren:

> – Ou bien elles auront chacune des réflexes analogues, nous saurions alors qu'elles sont des connivences, ou bien s'il s'agit de la même femme ...
> – Terrible alternative ...
> – Alors, vous reculez de nouveau? ...

---

[50] Ebd., S. 253.
[51] Ebd., S. 268.
[52] Ebd., S. 293.

– Cette confrontation sera déjouée! Vous aurez donné rendez-vous à la femme de K. et vous verrez, ce sera ma femme, Roberte, qui répondra, ou ne répondra pas ...[53]

Théodore beschreibt ihm nun das peinliche Zusammentreffen ‚beider' Frauen während der Theaterprobe und kommentiert: „ je dirais que c'était un rêve éveillé",[54] und ein paar Zeilen weiter „– ... Comme dans un songe ... oui ...". Endgültig unentwirrbar wird die Lage, als man erfährt, dass der verstorbene Ehemann gar nicht tot ist, sondern unter der falschen Identität eines Dr. Laurence weiterlebt. Er hat jedoch gedroht, die wahre Identität von Roberte/Valentine K. zu lüften, sollte diese seinen Gelüsten nicht zu Diensten sein. Nachdem Théodore diese haarsträubende Geschichte erfahren hat, besucht ihn schließlich seine Schwiegermutter in Begleitung eines gewissen ‚oncle Florence', der kein anderer als Dr. Rodin bzw. Dr. Laurence oder der ‚mort-vivant' ist. Dazu stößt eine Frau, die Théodore für Valentine K. hält, die aber von der Schwiegermutter für ihre Tochter, Roberte, gehalten wird. Die Szene endet damit, dass Théodore den ‚mort-vivant' erschlägt, wie wir schon oben beschrieben haben.

Die Figur der Gattin von Théodore – oder von K. – dekliniert im Verlauf des Romans mindestens vier Identitäten: die Salutistin der Heilsarmee, hinter der entweder Roberte Lacase oder Valentine K. steckt, und schließlich Roberte K. Dr. Rodin erscheint ebenfalls mit verschiedenen Identitäten. Einmal ist er Dr. Laurence, einmal ein Chiropraktiker, einmal ‚oncle Florence'. Der Alte ist einmal die Mumie und einmal der ‚mort-vivant', der wiederum kein Geringerer als Dr. Rodin ist. Was Théodore betrifft, so ist er von Anfang an als eine Art Doppelgänger von K. konstruiert, ohne dabei den Blick des Alten abzulegen. Auch darin erschöpfen sich die Dinge nicht ganz. Denn Théodore erwacht zum Ende des Romans als K., jedoch im Bett von Théodore und neben dessen Gattin, die nun nicht mehr Valentine ist, sondern Roberte. Die Ambiguität der Figur zieht sich durch den ganzen Text, wobei die einen ihn für K. halten und die anderen überhaupt keinen Bezug zwischen Théodore und K. wahrnehmen. Der Text insistiert mehrmals darauf, das K. ein „homme au visage anguleux, de type slave"[55] ist; weiter ist die Rede vom „nom de K., aux consonances slaves",[56] was eine durchsichtige Anspielung auf den Autor Klossowski ist. Théodore erklärt jedoch Guy, der ihn zunächst für K. gehalten hatte, dass er, Théodore Lacase, für sich schreibe, K. dagegen „écrit pour tout le monde".[57] Somit wäre Théodore die innere, nicht mitteilbare Seite von K., der der Äußerlichkeit des Alltagscodes verfallen bleibt. Diese Spannung zwischen einem Schreiben, das jedem zugänglich ist bzw. von jedem gelesen werden kann, und radikal unmitteilbaren, inten-

---

[53] Ebd., S. 300.
[54] Ebd., S. 300.
[55] Ebd., S. 242.
[56] Ebd., S. 245.
[57] Ebd., S. 203.

siven Erfahrungen (die Spannung, die das inkohärente Wirken der Gesetze der Gastfreundschaft definiert), bildet den Kern des Romans. Théodore ist, wie der Psychiater Ygdrasil feststellt, ein „chef-d'œuvre d'inconséquence".[58] Er weigert sich, jene Kategorien anzuwenden, die es möglich machen, die Figuren, die im Traum verworren werden, im Wachzustand zu unterscheiden. Aus Théodores Blickwinkel ist „la personne ou ce que par besoin de s'entendre on nomme ainsi" fragwürdig: „Où s'arrête notre propre personne, où commence celle d'autrui? Nous sommes beaucoup trop mêlés avant de pouvoir proférer un seul mot proprement personnel."[59] Auf der Ebene der Intensitäten sind die Alltagsunterscheidungen aufgehoben, die Rollen werden ausgetauscht, die Identitäten lösen sich auf und verschwimmen ineinander. Ygdrasil schließt: „– En réalité [...] vous êtes au-dessus de ces distinctions quotidiennes".[60] Aus der Perspektive des ‚Grundes', aus der Perspektive der Theaterbühne rekonstruiert sich die Realität umgekehrt zum Alltagsleben. Sie erscheint als permanente Disjunktion der Univozität der Sprache und der Pluralität der insignifikanten Intensitäten. Jede Intensität kann verkleidet als Roberte oder Valentine, als Rodin oder Laurence, als Théodore oder K. erscheinen.

Freud bemerkte in der *Traumdeutung*, dass der Traum die Konjunktoren „entweder / oder" als „und" auffasst.[61] Dieser ‚modus operandi' scheint aber nicht der Théodores zu sein, der Roberte und Valentine K. nicht miteinander vermengt, sondern die Alternative als solche aufrecht erhält. Seine Frau ist jeweils Roberte *oder* Valentine. Die poetische Logik, die hier am Werke ist, kann als ‚disjunktive Synthese' aufgefasst werden, wie sie Deleuze und Guattari im *Anti-Ödipus* als eine wahrlich postfreudianische Logik des Unbewussten entwickelt haben:

> C'est là qu'apparaît un des sens principaux de l'œuvre de Klossowski: découvrir un tout autre usage de la synthèse disjonctive, dont dépendraient la vie et la pensée dans l'inconscient. [...] À l'usage exclusif, limitatif, négatif de la synthèse disjonctive, s'oppose un usage *inclusif, illimitant, affirmatif*. Schizophrénisation: une disjonction qui reste disjonctive, et qui pourtant affirme les termes disjoints, les affirme à travers toute leur distance, sans limiter l'un par l'autre ni exclure l'un et l'autre.[62]

Entspricht diese Deutung der Funktionsweise des Unbewussten nicht derjenigen, die Klossowski zu Beginn des Romans mit der Figur des Alten am Schaltbrett des Weichenstellers angekündigt hat – dort, wo die Gleise sich jederzeit verzweigen und wieder zusammenkommen können? Dies ist also ein Weg, die

---

[58] Ebd., S. 306.
[59] Ebd., S. 282.
[60] Ebd., S. 287.
[61] Freud: *Die Traumdeutung*, S. 315.
[62] Gilles Deleuze/Félix Guattari: „La Synthèse disjonctive", in: *L'Arc* 43 (1970), S. 54–63, hier: S. 59.

Alternative aufrecht zu erhalten, nicht eine Option gegen die andere auszuspielen, sondern zwei alternative Optionen zugleich zu bejahen. Und ist dies nicht die Logik des berühmten Traums von Pao Yu selbst, von dem Caillois in *L'Incertitude qui vient des rêves* berichtet?[63]

4. Traum und Simulakrum

Nehmen wir die Frage, die am Ende der Einleitung gestellt worden ist, wieder auf: im Traum „tout se reconstruit à l'*envers* de l'état de veille".[64] Klossowskis Sprache ist durch und durch klassisch, durchaus durchtrieben, aber dem Leser zugänglich. Damit sind wir fern von Crevels Bemerkung über den reinen Surrealismus:

> [...] s'il était possible de s'en faire quelque idée, [le surréalisme] ne saurait être réalisé autrement que par des onomatopées. Et encore trouverait-on jusque dans ces onomatopées le souvenir de la plus lucide raison, représentée par le souvenir des mots.[65]

In Wirklichkeit weiß Crevel, dass man nicht aus dem Code der Alltagssprache ausbrechen kann; aus der Sprache des Bewusstseins gibt es keinen Ausweg. Dahingegen kann man einen Diskurs hervorbringen, der die Univozität der Alltagssprache pervertiert und das Identitätsprinzip umgeht. Eben dies unternimmt Klossowski in *Le Souffleur*. Erinnern wir uns an den in sich widersprüchlichen Satz, in dem von der Salutistin gesagt wird, sie habe „la veste du tailleur turquoise que Roberte portait avant le dîner"[66] abgelegt. Erinnern wir uns an den sinnlosen Ausruf eines Protagonisten, als die Salutistin sich auf Roberte wirft: „Elle est impossible. Séparez-la!"[67] Durch die Vervielfältigung der Identität einer Figur leidet das Prinzip der Identität an einem Wackelkontakt. Jede Figur ist zugleich sie selbst und ihr Gegenteil. Dem Identitätsprinzip $a = a$ folgt ein sinnloses Prinzip, das man wie folgt formalisieren könnte: $p = \neg p$. Um es ein weiteres Mal mit Benveniste zu sagen:

> Imaginer [un] langage [...] où un certain objet serait *dénommé* comme étant lui-même et en même temps n'importe quel autre, et où la relation *exprimée* serait la relation de contradiction permanente, la relation non relationnante, où tout serait soi et autre que soi, donc ni soi ni autre, c'est imaginer une pure chimère.[68]

---

[63] Roger Caillois: *L'Incertitude qui vient des rêves*. Paris: Gallimard, 1983, S. 107–108.
[64] Klossowski: *Nietzsche et le cercle vicieux*, S. 68.
[65] René Crevel: „A propos du surréalisme", in: ders.: *L'Esprit contre la raison*. Paris: Tchou, 1969, S. 31.
[66] Klossowski: *Les Lois de l'hospitalité*, S. 220.
[67] Ebd., S. 219.
[68] Benveniste: „Remarques sur la fonction du langage dans la découverte freudienne", S. 83.

Pierre Klossowski als ‚souffleur des rêves'

Das Identitätsprinzip impliziert die Univozität der Wörter einer Sprache. Jedem Signifikanten sein Signifikat. Bei Klossowski stört die Vervielfältigung der Bezeichnungen, d.h. die Tatsache, dass es mehrere Signifikanten für ein Signifikat gibt, die univoke Logik der Alltagssprache. Nun bildet diese Störung, Benveniste zufolge, den Kern der Traumerfahrung, die sich „par la richesse des signifiants et l'unicité du signifié"[69] definieren kann. Dieses einzige Signifikat ist nichts anderes als die unmitteilbare Intensität. Der Traum ist keine Sprache, die den Widerspruch zulassen würde, er ist eine Intensität, die, indem sie sich mit den Zeichen des Codes der Alltagssprache mitzuteilen versucht, es nicht vermeiden kann, in Widersprüche zu geraten. Der Traum ist ein Diskurs, ein Gebrauch des Codes. Dieser Gebrauch ahmt die Sprache nach, gibt uns die Illusion, eine Sprache zu sein, und ist also eine reine Chimäre.

Diese Chimäre nennt Klossowski ein Simulakrum. Das Wort geht auf die römische Antike zurück, wo ‚simulacra' die Statuen oder Bildnisse der Götter bezeichneten. Somit bezeichneten sie die Epiphanie eines Unsichtbaren, imitierten oder simulierten jenen Unsichtbaren – eine Funktion, die sie auch bei Klossowski beibehalten. Sicherlich kann uns dieser Begriff das Verhältnis von Intensität und Sprache verdeutlichen, das heißt: den Ort des Traumes, insofern er sich „sans mots et sans images" vollzieht. Das Simulakrum *imitiert*, d.h. es bildet keine eigene Zwischensprache zwischen der Sprache des wachen Bewusstseins und dem Unbewussten, so wie die Träume im herkömmlichen Verständnis eine solche Zwischensprache sind. Im Gegenteil: Das Simulakrum imitiert, weil die Dimensionen, die ‚den Grund' und die Sprache konstituieren, wahrlich inkommensurabel sind. Die dadurch erzeugte Ähnlichkeit ist nur die einer Geste oder einer Redewendung:

> En tant qu'objet de contemplation, écrit Klossowski, le simulacre (pictural ou plastique) 'ne reproduit pas le visible, mais rend visible' [...] c'est-à-dire exprime matériellement une action morale, spirituelle. Ce qui revient à dire qu'il simule une agitation invisible.[70]

Sofern es eine Aufregung imitiert, ist das Simulakrum – gleich dem Traum – weder Bild noch Rede. Aber es nistet sich im Bild oder in der Rede ein. Als Störung leuchtet es in ihnen auf, führt eine Leerstelle ein, einen Widerspruch, einen Bruch in der Linearität des Sinns. Mit dem Aufleuchten des Simulakrums verlassen wir die Domäne, die das Ich kontrolliert, wobei das Ich, wie im Schlaf, außer Kraft gesetzt wird. Die Subjektivität verliert jeden Bezug, die Fäden der Erzählung oder des Traumes, so wie es in *Le Souffleur* der Fall ist, können nicht mehr durch den gemeinsamen Fluchtpunkt des Ich zusammengebunden werden. Die Sprache ist dem Spiel der Mächte, der Triebe und körperlichen Intensitäten ausgeliefert. Nun ist der Körper für Klossowski nichts anderes als „une *rencontre fortuite* d'impulsions contradictoires, temporairement réconciliées [...] pour soi-

---

[69] Ebd., S. 85.
[70] Alain Arnaud: *Pierre Klossowski*. Paris: Seuil, 1990, S. 49.

même ce corps *meurt et renaît* plusieurs fois selon des morts et des renaissances auxquelles le moi prétend survivre dans son illusoire cohésion."⁷¹ Der Körper kennt also nur die Diskontinuität der Triebe, die ihn durchqueren. Und das Ich etabliert seinerseits eine Ordnung, einen Sinn, konstruiert eine zweckmäßige Linearität als Syntax und beansprucht für sich, „*ces symptômes* dans la communication à soi-même ou à autrui",⁷² die aber dem Körper und ihm allein gehören. Nichtsdestotrotz kann sich kein Traum ereignen ohne die Sprache und die Zensur, die diese auf die signifikantenlose Intensität ausübt:

> Nul contenu d'expérience ne se peut communiquer jamais qu'en vertu des ornières conceptuelles que le code des signes quotidiens a creusées dans les esprits; et, inversement, le code des signes quotidiens censure tout contenu d'expérience.⁷³

Der Traum, wie das Simulakrum, stellt das Hereinbrechen einer Intensität in den Code der Alltagszeichen unter Ausschluss des Ich dar. Wie Klossowski festhält, bildet das Simulakrum das Zeichen eines plötzlichen Aufblitzens, das nicht vorgibt einen Erlebnisinhalt zu fixieren.⁷⁴ Das Simulakrum öffnet die Sprache zur Intensität hin, zur Diskontinuität, zur Inkohärenz, durch welche unser authentischer ‚Grund' zu uns spricht.

Ermöglicht das Simulakrum also die Aufhebung des Antagonismus von Traum und Wirklichkeit in eine ‚surréalité' oder ‚realité absolue'? Die Antwort hierauf muss negativ ausfallen, da Klossowski immer wieder auf der Inkommensurabilität der Dimensionen von Sprache und ‚Grund' insistiert. Sprache funktioniert nach dem Identitätsprinzip, während der ‚Grund' divergierende, kontradiktorische Identitäten bejaht und zusammen aufrechterhält. Die Aufhebung des Antagonismus im Sinne Bretons würde die gleichzeitige Bejahung aller von den Disjunktionen eröffneten Möglichkeiten implizieren, die sich in unserem ‚Grund' ereignen. Eine solche Affirmation würde die Destruktion der Person nach sich ziehen, die sich zur Begrenzung als ein einziges Ich – unter Ausschluss aller anderen möglichen – definiert. Diese Bejahung würde schließlich im Wahnsinn münden.⁷⁵ Deleuze hat die Romane von Klossowski so analysiert: „Toute l'œuvre de Klossowski tend vers un but unique: assurer la perte de l'identité per-

---

⁷¹ Klossowski: *Nietzsche et le cercle vicieux*, S. 55.
⁷² Ebd., S. 54.
⁷³ Pierre Klossowski.: *La Ressemblance*. Marseille: Ryôan-ji, 1984, S. 17.
⁷⁴ Ebd., S. 24.
⁷⁵ Kurz vor der sogenannten Umnachtung schrieb Nietzsche am 5. Januar 1889 an Burkhardt: „Ich bin Prado, ich bin auch der Vater Prado, ich wage zu sagen, dass ich auch Lesseps bin ... [...] jeder Name der Geschichte bin im Grunde ich." (Friedrich Nietzsche: *Briefe*. Kritische Gesamtausgabe, Bd. V, hg. v. Giorgio Colli und Mazzino Montinari. Berlin: Walter de Gruyter, 1984, S. 578).

sonnelle, dissoudre le moi, c'est le splendide trophée que les personnages de Klossowski rapportent d'un voyage au bord de la folie."[76]

Das Simulakrum stellt für Klossowski letzten Endes ein Äquivalent zum Wahnsinn dar, eine Art, diesen zu exorzieren, bei der er dem ‚Grund' die Treue halten kann, ohne in ihn hineinzustürzen. Dem Code der Alltagszeichen ist es zu danken, dass man den ‚Grund' – wenn auch zensiert – zugleich fassen kann und dennoch nie erreicht. Das Simulakrum ist keine Aufhebung des Antagonismus. Es ist der Exorzismus einer Intensität in der und durch die Sprache, durch die Bilder – und die Kunst.

„Restons fidèles au fortuit!"[77] Mit diesen Worten schließt Roberte die Traum- oder Wahnerzählung, als K. im Zimmer von Théodore aufwacht. Alle Protagonisten des Romans sind um ihn versammelt; dies illustriert die letzte grundsätzliche Funktion des Simulakrums, die der Mitteilung. Das Simulaksrum „a un tout autre objet que la communication intelligible de la notion: la complicité dont les motifs non plus ne sont pas déterminables ni cherchent à se déterminer."[78] Das, was Klossowski sucht, ist eine Art Gemeinschaft des Empfindens und nicht die Auflösung zweier antagonistischer Zustände in eine ‚Surrealität'; eine Gemeinschaft von Menschen, die die in den Rissen der Texte erlebte Intensität selbst nachzuspüren imstande sind. Welches bessere Bild könnte man sich von dieser Gemeinschaft machen, als jenes, das Klossowski selbst am Ende von *Le Souffleur* zeichnet, als K. nach einem langen Dämmerschlaf umgeben von seinen Freunden erwacht? Kaum ist K. erwacht, hört man das Flattern von Vogelflügeln, eine Taube stößt an die Decke und sucht einen Ausgang. Der Vogel ist Théodore selbst und man freut sich, dass er wieder fliegen kann.

> – Nous allons le lâcher, mais descendons! dit [Jérôme]. Et la troupe des enfants de se précipiter à sa suite. Devant le portail, Jérôme lança son pigeon qui à tire-d'aile traversa le champ des hautes fenêtres ouvertes du salon.
> – Adieu, adieu Théodore! criaient les enfants.[79]

Der Erzähler bricht angesichts dieser Szene einer eucharistischen Kommunion in Tränen aus. Damit endet der Traum von K., der geträumt hatte, Théodore zu sein, welcher wiederum auf der Suche war nach der Identität seiner Frau, Roberte.

---

[76] Gilles Deleuze: „Klossowski ou les corps-langage", in: ders.: *Logique du sens*. Paris: Éditions de Minuit, 1969, S. 325–350, hier: S. 329.
[77] Klossowski: *Les Lois de l'hospitalité*, S. 330.
[78] Ders.: *La Ressemblance*, S. 24.
[79] Ders.: *Les Lois de l'hospitalité*, S. 331.

Bibliographie

Arnaud, Alain: *Pierre Klossowski*. Paris: Seuil, 1990.
Assoun, Paul-Laurent: *Freud et Nietzsche*. Paris: PUF, 1980.
Benveniste, Émile: *Problèmes de linguistique générale*, Bd. I. Paris: Gallimard, 1966.
Breton, André: *Œuvres complètes*, Bd. I, hg. v. Marguerite Bonnet. Paris: Gallimard, 1988.
Caillois, Roger: *L'Incertitude qui vient des rêves*. Paris: Gallimard, 1983.
Canovas, Frédéric: *L'Écriture rêvée*. Paris: L'Harmattan, 2000.
Crevel, René: „A propos du surréalisme", in: ders.: *L'Esprit contre la raison*. Paris: Tchou, 1969, S. 31.
— „Réponse à une enquête sur le rêve", in: ders.: *Mon corps et moi*. Paris: Jean-Jacques Pauvert, 1974, S. 243.
Deleuze, Gilles: *Klossowski ou les corps-langage*, in: ders.: *Logique du sens*. Paris: Éditions de Minuit, 1969. S. 325–350.
—; Guattari, Félix: „La Synthèse disjonctive", in: *L'Arc* 43 (1970), S. 54–63.
Freud, Sigmund: *Die Traumdeutung*, Studienausgabe, Bd. II, hg. v. Alexander Mitscherlich, Angela Richards, James Strachey. Frankfurt a.M.: Fischer, 1972.
Gollut, Jean-Daniel: *Conter les rêves. La narration de l'expérience onirique dans les œuvres de la modernité*. Paris: Corti, 1993.
Klossowski, Pierre: *Les Lois de l'hospitalité*. Paris: Gallimard, 1965.
— *Nietzsche et le cercle vicieux*. Paris: Mercure de France, 1969.
— „Protase et apodose", in: *L'Arc* 43 (1970), S. 8–20.
— *La Ressemblance*. Marseille: Ryôan-ji, 1984.
Nietzsche, Friedrich: *Morgendämmerung*, in: ders.: *Kritische Studienausgabe*, Bd. III, hg. v. Giorgio Colli und Mazzino Montinari. Berlin: De Gruyter, 1999.
— *Briefe*. Kritische Gesamtausgabe, Bd. V, hg. v. Giorgio Colli und Mazzino Montinari. Berlin: Walter de Gruyter, 1984.
Valéry, Paul: *Cahiers*, Bd. II, hg. v. Judith Robinson. Paris: Gallimard, 1974.

IV. TRAUM, WIRKLICHKEIT UND SCHRIFT

Annika Nickenig (Bochum)

„Arrach[é] au rêve de la vie". Häftlingsträume und Lagertrauma in literarischen Texten über die Shoah (Levi, Antelme, Semprun)

1. Die Unabgeschlossenheit der Lagererfahrung (Primo Levi)

In literarischen Berichten von Überlebenden der nationalsozialistischen Konzentrationslager wird immer wieder ein Albtraum erzählt, der viele der Häftlinge während ihrer Zeit im Lager heimgesucht hat, und der die grundsätzliche Möglichkeit verhandelt, von den Ereignissen im Lager Zeugnis abzulegen. Primo Levi beschreibt diesen Traum in seinem Buch *I Sommersi e i salvati* (1986) mit folgenden Worten:

> Quasi tutti i reduci, a voce o nelle loro memorie scritte, ricordano un sogno che ricorreva spesso nelle notti di prigionia, vario nei particolari ma unico nella sostanza: di essere tornati a casa, di raccontare con passione e sollievo le loro sofferenze passate rivolgendosi ad una persona cara, e di non essere creduti, anzi, neppure ascoltati. Nella forma più tipica (e più crudele), l'interlocutore si voltava e se ne andava in silenzio.[1]

Der wiederkehrende Traum schildert die Angst, bei der Erzählung von den Erfahrungen im Konzentrationslager auf Ungläubigkeit und Ablehnung zu stoßen, und enthält zugleich eine Gewissheit: Die im Lager herrschende Gewaltordnung, die tagtäglich stattfindenden Verbrechen und das Leid sind auf eine Art und Weise schreckenerregend, die das menschliche Vorstellungsvermögen übersteigt und in gewissem Sinne nicht fassbar, nicht zu glauben ist. Der Umstand, dass die Unvorstellbarkeit der Erfahrungen, die zuallererst körperlicher und nicht sprachlicher Natur sind, zugleich deren Nichtkommunizierbarkeit zur Folge hat, ist in Überlebendenberichten immer wieder problematisiert worden.[2] Das Zitat von Primo Levi bringt darüber hinaus zum Ausdruck, dass diese Aporie integraler Bestandteil der nationalsozialistischen Strategie gewesen ist. Viele

---

[1] Primo Levi: *I sommersi e i salvati* [1986], in: ders.: *Opere*, Bd. I, hg. v. Paolo Fossati. Turin: Einaudi, 1987, S. 653–822, hier: S. 653f.
[2] Besonders prominent hat diese Problematik Robert Antelme in seinem Buch *L'espèce humaine* formuliert: „Mais nous revenions juste, nous ramenions avec nous notre mémoire, notre expérience toute vivante et nous éprouvions un désir frénétique de la dire telle quelle. Et dès les premiers jours cependant, il nous paraissait impossible de combler la distance que nous découvrions entre le langage dont nous disposions et cette expérience que, pour la plupart, nous étions encore en train de poursuivre dans notre corps. [...] À peine commencions-nous à raconter, que nous suffoquions. À nous-mêmes, ce que nous avions à dire commençait alors à nous paraître *inimaginable*." (Robert Antelme: *L'espèce humaine* [1949]. Paris: Gallimard, 1957, S. 9).

ehemalige Deportierte können berichten, dass die SS es nicht versäumte, den Häftlingen zu verstehen zu geben, dass nicht nur sie geringe Chancen haben, das Lager lebend zu verlassen, sondern dass auch die Wahrheit innerhalb der Grenzen des Lagers verbleiben wird.[3] Die Zeugen und die Zeugnisse werden vernichtet, und wer dem Lager entkommt und davon berichten kann, den wird man vermutlich nicht anhören, so unglaublich sind seine Erzählungen.

Die Aporie der ‚Unvorstellbarkeit' und ‚Unsagbarkeit', die maßgeblich durch die Theorien Theodor W. Adornos geprägt wurde und die in der kulturwissenschaftlichen Auseinandersetzung mit den nationalsozialistischen Verbrechen mittlerweile zu einem nicht unproblematischen Allgemeinplatz geworden ist,[4] wird dadurch zugespitzt, dass gerade die ersten Überlebendenberichte den Anspruch verfolgen mussten, ein authentisches, wahrhaftiges Zeugnis für die Nachwelt abzulegen,[5] ein Anspruch, der umso dringlicher scheint, als die Täter darum bemüht waren, sämtliche Dokumente und Zeugnisse ebenso wie die Opfer spurlos zu vernichten. Der von Levi wiedergegebene Traum, der die Situation eines scheiternden Bezeugens zur Sprache bringt, verhandelt die beschriebene Problematik des Erzählen-Wollens und Nicht-Kommunizieren-Könnens. Dabei ist im Hinblick auf den Kontext vor allem die Darstellungsweise signifikant: Die Traumerzählung ist grundsätzlich ein Genre, das niemals auf exakte Weise, sondern nur über Annäherung und unter Zuhilfenahme von Erinnerung und Imagination das Geträumte wiederzugeben vermag.[6]

---

[3] „È significativo come questo rifiuto fosse stato previsto con ampio anticipo dagli stessi colpevoli; [...] molti sopravvissuti [...] ricordano che i militi delle SS si divertivano ad ammonire cinicamente i prigionieri: 'In qualunque modo questa guerra finisca, la guerra contro voi l'abbiamo vinto noi; nessuno di voi rimarrà per portare testimonianza, ma se anche qualcuno scampasse, il mondo non gli crederà. Forse ci saranno sospetti, discussioni, ricerche di storici, ma non ci saranno certezze, perché noi distruggeremo le prove insieme con voi.'" (Levi: *I sommersi e i salvati*, S. 653).

[4] Vgl. dazu Giorgio Agamben: *Was von Auschwitz bleibt. Das Archiv und der Zeuge.* Frankfurt a.M.: Suhrkamp, 2003, S. 28–29; vgl. auch Georges Didi-Huberman: *Images malgré tout.* Paris: Minuit, 2003, S. 29–44.

[5] Alexandre Métraux beschreibt in seinen Ausführungen zu „Authentizität und Autorität" in Darstellungen über die Shoah die schwierige Diskrepanz des Überlebendenberichts zwischen dem Gefühl absoluter Unmittelbarkeit von Erfahrung und Schrift für den Schreibenden auf der einen und der bloßen Zeichenhaftigkeit des Geschriebenen für den Leser auf der anderen Seite: „Authentizität und Autorität sind, wie die vorangehenden fragmentarischen Ausführungen vermuten lassen, keine Komplementäreigenschaften verschrifteter Vergegenwärtigungen der historischen Wirklichkeit. Vielmehr dürften Übertragungen von Berichten aus der Sicht von innen in Darstellungen aus der Sicht von außen nicht ohne Bedeutungsverschiebungen, Verfremdungen oder gar Sinnentstellungen zu erkaufen sein." (Alexandre Métraux: „Authentizität und Autorität. Über die Darstellung der Shoah", in: *Erzählung, Identität, Bewußtsein. Die psychologische Konstruktion von Zeit und Geschichte,* hg. v. Jürgen Straub. Frankfurt a.M.: Suhrkamp, 1998, S. 362–388, hier: S. 365).

[6] Vgl. dazu Jean-Daniel Gollut: *Conter les rêves. La narration de l'expérience onirique dans les œuvres de la modernité.* Paris: José Corti, 1993.

Die Konsequenzen dieser Erschütterung der Vorstellungsgrenzen manifestieren sich in einem zweiten, komplementären Traum, der ebenfalls in vielen literarischen Darstellungen ehemaliger KZ-Gefangener zu finden ist. In *La tregua* (1963) beschreibt Primo Levi diesen Traum, der die Überlebenden in der Zeit nach ihrer Befreiung heimsucht und sie gleichsam in die Realität der Lager zurückversetzt:

> [...] non ha cessato di visitarmi, ad intervalli ora fitti, ora radi, un sogno pieno di spavento. È un sogno entro un altro sogno, vario nei particolari, unico nella sostanza. Sono a tavola con la famiglia, o con amici, o al lavoro, o in una campagna verde: in un ambiente insomma placido e disteso, apparentemente privo di tensione e di pena; eppure provo un'angoscia sottile e profonda, la sensazione definita di una minaccia che incombe. E infatti, al procedere del sogno, a poco a poco o brutalmente, ogni volta in modo diverso, tutto cade e si disfa intorno a me, lo scenario, le pareti, le persone, e l'angoscia si fa più intensa e più precisa. Tutto è ora volto in caos: sono solo al centro di un nulla grigio e torbido, ed ecco, io *so* che cosa questo significa, ed anche so di averlo sempre saputo: sono di nuovo in Lager, e nulla era vero all'infuori del Lager. Il resto era breve vacanza, o inganno dei sensi, sogno: la famiglia, la natura in fiore, la casa. Ora questo sogno interno, il sogno di pace, è finito, e nel sogno esterno, che prosegue gelido, odo risuonare una voce, ben nota; una sola parola, non imperiosa, anzi breve e sommessa. È il comando dell'alba in Auschwitz, una parola straniera, temuta e attesa: alzarsi, "Wstawać".[7]

Der Albtraum führt in diesem Fall zurück ins Lager, entwirft dieses als ‚eigentliche', ‚wirkliche' Erfahrung und lässt gleichzeitig die Zeit seit der Befreiung als eine Illusion, als einen Traum erscheinen – es handelt sich also um einen Traum im Traum, in dem sich Realitäts- und Traumebene verkehren und die Evidenz von Wirklichkeit grundsätzlich in Frage gestellt wird. Die durch die Lagererfahrung erlebte Erschütterung jeglicher Gewissheiten und Verarbeitungsmöglichkeiten wiederholt sich in diesem Traum und setzt das durchlebte Grauen als einzig sicheren Bezugspunkt. Der Traum, so lässt sich aus dem Gesagten schließen, bildet dabei das unbewusste, das Schreiben das bewusste Hereinreichen der Vergangenheit in die Gegenwart. Während der Nacht ist es die Erinnerung selbst, die in Form einer ‚mémoire involontaire' auf den Träumenden eindringt, im Schreiben dann vollzieht sich eine willentliche Vergegenwärtigung des Traums

---

[7] Primo Levi: *La tregua* [1963], in: ders.: *Opere*, Bd. I, S. 211–425, hier: S. 422f. Mit dieser Passage endet Levis Roman. Ihm vorangestellt ist eine etwas andere Darstellung desselben Sachverhalts: „Sognavamo nelle notti feroci / Sogni densi e violenti / Sognati con anima e corpo: / Tornare; mangiare; raccontare. / Finché suonava breve sommesso / Il comando dell'alba: 'Wstawać'; / E si spezzava in petto il cuore. // Ora abbiamo ritrovato la casa, / Il nostro ventre è sazio, / Abbiamo finito di raccontare. / È tempo. Presto udremo ancora / Il comando straniero: ‚Wstawać'. / 11 gennaio 1946." In Gedichtform wird hier die Nachträglichkeit der traumatischen Erinnerung zur Sprache gebracht. Die Gleichförmigkeit der Strophen unterstreicht dabei die Ununterscheidbarkeit von schmerzhafter Erfahrung und traumatischer Erinnerung.

und der darin enthaltenen Erinnerungen. Dabei gibt der Prozess des Schreibens nicht nur den Inhalt des Traums, die Lagererfahrung wieder, sondern auch die Art und Weise, wie diese sich in der Erinnerung gegenwärtig hält und den Überlebenden unwillkürlich heimsucht. An Primo Levis Darstellung lässt sich deshalb zeigen, dass der aufgeschriebene Traum ein Wissen über die Konzentrationslager enthält und zum Ausdruck bringen kann, das über die bewusste Gedächtnisarbeit hinausgeht. Dem Traum, vor allem aber der narrativen Integration des Traumes in das Schreiben über die Shoah, kommt auf diese Weise eine poetologische Funktion zu. Der dargestellte Traum sagt nicht nur etwas aus über die Ereignisse im Lager und über die Möglichkeit, diese zu erinnern, sondern gleichzeitig über die Art und Weise, wie die dortigen Erfahrungen das Vorstellungs- und Ausdrucksvermögen der Häftlinge zerstört haben.

Die bei Levi sichtbar werdende Problematik von Erinnerung und Darstellung lässt sich auf die grundsätzliche Ambivalenz aus Nachträglichkeit und Unverfügbarkeit der traumatischen Erfahrungen zurückführen und zeigt überdies, dass Traum und Trauma im vorliegenden Kontext eng aufeinander bezogen sind.[8] Ein solcher Zusammenhang ist bereits bei Sigmund Freud vorgezeichnet,

---

[8] Ansätze zu einer Aufarbeitung dieses Zusammenhangs werden seit den 1970er Jahren unternommen, wie etwa anhand einer Befragung sichtbar wird, die in den Jahren 1973 und 1974 unter ehemaligen Häftlingen des KZ Auschwitz-Birkenau durchgeführt wurde, und bei der nach den „psychologischen und physiologischen Aspekten der Träume in ihren verschiedenen Lebensabschnitten" gefragt wurde, wobei insbesondere „auf die Träume im Lager und die Träume vom Lager sowie damit zusammenhängende Erlebnisse, Erfahrungen und Reflexionen" eingegangen wurde (Zenon Jagoda, Stanisław Kłodzinski, Jan Masłowski: „‚Die Nächte gehören uns nicht ...' Häftlingsträume in Auschwitz und im Leben danach", in: *Die Auschwitz-Hefte: Texte der polnischen Zeitschrift Przegląd Lekarski über historische, psychische und medizinische Aspekte des Lebens und Sterbens in Auschwitz*, Bd. II, hg. v. Hamburger Institut für Sozialforschung. Weinheim/Basel: Beltz, 1987, S. 189–239, hier: S. 189). Was in dieser Studie über die Träume im und vom Lager berichtet wird, weist deutliche Analogien zu den Darstellungen Primo Levis auf, auch wenn die Verfasser zu diesem Zeitpunkt noch nicht von ‚Trauma', sondern von ‚KZ-Syndrom' sprechen. In der Studie wird sowohl den Inhalten der Träume im Lager nachgegangen (Angst, Fluchtgedanken und Essen) als auch der Bedeutung, die den Träumen im Lager beigemessen wurde (als Gegenstand von Diskussionen, Interpretationen, Prophezeiungen). Darüber hinaus werden vor allem die katastrophalen Bedingungen des Schlafs im Lager thematisiert, die jede Möglichkeit der Ruhe oder Erholung unmöglich machten. Die Unentrinnbarkeit des Lagers findet in dem Umstand ihren Ausdruck, dass nicht nur die Nächte von schlimmen Albträumen bevölkert waren, sondern dass auch der Moment des Aufwachens und damit der ‚Rückkehr' in die Lagerwirklichkeit als einer der schlimmsten Momente beschrieben wird: „Dagegen war es für die überwältigende Mehrheit der Häftlinge ein wahrer Alb, wenn sie aufwachten, wie die überaus zahlreichen Berichte zeigen. Die Häftlinge wachten gewöhnlich plötzlich auf, meist dadurch, daß sie brutal, gewöhnlich mit Schreien und Schlägen, aus den Betten geworfen wurden. Es ist bemerkenswert, daß in der Erinnerung der Häftlinge diese Momente und Situationen zu den schlimmsten KZ-Schikanen gehören, ebenso wie die Situationen, in denen sie in der Nacht von sadistischen SS-Leuten und Funktionshäftlingen geweckt wurden. Das Aufwachen bedeutete, in einen Albtraum zurückzukehren, der viel dramatischer als die Albträume der Nacht war, denn er war real, es war eine Rückkehr

der „das Traumleben der traumatischen Neurose" darüber charakterisiert, „daß es den Kranken immer wieder in die Situation seines Unfalles zurückführt, aus der er mit neuem Schrecken erwacht."⁹ Aus kulturwissenschaftlicher Sicht manifestiert sich in dem Hereinreichen der Vergangenheit in die Gegenwart die Nachträglichkeit des Traumas, welche die generelle Unabschließbarkeit der Erfahrung bedingt.¹⁰ Gleichzeitig steht die Unverfügbarkeit des Traumas einer bewussten psychischen Auseinandersetzung genau entgegen:

> [...] in der ‚normalen' Erinnerung ist das zu erinnernde Ereignis einem bewußten Rückruf zugänglich, dafür aber entstellt. Die traumatische Rückführung ist dagegen unentstellt, aber weder bewußt herbeizuführen noch dem Bewußtsein zu integrieren. Noch kürzer: im alltäglichen Erinnern ist das zu erinnernde Ereignis verfügbar, aber inadäquat repräsentiert; in der traumatischen Rückführung ist das Ereignis unverfügbar, aber adäquat repräsentiert.¹¹

In den von Levi beschriebenen paradigmatischen Träumen, dem Traum von der Heimkehr aus dem Lager und dem Traum von dem plötzlichen Zurückversetztsein ins Lager nach der Heimkehr scheinen beide Aspekte, die Nachträglichkeit und die Unverfügbarkeit, miteinander zu konvergieren. Im Folgenden sollen verschiedene literarische Texte über die Shoah – neben Primo Levi wird es dabei beispielhaft um Robert Antelme und Jorge Semprun gehen – hinsichtlich ihrer Darstellungsweisen und ihrer Variationen dieser beiden Träume betrachtet werden. Dabei liegt der Fokus zum einen auf der Art und Weise der Traumdarstel-

---

zum weiteren Vegetieren im Lager, zur Perspektive eines Tages, der der letzte des Lebens sein konnte [...]." (Ebd., S. 194f.) Neben den Träumen während der Zeit im Lager geht die Studie auch auf die in der Zeit nach der Befreiung geträumten Träume ein und dokumentiert, dass die Häftlinge noch Jahre später in ihren Träumen ins Lager zurückversetzt werden und die Schläge, das Foltern, die Torturen, den Hunger im Schlaf erinnern.
Zu neueren Forschungsarbeiten über den Zusammenhang von Traum und Trauma vgl. beispielhaft Tamara Fischmann: „Traum und Trauma", in: *Die Macht der Träume. Antworten aus Philosophie, Psychoanalyse, Kultursoziologie und Medizin*, hg. v. Dieter Korczak. Kröning: Asanger, 2008, S. 23–35, insbesondere S. 32f.

9   Sigmund Freud: *Jenseits des Lustprinzips* [1920], in: ders.: *Das Ich und das Es. Metapsychologische Schriften*, Studienausgabe, Bd. III, hg. von Alexander Mitscherlich, Angela Richards, James Strachey. Frankfurt a.M.: S. Fischer, 1972, S. 213–272, hier: S. 223.
10 Sigrid Weigel konstatiert die Popularisierung des Trauma-Begriffs und die Verwandlung des Traumas „von einem klinischen Konzept in ein kulturelles Phänomen. Mit der ihm eigenen Nachträglichkeit umschreibt es [das Trauma, Verf.] im gegenwärtigen philosophischen und kulturtheoretischen Diskurs die Spuren, die solche Ereignisse, die nicht in das subjektive oder historische Wissen integriert werden können, in der Sprache hinterlassen haben." (Sigrid Weigel: „Télescopage im Unbewußten. Zum Verhältnis von Trauma, Geschichtsbegriff und Literatur", in: *Trauma. Zwischen Psychoanalyse und kulturellem Deutungsmuster*, hg. v. Elisabeth Bronfen, Birgit R. Erdle und Sigrid Weigel. Köln/Weimar/Wien: Böhlau, 1999, S. 51–76, hier: S. 51).
11 Manfred Weinberg: „Trauma – Geschichte, Gespenst, Literatur – und Gedächtnis", in: *Trauma*, S. 173–206, hier: S. 175.

lung innerhalb der Erzählung, zum anderen auf der Funktion, die der Traumtext innerhalb des Gesamtnarrativs einnimmt. Als These sei den nachfolgenden Textbetrachtungen vorangestellt, dass die Poetik des Traums die Verhandlung einer im Filter der Erinnerung stehenden Gleichzeitigkeit von Gegenwart und Vergangenheit erlaubt. Gerade über den Traum wird also die nicht auflösbare Unabgeschlossenheit der traumatischen Lagererfahrung zum Ausdruck gebracht.

2. Die Auflösung der Realitätsgrenzen (Robert Antelme)

Der Roman *L'espèce humaine* von Robert Antelme, bereits 1947 in Frankreich erschienen und damit eines der ersten Zeugnisse über die nationalsozialistischen Konzentrationslager, beginnt im Dunkel der Nacht des Buchwald-Außenlagers Gandersheim und beschreibt immer wieder die dort verbrachten traumlosen und die albtraumhaften Stunden.[12] Antelmes autobiographischer Text enthält eine luzide Schilderung der Lagerstrukturen und ihrer Auswirkungen auf das Individuum. Als einer der ersten bringt er zum Ausdruck, dass das Erzählen vom Lager für die Überlebenden nach ihrer Rückkehr ein heftiges Bedürfnis war („un désir frénétique"), an dem sie aber zugleich physisch zerbrachen: „À peine commencions nous à parler que nous suffoquions."[13] Aufgrund seiner markanten Schilderung dieser Aporie ist Antelme für nachfolgende Schriftsteller und Theoretiker zu einem maßgeblichen Orientierungspunkt geworden, so etwa für Sarah Kofman, die ihren Essay über die ‚Darstellbarkeit' von Auschwitz, *Paroles suffoquées* (1987), ausgehend von ihrer Lektüre Robert Antelmes entwirft.[14]

---

[12] „Je suis allé pisser. Il faisait encore nuit. [...] Les chiottes n'étaient jamais désertes. À toute heure, une vapeur flottait au-dessus des pissotières. Il ne faisait pas noir; jamais il ne faisait complètement noir ici. Les rectangles sombres des *Blocks* s'alignaient, percés de faibles lumières jaunes." (Antelme: *L'espèce humaine*, S. 15) Das Verrichten der Notdurft, die brennenden Lichter im Lager deuten eine nächtliche Unruhe an, die einen ruhigen Schlaf unmöglich macht. Auch wenn im Weiteren die Stille beschrieben wird – „La nuit de Buchenwald était calme. Le camp était une immense machine endormie." (Ebd., S. 16) – so impliziert das Bild des ‚schlafenden Lagers' doch auch wieder eine bedrohliche Ruhe, die am Tag der Maschinerie des Todes weicht. Auch Judith Klein konstatiert, dass in Antelmes Text „[...] lediglich von Orten der Schlaflosigkeit die Rede [ist], von Orten, die keinen Platz zum Ausstrecken der Glieder bieten, an denen die anderen Körper nur verletzende, stoßende, stöhnende Gliedmaßen sind." (Judith Klein: „‚An unseren Schläfen perlt die Angst'. Traumberichte in literarischen Werken über das Grauen der Ghettos und Lager", in: *Colloquium Helveticum* 27 (1998), S. 506–521, hier: S. 510).

[13] Antelme: *L'espèce humaine*, S. 9.

[14] Sarah Kofman: *Paroles suffoquées*. Paris: Galilée, 1987. Bernd Stiegler zeigt in seinem Aufsatz über *L'espèce humaine* auf, dass die einzelnen Lektüren von Antelmes Text diesen in unterschiedlicher Weise vereinnahmt und sowohl als ‚Beleg' für die ‚Sagbarkeit' wie auch für die ‚Unsagbarkeit' der Erfahrungen von Auschwitz herangezogen haben. Vgl. Bernd Stiegler: „Robert Antelme. *Das Menschengeschlecht*. Erinnerung und Erzählung", in: *Shoah*.

Häftlingsträume und Lagertrauma

In *L'espèce humaine* finden sich einige Darstellungen von Träumen über Befreiung und Heimkehr, die mit dem ersten von Levi beschriebenen Angsttraum verwandt sind. Steht bei Primo Levi am Ende die Abwendung einer vertrauten Person („l'interlocutore si voltava e se ne andava in silenzio")[15], so kommt es in den Träumen Antelmes oftmals gar nicht bis zu diesem Moment. Stattdessen wird die Wunschvorstellung einer Heimkehr unterbrochen von der Gewissheit, dass im Falle einer Flucht das Vordringen bis in die Heimat höchst unwahrscheinlich wäre.[16] Durch dieses Nebeneinander von Wunscherfüllung und Illusionsabwehr werden innerhalb des Traums die Grenzen zwischen Realität und Traum, Möglichkeit und Unmöglichkeit explizit zur Unschärfe gebracht:

> Le rêve: un avion atterrit dans le pré, il nous prend à son bord, on s'envole; deux heures après, je sonne à ma porte. [...] Il n'est même pas nécessaire de franchir des kilomètres. Là, derrière les barbelés, quelques pas et je suis sur la route. Ça y est. Je n'ai qu'à suivre cette route et me guider aux étoiles: je suis rentré dans l'univers de tout le monde. [...] Les obstacles [...] [j]e peux les franchir. Il n'y a rien d'impossible puisque je sais que l'ouest existe, et que je sais où je veux aller. Mais dans le même instant que je sais cela, je sais aussi qu'au réveil cet équilibre entre le possible et l'impossible sera rompu. [...] Mon pouvoir retrouvé dans la nuit s'évanouira au réveil. La route ne sera plus que le bout de route qui conduit à l'usine; l'ouest, ce sera le petit bois qui la domine; le reste sera effacé. Partout, il y aura le barbelé, une sentinelle, ma condition.[17]

Der Beginn der Passage („Le rêve: ...") fungiert als Traumsignal und setzt eine deutliche Trennung zwischen der erzählenden Kommentarebene und der erzählten Traumebene. Dabei lässt sich vermuten, dass das wiedergegebene Geschehen („un avion atterrit" usw.) sowohl auf einen tatsächlichen Traum wie auch auf eine Wunschvorstellung zurückgeht. Eine Vermischung der Realitätsebenen findet dann in der Verwendung der Tempora statt: Während das Traumgeschehen von Befreiung und Flucht im Präsens wiedergegeben wird, steht die Gewissheit über die Illusionshaftigkeit der Fluchtgedanken im Futur. Die gegenwärtige Realität des Träumenden, die Unausweichlichkeit des Lagers, ist damit zugleich als zukünftige ‚condition humaine' festgeschrieben.

Diese Traumdarstellung, in der Traumtext und Ansätze zu einer ersten Interpretation zusammenlaufen, ließe sich, folgt man den Überlegungen Jean Cayrols, in die Kategorie der „rêves de salut"[18] einordnen, insofern sie von der Vision von Flucht und Befreiung geprägt ist. In der Forschungsliteratur ist aber

---

Formen der Erinnerung. Geschichte, Philosophie, Kunst, Literatur, hg. v. Nicolas Berg, Jess Jochimsen und Bernd Stiegler. München: Fink, 1996, S. 145–158, hier: S. 145.

[15] Levi: *I sommersi e i salvati*, S. 654.
[16] Dies gilt umso mehr für jüdische Gefangene, die überall in Deutschland und Polen verfolgt werden und kaum einen gesicherten Raum finden können.
[17] Antelme: *L'espèce humaine*, S. 73f.
[18] Jean Cayrol: „Les rêves lazaréens", in: ders.: *Lazare parmi nous*: Neuchâtel/Paris: Seuil, 1950, S. 15–66.

vielfach deutlich gemacht worden, dass ein solches eskapistisches Potential der nächtlichen Träume in Antelmes Text nicht eingelöst wird.[19] Die Ferne, das Eintreten ins ‚univers de tout le monde', wird wieder auf die Grenzen des Lagers zurückgebrochen, der vermeintliche Weg in die Freiheit entpuppt sich als immergleicher Weg in die Fabrik. Somit wird auch die Möglichkeit, den Traum als Fluchtpunkt zu setzen, d.h. im Traum aus einer nicht aushaltbaren Situation zu fliehen, im Traumgeschehen selbst diskreditiert. Stattdessen sagt Antelmes Traumtext aus, dass die darin vorgestellte Möglichkeit einer Flucht nicht erst beim Aufwachen, sondern bereits im Traumgeschehen selbst erschüttert wird („Dans le même instant que je sais cela, je sais aussi qu'au réveil cet équilibre entre le possible et l'impossible sera rompu."). Der Traum birgt somit bereits das Wissen um seine illusionäre Beschaffenheit und zeitliche Flüchtigkeit und kann deshalb nicht als Fluchtpunkt fungieren.

In der Konsequenz dieser Interpretation gelangt Antelme zu der Überzeugung, dass der Traum innerhalb des reglementierten Lageralltags lebensgefährlich sein kann:

> [...] il va falloir résister à la faim après la soupe, il va falloir attendre que la nuit revienne, il va falloir dormir, [...] il va falloir ne rien imaginer, ne rien rêver, il va falloir bien savoir que nous sommes ici absolument, que, sur chacun de nos jours, le SS règne, le savoir jusqu'à la dernière minute.[20]

Das Beharren auf einer absoluten Gegenwärtigkeit und die Ablehnung einer Hingabe an eine flüchtige, illusionäre Traumwelt bilden die Überlebensstrategie, die von Antelme mehrfach explizit formuliert wird und die sich auf der Ebene des ‚discours' in seiner detailreichen und neorealistischen Schreibweise wiederfinden lässt. Trotz des beständigen Versuchs einer dokumentarischen, ‚objektiven' Abbildung des Lagers finden sich in Antelmes Roman doch auch Traumbeschreibungen, in denen das subjektive Erleben überwiegt und in denen sich Erinnerungen aus der Zeit außerhalb des Lagers und Eindrücke aus dem gegenwärtigen Lageralltag miteinander verbinden:

> [...] on va rentrer, s'enfoncer en soi, en regardant ses mains, s'enliser en regardant le poêle ou la figure d'un type, en étant là, assis [...]. Je ne me vois que de dos là-bas, toujours de dos. La figure de M... sourit à celui que je ne vois que de dos. Et elle rit. Elle rit, mais ce n'est pas comme ça, je ne crois pas qu'elle riait comme ça. Quel est ce nouveau rire de M...? C'est celui d'une femelle de l'usine que je reconnais. Je la vois et elle rit toujours. [...] Je ne sais plus. Elle parle. Et c'est faux, c'est la voix de n'importe qui, c'est une voix de crécelle. Quelle est cette voix? Ça pourrait être la voix d'un homme. Sa figure est ouverte, elle rit. Une crécelle. C'est le rire de celle qui m'a dit *Schnell, schnell! monsieur*. Sa voix est morte.[21]

---

[19] Vgl. dazu insbesondere Klein: „‚An unseren Schläfen perlt die Angst'".
[20] Antelme: *L'espèce humaine*, S. 46f.
[21] Ebd., S. 119.

Die Schreibweise dieses Traums sticht aus seinem narrativen Umfeld heraus: Durch iterative und fragende Wendungen und eine parataktische bis elliptische Syntax, die an die gesprochene Sprache erinnert, wird im nachträglichen Aufschreiben die im Lager geträumte Situation rhetorisch nachgebildet und im Schreibvorgang gleichsam erneut durchlebt. Perspektivisch ist sowohl eine Selbstentfremdung bemerkbar – in der distanzierenden Selbstbeobachtung in Rückenansicht – wie auch eine allmähliche Entfremdung von dem vertrauten Gegenüber der Person ‚M.', vermutlich eine Chiffre für Antelmes damalige Frau Marguerite Duras. Das wie in Großaufnahme gezeigte Gesicht wird schließlich durch eine nicht eindeutig identifizierbare Figur aus dem gegenwärtigen Umfeld des Lagers überblendet, die deutlich negativ konnotiert ist und die die ursprüngliche Vertrautheit, das wohlbekannte Lächeln, durch ein fremdes, schrilles Lachen aufstört.

Die in der zitierten Passage sichtbare Überblendung, die an filmische Verfahren der Illusionsherstellung denken lässt, markiert auf der einen Seite die ästhetische Abweichung des Traums von der Realität und kann somit als rhetorisches ‚Traumsignal' gelesen werden. Dem genau entgegengesetzt kommt auf der anderen Seite das Eindringen der Realität des Lageralltags in die vergangenheitsbezogene Traumwelt zum Ausdruck. Die durch mangelnde Zuordnungen, unklare Identitäten und distanzierte Selbstbeobachtung charakterisierte Schreibweise lässt sich zum einen der Schwierigkeit zuschreiben, des Traumes habhaft zu werden, was als die „Darstellung eines Suchprozesses in der Distanz der Selbstfremdheit" oder als „Poetik der Inadäquatheit"[22] beschrieben werden kann; zum anderen lassen sich eben diese beiden Aspekte, die Schwierigkeit, die Situation zu erfassen und die notwendige Inadäquatheit der darstellerischen Mittel, auf ebenso direkte Weise auf den bereits als inkommensurabel deklarierten Traum*kontext* zurückführen, auf die fehlende Orientierung im Lager, die versuchte Zerstörung sozialer Bindungen und den Prozess des Selbstverlustes. Die bei Antelme aktualisierte Poetik des Traums markiert dabei sowohl eine Differenz wie auch ein Ineinandergreifen von subjektivem Erleben und außersprachlicher Realität. Eine solche Schreibweise bringt daher in zugespitzter Form die Auswirkungen des Traumkontextes auf die Identität des Träumenden zum Ausdruck und deutet zugleich die Schwierigkeiten an, den Traum mit sprachlichen Mitteln zu konservieren.

---

[22] Susanne Goumegou: *Traumtext und Traumdiskurs. Nerval, Breton, Leiris.* München: Fink, 2007, S. 50–52. Goumegou bezieht sich mit diesen Formulierungen auf die Arbeiten der Psychoanalytikerin Brigitte Boothe, die sich in ihrer Forschung immer wieder mit der Rhetorik der Traumerzählung auseinandergesetzt hat, sowie auf die textlinguistische Studie *Conter les rêves* von Gollut (‚Poetik der Inadäquatheit'), in welcher den Erzählformen von Träumen in Texten der literarischen Moderne nachgegangen wird.

3. Die Unentrinnbarkeit der Erinnerung (Jorge Semprun)

Findet sich bei Robert Antelme bereits die Andeutung einer engen Verknüpfung von Traum und Erinnerung, so wird diese Verbindung bei Jorge Semprun zum poetologischen Programm. Seit der Publikation von *Le grand voyage* (1963) beschäftigen sich fast alle seiner Romane und Erzählungen direkt oder im Subtext in immer wieder neuen Variationen mit der Zeit in Buchenwald.[23] Sempruns Texte entsprechen damit in ihrer Logik der Aussage, die Primo Levi über den wiederkehrenden Traum getroffen hat, ist dieser doch „vario nei particolari ma unico nella sostanza", also unterschiedlich in seinen Ausformungen aber gleichbleibend in seiner Substanz. In all seinen Texten, ganz besonders aber in *L'écriture ou la vie* (1994), beschreibt Semprun die Zeit vor, im und nach dem Lager in Form ineinander verschachtelter Szenen, die sich aufgrund spontaner Erinnerungen wechselseitig hervorbringen oder durch assoziative Gedankengänge aneinander reihen. Oftmals löst dabei ein perzeptiver Eindruck (ein Blick, eine Melodie, ein Geruch) eine ganze Kette von Erinnerungen an das Lager aus, ein Ablauf, der im Vorgang des Schreibens noch potenziert wird.[24]

Die Bedeutung von Erinnerungen für die Konstitution des Textes wird besonders deutlich angesichts der Verwendung intertextueller Bezüge, mit denen Semprun seinen Roman zu einem polyphonen Archiv fragmentarischer Stimmen werden lässt. Wichtiger Bezugspunkt sind dabei die Schriften Primo Levis, die Semprun wörtlich zitiert, und in denen er das Nachwirken der Lagererfahrung besonders treffend formuliert sieht:

> ,Tutto è ora volto in caos: sono solo al centro di un nulla grigio e torbido, ed ecco, io so che cosa questo significa, ed anche di averlo sempre saputo: sono di nuovo in Lager, e nulla era vero all'infuori del lager. Il resto era breve vacanza, o inganno dei sensi, sogno: la famiglia, la natura in fiore, la casa ...' On ne saurait mieux le dire que Primo Levi. C'est vrai que tout devient chaotique, quand cette angoisse réapparaît. On se retrouve au centre d'un tourbillon de néant, d'une nébuleuse de vide, grisâtre et trouble. [...] À portée de la main, cette certitude: rien n'est vrai que le camp, tout le reste n'aura été

---

[23] Vgl. dazu die umfassende Studie von Monika Neuhofer: *‚Écrire un seul livre, sans cesse renouvelé'. Jorge Sempruns literarische Auseinandersetzung mit Buchenwald*. Frankfurt a.M.: Vittorio Klostermann, 2006.

[24] Oftmals bildet dabei auch die Lektüre den Ausgangspunkt für eine Erinnerung: „‚Étrange odeur', a écrit Léon Blum. Déporté en avril 1943, avec Georges Mandel, Blum a vécu deux ans à Buchenwald. [...] Étrange odeur, en vérité, obsédante. Il suffirait de fermer les yeux, encore aujourd'hui. Il suffirait non pas d'un effort, bien au contraire, d'une distraction de la mémoire remplie à ras bord de balivernes, de bonheurs insignifiants, pour qu'elle réapparaisse. [...] Il suffirait d'un instant, n'importe lequel, au hasard, au dépourvu, par surprise, à brûle-pourpoint. Ou bien d'une décision mûrement réfléchie, tout au contraire. L'étrange odeur surgirait aussitôt, dans la réalité de la mémoire. J'y renaîtrais, je mourrais d'y revivre. Je m'ouvrirais, perméable, à l'odeur de vase de cet estuaire de mort entêtante." (Jorge Semprun: *L'écriture ou la vie*. Paris: Gallimard, 1994, S. 16–18).

qu'un rêve, depuis lors. Rien n'est vrai que la fumée du crématoire de Buchenwald [...].[25]

Der bereits eingangs in Gänze zitierte Passus von Primo Levi, in dem beschrieben wird, wie die scheinbar vertraute Umgebung sich plötzlich in nichts auflöst und der Träumende schließlich wieder zurück ins Lager versetzt wird, ist nicht nur aufgrund seines Inhalts, sondern vor allem hinsichtlich seiner Position innerhalb des Textes signifikant. Das Zitat steht ganz am Ende von *La tregua*, in dem Primo Levi von der Odyssee seiner Rückkehr von Auschwitz nach Turin erzählt. Der Umstand, dass die über 17 Kapitel sich erstreckende Darstellung des Weges in die Freiheit schließlich in der Beteuerung einer Übermacht der vergangenen Gefangenschaft mündet, akzentuiert deren traumatische Nachträglichkeit. Sempruns Werk schließt unmittelbar an diese Erkenntnis an: Im Schreiben entledigt man sich der Erinnerungen nicht, vielmehr wird die tragische Unentrinnbarkeit darin zuallererst manifest. Was also Levis Traum beschreibt, das unwillkürliche Zurück-Versetzt-Werden ins Lager, bildet in Sempruns Text das grundlegende Kompositionsprinzip. Die Kapitel sind über ein jeweils plötzliches ‚Aufblitzen' der Lagererinnerung konstruiert, und dieser Umstand begründet zugleich die Unabschließbarkeit des Schreibunterfangens.

So zitiert, paraphrasiert und kommentiert Semprun den von Primo Levi in *La tregua* erwähnten Traum, um ihn dann im Hinblick auf seine eigene Erfahrung zu aktualisieren. Der bereits in sich verschachtelte Traum im Traum wird dadurch noch einmal zugespitzt und erhält eine konkrete Bedeutung für die Textstruktur von *L'écriture ou la vie*. Wie im Falle Robert Antelmes bietet der Traum an dieser Stelle keineswegs die Möglichkeit, der unerträglichen Situation zu entfliehen. Die von Semprun beschriebene Erfahrung, dass es nach der Befreiung in angstvollen Stunden zuweilen das Leben ist, welches als Traum erscheint, der Tod in den Lagern hingegen als einzige Realität, bedeutet vielmehr eine Verdichtung der beschriebenen Ängste und gründet in den textintern gesetzten ‚epistemologischen' Voraussetzungen seines Schreibens. Trotz seines Überlebens, von dem das Schreiben zeugt, bringt Semprun das Gefühl zum Ausdruck, im Lager durch den Tod hindurchgegangen zu sein und nunmehr als Wiedergänger fortzuleben.[26] In dieser Überzeugung gründet auch die Situierung der Erzählinstanz in der Zeit *nach* dem Tod, die zu einem permanenten Ineinandergreifen der Zeitebenen wie auch zu ihrer wechselseitigen Durchlässigkeit führt.

---

[25] Ebd., S. 304.
[26] „Une idée m'est venue, soudain [...], la sensation, en tout cas, soudaine, très forte, de ne pas avoir échappé à la mort, mais de l'avoir traversée. D'avoir été, plutôt, traversé par elle. De l'avoir vécue, en quelque sorte. D'en être revenu comme on revient d'un voyage qui vous a transformé: transfiguré peut-être. J'ai compris soudain qu'ils avaient raison de s'effrayer, ces militaires, d'éviter mon regard. Car je n'avais pas vraiment survécu la mort, je ne l'avais pas évitée. Je n'y avais pas échappé. Je l'avais parcourue, plutôt, d'un bout à l'autre. J'en avais parcouru les chemins, m'y étais perdu et retrouvé, contrée immense où ruisselle l'absence. J'étais un revenant, en somme." (Ebd., S. 27)

Während der Roman also in weiten Teilen das Hereinreichen der Lagervergangenheit in die Zeit nach der Befreiung thematisiert, bringt Semprun in seinem Text auch zur Darstellung, dass diese Aufsprengung der Zeitebenen, die besonders in den Traumbeschreibungen deutlich wird, eine direkte Konsequenz der Nächte im Lager ist. In der Unterscheidung zwischen den im Lager und den in der Zeit nach der Befreiung geträumten Träumen wird der unauslöschbare Einfluss der ersten auf die letzteren sichtbar:

> Nous dormions, la voix sourde de l'officier S.S. de service à la tour de contrôle nous réveillait. Ou plutôt: elle faisait d'abord partie de notre sommeil, elle résonnait dans nos rêves, avant de nous réveiller. À Buchenwald, lors des courtes nuits où nos corps et nos âmes s'acharnaient à reprendre vie [...], ces deux mots, *Krematorium, ausmachen!* qui éclataient longuement dans nos rêves, les remplissaient d'échos, nous ramenaient aussitôt à la réalité de la mort. Nous arrachaient au rêve de la vie.[27]

Sempruns Darstellung der Nacht im Lager beschreibt, wie die Stimme der Offiziere in die Träume der Häftlinge eindringt, die Gefangenen aufweckt und damit aus dem ‚rêve de la vie', dem ‚Traum vom Leben', herausreißt. In dieser Perspektive ist der Traum offenbar noch als Fluchtpunkt angelegt, wird aber in seiner kompensatorischen Funktion erschüttert. Die gellenden Rufe der Deutschen manifestieren die Allgegenwart des Todes im Lager (Krematorien!) und lassen dabei auch die Welt des Traums und der Imagination nicht unangetastet. Die Konsequenz ist eine dezidierte Entpoetisierung des Traums und eine perspektivische Verkehrung von Traum und Realität.

Trotz dieser unheilvollen Qualität der (Alb)Träume, die auch von Antelme hervorgehoben wird, kann man nicht von einer klaren Umkehrung der Zuordnungen von Traum und Realität sprechen. Die Erinnerungen an die Lagererfahrung sind seit der Befreiung nicht einfach von dem Bereich des Realen in den der Imagination und damit in die Welt des Traumes übergegangen. Vielmehr scheint es sich so zu verhalten, als sei die traumatische Erinnerung an das Lager allgegenwärtig geworden. Das Aufwachen bedeutet keine Linderung der Ängste, sondern nur abermals eine Verstärkung der Vorstellung, das Leben außerhalb des Lagers sei nur ein Traum:

> Je m'étais réveillé en sursaut. Mais le réveil ne tranquillisait pas, n'effaçait pas l'angoisse, bien au contraire. Il l'approfondissait, tout en la transformant. Car le retour à l'état de veille, au sommeil de la vie, était terrifiant en lui-même. C'était que la vie fut un songe, après la réalité rayonnante du camp, qui était terrifiant.[28]

Ebenso wie bei Primo Levi bedeutet das Aufwachen kein Ende, sondern eine Fortführung des Albtraums. Markiert in *La tregua* der auf Polnisch ausgerufene Befehl ‚Wstawać!' (‚Aufstehen!'), das Ende der Traum-Illusion eines Lebens

---

[27] Ebd., S. 23.
[28] Ebd., S. 205.

Häftlingsträume und Lagertrauma

außerhalb der Lager, so wird bei Semprun in der Rückkehr zum Wachzustand der Realitätsstatus des Lebens selbst angetastet. In *L'écriture ou la vie* ändert sich in der Folge auch die Funktion der Träume auf der Darstellungsebene: Die Rhetorik des Traums wird zu einem stilistischen Mittel, um die Durchlässigkeit zwischen Vergangenheit und Gegenwart, Erinnerung und unmittelbarem Erleben darzustellen. Die Erinnerungen und Assoziationen, die sich auf die Zeit im Lager beziehen, sind in die gegenwärtige Gedankenwelt und in das Schreiben nicht integrierbar, sondern bilden ein zweites, konkurrierendes Leben, was von Semprun in Form einer ‚mémoire involontaire' gestaltet wird:

> La soirée du samedi 11 avril 1987 fut comme sont les soirées lorsque ces souvenirs s'imposent, prolifèrent, dévorant le réel par une procédure de métastases fulgurantes. Comme elles le sont, du moins, depuis que l'écriture m'a rendu de nouveau vulnérable aux affres de la mémoire. [...] Ce fut un espace partagé en deux territoires, brutalement. Deux univers, deux vies. Et je n'aurais su dire, sur le moment, laquelle était la vraie, laquelle un rêve.[29]

Das Hereinbrechen der Erinnerungen in die Gegenwart ist zwar in doppeltem Sinne als ‚involontaire', d.h. unwillkürlich und ungewollt dargestellt; jedoch wird diesen Erinnerungen in der narrativen Komposition eine vom Autor bewusst gesetzte Bedeutung zugeschrieben. Semprun nimmt in seinem Kapitel „Le jour de la mort de Primo Levi", dem das obige Zitat entstammt, den Tag, an dem sich Primo Levi das Leben nahm, als Ausgangspunkt für seine Überlegungen über das Verhältnis von Traum und Wirklichkeit und über die Gegenwärtigkeit von Erinnerungen. Der Tod Levis manifestiert dabei auf tragische Weise, dass die traumatischen Erinnerungen an die Vergangenheit tatsächlich immer wieder in das Leben der ehemaligen Deportierten hereinbrechen können, in einem Ausmaß, das ausreicht, um dieses nachträglich auszulöschen. Für Semprun bedeutet der tragische Tod aber auch die Möglichkeit einer chronologischen Rekonstruktion der Zeitebenen: Von dem Moment an, da Semprun von dem Selbstmord Primo Levis erfährt, steht sein eigener Tod wieder als ein noch zu erwartendes Ereignis in der Zukunft der Erzählperspektive seiner Texte.[30]

Durch die Ausgestaltung der Lager-Träume gelingt es Semprun also, den aporetischen Anspruch eines Textes über die Shoah einzulösen. Im Zentrum steht dabei nicht nur eine möglichst authentische Darstellung der Lager selbst, sondern die Beschreibung der fortwirkenden Konsequenzen der dort sich ereigneten Vernichtung, des Nachlebens der darin stattgefundenen Verbrechen. Während Antelme in seiner Darstellung deutlich macht, dass die im Lager stattfindende Entindividualisierung des Subjekts unter anderem auf die Unterdrückung von Imagination und Traum zurückführbar ist und der Traum selbst dabei sein

---

[29] Ebd., S. 303.
[30] „C'est la première nouvelle que j'entends à la radio, le lendemain dimanche. [...] Il a été question de Primo Levi, soudain. La voix a annoncé son suicide, la veille, à Turin. [...] J'ai compris que la mort était à nouveau dans mon avenir, à l'horizon du futur." (Ebd., S. 318f.)

Fluchtpotential verliert, so zeigt Semprun, wie die Träume die vergangene Lagererfahrung in die Gegenwart hineintragen und zu einer zweiten Realität werden lassen.

Sowohl bei Primo Levi, bei Robert Antelme wie auch bei Jorge Semprun ist dem Traumtext dabei immer schon seine Interpretation an die Seite gestellt, eine Reflexion über die Erschütterung der Grenze zwischen Traum und Realität. Wenn also der Traum auf der Ebene der ‚histoire' nicht die Funktion einnehmen kann, die Ängste zu bannen und der nicht aushaltbaren Situation zu entfliehen, so setzt doch die Schreibweise des Traums auf der Textebene dazu an, genau dies zu versuchen. Die Aporie zwischen einem Nicht-Kommunizieren-Können, das eine Schreibverweigerung implizieren könnte, und einem Erzählen-Müssen, das ein Schreiben notwendig macht, wird in verdichteter Form im Traum zum Ausdruck gebracht. Die Verschriftung des Traums kann schließlich vor allem als Verweis darauf gelten, dass das Unvorstellbare nunmehr Bestandteil des Vorstellbaren, des Möglichen geworden ist.

Bibliographie

Agamben, Giorgio: *Was von Auschwitz bleibt. Das Archiv und der Zeuge.* Frankfurt a.M.: Suhrkamp, 2003.

Antelme, Robert: *L'espèce humaine* [1949]. Paris: Gallimard, 1957.

Cayrol, Jean: „Les rêves lazaréens", in: ders.: *Lazare parmi nous.* Neuchâtel/Paris: Seuil, 1950, S. 15–66.

Didi-Huberman, Georges: *Images malgré tout.* Paris: Minuit, 2003.

Fischmann, Tamara: „Traum und Trauma", in: *Die Macht der Träume. Antworten aus Philosophie, Psychoanalyse, Kultursoziologie und Medizin,* hg. v. Dieter Korczak. Kröning: Asanger, 2008, S. 23–35.

Freud, Sigmund: *Jenseits des Lustprinzips* [1920], in: ders.: *Das Ich und das Es. Metapsychologische Schriften,* Studienausgabe, Bd. III, hg. von Alexander Mitscherlich, Angela Richards, James Strachey. Frankfurt a.M.: S. Fischer, 1972, S. 213–272.

Gollut, Jean-Daniel: *Conter les rêves. La narration de l'expérience onirique dans les œuvres de la modernité.* Paris: José Corti, 1993.

Goumegou, Susanne: *Traumtext und Traumdiskurs. Nerval, Breton, Leiris.* München: Fink, 2007.

Jagoda, Zenon; Kłodzinski, Stanisław; Masłowski, Jan: „‚Die Nächte gehören uns nicht ...' Häftlingsträume in Auschwitz und im Leben danach", in: *Die Auschwitz-Hefte: Texte der polnischen Zeitschrift Przegląd Lekarski über historische, psychische und medizinische Aspekte des Lebens und Sterbens in Auschwitz,* Bd. II, hg. v. Hamburger Institut für Sozialforschung. Weinheim/Basel: Beltz, 1987, S. 189–239.

Klein, Judith: „"An unseren Schläfen perlt die Angst'. Traumberichte in literarischen Werken über das Grauen der Ghettos und Lager", in: *Colloquium Helveticum* 27 (1998), S. 506–521.
Kofman, Sarah: *Paroles suffoquées*. Paris: Galilée, 1987.
Levi, Primo: *La tregua* [1963], in: ders.: *Opere*, Bd. I, hg. v. Paolo Fossati. Turin: Einaudi, 1987, S. 211–425.
— *I sommersi e i salvati* [1986], in: ders.: *Opere*, Bd. I, hg. v. Paolo Fossati. Turin: Einaudi, 1987, S. 653–822.
Métraux, Alexandre: „Authentizität und Autorität. Über die Darstellung der Shoah", in: *Erzählung, Identität, Bewußtsein. Die psychologische Konstruktion von Zeit und Geschichte*, hg. v. Jürgen Straub. Frankfurt a.M.: Suhrkamp, 1998, S. 362–388.
Neuhofer, Monika: ‚*Écrire un seul livre, sans cesse renouvelé*'. *Jorge Sempruns literarische Auseinandersetzung mit Buchenwald*. Frankfurt a.M.: Vittorio Klostermann, 2006.
Semprun, Jorge: *L'écriture ou la vie*. Paris: Gallimard, 1994.
Stiegler, Bernd: „Robert Antelme. *Das Menschengeschlecht*. Erinnerung und Erzählung", in: *Shoah. Formen der Erinnerung. Geschichte, Philosophie, Kunst, Literatur*, hg. v. Nicolas Berg, Jess Jochimsen und Bernd Stiegler. München: Fink, 1996, S. 145–158.
Weigel, Sigrid: „Télescopage im Unbewußten. Zum Verhältnis von Trauma, Geschichtsbegriff und Literatur", in: *Trauma. Zwischen Psychoanalyse und kulturellem Deutungsmuster*, hg. v. Elisabeth Bronfen, Birgit R. Erdle und Sigrid Weigel. Köln/Weimar/Wien: Böhlau, 1999, S. 51–76.
Weinberg, Manfred: „Trauma – Geschichte, Gespenst, Literatur – und Gedächtnis", in: *Trauma. Zwischen Psychoanalyse und kulturellem Deutungsmuster*, hg. v. Elisabeth Bronfen, Birgit R. Erdle und Sigrid Weigel. Köln/Weimar/Wien: Böhlau, 1999, S. 173–206.

Barbara Kuhn (Eichstätt)

„essere reale al di fuori del reale".
Traumpoetik und ‚Wirklichkeit' im Werk Antonio Tabucchis

> Si, dans le sommeil, la conscience s'endort, dans le rêve, l'existence s'éveille.
> Michel Foucault[1]

Spätestens seit Anna Laura Lepschys 1991 erschienenem Aufsatz mit dem Titel „Filling the gaps: dreams in the narrative fiction of Antonio Tabucchi"[2] steht der große Raum, den der Traum und das Träumen in Tabucchis Werk einnehmen, im Rampenlicht, zumal mehrere der später veröffentlichten Texte schon in ihrem Titel auf die Rolle hinweisen, die Träume oder auch traumartige Zustände spielen: Man denke nur an *Requiem* mit dem Untertitel *Un'allucinazione*, an die *Sogni di sogni* oder an die *Ultimi tre giorni di Fernando Pessoa* und ihren zweideutigen Untertitel *Un delirio*, der wie die „allucinazione" offen läßt, ob es sich um das „delirio" des hier im Erzählen imaginierten Pessoa oder um ein „delirio" des Pessoa imaginierenden Erzählers handelt, mit anderen Worten, ob Halluzination und Delirium das im Text Erzählte oder das den Text Hervorbringende sind. Neben solchen das Träumen, Halluzinieren, Delirieren in den Mittelpunkt stellenden Texten findet sich kaum ein Werk Tabucchis, das nicht in irgendeiner Weise das Phänomen des Traums mit einbezöge, und ebenso wird in Interviews das Träumen wiederholt Gegenstand des Gesprächs,[3] insbesondere der Traum in seiner existentiellen Dimension und in seiner Beziehung zum Erzählen als einer anthropologischen Notwendigkeit.[4]

---

[1] Michel Foucault: „Introduction" [zu Ludwig Binswanger: *Le Rêve et l'existence*, 1954, dt. 1930], in: ders.: *Dits et écrits* I. 1954–1969, hg. v. Daniel Defert, François Ewald und Jacques Lagrange. Paris: Gallimard, 1994, S. 65–119, hier: S. 94.

[2] Anna Laura Lepschy: „Filling the gaps: dreams in the narrative fiction of Antonio Tabucchi", in: *Romance Studies* 18 (1991), S. 55–64.

[3] Vgl. Antonio Tabucchi: „Incontro con Antonio Tabucchi", in: *Gli spazi della diversità. Atti del convegno internazionale: Rinnovamento del codice narrativo in Italia dal 1945 al 1992 (Leuven – Louvain-la-Neuve – Namur – Bruxelles, 3–8 maggio 1993)*, Bd. II, hg. v. Serge Vanvolsem, Franco Musarra und Bart Van den Bossche. Rom: Bulzoni/ Leuven: Leuven University Press, 1995, S. 651–668, hier: S. 662f. Andrea Borsari: „Cos'è una vita se non viene raccontata? Conversazione con Antonio Tabucchi", in: *Italienisch. Zeitschrift für italienische Sprache und Literatur* 26 (1991), S. 2–23, hier: S. 21.

[4] *Conversazione con Antonio Tabucchi. Dove va il romanzo?*, hg. v. Paola Gaglianone und Marco Cassini. Saggio critico di Riccardo Scrivano. Nota di Roberto Faenza. Rom: Il libro che non c'è, 1995, S. 35–52, hier: S. 28–30 (im Folgenden zitiert mit der Sigle *Dvr*). Entsprechend hat sich seit dem erwähnten Aufsatz von Lepschy auch die Forschung dem Phänomen des Traums in Tabucchis Werk vermehrt zugewandt, wie diverse Aufsätze belegen,

Zu diesen Aspekten kommt, vor allem im zuletzt erschienenen Roman *Tristano muore. Una vita* von 2004, aber auch in *Si sta facendo sempre più tardi* von 2001, eine nicht nur den Paratexten anvertraute Reflexion über Traum, Text und ‚Wirklichkeit‘, so dass eine Art ‚Meta-Traum-Text‘ entsteht, wenn beispielsweise der „spazio onirico" ironisch als „spazio sacro di ogni paziente e fondamentale di

---

die sich entweder als Ganzes dieser Frage widmen (vgl. z.B. Nives Trentini: „Towards a Study of Dream in Antonio Tabucchi", in: *„Antonio Tabucchi. A Collection of Essays"*, *Spunti e ricerche* 12 (1996/97), hg. v. Bruno Ferraro und Nicole Prunster, S. 71–96; Cornelia Klettke: „Der Text als visuelles Gedächtnis: Eine Textur aus simulierten Träumen bei Fernando Pessoa – Intermediales Erzählen bei Antonio Tabucchi", in: dies.: *Simulakrum Schrift. Untersuchungen zu einer Ästhetik der Simulation bei Valéry, Pessoa, Borges, Klossowski, Tabucchi, Del Giudice, De Carlo*. München: Fink, 2001, S. 140–220; Hans Felten: „Künstlerträume. Zur Superposition von Intertexten und Traumdiskurs in Antonio Tabucchi: ‚Sogni di sogni'", in: *Italienische Studien* 18 (1997), S. 81–90; Hans und Uta Felten: „‚Traumspiel' mit Texten. Zu Antonio Tabucchis Erzählung Il gioco del rovescio (1981)", in: *Italienisch* 27 (1992), S. 58–69), oder aber im Rahmen anderer, verwandter Fragestellungen auch auf den Traum zu sprechen kommen, wie insbesondere in den Arbeiten zu *Requiem* und zum Phantastischen bei Tabucchi immer wieder zu beobachten (vgl. z.B. Michela Meschini: „Between surrealism and postmodernism: notes towards an analysis of the ‚fantastic' in Tabucchi's fiction", in: *Forum italicum* 33 (1999), S. 353–362). In weiten Teilen ist auch die folgende Monographie dem Traum in unterschiedlichen Werken Tabucchis gewidmet: Nives Trentini: *Una scrittura in partita doppia. Tabucchi fra romanzo e racconto*. Rom: Bulzoni, 2003. Last, aber sicher not least bezeugt dieses wachsende Interesse an der Fragestellung ein vergleichsweise schmaler Band mit dem Titel *Tabucchi narratore*, der 2007 erschienen ist und in dem immerhin drei der sechs Aufsätze schon im Titel in der einen oder anderen Weise explizit die Traumdimension erwähnen (vgl. Denis Ferraris: „Tabucchi et les réalités du rêve" (S. 69–87); Pérette-Cécile Buffaria: „*Sogni di sogni*: de l'écriture de la fantasmagorie à la racine carré des phantasmes" (S. 89–98); Michelle Nota: „*Donna di Porto Pim*: une géographie du rêve" (S. 99–114), in: *Antonio Tabucchi narratore. Atti della giornata di studi (17 novembre 2006)*, hg. v. Silvia Contarini und Paolo Grossi. Paris: Istituto Italiano di Cultura, 2007). Erst nach Abschluss des vorliegenden Beitrags konnte ich folgenden Aufsatz lesen, der teilweise exakt dieselben Zitate aus Tabucchis Werken verwendet wie hier, aber eine andere Fragestellung als die nach Traumwissen und Traumpoetik verfolgt: Luigi Surdich: „‚Il principio della letteratura, raccontare il sogno di un altro'. Forma e sostanza dei sogni nella narrativa di Tabucchi", in: *I 'notturni' di Antonio Tabucchi. Atti di Seminario (Firenze, 12–13 Maggio 2008)*, hg. v. Anna Dolfi. Rom: Bulzoni, 2008, S. 25–63. Die Schwerpunkte setzen die diversen Publikationen dabei vor allem in zwei Bereichen, die man grob als Bestandsaufnahme einerseits, summarische oder exemplarische Verfahrensanalyse andererseits qualifizieren könnte, obwohl natürlich in der Mehrzahl der Fälle beide Seiten oder auch weitere zur Sprache kommen. Eher eine Bestandsaufnahme der Traumdimensionen in Tabucchis Werk bieten etwa die Aufsätze von Lepschy und Trentini, während eher an den Verfahren interessiert die Untersuchungen von Cornelia Klettke oder von Hans und Uta Felten sind, wie sich bereits an den hier zu findenden Metaphern für die jeweils analysierten Werke ablesen läßt. So erscheint *Requiem* – exemplarisch auch für andere Texte Tabucchis – bei Klettke wiederholt als „Tabucchis Traumkunst", während Hans und Uta Felten *Sogni di sogni* als ein „Traumspiel mit Texten" bezeichnen und alle drei Autoren damit vor allem die sogenannten postmodernen Züge der Werke, ihre intertextuelle und intermediale Dimension, kurz, ihre ‚Traumartigkeit‘ hervorheben wollen.

ogni terapeuta" (*Tm*, 54) bezeichnet wird, wenn der Arzt „un inconscio come un linguaggio" (*Tm*, 52) vermutet oder wenn Texte dank ihrer „salti", „vuoti" und der fehlenden „conclusione" kurzerhand als „opera aperta" etikettiert werden, als sei mit einer solchen Feststellung von Sprüngen, Lücken und scheinbarer Nichtabgeschlossenheit, wie sie gemeinhin mit Traumartigkeit assoziiert werden, bereits alles gesagt: „e il problema è risolto" – nur weil der Schreiber das Knäuel nicht zu entwirren vermöge: „non arrivate a capo della matassa" (*Tm*, 96).[5]

Weder um eine derartige Etikettierung als ‚offenes' oder ‚traumartiges' Werk noch um die Entschlüsselung irgendeines Unbewussten also geht es offenbar mit *Tristano muore* und anderen Texten Tabucchis;[6] nicht authentische oder pseudo-authentische Traumaufzeichnungen, sondern imaginierte „sogni ignoti" stehen im Zentrum, und an die Stelle der Frage nach der zensierenden Bearbeitung verborgenen Begehrens und nach der Bedeutung eines Traums tritt die Frage: Was bedeutet Träumen und das Erzählen von Träumen für den Menschen?,[7] weil die Geschichte der Träume ebenso wie das Erzählen die Menschheitsgeschichte seit ihren Anfängen begleitet, die seit jeher an das Erzählen und

---

[5] Tristano bezieht sich hier nicht auf Literaturwissenschaftler, sondern auf Schriftsteller; seine Kritik lässt sich aber problemlos auch auf erstere beziehen. Tabucchis Werke werden nach den folgenden Ausgaben und Siglen zitiert: Antonio Tabucchi: *Autobiografie altrui. Poetiche a posteriori*. Mailand: Feltrinelli, 2003 (*Aa*); *Donna di Porto Pim e altre storie* [1983]. Palermo: Sellerio, 2001 (*DPP*); *Il gioco del rovescio* [1988]. Mailand: Feltrinelli, 2001 (*Gr*); *Notturno indiano* [1984]. Palermo: Sellerio, 2002 (*Ni*); *L'oca al passo. Notizie dal buio che stiamo attraversando*, hg. v. Simone Verde. Mailand: Feltrinelli, 2006 (*Oap*); *Piccoli equivoci senza importanza* [1985]. Mailand: Feltrinelli, 2002 (*Pe*); *Requiem. Un'allucinazione* [1992], übers. v. Sergio Vecchio. Mailand: Feltrinelli, 2002 [im portugiesischen Original: Lisboa: Quetzal Editores, 1991] (*R*); *Si sta facendo sempre più tardi. Romanzo in forma di lettere* [2001]. Mailand: Feltrinelli, 2003 (*Ssf*); *Sogni di sogni* [1987]. Palermo: Sellerio, 1992 (*Sds*); *Tristano muore. Una vita* [2004]. Mailand: Feltrinelli, 2006 (*Tm*); *Gli ultimi tre giorni di Fernando Pessoa. Un delirio*. Palermo: Sellerio, 1994 (*Utg*); *I volatili del Beato Angelico* [1987]. Palermo: Sellerio, 1997 (*VBA*).

[6] Nur der „dottor Ziegler cominciava a sospettare un inconscio come un linguaggio", während Tristano von „qualcosa che è scoppiato in mille pezzi" spricht, die ihn des Nachts heimsuchen: „Tipo sogni?", fragt Doktor Ziegler. „Nessuna risposta. Intersogni, allora? Ecco, sì, dottore, quasi, ma non proprio, genere ricordi che galleggiano in una loro schiumetta, io sto sul ciglio delle mie nottate, alcuni mi raggiungono e pungono, altri mi basta far ciondolare il braccio dalla sponda del letto per pescarne qualcheduno a caso" (*Tm*, 52).

[7] Vgl. auch das Kapitel „Le lingue dei sogni" in *Autobiografie altrui*, wo Tabucchi jenen Traum von seinem Vater erzählt, der – möglicherweise – am Anfang von *Requiem* steht, und die jedem Kenner der Psychoanalyse und insbesondere der Freud'schen *Traumdeutung* bekannte Schwierigkeit thematisiert, „di formulare i sogni in termini narrativi" (*Aa*, 30). Die Schwierigkeit, den eigenen Gegenstand diegetisch zu strukturieren, bestehe nicht nur aufgrund von „certi salti paralogici, o di certi passaggi brachilogici, o del problema di un tempo vissuto nell'inconscio e impossibile da trasferire in un tempo narrativo; ma soprattutto perché ogni sogno è un'emozione, una sensazione che trova il suo 'senso' finché appartiene alla sua specifica 'realtà', e che lo perde quando si tenta di trasferirlo alla realtà dello stato di veglia" (*Aa*, 31).

Deuten von Träumen gebunden ist, wie Tabucchi in *Autobiografie altrui* im Kapitel „Di cosa sono fatti i sogni" schreibt:

> La storia dei sogni accompagna la storia degli uomini. Da quando ha imparato a raccontarsi, l'uomo racconta i suoi sogni, attribuendo al fatto di sognare motivazioni diverse. L'interpretazione delle interpretazioni dell'attività di sognare potrebbe costituire un'interpretazione della civiltà dell'uomo. [...]
>
> Se i sogni degli uomini hanno lasciato le loro tracce nella Storia, la letteratura ne è ricchissima. Dal poema di Gilgamesh alla Bibbia, da Calderón a Shakespeare a Kafka, il "diritto di sognare" – secondo la definizione di Bachelard – accompagna la scrittura. E che i sogni significhino tutto (Freud) o non significhino niente (Caillois: ed anche questa è un'interpretazione), che siano fatti di materia vissuta o di materia appartenente ad una dimensione "altra", è semplicemente raccontandoli che la letteratura, in totale libertà, li ha proposti ai suoi oniromanti: cioè a noi tutti, i lettori. (*Aa*, 25–27)

Die Frage, die die Texte stellen, ist mithin die nach der Verwandtschaft von Traum und Literatur, jedoch nicht im bekannten romantischen und auch nicht im surrealistischen Sinn, sondern in einer zugleich ästhetischen und anthropologischen Perspektive; es geht nicht um das Ausschalten des Bewußtseins im Träumen oder Schreiben, sondern um die Literatur als bewusstes Träumen, als „penombra", die weder diskursives Tageslicht noch triebgesteuertes Dunkel ist, aber von beidem weiß: „È difficile dire come è fatta la mia penombra, e che cosa significa. È come un sogno che sai di sognare, e in questo consiste la sua verità: nell'essere reale al di fuori del reale" (*VBA*, 40). In diesem Sinne soll im Folgenden die ‚Wirklichkeit' des Traums ausgelotet werden, und vor allem jenes Traums, der die Literatur als „sogno di un sogno" ist, als „uno spazio onirico molto privilegiato che ci viene riservato per esprimere quello che i nostri sogni non riescono ad esprimere" (*Dvr*, 28). Wie die Formel des „sogno che sai di sognare" andeutet, geht es dabei nicht um ein Unbewusstes, sondern gerade um das Bewusstsein von diesen Grenzgängern, die Traum und Literatur sind, und wie das „essere reale al di fuori del reale" ausspricht, begnügt sich die Wirklichkeit von Traum und Literatur nicht damit, Alternative zur ‚Wirklichkeit' etwa im Sinne von ‚bloßer Illusion' zu sein. Die Pfade, auf denen dieses Real-Sein außerhalb des Realen erkundet werden soll, sind daher erstens die Frage nach den dünnen Grenzen zwischen unterschiedlichen Realitäten, zweitens die nach unterschiedlichen Logiken im Widerstreit und drittens die nach dem Träumen als einer alles andere als belanglosen Aktivität.

Traumpoetik und ‚Wirklichkeit' im Werk Tabucchis

1. Dünne Grenzen: Kategorien und Kontinuum

Nicht nur die einfache Parallelisierung von Traum und Literatur ist ebenso geschichtsbelastet wie problematisch; auch die Definition, was überhaupt als Traum zu qualifizieren ist und wo die Grenzen zum Nicht-Traum anzusetzen sind, steht in Frage, wenn man sich mit dem Traum und dem Träumen in der Literatur und zumal bei Tabucchi befasst, wie bereits die einleitenden Andeutungen deutlich gemacht haben dürften. Neben jenen Texten, die Träume ihrer Figuren erzählen, umfasst Tabucchis Werk auch Texte, die gleichsam als Ganzes ‚Traum' sind, traumartige Gebilde wie Halluzinationen oder Delirien, Texte, die manchmal sogar im Paratext auf ihr „essere reale al di fuori del reale" hinweisen:

> Questo *Requiem*, oltre che una "sonata", è anche un sogno, nel corso del quale il mio personaggio si trova ad incontrare vivi e morti sullo stesso piano: persone, cose e luoghi che avevano bisogno forse di un'orazione, un'orazione che il mio personaggio ha saputo fare solo a modo suo: attraverso un romanzo. (R, 7)

Hier wird nicht der Traum als Sinnenklave oder auch Enklave, die gerade nicht den üblichen Sinnzuschreibungen gehorcht, innerhalb des Ganzen durch Schwellen markiert; vielmehr kennt das Ich des Textes nichts anderes als dieses Requiem, das auszuführen es bestimmt ist; es gibt kein Vorher oder Hinterher, keine Rahmung innerhalb der Diegese und somit auch keine Relativierung der mit diesem Traum geschaffenen Welt.[8]

Reicht das Spektrum von im größeren Rahmen eines Erzähltextes evozierten Träumen bis zu quasi rahmenlosen ‚Traumtexten', liegen zwischen diesen Polen eine Fülle weiterer Texte oder Teile von Texten, die sich gerade einer solch eindeutigen Zuschreibung widersetzen. Paradigmatisch kann für diese Ambivalenz *Notturno indiano* stehen, jener Text, der zum einen in seinem Inneren einen „brutto sogno" erzählt – und zwar so erzählt, wie das Ich ihn erlebt: als Wirklichkeit, so dass auch der Leser die geträumte Figur zunächst als Figur der fiktiven Wirklichkeit wahrnimmt: bis zu dem Moment, in dem das Ich angesprochen und mit einem Satz aufgeweckt wird, der an beiden Wirklichkeiten, der des Träumers und der des Indienreisenden, teil hat, in beiden ‚kongruent' erscheint und so den Übergang von der einen in die andere Realität gestattet (vgl. *Ni*, 79).

---

[8] Ähnliches gilt für das ‚Delirium' der letzten drei Tage Fernando Pessoas: Abgesehen von dem Anhang, der die „personaggi che compaiono in questo libro" aufführt (vgl. *Utg*, 57–64) und so, wie die „Nota" in *Requiem*, schon durch die Wortwahl, durch „personaggi" und „libro", ein Außen markiert, enthält der kleine Text nur die Imagination der durch die drei Datumsangaben getrennten drei letzten Tage Pessoas, den hier papierne Inkarnationen seiner Heteronyme heimsuchen, so dass der ganze Text, ähnlich wie *Sogni di sogni*, wo die Literatur der fehlenden Überlieferung nachhilft, auch als Traum vom Sterben Pessoas gelesen werden kann.

Zum anderen bezeichnet die vorangestellte ‚Nota' das Buch außer als ‚insonnia'[9] auch als „percorsi incongrui" und als ‚Nachtstück', in dem ein Schatten gesucht werde, verleiht ihm also Attribute, wie sie gemeinhin dem Traum zugeschrieben werden. Und in der Tat lässt sich der Text von der Ankunft in Indien, jenem ‚Traumland' par excellence im kollektiven Imaginären der Europäer, bis zum Ende auf der Hotelterrasse, das kein Abschließen erlaubt, sondern den Leser wie in einer Traumsituation belässt, aus der es keinen Ausweg gibt, als großer, grenzenloser Traum wie *Requiem* oder auch als Folge von Träumen verstehen, aus denen die Erzählung sich zusammensetzt. Nicht nur spielen die Kapitel regelmäßig in der Nacht, erwähnt der Erzähler immer wieder die „penombra" (vgl. *Ni*, 10, 35, 47, 97)[10] und erinnert damit an Foucaults Formel von der „pénombre de la vie onirique", in der die „formes imaginaires du rêve" den „significations implicites de l'inconscient" eine Quasi-Präsenz verschafften.[11] Vor allem wird die unsichere Grenze zwischen Traum und ‚Wirklichkeit' immer wieder im Text angesprochen, insofern das Ich bei seinen „percorsi notturni" (*Sds*, 13) selbst nicht weiß, auf welcher Seite dieser ‚Grenze' es sich befindet. Sprechend ist hier insbesondere das Kapitel, das die Nacht im Taj Mahal erzählt, einer „città dentro la città" (*Ni*, 34) und von daher selbst schon eine Traumwirklichkeit außerhalb der andernorts im Text thematisierten Realität Indiens. Der Portier ist gekleidet wie ein indischer Prinz, der Koffer ist wie im Traum, auf „vie misteriose", bis in das imposante Hotelzimmer gelangt, und mit den an einen „sipario" erinnernden „tende" schließt das Ich die Außenwelt aus (vgl. *Ni*, 34f.) und öffnet sich so für das innere Theater, in dem ihm Figuren aus seiner Vergangenheit – nicht zufällig Figuren aus anderen Texten Tabucchis – begegnen:

> [...] la camera fu solo penombra e silenzio, il ronzio pigro e confortante del grande ventilatore mi cullò, feci appena in tempo a pensare che anche quello era un lusso superfluo perché nella camera c'era una climatizzazione perfetta, e arrivai subito a una vecchia cappella su un colle mediterraneo, la cappella era bianca e faceva caldo, eravamo affamati e Xavier ridendo tirava fuori da un cesto dei panini e del vino fresco, anche Isabel rideva, mentre Magda stendeva una coperta sull'erba, lontano sotto di noi c'era il celeste del mare e un asino solitario ciondolava all'ombra della cappella. Ma non era un sogno, era un ricordo vero: guardavo nel buio della camera e vedevo quella scena lontana che mi pareva un sogno perché avevo dormito molte ore e il mio orologio segnava le quattro del pomeriggio. Rimasi a lungo nel letto pensando a quei tempi, ripercorsi paesaggi, volti, vite. Ricordai le gite

---

[9] ‚Insomnia' bedeutet im Lateinischen freilich nicht nur Schlaflosigkeit, sondern, als Neutrum Plural, auch Träume oder Traumbilder, wie bereits die „falsa [...] insomnia" der *Aeneis* (VI, 896) belegen.

[10] Vgl. zusätzlich die Erwähnung von „lampadine fioche" (29), „luce verdolina" oder „verdastra" (39), „luce schermata del paralume" (48) oder „luce [...] abbastanza incerta" (99), die alle ebenfalls auf jenes Halbdunkel verweisen, in dem sich die Erzählung abspielt.

[11] Vgl. Foucault: „Introduction", S. 69.

in macchina lungo le pinete, i nomi che ci eravamo dati, la chitarra di Xavier e la voce squillante di Magda [...]. E poi ripercorsi le estati successive. Magda piangente, pensai, perché? Era forse giusto? E Isabel, e le sue illusioni? E quando quei ricordi assunsero contorni insopportabili, nitidi come se fossero proiettati da una macchina sulla parete, mi alzai e uscii dalla camera. (*Ni*, 35f.)

Wenngleich das Ich das Traumsein dieser Bilder in seinem Inneren bestreitet, macht doch allein die Formulierung – „non era un sogno, era un ricordo vero" – deutlich, wie dicht beide Zustände nebeneinander liegen,[12] zumal vorher das einschläfernde Halbdunkel, das einlullende Geräusch und das unvermittelte Ankommen in einer „anderen Szene" oder auf einer „anderen Bühne"[13] geschildert werden. Zudem wird der Vergleich mit dem Film am Ende nicht nur für Erinnerungen, sondern gerade auch für die Traumerfahrung immer wieder bemüht.[14] Wichtiger als die Entscheidung für oder gegen die eine oder die andere ‚Bühne' des Bewusstseins, für oder gegen Traum oder Erinnerung, scheint eben die Nähe zwischen den einzelnen Bewusstseinszuständen, wie sie auch die aktuelle Traumforschung bestätigt, die sich mittlerweile weit von der Traumdeutung im Stile Freuds und vor allem vom ihr zugrunde liegenden Verständnis des Traums entfernt hat.[15]

Aufgrund dieser Ähnlichkeit der Erfahrungsweisen und der Konstruktion der jeweiligen Welten geht etwa Ernest Hartmann nicht von einer Gegensätzlichkeit von Traum und Wachzustand aus, sondern von einem Kontinuum, wie er auch spezifische Gedanken, Phantasien und Traumbilder nicht als einander wesenhaft entgegengesetzt betrachtet, sondern als sich graduell voneinander

---

[12] Dieselbe Nähe von Traum und Erinnerung stellt das träumende Ich in *Requiem* fest, das jedoch auf der anderen Seite oder Bühne steht: „[...] per me è un giorno molto strano, sto sognando ma mi pare che sia vero, e devo incontrare delle persone che esistono soltanto nel mio ricordo" (*R*, 19).

[13] Vgl. Maurice Merleau-Ponty: *Le visible et l'invisible. Suivi de: Notes de travail* [1964], hg. v. Claude Lefort. Paris: Gallimard, 2009, S. 310. Vgl. Petra Gehring: *Traum und Wirklichkeit. Zur Geschichte einer Unterscheidung*. Frankfurt, New York: Campus, 2008, S. 209f.

[14] Zur Analogie von Kinobildern und Traumbildern für den jeweils ‚Sehenden' vgl. Christoph Türcke: *Philosophie des Traums*. München: Beck, 2009, S. 12.

[15] Vgl. z.B. „Tatsächlich sind sich bewegende, visuell/räumliche Imaginationen prinzipiell die Art und Weise, wie wir unsere Welt erfahren, egal in welchem Bewußtseinszustand wir uns befinden: wach und aktiv, wach tagträumend oder schlafend träumend. Die Netze unseres Geistes sind aus Einheiten und gewichteten Verbindungen gemacht, die wir nicht direkt sehen oder erfahren können, aber die die Fähigkeit besitzen, eine visuell/räumliche ‚Realität' zu konstruieren oder annäherungsweise zu rekonstruieren." (Ernest Hartmann: „Träumen kontextualisiert Emotionen. Eine neue Theorie über das Wesen und die Funktion des Träumens", in: *Traum, Affekt und Selbst. 4. Internationale Tagung Psychoanalytische Traumforschung* [Sigmund-Freud-Institut, Frankfurt a.M., 24.-25. April 1998], hg. v. Herbert Bareuther, Karola Brede, Marion Ebert-Saleh und Kurt Grünberg. Tübingen: Edition diskord, 1999, S. 115–157, hier: S. 142).

unterscheidende ‚mentale Ereignisse'.¹⁶ Beruht der fokussierte Wachgedanke auf stabilen Unterteilungen und Kategorisierungen, schwächen diese sich im weniger strukturierten Wachgedanken, in Rêverie, freier Assoziation und Tagtraum zunehmend ab bis hin zum Traum, der charakterisiert ist durch die Verschmelzung, die Verdichtung oder gar das Auflösen von Kategorien und folglich durch dünne Grenzen, was einhergeht mit dem geringsten Grad an Selbstreflexion. Der fokussierte Wachgedanke ist demgegenüber hochgradig selbstreflexiv, während die Mittelformen weniger selbstreflexiv, mehr in den Prozess oder in die Imaginationen verwickelt sind.¹⁷

Dementsprechend werden im fokussierten Wachzustand die Dinge auseinandergehalten, es gibt klare oder ‚dicke' Grenzen beispielsweise zwischen realen Objekten und abstrakten Konzepten, die in verschiedenen Universen untergebracht sind, auch wenn, wie etwa der Gebrauch von Metaphern zeigt, in unseren neuronalen Netzen dennoch Ähnlichkeiten und Überlappungen von Mustern gespeichert sind (Hartmann verwendet das Beispiel eines Autos und einer persönlichen Beziehung: Letztere kann in Fahrt geraten oder in einer Sackgasse angekommen sein, außer Kontrolle geraten etc.). Diese Trennungen und Grenzen werden, je mehr man sich der Rêverie, dem Tagträumen und schließlich dem Träumen nähert, immer weniger eindeutig, immer ‚dünner', in dem Sinn, dass nicht nur einfache Verdichtungen geträumt werden (z.B. indem ein Auto durch ein anderes ersetzt wird), sondern mit Leichtigkeit kategoriale Einteilungen und Grenzen überwunden werden, da logische wie auch kategoriale Regeln im Traum „weniger wirksam sind als im Wachzustand".¹⁸

In diesem Sinne lassen sich auch die zu Beginn unterschiedenen Texte aus jenem großen Traum, der die Literatur ist, als ein solches Kontinuum begreifen, in dem von klar umgrenzten Traumeinlagen in sonst ‚wachen' Texten über zahlreiche Zwischen- und ambivalente Formen bis hin zu vom Anfang bis zum Ende traumartigen Texten alle nur denkbaren Spielarten vorkommen,¹⁹ die zwar sämtlich Sprache sind wie der fokussierte Wachzustand, und in hohem Maße selbstre-

---

[16] Vgl. Hartmann: „Träumen kontextualisiert Emotionen", S. 133.

[17] Vgl. ebd., S. 141. Der Aspekt der Selbstreflexion ist es dementsprechend auch, der die Literatur als „sogno che sai di sognare", als „più che sogno" vom nächtlichen Traum unterscheidet, wie nicht zuletzt die oben angeführten Zitate aus *Notturno indiano* und vor allem aus *Requiem* unterstreichen: Noch das träumende Ich sagt von sich: „sto sognando ma mi pare che sia vero" und weist damit auf die Besonderheit der Literatur als ‚selbstbewusster Traum' hin, der die übliche Positionierung von Ich, Traum und Wirklichkeit auf den Kopf stellt.

[18] Vgl. Hartmann: „Träumen kontextualisiert Emotionen", S. 148f.

[19] Hinzuzufügen wäre noch der 2006 in Buchform publizierte Text *L'oca al passo*. Hier sprengt Tabucchi in einem ‚serio ludere', auf das der spielerische Titel samt seinem ernsten Untertitel *Notizie dal buio che stiamo attraversando* verweist, die Grenzen von Phantastik und Politik ebenso wie die von Zeitungsartikel und Roman. Vgl. Stefano Lazzarin: „Gli scrittori del Novecento italiano e la nozione di 'fantastico'", in: *Italianistica* 37 (2008), S. 49–67, hier: S. 63–66.

flexiv, die aber dennoch – die Literatur ist „più sogno della vita" – die Grenzen, die außerhalb der Literatur gelten oder zu gelten scheinen, mit ebensolcher Leichtigkeit überwinden wie der Traum. Vor allem aber sind, wie *Notturno indiano* zeigt, auch innerhalb dieser Texte oft die Grenzen dünn, oder sie gehen ganz verloren, lösen sich auf, eben weil es nicht nur das Entweder-Oder gibt, sondern eine Sache, wie die vielleicht am häufigsten zitierte Passage aus Tabucchis Gesamtwerk ausspricht, zugleich so und auch anders ist, nicht hier *oder* dort zu verorten, sondern hier *und* dort: „[...] che una certa cosa che era ‚così' era invece anche in un altro modo" (*Gr*, 5).

In noch anderer Weise rückt der bisher letzte Roman des Autors, *Tristano muore. Una vita*, der zudem eine Grenzerfahrung, den letzten Lebensmonat des todkranken Tristano, erzählt, die labilen Grenzen zwischen unterschiedlichen Bewusstseinszuständen ins Zentrum, insofern er sie nicht nur immer wieder thematisiert, sondern sie zugleich im Medium der je unterschiedlich eingesetzten Sprache sinnfällig macht, so dass sie nicht nur auf der Ebene des Erzählten, sondern auch auf der des Erzählens zur Debatte stehen. Zwar kommen wiederum wie schon in *Notturno indiano* beispielsweise Verschiebungen und Verdichtungen vor (vgl. z.B. *Tm*, 50); hier wie dort erlebt das Ich Momente, in denen es nicht weiß, wo die Grenze zwischen Traum und Wachzustand ist, was geträumt und was wirklich ist (vgl. z.B. *Tm*, 67, 80). So träumt Tristano einen Dialog mit Daphne und hört plötzlich Musik, als er von ihren Konzerten spricht:

> quando tornerai dai tuoi concerti mi ritroverai seduto lì, a quella pietra ... Sento una pianola, la senti anche tu?... dico a te, scrittore ... scusami, stavo sognando e una pianola mi ha svegliato, ma forse stavo sognando anche la pianola e ora continua fuori dal sogno, è un valzer, lo senti? ... Non mi dire che è un'allucinazione sonora, sii comprensivo, è un valzer in la maggiore, lontano, però si sente bene se uno vuole sentirlo ... ma non è una pianola, è un organetto, come quelli che una volta gli zingari suonavano nelle fiere quando ero bambino ... Per i fuochi di San Giovanni in piazza San Nicolò uno zingaro suonava un organetto di Barberia, girava la manovella e la gente si metteva a ballare ... Queste vecchie storie non interessano più a nessuno, ma lodato sia il ritornello povero che viene dal passato a riportare i giorni morti ... quella pendola insonne sul cassettone sta sempre a occhi spalancati, non li chiude neppure di notte, spia ogni attimo, fa come il ragno con le mosche, e l'universo è lì, altro che galassie e anni luce, un secondo dopo l'altro, tic-tac, e l'ora è già finita ... lo zingaro riparte per un'altra fiera, ma suona sempre la stessa musica [...]. (*Tm*, 75f.)

Der Klang des – geträumten oder tatsächlich gehörten – Pianolas überspielt die im Wachzustand klare Grenze zwischen Traum und Wirklichkeit, und ähnlich gleitet der Text ohne eine scharfe Trennlinie von einer Evokation zur nächsten: Aus der „pianola" wird ein „organetto", das zum Leierkasten des Zigeuners aus der Kindheit führt; die Erinnerung an den damaligen Klang wird gestört vom gegenwärtigen Klang der unermüdlich und unbarmherzig tickenden Penduhr, die an die ablaufende Lebensuhr erinnert und von der das Ich zurückkehrt zum weiterreisenden und anderswo weiterspielenden Zigeuner: Traum, Träumerei, vage und messerscharfe Gedanken lösen einander in diesem Text immer wieder bruchlos ab, so dass oft allenfalls im Nachhinein zu erschließen ist, in welchem Bewusstseinszustand sich der monologisierende Tristano gerade befindet, etwa wenn er zwischen Traum und Erinnerung in der Bitte, „Non mi dire che è un'allucinazione sonora, sii comprensivo", seinen momentanen Zustand und seinen bevorstehenden Tod fokussiert, an den er gerade nicht erinnert werden will. Wie das Erzählen zwischen unterschiedlichen Zeiten und Welten hin- und herspringt, ist auch Tristano hin- und hergeworfen zwischen den verschiedenen Bewusstseinszuständen, oft ohne mehr zu wissen, wo die Grenzen sind: „... Devo aver fatto un sogno, ho sognato di Tristano ... o forse era il ricordo di un sogno ... o forse il sogno di un ricordo ... o forse tutti e due ... Ah, scrittore, che rebus ..." (*Tm*, 122). Unter der Wirkung der Medikamente mischt sich die Erinnerung des Todkranken, der von sich in der dritten Person spricht, mit seinen Träumen und mit seiner Gegenwart.[20]

Ebenso unvermittelt, wie Tristano aus der halluzinierten Welt in seine Gegenwart geworfen wird, verlässt er diese sogleich wieder, wird er von der Traumwelt aufgesogen, als erlebe er sie von neuem, bis er irgendwann tatsächlich einschläft und diese Art des Träumens aufhört.[21] Obwohl dem Ich im Wachzustand bewusst ist, dass es keinen Einfluss auf diese in ihm entstehenden, teilweise von den Medikamenten hervorgerufenen Welten hat, errichtet es keine ‚dicken Grenzen' zwischen ihnen und sich – „anche il mio delirio sono io" (*Tm*, 50) –, weil nicht die Seele in den Träumen wohnt und der kranke Körper ein anderes oder ein anderer ist, weil vielmehr „una vita", wie sie Tristano dem „scrittore" und der Untertitel des Romans dem Leser versprochen haben, aus beidem besteht:

> Diceva Ferruccio che i sogni non si devono raccontare, perché è come dare l'anima. Gli ho sempre dato retta, ma con te non mi pare il caso, sei venuto per sentire una vita, hai fatto tanti chilometri, hai mollato tutto, ti meriti

---

[20] „È calato il crepuscolo all'improvviso, che strano, era l'alba nella valle di montagna, e all'improvviso è il crepuscolo, ma Tristano sorride alla donna che è uscita dal casale, il pugnale nelle sue mani è diventato un fiore di campo, lei gli fa cenno di entrare dalla porta del casale, vai, vai Tristano ... Tristano varca la porta e rientra nel sogno che stava sognando un attimo prima, dietro quella porta non ci sono le stanze di un casale rustico, ci sono persone che ballano in un salone [...]. Che incubo ... però questo non è un vero incubo, perché ora sono sveglio, dunque non ti stavo raccontando un sogno, ti stavo raccontando qualcosa ad occhi aperti, ogni tanto questo qualcosa mi lascia andare, come gli sono sfuggito ora, ma poi mi risucchia come se lo stessi vivendo davvero, guarda che non ti sto raccontando un incubo, ti sto raccontando una cosa viva, ci sono in mezzo, deve essere il miscuglio di tutti questi farmaci" (*Tm*, 125).

[21] „Scusa se ho smesso di raccontarti il sogno di Tristano ... è che era finito anche per me, si è interrotto a un certo punto con un tizio che cavalcava un somaro, mi pare, e di colpo mi sono addormentato davvero, dev'essere finito l'effetto dei farmaci e così è finita l'allucinazione" (*Tm*, 127).

anche i sogni ... ti volevo raccontare di una spiaggia, non so se l'ho sognata poco fa o se la sognai nel corso degli anni, ma questo ha un'importanza relativa [...]. (*Tm*, 31)

Träume erscheinen hier nicht als ein vom restlichen Leben oder von der Wachwelt Abzutrennendes, sondern als Art und Weise, gerade die eigene Welt zu erleben, wie Foucault in seiner Einleitung zu Binswangers Aufsatz *Traum und Existenz* schreibt: „Rêver n'est pas une autre façon de faire l'expérience d'un autre monde, c'est pour le sujet qui rêve la manière radicale de faire l'expérience de son monde."[22] Wie der Text die Grenzen nicht nur zwischen naher und ferner Vergangenheit – „se l'ho sognata [...] o se la sognai" –, sondern ebenso zwischen fokussierten und vagen Wachgedanken, freien Assoziationen, Phantasien und Träumen immer wieder überschreitet, wird auch der Traum nicht als grundsätzlich anderes gewertet,[23] erscheint das Träumen vielmehr – wie bei Foucault – als Grundlage allen Imaginierens: „[...] c'est au rêve que renvoie implicitement tout acte d'imagination. Le rêve n'est pas une modalité de l'imagination, il en est la condition première de possibilité"; Imaginieren bedeute nicht, sich in die Welt des anderen zu versetzen, sondern „devenir ce monde où il est",[24] so wie das Ich in seinen Träumen, seinen Halluzinationen, seinem Delirium jeweils wieder Tristano wird, jener andere, der er – für sich oder für die anderen – war. Über die im Wachen gesetzten Grenzen hinweg wird das Träumen zu einem Weg, „una vita" zu erzählen, auch wenn deren Anfang nicht an einem Punkt festzumachen ist:

...Vorrei cercare di cominciare dal principio, ammesso che il principio esista, perché ... dove comincia la storia di una vita, voglio dire, come fai a scegliere? La si può far cominciare con un fatto, è vero, e io devo scegliere un fatto, soprattutto un fatto che interessi quella vita di me che sei venuto a scrivere. Perciò sceglierò un fatto. Ma un fatto comincia con un fatto? Scusami, sono confuso, non so spiegarmi bene ... voglio dire, uno fa una cosa, e quella cosa che fa determina il corso della sua vita, ma quell'azione che compie è difficile che nasca come per miracolo, era già dentro di lui, e chissà come era cominciata ... Magari un ricordo d'infanzia, un volto visto per caso, un sogno fatto tanto tempo prima e che credevi di avere dimenticato, ed ecco che un giorno avviene il fatto, ma l'origine ... vai a sapere ... (*Tm*, 12)

Nicht der Weg über die vermeintlich unbestreitbaren Fakten führt zu jener ‚vita', die das Ich dem Schriftsteller erzählen will, um das in dessen Roman entworfene Heldenbild zu relativieren und zu korrigieren. Nur indem das Ich sich mit allen gewussten, erinnerten, phantasierten, geträumten Facetten imaginiert, kann es – für sich und für den anderen – sich dem unerreichbaren Anfang annähern:

---

22 Foucault: „Introduction", S. 100.
23 „[N]on buttare via niente, ci sta tutto nella vita, specialmente nella vita degli eroi, anche gli incubi" (*Tm*, 36).
24 Foucault: „Introduction", S. 110f.

> À travers ce qu'elle imagine, la conscience vise donc le mouvement originaire qui se dévoile dans le rêve. Rêver n'est donc pas une façon singulièrement forte et vive d'imaginer. Imaginer au contraire, c'est se viser soi-même dans le moment du rêve; c'est se rêver rêvant.[25]

Es ist dieses existentielle oder auch anthropologische Verständnis des Traums, das Tabucchis Werk insgesamt und insbesondere *Tristano muore* prägt und das statt der Bedeutung individueller Träume und Halluzinationen, statt der scharfen Grenze zwischen ihnen und der anderen ‚Wirklichkeit' die Rolle des Träumens für die menschliche Existenz in den Mittelpunkt stellt. Der Traum ist, wie Foucault schreibt und Tristano weiß, nicht die Wahrheit der Geschichte, sondern eben Traum, aber als solcher,

> [...] en faisant surgir ce qui dans l'existence est le plus irréductible à l'histoire il montre le mieux le sens qu'elle peut prendre pour une liberté qui n'a pas encore atteint, dans une expression objective, le moment de son universalité. C'est pourquoi le primat du rêve est absolu pour la connaissance anthropologique de l'homme concret.[26]

Auf diesem seinerseits unabschließbaren Weg zur „connaissance anthropologique de l'homme concret" dient die Literatur, jener „sogno che sai di sognare", jenes „se rêver rêvant", wie Tabucchi in dem bereits zitierten Interview formuliert, als „spazio onirico molto privilegiato [...] per esprimere quello che i nostri sogni non riescono ad esprimere" (*Dvr*, 28). Die Frage danach jedoch, wie die „sogni antropologici" oder der „sogno collettivo" (*Dvr*, 29) erzählt werden können, ist, wie die Heterogenität allein der Texte Tabucchis vorführt, weder einfach noch ein für allemal zu beantworten.

2. Logiken im Widerstreit

Üblicherweise wird dort, wo vom Traum in der Literatur gesprochen wird, die Verweigerung vertrauter Ordnungs- und Erzählmuster hervorgehoben, die Sprung- und Lückenhaftigkeit ebenso wie das scheinbar fehlende logische Ende, mithin jene Phänomene, die Tabucchis Tristano, wie zitiert, in moderner Literatur, die nicht mehr einem ‚filo' zu folgen vermöge, feststellt und die die Kritiker dieser Literatur allzu rasch mit dem Passepartout-Etikett ‚opera aperta' belegten. Die offensichtliche oder scheinbare Unlogik von Texten gilt geradezu als Indiz von Traumartigkeit, wie sie seit der Antike, seit Aristoteles' Traum-Definition, über die frühe Neuzeit und Descartes bis zur Aufklärung begriffen und definiert wurde, indem dem Traum als Gegensatz zum Wachzustand die Sinnhaftigkeit und die Orientierung an der lebensweltlichen Vernunft abgesprochen wurden.[27]

---

[25] Ebd., S. 112.
[26] Ebd., S. 118.
[27] Für einen historischen Überblick zu dieser Frage vgl. Gehring: *Traum und Wirklichkeit*.

Und auch dort, wo der Traum gerade gegen diese Tendenzen geschätzt, wo ihm ein Daseinsrecht und eine Aussagekraft verliehen werden, in der Romantik etwa oder im Surrealismus, geschieht dies vor besagtem Hintergrund: als Einspruch gegen die dominierende Ordnung, die dominierende Logik und die dominierende Vernunft. Wenn daher – bis heute – von einer Traumrhetorik, von Traumkunst oder Traumspiel mit Texten die Rede ist, so in aller Regel im Sinne eines Sich-Widersetzens dieser Texte gegen die herrschende Ordnung, Logik oder Vernunft, deren Macht damit freilich indirekt erneut bestätigt wird.

Eine solche Einschätzung entspricht nicht nur traditionellen Grenzziehungen zwischen Traum und Nicht-Traum; sie findet ihre Entsprechung zunächst auch in der Traumforschung, die, wie der bereits erwähnte Ernest Hartmann, das Funktionieren des Träumens im Unterschied zu dem des fokussierenden Wachdenkens beschreibt. Auch hier jedoch nimmt Hartmann nicht wie Aristoteles, Descartes und andere eine rigide Opposition an, im Gegenteil: Den Wachzustand mit fokussierender Wachaktivität gleichzusetzen, kommt für ihn einer Karikatur gleich; auch bei den Funktionsmodi ist von einem Kontinuum auszugehen, und vor allem sind die Verbindungen, die beim Träumen hergestellt werden, nicht einfach zufällige; sie sind allgemeinerer Natur als jene im Wachzustand.[28]

Die Assoziation Traum gleich Unlogik oder Irrationalität greift folglich zu kurz; viele der Beispiele, die Hartmann anführt, sprechen klar für seine Thesen, die, ebenso wie diejenigen Foucaults, wenngleich aus einer anderen Richtung kommend, den Freud'schen Ansatz als zwar wichtig, aber eindimensional und reduktiv entlarven.[29] Gewiss heben Tabucchis Texte oft selbst ihre ‚Inkongru-

---

[28] Vgl. Hartmann: „Träumen kontextualisiert Emotionen", S. 140. Eben die Annahme eines Kontinuums von Wachzustand, Rêverie, Tagtraum und Träumen unterscheidet Hartmanns Traumtheorie sowohl von der Freuds als auch von der der von ihm so genannten Biologisten, wobei allerdings nur letztere dem Traum, der für sie ein grundsätzlich zufälliges Aktivitätsmuster ist, jede Bedeutsamkeit absprechen, Freud hingegen nur dem manifesten, nicht übersetzten oder interpretierten Trauminhalt. Für Freud wie für die Biologisten aber seien die Träume entweder schlicht irrational oder psychotische mentale Produkte, was Hartmann ablehnt, der noch den vergessenen Träumen Funktionalität zuschreibt (vgl. S. 154).

[29] „L'analyse anthropologique d'un rêve découvre plus de couches significatives que ne l'implique la méthode freudienne. La psychanalyse n'explore qu'une dimension de l'univers onirique, celle du vocabulaire symbolique, tout au long de laquelle se fait la transmutation d'un passé déterminant à un présent qui le symbolise; le polysémantisme du symbole souvent défini par Freud comme ‚surdétermination' complique sans doute ce schéma et lui donne une richesse qui en atténue l'arbitraire. Mais la pluralité des significations symboliques ne fait pas surgir un nouvel axe de significations indépendantes." Zwar habe auch Freud die Grenzen seiner Analyse erkannt und die Notwendigkeit gesehen, diese zu überwinden. Doch bleibe das Subjekt des Traums für ihn immer eine „moindre subjectivité", nicht wie beispielsweise bei Binswanger „le fondement de toutes les significations éventuelles du rêve, et, dans cette mesure, il n'est pas la réédition d'une forme antérieure ou

enz', ihre Nichtübereinstimmung mit vertrauten Mustern oder mit den Erwartungen der Leser hervor: explizit etwa in den bereits zitierten „percorsi incongrui" von *Notturno indiano*, die implizit ‚kongruente' „percorsi" voraussetzen; analog spricht Tabucchi in *Autobiografie altrui*, bezogen auf den Traum von seinem Vater und von der offenbar absurden Frage, die der Vater ihm gestellt habe, von der „incongrua logica dei sogni" (*Aa*, 27). In dieser Logik aber war ihm die sonst absurde Frage völlig plausibel erschienen, so wie auch Tristano weniger über die Unlogik als über die „strana logica dei sogni", die „logica implacabile dei sogni" nachdenkt.[30]

Zumindest für Leser des 20. und 21. Jahrhunderts, Leser, die auch nur in Ansätzen die Konzepte der Traumarbeit und die Auswirkung traumatischer Ereignisse kennen, ist das, was hier erzählt wird, nicht unlogisch, sondern allenfalls „incongruo". Vorherrschend in dieser unerbittlichen Traumlogik ist nicht so sehr die Nichtübereinstimmung mit dem Bekannten, die Widersprüchlichkeit, als vielmehr das Sich-nicht-entziehen-Können, Der-Situation-nicht-entkommen-Können, mit anderen Worten, das im Wachzustand oft unverständliche „ubbid[ire alla] logica implacabile dei sogni", in der etwas ist, wie es ist, fraglos und ohne Alternative. So stellt das geträumte Ich zwar möglicherweise wie Tristano hier die Inkongruenz mit der Erwartung fest; es nimmt sie aber einfach hin in jener „sorpresa senza sorpresa dei sogni" (*Tm*, 125), die nicht nur die Figur dieses Romans kennt, sondern etwa auch das erzählende Ich in *Rebus*, das vom „stupore senza sorpresa dei sogni" spricht (*Pe*, 29), oder das den Traum von seinem Vater berichtende Ich in *Autobiografie altrui*: „[...] io 'sapevo', come si sanno le cose nei sogni, senza bisogno di spiegazioni" (*Aa*, 28).

Wie schon dort, wo das Ich von dem Gespräch Tristanos mit „il dottor Ziegler" berichtet und wo die lange vergessenen Bilder der Erinnerung wie in

---

d'une étape archaïque de la personnalité, il se manifeste comme le devenir et la totalité de l'existence elle-même." (Foucault: „Introduction", S. 96–98).

[30] Etwa dort, wo er dem ‚scrittore' von einer Traumerinnerung erzählt und feststellen muß, dass, entgegen seiner spontanen Annahme, die Perspektive, aus der er erzählt, nicht einfach seine, die des erzählenden Ich, ist, aber auch nicht die des erzählten Er, Tristanos: „A pensarci bene il punto di vista appartiene al sogno, nel senso che il punto di vista è il suo, non è né mio né di Tristano, perché ai sogni non si comanda, come al cuore, bisogna viverli come vogliono loro, e questo sogno voleva che io sognassi Tristano, e me lo fece sognare così, Tristano è appiattito fra i cespugli [...], e intorno a Tristano c'è una sterpaglia fitta e continua che si estende fino al bosco e alle pendici della montagna. [...] Tum, tum, tum, fa il cuore di Tristano, e a lui pare di sentirlo rimbombare lungo i versanti della valle ... [...] e a Tristano gli pare che gli restituiscano l'eco ingigantita dei battiti del suo cuore, tum, tum, tum ... e nella strana logica dei sogni, che però è così vera, Tristano vede che il traditore, che la pallottola del suo mitra sta aspettando, si affaccia sulla porta e sorridendo gli fa cenno di entrare. E Tristano, ubbidendo alla logica implacabile dei sogni, si alza e gli va incontro ... e solo mentre attraversa lo spiazzo si accorge che il traditore non è il bidello della scuola di paese, ma ha il volto di una donna, e quella donna lui la conosce, anche se indossa un'uniforme tedesca e si è fatta un ciuffo sulla fronte per imitare un uomo spavaldo ..." (*Tm*, 123).

einem auf eine Wand projizierten Film vor Tristanos Augen ablaufen (vgl. *Tm*, 116f.), vergleicht das erzählende Ich auch hier die Traumsequenz, das von der polysyndetischen Fügung unterstrichene Aufeinanderfolgen der Bilder und ihre Bearbeitung mit filmischen Techniken:

> Tristano vorrebbe urlare, estrae il pugnale dalla fondina e lo brandisce in alto, e il suo braccio disegna un circolo nell'aria per pugnalare quel traditore travestito, il gesto procede al rallentatore, come nei film, perché in quel momento la pellicola del sogno di Tristano sta passando al rallentatore, ed è un gesto lento, lentissimo, si muove nell'aria centimetro dopo centimetro, dolcemente, con una graziosa traiettoria, c'è come della tenerezza, quasi una danza graziosa in quella lama impugnata da una mano che squarcerà i polmoni del traditore dandogli la morte che si merita, ma la mano di Tristano, nella logica dei sogni, allorché piomba sulle spalle del traditore per trafiggerlo, lascia cadere il pugnale, si posa dolcemente sulle spalle di Rosamunda e la cinge in un abbraccio, perché i sogni sono così, scrittore, ti portano dove vogliono loro, e lui comincia a ballare con lei, quello spiazzo inospitale di montagna è diventato un salotto inondato di musica [...]. (*Tm*, 123f.)

Nicht nur die Zeitlupe evoziert den Film, sondern vor allem auch die im Traum sich vollziehende Verschiebung und Verdichtung von Räumen und Figuren, durch die aus einer Figur oder einer Szene bruchlos eine andere werden kann und die der auch im Film oft für das Gleiten in erinnerte oder phantasierte Welten eingesetzten Technik der Überblendung entspricht. Die Analogie macht deutlich, dass die Logik nicht lediglich fehlt oder auf den Kopf gestellt erscheint, dass sie aber dennoch eine andere ist als die vorausgesetzte: eine andere als etwa die konventionell erzählter Romane, die offensichtlich nach wie vor die Erwartungshaltung vieler Leser prägt, wenn sie, wie beispielsweise Michela Meschini in ihrer Analyse der Erzählung *Il gioco del rovescio*, von „the illogical rules of the unconscious" sprechen, um das Vorgehen der Texte zu charakterisieren.[31] Selbst über das in der ‚Nota' als Traum bezeichnete *Requiem* schreibt Tabucchi nicht, die Folge der Kapitel oder das in ihnen Erzählte sei unlogisch; vielmehr unterscheidet er die hier gefundene narrative Logik von einer „narrazione romanzesca",[32] die immer noch, nach Proust, Joyce und Woolf, nach Oulipo, Nouveau Roman und vielen anderen Experimenten, gleichgesetzt wird mit der von Hartmann als serieller Funktionsmodus bezeichneten „Reihenfolge von Gedanken und Bildern",[33] der „logica implacabile" (*Tm*, 123) eines eindimensionalen Denkens der Zeit wie der kausalen und anderen Bezüge zwischen den einzelnen Ele-

---

[31] Michela Meschini: „Rewriting *Las Meninas*: Imagery and Textuality in Antonio Tabucchi's *Il gioco del rovescio*", in: *Images and Imagery. Frames, Borders, Limits: Interdisciplinary Perspectives*, hg. v. Leslie Boldt-Irons, Corrado Federici und Ernesto Virgulti. New York: Peter Lang, 2005, S. 213–223, hier: S. 216.

[32] „Tentavo forse di dare una certa logica narrativa ad un testo che si sottraeva alla narrazione romanzesca e per il quale avrei poi adottato il sottotitolo ‚Un'allucinazione'" (*Aa*, 37).

[33] Hartmann: „Träumen kontextualisiert Emotionen", S. 141.

menten. Was im Film offenbar seit langem fraglos akzeptiert wird, weil er dank seiner technischen Möglichkeiten in anderer Weise als das Buch überblenden, dehnen, raffen, vorwärts und rückwärts laufen kann, provoziert in Erzähltexten noch immer das Urteil der Unlogik und bedarf der Rechtfertigung, des Zurechtrückens durch den Bezug auf eine orthodoxe Logik.

Dass aber auch diese implizit oder explizit vorausgesetzte Logik der unerbittlichen, von Zeit- und Kausalitätsgesetzen diktierten Reihenfolge keineswegs die des gelebten Lebens ist, sondern nur die der gewohnten „narrazione romanzesca" oder die des „fokussierten Wachgedankens" als eines Bruchteils des von jedem gelebten Lebens, ist ein weiterer Aspekt, den *Tristano muore* integriert und reflektiert: nicht nur dort, wo das Ich sein Sprechen vom Schreiben der „scrittori" unterscheidet und die Erklärung „un salto ... un vuoto" als zu billige Entschuldigung für den schlicht verlorenen Faden verwirft (vgl. *Tm*, 96), sondern etwa auch in der Kritik an der seinerzeit vom Schriftsteller verfassten Romanbiographie des Helden Tristano, in der alles „così realistico che sembrava falso" war (*Tm*, 18), und vor allem in der Frage, wie der Schriftsteller das Leben verstehe: „Sei venuto fin qui per sapere i perché della vita di Tristano. Ma nella vita non ci sono perché, non te l'hanno mai detto?... perché scrivi? O tu sei di quelli che cercano i perché, che vogliono mettere tutte le cose al loro posto?..." (*Tm*, 45).

Die schöne Ordnung von Davor und Danach, von Oben und Unten entspricht nicht dem Leben, wie Tristano es gelebt und erlebt hat: „La vita non è in ordine alfabetico vome credete voi. Appare ... un po' qua e un po' là, come meglio crede, sono briciole, il problema è raccoglierle dopo" (*Tm*, 49), eben weil das Leben eher einem Haufen Sandkörner entspricht, bei dem niemand weiß, welches Körnchen den Haufen zusammenhält, bei dem manchmal das Entfernen eines für unbedeutend gehaltenen Körnchens das schöne Ganze einstürzen lässt. Auf der Suche nach dem „benedetto granello che teneva tutto insieme" wird aus dem Sandhaufen bis zum Ende des Lebens „un tracciato strano, un disegno senza logica e senza costrutto" (ebd.), das keinen anderen Sinn hatte als eben dieses Gekritzel „senza logica e senza costrutto".

Was auf einen ersten Blick oder im Vertrauen auf eine gewohnte Logik – eben die der Romane beispielsweise – wie unlogisch oder ‚traumartig' anmutet, wie im Halbschlaf geäußerte „discorsi senza costrutto",[34] gehorcht vielleicht nur einer anderen als dieser gewohnten Logik – so wie auch Lewis Carroll, auf dessen „emicranie spaventose" Tristanos Kopfschmerzen verweisen, in *Alice in Wonder-*

---

[34] „Mio padre amava tanto New York e morì prima di andarci ... Anch'io avrei tanto voluto andare a New York, ma non ci sono mai stato, non c'è mai stata occasione. Tu la conosci, New York? Che domanda, chi non è stato a New York, oggigiorno, e poi nel vostro ambiente ... Sai, mi piacerebbe proprio prendere quell'aereo che ti dicevo, una sera o l'altra, quasi quasi ... Scusa, di cosa stavo parlando, temo di essere saltato di palo in frasca, forse mi stavo addormentando, uno parla nel dormiveglia e gli vengono fuori discorsi senza costrutto" (*Tm*, 41).

land die optischen Effekte dieser Kopfschmerzen mit stringenter oder geradezu mathematischer Logik erzählt habe, „anche se a noi pare una logica fantastica" (*Tm*, 120). Die merkwürdig erscheinende Logik ist möglicherweise die, die dem Leben eher entspricht als ein „neorealismo di maniera" (*Tm*, 102), wenn „tutto succede per caso nella vita" und wenn vielleicht sogar der vermeintlich freie Wille nichts anderes als ein Zufallsprodukt ist, wie nicht nur manche Hirnforscher propagieren, sondern auch Tristano sich gelegentlich fragt: „[...] a volte penso che perfino il libero arbitrio sia un prodotto del caso" (*Tm*, 28). Nicht einmal die materielle Welt lässt sich mit den Formeln erklären, die die diversen Disziplinen dafür bereitstellen; Wissenschaftler wie Schriftsteller bleiben die Erklärung der Welt schuldig:

> Chi conosce la malizia della materia? Gli scienziati? Voi scrittori? Potete conoscere i meccanismi delle cose, ma il loro segreto non lo conosce nessuno. Sai, fra le cose che sono c'è un'intesa che non conosciamo, è una logica diversa ... La forza di gravità non obbedisce a quello che pensiamo, e neppure le combinazioni chimiche che ci hanno fatto studiare a scuola, dove una molecola di ossigeno si lega a due molecole di idrogeno per fare quel liquido che chiamiamo acqua ... Bisognerebbe conoscere la tattica dell'universo, perché l'universo ha una sua tattica, ma sfugge ai laboratori ... Il binomio di Newton è una grande cosa, ma le matematiche hanno altre profondità, altri misteri. Filosofeggio? [...] Voi filosofeggiate sempre, tutti voi intelligentoni, ci spiegate il mondo, tutti ti vogliono spiegare il mondo ... Una rosa è una rosa è una rosa. Niente affatto. (*Tm*, 15f.)

Nicht die Träume sind unlogisch, und logisch ist die Welt: Auch hier funktioniert die binäre Logik von Schwarz und Weiß nicht, der Tristano in früheren Zeiten anhing. Am Ende seines Lebens und auf der Schwelle des Todes erscheint ihm der Glaube, in Büchern die Welt erklären zu können oder erklärt zu bekommen, naiv:

> Sono ritornato qui per andarmene, dove sono nato, per sentire le mie cicale, quelle che ascoltavo da bambino in certi pomeriggi estivi in cui mi mandavano a fare la siesta e io mi intrattenevo con le cicale, e leggevo i libri che mi avrebbero spiegato il mondo, come se il mondo si potesse spiegare nei libri ... Sogni ... (*Tm*, 17f.)

Ein Kinderglaube also, oder bloßer Traum. Traum wäre demnach gerade nicht das Unstimmige, Unlogische, Brüchige, nicht das Merkwürdige, sondern vielmehr das Vertrauen, eine Lösung, eine Erklärung zu finden, wie schon lange vor *Tristano muore* der Ich-Erzähler in *Rebus* wusste:

> A volte una soluzione sembra plausibile solo in questo modo: sognando. Forse perché la ragione è pavida, non riesce a riempire i vuoti fra le cose, a stabilire la completezza, che è una forma di semplicità, preferisce una complicazione piena di buchi, e allora la volontà affida la soluzione al sogno. (*Pe*, 29)

Nur im Rauschzustand, im Traum oder in der Literatur, den „storie altrui", gelingt es, dank der „incongrua logica dei sogni", die nicht mit dem Unerklärlichen, den Brüchen und der Leere des ‚wirklichen Lebens' übereinstimmt, die Zusammenhänge zwischen den Dingen zu erkennen, jene sonst unverständlichen „intesa fra le cose" zu verstehen:

> Sa, a volte, quando si è bevuto un po', la realtà si semplifica, si saltano i vuoti fra le cose, tutto sembra combaciare e uno si dice: ci sono. Come nei sogni. Ma a lei perché interessano le storie altrui? Anche lei deve essere incapace a riempire i vuoti fra le cose. Non le sono sufficienti i suoi propri sogni? (Pe, 46),

fragt der Erzähler von *Rebus* am Ende seinen Zuhörer und mit ihm zugleich den Leser, so wie Tristano den „scrittore": „perché scrivi?" Paradoxerweise – und entgegen der Mehrzahl der Lektüren ‚traumartiger' Literatur – bedeutet Lesen oder Träumen nicht, sich dem Absurden, einem „disegno senza logica e senza costrutto" hinzugeben, sondern genau umgekehrt, wie bereits der eingangs erwähnte Titel des Aufsatzes von Lepschy suggeriert: Es bedeutet gerade ein „filling the gaps" mit Hilfe von Traum und Literatur, so wie auch Hartmann in seinen Forschungen zum Traum zu dem Ergebnis kommt, dass nicht etwa der Traum unlogisch ist, die im Traum hergestellten Verknüpfungen zufällig oder wirr sind oder gar ganz fehlen. Vielmehr – hier sind Traumwissen und Poetik aufs engste verflochten – stellt der Traum im Unterschied zum Wachzustand weiterreichende Verbindungen her:

> Das Wachdenken tendiert dazu – und hier spreche ich von fokussiertem Wachdenken, also von der Sorte Gedanken, die dem Träumen am entferntesten sind – in einer Art festgelegtem „Gleis" zu verbleiben, während die Traumgedanken dazu neigen, frei zu wandern und zu kombinieren. [...] Somit schafft Träumen lockerere oder eher generische Verbindungen. Darüber hinaus glaube ich, daß Träumen in den weniger „eng gewobenen" Teilen des Netzes Verbindungen herstellt.[35]

Wie ‚Poesie und Wissen' demnach gleichsam Hand in Hand gehen, sind sich analog auch der Traumforscher und die Romanfigur einig: „anche i sogni non sono innocenti" (*Tm*, 125).

3. „In dreams begins responsibility"

Mit dem Satz „Mit Träumen beginnt Verantwortung" endet der referierte Aufsatz von Hartmann: Er stellt den letzten Punkt in der Tabelle dar, in der der Autor zusammenfassend seine Sichtweise des Traums derjenigen Freuds wie

---

[35] Hartmann: „Träumen kontextualisiert Emotionen", S. 135f.

auch der der biologistisch argumentierenden Neurophysiologen gegenübergestellt, die beide diese Thesen verneinen, während Hartmann als Einziger sie bejaht.[36]

Nicht ganz als Einziger freilich: Auch Tristano formuliert kurz vor ‚seinem' Ende bzw. dem Ende des Romans den Satz „In dreams begins responsability [sic]" (*Tm*, 152) und zitiert damit, ebenso wie Hartmann, William Butler Yeats, der seiner Gedichtsammlung *Responsibilities* von 1914 eben diesen, angeblich aus einem „old play" stammenden Satz als Motto voranstellt. Da das „old play" bisher nirgends entdeckt werden konnte, vielmehr vermutet wird, der Satz stamme womöglich von Yeats selbst,[37] steht wohl nichts der Annahme entgegen, das ‚alte Spiel' sei – wie auch bei Beckett – nichts anderes als das Spiel des Lebens, um das auch *Tristano muore*, *Rebus* und viele, wenn nicht alle weiteren Texte Tabucchis kreisen. Und so wie Hartmann die lockereren, aber weiterreichenden Verbindungen, die er als „erklärende Metaphern"[38] bezeichnet, am Beispiel von Auto und persönlicher Beziehung deutlich macht, versucht auch der Erzähler von *Rebus* den abstrakten Begriff Leben im Bild des Autos zu veranschaulichen, als wolle er die abstrakte Traumtheorie – oder auch die Nähe von Traum und Literatur – illustrieren, zugleich aber die Vorstellungen von Leben, Traum und Logik, wie sie im vorigen Teil ausgeführt wurden, seinerseits durch ein Bild bekräftigen:

> [...] la vita è un ingranaggio, una rotella qua, una pompa là, e poi c'è una cinghia di trasmissione che collega tutto e trasforma l'energia in movimento, proprio come nella vita, un giorno mi piacerebbe capire come funziona la cinghia di trasmissione che lega tutti i pezzi della mia vita, il concetto è lo stesso, bisognerebbe aprire il cofano e stare lì a studiare il motore che ronza, collegare tutto, tutti gli istanti, le persone, le cose, dire: questo è il

---

[36] Vgl. ebd., S. 154 sowie ausführlicher das letzte Kapitel, „Dreams, Myth, Religion, and Culture" in: Ernest Hartmann: *Dreams and Nightmares. The New Theory on the Origin and Meaning of Dreams*. Cambridge, Mass.: Perseus Books, 1998, S. 231–249.

[37] Vgl. die Anmerkung in der kritischen Ausgabe der Werke: „The 'Old Play' Yeats claims as the source has not yet been identified. Perhaps he wrote the line himself." (William Butler Yeats: *The Major Works*. Kritische Edition, hg. v. Edward Larrissy. Oxford: Oxford University Press, 1997, S. 494).

[38] „In einem sehr allgemeinen Sinn kann bereits das Bemerken von Ähnlichkeiten als eine Metapher betrachtet werden. Viele der ‚Verknüpfungen' oder das Zusammenbringen von ähnlichen Netzwerken, wie es während des Träumens (Verdichtung) geschieht, könnten einfach als Metapher betrachtet werden. [...] Ich glaube jedoch, dass Träumen Metapher in einem spezifischeren Sinne ist. Obwohl in der Theorie oder in einigen Gedichten Metaphern viele verschiedene Formen annehmen können, ist die Metaphernart, die wir am häufigsten in der Sprache und im Denken benutzen, eine, welche ich als erklärende Metapher bezeichnen würde. Die Metapher wird dazu verwendet, etwas zu erklären: ein ‚erster Begriff' (wie z.B. Leben, Liebe, Tod, Eifersucht), der recht abstrakt oder problematisch sein kann, wird durch einen ‚zweiten Begriff' (wie z.B. eine Pflanze, eine Reise, eine Abreise, ein grünäugiges Monster) erklärt, der einfacher und leichter bildhaft vorstellbar ist. Genau in diesem Sinne sind Träume meines Erachtens erklärende Metaphern. Der Traum stellt metaphorisch den Gesamtzustand des Bewußtseins des Träumers (oder zumindest Teile davon) bildlich dar, besonders aber den emotionalen Zustand." (Hartmann: „Träumen kontextualisiert Emotionen", S. 144f.).

> vano motore, erano i miei giorni di allora, questo è Albert, fu il motorino di avviamento, questo ero io, i pistoni con la camera da scoppio [...], ma quale sarà stata la cinghia di trasmissione? Non quella immediata, quella fu una Bugatti Royale, così dissi a Albert; ma quella vera, occulta, che unisce tutti i pezzi, che fa muovere una macchina in quel preciso modo come si mosse, col suo ritmo, le sue pulsazioni, il suo slancio, la sua velocità e il suo arresto. *(Pe, 34f.)*[39]

Die Frage, die sich der Erzähler hier stellt, ist, liest man die Metapher rückwärts, selbstverständlich wieder die nach der verborgenen Logik im Ganzen, nach dem Zusammenhang, der alle Augenblicke, Menschen, Dinge eines Lebens verbindet und dieses Leben in Bewegung versetzt, dessen Logik so oft nicht anders als traumartig bezeichnet werden kann. Nur mit den ‚erklärenden Metaphern' des Traums oder aber mit der der Literatur eigenen Bildlichkeit lassen sich die Verknüpfungen herstellen, „si saltano i vuoti fra le cose" *(Pe, 46)*, weil die ‚Vernunft' „pavida" *(Pe, 29)* ist, zu sehr an der seriellen Denkweise klebt und daher die Verbindungen nicht sieht, die der Traum, wie Hartmann zeigt, herzustellen wagt. Eben in dieser Hinsicht lässt sich der Satz von der in oder mit den Träumen beginnenden Verantwortung verstehen, der mehrfach in *Tristano muore* vorkommt, sowohl ins Italienische übersetzt als auch einmal im englischen Original: Wenn stimmt, dass der Traum die weiterreichenden, allgemeineren Verbindungen schafft, tut der Wille gut daran, gelegentlich die Lösung dem Traum anzuvertrauen, wie es in *Rebus* heißt. Eben dies unternehmen im Roman Tristano und Daphne gegen Adornos berühmtes Diktum und gegen eine existentialistische „prigione dell'esistenza", auf die der Text anspielt und gegen die er mit seinen an René Chars *Feuillets d'Hypnos*[40] gemahnenden „Fogli di Hypnos" Einspruch erhebt, weil die Verantwortung in den Träumen beginnt und die Lösungen der Träume weiter reichen als die menschliche Hand:

> Come al solito sono andato fuori tema, oggi mi ero ripromesso di parlarti dei nostri Fogli di Hypnos, credo che senza mai esserselo detto cominciammo a farli per rispondere a quel pensatore che si chiedeva se era ancora possibile scrivere poesia, dopo l'indicibile che era successo. Non era solo possibile, forse era l'unica cosa sensata che potessimo fare, perché quando il mostro è stato vinto e ai vincitori del mostro non credi più, non resta altro che credere ai propri sogni ... la responsabilità comincia nei sogni, ti dicevo, è la frase che mettemmo in epigrafe ai nostri volumetti, perché la nostra mano arriva solo dove finisce il braccio, ma il sogno va molto più lontano ... è una protesi, supera la prigione dell'esistenza. *(Tm, 109)*

---

[39] Vgl. die übrigen im ‚Bilderrätsel' *Rebus* gefundenen Bilder, Vergleiche und Metaphern, für das Leben: „La vita è un appuntamento [...]. Un appuntamento e un viaggio" *(Pe, 30)*; „[...] sa come è la vita, è come una tessitura, tutti i fili si intreccianο" *(Pe, 32)*; „[...] la vita è un dono che bisogna saper godere" *(Pe, 34)*.

[40] Vgl. René Char: *Feuillets d'Hypnos* [1983], in: ders.: *Œuvres complètes*, eingeleitet v. Jean Roudaut. Paris: Gallimard, 1995, S. 171–233.

In diesem Sinn dienen die Träume nicht nur dazu, sich ein anderes Selbst zu erträumen, wie Tabucchis Calipso, die in ihrem Brief an Odisseo nach dem Vorbild von Ariostos Alcina ihre Unsterblichkeit beklagt – „[...] io sono identica. E tutto. Tu, invece, vivi nel mutamento" – und aufgrund ihrer Liebe zu ihm ersehnt, wie er alt werden zu können, statt ewig den „vacuo terrore dell'eterno" erleben zu müssen: „[...] sogno un'altra me stessa, vecchia e canuta, e cadente; e sogno di sentire le forze che mi vengono meno, di sentirmi ogni giorno più vicina al Grande Circolo nel quale tutto rientra e gira" (*VBA*, 32f.). Auch Odysseus selbst träumt bei Tabucchi, und auch er in einem Brief, in der Erzählung *Esperidi. Sogno in forma di lettera*, mit dem er sich nicht ein anderes Selbst, sondern ein anderes Schicksal erträumt als jenes, das Dante und auf dessen Spuren Pascoli und Borges für ihn erträumten:

> [...] mentre, osservando il mare infinito, già stavo abbandonandomi allo sconforto che provoca il disinganno, una nube azzurra è calata su di me e mi ha rapito in un sogno: e io ho sognato che ti scrivevo questa lettera, e che io non ero il greco che salpò a cercare l'Occidente e non fece più ritorno, ma che lo stavo solo sognando. (*DPP*, 18)

Doch nicht nur Alternativen zum eigenen Ich oder zum eigenen Los können Träume entwerfen; sie können als „Fogli di Hypnos", als Literatur gegen die ängstliche Vernunft der Wirklichkeit anschreiben, auch wenn sie nur „povere supposizioni, pallide illusioni, implausibili protesi" sind (*Sds*, 13) und als solche, nicht als ‚Wirklichkeit' gelesen werden wollen. Die Literatur beginnt mit dem Erzählen des Traums eines anderen, sagt Tristano: „[...] è il principio della letteratura, raccontare il sogno di un altro" (*Tm*, 122); man könnte auch verstehen, das Prinzip der Literatur bestehe darin, den Traum eines anderen zu erzählen. Und was bleibt, sind eben derlei „Fogli di Hypnos",[41] denn „Verba manent", nicht hingegen die „azioni", die zu ihrer Zeit wichtig waren, aber geschehen sind und vergehen (vgl. *Tm*, 155).

Die Verantwortung, die in den Träumen beginnt und von der Tabucchis ‚Traumtexte' in ihren vielfältigen Variationen sprechen, wäre demnach ein Mut, der – anders als die „ragione [...] pavida" – nicht zuerst nach den Möglichkeiten der Realisierung fragt, mithin auch nicht, etwa im Sinne engagierter Literatur im traditionellen Verständnis, vom Seienden ausgeht, sondern, im Gegenteil, die

---

[41] So sagt die erinnerte oder geträumte Daphne zu Tristano, der die nicht realisierten „azioni" beklagt: „[...] erano idee belle, ma non facevano per te, non erano importanti, davvero, invece sono importanti i libri che abbiamo fatto, i nostri Fogli di Hypnos, quelli erano il tuo vero sogno, ora esistono, e resteranno" (*Tm*, 32f.). Auch in diesen Worten lassen sich Anspielungen auf Char, auf seine wiederholte Thematisierung und Infragestellung der „action" und auf seinen „Rückzug aus der politischen Öffentlichkeit nach Kriegsende, d[er] seine Enttäuschung über die Folgeentwicklung dokumentiert", lesen (vgl. Kurt Hahn: „Lyrische Historiographie und Trauerarbeit – René Chars *écriture du désastre*", in: *Romanistische Zeitschrift für Literaturgeschichte* 32 (2008), S. 375–392, hier: S. 378).

‚dicken Grenzen' des ‚Wirklichen', des vermeintlich Objektiven, Faktischen gerade überschreitet, um mit Foucault zu sprechen:

> En rompant avec cette objectivité qui fascine la conscience vigile et en restituant au sujet humain sa liberté radicale, le rêve dévoile paradoxalement le mouvement de la liberté vers le monde, le point originaire à partir duquel la liberté se fait monde. La cosmogonie du rêve, c'est l'origine de l'existence elle-même. [...]
>
> Dans cette mesure, l'expérience onirique ne peut pas être isolée de son contenu éthique. Non parce qu'elle dévoilerait des penchants secrets, des désirs inavouables et qu'elle soulèverait toute la nuée des instincts, non parce qu'elle pourrait, comme le Dieu de Kant, «sonder les reins et les cœurs»; mais parce qu'elle restitue dans son sens authentique le mouvement de la liberté, qu'elle manifeste de quelle manière elle se fonde ou s'aliène, de quelle manière elle se constitue comme responsabilité radicale dans le monde, ou dont elle s'oublie et s'abandonne à la chute dans la causalité. Le rêve, c'est le dévoilement absolu du contenu éthique, le cœur mis à nu.[42]

Träume wären demnach alles andere als bloße Illusion; sie sind Teil und Voraussetzung des Imaginären, wie einer der Briefschreiber in *Si sta facendo sempre più tardi*, die sich mit ihren Briefen eine letzte, unmögliche Begegnung erträumen, schreibt und in diesem Kontext die Imaginationen Don Quijotes von den Illusionen Emma Bovarys unterscheidet, die genau gegensätzlich gehandelt habe wie dieser: „erano cose reali e le parevano aria, e non il contrario" (*Ssf*, 140). Diese vor sich und dem anderen errichtete Illusion ist verantwortungslos, während das Träumen mit aller Konsequenz, so wie Don Quijote sich zum Ritter und in seine Ritterwelt träumt, Welt schafft und damit „un'importante attività sociale" (*Aa*, 27) vollbringt. In diesem Sinne, als „attività", begnügt sich der Traum auch nicht damit, ‚Bild für' etwas zu sein, kristallisierte „image", die ein Abwesendes ersetzte, die Substitut oder Analogon der Wirklichkeit wäre,[43] so wie auch alle Dichtung Imagination statt festgestellte „image" sein, mithin beim Traum in die Lehre gehen muss:

> Toute imagination, pour être authentique, doit réapprendre à rêver ; et l'«art poétique» n'a de sens que s'il enseigne à rompre la fascination des images, pour rouvrir à l'imagination son libre chemin, vers le rêve qui lui offre, comme vérité absolue, son «infracassable noyau de nuit».[44]

---

[42] Foucault: „Introduction", S. 90–92.
[43] Vgl. ebd., S. 114f. sowie: „Avoir une image, c'est donc renoncer à imaginer" (S. 115).
[44] Foucault: „Introduction", S. 118. Er zitiert hier bezeichnenderweise, wenngleich ohne es zu sagen, aus André Breton: „Introduction" [1933], in: Achim d'Arnim: *Contes bizarres*, eingeleitet v. André Breton, Vorwort v. Théophile Gautier, Übersetzung v. Théophile Gautier fils. Paris: Julliard, 1964, S. 7–31, hier: S. 30.

Traumpoetik und ‚Wirklichkeit' im Werk Tabucchis

Nur unter der Bedingung kann das Bild als „modalité d'expression" in die Literatur als „imagination" wieder Eingang finden, dass es, gleichsam geschult am Traum, nicht Verzicht auf die Imagination ist, sondern deren Vollendung:

> L'image n'est plus image *de* quelque chose, tout entière projetée vers une absence qu'elle remplace; elle est recueillie en soi-même et se donne comme la plénitude d'une présence; elle ne désigne plus quelque chose, elle s'adresse à quelqu'un.[45]

So verstanden dient nicht die ‚Wirklichkeit' als jener sichere Rahmen, der alle anderen Wirklichkeiten – etwa die der Träume – „als umgrenzte Sinnprovinzen, als Enklaven in der obersten Wirklichkeit" umschließt, so dass die „Wirklichkeitsgewißheit" an keiner Stelle gefährdet wird.[46] Vielmehr verdankt sich die Wirklichkeit, wie Cornelius Castoriadis die traditionelle Sichtweise umkehrt, allererst dem Imaginären bzw. ist die Annahme einer festen und unstrittigen Trennungslinie zwischen ‚Realem' und ‚Imaginärem' für ihn eine „affirmation qui ne mérite pas une seconde de discussion":[47]

> Ceux qui parlent d'«imaginaire» en entendant par là le «spéculaire», le reflet ou le «fictif», ne font que répéter, le plus souvent sans le savoir, l'affirmation qui les a à jamais enchaînés à un sous-sol quelconque de la fameuse caverne: il est nécessaire que (ce monde) soit image *de* quelque chose. L'imaginaire dont je parle n'est pas image *de*. Il est création incessante et essentiellement *indéterminée* (social-historique et psychique) de figures/formes/images, à partir desquelles seulement il peut être question *de* «quelque chose». Ce que nous appelons «réalité» et «rationalité» en sont des œuvres.[48]

Keine Wahrnehmung und kein Denken ist möglich ohne Vorstellungen, ohne „figures, schèmes, images, images de mots";[49] daher kann „la pensée héritée", die das Sein als „déterminité" und folglich „comme un, et [...] comme le même, et le même pour tous" auffasst, in der „représentation", der Vorstellung, nur „l'absence et le brouillage des schèmes sans lesquels elle ne peut exister" entdecken, so wie sie im Traum nur „des scories du fonctionnement psychique" sehen kann, während für Castoriadis „l'imaginaire – comme imaginaire social et comme imaginaire de la psyché" genau umgekehrt „condition logique et ontologique du «réel»" ist.[50]

In diesem Sinne kann das Träumen – und desto mehr jenes ‚Träumen von Träumen', das die Literatur für Tabucchi, aber auch die Dichtung für Foucault

---

45 Foucault: „Introduction", S. 118.
46 Peter L. Berger, Thomas Luckmann: *Die gesellschaftliche Konstruktion der Wirklichkeit. Eine Theorie der Wissenssoziologie*. Frankfurt a.M.: Fischer, 2007, S. 28 und S. 183.
47 Cornelius Castoriadis: *L'Institution imaginaire de la société*. Paris: Seuil, 1975, S. 445.
48 Ebd., S. 7f.
49 Ebd., S. 451.
50 Ebd., S. 443 und S. 451.

ist – in der Tat als ‚wichtige gesellschaftliche Aktivität' verstanden werden: eine Literatur, die nicht versucht, die Welt zu erklären, sondern die eine Welt träumt und damit eine Welt wird, die nicht als Sinnenklave innerhalb der „obersten Wirklichkeit" der Alltagswelt abgeschlossen bleibt, sondern allererst ermöglicht, die ‚Wirklichkeit' anders zu sehen: „il *rovescio* o l'*equivoco* possono essere dei modi di leggere la realtà che ci circonda, di guardare l'altra faccia della medaglia" (*Oap*, 132). Gegen die „Vecchia Zingara", die in *Requiem* dem Ich rät: „così non può andare, non puoi vivere da due parti, dalla parte della realtà e dalla parte del sogno, così ti vengono le allucinazioni" (*R*, 29), zeigen Tabucchis Texte, indem sie nicht nur Träume erzählen, sondern zudem Traum sind und über den Traum reflektieren, dass das ‚Wirkliche' ohne die ‚Nachtseite der Existenz' nicht existiert, keine Wirklichkeit hat: „in dreams begins responsibility".

Bibliographie

Berger, Peter L.; Luckmann, Thomas: *Die gesellschaftliche Konstruktion der Wirklichkeit. Eine Theorie der Wissenssoziologie*. Frankfurt a.M.: S. Fischer, 2007.

Borsari, Andrea: „Cos'è una vita se non viene raccontata? Conversazione con Antonio Tabucchi", in: *Italienisch. Zeitschrift für italienische Sprache und Literatur* 26 (1991), S. 2–23.

Castoriadis, Cornelius: *L'Institution imaginaire de la société*. Paris: Seuil, 1975.

Char, René: *Feuillets d'Hypnos* [1983], in: ders.: *Œuvres complètes*, eingeleitet v. Jean Roudaut. Paris: Gallimard, 1995, S. 171–233.

Contarini, Silvia; Grossi, Paolo (Hg.): *Antonio Tabucchi narratore. Atti della giornata di studi (17 novembre 2006)*. Paris: Istituto Italiano di Cultura, 2007.

Felten, Hans und Uta: „‚Traumspiel' mit Texten. Zu Antonio Tabucchis Erzählung *Il gioco del rovescio* (1981)", in: *Italienisch. Zeitschrift für italienische Sprache und Literatur* 27 (1992), S. 58–69.

Felten, Hans: „Künstlerträume. Zur Superposition von Intertexten und Traumdiskurs in Antonio Tabucchi: ‚Sogni di sogni'", in: *Italienische Studien* 18 (1997), S. 81–90.

Foucault, Michel: „Introduction" [zu Ludwig Binswanger: *Le Rêve et l'existence*, 1954, dt. 1930], in: ders.: *Dits et écrits* I. 1954–1969, hg. v. Daniel Defert, François Ewald und Jacques Lagrange. Paris: Gallimard, 1994, S. 65–119.

Gaglianone, Paola; Cassini, Marco (Hg.): *Conversazione con Antonio Tabucchi. Dove va il romanzo?* Saggio critico di Riccardo Scrivano. Nota di Roberto Faenza. Rom: Il libro che non c'è, 1995, S. 35–52.

Gehring, Petra: *Traum und Wirklichkeit. Zur Geschichte einer Unterscheidung*. Frankfurt, New York: Campus, 2008.

Hahn, Kurt: „Lyrische Historiographie und Trauerarbeit – René Chars *écriture du désastre*", in: *Romanistische Zeitschrift für Literaturgeschichte* 32 (2008), S. 375–392.
Hartmann, Ernest: *Dreams and Nightmares. The New Theory on the Origin and Meaning of Dreams*. Cambridge, Mass.: Perseus Books, 1998.
— „Träumen kontextualisiert Emotionen. Eine neue Theorie über das Wesen und die Funktion des Träumens", in: *Traum, Affekt und Selbst. 4. Internationale Tagung Psychoanalytische Traumforschung* [Sigmund-Freud-Institut, Frankfurt a.M., 24.–25. April 1998], hg. v. Herbert Bareuther, Karola Brede, Marion Ebert-Saleh und Kurt Grünberg. Tübingen: Edition diskord, 1999, S. 115–157.
Klettke, Cornelia: „Der Text als visuelles Gedächtnis: Eine Textur aus simulierten Träumen bei Fernando Pessoa – Intermediales Erzählen bei Antonio Tabucchi", in: dies.: *Simulakrum Schrift. Untersuchungen zu einer Ästhetik der Simulation bei Valéry, Pessoa, Borges, Klossowski, Tabucchi, Del Giudice, De Carlo*. München: Fink, 2001, S. 140–220.
Lazzarin, Stefano: „Gli scrittori del Novecento italiano e la nozione di ‚fantastico'", in: *Italianistica* 37 (2008), S. 49–67.
Lepschy, Anna Laura: „Filling the gaps: dreams in the narrative fiction of Antonio Tabucchi", in: *Romance Studies* 18 (1991), S. 55–64.
Merleau-Ponty, Maurice: *Le visible et l'invisible. Suivi de: Notes de travail* [1964], hg. v. Claude Lefort. Paris: Gallimard, 2009.
Meschini, Michela: „Between surrealism and postmodernism: notes towards an analysis of the ‚fantastic' in Tabucchi's fiction", in: *Forum italicum* 33 (1999), S. 353–362.
— „Rewriting *Las Meninas*: Imagery and Textuality in Antonio Tabucchi's *Il gioco del rovescio*", in: *Images and Imagery. Frames, Borders, Limits: Interdisciplinary Perspectives*, hg. v. Leslie Boldt-Irons, Corrado Federici und Ernesto Virgulti. New York: Peter Lang, 2005, S. 213–223.
Surdich, Luigi: „‚Il principio della letteratura, raccontare il sogno di un altro'. Forma e sostanza dei sogni nella narrativa di Tabucchi", in: *I 'notturni' di Antonio Tabucchi. Atti di Seminario (Firenze, 12–13 Maggio 2008)*, hg. v. Anna Dolfi. Rom: Bulzoni, 2008, S. 25–63.
Tabucchi, Antonio: *Donna di Porto Pim e altre storie* [1983]. Palermo: Sellerio, 2001.
— *Notturno indiano* [1984]. Palermo: Sellerio, 2002.
— *Piccoli equivoci senza importanza* [1985]. Mailand: Feltrinelli, 2002.
— *Sogni di sogni* [1987]. Palermo: Sellerio, 1992.
— *I volatili del Beato Angelico* [1987]. Palermo: Sellerio, 1997.
— *Il gioco del rovescio* [1988]. Mailand: Feltrinelli, 2001.
— *Requiem. Un'allucinazione* [1992], übers. v. Sergio Vecchio. Mailand: Feltrinelli, 2002 [im portugiesischen Original: Lisboa: Quetzal Editores, 1991].
— *Gli ultimi tre giorni di Fernando Pessoa. Un delirio*. Palermo: Sellerio, 1994.

— „Incontro con Antonio Tabucchi", in: *Gli spazi della diversità. Atti del convegno internazionale: Rinnovamento del codice narrativo in Italia dal 1945 al 1992 (Leuven – Louvain-la-Neuve – Namur – Bruxelles, 3–8 maggio 1993)*, Bd. II, hg. v. Serge Vanvolsem, Franco Musarra und Bart Van den Bossche. Rom: Bulzoni/ Leuven: Leuven University Press, 1995, S. 651–668.

— *Si sta facendo sempre più tardi. Romanzo in forma di lettere* [2001]. Mailand: Feltrinelli, 2003.

— *Autobiografie altrui. Poetiche a posteriori*. Mailand: Feltrinelli, 2003.

— *Tristano muore. Una vita* [2004]. Mailand: Feltrinelli, 2006.

— *L'oca al passo. Notizie dal buio che stiamo attraversando*, hg. v. Simone Verde. Mailand: Feltrinelli, 2006.

Trentini, Nives: „Towards a Study of Dream in Antonio Tabucchi", in: *„Antonio Tabucchi. A Collection of Essays"*, *Spunti e ricerche* 12 (1996/97), hg. v. Bruno Ferraro und Nicole Prunster, S. 71–96.

– *Una scrittura in partita doppia. Tabucchi fra romanzo e racconto*. Rom: Bulzoni, 2003.

Türcke, Christoph: *Philosophie des Traums*. München: C.H. Beck, 2009.

Yeats, William Butler: *The Major Works*. Kritische Edition, hg. v. Edward Larrissy. Oxford: Oxford University Press, 1997.

Brigitte Heymann (Berlin)

Traum – Szene – Schrift.
Zur Poetik des Traums bei Hélène Cixous

Einer der Traumtexte, die Hélène Cixous in dem 2003 erschienenen Band *Rêve je te dis* versammelt hat, trägt die Überschrift „Un long colloque".[1] Der vordergründig typische Angsttraum einer Akademikerin erweist sich in seinem Kontext als poetologischer Schlüsseltext zur speziellen Schreibpraxis der Autorin in ihrer originären Verschränkung von Traum, Schrift und Selbst. Erzählt wird darin eine Episode, in der das Ich mit der Unversichertheit seiner eigenen Schrift konfrontiert ist:

> J'ouvris mon cahier. Désagréable surprise. Ma conférence était presque illisible un effacement s'était produit. Sans doute quand je l'avais faite, je n'avais pas été gênée elle était encore en moi, toute fraîche, je me souvenais. Je n'avais pas souffert de ce qui se présentait maintenant sur le papier: lignes floues, minuscules. En me penchant je finis par deviner quelques mots effacés et je pus les réécrire lisiblement mais cela m'avait pris dix minutes. (*Rd*, S. 27)

Es handelt sich um ein komplexes Traum-Setting, in dem Träumende, Traumgeschehen und Schrift szenisch ineinander verwoben sind und sich – wie auch das Träumen selbst – in unterschiedlichen Konstellationen reflektieren. Zwei Themen, die gleichermaßen in den Mittelpunkt des psychoanalytischen Traumdiskurses wie der Theorien von Imagination und Fiktion weisen, sind in diesem Traumnotat zentral: Zum einen verbindet der erzählte Traum die Erfahrung der Unverfügbarkeit des Subjekts mit der Möglichkeit seiner Inszenierung. In der Dopplung des Ich, der Gleichzeitigkeit von handelndem Subjekt und reflektiertem Objekt entfaltet sich das schöpferische Potential phantasmatischer Selbstüberbietung, das weder in Identität still zu stellen noch interpretatorisch in einen Repräsentationszusammenhang zu verschieben ist, stattdessen aber einen glei-

---

[1] Der Band umfasst 62 Traumtexte, die Hélène Cixous nach eigenen Angaben im Vorwort aus der Fülle des Materials ihrer mehreren tausend Träume umfassenden Traumnotizen ausgewählt hat. Sie selbst bezeichnet den Band als „livre de rêves sans interprétation" (Hélène Cixous: *Rêve je te dis*. Paris: Galilée, 2003, S. 17. Im Folgenden wird aus dieser Ausgabe unter dem Kürzel *Rd* mit Seitenangabe zitiert. Die zahlreichen orthographischen Abweichungen sind charakteristisch für die poetische Schreibweise der Autorin und werden in den Zitaten unkommentiert wiedergegeben). Typologisch sind die als Traumnotate präsentierten Texte in sich geschlossene Traumerzählungen. Susanne Goumegou hat die kontroverse Problematik des Aufschreibens von Träumen und die verschiedenen generativen Konzepte im ersten Kapitel „Geträumter Traum und Traumtext" des ersten Teils ihrer Promotionsschrift historisch und systematisch detailliert dargelegt (Susanne Goumegou: *Traumtext und Traumdiskurs. Nerval, Breton, Leiris*. München: Fink 2007, S. 27–51).

chermaßen präsentischen wie unendlichen Ereignisraum modelliert. Zum anderen wird in diesem Zusammenhang die Schrift als prekäres Medium thematisch, dessen gestörte diskursive und kommunikative Funktionalität der Traum in der Logik des Supplements ausstellt. Indem die unlesbaren Zeichen auf die Möglichkeit der Überschreibung ihrer Spur verweisen, wiederholt der Traum die konstitutive Differenz der Schrift.

In der Trias aus Traum, Schrift und Subjekt transformiert Cixous das Lesbarkeitsinteresse, das die Psychoanalyse am Traum hat, in das Motiv des unendlichen Schreibens, das sich, gerade indem es sich der Sprache bedient, Bedeutungen verweigert. Diese Differenz treibt jene Signaturen aus, die von der Autorin seit spätestens Anfang der 1990er Jahre in einen explizit autobiographischen Schreib- und Erinnerungsraum zurückgebunden sind. In der Abweisung repräsentationsvermittelter Identitätsentwürfe interveniert Cixous in den subjektkritischen philosophischen Diskurs der Postmoderne, in dem sie zugleich eine singuläre Position einnimmt.[2] Dem Traum als tragendem Element ihres Schreibens kommt dabei material wie medial eine entscheidende Funktion zu.[3] In ihm und über ihn entfaltet Cixous ihr Schreibprogramm in seinem Bezug sowohl zur eigenen Geschichte als auch zu eigenen und anderen Texten unterschiedlichster Provenienz, über die sich jenseits der diskursiven Ordnungen und ihrer Grenzen ästhetische Verwandtschaften herstellen, die der Endlichkeit des Einzelnen Perspektiven des unendlichen Schreibens eröffnen und den Transzendenzverheißungen metaphysischen Denkens Präsenzerfahrung entgegen setzt.

Der geschriebene Traum fungiert bei Cixous wie ein vielfaches Drittes zwischen Realität und Literatur und den darüber aufgespannten binären Gegensätzen strukturaler Konstruktionen des Symbolischen, respektive sprachlicher Bedeutungskonfigurationen. Er hält die Relation zwischen ‚signifiant' und ‚signifié' in akuter Spannung zwischen Fixierung und Bewegung, aus der heraus er sich

---

[2] Auch wenn Cixous ihr Schreiben dezidiert sowohl von der Tradition der Philosophiegeschichte als auch von der ihrer Dekonstruktion unterscheidet, so lassen sich insbesondere die gemeinsam mit Jacques Derrida und die füreinander geschriebenen Texte als Versuche lesen, eine komplementäre Relation von Literatur und Philosophie zu etablieren, die zu einem Text führt, in dem die Unterschiede der jeweiligen Absicht, respektive ihres Begehrens, verwischt sind. Vgl. dazu zum einen Hélène Cixous und Julia Encke: „Osnabrück, Algerien. Über die deutsch-jüdische Krankheit und den Schmerz der Vertreibung", in: *Lettre International* 82 (2008), S. 37–39, hier: S. 37, und zum anderen Hélène Cixous und Jacques Derrida: *Voiles*. Paris: Galilée, 1998. Derrida hat in seiner Rede zur Verleihung des Adorno-Preises eine Möglichkeit, die Differenz zwischen Philosoph und Dichter aufzuheben, in der Perspektive der Sprache des Traums entfaltet (Jacques Derrida: *Fichus*. Paris: Galilée, 2001).

[3] Cixous' Sonderstellung nicht nur in der französischen Literatur der späten Moderne, sondern auch innerhalb der Praxis der Dekonstruktion ist dadurch begründet, dass in ihren Texten deren Leit- bzw. Referenzdiskurse in ästhetische Erfahrung transponiert ein unverwechselbares Denken der Literatur konstituieren, das in seinen elementar anthropologischen Begründungen des Poetischen wiederum eigene ethische Dimensionen eröffnet.

mit anderen Texten verbindet.⁴ In ihr begründet sich sein poetischer Mehrwert, der – ohne von der konkreten Erfahrung zu abstrahieren – ein philosophischer ist.⁵ Der Traum steht zwischen Bild und Begriff und ist mit beiden – einerseits zur Wirklichkeit und andererseits zur Reflexion hin – gleichermaßen verbunden.⁶ Mit den Traumnotaten bestätigt Cixous diesen Status positional diesseits wie jenseits der Interpretation. Sie besteht ebenso insistent auf dem voranalytischen Zustand der Texte, wie sie deren nichtliterarischen Charakter unterstreicht. Und zugleich weiß sie um die ihnen innewohnende Ordnung, ihre archaischen Spuren und die Strukturen einer besonderen individuellen Mythologie,⁷ die sie im literarisch unentwickelten Zustand, der zugleich die Perspektive seiner Fortentwicklung in sich birgt, maskiert: „Je me suis tenue éloignée de l'analyse et de la littérature. Ces choses sont des récits primitifs. Des larves. J'aurais pu, les couvant, les porter à papillons. Alors ils n'eussent plus été des rêves." (*Rd*, S. 19)

Im naturhaft rohen, unbearbeiteten Stadium ihrer unmittelbaren Notation behaupten die Texte eine Zwischenstellung, die aus eben jener tradierten cartesianischen Konkurrenz zwischen Traumbildern und Erkenntnis herausführen soll, mit der noch die Surrealisten und ihre Nachfolger so grundsätzlich gerun-

---

4   Cixous' Rede vom ‚Durchgeistern' ihrer Texte durch andere greift jene Metaphorik auf, die zum Topos der nichtsystematischen Relationen und ‚blinden' Korrespondenzen des Denkens geworden ist: „Sie sehen hier, wie Literatur arbeitet. Sie ist wie ein Maulwurf. Erinnern Sie sich an Shakespeares *Hamlet*, in dem der Geist zum Maulwurf wird. Das ist die große Metapher, die man überall findet, bis hin zu Marx." (Cixous und Encke: „Osnabrück, Algerien", S. 37).
5   Cixous besteht im Gespräch mit Julia Encke ausdrücklich auf der Abgrenzung ihres an der Erfahrung orientierten Schreibens von der Philosophie: „Ich hingegen habe kein philosophisches Anliegen, vielmehr stellt sich heraus, dass alles, was ich schreibe, philosophisch ist. [...] Ich spinne die Fäden, mache aber keinen Lehrsatz daraus [...]. Ich räume nicht auf, sondern belasse die Dinge im Unklaren." (Ebd.) Jacques Derrida beginnt seine Dankesrede anlässlich der Verleihung des Adorno-Preises mit der Herleitung des Traums als der Sprache des Anderen, die Poeten und Philosophen eignet. Und er entwickelt dies über Ketten metaphorischer Diskursivität zwischen Adorno, Benjamin und seinem eigenen Denken. Cixous hat in *Hyperrêve*, wie im Folgenden noch zu zeigen sein wird, ein poetisches Gegenstück zu diesem philosophischen Diskurs geschrieben, indem sie Derridas Text in ein fiktional autobiographisches Arrangement aus Traum, Erinnern und Vergessen integriert hat.
6   In diesem Sinne korrespondiert Cixous' Poetik auch jenseits einer strukturellen Fixierung dem Konzept des mythischen Denkens von Claude Lévi-Strauss: Der Traum steht wie das Zeichen zwischen Bild und Begriff, zwischen sinnlich Wahrnehmbarem und Abstraktion. Vgl. Claude Lévi-Strauss: *La Pensée sauvage*, in: ders.: *Œuvres*, hg. v. Vincent Debaene, Frédéric Keck, Marie Mauzé und Martin Rueff. Paris: Gallimard, 2008, S. 561–849, hier: S. 578 f.
7   „Les rassemblant j'ai remarqué la présence de traces archaïques: comme si mon usine à rêves avait été construite dans les années 40, sous les bombardements, pendant la guerre [...]. Les nazis sont toujours là. Les nazis comme nazis et comme substituts d'autres persécuteurs. Certains traits violents qui secouent les rapports de la rêveuse à ses proches [...] relèvent aussi de l'antiquité [...]." (*Rd*, S. 19)

gen haben. Doch Cixous schreibt nicht in erster Linie gegen die Rationalität der Traumdeutung, deren Möglichkeit sie durchaus in Betracht zieht, sondern sie schreibt mittels der poetischen Produktivität des Traums, um mit seiner Sprache und in seinen szenischen Konstellationen in jene Bereiche vorzudringen, die den Begriffen und Konzepten einerseits und der Erfahrung wie auch der Erinnerung des Individuums andererseits gleichermaßen unzugänglich bleiben. Für Cixous bedeutet der Traum weder Regression zu Ursprünglichem noch Anders-Sagen und -Bedeuten, sondern Überschreibung in der lebendigen, unendlichen Hervorbringung von Schrift als Signifikantenmaterial, das jene Zwischenräume ausfüllt, die von den binären Konstruktionen rationalen Denkens und den Identitätskonzepten überspannt und auf diese Weise zugleich reproduziert werden.

Dem poetischen Potential des Traums entspricht bei Cixous die ethische Dimension seiner Wahrheit, die sich in zweierlei Hinsicht entfaltet. Sie ist einerseits auf die Überwindung der Ordnung symbolischer Systeme und der ihnen innewohnenden Ausschlussmechanismen gerichtet. Dieser ethische Aspekt wird über die eigene Biographie vermittelt und bezieht sich auf all jene Umstände und Verhältnisse der Herkunft und Entwicklung, die der Autorin mit der Maßgabe nationalistischer Zuschreibungen eine Identität verweigert hatten. Zugleich bildet die Sammlung der Traumtexte im Buch einen Ort des Archivs, der sich gerade nicht durch eine in seiner Struktur liegende Ordnung begründet, sondern der den einzelnen Traum in seiner Singularität ebenso auszeichnet, wie er diese im kontingenten Zugriff der Lektüre virtuell präsent hält und in dem Maße, wie in ihrer Bewegung immer neue Nachbarschaften entstehen, seine Differenzen unendlich vervielfacht fortschreibt.

Im Folgenden werden drei Aspekte der Traumpoetik von Cixous anhand dreier Texte, die den Traum im Titel tragen, näher in den Blick genommen. In ihnen ergründet die Autorin die ästhetische Wahrheitsfähigkeit des Traums in den Möglichkeiten der fiktionalen und poetischen Bedeutungskonfiguration, die dieser in der Verschränkung von Traumgeschehen, Traumtext und autobiographischer Erinnerung bietet. In einem ersten Schritt steht die spezielle Traumkultur der Autorin, wie sie in *Rêve je te dis* (2003) als andere Kultur der Schrift und ihrer Lesbarkeit ausgestellt ist, im Ritual des Traumnotats und über die materiale Faktur der Texte im Mittelpunkt. Die narrativen Applikationen des inszenatorischen Traum-Settings und seine poetische Funktionalisierung werden im fiktionalen Textraum von *Hyperrêve* (2006) rekonstruiert und hinsichtlich der Verfahren der Vertextung untersucht. In dem Maße, wie dabei jene Bereiche essentieller Unverfügbarkeit des Menschen, die das Denken in metaphysische Dimensionen verschiebt, in phantasmatischer Überbietung in Sprach- und Textrekurrenzen immer wieder aufs Neue modelliert werden, ist den Texten Cixous' immer auch ein Moment dekonstruierter Selbstaffektion eigen, dem abschließend exemplarisch nachzugehen sein wird. Cixous' Schreibpraxis des Traums trifft in *Les rêveries de la femme sauvage* (2000) auf Rousseaus ‚rêverie', die sie transformiert und in ihr Programm des ‚hyperrêve' integriert, der in der Verbindung von Erinnerung, Fiktion und Traum ein performatives Ich den Festschreibungen seiner verweigerten Identität entgegensetzt.

1. Im Banne des Traumes

Mit der Veröffentlichung ihrer Träume in *Rêve je te dis* verknüpft Cixous das Wagnis des Unternehmens – sich möglichen Deutungen und Rückschlüssen auf ihre Persönlichkeit auszusetzen – mit dem Bekenntnis des Motivs, jene Begehrensstruktur sichtbar zu machen, der sich ihr Schreiben in der Perspektive des Strebens nach ethischer und ästhetischer Vervollkommnung verdankt. Die im Rekurs auf die Gemeinplätze psychoanalytischer Hermeneutik drohenden Gefahren der Bloßstellung werden in ihrer furchtlosen Annahme nicht nur spielerisch gebannt, sondern in einer rituellen Pathosformel programmatisch überhöht: „Soit. J'accepte cette exhibition de mes faiblesses, mes blessures secrètes, auxquelles je dois mes efforts vers la dignité et le sublime." (*Rd*, S. 17)[8]

Cixous' Kultur des Traums ist umfassend: Sie umschließt Szene und Schrift, Träumen und Traumerzählung, Praxis und Reflexion, Erfahrung und Wissen, Notation und Fiktion; im Bezug auf das Selbst ist sie Notwendigkeit, die sich ihm in den Modi der Macht, Ökonomie und des Spiels auferlegt und zugleich dem in der Realität nicht zur Deckung kommenden Subjekt seine unendliche Entfaltung im Imaginären ermöglicht.

Zunächst einmal sind die Traumtexte als Elemente eines Rituals, das sie dokumentieren, Objekte einer Kultur des Traums.[9] Sie schaffen zwischen Schlafen und Erwachen, Träumen und Bewusstsein einen Schriftraum, in dem der Traum, der schon nicht mehr ist, nachträglich Wirklichkeit erlangt. Dieser dehnt sich mit der Wiederkehr des Tageszyklus immer weiter aus und setzt nicht nur der Flüchtigkeit der Träume die Textur materialer Beständigkeit entgegen, sondern stellt gegen die Endlichkeit des Lebens die unendliche Virtualität seiner Entzifferung in Aussicht. Die ritualisierte Schreibszenerie, in der Träume und

---

[8] Die Rede von Würde und Erhabenem spielt auf die damit verbundene Tradition des ästhetischen Denkens an. Speziell verweist Cixous' Formulierung auf Schillers *Über das Erhabene*. Bei der Auswahl der Träume räumt Cixous gleichwohl eine gewisse Zensur ein. Sie gibt an, solche Träume ausgespart zu haben, die eventuell Anlass zu ihr unliebsamen Spekulationen über ihr Privatleben gegeben hätten: „[...] cela m'ennuierait que dans une lecture sans prudence on croie que je-pour-de-bon aie pu avoir-pour-de-bon une liaison-pour-de-bon avec tel monarque ou tel grand écrivain d'un sexe ou un autre. Ou qu'on croie que *je aie* vraiment tué ou voulu tuer mon fils ou ma tante." (*Rd*, S. 18)

[9] Der Ritualbegriff wird hier strukturell als habitualisierte „konkrete und praktische Herstellung einer Ordnung" gefasst (Hans-Georg Soeffner: *Die Ordnung der Rituale, Die Auslegung des Alltags*, Bd. II. Frankfurt a.M.: Suhrkamp, 1992, S. 11) und hermeneutisch auf jenen Aspekt der Selbstinstituierung in der Schrift konzentriert, der in anthropologischer Perspektive Kultur begründet.

Traumnotat verschmelzen (sollen), beschreibt Cixous als feststehende Ordnung eines automatisierten Handlungsablaufs, in dem sich das Ich im Schreiben manifestiert:

> Je ne me réveille pas, le rêve me réveille d'une main, la main de rêve ouvre le tiroir à gauche de mon lit qui sert de coffre à rêves, saisit sans bruit le bloc de papier et le feutre pilot V signpen celui qui écrit si gros qu'il n'est pas besoin d'appuyer, il écrit tout seul, et l'on note dans le noir à toute allure, en marges, dedans par-dessus bords, le récit remplit l'esquif à ras. (*Rd*, S. 11)

In diesem Zusammenhang dient die Datierung der meisten Träume ihrer Authentifizierung im Verweis auf ihre Provenienz aus dem Traumarchiv der Autorin und auf den jeweiligen Entstehungszusammenhang literarischer Texte.[10] Ihre originale Faktur der unmittelbaren Verschriftlichung wird mit drei Manuskriptseiten, die als Faksimile wiedergegeben sind (*Rd*, S. 22, 90, 159), beglaubigt:

> Je n'ai aucunement ,corrigé', censuré, touché en rien aux récits enrégistrés par la main entre chat et loup. Ils sont reproduits intégralement, bruts, innocents, tels qu'ils s'ébattaient dans l'aube préanalytique. (*Rd*, S. 18)

Bei den faksimilierten Texten handelt es sich jeweils um integrale nicht transkribierte Traumnotate. Es gibt keine Druckfassung von ihnen, die sie lediglich illustrieren würden, vielmehr wirken sie wie eigenständige Artefakte als Anschauungsobjekte, die sich weniger zur Lektüre eignen, als dass sie ein Lesbarkeitsbegehren ausstellen, das jenem, das dem Traum selbst zugemessen wird, korrespondiert.[11] Als unmittelbare Schrift des Traums geben sie das Muster ihrer Textur zur Ansicht. Im Vorstadium seiner Lesbarkeit ist der Traum allererst ein aisthetisches Phänomen. Die mit gleichmäßig kleiner Handschrift dicht beschriebenen Seiten haben die grafische Anmutung einer Zeichnung.[12] In dem geschlossenen, von Korrekturen weitgehend ungestörten Schriftbild erscheint

---

[10] Durch die Angabe der Titel jener Texte, die sie zu dieser Zeit geschrieben hat, entsteht zwischen Traumtext und literarischem Text ein Verhältnis von Genotext und Phänotext, das im Konzept Kristevas die Perspektive einer semiotischen Transformation als mögliche Untersuchungsrichtung nahelegt. Darüber hinaus markieren die Datumsangaben die Zeitschiene des Chronos, auf der die Träume ihr Zeitrelief und eine eigene Dauer entfalten.

[11] Mit Blumenberg ist der Versuch der Lesbarmachung der Träume ein Kunstgriff, mit dem die Leere ihrer Substanz metaphorisch überwunden werden kann. Auf diese Weise werden sie zu hermeneutischen Gegenständen der ständigen Anreicherung und Fortschreibung durch Lektüre und Interpretation und konstituieren ein Gegenmodell zur Rationalität des Wissens: „Die Metapher der Versprachlichung dient ganz einem gegen das Ideal wissenschaftlicher Objektivierung gerichteten Konzept von ‚Sein'." (Hans Blumenberg: *Die Lesbarkeit der Welt*. Frankfurt a.M.: Suhrkamp, 1981, S. 21).

[12] In ihrer grafischen Faktur ähneln die Seiten den gezeichneten und geschriebenen Kugelschreiberbildern der amerikanischen Malerin und Bildhauerin Louise Bourgeois.

die anwesende Hand als Instrument der Träume, das im Moment der Aufzeichnung mit ihnen verschmilzt.

Ein Traum, der wie der eingangs zitierte zum Kreis der ‚Kolloquiumsträume' gehört,[13] enthält das Motiv des Schreibautomatismus und das ihm innewohnende Phänomen der Dissoziation der Hand von Körper und Bewusstsein. Während eines Empfangs kommt es zu einem Zwischenfall: Nachdem das Ich am französischen Präsidenten Chirac vorbei defiliert ist, bemerkt es bei Tisch: „Ma main droite se trouva détachée. [...] Je me levai, je pris ma main [...]." Sie trifft eine Freundin, deren Geschichte sie sich anhört: „À cause de ma main je lui prêtai l'oreille." Beim Hinausgehen schließt die Freundin entgegen der ausdrücklichen Bitte des Ich die Türen: „De la main gauche j'attrapai le petit loquet de bois qui malheureusement rompit et me resta dans la main." (*Rd*, S. 42f.) Im Dunkeln beim Notieren des Traums nichts zu sehen bedeutet, ihn nicht zu erkennen, nicht zu verstehen und zugleich „ganz Ohr zu sein" für ihn. Das Instrument der Schrift aber funktioniert losgelöst und in der linken Hand (gleich der linkischen, abgetrennten Hand), wie im Traum das von der Türklinke abgebrochene Stück Holz.[14] Mit ihm kann der Traum aufgezeichnet werden, die Tür seiner Deutung bleibt jedoch verschlossen.

In seinem szenischen Arrangement begründet das Ritual des Traumnotats bei Cixous eine autonome Kultur des Schreibens, die im Unterschied zur Schrifttradition der Aufklärung, der Rationalität ihrer konzeptuellen Metaphorik aus Licht, Bewusstsein und Subjekt gerade die Dunkelheit, Blindheit und eine

---

[13] Zu dieser Gruppe zählen solche Traumerzählungen, die im universitären Bereich angesiedelt sind (*Rd*, S. 35 f., 42 f., 124 f., 130 f.). *Rêve je te dis* steht in der bis in die altorientalisch ägyptische Kultur zurückreichenden Tradition der Traumbücher, die vor allem im 20. Jahrhundert nach Freuds *Traumdeutung* einen enormen Aufschwung genommen hat. Die ihnen eigenen Traumtypologien werden implizit oder explizit hergestellt. In jedem Fall bilden diese intern in thematischen Verweisungen und Rekurrenzen immer neue Ordnungen, die gleichsam enzyklopädisch zu neuen Nachbarschaften und Kombinationen führen. Von Traumtextsammlungen, wie von Ignaz Ježower (*Das Buch der Träume*, 1928) und Jorge Luis Borges (*Libro de sueños*, 1974), die mit einem universellen Anspruch spielen, sind die Traumtextbücher von Autoren, wie z.B. von Georges Perec (*La Boutique obscure*, 1978) und Cixous, zwar zu unterscheiden, aber zugleich funktionieren sie nach einem ähnlichen Prinzip. Ein drittes Genre von Traumbüchern, das derzeit Konjunktur hat, sind nachträglich in einem Band zusammengestellte Texte von und über Träume einzelner Autoren, wie z.B. von Walter Benjamin (*Träume*, 2008) und Heiner Müller (*Traumtexte*, 2009).

[14] Das Motiv der linken Hand, das psychoanalytisch auf das Verbotene, das Andere, den ‚Orient' weist, gebrauchte Cixous schon in ihren frühen Texten als Metapher der poetischen Schrift (vgl.: Verf.: *Textform und weibliches Selbstverständnis. Die Romane von Hélène Cixous und Chantal Chawaf*. Weinheim: Deutscher Studien Verlag, 1991, S. 70). Bei Walter Benjamin zielt die Metaphorik der linken Hand auf Improvisation und virtuelle Wirksamkeit: „In diesen Tagen darf sich niemand auf das versteifen, was er ‚kann'. In der Improvisation liegt die Stärke. Alle entscheidenden Schläge werden mit der linken Hand geführt." (Walter Benjamin: „Chinawaren", in: *Einbahnstraße*, zitiert nach: ders.: *Allegorien kultureller Erfahrung. Ausgewählte Schriften 1920–1940*, hg. v. Sebastian Kleinschmidt. Leipzig: Reclam, 1984, S. 10).

unmittelbare organlose Körperlichkeit der Schrift sowie die Materialität ihrer Instrumente und Medien als subjektlose Funktionen des Traums und seiner Notation etabliert: „Je note. La main dans le noir écrit tant bien que mal, heurté, déraillant." (*Rd*, S. 12) Die in der Druckversion verborgene Mühe der Entzifferung, die ihr vorausgegangen ist, wiederholt die Bewegung der schreibenden Hand, sie enthält den Übergang vom Dunkel der Nacht in das Licht des Tages, von der Unsichtbarkeit in die Sichtbarkeit. In der Entzifferung wird die Phänomenologie der Träume, die Traumarbeit, die Freud analytisch herausstellt, in einem durchaus dialektischen Sinne aufgehoben und in bloße Lesbarkeit transponiert: Die Texte geben die Träume zu lesen, aber sie interpretieren sie nicht.

Das Ritual des Aufzeichnens der Träume wiederholt jene dem Bewusstsein entzogene Schwelle zwischen Tag und Nacht – „entre chat et loup" (*Rd*, S. 11)[15] – zwischen Schlafen und Wachen, die Cixous symbolisch in jene Regionen überbietet, die zur conditio humana gehören, und zugleich der Erfahrung des Menschen entzogen sind. Im Notat behauptet sich der Mensch auf der Grenze von Leben und Tod, die die Autorin im Gegenzug zu Metaphysik und philosophischer Verallgemeinerung auf diese Weise poetisch besetzt und sie im Moment der Schrift und ihrer Lektüre – gleichsam in der außerordentlichen Situation einer „Gestattung auf Zeit"[16] – lesbar, nicht aber intelligibel macht.

Im Traumnotat als Ritual sind Verbot und Überschreitung in eins gesetzt, wird Ordnung bedeutet und die mit ihm verbundene Gefahr in einer Perspektive der Rettung ausgespielt. Ein Verdikt, das Walter Benjamin aus der mündlichen Tradition der Volksweisheiten herleitet, zielt auf eben jene Gefährdung des Subjekts, die Cixous mit der Veröffentlichung ihrer Träume nicht bloß in Kauf genommen hatte, sondern deren Notwendigkeit sich ihr auferlegt hatte:

> Eine Volksüberlieferung warnt, Träume am Morgen nüchtern zu erzählen. Der Erwachte verbleibt in diesem Zustand noch im Bannkreis des Traumes. [...] In dieser Verfassung ist der Bericht über Träume verhängnisvoll, weil der Mensch, zur Hälfte der Traumwelt noch verschworen, in seinen Worten sie verrät und ihre Rache gewärtigen muss. Neuzeitlicher gesprochen: er verrät sich selbst.[17]

---

[15] Die Abwandlung der Redewendung ‚inter canem et lupum' (‚entre chien et loup'), die den Zwischenzustand der Dämmerung bezeichnet, in der Tag und Nacht im Nichtmehr und Nochnicht beinahe ununterscheidbar einander verwandt sind, in „le temps entre chat et loup" bei Cixous verschiebt die zeitliche Unentschiedenheit in den Mechanismus der traumtypischen Doppelbildlichkeit eines Vexierbilds.

[16] In *Hyperrêve* wird im Zusammenhang mit dem zentralen Thema des Textes ein Traum erzählt, der die Überschrift „permission" trägt und mit dem Bedeutungsspektrum des Begriffs arbeitet.

[17] Benjamin fährt fort: „Dem Schutz der träumenden Naivität ist er entwachsen und gibt, indem er seine Traumgesichte ohne Überlegenheit berührt, sich preis. Denn nur vom anderen Ufer, von dem hellen Tage aus, darf Traum aus überlegener Erinnerung angesprochen werden. Dieses Jenseits vom Traum ist nur in einer Reinigung erreichbar, die dem Waschen analog, jedoch ihm gänzlich verschieden ist. Sie geht durch den Magen. Der Nüchterne

Das Schriftkonzept der Dekonstruktion findet in diesem Sinne in Cixous' ‚nüchterner' Traumschrift und ihrer wahrnehmenden Lektüre sein Exempel: Erst die Preisgabe des Subjekts ermöglicht seine Schrift.

Die Schrift begründet im Ritual der Traumnotate ihr Ethos und schreibt es fort. Zwischen Schlafen und Aufwachen zeugt es von einem Moment der Wachsamkeit gegenüber dem Vergänglichen und Flüchtigen des Traums und seiner Wahrheit. Träume aufschreiben und erzählen wird bei Derrida zur Verpflichtung gegenüber dem Paradox des Denkens: „[...] il nous donne à penser la *possibilité de l'impossible*. La possibilité de l'impossible ne peut être que rêvée [...] Il faudrait, tout en se réveillant, continuer de veiller sur le rêve."[18]

Schließlich sind die Traumtexte als rituelle Hervorbringungen Bruchstücke, die den unendlich wachsenden Text eines Archivs konstituieren, der als ein ganzer Text-Körper, zu dem die einzelnen Träume wie ‚membra disiecta' bruchstückhaft auf ihr ganzes Corpus, dem sie angehören, und das zugleich unverfügbar bleibt, verweisen. Dieses Verhältnis von Einzelnem und Ganzem in *Rêve je te dis* spiegelt, was Adorno im Blick auf Benjamin als „Konzeption des Fragments als philosophischer Form" fasst, „die gerade als brüchige und unvollständige etwas von jener Kraft des Universalen festhält, welche im umfassenden Entwurf sich verflüchtigt."[19]

Im Titel des Buches entwirft Cixous das Projekt des Träumens und Schreibens zweiseitig. „Rêve je te dis" formuliert im Gleiten zwischen Subjekt und Objekt, Verb und Substantiv, Traum, Ich und Du einen Imperativ, der vordringlich vom Traum ausgeht:

> [...] le Rêve me dit: tu vas donc sans tarder faire ce que tu prétends vouloir ne pas faire, note-moi, souviens-toi du principe: n'écoute jamais ta propre voix. Sans discuter ni raison plie-toi à la loi. Tu sais que tu ruses et te fuis. Fais avant de penser, avant de lire, avant d'être. (*Rd*, S. 11f.)

Wenn das Ich den Traum nicht fordernd, sondern in williger Empfänglichkeit adressiert, dann bedeutet „Rêve je te dis" „Traum, ich sage dich": „Docile je ne dis mot le rêve dicte j'obéis les yeux fermés. J'ai appris cette docilité. Le rêve veut. Je fais. Je suis sans pensée sans réponse." (*Rd*, S. 12) Die Übermacht des Unbewussten, das in den Träumen die Position der Götter einnimmt, wird im Ritual gebannt: „Les Rêves ne se commandent pas. Ils font Dieu. On les prie, c'est tout. Seule leur volonté est faite. [...] Les rêves veulent une bonne monture." (*Rd*, S. 14) Träume müssen kultiviert werden, sie bedürfen des Halts im Ritual ihrer Schrift.

---

spricht von Traum, als spräche er aus dem Schlaf." (Benjamin: *Einbahnstraße* [1928], zitiert nach: ders.: *Träume*. Frankfurt a.M.: Suhrkamp, 2008, S. 77 f.).

18 Derrida: *Fichus*, S. 20.
19 Theodor W. Adorno: *Noten zur Literatur*. Frankfurt a.M.: Suhrkamp, 1981, S. 570. Wenige Seiten danach konstatiert Adorno mit Benjamin das Ende des Humanismus: „Kraft solcher Dissoziation ist Benjamins Philosophie in der Tat unmenschlich: der Mensch ist eher ihr Ort und Schauplatz als ein aus sich heraus und für sich selber Seiendes." (S. 577)

Wenn der letzte Traumtext mit dem titelgebenden Satz endet, dann stellt er den Schluss wie ein ‚envoi' unter das Zeichen des Anfangs.[20] Das Thema dieses Traums ist die andere Sprache: Er ist auf deutsch mit „Frankreich" überschrieben und handelt von der Fremdheit im Eigenen als besonderer Erfahrungsqualität der Sprache des Traums. Neben den Familienmitgliedern ist Jesus als Statthalter der Macht „der Gott spielenden" Träume ganz selbstverständlich anwesend. Das Geschehen nimmt gleichsam unter seiner Supervision seinen Lauf, um im Moment des Aufwachens dem Ich jenen Satz aufscheinen zu lassen, der das Traumbuch umschließt: „La phrase en rayonnant me réveille. À qui s'adressait-elle? Alors elle dit (la phrase): «Rêve je te dis.»" (*Rd*, S. 158)

Mit dieser Formel vollzieht sich im Ritual der Traumtexte die anthropologische Versicherung des Individuums als ‚homo scriptor' in der Wiederholung des Rätselhaften, Ursprungslosen und überträgt sich im Sog der fremden, poetischen Sprache der Traum-Schrift auf den Leser. Mit der Veröffentlichung des Traumrituals in *Rêve je te dis* zeigt Cixous ihre Zugehörigkeit zur Gemeinschaft der Träumer/Schreiber in der individuellen Differenz zu dieser an. Sie umgibt sich auf diese Weise wie mit einer dunklen Wolke, einem Nimbus, der „durch das einfache Vorgeben von etwas, das da sein und wirken soll, ohne ‚da' zu sein" eine der Formen „irrealer Kompensationen"[21] darstellt, mit denen der Einzelne sich in der Leere gesellschaftlicher Kommunikation behauptet.[22]

2. Hyper-Traum

Was die Traumnotate unmittelbar szenisch arrangieren, das entfalten die autobiographisch fiktionalen Texte von Cixous als narratives Setting aus Szene, Subjekt und Schrift in mehreren Schichten, die über wiederkehrende Motive und Metaphern miteinander verbunden sind. Die so entstehende Textur bildet jenen Über-Traum, der in *Hyperrêve* die Überschreitungsqualität von Fiktion auf dem

---

[20] Einen letzten Text muss es faktisch im Buch, darf es aber in der Perspektive des Schrift nicht geben: Auf die letzte Druckseite folgt noch eine weitere, mit dem sicher nicht zufällig ausgewählten Faksimile, das unter der unterstrichenen Überschrift „J'étais arrivée dans le quartier des aveugles" die Metaphorik der visionären Wahrheit des unendlichen Traumtexts fortsetzt.

[21] Helmuth Plessner: *Grenzen der Gemeinschaft*. Frankfurt a.M.: Suhrkamp, 2003, S. 83.

[22] In diesem Sinne wird auch die Gewohnheit von Hélène Cixous verständlich, die Sitzungen ihres Seminars regelmäßig mit einer Traumerzählung zu beginnen. Dieses Ritual stellt im Zentrum der institutionalisierten Kommunikation von Wissen gerade jene Leere aus, die der akademische Diskurs zu füllen vorgibt. Im Spannungsfeld von Nähe und Distanz, Kommunikation und Nicht-Kommunikation, Intimität und Öffentlichkeit affirmiert das Individuum seine Differenz in der Gesellschaft, indem es die durch sie garantierten Konstruktionen, Ordnungen und Rollen zurückweist.

zwischen Leben und Tod gespannten, autobiographischen Erfahrungshorizont bezeichnet:[23]

> Elle ne m'entend pas. La porte. Ma mère est passée. Ce n'est pas un rêve. L'au-delà est maintenant dans la maison. C'est un hyperrêve. Rien de plus violemment réel. Je le vois, c'est ma mère passée qui passe devant moi en réalité. (*HR*, S. 178f.)

Die rituelle Ununterscheidbarkeit von Traum und Schrift in den Traumnotaten wird im Erzähltext in Fiktion transponiert, bei der die Grenzen zwischen erzählter Welt und Traumerzählung verschwimmen und das Ich aus seiner ternären Struktur im ‚récit de rêve' in virtuell unendlicher Vervielfältigung zu einem poetischen Gebilde anwächst.[24]

Analytisch lassen sich drei Ebenen unterscheiden: Die erste formt die autobiographische Erzählung, die zweite wird vom metaphorischen Material gebildet, auf dem die Sinnkonfiguration des ganzen Texts aufliegt, und die dritte Ebene entsteht durch die ästhetische Selbstreflexion des Textes. Zusammen wirken sie im Täuschungsspiel des ‚hyperrêve' als Fiktion. Dieses Als-Ob, das schon den Träumen eigen ist, richtet sich im literarischen Text an den Leser.[25] Strukturell ähnelt der ‚hyperrêve' dem Konzept des Palimpsests im Hypertext, in dem alle Schichten der Überschreibungen gleichermaßen sichtbar wie kaum unterscheidbar zu einem Text verschmelzen.[26]

In *Hyperrêve* ist die autobiographische Geschichte doppelt angelegt: Im Vordergrund erzählt Cixous vom langsamen Sterben ihrer pflegebedürftigen Mutter und von dem kranken Freund J. D. Innerhalb des ‚récit' – erzählt wird in einem Imparfait-Rahmen im Präsens – öffnen sich Erinnerungsfragmente aus dem Leben der Familie, der Mutter, von Tochter und Freunden. Ihr Sprachmaterial bildet als zweite Ebene eine metaphorische Textur, die das Textganze trägt, es poetisch öffnet und zugleich stabilisiert. Das Ineinanderwirken von Autobiographie und Metaphorik funktioniert immanent und verweist im Bezug auf andere Texte und Diskurse auf tiefer liegende Schichten, die in ihren punktuellen Aktualisierungen jene Metaebene bilden, auf der sich das Poetische des Textes selbst reflektiert.

Die Funktionsweise der Vertextungsverfahren und ihrer Semiosis lässt sich exemplarisch und immer nur in einzelnen Aspekten darstellen:

---

23 Hélène Cixous: *Hyperrêve*. Paris: Galilée, 2006 (im Folgenden abgekürzt durch *HR*).
24 In seiner Pluralisierung nähert es sich dem lyrischen Ich als leerem Zeichen und präsentischem Wesen an (vgl. dazu Heinz Schlaffer: „Die Aneignung von Gedichten. Grammatisches, rhetorisches und pragmatisches Ich in der Lyrik", in: *Poetica* 27 (1996), S. 38–57).
25 Die rezeptionsästhetische Perspektive ist mit der Inversionsqualität der Inszenierung verknüpft, die in der Theatermetapher zentral wird: „Les rêves sont des théâtres qui jouent des pièces d'apparence pour glisser d'autres pièces inavouables sous les scènes d'aveu: tu le sais lecteur-spectateur mais tu oublies ce que tu sais pour te laisser charmer et berner. Tu coopères à ta tromperie. Tu te trompes." (*Rd*, S. 13)
26 Vgl. Gérard Genette: *Palimpsestes. La littérature au second degré*. Paris: Seuil, 1992, S. 11 ff.

(1) Die Pflege der Mutter besteht vor allem darin, ihre Haut zu cremen, um auf diese Weise ihren Tod durch die fortschreitende Austrocknung aufzuhalten. In immer neuen Häutungen kommen immer neue Schichten zum Vorschein. Die realistische Krankengeschichte birgt eine zweite Erzählebene, die mit der ersten zugleich metaphorisch verknüpft ist, auf der die Erinnerungen der Mutter wiedergegeben sind. So wie durch die Pflege immer neue Haut entsteht, so liegt unter jeder Erinnerung eine weitere Geschichte. Im 2. Teil von *Hyperrêve* handelt diese, genannt „Le Sommier de Benjamin", vom Erwerb der Matratze von einem gewissen M. Benjamin durch die Mutter in den 1930er Jahren. Es ist das Wort, das die Ich-Erzählerin zur Fiktion der Geschichte der Mutter führt: „Et je me soumets au sommier. *Sommier*, un mot en or." (*HR*, S. 78) Die Erinnerung wird szenisch entwickelt, die Mutter erzählt nicht nur, sie mimt in allen Details den Hergang:

> Ma mère fait le concierge, M. Benjamin, Éri et sa sœur ma mère, les réfugiés, le brocanteur imaginé, elle fait même le sommier, *cette mordure* selon le concierge et selon M. Benjamin un sommier qui va durer. – Benjamin, dis-je, il avait des lunettes? Ma mère fait les lunettes. C'est frappant. Il avait des lunettes. Très poli, un intellectuel. On vient chercher le sommier et comme par hasard le sommier était à nouveau là. Je fais transporter le sommier dans mon appartement. Tu l'as encore à Arcachon. (*HR*, S. 79)

Die gleitenden Grenzen des Ich, der Zeit und des Ortes, die sich im Gleiten von Subjekt und Objekt, der Syntax und der Orthographie manifestieren, bewirken nicht nur referentielle Verwirrung und den Orientierungsverlust des Lesers, sie führen mitten in den Prozess und den präsentischen Modus der Fiktion, die darin ihren Deutungsbedarf zugleich schon geltend macht. Dieser richtet sich in vier aufeinanderfolgenden Sätzen auf das traumpoetische Verfahren[27]: Dem Präsens der Erzählzeit, die zugleich die des Sterbens ist – „Voilà une grosse cloque

---

[27] Die Erzählung erhält auf diese Weise die Anmutung eines Traums, d.h. eine Traumhaftigkeit, die durch die Verwendung jener Verfahren hergestellt wird, die von Freud ausgearbeitet worden sind. Unschwer lassen sich im narrativen Fluss bei Cixous eben solche Merkmale aufzeigen, wie der Verzicht auf logische Relationen, Mischbildlichkeit, Vertauschungen und Lücken etc., die Freud als Darstellungsmittel des Traums ausführt (Sigmund Freud: *Die Traumdeutung*, Studienausgabe, Bd. II, hg. v. Alexander Mitscherlich, Angela Richards, James Strachey. Frankfurt a.M.: S. Fischer, 1972, insbesondere Kapitel VI, A.-C., S. 280–334). Es scheint also nicht zufällig, dass Cixous gerade in den späten Texten, wie z.B. in *Rêve je te dis* und in Interviews, ihre Nähe zu Freud als Schriftsteller bekennt und die Poetizität seines Schreibens herausstellt: „J'admire la puissance inouïe de Freud, premier et ultime cartographe de ces continents étranges, le Shakespeare de la Nuit: des ruses et des passions, des subterfuges et stratagèmes, des intrigues et complots [...]." (*Rd*, S. 13) Lacans strukturale logizistische Begehrenskonzeption, die ihre früheren ‚textes fiction' und das Konzept der ‚écriture féminine' beeinflusst hatte, sind in den Hintergrund geraten. Die philosophischen Implikationen dieser Umorientierung sind vor allem ästhetischer Natur und können hier nur angedeutet sein.

sur le pied gauche."– folgt erinnerte Vergangenheit – „On a écrit à Omi à Osnabrück qui nous a envoyé du velours épais Éri a fait le volant épais pour le couvre-lit vert foncé." – schließt die Reflexion der Erzählerin an – „Dire que ces meubles je les ai emportés jusqu'à Arcachon." Im Fokus der Überkreuzung der Ebenen wird die Erzählerin unmittelbar mit dem mythologischen Topos dämonischer Deutung konfrontiert: „Elle rit. Je regarde en face l'œil du cyclope. Sur son front une couronne d'orteils rouge brique. " (*HR*, S. 79) ‚Hyperrêve' soll mehr als Fiktion „une vision plus véridique"[28] sein, ein höheres Schauen, das etwas vermag, was – wie Blumenberg im Bezug auf die Erfahrung des Selbstverlusts in Petrarcas Blick auf die Natur formuliert – „die bloße Anschauung leistet, was sonst nur Schlaf und Traum gewähren können, das eine Weltauge zu sein."[29]

Im Text bildet die Metaphorik des ‚sommier' das Lager und den Resonanzboden, auf dem sich Erinnerung, Fiktion und poetisches Denken im Echo anderer Texte forttragen. Sie entfaltet ihre poetische Aura über die Möglichkeiten der Dopplung, Wiederholung und Variation und bildet auf diese Weise in der Perspektive von Tod, Verlust, Vergessen ein heteronomes Prospekt von Zukunft:[30]

> Aussitôt je m'enflamme pour le sommier. Je me sens l'aimer pour chacune des puissances dont le sort l'a doué: l'histoire, la philosophie, la névrose, l'amitié, le chagrin, les idées d'immortalité, le génie du rêve, le mystère de la résurrection, la résistance à l'anéantissement. (*HR*, S. 106)

Der ‚sommier' ist zuerst ein fiktives Element – es ist höchst unwahrscheinlich, dass die Mutter der Autorin Walter Benjamins Matratze erworben hat –, das Cixous assoziativ zu jenem Traum von Benjamin erfindet, den er 1939 aus dem Internierungslager Gretel Adorno in einem Brief in französischer Sprache geschrieben hatte, und der ihr über Derridas Text *Fichus* vermittelt worden war.[31] So wie der Traum darin Teil von Erinnerungsarbeit ist, wird der ‚sommier' zu deren Steigerungsmetapher, zum Möbel, auf dem gegen die Enteignung durch die Geschichte ein Erbe lagert, das diese überschreitet. Die lebenserhaltenden Häutungen der sterbenskranken Mutter haben in der Erzählung der Erinnerung an die Flucht vor den Nationalsozialisten und später aus Algerien ihre Entsprechung in einer Folge von Beraubung und Enteignung – „On m'a toujours dépouillée, dit ma mère [...]" (*HR*, S. 77) –, deren positive Kehrseite im wiederkehrenden Moment des Neuanfangs aufgedeckt ist. An diesem Punkt treibt die Fiktion im semantischen Potential ihrer Sprache jene Metaphorik aus, die sich als netzartige Struktur der Metaebene über den gesamten Text ausbreitet: „Avec som-

---

[28] „Mais ce n'est pas un comme si, non, c'est une vision plus véridique de ceux que nous sommes [...]. Quelque chose impalpable, mais perceptible au regard [...]." (*HR*, S. 177)
[29] Blumenberg: *Die Lesbarkeit der Welt*, S. 325.
[30] Vgl. dazu insbesondere *HR*, S. 103 ff.
[31] Bemerkenswert ist dabei, dass diese Genealogie in Cixous' Text verwischt ist: In ihm gibt es keinen Ursprung und keine Chronologie; am Anfang steht lediglich das Wort, das zum Motiv der Fiktion der Geschichte der Mutter wird und gewissermaßen nachträglich dann die Traumerzählung Benjamins evoziert und mit Derridas Rede verschränkt ist.

mier j'ai commencé la vie en France [...] *Sommier* je pense que c'est où on somme. *Sommier* mot français. *Fremdwörter*, dit ma mère, tu connais ça." (*HR*, S. 92)

Auf dieser Ebene erlangt Cixous' poetisches Denken seine philosophische Geltung, korrespondiert die autobiographische Fiktion mit dem Thema des „discours oniriphilique" in den Worten Derridas: „La langue sera d'ailleurs mon sujet: la langue de l'autre, la langue de l'hôte, la langue de l'étranger, voire de l'immigrant, de l'émigré ou de l'exilé."[32] Im französischen Wortfeld des ‚sommier' – Schlummern, Summieren, Mahnen – und seiner assoziativen Anreicherung überlagern sich Traum, Geschichte und Ethik in ihrem unmittelbaren Bezug zum Schreiben, das nicht nur auf dem Traum Walter Benjamins „aufliegt", sondern in dem die Summe der Texte gleichsam ruht:

> À ce moment-là je me suis retournée vers les étagères sur lesquelles sont couchés les Proust, les Derrida, les Rousseau, les Flaubert, les Stendhal [...] les Celan, les Sachs les Bernhard, les uns couchés les autres debout, je ne sais pas pourquoi ceux qui me sont les plus chers couchés sauf Montaigne toujours debout devant moi [...]. (*HR*, S. 93)

Doch in der Fülle zeigen sich Verluste, im Erinnern das Vergessen, im Anwesenden das Verschwinden, im Leben der Tod.[33] Im Motiv von Verlust und Entsetzen, das die Szene dramatisiert, ist jene Krise des Subjekts angezeigt, der dieses im dritten Kapitel von *Hyperrêve* im Modus der Gestattung auf Zeit und mit dem Mittel der Selbstimmunisierung begegnet.

(2) Im dritten Kapitel von *Hyperrêve* wird ein Hut zum Element der Fiktion, das wie der ‚sommier' als „fantôme d'héritage" (*HR*, S. 89) funktioniert und Erinnerung, Traumerzählung und Texte anderer Autoren miteinander verbindet und auf diese Weise eine assoziativ metonymisch narrative und zugleich metaphorische Textur bildet. Auf der Ebene der Erzählung ist der Hut in seinem episodischen Kontext mit dem Moment der Sorge um das Vergessen verknüpft. Die Ich-Erzählerin hält ihren Hut – aus Furcht ihn zu verlieren – in der Hand, als sie ihren Freund J. D. besucht, während dieser auf Zeit aus dem Krankenhaus entlassen ist. Die Gefahr des Vergessens führt – gewissermaßen von Hut zu Hut – zuerst zur Erinnerung an den Panamahut des früh gestorbenen Vaters, dann zur „révélation qui éclaire ce chapeau je gémis de terreur en découvrant son origine tragique [...]." (*HR*, S. 206), der Verbindung zu eben jenem Hut, dem das Traum-Ich in dem an Gretel Adorno adressierten Traumbericht Walter Benjamins als Gegenstand eines traumatischen Erbes begegnet war:

---

[32] Derrida: *Fichus*, S. 9.

[33] „[...] je ne trouvai pas les deux volumes de la correspondance de Benjamin, je trouve ces disparitions épouvantables, ces derniers temps un tiers de ma vie est réduit à néant par les Disparitions. [...] je passe des heures à les chercher, est-ce le monde qui me quitte ou me quitté-je? Ou bien ils n'ont pas disparu et c'est moi qui ne les vois plus à l'instant où tout d'un coup je ne peux plus continuer à vivre sans eux." (*HR*, S. 93)

> C'était un vieux chapeau de paille, un «panama» dont j'avais hérité de mon père. (Il n'existe plus depuis longtemps.) Je fus frappé, en m'en débarassant, qu'une large fente avait été appliquée dans la partie supérieure de ce chapeau. Au surplus les bords de cette fente présentaient des traces de couleur rouge.[34]

Im Hut ist ein gleitender Signifikant des Vergessens ins Bild gesetzt, der sein Signifikat ebenso präsent wie unverfügbar im Gedächtnis hält: „Le *chapeau* flotte maintenant dans ma mémoire comme une urne sur le Léthé." (*HR*, S. 206)[35] Von der Fiktion verweisen die metaphorischen Besetzungen ihrer Elemente auf die Ebene poetisch philosophischer Reflexion. Aus ihr verschiebt sich die Episode der *permission* in das Traumszenario einer „journée de deux côtés" (*HR*, S. 188), das die Begegnung mit dem Freund – „en condensant en résumés ultrarapides et apocalyptiques" (*HR*, S. 189) – zu einer quasi mystischen Erfahrung steigert. Es handelt sich dabei nicht um einen Traumbericht oder eine Traumerzählung, vielmehr um einen als Traum bezeichneten Textabschnitt, in dem die Ich-Erzählerin ihren Gedanken über den Tod nachgeht und im poetischen Traumdiskurs die Möglichkeit einer „résurrection du présent" (*HR*, S. 191) entgegenhält. Der „fameux rêve intitulé *Une permission*" entsteht als reflexive Inversion der fiktiven Begegnung, deren Methode den visionären Wahrheitsanspruch des Traums aufgreift.[36] Als „synthèse survivancenéant" (*HR*, S. 171) bilde dieser ‚hyperrêve' anders als die Wirklichkeitsmodulation im Modus des Als-Ob der Fiktion[37] eine eigene „réalité plus véridique" (*HR*, S. 191). Wie in der Traum-Schrift zwischen Schlafen und Wachen eröffnet das Leben ‚en permission' einen „moment de double vie" (*HR*, S. 187), todgeweiht und noch am Leben. Und obgleich solche Gestattungen auf Zeit mit der Endlichkeit des Lebens kollidieren, wirken sie doch über dieses hinaus.

Nachdem die Ich-Erzählerin alles notiert hat, kehrt sie zu ihrer unheilbar kranken Mutter zurück. Das Leben geht zu Ende. Wie der flüchtige Traum verliert die „*aura de l'énigme* de la Permission" (*HR*, S. 200) ihre Kraft. Auch der gegen das Vergessen geschriebene Text des Traums ist nicht mehr an seinem Platz. Sie hatte ihn – ihr „certificat d'éternité" (*HR*, S. 203) – im Manuskript von *Fichus* ihres Freundes J. D. aufbewahrt, in dem dieser Walter Benjamins Traum als Wissen gedeutet hatte, das sich in der Sprache des Traums als anderer Sprache vermittelt. Nun war beides nicht mehr an seinem Platz im Traumarchiv der

---

[34] Benjamin: *Träume*, S. 61.
[35] Eine Untersuchung von Cixous' literarischer Modellierung des Zusammenhangs von Erinnern und Vergessen führt unmittelbar zum Memoria-Konzept bei Augustinus und steht noch aus.
[36] Cixous schreibt das kritische Korrektiv dieses Verfahrens in den Text selbst ein: Die Ich-Erzählerin berichtet, sie habe den Traum von der ‚permission' ihrem Freund erzählt, der darauf erwidert: „comme toujours je suis sceptimystique" (*HR*, S. 189).
[37] „Mais ce n'est pas un comme si, non c'est une vision plus véridique de ceux que nous sommes, êtres promis et retirés retirés et rendus mais autrement, mais changés par la traversée incessante des temps." (*HR*, S. 177)

Autorin, in eben jener Schublade, in der auch die Traum-Schriften, die in *Rêve je te dis* veröffentlicht sind, aufbewahrt werden. Der Verlust und die Suche des Traumtextes werden zwischen Fiktion und Reflexion zum Gegenstand der Erzählung, in der sich der prekär paradoxe Wirklichkeitsstatus des Traums selbst spiegelt. Ohne seinen Text ist der Traum nichts, erst im Notat, der Erzählung, dem Bericht wird er wirklich. In der Verzweiflung über den Verlust des Traumtextes dramatisiert Cixous die autobiographische Konfrontation mit der Endlichkeit des Lebens als alltägliche Verlustgeschichte. Die Ich-Erzählerin löst die Situation des Orientierungsverlusts zwischen Erinnern und Vergessen mit dem ironisch gewendeten Zitat einer umgangssprachlichen Redewendung: „Je ne l'ai pas rêvé pourtant. Je ne suis pas folle." (*HR*, S. 204) Wie der Traum lässt sich auch der Hypertraum weder in der Erinnerung restituieren, noch mittels der ‚mémoire involontaire' Prousts evozieren: Der Hut führt die Ich-Erzählerin noch einmal von einem zum anderen, von Erinnerung zu Erinnerung, vom Vater zu Benjamin, von Benjamin zu J.D., nicht aber zur performativen Präsenz des ganzen Traums. Dieser behält seine Macht, er lässt sich vom Bewusstsein nicht zwingen, aber er kommt schließlich wieder, er wiederholt sich: „Le 24 Juillet. *Une Permission* est revenue. [...] Il est revenu. Je ne l'ai pas *retrouvé*, notai-je." (*HR*, S. 211) Hypertraum und Autobiographisches verschmelzen in der Wiederholung der Worte, im Echo der deutschen Sprache kommt Benjamins französisches Traum-Wort ‚fichu' alliteriert verstärkt wieder: „Tu reviendras? Dis-je à ma mère. [...] Je ne suis pas encore partie, dit-elle. Je ne suis pas un esprit frappeur dit-elle. Chez nous on dit *Vutsch ist Vutsch. Hin ist Hin* [...] C'est foutu, fichu, dit ma mère." (*HR*, S. 212)[38]

3. ‚Rêverie'

In der Verschränkung von Traum, Erinnerung und Fiktion deutet sich in *Hyperrêve* das Thema der ‚auto-immunité' (*HR*, S. 210) an, das in *Les rêveries de la femme sauvage* die Kindheitserinnerungen der Autorin in einem komplex variierten Strukturmuster der Dopplungen von Subjekt und Objekt, von Innen und Außen, Eigenem und Fremdem, männlich und weiblich etc. szenisch organisiert und im Spiel der Signifikanten in immer neuen Wortschöpfungen zum Aufbre-

---

[38] Warum Cixous das Wort nicht richtigerweise mit „f" schreibt, bleibt unklar, gerade weil doch die Alliteration darin buchstäblich ist. Vielleicht aber entspricht vom Französischen her diese Schreibweise eher dem Charakter der Lautgebärde der Redewendung. Oder aber die Abweichung markiert die ‚exappropriation' des Schemas der Autoimmunität im Derrida'schen Sinne, dessen paradoxale Logik der Subjektivität im Folgenden im Modus der ‚rêverie' zentral wird. Zum Konzept der ‚auto-immunité' vgl. Cixous und Frédéric-Yves Jeannet: *Rencontre terrestre. Arcachon, Roosevelt Island, Paris Montsouris, Manhattan, Cuernavaca*. Paris: Galilée, 2005, S. 57.

chen der Dualismen führt.³⁹ Dabei entsteht eine Textbewegung, in der wie im Traum heterogene Schauplätze kombiniert werden, eine Szene zu einer anderen führt, jene verstärkt, fortschreibt oder variiert usw. Das Subjekt bleibt dabei wie im Setting des Traums in der dreifachen Position der Differenz – sich selbst entzogen, sich beobachtend und sich reflektierend – dargestellt. Es verfügt über sich nur in den im Text modellierten Szenen der Erinnerung. In diesem Prozess verschwimmen die Zeitebenen, die wie im Traumgeschehen im absoluten Präsens der Schrift in eins fallen. In den inkommensurablen Spannungslagen der Erfahrung zwischen Zuweisung und Enteignung von Identität, der Religion, der Familie, des Ortes, der Sprache kommt das erinnernde Ich in dieser „anachronie" (*Rfs*, S. 143) nicht bloß leidend zu sich, sondern es überschreitet sich im Modus der Selbstimmunisierung.

Cixous inszeniert den autobiographischen Befund der Fremdheit episodisch und stellt ihn strukturell im psychoanalytischen Sinne als Urerfahrung dar, die das Kind in immer neuen Konstellationen in der Position des Zeugen des eigenen Ausschlusses, der Abstoßung und Ablehnung zeigt und seine Versuche der Selbstverwirklichung auf phantasmatische Produktionen verweist. Cixous rekonstruiert ihre Kindheit in Algerien, erinnert den frühen Tod des Vaters als Verlust des Vermittlers zwischen der jüdischen und der arabischen Kultur, zwischen dem Innenraum der Familie und der arabischen Gesellschaft. Das Identitätsdilemma ihrer Kindheit bildet das zentrale Motiv der Erinnerungen, das diese zugleich permanent gefährdet, im ununterscheidbaren Fluss der Projektionen, Überlagerungen und Vermischungen der „tuterappelles" (*Rfs*, S. 85ff.) in Frage stellt. Das Identitätsproblem des Kindes ist keine krisenhafte Erscheinung, die sich mit dem Tod des Vaters und dem damit verbundenen Verlust der familiären Sicherheiten bürgerlicher Existenz erklärt, sondern es liegt tiefer. In der historischen Situation des 2. Weltkrieges, der Besetzung Frankreichs durch Deutschland und der Judenverfolgung wird das Erbe ihrer deutsch-jüdischen und algerischen Herkunft zu dem, was Cixous als Krankheit bezeichnet. Diese entsteht aus dem Paradoxon, eine unabweisbare jüdische Identität durch die französische Gesellschaft in Algerien zugewiesen zu bekommen, über die das Kind in der Tradition der assimilierten Familie nicht nur nicht verfügt, sondern die seine Identifikation mit der väterlichen Genealogie der französischen Nationalität bei gleichzeitigem Ausschluss der algerischen unmöglich macht. Die „maladie algérie" bezeichnet das Leiden des Kindes an der verweigerten gesellschaftlichen

---

[39] In *Les rêveries de la femme sauvage* (Paris: Galilée, 2000; im Folgenden zitiert als *Rfs*) beschäftigt sich Cixous intensiv mit der eigenen Kindheit in Algerien. Der Text unterscheidet sich von den meisten ihrer anderen Texte durch die narrative Kohärenz der Episoden und die mimetischen Verfahren der literarischen Erschaffung der Kindheitswelt. Er nimmt auch deshalb eine Sonderstellung im Werk von Cixous ein, weil er die autobiographische Erinnerung als individuelle Geschichte auf den Horizont historischer Erfahrung bezieht und auf diese Weise im Phänomen des Antisemitismus die Unmöglichkeit und die Unabweisbarkeit des Erbes der jüdischen Herkunft der Familie in der persönlichen Geschichte vergegenwärtigt.

Zugehörigkeit, den „intrigues totalitaires et terrifiantes du Lycée" (*Rfs*, S. 149), die im völligen Ausschluss alles Algerischen durch die französische Kolonialmacht gesteigert ihre Mechanismen gegen das eigene System richten.[40]

Mit der Krankheitsmetapher führt Cixous zugleich jenes ‚pharmakon' ein, das in der Situation der Ausschließlichkeit als Gegenmittel nicht nur das Risiko der Infektion, sondern die Aussicht auf Immunisierung in der Schrift als einzige Möglichkeit des Selbsterhalts eröffnet:[41]

> [...] *maladie algérie* [...] cette sensation d'être possédée par une sensation de dépossession et la réponse que je produisais, ce combat pour conquérir l'introuvable qui peut me conduire à l'autodestruction [...]. Alors par un effort déchirant je rompis avec moi-même je me tranchai je ne sais pas comment, comme si je m'étais saisie à bras-le-corps, et je m'enlevai à cette scène d'engouffrement. Ensuite, toujours sans savoir comment, je me doublai moi-même. (*Rfs*, S. 16f.)

Die Textur von *Les rêveries de la femme sauvage* besteht aus mehreren ineinander verwobenen Ebenen: Im Vordergrund werden konkrete Orte, Menschen und Objekte der Kindheit detailliert evoziert. Das entstehende Sprachmaterial führt in zweierlei Hinsicht zur nächsten Schicht, indem es einerseits im Sprachspiel die Bedeutungen ständig verschiebt und andererseits in assoziativen Ketten zu neuen Erinnerungsepisoden führt. Auf einer dritten Ebene reflektiert der Text seine Verfahren und die Effekte der ‚écriture' im thematischen Fokus der Identitätsproblematik. Den Binaritäten, die diese begründen, begegnet Cixous im

---

[40] Der Zusammenhang zwischen der Auflösung der historischen Zeit und der Dissoziation des Subjekts hat bei Cixous zwei genealogische Gründe, die sie beide auf eine universelle Erbschaft bezieht. Zum einen handelt es sich um die in der Familie weitergegebene Erfahrung des Antisemitismus, dessen traumatischer Charakter sich für Cixous mit dem Eintritt ins französische Gymnasium in der Erfahrung von Ausschluss und Verbot zur Ortlosigkeit steigert: „À ce moment-là quand j'étais au Lycée, quand j'entrais et j'étais dedans j'étais dans un dehors exacerbé." (*Rfs*, S. 125) Als sie sich daran erinnert, wie sie dort als einzige noch verbliebene jüdische Schülerin von der Mutter ihrer französischen Freundin daran gehindert wurde, mit dieser persönlich zu verkehren, ist das erfahrene eigene Leid durch das unbewusst übertragene Erbe der Diskriminierung der Mutter in ihrer deutschen Heimat gewissermaßen unmöglich gemacht. Mutter und Großmutter nannten den chronischen Antisemitismus „*gesunder Antisemitismus*" (*Rfs*, S. 43), mit dem es sich leben ließ, und an den man sich gewöhnen konnte. Die ihm innewohnenden Mechanismen bleiben ununterscheidbar, sie werden im Text in der Verschmelzung des Erfahrungshorizonts von Mutter und Tochter, von Vergangenheit und Gegenwart erfahrbar und in der Ambiguität der medizinischen Metaphorik ausgefaltet. Das im sogenannten gesunden Antisemitismus gleichgewichtige Verhältnis von Unterdrückung und Widerstand kippt in der Situation rassistischer Diskriminierung in die Gefahr der Vernichtung.

[41] Derrida hatte die Logik des Schemas der ‚auto-immunité' schon in seinen frühen Aufsätzen, z.B. in „La Pharmacie de Platon" entwickelt, die in *La Dissémination* (Paris: Seuil, 1979, hier: S. 77–213) veröffentlicht sind. Vgl. dazu Manfred Pabst: *Bild – Sprache – Subjekt. Traumtexte und Diskurseffekte bei Freud, Lacan, Derrida, Beckett und Deleuze/Guattari*. Würzburg: Königshausen & Neumann, 2004, insbesondere Kap. VIII.8, S. 198–207.

Modus der Selbstimmunisierung, wie im Folgenden anhand zweier Beispiele – einer Überschreibung und einer Szene medialer Dopplung – exemplarisch zu zeigen sein wird.

(1) Dem durch die französische Schule und von den Eltern seiner französischen Freundinnen ausgeschlossenen Kind bleibt nur der Rückzug in die Innerlichkeit seines Selbst: „[...] et comme le dit mon frère je m'enfonçai de mon côté dans mes rêveries solitaires." (*Rfs*, S. 53) Was die Alltagsrede vom Rückzug ins Innere als pathologischen Befund von Verschlossenheit und Egozentrik zu verstehen gibt, wird bei Cixous an das Modell der Selbstaffektion bei Jean-Jacques Rousseau angeschlossen. In der Mitte der *Rêveries de la femme sauvage* erscheinen die ersten Sätze der *Rêveries d'un promeneur solitaire* – Titel und Autor bleiben ungenannt – wie die unvermittelte Wiederholung einer Beschwörungsformel. Doch schon im ersten Satz zeigt sich in den Abweichungen und Unterschieden eine Textur der Verschränkung von eigenem und fremdem Text, schieben sich beide in der Differenz der Wiederholung Wort um Wort teleskopartig ineinander:

> *Me voici donc seul sur la terre, n'ayant plus de frère, de sœur de père prochain, d'ami de société que ma solitude. Le plus sociable et le plus aimant des êtres est proscrit d'un accord unanime. Je suis dans cette position de cage comme dans un rêve et je ne dors plus jamais. Et moi, détaché d'eux et attaché au fil de fer, que suis-je moi-même?* (*Rfs*, S. 77)[42]

Cixous' Bearbeitung versetzt Rousseaus Selbstbehauptungsgestus des Subjekts aus der Lebensrückschau in die Gegenwart des Erlebens.[43] Sie wechselt vom ‚passé composé' zum Präsens, ersetzt einzelne Worte, lässt das gesamte Mittelstück der Anklage der Gesellschaft aus und fügt selbst einen Satz ein. Nicht die soziale Fremdheit der Menschen, sondern die auf Dauer gestellte Selbsteinschließung und -isolation in der Selbstkonfrontation – darin der Szene des

---

[42] Cixous hebt diesen Text kursiv hervor. In Rousseaus *Rêveries* lautet die Passage: „Me voici donc seul sur la terre, n'ayant plus de frère, de prochain, d'ami, de société que moi-même. Le plus sociable et le plus aimant des humains en a été proscrit par un accord unanime. Ils ont cherché dans les rafinemens de leur haine quel tourment pouvoit être le plus cruel à mon ame sensible, et ils ont brisé violemment tous les liens qui m'attachoient à eux. J'aurois aimé les hommes en dépit d'eux-mêmes. Ils n'ont pu qu'en cessant de l'être se dérober à mon affection. Les voilà donc étrangers, inconnus, nuls enfin pour moi puis qu'ils l'ont voulu. Mais moi, détaché d'eux et de tout, que suis-je moi-même?" (Jean-Jacques Rousseau: *Œuvres complètes*, Bd. I, hg. v. Bernard Gagnebin, Marcel Raymond und Robert Osmont. Paris: Gallimard, 1959, S. 996).

[43] Darüber hinaus rekurriert Cixous in *Rêveries de la femme sauvage* in mehrerer Hinsicht auf Rousseaus Konzept der ‚rêverie': zum einen auf die kompensatorische Relation zwischen dem resignativen Gestus des vereinzelten Subjekts und dem Schreiben, zum anderen auf das Verfahren der fantasmatischen Produktion von Erinnerungsepisoden und ihre Effekte der Vergegenwärtigung von Vergangenem und schließlich auf den Modus der Selbstberauschung des Subjekts in seinen Dopplungen.

Traums vergleichbar – begründet die Frage nach der Selbstkenntnis und deren Pertinenz. Im Hypertext besteht die Möglichkeit der Identifikation in der Differenz, der Inschrift des Eigenen im Fremden, der Geschichte in der Spur der Schrift. An die Stelle der Selbstaffektion der empörten Innerlichkeit bei Rousseau tritt in Cixous' Überschreibung die Begegnung des sich selbst unverfügbaren Subjekts in der differenten Schrift, entsteht das Neue als Effekt einer Kreuzung mit dem Verfahren der Pfropfung.[44] Das intertextuelle Gefüge stellt exemplarisch die Identifikation der Autorin mit dem Schriftkonzept Derridas aus, in dem Schreiben und Pfropfung dem etymologischen Wortsinn nach buchstäblich gleichgesetzt sind: „Écrire veut dire greffer, C'est le même mot."[45]

Cixous transformiert Rousseaus Konzept der „Rêverie" im Schema des ‚hyperrêve', in dem das Subjekt im Modus der Vision jene quasi mystische Selbsterkenntnis erlangt, die im fortwährenden Rekurs auf die Überschreibungsqualität der Traum-Schrift – wie im letzten Satz der *Rêveries de la femme sauvage* – die Möglichkeit der präsentischen Selbststeigerung in immer neuen hybriden Signifikaten eröffnet: „Je me suis redressée dans mon lit en pleine nuit et avec le crayon gras qui est toujours couché à côté de ma main j'ai écrit à grands traits dans le noir: *Tout le temps où je vivais en Algérie je rêvais d'arriver un jour en Algérie.*" (*Rfs*, S. 168) Im Moment der Preisgabe des Selbst liegt auch das paradoxe Wesen der Selbst-Immunisierung, die – vergleichbar der Wirkung des Selbstverrats durch die Traumerzählung in der Unmittelbarkeit des nüchternen Wachzustands – den Selbstbezug nicht hermeneutisch herstellt, sondern die mittels überschreibender Wiederholung die konstitutive Differenz des Subjekts nachträglich bestätigt.

(2) Während sich das Eigene in der Schrift des Anderen vergegenwärtigt, handelt eine zweite Episode von der Erfahrung der Selbstbehauptung in der Inszenierung der Annullierung der Anderen durch ihr leeres Abbild. Cixous erinnert ihre Schulzeit in der französischen Schule in Algerien als eine Situation der Täuschung, der Abschottung und des nationalen Dünkels.[46] In der Rückschau stellt sich für Cixous die Situation als Erfahrung der Selbstimmunisierung dar: In dem System der rassistischen Diskrimierung auf die gleiche Art und Weise wie alle anderen zu agieren, bedeutete sich mit der Lüge zu infizieren und diese vom Gift in ein Heilmittel zu verwandeln, die Gefahr der Vernichtung des Selbst in eine Geste der Selbstbehauptung zu verkehren:

---

[44] Der Bezug zu Derridas Schriftkonzept wird explizit über dessen botanische Kultivierungsmetapher hergestellt: „[...] ou bien c'est une rencontre que le récit veut me mettre dans la mémoire? ou me greffer?" (*Rfs*, S. 155)

[45] Derrida: *La Dissémination*, S. 431.

[46] „Jamais le mot Algérie n'entre ici. Dans le Lycée, ici, c'est la France, or ce n'était qu'un immense mensonge délirant qui avait pris toute la place de la vérité, et qui donc était devenu la vérité." (*Rfs*, S. 150)

> Moi aussi je suis initiée au camouflage, au déguisement, au semblant, à la feinte, au masque. Une sorte de mentir rien qu'à moi se forme dans mon être comme réponse au propre mentir du Lycée. Je ne peux pas m'empêcher d'entrer dans une intrigue terroriste caverneuse, je descends dans mes profondeurs inquiétantes. (*Rfs*, S. 149)

Das Kind reagiert auf die Ignoranz der französischen Kolonialmacht gegenüber den algerischen Menschen und ihrer Kultur, durch die es den eigenen Ausschluss durch den französischen Nationalismus an der Schule nur noch deutlicher wahrnimmt, mit der Inszenierung der symbolischen Inversion dieser Erfahrung. Mit Hilfe des kaputten Fotoapparats, den sie aus dem Erbe des Vaters für sich gerettet hat, gibt sie vor, Fotografien von Lehrerinnen aufzunehmen:

> Et j'en fis un outil fantomatisant. Je l'imposai dans la salle de classe. Avec l'appareil inhabité je prenais des photos des professeurs. Des dizaines de clichés. Des dizaines de photos inexistantes. Par ce moyen je les inexistais. Toutes. L'une après l'autre. Je les regardais du point de vue de l'absence de regard. (*Rfs*, S. 149)

Der Akt der leeren Bilder subvertiert das System der Identitätskonstruktionen und seine auf Abbildrelationen fixierten Verfahren der Selbstrepräsentation. Die Reduktion der Szene auf die täuschend echte Nachahmung ihres gestischen Gehalts exponiert ihren manipulativen Charakter, der einerseits sein fiktionales künstlerisches Wesen und andererseits seine symbolische Dramatik freilegt.[47] Das Mädchen lässt die Lehrerinnen vor den Augen der Mitschülerinnen posieren, fixiert wie in der Situation der Hinrichtung ihr Ziel und drückt auf den Auslöser der Kamera: „Je cadrais. J'appuyais. Elles posaient. J'appuyais. Je fis cela souvent." (*Rfs*, S. 150) Der terroristische Aufbau der Szene bestimmt die Wirkungsweise der Selbstimmunisierung. Das Kind simuliert die Autorität, die dem Recht des Blicks eigen ist und dementiert diese zugleich: „Je les regardais du point de vue de l'absence de regard." (*Rfs*, S. 149)

Das Subjekt agiert im Modus jenes Trugbilds, das durch die Fotografie hervorgebracht und multipliziert wird, und bemächtigt sich seiner. Über das leere Kameraauge triumphiert der eigene vernichtende Blick. Der Aktion selbst fehlte, wie Cixous konstatiert, eine „base philosophique" (*Rfs*, S. 150), sie war ‚une rêverie de la femme sauvage'. In ihrem Text verweist sie nicht nur auf Derridas Schriftkonzept, sondern auch auf Lacans Theorem der konstitutiven Täuschung im ‚stade du miroir'. Wie im Traum erweist sich das Bild im nicht vorhandenen Abbild als Simulakrum eines fehlenden Referenten.[48]

Diese letzte Episode handelt vom Widerstand gegen die symbolische Ordnung und kann als Initiation in die Kunst des Fingierens und damit als Gründungsszene der Schriftstellerin gelesen werden, die wie in der geheimnisvollen

---

[47] Vgl. dazu: Vilém Flusser: *Gesten. Versuch einer Phänomenologie*. Bensheim und Düsseldorf: Bollmann, 1993, inbesondere Kap. 9: „Die Geste des Fotografierens", S. 100–118.

[48] Vgl. Pabst: *Bild – Sprache – Subjekt*, S. 18–26.

Pose der ‚auto-immunité' der Traumschrift einen Selbstbezug jenseits autobiographischer Repräsentation annehmen kann.

Bibliographie

Adorno, Theodor W.: *Noten zur Literatur*. Frankfurt a.M.: Suhrkamp, 1981.
Benjamin, Walter: *Allegorien kultureller Erfahrung. Ausgewählte Schriften 1920–1940*, hg. v. Sebastian Kleinschmidt. Leipzig: Reclam, 1984.
Benjamin, Walter: *Träume*. Frankfurt a.M.: Suhrkamp, 2008.
Blumenberg, Hans: *Die Lesbarkeit der Welt*. Frankfurt a.M.: Suhrkamp, 1981.
Cixous, Hélène; Derrida, Jacques: *Voiles*. Paris: Galilée, 1998.
Cixous, Hélène: *Les rêveries de la femme sauvage*. Paris: Galilée, 2000.
— *Rêve je te dis*. Paris: Galilée, 2003.
—; Jeannet, Frédéric-Yves: *Rencontre terrestre. Arcachon, Roosevelt Island, Paris Montsouris, Manhattan, Cuernavaca*. Paris: Galilée, 2005.
— *Hyperrêve*. Paris: Galilée, 2006.
—; Encke, Julia: „Osnabrück, Algerien. Über die deutsch-jüdische Krankheit und den Schmerz der Vertreibung", in: *Lettre International* 82 (2008), S. 37–39.
Derrida, Jacques: *La Dissémination*. Paris: Seuil, 1979.
— *Fichus*. Paris: Galilée, 2001.
Flusser, Vilém: *Gesten. Versuch einer Phänomenologie*. Bensheim/Düsseldorf: Bollmann, 1993.
Freud, Sigmund: *Die Traumdeutung*, Studienausgabe, Bd. II, hg. v. Alexander Mitscherlich, Angela Richards, James Strachey. Frankfurt a.M.: S. Fischer, 1972.
Genette, Gérard: *Palimpsestes. La littérature au second degré*. Paris: Seuil, 1992.
Goumegou, Susanne: *Traumtext und Traumdiskurs. Nerval, Breton, Leiris*. München: Fink 2007.
Heymann, Brigitte: *Textform und weibliches Selbstverständnis. Die Romane von Hélène Cixous und Chantal Chawaf*. Weinheim: Deutscher Studien Verlag, 1991.
Lévi-Strauss, Claude: *La Pensée sauvage*, in: ders.: *Œuvres*, hg. v. Vincent Debaene, Frédéric Keck, Marie Mauzé und Martin Rueff. Paris: Gallimard, 2008, S. 561–849.
Pabst, Manfred: *Bild – Sprache – Subjekt. Traumtexte und Diskurseffekte bei Freud, Lacan, Derrida, Beckett und Deleuze/Guattari*. Würzburg: Königshausen & Neumann, 2004.
Plessner, Helmuth: *Grenzen der Gemeinschaft*. Frankfurt a.M.: Suhrkamp, 2003.
Rousseau, Jean-Jacques: *Œuvres complètes*, Bd. I, hg. v. Bernard Gagnebin, Marcel Raymond und Robert Osmont. Paris: Gallimard, 1959.

Schlaffer, Heinz: „Die Aneignung von Gedichten. Grammatisches, rhetorisches und pragmatisches Ich in der Lyrik", in: *Poetica* 27 (1996), S. 38–57.
Soeffner, Hans-Georg: *Die Ordnung der Rituale, Die Auslegung des Alltags*, Bd. II. Frankfurt a.M.: Suhrkamp, 1992.

Zu den Beiträgerinnen und Beiträgern

INGA BAUMANN ist Wissenschaftliche Assistentin am Romanischen Seminar der Eberhard-Karls Universität Tübingen. Sie studierte Spanisch, Französisch und Komparatistik in Paris, Köln, Bonn und Barcelona. Forschungsschwerpunkte: französische und spanischsprachige Literatur, Minderheitsliteraturen Spaniens (Galicisch und Katalanisch), Lyrik des 19. und 20. Jahrhunderts, Theorie und Geschichte der Imagination, Traum und Träumerei, Engagierte Literatur, Geschichtsaneignung im Roman, Identität und Erinnerung. Publikationen u.a.: *Räume der rêverie. Stimmungslandschaft und paysage imaginaire in der französischen Lyrik von der Romantik bis zum Surrealismus* (Diss, 2011), *Zeichen setzen. Konvention, Kreativität, Interpretation. Beiträge zum 24. Forum Junge Romanistik* (Hg., 2009), „Rosalía y el modelo lamartiniano del romanticismo", in: *Rosalía. Voces galegas e alemás*, hg. v. Johannes Kabatek und Aitor Rivas. Tübingen 2011, S. 37–67.

CHRISTINA JOHANNA BISCHOFF ist Studienrätin im Hochschuldienst am Institut für Romanistik der Universität Paderborn. Sie studierte Französisch, Spanisch und Biologie in Tübingen, Poitiers und Barcelona und promovierte an der Christian-Albrechts-Universität zu Kiel. Ihre Forschungsschwerpunkte sind Imaginationskonzepte, Lyrik der Moderne, spanische Mystik und Stadtliteratur. Publikationen u.a.: *In der Zeichenwelt. Zu Baudelaires Poetik der imaginatio* (Diss, 2009); „La métropole et l'Avant-garde. Visualité et scripturalité dans *Nadja* d'André Breton", in: *Urbes europaeae*, hg. v. Javier Gómez-Montero und Christina Johanna Bischoff. Kiel 2009, S. 84–105; „Balzacs Chimären. Sarrasine-Lektüre aus der Perspektive der Dekonstruktion", in: *Balzacs Sarrasine. Zwölf Modellanalysen*, hg. v. Elke Richter u.a. Stuttgart 2011; *Urbes europaeae* (Hg., 2009); *Poesía y silencio* (Hg., 2011). Übers.: Andrés Sánchez Robayna, Antoni Tàpies, *Was das griechische Meer mir anvertraute* (2010).

JACQUELINE CARROY ist Direktorin des Centre Alexandre Koyré und Directrice de recherche an der Ecole des Hautes Etudes en Sciences Sociales (EHESS). Sie forscht zur Geschichte des psychophysiologischen, psychiatrischen, psychologischen und psychoanalytischen Wissens und seiner Praktiken im 19. und 20. Jahrhundert. In letzter Zeit hat sie sich besonders mit dem Verhältnis von Medizin, Psychologie und Literatur und der Geschichte des Traumwissens auseinandergesetzt. Publikationen u.a.: „L'étude de cas psychologique et psychanalytique (XIXe siècle-début du XXe siècle)", in: Jean-Claude Passeron und Jacques Revel (Hg.): *Penser par cas. Enquête*, Paris 2005, S. 201–228, „Dreaming Scientists and Scientific Dreamers: Freud as a Reader of French Dream Literature", in: *Science in Context* 19 (2006), S. 15–35, *Histoire de la psychologie en*

France XIXe-XXe siècles (mit Annick Ohayon und Régine Plas, 2006), *Alfred Maury, érudit et rêveur. Les sciences de l'homme au milieu du XIXe siècle* (Hg., mit Nathalie Richard, 2007).

REMO CESERANI, Professor em. für Komparatistik an der Universität von Bologna, lehrt und forscht aktuell u.a. in Stanford. Promotion an der Yale University (New Haven), Lehrtätigkeiten in Berkeley, Mailand, Pisa und Genua sowie Gastprofessuren an zahlreichen europäischen, amerikanischen und australischen Universitäten. Buchpublikationen u.a.: *Il fantastico* (1996), *Raccontare il postmoderno* (1997), *Lo straniero* (1998), *Guida allo studio della letteratura* (1999), *Il testo narrativo* (mit Andrea Bernadelli, 2005). Er betreute mit Sergio Zatti die kommentierte Ausgabe von Ariosts *Orlando Furioso* in der Reihe *Classici Italiani* (1997), gab gemeinsam mit Lidia De Federicis das umfangreiche Studienbuch *Il materiale e l'immaginario* (1978–1995) für die italienische Schule und mit Mario Domenichelli und Pino Fasano das *Dizionario tematico di letteratura* (Utet 2007) heraus. Außerdem leitete er das 1998–2003 an den Universitäten Basel, Bologna, Cosenza, Macerata, Roma III, Pisa und der Scuola Normale di Pisa durchgeführte Forschungsprojekt „Il sogno raccontato nella letteratura moderna" (http://www.unibo.it/sogno/).

SUSANNE GOUMEGOU ist Wissenschaftliche Assistentin für französische und italienische Literaturwissenschaft am Romanischen Seminar der Ruhr-Universität Bochum und leitet zusammen mit Rudolf Behrens das DFG-Projekt „Darstellung des Pathologischen im medizinischen und literarischen Diskurs in Frankreich im 19. Jahrhundert". Studium in Konstanz, Tours und Berlin, Promotion 2004 an der Humboldt-Universität zu Berlin mit der Arbeit *Traumtext und Traumdiskurs. Nerval, Breton, Leiris* (Fink, 2007). Aktuell forscht sie zum Verhältnis von Fiktion und Täuschung um 1500 in Italien. Diverse Publikationen zu Traum und Literatur, zu autobiographischem Schreiben, zur Darstellung des Pathologischen (u.a.: *Schwindend schreiben. Briefe und Tagebücher schwindsüchtiger Frauen im Frankreich des 19. Jahrhunderts.* [2011, mit Marie Guthmüller und Annika Nickenig]) sowie: „Faktual oder fiktional? Der Aussagestatus der Ariostschen Satire und die Selbstinszenierung des Dichters", in: *Fiktionen des Faktischen in der Renaissance*, hg. v. Ulrike Schneider und Anita Traninger. Stuttgart 2010, S. 121–142.

MARIE GUTHMÜLLER ist Wissenschaftliche Mitarbeiterin am Romanischen Seminar der Ruhr-Universität Bochum und forscht derzeit auf einer von der DFG geförderten Eigenen Stelle zur Traumästhetik der italienischen Moderne. Zuvor arbeitete sie an der Universität Osnabrück und am Berliner Zentrum für Literatur- und Kulturwissenschaft. Ihre Forschungsschwerpunkte liegen im Bereich der ‚literature and sciences', Publikationen zur italienischen und französischen Literatur des 18.-21. Jahrhundert, zu autobiographischen Texten, zur

Geschichte der Psychologie und zur belgischen Kolonialliteratur, u.a.: *Der Kampf um den Autor. Abgrenzungen und Interaktionen zwischen französischer Literaturkritik und Psychophysiologie 1858–1910* (Diss, 2007), *Ästhetik von unten. Empirie und ästhetisches Wissen.* (Hg., mit Wolfgang Klein, 2006), *Schwindend schreiben. Briefe und Tagebücher schwindsüchtiger Frauen im Frankreich des 19. Jahrhunderts* (2011, mit Susanne Goumegou und Annika Nickenig).

BRIGITTE HEYMANN ist als Privatdozentin für Romanische Literaturen wissenschaftliche Mitarbeiterin an der Humboldt-Universität zu Berlin. Arbeitsschwerpunkte: Literarische Prozesse um 1800, Diskurstheorie, Anthropologie der Imagination und Fiktion, Ästhetik und Literatur der Moderne und Postmoderne. Zuletzt erschienen: „Phädra in Sankt Petersburg. Ortlosigkeit und Raumerfahrung des Exils bei Mme de Staël", in: *Räume des Subjekts um 1800*, hg. v. Rudolf Behrens und Jörn Steigerwald. Wiesbaden 2010, S. 265–286; „Die Dame mit dem Hermelin oder dreitausend Wörter für ein Bild. Ecos Geschichte der Schönheit", in: *Imagination – Evokation – Bild*, hg. v. Michèle Mattusch und Sylvia Setzkorn. Pisa/Rom 2010, S. 321–340; „'Le stade du miroir de la mort' – L'écriture du vieillir: Hélène Cixous. Benjamin à Montaigne", in: *Vieillir féminin et écriture autobiographique*, hg. v. Annette Keilhauer. Clermont-Ferrand 2007, S. 205–219.

SUSANNE KAUL ist Akademische Oberrätin im Fach Literaturwissenschaft an der Universität Bielefeld. Sie hat in Paderborn und Frankfurt am Main Philosophie, Linguistik und Literaturwissenschaft studiert, 2002 promoviert (*Narratio*, Fink 2003) und 2007 habilitiert (*Poetik der Gerechtigkeit*, Fink 2008). Unter ihren Publikationen sind einige filmwissenschaftliche (z.B. Bücher über Stanley Kubrick und David Lynch), erzähltheoretische (z.B. der Sammelband *Erzählen im Film* [transcript, 2009]), einiges zu Kafka (z.B. *Einführung in das Werk Franz Kafkas* [WBG, 2008]) und zu Literatur und Ethik (z.B. *Fiktionen der Gerechtigkeit* [Hg., Nomos, 2005]).

BARBARA KUHN ist Professorin für Romanische Literaturen an der Katholischen Universität Eichstätt-Ingolstadt. Sie lehrte an den Universitäten Stuttgart, Halle und Marburg, war Wissenschaftliche Assistentin und Oberassistentin an der Universität Münster und 2004–2009 Professorin für Romanische Literaturen an der Universität Konstanz. Buchveröffentlichungen: *A la recherche du livre perdu: Der Roman auf der Suche nach sich selbst am Beispiel von Michel Butor, ‹La Modification› und Alain Robbe-Grillet, ‹La Jalousie›* (Diss., 1994); *Mythos und Metapher. Metamorphosen des Kirke-Mythos in der Literatur der italienischen Renaissance* (Habilschrift, 2003); *Verfehlter Dialog oder versuchter Dialog? Zeitgenössischer Roman, Literaturwissenschaft und Erinnerungskunst* (2006); Francesco Gritti: *La mia istoria ovvero memorie del Signor Tommasino scritte da lui medesimo. Opera narcotica del Dottor Pifpuf* [Venezia 1767/68] (Hg., Rom, Padua

2010). Zahlreiche Aufsätze zur italienischen und französischen Literatur. Forschungsprojekt zur Bildtheorie und zu Fragen der Bildlichkeit in der Literatur.

ANNIKA NICKENIG ist Wissenschaftliche Mitarbeiterin im DFG-Forschungsprojekt „Darstellung des Pathologischen im medizinischen und literarischen Diskurs in Frankreich im 19. Jahrhundert" am Romanischen Seminar der Ruhr-Universität Bochum. Sie studierte Komparatistik, Romanistik und Philosophie in Mainz und Dijon. Ihre Magisterarbeit mit dem Titel *Diskurse der Gewalt. Spiegelungen von Machtstrukturen im Werk von Elfriede Jelinek und Assia Djebar* wurde 2007 im Marburger Tectum Verlag publiziert, 2011 erscheint bei Böhlau *Schwindend schreiben. Briefe und Tagebücher schwindsüchtiger Frauen im Frankreich des 19. Jahrhunderts* (mit Susanne Goumegou und Marie Guthmüller). Ihre Promotion mit dem Arbeitstitel „Krankheit und Moderne Frauen – Norm und Abweichung. Die diskursive Verflechtung von Krankheit, Geschlecht und Ästhetik" steht kurz vor dem Abschluss.

HELMUT PFEIFFER ist Professor für Romanische Literaturen und Allgemeine Literaturwissenschaft an der Humboldt-Universität zu Berlin. Promotion 1981 (in Konstanz) mit einer Arbeit zum französischen Roman um die Mitte des 19. Jahrhunderts, 1991 Habilitation (ebendort) mit einer Arbeit über „Selbstkultur und Selbsterhaltung" in der französischen und italienischen Renaissance. In seinen Publikationen beschäftigte er sich mit der Funktionsgeschichte der Literatur, der Fiktions- und Diskurstheorie, dem Verhältnis von Literatur und Anthropologie sowie der Literaturgeschichte der Renaissance, der Aufklärung (z.B. mit Roland Galle: *Aufklärung* [2007]) und des 19. und 20. Jahrhunderts. Weitere Interessens- und Forschungsschwerpunkte sind Literatur und Kunst des Fin de siècle; Lyrik der Spätmoderne; Literatur, Medien und Gewalt; Autobiographie im 20. Jahrhundert. Neueste Publikation: „Selbstentblößung und poetische Präsenz. Montaignes ‚Sur des vers de Virgile'", in: *Moralistik. Explorationen und Perspektiven*, hg. v. Rudolf Behrens und Maria Moog-Grünewald. München 2010, S. 47–82.

HANS-WALTER SCHMIDT-HANNISA ist Professor of German und Head of Department an der National University of Ireland in Galway. Er studierte Germanistik und Philosophie in Bamberg und Freiburg i.Br. Promotion 1989, Habilitation 2000. Er lehrte an den Universitäten Bayreuth, Würzburg, Keimyung/Taegu (Südkorea) und Cork (Irland). Forschungsschwerpunkte: Aufklärung und Romantik; Literatur und Traum; Geschichte des Lesens/Lesekulturen; Literatur- und Kulturgeschichte des Geldes. Veröffentlichungen u.a.: *Erlösung der Schrift. Zum Buchmotiv im Werk Clemens Brentanos* (Diss., 1991); *Unzurechnungsfähigkeiten. Diskursivierungen unfreier Bewußtseinszustände seit dem 18. Jahrhundert* (Hg., mit Michael Niehaus, 1998); *Das Protokoll. Kulturelle*

Funktionen einer Textsorte (Hg., mit Michael Niehaus, 2005); *Money and Culture* (Hg. mit Fiona Cox, 2007).

DIETRICH SCHOLLER ist Akademischer Rat am Romanischen Seminar der Ruhr-Universität Bochum. Erstes Staatsexamen 1992, zweites Staatsexamen 1994, italienisches Staatsexamen 2000, Promotion 2001 an der FU Berlin zum enzyklopädischen Diskurs bei Flaubert, Habilitation 2011 in Bochum zu hypertextueller Sinnbildung in der italienischen und französischen Literatur. Wissenschaftlicher Mitarbeiter an der FU Berlin und in diversen DFG-Projekten (Potsdam, Bonn) 1994 bis 2000. Wissenschaftlicher Assistent an der LMU München 2001 bis 2004. Seit 1997 Herausgeber der Zeitschrift *PhiN. Philologie im Netz* (www.phin.de) sowie der Sammelbände *Giacomo Leopardi 1798–1998* (mit Sebastian Neumeister, 1998), *Internet und digitale Medien in der Romanistik: Theorie – Ästhetik – Praxis* (mit Jörg Dünne und Thomas Stöber, 2004) und *Von der Dekadenz zu den neuen Lebensdiskursen. Französische Literatur und Kultur zwischen Sedan und Vichy* (mit Stephan Leopold, 2010).

CHRISTIANE SOLTE-GRESSER ist Professorin für Allgemeine und Vergleichende Literaturwissenschaft an der Universität des Saarlandes. Sie hat Germanistik und Romanistik in Bremen und Paris studiert und war u.a. Gastprofessorin an der Université de Provence Aix-Marseille I. Ihre Forschungsschwerpunkte liegen im Bereich der französischen, italienischen und deutschsprachigen Literatur und betreffen die Beziehungen zwischen Literatur und Philosophie, Theorie und Geschichte des Subjekts, Literaturtheorien und Methoden, Text- und Bild-Relationen sowie die Literatur des ‚siècle classique'. Publikationen u.a.: *Spielräume des Alltags. Literarische Gestaltung von Alltäglichkeit deutscher, französischer und italienischer Erzählprosa 1929–1949* (Habilschrift, 2010), *Leben im Dialog. Wege der Selbstvergewisserung in den Briefen von Sévigné und Charrière* (Diss, 2000), *Von der Wirklichkeit zur Wissenschaft. Aktuelle Forschungsmethoden in den Sprach-, Literatur- und Kulturwissenschaften* (Hg., 2005), *Mittelmeerdiskurse in Literatur und Film* (Hg., 2009).

DAGMAR STÖFERLE ist Wissenschaftliche Mitarbeiterin am Institut für Romanische Philologie der Ludwig-Maximilians-Universität München. Sie studierte Romanistik und Germanistik in Konstanz, Rennes und Berlin, 2006 Promotion am Institut für Romanistik der Humboldt-Universität Berlin. Forschungsschwerpunkte: Literatur und Religion, Poetik der Renaissance und des Barock, Epos und moderner Roman (Frankreich, Italien). Publikationen: *Agrippa d'Aubigné – Apokalyptik und Selbstschreibung* (Diss, 2008); *Flaubert et l'histoire des religions. Flaubert. Revue critique et génétique* 4 (Hg. mit Agnès Bouvier, Philippe Dufour, 2010), http://flaubert.revues.org/index1209.html; Art. „Schwein" und „Königin von Saba", in: *Arsen bis Zucker. Flaubert-Wörterbuch*, hg. v. Barbara Vinken und Cornelia Wild. Berlin 2010.

SLAVEN WAELTI ist Wissenschaftlicher Mitarbeiter am Institut d'Études françaises et francophones der Universität Basel. Er studierte Philosophie und Französische Sprach- und Literaturwissenschaft und promoviert über Pierre Klossowski als Nietzsche-Leser. 2007 Forschungsaufenthalt in Paris, unterstützt durch den Schweizerischen Nationalfonds, Arbeit in der Bibliothèque Littéraire Jacques Doucet im Nachlass von Klossowski und Besuch von Veranstaltungen an der École Normale Supérieure, 2008 Forschungsaufenthalt in Berlin. Letzte Publikationen: „Nietzsche/Klossowski: Pour une sémiotique pulsionnelle", in: *Zeichen setzen – Konvention, Kreativität, Interpretation*, hg. v. Inga Baumann u.a. Bonn 2009, S. 497–512; „De L'existence au cercle vicieux", in: *Nietzsche und Frankreich*, hg. v. Clemens Pornschlegel und Martin Stingelin. Berlin 2009, S. 241–254; „Sémantisation de la musique et classicisme ‚grand style: Nietzsche critique de Wagner", in: *Romantisme et révolution(s) III*, hg. v. Robert Kopp. Paris 2010, S. 283–317.